개정 8판

사례와 함께 보는
인사노무매뉴얼

실무자라면 꼭 알아야 할 주요 인사노무관리분야에 대한 내용을
해설과 사례중심으로 풀어 쓴 인사노무관리 필독서!!!

오영배 저

(주)영화조세통람

개정8판을 내면서

최저임금 인상 등 새 정부의 노동정책에 대한 관심이 높다.

새 정부의 일자리 5년 로드맵과 10대 중점과제는 노동정책의 변화를 예고하고 있고, 특히 일자리 질 개선을 위한 비정규직 남용 방지 및 차별 없는 일터 조성과 근로여건 개선 과제는 비정규직 법 · 제도 개선, 최저임금 인상, 임금체계 개선, 근로시간 단축, 산업안전 등 기업 현장에 상당한 영향을 미칠 수 있는 과제들이어서 이에 대한 관심이 필요한 때이다.

이번 개정판은 다음과 같은 내용을 반영했다.

- 최근 이슈가 되고 있는 최저임금 개정 내용을 반영하였다[최저임금 인상, 일자리안정자금 소개, 관련 실무사례(Q&A 추가)].
- 연차휴가 개정(1년 미만 기간 연차휴가 별도 부여 등), 출퇴근 중 사고의 업무상 재해 인정, 직장 내 성희롱예방 등 노동관계법 개정 내용을 반영하였다.
- 휴일근로에 대한 중복 할증 관련 내용, 새정부의 일자리 5년 로드맵, 전자근로계약서, 임금피크제 등 주요 이슈에 대한 내용과 참고 자료를 소개하였다.
- 전반적으로 실무사례(Q&A)를 추가 및 개선하였고, 최근 판례 및 행정해석을 소개했다.

법과 제도가 변경되면 그 기준에 맞춰 운영하기 위한 방안을 강구하면서 현장을 돌아보게 된다. 문제점을 찾고, 방안을 모색하고, 나아가 변화 · 발전의 과제를 도출하고 실천하면서 현장은 더욱 나은 방향으로 나아갈 수 있다고 믿는다. 또한 변화를 모색하고 실천하는 과정은 인사노무관리부서 및 담당자에게 소중한 경험과 훈련의 기회가 될 수 있을 것이다. 이 책이 기업 현장의 발전과 인사노무관리자의 역량 향상에 조금이나마 도움이 될 수 있기를 바란다.

2018년 1월

오 영 배 씀

머리말

"그 동안 회원사의 인사노무관리에 대해 자문했던 내용을 정리해보는 것은 어떨까?" 본 책을 준비하게 된 출발점이다.

노동관계법 및 인사노무 전문가인 공인노무사들로 구성된 노무법인의 기본적인 역할은 기업, 노동조합, 근로자에게 정확한 법률적 기준에 근거한 문제해결방안을 제시하는 것으로 본 법인은 그 동안 수많은 회원사의 다양한 인사노무 문제에 대해 자문하면서 합리적 인사노무관리의 경험과 노하우를 축적해 왔다. 그리고 이번 기회를 통해 그 동안 본 법인이 기업의 인사노무관리에 대해 자문한 대표적인 사례를 중심으로 기업의 인사노무관리에 대한 안내서를 발간하게 되었다.

본 책의 특징은 다음과 같다.

첫째, 기업의 인사노무관리의 주요 내용을 모두 포괄하였다. 채용 · 근태 · 임금 · 퇴직관리뿐 아니라 여성과 비정규직 관리, 노사관계와 노사협의회, 4대보험 및 산재보상까지 주요 인사노무관리 분야에 대한 해설과 사례를 수록하였다.

둘째, 인사노무관리의 구체적 이해를 돕고자 담당자들이 자주 질문하거나 중요한 사례를 소개하였다. 사례는 생생한 질문과 대답이라는 Q&A 형식을 갖춤으로써 독자들이 구체적 문제해결 사례를 접함으로써 인사노무관리에 대한 이해를 높일 수 있도록 하였다.

셋째, 구체적인 인사노무관리 방안을 제시하면서 관련 법령 및 판례와 행정해석을 소개함으로써 법적 기준에 근거한 인사노무관리가 이루어질 수 있도록 서술하였다. 또한 인사노무 실무에서 주로 참고하는 노동부 지침 · 예규 · 기준 등을 부록으로 소개하였다.

넷째, 최근 개정법령을 충실히 반영하였고, 법개정을 둘러싼 주요 이슈사항을 소개하였다. 특히 비정규직 문제와 노사관계 선진화 방안 입법화 문제는 주요 쟁점 및 내용을 수록하였다.

머리말

본 책은 총 8편으로 구성되어 있다.

1편은 총론으로 노동법에 대한 이해와 근로자와 사용자의 개념을 정리하고 있고, 2편은 채용·근태관리로 채용, 근로시간, 휴게·휴일, 휴가, 주40시간제에 대해 설명하고 있으며, 3편은 임금관리로 통상임금, 평균임금, 연봉제, 최저임금 등 임금을 둘러싼 다양한 문제들을 소개하고 있다. 4편은 복무·퇴직관리로 징계, 규정, 근로관계 변경, 퇴직과 관련한 법률적·실무적 내용을 설명하고 있고, 5편은 여성·비정규직으로 관련 법령과 사례를 소개하고 있으며, 6편은 집단적 노사관계와 노사협의회로 노동조합과 노사협의회와 관련된 노무관리 분야를 다루고 있고, 7편은 4대보험·산재보상제도로 4대보험에 대한 실무적 내용과 산재보상에 대한 주요 법률 및 사례를 정리하고 있다. 마지막으로 8편은 부록으로 인사노무 실무에서 주로 참고하는 노동부의 지침, 예규, 규정, 기준을 소개하였다.

본 책이 나오기까지 애써주신 위더스 노무법인의 노무사님들께 감사드리며, 부족한 내용이지만 흔쾌히 출판에 응해주신 ㈜영화조세통람 정영수 대표님께 진심으로 감사의 말씀을 전한다. 그리고 본 책의 구성과 내용에 누구보다 많은 신경을 써주신 ㈜영화조세통람의 김현영 본부장님, 편집을 맡아주신 한우인님께 진심으로 감사드리며, 아무쪼록 본 책이 기업의 인사노무관리를 담당하고 있는 모든 분들에게 조금이나마 도움이 될 수 있기를 진심으로 기원하는 바이다.

2006년 1월

오 영 배 씀

차 례

Part 1 노동법에 대한 이해

Part 2 근로자와 사용자

Part 3 채용과 근로계약

Part 4 근로시간

Part 9 포괄임금제

Part 10 최저임금제

Part 11 취업규칙

Part 12 징계와 근로관계 변경

Part 1 노동법에 대한 이해

핵심키워드

노동법, 시민법 원리의 수정, 인사노무관리와 노동법, 법원, 유리한 조건 우선의 원칙, 근로기준법 적용대상

목 적

1. 인사노무관리의 기준이 되는 노동법의 생성배경과 목적을 통해 노동법의 강행력을 이해한다.
2. 인사노무관리의 모든 영역에서 고려되어야 하는 노동법이 포괄하고 있는 범위를 이해한다.
3. 법원에 대한 이해를 통해 법과 계약의 관계와 효력을 이해한다.
4. 노동법은 모든 계약관계(개인과 개인, 개인과 회사, 회사와 회사)에 적용되는 법이 아니기 때문에 노동법의 적용범위를 이해하는 것이 중요하다.
5. 노동법이 적용되는 계약과 적용사업(장)의 범위를 이해한다.

1. 노동법이란 사용자와 근로자의 근로관계를 규율하는 법이다

자본주의 경제체제는 자본과 노동의 결합에 의해 이루어지는데 자본을 가진 ‘사용자’와 노동을 가진 ‘근로자’의 결합관계를 근로관계라고 한다. 이러한 근로관계는 사용자와 근로자의 계약에 의해 형성되며, 자본주의 초기에는 이러한 근로계약 또한 시민법 원리인 ‘소유권절대의 원칙’, ‘계약자유의 원칙’, ‘과실책임의 원칙’의 적용을 받아왔다.

소유권절대의 원칙이란 개인의 소유권은 어떠한 경우에도 국가나 타인으로부터 침해받지 않을 배타적 권리를 갖는다는 것이고, 계약자유의 원칙이란 계약당사자는 대등한 관계에서 그 계약의 목적, 내용, 권리와 의무 등에 대해 자유롭게 정할 수 있다는 것을 의미한다. 또한 과실책임의 원칙이란 사고, 손해 등이 발생했을 때 그 사고와 손해에 대한 책임은 과실이 있는 자가 부담한다는 원리이다.

자본주의 경제체제에서 ‘노동’을 가진 근로자는 노동을 제공하지 않고서는 생활을 유지할 수 없는 상황에서 사용자와 근로계약을 통해 근로조건을 결정하고 노동을 제공해 왔다. 그러나 자본주의 초기 사용자와 근로계약에 의해 결정된 임금 등 근로조건이 열악해 근로자들이 생활고를 해결하기 어려웠고, 장시간 노동, 열악한 작업환경 속에서 근로자의 사고와 질병으로 인한 피해가 중대한 사회문제가 되면서 국가는 근로자를 보호하기 위한 대책을 마련하지 않으면 안 되었다.

즉 자본주의 경제체제에서 일반계약은 대등한 당사자가 자유로운 의사결정을 통해 이루어지지만, 사용자와 근로자의 경제적 · 사회적 지위가 달라 당사자가 실질적인 대등한 관계를 형성하지 못하고 있는 상황에서 형식적인 대등성을 전제로 한 근로계약은 결국 실질적인 불평등관계에서 근로자의 열악한 근로조건이라는 사회문제를 발생시키게 된 것이다. 결국 열악한 근로조건 속에서 근로자는 인간다운 생활을 위협받고, 정상적인 근로를 제공하기 어려운 상황이 초래되는 등 자본주의 경제체제의 한 축인 ‘노동’의 문제로 자본주의 경제체제 자체가 위협받게 되었다. 이러한 문제점을 해결하기 위해 국가가 사용자와 근로자의 근로관계에 개입해 근로자의 근로조건을 보호할 수 있도록 기존 시민법 원리를 수정한 노동법이 탄생하게 되었다.

소유권절대의 원칙 → 소유권상대의 원칙

예 경영성과급 등 이윤배분, 4대보험, 노사협의회 등 근로자 경영참가, 사내근로복지기금

계약자유의 원칙 → 계약공정의 원칙

예 근로기준법에 정한 기준에 미달하는 근로계약의 무효화, 적법한 쟁의행위에 대한 민·형사상 책임면제 등

과실책임의 원칙 → 무과실책임제도의 병행

예 산업재해보상에서 무과실책임 원칙 채택 등

노동법이란 사회적 · 경제적 약자인 노동자의 인간다운 생활을 보장하려는 목적으로 탄생되었다. 가장 기본적인 노동법인 근로기준법(이하 "근기법"이라 한다)에서는 이를 "…근로자의 기본적 생활을 보장, 향상시키며…"라고 표현하고 있으며, 노동조합 및 노동관계조정법에서도 "…근로조건의 유지 · 개선과 근로자의 경제적 · 사회적 지위의 향상을 도모하고…"라고 하여 노동법의 존재목적이 기본적인 근로조건을 보장함으로써 근로자의 경제적 · 사회적 지위를 높이려는 것임을 나타내고 있다.

2. 노동법은 인사노무관리의 모든 영역에서 고려되어야 한다

노동법은 사용자와 근로자의 근로관계를 규율하기 때문에 근로자의 채용부터 퇴직까지 인사노무관리 전반에 대해 사용자가 준수해야 할 노동법이 존재하고 있다. 노동법은 강행규정이기 때문에 사용자가 노동법을 위반하는 경우에는 그에 따른 벌칙이 적용될 수 있고, 노동법을 위반한 근로계약 및 회사의 각종 제도는 그 효력이 인정될 수 없으므로 합법적 인사노무관리를 실현하기 위해서는 관련 노동법적 기준을 명확히 이해하고 준수하는 것이 필요하다.

인사노무관리 영역	주요 사항	관련 노동법
채용관리	- 채용시 차별금지 - 장애인 의무고용 - 계약직 사용기간 제한 - 채용시 근로조건 서면명시의무	남녀고용평등과 일·가정 양립 지원에 관한 법률, 고용상 연령차별금지 및 고령자 고용촉진에 관한 법률, 장애인고용촉진 및 직업재활법, 기간제 및 단시간 근로자 보호 등에 관한 법률, 근로기준법
복무관리	- 근로시간, 휴게, 휴일, 휴가 - 복무규율, 취업규칙 - 징계	근로기준법
직무관리	- 동종유사업무, 비정규직 차별금지	기간제 및 단시간 근로자 보호 등에 관한 법률, 파견근로자 보호 등에 관한 법률
보상관리	- 임금, 법정수당, 통상임금 - 최저임금 준수	근로기준법, 최저임금법
평가관리	- 공정한 인사평가 - 인사평가제도 변경시 근로자 의견 청취(동의) - 수습평가 - 저성과자 관리	근로기준법
인사이동관리	- 배치전환의 정당성 확보	근로기준법
교육훈련	- 법정 교육(산업안전, 성희롱예방 교육 등) - 교육비 반환과 의무복무기간 약정	산업안전보건법, 남녀고용평등과 일·가정 양립 지원에 관한 법률, 근로기준법
유지관리	- 의사소통, 근로자 참여 - 노사관계	근로자참여 및 협력증진에 관한 법률, 노동조합 및 노동관계조정법
퇴직관리	- 해고의 제한 - 금품청산	근로기준법, 근로자퇴직급여 보장법

3. 노동법과 계약의 관계를 이해하는 것이 필요하다

사용자와 근로자의 근로관계를 규율하는 기준은 노동법과 계약이 있다. 노동법에서 정하고 있는 근로조건은 최저기준이기 때문에 사용자는 이보다 낮은 근로조건을 운영할 수 없지만, 사용자와 근로자는 다양한 계약(단체협약, 취업규칙, 근로계약)을 통해 법정 최저기준보다 유리한 근로조건을 적용할 수 있다.

근로조건의 결정기준과 효력

구 분	의 의	법적 근거
근로기준법	법정근로조건 (근로조건의 최저기준)	-근로기준법에서 정하는 근로조건은 최저기준이므로 근로관계 당사자는 이 기준을 이유로 근로조건을 낮출 수 없다(근기법 제3조) -근로기준법에 정한 기준에 미치지 못하는 근로조건을 정한 근로계약은 그 부분에 한하여 무효로 한다(근기법 제15조)
		취업규칙은 법령 또는 단체협약과 어긋나서는 안된다(근기법 제96조)
근로계약	개별 근로자와 사업주와의 계약	근로기준법 제2조 제1항 제4호
취업규칙	사업장 내 근로자들의 공통의 근로조건	근로기준법 제93조
단체협약	노동조합과 사업주가 근로조건 기타 노사관계 사항에 대해 약정한 계약	단체협약에 정한 근로조건 기타 근로자의 대우에 관한 기준에 위반하는 취업규칙 또는 근로계약의 부분은 무효로 한다(노동조합 및 노동관계조정법 제33조)

노동법과 계약은 사용자와 근로자의 권리와 의무를 판단하는 규범 및 기준이 되는데 이를 법원[1]이라고 한다(예 사용자가 퇴직한 근로자에게 취업규칙에서 정한 퇴직금을 지급하지 않았을 경우 당사자간의 퇴직금에 대한 권리와 의무를 규율하는 규범은 근로자퇴직급여 보장법 및 퇴직금에 대한 당사자간의 계약인 취업규칙이다).

1) 법원은 '노동법의 존재형식' 또는 '재판규범의 존재형식'이다. 「노동법」, 김형배(2004), 121쪽, 박영사

이러한 법원에는 노동법과 계약 외에 노동관행도 포함된다. 즉 법이나 계약에 명시되어 있는 사항은 아니지만 사업장에서 일정기간 적용되어옴에 따라 근로조건화된 경우에는 관행이라는 이유로 근로조건의 효력을 부정할 수 없다.

Q&A

회사의 차량유지지원금규정에 의하면 차장급 이상 직원에 한해 매월 20만원씩을 지급하도록 하고 있으나, 실제로는 과장급 이상 직원에 대해 매월 20만원을 지급하고 있음. 이 경우 지금이라도 차장급 이상 직원에 대해서만 지급하는 것이 가능한지, 아니면 과장급 이상에게 지급되는 것이 관행화되었으므로 과장급 직원들의 동의를 얻어야 하는 것인지 여부

원칙적으로 별도의 규정없이 관행화되어 시행되는 근로조건이 있으면 그 근로조건은 유효하며, 별도 규정을 통해 관행화된 근로조건을 변경하기 위해서는 별도 규정을 통해 마련된 근로조건이 기존의 관행보다 불이익할 경우에는 취업규칙 불이익변경의 절차를 거쳐야 한다. 또한 관행이더라도 법령을 위반하거나 단체협약·취업규칙·근로계약에 미달하는 관행은 그 효력이 인정되지 않는다.

한편, 위 질의와 같이 명백히 규정이 존재함에도 이를 잘못 운영함으로써 규정을 상회하는 근로조건이 관행적으로 시행된 경우 이 관행의 효력이 문제되는데, 착오 및 해석상의 오류로 인해 규정을 잘못 적용한 경우에는 이를 알게 된 이후에는 명시된 규정에 의한 운영이 가능하다고 판단된다. 다만, 이미 시행된 관행을 소급해 무효화하는 것은 그 관행의 적용기간의 장·단, 소급해 무효화할 경우 근로자의 불이익 정도, 회사의 귀책사유 등을 전체적으로 고려해 결정해야 할 것으로 생각된다.

✍ 참조 : 근로개선정책과－3833, 2014.7.8.; 근로기준과－2461, 2005.4.30.; 근로기준과－1350, 2005.3.8.; 근기 68207－1181, 2003.9.18.; 근기 68207－217, 2002.2.24.

한편, 판례와 행정해석은 노동법을 해석한 것으로 노동법을 실무에 적용할 때 구체적인 내용과 방식이 법에 명시되어 있다면 그에 따르면 될 것이나 어떻게 적용해야 하는지를 법의 취지를 고려해 해석해야 하는 경우가 발생한다(예 연차유급휴가 미사용시 수당을 지급해야 하는가, 각종 수당 중 통상임금에 해당하는 수당은 무엇인가).

다만, 대륙법체계를 채택하고 있는 우리나라에서는 판례의 법원성이 부정된다. 행정해석은 하급관청을 구속할 뿐 국민에게 법적 구속력이 없으므로 법원성이 부정된다.

실제 판례가 변경되기도 하고, 판례와 행정해석의 해석이 다르기도 하며, 행정해석이 판례에 따라 해석을 변경하기도 한다. 이러한 법해석 결과의 법원성이 부정되기는 하나, 구체적으로 법을 어떻게 적용해야 하는지가 법에 규정되어 있지 않은 경우에는 판례와

행정해석이 실질적인 적용기준으로 작용하고 있는 것도 사실이다.

참조 행정해석

- 행정해석은 법률과 같이 일반 국민을 구속하는 구속력이 없다

(임금근로시간정책팀－2939, 2006.10.4.)

행정부의 질의회시, 지침, 예규 등 행정해석은 행정기관의 통일적인 업무처리를 위한 내부지침으로 법 해석에 대한 행정조직의 내부의 기준을 정한 것으로서 행정내부조직을 규율할 뿐 원칙적으로 법률과 같이 일반 국민을 구속하는 일반적 구속력이 있다고 보기는 어려울 것으로 사료된다.

다만, 근로기준법에 관한 노동부의 행정해석은 행정기관의 통일적인 업무처리를 위한 내부지침에 머무르는 것이 아니라 일반국민에게 널리 공개되어 노동분쟁과 관련하여 국민들의 실질적인 행위준칙으로 작용하고 있는 점도 부인하기는 어려울 것으로 보인다.

사용자와 근로자의 근로관계를 규율하는 법과 계약의 기준이 다르거나 법 개정, 계약의 변경, 단체협약 개정 등으로 여러 기준간의 충돌이 발생할 때 이를 어떻게 적용할 것인지가 문제될 수 있다[예 회사는 배우자출산휴가를 경조휴가로 1일 유급휴가를 부여하고 있는데, 법정 배우자출산휴가 3일 유급휴가(최대 5일)가 신설된 경우 무엇을 적용해야 하는지 문제].

이 경우 일반적으로 상위법우선의 원칙(예 헌법은 법률에 우선하며, 법률은 시행령에 우선한다), 신법우선의 원칙(예 동위의 법도 최근에 제정된 법이 우선 적용되며, 단체협약은 새로이 체결된 단체협약이 적용된다), 특별법우선의 원칙(예 선원인 근로자에게 근로기준법보다 특별법인 선원법이 우선 적용된다)이 적용된다.

참조 판례

- 특정 법률이 근로기준법의 특별법으로 볼 수 없으면 해당 임직원에게는 근로기준법이 적용된다 (대법원 89다카24780, 1990.3.13.)

정부투자기관관리법(1973.2.6. 법률 제2477호, 정부투자기관관리 기본법의 시행에 따라 1984.3.1. 폐지) 및 정부투자기관 예산회계법(1962.8.13. 법률 제1119호, 같은 사유로 1984.3.1. 폐지)은 근로기준법과는 입법목적, 규정사항들을 달리하므로 근로기준법의 특별법이라고 볼 수 없고, 또 위 각 법률의 개별조항에 있어서도 정부투자기관 임직원의 보수, 퇴직금 등 근로조건에 관하여 근로기준법에 대한 특칙을 규정한 바도 없기 때문에 정부투자기관의 임직원의 보수, 퇴직금 등 근로조건에 관한 사항은 역시 근로기준법의 적용을 받는다.

- 공무원도 근로자이므로 공무원보수규정 등에 특별한 규정이 없는 경우 근로기준법이 적용된다 (대법원 94다446, 1996.4.23.)

  공무원도 임금을 목적으로 근로를 제공하는 근로기준법 제14조 소정의 근로자이므로 공무원연금법, 공무원보수규정, 공무원수당규정 등에 특별한 규정이 없는 경우에는 공무원에 대하여도 성질에 반하지 아니하는 한 원칙적으로 근로기준법이 적용되므로, 국가의 부당한 면직처분으로 인하여 공무원이 그 의사에 반하여 근로를 제공할 수 없는 경우 공무원의 최저생활을 보장할 필요성은 사기업의 근로자와 동일하므로 근로기준법 제38조는 공무원에게도 적용된다.

한편, 유리한 조건 우선의 원칙이란 하위의 법원이 상위의 법원보다 근로자들에게 유리한 내용을 규정하고 있을 때에는 하위 법원의 효력이 발생하고 상위의 법원은 적용되지 않는 원칙을 말한다. 예를 들어 취업규칙의 상여금보다 개별 근로계약의 상여금 내용이 근로자에게 유리할 경우 근로계약에 따라 상여금이 적용된다.

참조 판례

- 취업규칙에 정해진 징계절차보다 근로자에게 유리한 방식으로 운영하기로 합의가 이루어져 상당기간 그 합의에 따라 절차가 진행되었다면 그 징계절차에 따라야 한다 (대법원 94다21818, 1995.2.14.)

  사용자와 노동조합 사이에 근로자에 대한 징계절차를 취업규칙에 정해진 징계절차보다 근로자에게 유리한 방식으로 운영하기로 합의가 이루어져 상당한 기간 그 합의에 따라 징계절차가 운영되어 왔고, 이에 대하여 근로자들도 아무런 이의를 제기하지 아니하였다면 그와 같은 징계절차의 운영은 취업규칙의 징계절차에 따르지 않았다 하더라도 그 효력을 부인할 수는 없다.

Q&A

회사는 호봉제를 시행하고 있고, 고정상여금 400%를 운영하고 있음. 회사는 호봉제를 연봉제로 전환하고 고정상여금 200%는 기본연봉에 포함을 시키고, 나머지 200%를 재원으로 개인평가에 따라 연말에 0~400%까지의 개인성과급을 지급하는 제도를 도입하려고 했으나 기존 직원들의 반대로 도입하지 못함. 이에 회사는 신규 입사자들부터 위의 내용의 연봉제 근로계약을 체결해 시행함. 신규 입사자 B는 연봉계약 체결 이후 연말에 평가가 좋지 않아 개인성과급을 전혀 못받게 되자 회사 취업규칙(고정상여금 400%)을 근거로 상여금 400%를 보장할 것을 요구함. B의 요구는 정당한가?

B의 근로조건에 대해 적용되는 2가지 기준인 근로계약과 취업규칙의 효력 관계에 관한

사항이다. B는 고정상여금 200%와 개인성과급 제도에 대한 개별 근로계약을 체결하였으나 동시에 회사의 취업규칙은 B에게도 적용되므로, B가 개별 근로계약의 기준에 따라 개인성과급을 받지 못해 고정상여금 200%만 받는 상황보다 고정상여금 400%를 지급하기로 한 회사 취업규칙의 기준이 유리한 이상 B는 유리한 조건 우선의 원칙에 따라 고정상여금 400%를 요구할 수 있다.

회사가 신규 입사자에 대해 위와 같은 개인성과급 제도를 새로이 시행하기 위해서는 취업규칙 또한 변경해야 하며, 이 때 취업규칙 개정에 대해 기존 직원들이 동의하지 않아 기존 직원들에 대해서는 적용할 수 없더라도 개정 취업규칙은 신규 입사자에게는 적용될 수 있으므로 개정 취업규칙의 적용범위를 규정(즉 개정 취업규칙 부칙을 통해 고정상여금 제도 변경 및 개인성과급 신설 기준은 0000년 0월 0일 이후 신규 입사자부터 적용한다고 규정)하면서 동시에 개정된 기준으로 근로계약을 체결할 경우에는 위와 같은 취업규칙과 근로계약의 충돌 문제가 발생하지 않을 수 있다.

4. 근로기준법은 상시 5명 이상 근로자를 사용하는 사업장에 적용된다

근로기준법은 사용자와 근로자의 근로계약에 대해 적용된다(근로기준법은 사용자와 근로자의 근로관계를 규율하는 법이기 때문에 국내회사에서 외국인을 채용하거나, 외국법인이 국내에서 한국인을 채용한 경우에 대해서도 적용된다).

따라서 노무를 제공하기로 한 계약이지만 도급·위임계약과 같이 근로자가 사용자의 지휘·감독을 받아 근로를 제공하지 않는 계약관계에 대해서는 근로기준법이 적용되지 않는다.

참조 행정해석

▪ 국내 외국인법인 소속근로자도 근로기준법의 적용대상이다

(근기 68207-2041, 2000.7.6.)

국제법 질서에 있어서 각국의 법령은 그 영역 내의 모든 사람에게 적용될 수 있을 뿐이고 다른 국가의 영역 내에서까지 적용·집행될 수 없다는 속지주의 법리가 일반적으로 승인되고 있으므로 국내의 외국인사업도 법령 또는 조약상 속인주의를 인정하는 특별한 규정이 없는 한 속지주의 원칙에 따라 국내의 근로기준법령이 적용된다. 근로자의 소속사업장이 국내 외국인법인으로서 상시근로자수 5인 이상이고 1년 이

상 계속근로한 경우에는 우리나라 근로기준법상 퇴직금 지급대상이 된다.

또한 근로기준법은 상시 5명 이상의 근로자를 사용하는 사업에 적용된다. 다만, 동거의 친족만으로 구성된 사업이나 가사사용인에 대해서는 적용하지 않는다. 한편, 근로자 수가 상시 5명 미만(4명 이하)의 사업장에 대해서는 근로기준법의 일부 규정이 적용된다(근기법 시행령 제7조 별표 1).

제외되는 주요 내용은 해고의 제한, 퇴직금, 휴업수당, 연차휴가, 생리휴가, 취업규칙 등이다. 다만, 개정 근로자퇴직급여 보장법에 따라 퇴직급여(퇴직금, 퇴직연금)는 상시 4명 이하 근로자를 사용하는 사업장에도 확대 적용된다(2010.12.1.부터 2012.12.31.까지의 기간은 법정퇴직급여의 50% 이상 수준, 2013.1.1. 이후는 법정퇴직급여의 100% 수준).

참조 판례

▪ 상시 5인 이상의 근로자를 사용하는 사업 또는 사업장의 의미

(대법원 99도1243, 2000.3.14.)

근로기준법의 적용 범위를 정한 같은 법 제10조 제1항 소정의 '상시 5인 이상의 근로자를 사용하는 사업 또는 사업장'이라 함은 '상시 근무하는 근로자의 수가 5인 이상인 사업 또는 사업장'이 아니라 '사용하는 근로자의 수가 상시 5인 이상인 사업 또는 사업장'을 뜻하는 것이고, 이 경우 상시라 함은 상태(常態)라고 하는 의미로서 근로자의 수가 때때로 5인 미만이 되는 경우가 있어도 사회통념에 의하여 객관적으로 판단하여 상태적으로 5인 이상이 되는 경우에는 이에 해당하며, 여기의 근로자에는 당해 사업장에 계속 근무하는 근로자뿐만 아니라 그때그때의 필요에 의하여 사용하는 일용근로자를 포함한다.

상주직원 3인을 고용하고 이사작업에는 일용근로자를 사용함에 따라 '상시 5인 이상의 근로자를 사용하는 사업 또는 사업장'에 해당하면 근로기준법 적용대상 사업장이다.

상시 4명 이하의 근로자를 사용하는 사업 또는 사업장에 적용하는 법규정
(근기법 시행령 제7조 별표 1)

구 분	적용 법규정
제 1 장 총 칙	제1조부터 제13조까지의 규정
제 2 장 근로계약	제15조, 제17조, 제18조, 제19조 제1항, 제20조부터 제22조까지의 규정, 제23조 제2항, 제26조, 제35조부터 제42조까지의 규정
제 3 장 임 금	제43조부터 제45조까지의 규정, 제47조부터 제49조까지의 규정
제 4 장 근로시간과 휴식	제54조, 제55조, 제63조
제 5 장 여성과 소년	제64조, 제65조 제1항 · 제3항(임산부와 18세 미만인 자로 한정한다), 제66조부터 제69조까지의 규정, 제70조 제2항 · 제3항, 제71조, 제72조, 제74조
제 6 장 안전과 보건	제76조
제 8 장 재해보상	제78조부터 제92조까지의 규정
제11장 근로감독관 등	제101조부터 제106조까지의 규정
제12장 벌 칙	제107조부터 제116조까지의 규정(제1장부터 제6장까지, 제8장, 제11장의 규정 중 상시 4명 이하 근로자를 사용하는 사업 또는 사업장에 적용되는 규정을 위반한 경우로 한정한다)

핵심 정리사항

1. 노동법은 사용자와 근로자의 기본적인 계약관계를 인정하면서도 근로자를 보호하기 위해 시민법 원리를 수정하며 만들어진 법이다.
2. 노동법은 개별적 근로관계법과 집단적 노사관계법으로 분류되며, 인사노무관리의 모든 영역과 관련된 여러 법률이 존재하기 때문에 사용자는 관련 법률을 정확히 숙지해야 합법적인 인사노무관리를 실현할 수 있다.
3. 법원이란 당사자의 권리와 의무를 판단하는 규범 및 기준으로 법, 계약(단체협약, 취업규칙, 근로계약), 관행이 있다.
4. 유리한 조건 우선의 원칙은 법원간 충돌시 적용하는 원칙 중 하나로 근로자들에게 유리한 법원이 적용된다는 것을 의미한다. 유리한 조건 우선의 원칙에 대한 이해를 통해 법과 계약의 관계를 이해하는 것이 필요하다.
5. 근로기준법은 사용자와 근로자의 근로관계를 규율함으로써 근로자를 보호하고자 하는 법으로 상시 5명 이상을 사용하는 사업에 적용되나, 5명 미만 사업에 대해서도 일부 규정이 적용된다.

Part 2 근로자와 사용자

핵심키워드

근로자, 사용종속관계, 사용자

목 적

1. 노동법이 적용되는 근로자의 개념과 사용종속관계를 이해한다.
2. 사용자의 개념과 유형을 이해한다.

1. 근로기준법상 근로자를 판단하는 기준은 사용종속관계 여부이다

근로기준법상 근로인지 여부에 따라 근로기준법 적용 여부가 결정되기 때문에 회사에서 노무를 제공하는 사람들 중에서 누가 근로자인지 여부를 판단하는 기준은 실무에서 매우 중요하다. 현행 근로기준법 제2조에 의하면 이 법의 적용을 받는 근로자란 '직업의 종류와 관계없이 임금을 목적으로 사업이나 사업장에 근로를 제공하는 자'를 의미한다.

근로자 여부를 판단하는데 정신노동 · 육체노동 등의 직종이나, 계약직 · 일용직 · 정규직 등의 근무형태는 무관하며, 근로자는 사용종속관계에서 근로를 제공하는 자이어야 한다. 노무를 제공하는 자가 사용종속관계에서 근로를 제공하는 것인지를 판단하는 것이 근로기준법상의 근로자를 판단하는 핵심이라 할 것이다.

또한 근로기준법상의 임금은 '근로의 대가'이고, 사용자가 근로자에게 직접 지급하는 금품이기 때문에 이러한 임금이 아닌 금품(도급비, 수수료, 봉사료 등)을 받는 자는 근로기준법상의 근로자로 인정되지 않는다.

근로기준법상의 근로자에 해당하는지 판단함에 있어서는 그 계약의 형식이 민법상의 고용계약인지 또는 도급계약인지에 관계없이 그 실질에 있어 근로자가 사업 또는 사업장에 임금을 목적으로 종속적인 관계에서 사용자에게 근로를 제공하였는지 여부에 따라 판단해야 한다. 위에서 말하는 종속적인 관계가 있는지 여부를 판단하는 데 있어 판례[1]는 아래와 같은 일반적인 기준을 제시하고 있다.

참 고

• 근로자 여부에 관한 일반적인 판단기준 •

1. 업무 내용을 사용자가 정하고 취업규칙 또는 복무(인사)규정 등의 적용을 받는지 여부
2. 업무 수행 과정에서 사용자가 상당한 지휘 · 감독을 하는지 여부
3. 사용자가 근무시간과 근무장소를 지정하고 근로자가 이에 구속을 받는지 여부
4. 노무제공자가 스스로 비품 · 원자재나 작업도구 등을 소유하거나 제3자를 고용하여 업무를 대행케 하는 등 독립하여 자신의 계산으로 사업을 영위할 수 있는지 여부
5. 노무 제공을 통한 이윤의 창출과 손실의 초래 등 위험을 스스로 안고 있는지 여부

---

1) 대법원 2004다29736, 2006.12.7. 대법원 2009다99396, 2010.4.15.

6. 보수의 성격이 근로 자체의 대상적 성격인지, 기본급이나 고정급이 정하여졌는지, 근로소득세의 원천징수 여부 등 보수에 관한 사항
7. 근로 제공 관계의 계속성과 사용자에 대한 전속성의 유무와 그 정도
8. 사회보장제도에 관한 법령에서 근로자로서 지위를 인정받는지 여부

등의 경제적·사회적 여러 조건을 종합하여 판단

다만, 기본급이나 고정급이 정하여졌는지, 근로소득세를 원천징수하였는지, 사회보장제도에 관하여 근로자로 인정받는지 등의 사정은 사용자가 경제적으로 우월한 지위를 이용하여 임의로 정할 여지가 크다는 점에서 그러한 점들이 인정되지 않는다는 것만으로 근로자성을 쉽게 부정하여서는 안 된다.

2. 근로자 판단의 구체적 사례를 통해 근로자성에 대해 이해하는 것이 필요하다

(1) 임 원

임원의 범위에 대해서는 별도로 명시된 바는 없으나 통상적으로 이사 이상의 직급을 임원으로 본다. 임원이 근로기준법상의 근로자인지 여부는 임원의 노무제공이 '회사로부터 일정한 사무처리를 위임'받은 것인지, '사용종속관계에서 근로를 제공'하는 것인지를 기준으로 판단해야 하며, 일반적으로 주식회사의 이사, 감사 등 임원은 회사로부터 일정한 사무처리의 위임을 받고 있는 것이기 때문에 사용자의 지휘·감독 아래 일정한 근로를 제공하고 소정의 임금을 받는 근로자로 볼 수 없을 것이고,[2] 통상 민법에 의거 법인 이사의 임면에 관한 사항을 정관에 기재토록 하고 이를 법인등기부에 명시토록 하는 것은 업무대표권과 업무집행권을 공적으로 증명하고 제3자에게 이를 알리기 위한 것이므로 근로기준법상 근로자로 볼 수 없는 증거가 될 수 있다고 본다.[3]

그러나 근로기준법의 적용을 받는 근로자에 해당하는지 여부는 계약의 형식에 관계없이 그 실질에 있어서 임금을 목적으로 종속적 관계에서 사용자에게 근로를 제공하였

2) 대법원 2002다64681, 2003.9.26.
3) 근로기준과－1158, 2005.2.25.

는지 여부에 따라 판단하여야 한다. 그렇기 때문에 회사의 이사 또는 감사 등 임원이라고 하더라도(형식상 등기부등본에 등재되어 있다하더라도) 실제로는 매일 출근하여 업무집행권을 갖는 대표이사나 사용자의 지휘·감독 아래 일정한 근로를 제공하면서 그 대가로 보수를 받는 관계에 있거나 또는 회사로부터 위임받은 사무를 처리하는 외에 대표이사 등의 지휘·감독 아래 일정한 노무를 담당하고 그 대가로 일정한 보수를 지급받아 왔다면 그러한 임원은 근로기준법상의 근로자에 해당한다고 볼 수 있을 것이다.

참조 행정해석·판례

- 대표이사 등의 지휘·감독 아래 일정한 노무를 담당하고 그 대가로 일정한 보수를 지급받아 왔다면 그러한 임원은 근로기준법상의 근로자에 해당한다

(대법원 2002다64681, 2003.9.26.)

① 주식회사의 이사, 감사 등 임원은 회사로부터 일정한 사무처리의 위임을 받고 있는 것이므로 사용자의 지휘·감독 아래 일정한 근로를 제공하고 소정의 임금을 받는 고용관계에 있는 것이 아니며, 따라서 일정한 보수를 받는 경우에도 이를 근로기준법 소정의 임금이라 할 수 없고, 회사의 규정에 의하여 이사 등 임원에게 퇴직금을 지급하는 경우에도 그 퇴직금은 근로기준법 소정의 퇴직금이 아니라 재직 중의 직무집행에 대한 대가로 지급되는 보수에 불과하다.

② 근로기준법의 적용을 받는 근로자에 해당하는지 여부는 계약의 형식에 관계없이 그 실질에 있어서 임금을 목적으로 종속적 관계에서 사용자에게 근로를 제공하였는지 여부에 따라 판단하여야 할 것이므로 회사의 이사 또는 감사 등 임원이라고 하더라도 그 지위 또는 명칭이 형식적·명목적인 것이고 실제로는 매일 출근하여 업무집행권을 갖는 대표이사나 사용자의 지휘·감독 아래 일정한 근로를 제공하면서 그 대가로 보수를 받는 관계에 있다거나 또는 회사로부터 위임받은 사무를 처리하는 외에 대표이사 등의 지휘·감독 아래 일정한 노무를 담당하고 그 대가로 일정한 보수를 지급받아 왔다면 그러한 임원은 근로기준법상의 근로자에 해당한다.

- 형식적으로 법인등기부에 임원으로 등재되어 있더라도 사용종속관계하에 근로를 제공하였다면 근로자로 볼 수 있다 (근로기준과-1158, 2005.2.25.)

근로기준법상의 '근로자'라 함은 임금을 목적으로 사용종속관계하에서 근로를 제공하는 자를 의미하며, 회사의 임원이 근로자인지의 여부는 최고경영자의 지휘·명령에 따르면서 노무를 제공하는지 여부, 즉 사용종속관계 등에 기초하여 판단한다. 통상 회사로부터 일정한 사무처리를 위임받아 업무대표권 또는 업무집행권을 가진 이사 등 임원은 비록 그가 회사의 주주가 아니더라도 특별한 사정이 없는 한 근로기

준법상의 근로자라 할 수 없으나, 상무이사 등의 직함을 가지고 있어도 사용종속관계하에서 근로를 제공하고 있다면 근로자에 해석된다고 할 것이다.

통상 민법에 의거 법인 이사의 임면에 관한 사항을 정관에 기재토록 하고 이를 법인등기부에 명시토록 하는 것은 업무대표권과 업무집행권을 공적으로 증명하고 제3자에게 이를 알리기 위한 것이므로 근로기준법상 근로자로 볼 수 없는 증거가 될 수 있다.

그러나 형식적으로 법인등기부에 임원으로 등재되어 있더라도 업무대표권 또는 업무집행권을 가지고 있지 않고, 사용종속관계하에 근로를 제공하였다면 근로자로 볼 수 있을 것이다.

단, 감사의 경우는 사용종속관계없이 법인의 회계상태 등을 점검하는 업무를 한다는 점을 감안할 때 법인과 위임관계에 있는 것이 일반적이나, 총회에서 감사를 둘 때 임기를 부여하고 있는지, 감사업무 외에 다른 업무를 겸하는지 등 구체적인 사실관계에 따라 근로자 여부를 판단하여야 할 것이다.

(2) 골프장 경기보조원(캐디)[4)]: 근로자성 부정(긍정한 사례도 있다)

① 골프장 시설운영자(회사)와 근로계약 등의 노무공급계약을 체결하고 있지 않다.

② 내장객으로부터 직접 캐디 피(caddie fee)라는 봉사료만을 수령하고 있을 뿐 회사로부터는 어떠한 금품도 지급받지 아니하고,

③ 캐디가 골프장에서 용역을 제공함에 있어 그 순번의 정함은 있으나(이와 같은 순번의 정함은 사용자의 지휘·감독권 행사의 일환으로 이루어지는 것이라기보다는 골프장 시설을 이용하여 내장객에게 용역을 제공하는 캐디들 사이에 동등한 기회를 부여하려는 것에 불과) 근로시간의 정함이 없어 자신의 용역제공을 마친 후에는 골프장 시설에서 곧바로 이탈할 수 있고,

④ 캐디가 내장객의 감소 등으로 인하여 예정된 순번에 자신의 귀책사유없이 용역제공을 할 수 없게 되더라도 회사가 캐디 피에 상응하는 금품이나 근로기준법 소정의 휴업수당을 전혀 지급하고 있지도 아니하며,

⑤ 캐디는 내장객에 대한 업무수행과정에서 회사로부터 구체적이고 직접적인 지휘·감독을 받고 있지 아니하며(경기수칙 및 내장객에 대한 예절 독려 정도),

⑥ 캐디는 근로소득세를 납부하고 있지 않고, 회사도 캐디가 받는 캐디 피에 대하여

4) 대법원 95누13432, 1996.7.30.

근로소득세를 원천징수하고 있지 않으며,

⑦ 캐디가 내장객에 대한 경기보조업무 수행을 해태하여도 그 용역을 제공하는 순번이 맨끝으로 배정되는 등의 사실상의 불이익(이와 같은 불이익은 캐디의 용역제공을 알선하는 골프장측의 입장에서는 불가피한 조치라고 아니할 수 없다)을 받고 있을 뿐 달리 회사가 캐디에 대하여 회사의 복무질서 위배 등을 이유로 한 징계처분을 하지 않은 점

한편, 아래의 이유로 캐디의 근로자성을 인정한 사례[5]가 있다.

① 경기보조원 자치내규는 경기보조원들에게 의견을 수렴하여 회사에서 작성한 후 경기보조원들이 알아볼 수 있도록 게시하는 등 근로기준법상 취업규칙에 해당한다고 볼 수 있다(자치내규의 내용에는 ⓐ 보조원 생활의 규범 및 제재, ⓑ 코스에서의 보조원의 규범과 제재, ⓒ 규정복장 착용의무, ⓓ 기숙사 제공, ⓔ 불친절 · 근무태만 등에 대한 제재 등을 규정).

② 캐디의 근무태만과 무단결근, 규정된 봉사료를 초과요구하는 경우 등 불성실근무에 대한 제재는 자치내규에 정해진 바에 따라 행한다(조장 및 캐디마스터, 중징계는 징계위원회 개최해 의결).

③ 캐디 피는 주변골프장 캐디 피를 참고하여 회사에서 결정(협회권장 캐디 피가 정해진다)하며, 자치내규에 캐디 피 외에 별도의 사례명목으로 금전수수를 할 수 없도록 규정하고 이를 위반할 경우에는 징계위원회에 회부하는 등 제재조치를 취한다(회사측에서 캐디 피에 대해 사실상 일정액을 받도록 직 · 간접적으로 규제하고 있다고 볼 수 있다).

④ 캐디 피는 캐디의 노무제공대가를 B골프장 대신 내장객이 봉사료의 명목으로 지급하도록 관행화된 것이라고 볼 수 있으므로 사실상 임금의 성격으로 볼 수 있다.

⑤ 캐디마스터는 회사 소속직원으로서 캐디교육 및 당일휴가를 제외한 캐디 휴가부여권을 가지고 있으며 징계위원회 위원장으로서 징계권도 행사하고 있다.

---

5) 근기 68207－1448, 2000.5.13.

(3) 학원강사[6] : 근로자성 부정(긍정한 사례도 있다)

① 근로계약 · 고용계약 등을 체결하지 아니한 채 강사료는 수강생이 납입하는 수강료수입의 50%씩을 위 학원측과 배분하기로 하였고,

② 근로소득세를 납부하지 않고 사업소득세만을 납부하여 왔고,

③ 수강생의 감소 등으로 인하여 담당과목의 수강료 수입이 전혀 발생하지 않게 된 경우에는 강사료는 전혀 지급되지 않으며,

④ 업무수행과정에서 학원측으로부터 강의내용 등에 대하여 구체적이고 직접적인 지휘 · 감독을 받고 있지 않으며,

⑤ 시간적 구속을 받는 출 · 퇴근시간의 정함이 없으며,

⑥ 학원이 학원강사에 대하여 학원의 복무질서 위배 등을 이유로 한 징계처분을 하고 있다는 사정이 엿보이지도 아니하는 점

한편, 아래의 이유로 학원강사의 근로자성을 인정한 사례[7]가 있다.

① 학원의 강의계획표에 의하여 학원에서 제공(정)한 교재로 강의를 하며 강의진도도 시험 때까지 마치도록 하는 등 구체적인 지휘 · 감독을 받는 점

② 강의 이외의 업무로서 학원측에서 담임을 맡기고 담임으로서의 임무를 부여하고 담임의 임무를 해태할 경우 담임을 주지 않는 등 제재를 가하는 점

③ 시업시각과 종업시각이 명시적으로 정해져 있지 않으나 본수업(09 : 00～13 : 45)과 야간수업(18 : 50～22 : 05)에 맞추어 담임으로서 학생들의 출결사항 등을 확인하도록 되어 있어 사실상 출 · 퇴근에 제약을 받는 점

④ 학생들에게 설문조사를 하여 반응이 좋지 않은 강사는 권고사직을 시킨다고 진술한 점

⑤ 학원측의 허락을 받고 다른 학원에서 강의를 한 적이 있는 점

⑥ 학원측 의도대로 응하지 않을 경우 수업을 배정하지 않고 제재를 하는 점

⑦ 보수는 수강생수와 관계없이 수강형태(주간반, 야간반, 수능반)에 따라 시간급을 정하고 실제 강의시간수에 따라 대가(시간급×강의시간수)를 지급하는 점

---

6) 대법원 96도732, 1996.7.30.

7) 근기 68207－3194, 2001.10.16.

(4) 보험모집인[8)] : 근로자성 부정

① 조회나 석회에 참석의무가 없다.

② 조회, 석회 자리에서 이루어지는 보험상품의 내용이나 판매기법 등에 관한 교육이나 실적확인은 회사가 위탁자의 지위에서 행하는 보험모집인의 수탁업무의 원활한 수행을 위한 교육과 최소한의 지시에 불과

③ 제공한 근로의 내용이나 시간과는 관계없이 보험모집인 제 수당 지급규정에 의하여 오로지 자신의 노력으로 체결된 보험계약의 계약고, 수금액 등 실적에 따라 그 지급항목 및 지급액이 결정되는 수당을 지급받고, 위 규정에 정해진 실적에 미치지 아니하면 기본수당도 지급받지 못한다.

④ 회사의 보험모집인으로 활동하면서 다른 종류의 영업에 종사하는 것이 금지되어 있는 것도 아니고, 또 그것이 사실상 곤란한 것도 아니며,

⑤ 타인의 노동력의 이용 등 업무수행방식에 제한이 없고, 한편 업무수행과정에서 아무 때나 임의로 이탈할 수 있다.

(5) 학습지교사[9)] : 근로자성 부정

① 회사의 취업규칙 등의 적용을 받는 정사원들과 달리 학습지교사들에 대하여는 위탁계약서의 계약내용에 따라 규율될 뿐 참가인 회사의 위 각 규정이 적용되지 않는다.

② 회원의 관리 및 모집 등 구체적인 위탁업무의 수행과 관련하여서는 그 내용, 시간, 장소, 방법 등에 관하여 참가인 회사로부터 구체적이고 직접적인 지휘·감독을 받고 있지 아니하고 전적으로 학습지교사의 자율에 맡겨져 있다.

③ 출·퇴근시간이나 업무수행시간에 관하여 아무런 정함이 없고, 회사로부터 지휘·감독을 받지 아니한 채 학습지교사 개개인의 자율과 능력에 따라 위탁업무를 수행한 후 임의로 그 위탁업무 수행과정에서 이탈할 수 있고, 업무수행장소도 참가인 회사의 지국 사무실 등의 사업장이 아닌 주로 학습지 회원의 주거 등으로

---

8) 대법원 98두9219, 2000.1.28.

9) 서울행법 2003구합537, 2003.6.12.; 대법원 95다20348, 1996.4.26.

자유롭게 되어 있다.

④ 학습지교사에게는 기본급이 없고, 그 위탁받은 업무의 수행을 위하여 자신이 제공한 근로의 내용이나 시간과는 관계없이 실적에 따라서 그 지급 여부 및 지급액이 결정되는 수수료와 신규회원 확보에 따른 성과수당, 육성수당만을 지급받고 있어 이를 임금으로 보기는 어렵다.

⑤ 인사규정상의 채용자격 · 채용기준 · 채용결격 등에 관하여 엄격한 규제를 받고 전형을 통하여 채용되는 정사원과는 달리 학습지교사는 단순히 '만 20세 이상의 대학졸업자 또는 이와 동등한 자격이 있는 자'이면 누구나 지원할 수 있고, 형식적인 지필평가와 10일간의 연수교육과 사업설명회를 거쳐 그 중 약 90% 정도가 참가인 회사로부터 학습지교사로 위촉을 받게 된다.

⑥ 학습지교사는 언제든지 1개월 전의 서면통지로 참가인 회사와의 위탁계약을 자유롭게 해지할 수 있다.

⑦ 학습지교사는 정사원과 달리 다른 업종에의 근무는 물론 자신 명의의 영업활동까지 제한받고 있지 않다.

(6) 채권추심원[10] : 근로자성 인정(부정한 사례도 있다)

① 채권추심업무 수행에 관하여 구체적이고 직접적인 지휘 · 감독은 하지 않더라도 회사의 필요에 따라 적절한 방법으로 상당한 지휘 · 감독할 수 있는 여지가 있는 점(ⓐ 관계법령이나 교육 등 필요한 경우 일정한 시간과 장소를 정하여 업무수행, ⓑ 업무의 효율적 수행과 관련한 지시, ⓒ 회사의 요구시 업무처리상황을 즉시 통보토록 규정)

② 추심관련 정보확인과 실적 입력을 위해 사무실 출근이 불가피한 점

③ 사무실이나 컴퓨터, 전화기 등의 이용요금을 부담하지 않은 점

④ 정규직 주임 또는 대리가 팀장으로서 채권추심원을 관리(조회, 교육, 실적 등의 공지하거나 목표실적달성을 독려)

⑤ 채권회수실적을 평가하여 채권배분 조정 및 위임계약 해지하므로 팀장의 관리를 거부하기 힘들었을 것이라는 점

10) 대법원 2008두1566, 2008.5.15.

⑥ 불법추심방지를 위해 통화내용 녹음 등 업무내용을 감시 · 통제
⑦ 이미지관리를 위한 정장착용 지시
⑧ 채권추심원과 정규직원이 유기적 협조아래 채권추심업무가 진행된 점
⑨ 개인신용정보보호 등을 이유로 제3자에게 위임금지(규정상은 허용)
⑩ 신규추심원에게 정착지원금이 3개월간 지급되고, 매월 정기적으로 수수료를 지급받은 점

한편, 아래의 이유로 채권추심원의 근로자성을 부정한 사례[11]가 있다.
① 회사가 위임하는 연체채권회수 업무를 추심원 자신의 책임하에 수행하며, 업무내용은 정하여져 있으나 업무의 수행과정에서 구체적으로 지휘 · 감독을 받지 않는다.
② 회사의 업무수행명령 및 지휘 · 감독에 대하여 반드시 복종하여야 하는 것은 아니고 거부할 수도 있다.
③ 위임계약서에 따르면 “추심원의 위임업무 활동시간 및 장소는 그 업무의 속성상 따로 정하지 아니함을 원칙으로 한다”고 정하고 있으며, 실제 업무시간 및 업무장소가 특정되어 있지 않다.
④ 회사의 위임촉탁수당지급 기준에 의해 팀원의 채권추심 실적에 따라 산출된 수당을 익월에 지급받으며, 수당 이외의 기본급 및 고정급을 지급받고 있지 않다.
⑤ 지급받은 실적수당에 대하여 3%의 사업소득세를 납부한다.
⑥ 계약상 의무위반, 범죄행위를 저지르는 등 사유가 발생하는 경우 계약기간 중에 계약을 해지할 수 있을 뿐 일반근로자와 동등하게 징계 등 제재를 받지는 않는다.
⑦ 위임업무 수행시 고의 등으로 회사에 손해를 발생시켰을 경우 손해를 배상하여야 하며, ‘갑’은 동 손해배상을 담보하기 위하여 신원보증보험(보험가입금액 2,000만원 이상) 가입 또는 인보증 후 그 보험증서 또는 보증인 서류를 회사에게 제출하여야 한다.
⑧ 회사의 승낙이 있는 경우를 제외하고는 제3자로 하여금 ‘갑’의 위임사무를 처리하게 할 수 없다.
⑨ 회사는 추심원의 위임업무 수행에 필요한 전화요금(회사가 개설한 회선에 한함) 및

11) 근로기준과－2757, 2004.6.3.

회사가 인정한 비용만을 부담하고, 이외의 비용은 전액 추심원이 부담하고 있다.

⑩ 회사는 추심원에 대하여 고용보험 등 4대보험에 가입하지 않는다(회사에는 4대보험에 가입되는 계약직 채권추심원도 존재).

(7) 퀵서비스 기사[12] : 근로자성 부정(긍정한 사례도 있다)

① 작업도구인 오토바이가 배달기사 소유인 점

② 배달기사의 근로시간(08 : 20～19 : 20)이 정해져 있다고는 하나 지각이나 결근시 제재 등이 없으며, 출근순번에 따라 배달을 하고, 일이 없으면 일찍 퇴근하는 점 등으로 미루어 보아 엄격하게 구속을 받는다고 볼 수 없는 점

③ 무단결근 3번을 경과하면 퇴사조치한다는 것은 별도의 징계조치없이 즉시 계약해지사유로 볼 수 있는 점

④ 배달수행 중 발생한 사고(물품파손, 분실, 현금, 유가증권 분실 등)에 대하여 전적으로 배달기사가 책임을 지는 점

⑤ 오토바이 고장수리비, 기름값 등 유지비는 전액 배달기사가 부담하는 점

⑥ 배달기사가 고객으로부터 요금을 직접 수령하여 회사와 일정비율로 분배하는 점

⑦ 배달수수료 중 회사의 지분만 입금토록 하고 있으며, 대다수 기사들이 자신의 편의에 따라 전액 입금 후 수일 이내에 임의로 찾아가는 것일 뿐 이를 회사가 배달기사에게 지급하는 임금이라고 볼 수 없는 점

⑧ 직책수당 및 개근수당이라는 명칭을 사용하여 일정액을 일정기간 지급하기는 하나 직책수당의 경우 직책이 부여된 것도 아니고 직책에 상응하는 업무가 부과됨이 없으며, 개근수당 역시 임의적으로 선발하여 개근 여부에 관계없이 지급한 점으로 미루어 보아 명칭 여하에 불구하고 근로의 대가성이 없어 근로기준법상의 임금이라고 볼 수 없는 점

⑨ 근로자성이 인정되는 요소도 존재(퇴사 10일 전에 사유를 알리고 사직서를 제출토록 하는 점, 출·퇴근시간에 엄격한 제한을 받지는 아니하나 회사 사무실에서 대기한다는 점)

---

12) 근기 68207－3284, 2000.10.24.

한편, 아래의 이유로 퀵서비스 기사의 근로자성을 인정한 사례[13]가 있다.

① 기사가 수행한 오토바이 배송업무는 그 배송지와 배송물량 등 구체적인 업무의 내용이 사업주에 의하여 결정되고, 기사는 위 업무내용을 자율적으로 정하여 수행하거나 사업주의 위 배송지시를 사실상 거부할 수 있는 위치에 있지 않았던 점

② 기사는 근무시간과 근무일이 특별히 정해져 있지는 않았으나, 사업주의 지시하에 이○○와 함께 하루씩 번갈아가며 08：30까지 출근하거나 특정요일별로 19：00까지 남아 고정거래업체의 물품을 수거 또는 배송하는 등의 업무를 수행하고 토요일에도 사업주의 지시 등에 의하여 격주로 근무하는 등 그 근무시간과 장소가 사실상 사업주에 의하여 정해지는 면이 많았고, 2006.1.3.부터 업체에서 고정적·계속적으로 근무한 것으로 보여 그 범위 내에서 사업주에게 전속되어 있었다고 볼 수 있는 점

③ 기사는 사업주로부터 직접적으로 보수를 지급받지 않았지만 물품배송업무를 수행하고 받은 배송료 중 수수료 또는 일비, 쿠폰비 명목으로 공제된 나머지 금액을 자신의 수입으로 할 수 있으므로, 위 수입금은 사실상 기사의 근무에 대한 보수로서 일종의 성과급 또는 능률급적인 성격을 갖는 것으로 볼 수 있는 점

④ 기사는 배송업무에 사용하는 오토바이를 자신이 직접 소유하면서 자신의 비용만으로 유지·관리하였고, 사업주와 근로계약서 등을 작성한 바 없어 출근하지 않거나 배송지시 등을 따르지 않을 경우에도 정해진 제재수단이 없었으며, 근로소득세를 납부한 바도 없고 산업재해보상보험을 비롯한 이른바 4대보험에도 가입되지 아니한 상태였기는 하나, 이러한 점들은 사업주가 소규모 사업체를 운영함에 있어 그에 소요되는 비용을 절감하기 위한 목적에서 비롯된 것이거나 굳이 근로계약서 등을 작성할 필요를 느끼지 못한 데에서 기인한 것이라고 보이므로, 위와 같은 사정만으로 기사가 근로자가 아니라고 단정하기는 어려운 점

---

13) 서울행법 2006구단10552, 2007.10.23.

(8) 레미콘 운전기사(근로자성 부정),[14] 정부지원 중소기업 청년인턴제 인턴사원(근로자성 인정),[15] 전공의(근로자성 인정)[16]

이들에 대해서도 앞에서 살펴본 바와 같이 사용종속관계에서 근로를 제공하는지에 따라 근로자 여부를 판단하고 있다.

Q&A 도급계약서에 의한 회사와 소사장, 근로자간의 사용종속관계 여부

기업이 경영합리화와 노무관리의 효율성 증대를 위해 도급계약을 활용한 소사장제를 시행하는 경우 그 계약의 형식과 실질적인 운용방법에 따라 이를 민법상의 도급관계로 볼 것인지 아니면 노동법상의 고용관계로 볼 것인지 여부를 판단하게 된다.

소사장이 자기책임하에 사업자등록을 하고, 산재·고용보험 등 사회보험을 가입하였으며, 소속근로자의 채용·임금결정·업무수행의 지도감독·징계 등 독자적인 인사·노무관리를 행하는 독립적인 소사장이라면 민법상의 도급관계로 인정되어 소사장에 소속된 직원에 대한 근로기준법상의 사용자 책임은 소사장이 부담하게 될 것이다.

그러나 회사가 소사장 소속 근로자의 인사·노무관리 전반에 대해 지휘·감독권을 행사하고 회사와 소사장간에도 사실상의 종속관계가 존속하는 경우에는 회사와 소사장간의 도급관계 자체가 부정되고, 회사가 소사장 소속 직원에 대한 사용자 책임을 부담하게 될 수 있다.

회사가 소사장제를 시행하면서 하나의 사업을 수개의 단위로 분화하였고, 각각의 소사장과 도급계약을 체결하여 소사장이 소속 근로자를 채용케 함으로써 형식적으로는 회사와 소사장 또는 소사장 소속의 근로자 사이에 사용종속관계가 없는 것으로 보이나, 도급계약서의 구체적인 내용과 실질적인 운용방법에서 회사가 소사장과 그의 근로자에 대해 지배 또는 적극적인 통제를 함으로써 소사장을 실질적으로 독립된 사업주로 볼 수 없고 단지 회사에 부수된 사업(또는 회사의 하나의 부서)으로 볼 여지가 많아 회사와 소사장, 소사장이 고용한 근로자간에 사용종속관계를 부인하기 어려울 것이다.

특히 회사의 소사장제는 도급계약의 대상이 단순히 노무제공만을 목적으로 하는 노무도급으로 설사 도급계약의 형식을 빌어 회사-소사장, 소사장-근로자의 관계를 설정했다 하더라도 근로자는 실질적으로 소사장이 아닌 회사의 지휘·감독과 통제하에 노무를 제공하게 됨으로써 소사장이 자기책임하에 근로자를 채용하고 임금을 지급하였더라도 이는 원래 회사가 하여야 할 업무를 소사장이 권한의 위임을 받아 수행하는 것으로 인정되어 전체적으로 회사-소사장-근로자의 사용종속관계로 판단될 수 있을 것이다.

14) 대법원 2002다57959, 2003.1.10.
15) 중소기업 청년인턴제 세부시행지침, 노동부, 2009.1.
16) 근기 68207-2376, 2000.8.9.

3. 근로기준법상의 사용자

(1) 사용자의 개념(사용자 개념의 상대성)

근로기준법상 사용자란 사업주만이 아니라 사업경영담당자, 근로자에 관한 사항에 대하여 사업주를 위해 행위하는 자를 포괄하는 개념이다(근기법 제2조).

근로계약상의 사용자는 근로계약을 체결한 사업주를 말하나 근로기준법상의 사용자는 사업주를 위해 행위하는 자까지 포괄하는 개념이기 때문에 근로계약의 당사자로서는 근로자에 해당하더라도 근로기준법상으로는 사용자인 경우가 있다(예 인사부서장은 회사로부터 임금을 받고 근로를 제공하는 근로자면서, 또한 근로자에 관해 사업주를 위해 행위하는 사용자이기도 하다).

(2) 사용자의 유형

① 사업주

개인사업인 경우 사업주 개인, 법인인 경우 법인 그 자체가 사업주가 된다.

② 사업경영담당자

사업주로부터 사업경영을 위임받은 자로 주식회사의 대표이사나 업무집행권을 가진 이사 등이 이에 해당할 것이다.

③ 근로자에 관한 사항에 대하여 사업주를 위해 행위하는 자

인사관리 책임자, 임금 등 근로조건 결정권자, 노무관리 책임자, 경영기획 책임자, 공장장 등과 같이 사업경영담당자로부터 근로자에 관한 사항에 대해 일정한 권한과 책임을 부여받은 자를 의미한다.

(3) 양벌규정

근로기준법은 법위반에 대한 벌칙을 적용하면서 근로자에 관한 사항에 대하여 사업주를 위해 행위한 대리인, 종업원 등의 위반행위에 대해 사업주에 대해서도 법위반의 벌금형을 부과하는 양벌주의를 채택하고 있다(근기법 제115조).

참조 행정해석

- 대표이사가 사망해 형사책임을 물을 수는 없어도 사업주인 법인에 대해 근로기준법 위반에 따른 벌금형을 부과하게 된다 (근기 68207-1274, 1999.6.5.)

[질의] 법인의 대표이사가 퇴직자 미불금품을 근로기준법 제36조에 따른 기한 내 청산하지 못하고 사망함으로써 자연인에 대한 공소권이 없게 되었을 때 그 법인의 범죄능력을 인정하여 형사책임을 물을 수 있는지 여부

[회시] 근로기준법 제116조(양벌규정)에 의하여 근로기준법 위반행위를 한 자가 당해 사업의 근로자에 관한 사항에 대하여 사업주를 위하여 행위한 대리인 등인 경우에는 사업주에 대하여도 벌금형을 부과하도록 규정하고 있으므로 대외적으로 사업을 대표하는 사업경영담당자인 대표이사가 사망하여 공소권이 없게 된 경우라 하더라도 사업주인 법인에 대해 근로기준법 제116조를 적용하여야 할 것이다.

핵심 정리사항

1. 근로기준법은 사업주와 개인간의 계약 중 근로계약에 한해 적용되며, 개인이 근로기준법상의 근로자로 인정될 때 그 계약은 근로계약으로 인정되어 근로기준법의 적용대상이 된다. 따라서 근로기준법상의 근로자의 개념, 판단기준을 이해하는 것은 근로기준법의 적용 여부를 결정하는 기준이 된다는 점에서 중요하다.
2. 근로자란 사용종속관계에서 임금을 목적으로 근로를 제공하는 자로 근로자인지 여부에 대해서는 판례와 고용노동부 행정해석에서 제시하고 있는 근로자 판단기준에 따라 판단한다.
3. 사용자는 근로자의 근로조건을 보호해야 할 근로기준법 준수의무가 있는 자로서 사업주, 사업경영담당자, 근로자에 관한 사항에 대하여 사업주를 위해 행위하는 자로 구분할 수 있다.

Part 3 채용과 근로계약

핵심키워드

남녀고용평등, 의무고용, 연령차별금지, 근로계약, 서면명시, 금지계약, 수습, 채용내정

목 적

1. 사용자가 채용시 준수해야 할 채용 관련 주요 법령을 이해한다.
2. 근로계약을 체결할 때 준수해야 하는 사항과 금지되는 계약을 이해한다.
3. 특수한 근로계약 사례의 효력을 이해한다.

1. 채용시 준수해야 할 법적 기준이 존재한다

누구를, 어떠한 업무에, 어느 정도 기간 동안 채용할 것인지는 원칙적으로 기업의 권리지만, 법령에서 채용과 관련한 특별한 기준과 제한을 정하고 있는 경우 이를 준수해야 할 기업의 의무가 있다. 법에서 제한하고 있는 경우는 ① 채용시 남녀차별금지, ② 국가유공자 의무고용, ③ 장애인 의무고용, ④ 고령자 고용노력의무 및 연령차별금지, ⑤ 청년미취업자 고용의무(공공기관)[1]가 있다.

(1) 남녀고용평등(남녀고용평등과 일 · 가정 양립 지원에 관한 법률)

근로기준법에서는 근로조건에서의 차별만 금지하고 있으나 남녀고용평등과 일 · 가정 양립 지원에 관한 법률(이하 "고평법"이라 한다)에서는 근로관계형성 이전단계인 모집 · 채용에서의 차별도 금지하고 있다. 따라서 사용자는 근로자의 모집 · 채용에 있어서 여성에게 남성과 동등한 기회를 주어야 하며, 여성근로자를 모집 · 채용함에 있어서 직무의 수행에 필요로 하지 아니하는 용모 · 키 · 체중 등의 신체조건, 미혼조건 기타 고용노동부령이 정하는 조건을 제시하거나 요구해서는 아니된다(고평법 제7조).

(2) 국가유공자 의무고용(국가유공자 등 예우 및 지원에 관한 법률)

일상적으로 1일 20명 이상 고용하는 기업(대통령령으로 정하는 제조업체로서 200명 미만을 고용한 기업 제외, 취업지원 실시기관)은 전체 고용인원의 3~8% 이하의 범위에서 대통령령으로 정하는 대상업체별 고용비율 이상으로 취업지원 대상자를 우선 고용해야 하

---

1) 청년고용촉진 특별법 제5조【공공기관의 청년 미취업자 고용 의무】: 2014.1.1. 시행

① 「공공기관의 운영에 관한 법률」에 따른 공공기관과 「지방공기업법」에 따른 지방공기업 중 대통령령으로 정하는 공공기관과 지방공기업의 장은 매년 각 공공기관과 지방공기업의 정원의 100분의 3 이상씩 청년 미취업자를 고용하여야 한다. 다만, 구조조정 등 불가피한 경우로서 대통령령으로 정하는 사유가 있는 경우는 제외한다.

②~③ 생략

④ 고용노동부장관은 제1항에 따른 고용의무를 이행하지 아니한 공공기관과 지방공기업의 명단을 공표하여야 한다.

⑤ 정부는 제1항에 따른 청년미취업자 고용 실적을 「공공기관의 운영에 관한 법률」 제48조에 따른 경영실적 평가와 「지방공기업법」 제78조에 따른 경영평가에 반영하여야 한다.

며, 공공기관은 대통령령이 정하는 바에 따라 9%까지 고용비율을 확대할 수 있다(국가유공자 등 예우 및 지원에 관한 법률 제33조의2, 시행령 제53조).

국가보훈처장은 업체 등에 대하여 고용할 사람을 선택할 수 있도록 취업지원 대상자를 복수로 추천하고, 업체 등은 그 추천을 받은 날부터 10일 이내에 추천받은 사람 중에서 고용할 사람을 선택하여 국가보훈처장에게 통보해야 하며, 국가보훈처장은 취업지원 대상자를 지정하여 그를 고용하라는 보훈특별고용명령(고용명령 이전 고용예고)을 할 수 있다(국가유공자 등 예우 및 지원에 관한 법률 제34조). 보훈특별고용통지서를 받은 기업은 통지서를 받은 날로부터 30일 이내에 지정된 취업지원 대상자를 고용하여야 한다(국가유공자 등 예우 및 지원에 관한 법률 시행령 제55조). 만약 정당한 사유없이 이를 이행하지 않을 때에는 500만원 이하의 과태료에 처하게 된다(국가유공자 등 예우 및 지원에 관한 법률 제86조).

(3) 장애인 의무고용(장애인고용촉진 및 직업재활법)

상시 50명 이상의 근로자를 고용하는 사업주(건설업에서 근로자수를 확인하기 곤란한 경우에는 공사실적액이 고용노동부장관이 정하여 고시하는 금액 이상인 사업주)는 그 근로자의 총수(건설업에서 근로자수를 확인하기 곤란한 경우에는 대통령령으로 정하는 바에 따라 공사실적액을 근로자의 총수로 환산)의 100분의 5의 범위에서 대통령령으로 정하는 비율[2] 이상에 해당(그 수에서 소숫점 이하는 버린다)하는 장애인을 고용해야 한다(법 제28조 · 제28조의2, 시행령 제25조).

장애인 고용인원을 산정하는 경우 중증장애인 고용은 그 인원의 2배에 해당하는 장애인을 고용한 것으로 보되(장애인고용장려금 산정시에는 중증장애인 2배수 미적용), 소정근로시간이 대통령령으로 정하는 시간(1개월간 소정근로시간 60시간) 미만인 중증장애인은 제외한다(법 제28조의3, 시행령 제26조의2).

장애인고용부담금 = 해당 월 고용의무 미달인원 × 장애인 고용률에 따른 부담기초액 및 가산금액*

* 부담기초액 및 가산금액 : 고용노동부장관이 정하여 고시하되 고시하는 당해 연도 최저임금액의

---

2) 일반 기업 : 2.9%(2017년~2018년), 3.1%(2019년 이후)
공공기관 : 3.2%(2018년까지), 3.4%(2019년 이후)

60/100 이상이어야 하며, 장애인 고용률에 따라 부담기초액의 2분의 1 이내의 범위에서 가산할 수 있다. 다만, 장애인을 상시 1명 이상 고용하지 않은 달이 있는 경우에는 그 달에 대한 사업주의 부담기초액은 최저임금법에 따라 월단위로 환산한 최저임금액으로 한다.

※장애인 고용 부담기초액(고용노동부고시 제2017-76호, 2017.12.29.)

1. 부담기초액 : 945,000원
   장애인 고용의무 인원 대비 고용하고 있는 장애인 근로자 비율이 3/4 이상인 경우에 적용한다.
2. 장애인 고용률에 따라 가산한 부담기초액

장애인 고용의무 인원 대비 고용하고 있는 장애인 근로자 비율			
1/2 이상 3/4 미만	1/4 이상 1/2 미만	1/4 미만	장애인을 한명도 고용하지 않은 경우
1,001,700원	1,134,000원	1,323,000원	1,573,770원

-비율에 따른 인원에 소수점이 있는 경우 소수점 이하의 인원은 버림
-부담기초액 적용기간 : 2018.1.1.~2018.12.31.

장애인고용장려금＝[(장애인고용인원)－(장애인고용의무인원)]×지급단가*

* 장려금지급단가 : 고용노동부장관이 정한다(장애인고용장려금 지급기준, 고용노동부고시 제2017-98호, 2017.12.29.).

참 고

• 장애인고용촉진 및 직업재활법 •

제5조의2 【직장 내 장애인 인식개선 교육】 ① 사업주는 장애인에 대한 직장 내 편견을 제거함으로써 장애인 근로자의 안정적인 근무여건을 조성하고 장애인 근로자 채용이 확대될 수 있도록 장애인 인식개선 교육을 실시하여야 한다.
② 사업주 및 근로자는 제1항에 따른 장애인 인식개선 교육을 받아야 한다.
③ 고용노동부장관은 제1항 및 제2항에 따른 교육실시 결과에 대한 점검을 할 수 있다.
④ 고용노동부장관은 제1항에 따른 사업주의 장애인 인식개선 교육이 원활하게 이루어지도록 교육교재 등을 개발하여 보급하여야 한다.
⑤ 제1항 및 제2항에 따른 장애인 인식개선 교육의 내용 · 방법 및 횟수 등은 대통령령으로 정한다.
(본조신설 2017.11.28., 시행일 2018.5.29.)

(4) 고령자 고용평등(고용상 연령차별금지 및 고령자 고용촉진에 관한 법률)

상시 300명 이상 근로자를 사용하는 사업주는 기준고용율 이상 고령자를 고용하기 위해 노력해야 하는 의무가 있다(고용상 연령차별금지 및 고령자 고용촉진에 관한 법률 시행

령 제10조).[3] 여기서 고령자는 55세 이상인 자를 말하며 50세 이상 55세 미만인 자는 준고령자라고 한다(고용상 연령차별금지 및 고령자 고용촉진에 관한 법률 시행령 제2조).

고용상 연령차별금지 및 고령자 고용촉진에 관한 법률상의 고령자 고용의무는 법적 강제력이 없고 기준고용률 이상의 고령자를 고용하도록 노력하라는 규정이므로 이를 지키지 않아도 벌칙이 적용되는 것은 아니며 별도의 부담금을 납부하는 것도 아니다. 다만, 상시 300명 이상의 근로자를 사용하는 사업주는 매년 고령자 고용현황을 고용노동부에 제출해야 하고, 고용노동부장관은 상시 고용하는 고령자의 비율이 기준고용률에 미달하는 사업주에 대하여 고령자의 고용촉진 및 안정을 위하여 필요한 조치의 시행을 권고할 수 있다(고용상 연령차별금지 및 고령자 고용촉진에 관한 법률 제13조, 고용현황 및 이행계획 미제출시 500만원 이하 과태료).

또한 사업주는 다음의 경우에 대해 합리적인 이유없이 연령을 이유로 근로자 또는 근로자가 되려는 자를 차별해서는 안되며, 합리적인 이유없이 연령 외의 기준을 적용하여 특정 연령집단에 특히 불리한 결과를 초래하는 경우에는 연령차별로 본다(고용상 연령차별금지 및 고령자 고용촉진에 관한 법률 제4조의4).

① 모집 · 채용
② 임금, 임금 외의 금품 지급 및 복리후생
③ 교육 · 훈련
④ 배치 · 전보 · 승진
⑤ 퇴직 · 해고

다만, 다음의 경우에는 연령차별의 예외로 인정한다(고용상 연령차별금지 및 고령자 고용촉진에 관한 법률 제4조의5).

① 직무의 성격에 비추어 특정 연령기준이 불가피하게 요구되는 경우
② 근속기간의 차이를 고려하여 임금이나 임금 외의 금품과 복리후생에서 합리적인 차등을 두는 경우
③ 법률에 따라 근로계약, 취업규칙, 단체협약 등에서 정년을 설정하는 경우

---

3) 고령자 기준고용률(고용상 연령차별금지 및 고령자 고용촉진에 관한 법률 시행령 제3조)
- 제조업 : 그 사업장의 상시근로자수의 100분의 2
- 운수업, 부동산 및 임대업 : 그 사업장의 상시근로자수의 100분의 6
- 위 외의 산업 : 그 사업장의 상시근로자수의 100분의 3

④ 법률에 따라 특정 연령집단의 고용유지·촉진을 위한 지원조치를 하는 경우

사업주가 모집·채용에서 합리적인 이유없이 연령을 이유로 차별한 경우에는 500만원 이하의 벌금에 처하게 된다(고용상 연령차별금지 및 고령자 고용촉진에 관한 법률 제23조의3).

연령차별을 당한 자는 국가인권위원회에 진정할 수 있고, 그 진정결과 구제조치 등을 권고함에 따라 고용노동부장관이 사업주에 대해 시정명령을 한 경우 이를 이행하지 않을 때에는 3천만원 이하의 과태료에 처하게 된다(고용상 연령차별금지 및 고령자 고용촉진에 관한 법률 제4조의7·제24조).

참 고

• 법정 정년 보장 •

종전 고용상 연령차별금지 및 고령자 고용촉진에 관한 법률은 60세 정년을 의무화하지 않았으나(노력규정), 개정법(2013.5.22. 개정)에 의하여 사업주는 근로자의 정년을 60세 이상으로 정해야 하며, 근로자의 정년을 60세 미만으로 정한 경우에는 정년을 60세로 정한 것으로 인정된다(법 제19조).[4]

개정법에 따라 정년을 연장하는 사업 또는 사업장의 사업주와 근로자의 과반수로 조직된 노동조합(근로자의 과반수로 조직된 노동조합이 없는 경우에는 근로자의 과반수를 대표하는 자를 말한다)은 그 사업 또는 사업장의 여건에 따라 임금체계 개편 등 필요한 조치를 해야 하며(법 제19조의2), 고용노동부장관은 임금체계 개편 등 필요한 조치를 한 사업 또는 사업장의 사업주나 근로자에게 대통령령으로 정하는 바에 따라 고용지원금 등 필요한 지원 및 임금체계 개편 등을 위한 컨설팅 등 필요한 지원을 할 수 있다.

한편, 상시 300명 이상의 근로자를 사용하는 사업주는 매년 정년 제도의 운영 현황을 고용노동부장관에게 제출해야 하며, 고용노동부장관은 제1항에 따른 사업주로서 정년을 현저히 낮게 정한 사업주에게 정년의 연장을 권고할 수 있다(법 제20조). 정년제도 운영 현황을 제출하지 않을 경우에는 500만원 이하의 과태료에 처하게 된다.

고용상 연령차별금지 및 고령자 고용촉진에 관한 법률

제19조【정년】① 사업주는 근로자의 정년을 60세 이상으로 정하여야 한다. (2013.5.22. 개정)
② 사업주가 제1항에도 불구하고 근로자의 정년을 60세 미만으로 정한 경우에는 정년을 60세로 정한 것으로 본다. (2013.5.22. 신설)

제19조의2【정년연장에 따른 임금체계 개편 등】(2013.5.22. 신설) ① 제19조 제1항에 따라 정년을 연장하는 사업 또는 사업장의 사업주와 근로자의 과반수로 조직된 노동조합(근로자의 과반수로 조직된 노동조합이 없는 경우에는 근로자의 과반수를 대표하는 자를 말한

4) 시행일 : 300명 이상의 근로자를 사용하는 사업·공공기관(2016.1.1.), 상시 300명 미만의 근로자를 사용하는 사업·국가 및 지방자치단체(2017.1.1.)

다)은 그 사업 또는 사업장의 여건에 따라 임금체계 개편 등 필요한 조치를 하여야 한다.
② 고용노동부장관은 제1항에 따라 필요한 조치를 한 사업 또는 사업장의 사업주나 근로자에게 대통령령으로 정하는 바에 따라 고용지원금 등 필요한 지원을 할 수 있다.
③ 고용노동부장관은 정년을 60세 이상으로 연장하는 사업 또는 사업장의 사업주 또는 근로자에게 대통령령으로 정하는 바에 따라 임금체계 개편 등을 위한 컨설팅 등 필요한 지원을 할 수 있다.

제20조【정년제도 운영현황의 제출 등】① 대통령령으로 정하는 수 이상의 근로자를 사용하는 사업주는 고용노동부령으로 정하는 바에 따라 매년 정년 제도의 운영 현황을 고용노동부장관에게 제출하여야 한다.
② 고용노동부장관은 제1항에 따른 사업주로서 정년을 현저히 낮게 정한 사업주에게 정년의 연장을 권고할 수 있다.
③ 삭제
④ 제2항에 따른 권고를 정당한 사유없이 따르지 아니한 경우 그 내용을 공표할 수 있다.

참 고

• 임금피크제 도입 절차[5] •

01 사전준비

구분	내용
노사 간 공감대 형성	• 임금피크제 도입 필요성 공유 • 노사 공동의 TF팀 구성

02 현황분석

구분	내용
경영현황 분석	• 재무현황, 생산 및 판매현황, 생산가동률 등 분석
인력현황 분석	• 연령별·직급별 인력현황 및 인력구조 분석 • 채용·퇴직 현황분석 및 중장기 인력구조 변화 예측 • 인사제도 분석
임금체계 및 현황 분석	• 임금체계 및 임금구성항목 분석 • 연령별·근속연수별·직종별·직급별 임금수준 및 근로시간 분석 • 중장기 인건비 변화 예측
동종·유사 업종 기업사례 분석	• 동종·유사 업종 및 규모 기업 사례조사 및 분석
근로자 의견수렴	• 임금피크제 세부사항에 대해 근로자 대상 설문조사, 설명회 등을 통해 의견 수렴

5) '임금피크제·장년근로시간단축제 도입 안내서', 고용노동부, 2016.5.

03 제도설계

적용대상자 결정	• 임금피크제 적용을 받는 근로자 범위 결정
임금감액시점 결정	• 기존 정년 이전부터 임금 감액 또는 이후부터 임금 감액 등 임금감액 시점 결정
임금감액률 결정	• 일정비율을 단계적으로 감액 또는 적용시점에서 감액 후 계속 유지 등 임금감액 유형과 감액률 결정
근로조건 등 조정	• 퇴직급여, 복지 등에 대한 조정
직무・직책 등 조정	• 임금피크제 적용 대상자의 직무조사 및 평가 • 기존 직무・직책의 유지 또는 새로운 직무・직책 발굴을 통한 조정 등 결정

04 실행관리

관련규정 및 기타 제도 정비	• 단체협약취업규칙 등 개정
사후관리	• 인력현황, 임금현황 등을 지속적으로 모니터링 • 임금체계 및 인사제도 개편 추진

• 임금피크제 제도설계 •

구분	이슈	내용(예시)
임금피크제 대상	• 임금피크제 적용대상을 어떻게 할 것인가	• (유형 1) 전 직원에 대해 적용 • (유형 2) 특정 직종 직원에 대해 선택적으로 적용(생산직・사무직・연구직 등)
임금감액 유형	• 임금감액은 어떤 방법으로 할 것인가	• (유형 1) 단계적으로 임금감액 • (유형 2) 최초 임금감액 이후 임금수준 유지
임금감액 시점	• 임금감액 시점은 언제부터 할 것인가	• (유형 1) 기존 정년 이전부터 감액 • (유형 2) 기존 정년 이후부터 감액
임금감액률	• 임금감액률은 어느 정도 수준으로 할 것인가	• 인력현황, 임금체계 및 수준 등을 반영하여 기업에 적합한 감액률 설정
	• 감액 기준이 되는 임금은 어떻게 설정할 것인가	• (유형 1) 임금 총액을 기준으로 감액

		• (유형 2) 기본급 기준으로 감액 • (유형 3) 특정수당, 상여금 등을 기준으로 감액
근로조건 등 조정	• 임금피크제 적용대상자의 근로조건 및 복리후생을 조정할 것인가	• (유형 1) 근로조건 및 복리후생 유지 • (유형 2) 근로조건 및 복리후생 조정
	• 임금피크제 적용 이후 매년 발생하는 임금인상률 등 변동요소를 적용할 것인가	• (유형 1) 임금인상률 및 호봉승급분 반영 • (유형 2) 임금인상률 및 호봉승급분 미반영
직무 · 직책 등 조정	• 임금피크제 적용 대상자들의 담당 직무와 직책은 어떻게 조정할 것인가	• (유형 1) 직무 · 직책 유지 • (유형 2) 직무 · 직책 변경 • (유형 3) 새로운 직무개발, 별도 직군으로 분리

참 고

• 일자리 정책 5년 로드맵(2017.10.18. 일자리위원회 · 관계부처 합동) •

1. 기본방향

◇ 양질의 일자리 창출을 통한 '사람중심 지속성장 경제' 구현

○ 미래변화를 선도하여 일자리를 늘리고 불합리한 차별을 해소하여 일자리 질 개선

1 4차 산업혁명, 저출산 · 고령화 등 미래변화에 선제적 대응

○ 재정 · 세제 등 정책수단이 일자리효과로 이어지도록 국정시스템 재설계

○ 전직 · 실업에 대한 불안을 덜고 재취업 기회가 충분히 확보되도록 일자리 안전망을 선진국 수준으로 확충

○ 기업이 필요로 하고 혁신성장을 주도할 수 있는 인적자원을 공급하는 한편, 4차 산업혁명을 새로운 일자리 창출의 기회로 활용

2 상생형 생태계와 혁신성장기반 구축으로 지속가능한 일자리 창출

○ 혁신적 아이디어와 기술이 규제 · 자본의 부담 없이 창업 · 新산업 · 高부가서비스업 창출로 이어지는 일자리 생태계 조성

○ 제3섹터인 사회적경제를 활성화하여 새로운 일자리 돌파구 마련

○ 국민요구에 부응하는 공공서비스 제공에 필요한 현장인력을 확충하여 국가경쟁력과 민간부문 생산성 향상을 지원

[3] 노동시장 격차 해소와 근로조건 개선을 통해 일자리 질 제고

○ 비정규직 감축, 공정한 보상체계 구축 등 차별없는 일터 조성

○ 근로시간 단축으로 일・가정 양립 및 휴식이 있는 삶 보장

[4] 청년・여성・신중년 등 취업애로계층에 대한 맞춤형 지원

○ 대상별 맞춤형 정책대응을 통해 청년 고용애로*・여성 경력단절을 해소하고 新중년 인생 3모작 여건 조성

* 25~29세 청년인구 : 2017~2021년 38.8만명 증가(에코붐 세대효과), 2022~2026년 37.2만명 감소 → 향후 4~5년이 청년고용의 애로시기로 적극적인 정책대응이 절실

2. 로드맵 10대 중점과제

분 야		10대 중점과제	100개 세부 추진과제
일자리 인프라 구축		① 일자리 중심 국정운영 시스템 구축	12개
		② 일자리 안전망 강화 및 혁신형 인적자원 개발	10개
일자리 창출	공공	③ 공공일자리 81만명 확충	7개
	민간	④ 혁신형 창업 촉진	6개
		⑤ 산업경쟁력 제고 및 신산업・서비스업 육성	19개
		⑥ 사회적경제 활성화	6개
		⑦ 지역일자리 창출	10개
일자리 질 개선		⑧ 비정규직 남용 방지 및 차별없는 일터 조성	5개
		⑨ 근로여건 개선	9개
맞춤형 일자리 지원		⑩ 청년・여성・신중년 등 맞춤형 일자리 지원	16개

3. 근로여건 개선[6)]

◇ 임금을 소득주도 성장과 공정경제 실현의 출발점으로 접근

○ 최저임금 1만원 달성으로 내수확대・양극화 개선 기반 마련, 임금체불 등 기초고용질서 위반행위 근절

○ 임금체계 개편과 함께 이를 위한 인프라 구축에 주력

6) 일자리정책 5년 로드맵 10대 중점과제 중 '근로여건 개선'을 발췌하여 게재하였다.

◇ 주 52시간 근로를 확립하여 삶의 질을 개선하고 생산성 제고

○ 일 · 생활 균형을 위해 근로시간제도를 개선하고, 휴일 · 휴가제도 개편

* 연간 평균근로시간 : (2016년) 2,052 → (2022년) 1,890시간

◇ 산업재해를 획기적으로 감축할 수 있도록 원청의 책임 강화, 高유해 · 위험작업 도급금지 등 추진

* 사고사망율(만인당) : (2016년) 0.53 → (2022년) 0.37

◇ 사회적 대화를 활성화하고, 노동존중사회 기본계획 수립 추진

1 최저임금 1만원 달성 추진 및 제도개선

○ 최저임금 1만원 달성과 병행하여 소상공인 · 영세기업 부담 완화방안 강구

- 최저임금 인상으로 영세 소상공인의 고용이 위축되지 않도록 일자리 안정자금 신설*, 고용연장지원금 확대** 등 추진

* 총 2조 9,708억원, 최저임금 120% 이하 노동자 1명당 月13만원 지원

** 지원기간 연장(2017→2020년), 분기당 지원금액 확대 : (2017년)18만원→(2020년)30만원

○ 최저임금 산입범위 조정, 가구 생계비 반영 등 제도개선방안 논의 · 추진(최저임금委제도개선 TF)

- 최저임금 준수율 제고를 위해 현장지도, 자율적 근로조건 개선 지원, 명단공개 · 신용제재 등 강화

⇨ '최저임금 제도개선방안' 마련(2018.上)

○ 소상공인 생업안전망 확충과 영세한 소상공인 보호를 위해 생계형 적합업종 특별법 제정(2017.4/4~)

2 임금체불 근절 및 체불노동자 보호

○ 임금체불 사업주 제재를 강화하고 근로감독 확대

- 상습체불 사업주는 체불금 외 징벌적 배상제도(예 : 체불금액 3배 이내)를 신설하고, 미지급 임금 지연이자제 적용 확대(퇴직 · 실직자 → 재직자 포함)
- 근로감독관 증원과 연계하여 근로감독대상 사업장을 확대(2017→2022년, 2→10만개)하고, 정부합동TF등 최저임금 · 임금체불 전담체계 마련

○ 정부 · 공공기관이 발주하는 노무용역 계약에서 임금체불이 발생하지 않도록 노무비계좌 구분관리제도* 도입

* 계약금액 중 노무비를 별도계좌로 지급하고 집행내역을 발주처가 확인

○ 체당금 제도확충 및 관련업무 효율화 등 체불 노동자 보호강화

- 체당금 지급요건 완화, 지급기간 단축 등 체당금 제도를 개선하여 임금체불에 따른 노동자 생계보호 강화

– 현재 분산되어 있는 체불청산 · 추심업무의 일원화, 원스톱지원을 위한 전담조직(가칭 '임금채권보장기구') 신설 추진

○ 체불이 심각한 건설분야에는 대금지급관리시스템, 임금지급 보증제, 적정임금제 등을 도입하여 체불방지 추진(2018년~)

⇨ '임금체불 근절 및 근로감독 혁신방안' 마련(2017.4/4)

3 공정임금 체계 확립

○ 직무와 능력에 따라 공정하게 보상받는 임금체계 확산

– 산업별 인적자원개발위원회, 업종별 협회 등을 활용, 업종 · 산업별 직무평가 표준안 개발 · 보급

– 직종 · 직급별 임금수준 분석, 임금분포 공시제* 등 기업이 자율적으로 임금격차를 해소할 수 있도록 임금정보 인프라 확대

* 노동시장 파급효과, 노동자 간 이해 상충, 기업 부담 등을 종합적으로 고려, 기업의 직종별, 고용형태별, 성별 등 임금분포 공시

○ 적극적 고용개선조치의 적용 사업장 확대(지방공기업 등 추가) 및 임금분포 공시제와 연계한 성평등 임금공시제 도입 추진

⇨ '공정임금 및 공정거래질서 구축 정책패키지' 마련(2018.下)

○ 공공기관의 임금체계를 직무중심 체계로 개편 추진

– 동일가치노동 · 동일임금 원칙을 확립하고, 노력 · 성과 · 보상간 연계성을 강화하여 공정성 제고

* 실태조사 · 추가연구 등을 거쳐 관련 이해관계자와 충분한 협의를 통해 합의 도출

– 전문성, 책임성 등 업무적 특성에 따라 직급을 구분하고, 기관특성에 따른 직무분석 및 세분화

* 공공행정 부문 직무평가 표준안 개발(2017년) 및 직종 · 직급별 임금수준 분석

○ 자치단체 생활임금제 확산을 추진하고, 시중노임단가의 공공계약 반영 강화

– 「용역근로자 근로조건 보호지침」 내용의 계약예규 반영, 위반업체에 대한 입찰참가 제한기간 연장 등 제도개선 추진

4 주 52시간 근로 명확화

○ 휴일 포함 근로시간을 주 52시간으로 명확히 규정하고 적용 확대(2017년~)

– 연장근로 한도가 적용되지 않는 특례업종을 최소화*하고 특례업종에 대해 주 60시간 상한, 연속휴식시간 보장 등 추진

* 광고업, 금융보험업 등 특례 유지필요성이 낮은 16개 업종 제외(26→10개 업종)

– 1차 산업 등 근로시간 적용제외 업종 및 4인 이하 사업장에 대한 근로시간제도 개선

방안 마련

○ 주 52시간 근로 정착을 위한 지도 · 감독 강화(2017년~)

- 장시간 근로 업종과 특례업종 등 예외 부문을 중심으로 지도 감독 확대(지방관서별 점검단 구성 등)
- 장시간 근로, 임금 과소지급의 수단이 되는 포괄임금제 규제 가이드라인을 마련(2017년)하고 지도 · 감독 강화

○ 근로시간 단축에 따른 중소기업 · 노동자 부담 완화 지원

5 일 · 생활 균형 근로문화 확산 및 근로시간 혁신

○ 근로시간 혁신을 위한 법 · 제도 개선 추진(2018년~)

- 초과근로를 적립해 노동자가 원하는 시기에 휴가로 대체 활용 가능한 근로시간 저축휴가제 도입
  * 정부기관은 초과근무 보상휴가제 도입(예 : 초과근무 8시간당 연가 1일 부여)
- 노동자의 상황(육아, 돌봄, 학업, 훈련 등)에 따라 근로시간을 조절할 수 있도록 '근로시간 단축 청구권' 확대 추진
  * 단축사유 범위, 사용자 의무 및 거부 사유, 전일제 근로 복귀권 등 종합 검토
- 근로시간을 단축해 신규고용을 늘린 기업의 기존인력 소득 감소 보완을 위해 근로시간 나누기 내일채움공제 신설

○ 휴일 · 휴가제도 개편, 근로문화 개선 등 노동자 휴식권 보장(2018년~)

  * (예) 민간부문 공휴일 적용, 연차휴가 2주 연속사용, 최소 휴식시간제 보장 등

- 민관합동* 「근무혁신 10대 제안」 캠페인** 등 '일 · 생활 균형'실현을 위한 근로문화 확산
  * (중앙) 일가정양립 민관협의회 / (지역) 일 · 생활 균형 지역추진단 등
  ** ① 정시 퇴근 ② 퇴근 후 업무연락 자제 ③ 유연한 근무 ④ 연가사용 활성화 등

⇨ '휴일 · 휴가제도 개편방안' 마련(2018.上)

6 중대재해 예방 등 산업안전 혁신

○ 산업안전보건 체계 혁신을 통해 산재 사고로 인한 사망자 감소 추진

  * 최근 5년 간 산재 사고 사망자수 5,140명

- 위험의 외주화 방지를 위해 수은 제련 등 高유해 · 위험작업 도급 금지(2017.4/4)
- 원청의 책임을 강화*하여 하청노동자 보호 강화(2017.4/4)
  * 안전관리 책임 확대(22개 장소 → 모든 장소), 위반시 하청사업주와 동일하게 처벌
- 사망사고 발생시 징역형에 하한 도입, 법인 벌금형 가중(2018년)
- 대형 인명사고 발생 시 재발방지를 위해 조사위원회 운영(2017.4/4)
- 건설업종 사망자 감소를 위한 발주자 안전관리 책임 강화(2018년)

ㅇ노동자의 정신건강 영역까지 안전보건 보호영역 확대
- 감정노동자 건강보호 가이드라인 보급 및 보호법안 제정 추진(2017.4/4)
- 산업재해로 인한 노동자의 트라우마 관리방안 시행(2017.4/4)

7 노사정 대화 활성화 및 노동존중사회 기본계획 수립

ㅇ노동존중사회 논의를 위한 사회적 대화기구 정비
- 노사정위원회 논의의제 확대, 운영체계 개편방안 마련
- 주요 현안·과제* 중심으로 의제별 업종별 위원회 활성화 등을 통해 노사정 대화를 집중적으로 추진

  * (예) 노동시장 격차 개선방안, 4차 산업혁명에 따른 고용형태 다양화 등

ㅇ지역 내 노사협력 사항의 논의·실천을 위해 지역 노사정간 대화 활성화
- 지역노사민정협의회를 활용, 지역여건을 고려한 적정임금·근로시간 등 논의 및 현장 확산 지원(2018년~)

  * (구성) 지역노사, 시민단체, 학계, 지역관서장 등 10~15명(위원장 : 자치단체장)
  (의제) 지역 고용전략 및 주요현안 논의·의결 (설치) 147개소(광역 17, 기초 130)

- 지역 실정에 맞는 모델을 발굴할 수 있도록 고용·산업구조 실태조사, 노사민정 협의 지원 등 전문기관 컨설팅 확대

ㅇ노동존중사회 기본계획 수립 추진(2018년)
- 노동기본권 신장을 위한 노사관계 법·제도 개선 추진
- 중소·영세기업 노동자 권익 보호를 위한 종합 개선방안 마련
- 강제노동(제29호·제105호), 결사의 자유 및 단결권·단체교섭권 보호(제87호·제98호) 등 ILO 핵심협약 비준 추진
- 공기업·준정부기관 노동이사제 도입 및 경찰·소방공무원의 직장협의회 설립 허용 추진
- 학교 중심의 노동인권교육 활성화 등 근로권익에 대한 인식 제고 및 사전 예방 도모

  * 중·고등 정규 교육과정에 노동권 반영(2018년 검정 교과서 적용 예정), 청소년 근로권익 및 인프라 확대

⇨ 노사정이 협의한 의제를 바탕으로 대화를 통해 '노동존중사회 기본계획' 마련 (2018.下)

2. 근로계약이란 근로자와 사용자가 근로관계의 제반기준을 정한 계약이다

근로계약이란 근로자가 사용자에게 근로를 제공하고 사용자는 이에 대하여 임금을 지급함을 목적으로 체결된 계약을 말한다(근기법 제2조). 여기에서 사용자는 사업주 또는 대표이사를 의미하며 근로자는 근로를 제공하려는 본인이어야 하며 대리체결은 무효가 된다. 특히 미성년자의 경우에도 근로계약은 반드시 미성년자 본인이 친권자나 후견인의 동의를 얻어 직접 체결하여야 효력이 발생한다(근기법 제67조).[7)]

참 고

• 근로계약과 구별되는 개념 •

① 도급계약

도급은 당사자 일방(수급인)이 어떤 일을 완성할 것을 약정하고 상대방(도급인)이 그 일의 결과에 대하여 보수를 지급할 것을 약정함으로써 성립하는 계약이다(민법 제664조). 여기에서 일의 완성이라 함은 노무에 의하여 일정한 결과를 발생하게 하는 것을 말한다. 즉 일의 완성과 보수가 대가관계에 있고 도급인은 완성된 결과에 대해서만 보수를 지급한다는 것을 의미한다.

② 위임계약

위임은 당사자 일방이 상대방에 대하여 사무의 처리를 위탁하고 상대방이 이를 승낙함으로써 그 효력이 성립하는 계약이다(민법 제690조). 예컨대 해고사건에 대하여 공인노무사에게 위탁하고 공인노무사는 이를 성실하게 업무를 처리하는 경우를 위임계약의 전형으로 볼 수 있다.

③ 파견계약

파견계약이란 파견사업체가 고용한 근로자를 사용사업체의 지휘・감독하에 근로를 시키고 그에 대한 대가로서 사용사업체로부터 파견료를 지급받는 고용형태이다. 근로자파견의 가장 큰 특징은 근로자가 이중적인 지위에 서게 된다는 점이다. 파견근로자보호 등에 관한 법률(이하 "파견법"이라 한다)에서는 "파견사업주가 근로자를 고용한

---

7) 근로기준법 제67조 【근로계약】
① 친권자나 후견인은 미성년자의 근로계약을 대리할 수 없다.
② 친권자, 후견인 또는 고용노동부장관은 근로계약이 미성년자에게 불리하다고 인정하는 경우에는 이를 해지할 수 있다.
③ 생략

> 후 그 고용관계를 유지하면서 근로자파견계약의 내용에 따라 사용사업주의 지휘 · 명령을 받아 사용사업주를 위한 근로에 종사하게 하는 것"이라고 정의하고 있다(파견법 제2조 제1호).

근로계약은 근로자와 사용자간의 합의에 의하여 성립하며(구두계약도 가능) 특별한 방식은 필요하지 않으나 분쟁의 방지를 위해 서면으로 작성함이 바람직하며, 근로기준법상 근로조건 서면명시 의무사항은 반드시 서면으로 명시해야 한다.

3. 근로계약시 주요 근로조건은 반드시 서면으로 명시해야 한다

사용자는 근로계약 체결시에 근로자에 대하여 임금, 소정근로시간, 휴가 기타의 근로조건을 명시하여야 하며, 반드시 서면으로 명시해야 할 사항은 다음과 같고, 사용자는 근로자의 요구가 있을 때에는 이를 근로자에게 교부해야 한다(근기법 제17조).

① 임금의 구성항목 · 계산방법 · 지급방법
② 소정근로시간
③ 근기법 제55조에 따른 휴일 및 제60조에 따른 연차유급휴가에 관한 사항

한편 계약직근로자 또는 단시간근로자와 근로계약을 체결하는 때에는 다음 각 호의 모든 사항을 서면으로 명시해야 한다(위반시 500만원 이하의 과태료).

① 근로계약기간에 관한 사항
② 근로시간 · 휴게에 관한 사항
③ 임금의 구성항목 · 계산방법 및 지불방법에 관한 사항
④ 휴일 · 휴가에 관한 사항
⑤ 취업의 장소와 종사하여야 할 업무에 관한 사항
⑥ 근로일 및 근로일별 근로시간(단시간근로자에 한함)

참 고

• 근로기준법 •

제17조 【근로조건의 명시】 사용자는 근로계약을 체결할 때에 근로자에게 임금, 소정근로시간, 제55조에 따른 휴일, 제60조에 따른 연차유급휴가, 그 밖에 대통령령으로 정하는 근로조건을 명시하여야 한다. 이 경우 임금의 구성항목 · 계산방법 · 지급방법, 소정근로시간, 제55조에 따른 휴일 및 제60조에 따른 연차유급휴가에 관한 사항은 서면으로 명시하고 근로자의 요구가 있으면 그 근로자에게 교부하여야 한다.

또한 사용자는 이 법과 이 법에 의한 대통령령의 요지와 취업규칙을 근로자가 자유로이 열람할 수 있는 장소에 항상 게시하거나 갖추어 두어 근로자에게 널리 알려야 한다(근기법 제14조 제1항).

참 고

• 고용노동부 표준근로계약서 •

근로계약서

__________(이하 "사업주"라 한다)과(와) __________(이하 "근로자"라 한다)은 다음과 같이 근로계약을 체결한다.

1. 근로계약기간 : ______년___월___일부터 ______년___월___일까지
   ※근로계약기간을 정하지 않는 경우에는 "근로개시일"만 기재
2. 근무장소 :
3. 업무의 내용 :
4. 소정근로시간 : __시 __분부터 __시 __분까지(휴게시간 : 시 분~ 시 분)
5. 근무일/휴일 : 매주 __일(또는 매일단위) 근무, 주휴일 매주 __요일
6. 임금
   - 월(일, 시간)급 : ____________________원
   - 상여금 : 있음 ( ) ____________________원, 없음 ( )
   - 기타급여(제수당 등) : 있음 ( ), 없음 ( )
     • ____________________원, ____________________원
     • ____________________원, ____________________원
   - 임금지급일 : 매월(매주 또는 매일) __일(휴일의 경우는 전일 지급)
   - 지급방법 : 근로자에게 직접지급 ( ), 근로자 명의 예금통장에 입금 ( )

7. 연차유급휴가

연차유급휴가는 근로기준법에서 정하는 바에 따라 부여한다.

8. 근로계약서 교부

사업주는 근로계약을 체결함과 동시에 본 계약서를 사본하여 근로자의 교부요구와 관계없이 근로자에게 교부한다(근로기준법 제17조 이행).

9. 기타

이 계약에 정함이 없는 사항은 근로기준법령에 의한다.

년 월 일

(사업주) 사업체명 : (전화 :)

주 소 :

대 표 자 : (서명)

(근로자) 주 소 :

연 락 처 :

성 명 : (서명)

참 고

• 근로계약서 sample •

근로계약서

사용자 (이하 "회사"라 한다)과 근로자 (이하 "직원"이라 한다)는(은) 다음과 같이 근로계약을 체결하고 상호 성실히 준수할 것을 서약한다.

제1조(근로계약기간)

(정규직으로 채용하는 경우) "직원"의 근로계약기간은 년 월 일 부터로 정년까지로 한다.

(계약직으로 채용하는 경우) "직원"의 근로계약기간은 년 월 일 부터 년 월 일까지로 하되, 근로계약기간이 만료되면 근로계약은 종료된다.

제2조(근무장소 및 업무 내용)

"직원"의 근무장소는 "회사" 소재지(회사 사업장이 여러 곳이면 특정 사업장 명시)이며, 근무부서 및 업무 내용은 ______ 팀(부) ______ 업무 이다. 다만, "회사"는 업무형편을 고려하여 상호 협의하에 "직원"의 근무장소 또는 근무부서 및 업무를 변경할 수 있다.

제3조(근로시간 및 휴게)
① "직원"의 소정근로시간은 1일 8시간, 1주 40시간을 원칙으로 하며, 1일 근로시간은 09시 00분부터 18시 00분까지로 한다.
② 전항의 근로시간 중 1시간의 휴게시간(12시 00분부터 13시 00분까지)을 부여한다. 다만, 부서 운영 및 업무사정에 따라 휴게시간을 변경하여 운영할 수 있다.
③ "회사"는 업무상 필요한 경우 "직원"에 대해 연장, 야간, 휴일근무를 명할 수 있다.

제4조(휴일 및 휴가)
① "회사"는 "직원"이 1주 동안의 소정근로일을 개근한 경우 1일의 주휴일을 부여한다.
② "회사"는 "직원"에게 근로기준법에서 정하는 바에 따라 연차유급휴가를 부여 한다.
③ 기타 휴일 및 휴가는 "회사"의 규정에 따른다.

제5조(임　　금)
① "직원"의 월급여 총액은 　　　　　　　원으로 하며, 구체적인 임금의 구성항목 및 계산방법은 다음과 같다.(이하 구체적인 내용 명시, 별도 연봉계약서에 의할 경우에는 "별도 연봉계약에 따른다."고 명시)
② "회사"는 "직원"의 임금을 매월 00일(휴일인 경우는 전일 지급) 본인 명의의 예금계좌로 입금 지급한다.

제6조(복무의무)
① "직원"은 부여된 업무를 성실히 수행하고 "회사"의 제규정을 준수하여야 한다.
② "직원"이 부득이한 사유로 사직하고자 하는 경우에는 사직을 원하는 날의 30일 이전에 사직서를 제출하고, "회사"가 정하는 업무인수인계를 성실히 이행하여야 한다.
③ "직원"이 업무수행 중 지득한 비밀은 재직 중 또는 퇴직 후에도 누설하여서는 아니되며, "회사"의 허가없이 문서나 물품 등을 반출하거나 타인에게 열람 또는 인도하여서는 아니 된다.

제7조(근로계약의 해지 사유)
"직원"이 다음 각 호의 사유에 해당하는 경우에는 근로계약을 해지할 수 있다.
1. 채용결격 사유가 발생된 경우
2. 신체 또는 정신상의 장애로 직무를 담당할 수 없다고 판단되는 경우
3. 기타 "회사" 제규정에서 정한 근로계약 해지 사유에 해당되는 경우

제8조(기　　타)
① 본 계약에 명시되지 않은 사항은 근로기준법과 "회사"의 제규정에서 정한 바에 따른다.
② 본 계약의 내용을 증명하기 위하여 계약서 2부를 작성하여, "회사"와 "직원"이 서명 또는 날인한 후 각 1부씩 보관한다.

20 . . .

"회사" 대표자 (인)

"직원" 주 소 :
연 락 처 :
성 명 : (인)

참 고

• 전자근로계약서 작성으로 인정되는 경우 예시[8] •

- 사내전산망, 인터넷 구인·구직 사이트 등에 마련된 근로계약서 작성프로그램을 이용하여 작성
- 수기(手技), 한글 프로그램 등으로 작성한 근로계약서를 PDF, 사진 파일 등으로 전자화하여 저장(전자화문서)

4. 근로계약시 법으로 금지되는 계약을 약정해서는 안된다

(1) 위약금 또는 손해배상액의 예정

근로기준법 제20조에서는 근로계약을 체결함에 있어 근로자가 근로계약을 이행하지 않을 때 손해발생 여부 및 손해액과 관계없이 위약금을 물거나 손해배상액을 예정하는 계약을 체결하지 못하게 하고 있다. 위약금이란 근로자가 근로계약상의 의무를 이행하지 않을 경우 사용자에게 일정액을 지불하도록 약정하는 금액이다. 또한 손해배상액의 예정이라 함은 근로계약을 이행하지 않았을 때 배상해야 할 손해액을 실제 손해와 관계없이 미리 정하는 것을 말한다. 이러한 위약금과 손해배상액의 예정은 간접적으로 근로자를 강제 근로시킬 위험이 있으므로 이를 금지하고 있는 것이다. 다만, 위 규정이 근로

8) '전자근로계약서 활성화를 위한 가이드라인', 고용노동부, 2016.8.

자의 불법행위 등으로 사용자에게 손해가 발생했을 때 손해배상의 청구까지 금지하는 것은 아니다.

한편, 회사가 근로자에게 교육, 연수를 시켜주면서 의무적으로 몇년간 복무해야 한다는 의무복무기간을 설정하는 경우가 있는데 의무복무기간의 설정이 교육 및 연수비 반환 유예기간으로서의 의미를 갖는 경우(예 의무복무기간을 근무하지 않을 경우 교육 및 연수비를 반환해야 한다는 약정)에는 의무복무기간 약정은 유효한 것으로 인정된다.

Q&A

회사에서는 직원들에 대해 3개월간의 해외연수를 시행하면서 회사는 이 기간 동안 연수비, 체류비, 임금 등 일체의 지원을 하고 있음. 이에 회사는 해외연수기간을 마친 직원들과 의무복무서약을 하려고 하는데 이러한 서약이 법적으로 문제되지 않는지

근로기준법 제20조는 사용자로 하여금 근로자에 대하여 근로계약 불이행에 대한 위약금 또는 손해배상액을 예정하는 계약을 체결하지 못하도록 하고 있다. 따라서 회사는 일정기간 동안 계속근로하지 않을 경우 얼마를 손해배상한다는 등의 근로계약을 체결함으로써 근로자의 강제근로를 강요할 수는 없다. 이때 금지되는 계약은 '배상액의 예정'이므로 실제로 근로자가 사용자에 대한 채무불이행 또는 불법행위로 손해가 생긴 경우 실제 손해액에 대해서 배상을 청구하는 것을 금하는 것은 아니다.

위약예정금지와 관련하여 회사에서 비용을 부담하여 직원에 대해 위탁교육을 시키고 그 직원에 대해 일정한 의무복무기간 이상 근무하지 않을 경우 해당 교육비용의 전부 또는 일부를 상환하도록 약정한 경우 그 약정이 유효한가의 문제가 발생한다.

이에 대해 판례는 해외연수나 국내연수를 통해 근로자를 교육시키는 경우 회사가 교육비를 지원하는 대신 근로자가 일정기간을 의무적으로 근무해야 한다는 계약은 근로기준법상 위약예정금지규정을 위반한 것으로 보지는 않는다. 왜냐하면 의무복무기간이 교육비반환채무의 면제기간을 정한 것으로 보아 근로자가 교육비를 반환하든지 아니면 의무복무를 하든지를 선택할 수 있도록 한 것으로 보기 때문이다.

따라서 당사자간의 약정 또는 취업규칙에 의해 해외연수나 국내연수를 받은 직원이 의무복무기간을 채우지 못하고 사직한 경우에는 그 약정에 따라 교육비용을 반환하도록 청구할 수 있지만, 이때 교육기간 중 지급된 임금은 반환하여야 할 금액에 포함되지 않는다고 본다. 그러므로 만약 교육기간 중의 임금까지 반환하기로 약정하였다면 그 부분에 대하여는 무효가 될 수 있다.

그러나 회사에서 교육비를 부담한 것에 대해 특별한 조건이나 규정이 없고, 근로자가 교육비를 지원받을 때 조건(의무복무기간이나 교육비 반환 등)에 대해 약정한 바 없다면 회사가 갑자기 교육비 반납을 요구하기는 어렵다고 생각된다.

✍ 참조 : 대법원 2001다53875, 2004.4.28.; 근기 68207-3229, 2000.10.18.; 대법원 95다24944·24951, 1996.12.6.; 대법원 91다26232, 1992.2.25.

(2) 전차금 상계의 금지

근로기준법 제21조에서는 근로자의 신분이 부당하게 오랫동안 구속되고 근로자로 하여금 불리한 근로조건을 감수하게 하는 것을 방지하기 위해 전차금 또는 전대채권과 임금을 상계하지 못하도록 하고 있다. 여기에서 전차금이라 함은 근로계약을 체결할 때 또는 그 후 근로를 제공할 것을 조건으로 하여 사용자로부터 금전을 빌린 뒤 앞으로 임금에서 반환할 것을 약속한 금전을 말한다. 전대채권은 전차금 외에 근로자 또는 그 친권자 등에게 지급되는 금전으로서 전차금과 동일한 목적을 가지는 것을 말한다. 다만, 가불임금에 대한 상계는 근로자의 편의를 위한 것이므로 법에서 금지하는 전차금 상계에 해당하지 않는다.

Q&A

근로자에게 주택자금을 융자해 주면서 이를 매월 임금에서 일부씩 갚기로 하였음. 이 경우 전차금 상계금지에 해당해 위법한 것인지

근로기준법에서 금지하고 있는 '전차금 그 밖에 근로할 것을 조건으로 하는 전대채권과 임금의 상계금지'의 취지는 근로자의 사용자에 대한 채무와 임금을 분리함으로써 근로자의 강제근로를 방지하고 실질임금을 보호하는 데 있으므로 근로자의 사용자에 대한 채무발생 사유가 근로자의 복리후생을 목적(주택자금 융자, 학자금 융자 등)으로 하고 있어 근로자가 융자금을 매월 임금의 일부를 통해 갚아가는 것이 근로자에게 불이익한 경우라고 볼 수 없다면 이는 근로기준법에서 금지하고 있는 전차금 상계에 해당하지 않을 것으로 판단된다.

(3) 강제저금의 금지

근로기준법 제22조에서는 근로자의 강제근로를 방지하기 위해 사용자가 강제로 근로자에게 저축에 가입하도록 하는 계약을 체결하지 못하도록 하고 있다. 그러나 근로자의 자유의사에 의해 사용자에게 위탁으로 저축을 관리하는 것은 가능한데, 이 경우 사용자는 저축의 종류·기간 및 금융기관을 근로자가 결정하고 근로자 본인의 이름으로 저축

하여야 하며, 근로자가 저축증서 등 관련 자료의 열람 또는 반환을 요구할 때에는 즉시 이에 따라야 한다.

5. 근로계약의 특수한 사례에 대한 법적 기준을 이해할 필요가 있다

(1) 수 습

수습이란 정식채용을 전제로 근로자의 근무능력 향상 및 조직적응을 위하여, 근로자의 업무능력을 판단하기 위하여 실무를 배우고 익히는 기간을 두는 제도이다.

수습은 근로계약의 체결 이후 일정한 기간을 설정한다는 점에서 근로기준법이 전면적으로 적용되며, 다만 해고사유가 정규근로자에 비해 보다 넓게 인정되고, 수습이라는 특수성을 고려해 임금을 감액해 지급할 수도 있으며, 수습근로자로서 3개월 미만 근로자는 근로기준법상의 해고예고규정이 적용되지 않고(근기법 제35조), 수습기간은 평균임금계산시 제외된다(근기법 시행령 제2조).

수습기간은 3개월 미만으로 설정하는 것이 일반적인데 그 기간이 법에 정해져 있는 것은 아니므로 업무상 필요에 따라 그 기간을 단축 또는 연장할 수도 있을 것이다. 다만, 정식채용 전단계라는 근로자의 불안정한 지위를 고려할 때 그 기간이 과도하게 장기간이 되어서는 안 될 것이다.

Q&A

3개월을 초과한 수습기간의 효력

수습 및 수습기간에 대해서는 법에서 정하고 있는 규정이 없으므로 회사는 수습제도를 두어야 할 업무상 필요성을 고려해 그 기간, 임금 등을 정해서 운영할 수 있을 것으로 판단된다. 일반적인 수습기간은 3개월이지만 수습근로자가 담당해야 할 업무의 양과 질 등을 고려해 그 기간을 책정하였다면 그 기간이 3개월을 초과할 수도 있을 것으로 판단되며, 다만 확정적인 근로계약이 유보되어 있는 수습근로자의 불안정한 지위를 고려하면 그 기간은 불필요하게 장기간이 되어서는 곤란할 것이다.

한편, 특별한 규정이 없는 한 수습기간은 역일상의 기간이라 할 것이지만(근기 01254-14914, 1991.10.10.), 수습기간을 정하면서 그 기간에서 제외되는 기간을 정했다면 그에 따를 수 있을 것으로 판단된다(예 3개월 수습기간 중 병가기간은 수습기간에서 제외하는 경우).

참조 행정해석

- 수습기간은 직무의 성질을 감안하여 사회통념상 인정되는 범위 내에서 단체협약이나 취업규칙으로 정한다 (근기 01254-221, 1993.2.9.)

  근로기준법은 제29조 제5호 및 동법 시행령 제11조에서 수습사용한 날로부터 3개월 이내인 근로자를 해고예고 예외대상자로 규정하고 있을 뿐 수습기간의 길이에 대하여는 규정한 바 없으므로 동 기간의 길이는 당해 직무의 성질을 감안하여 사회통념상 인정되는 범위 내에서 단체협약 또는 취업규칙 등에 정하면 될 것임.

  질의 내용으로 보아 귀 조합의 수습기간에 대하여는 인사규정 및 단체협약에 규정되어 있는 바, 동 협약에서 정한 수습기간의 길이가 3개월을 초과하였다는 이유만으로는 이를 근로기준법 위반으로 볼 수 없을 것임.

Q&A

회사 취업규칙은 수습기간에 대해 "수습기간은 3개월을 넘지 못한다"고 규정하고 있으나, 개별 근로자와의 근로계약을 통해 '3개월 수습기간 경과 후 1회에 한해 연장', '6개월간 실적 개선이 없을 경우 퇴사'를 명시해 운영하고 있는바, 이 근로계약의 효력 여부

근로기준법 제97조는 "취업규칙에 정한 기준에 미달하는 근로조건을 정한 근로계약은 그 부분에 관하여 무효로 하고, 무효로 된 부분은 취업규칙에 정한 기준에 의한다"고 규정하고 있어 취업규칙보다 불리한 근로조건을 정한 근로계약은 효력이 없다.

즉 취업규칙을 통해 회사 근로자 전체에게 적용되는 근로조건을 정한 경우 그에 미달하는 근로조건으로 사용자와 근로자가 합의했다 하더라도 그 합의의 효력이 인정되지 않는 것이다.

일반적으로 수습은 근로자가 회사에 적응할 수 있도록 하고, 근로자가 본업무를 맡기 전 담당업무를 수행할 수 있는 실무능력을 배양시키는 데 그 목적이 있다. 다만, 수습근로자의 불안정한 지위를 감안할 때 그 기간은 최소의 기간으로 운영하는 것이 바람직하다.

근로자 입장에서 수습기간은 근로계약이 체결되어 있는 상태이기는 하지만 정식업무를 담당하지 않는 불안정한 근로계약상태이기 때문에 이 기간의 장단, 연장가능성에 따라 근로조건의 유·불리가 결정되게 된다. 즉 수습기간이 짧을수록 근로자에게 유리하며, 연장가능성이 없는 경우가 근로자에게 더 유리하다 할 것이다.

따라서 수습기간과 관련한 현재 취업규칙의 규정이 개별 근로자와 체결한 근로계약보다 유리하므로 취업규칙에 미달하는 수습기간을 설정한 근로계약은 효력이 없을 것으로 판단된다.

만약 회사가 근로계약상의 수습기간을 운영하기 위해서는 현재의 취업규칙을 불이익변경해야 하므로, 근로기준법 제94조 제1항에 의해 '취업규칙을 불리하게 변경하기 위해서는 근로자의 과반수로 조직된 노동조합이나, 근로자 과반수의 동의를 얻어야' 가능할 것으로 판단된다.

근로계약이 무효가 되면 취업규칙의 기준에 의해 수습기간 3개월 이후에는 정식근로자이므로 수습기간이 3개월을 초과한 경우 3개월 이후부터는 정식직원으로 급여, 복리후생 등이 적용되게 된다.

Q&A

회사 규정에는 수습기간 중 또는 수습종료 시점에서 평가를 거쳐 채용을 거부할 수 있다는 조항이 있음. 이 조항을 적용함에 있어 전체 수습직원이 아닌 일부 직원만 선별적으로 수습평가를 해 본채용을 거부할 수 있는지

수습제도란 확정적인 근로관계를 맺기에 앞서서 정식채용을 전제로 하여 당해 근로자의 직업적 능력을 판단하기 위하여 실무를 배우고 익히는 기간을 두는 것으로서 확정적인 근로계약의 체결 여부를 일정 정도 유보하는 제도이기 때문에 그 제도 자체의 취지에 비추어 보아 수습기간이 만료되었을 경우 수습기간에 대한 평가결과 합리적인 이유가 있는 경우에는 당해 근로자의 채용을 취소할 수 있다고 보아야 할 것이며, 이를 취업규칙 등 관련 규정에 명시해 운영하고 있을 경우 위 규정에 따라 평가를 통한 채용취소가 가능하다고 보아야 할 것이다.

또한 근로자에 대한 평가는 사용자의 인사권으로 인정되고 있어 평가기준을 통해 평가한 결과를 기초로 근로관계 종료 여부를 판단하는 것은 그 평가기준이 사회통념상 현저히 부당한 경우가 아닌 이상 그 정당성을 인정받을 수 있을 것이다.

수습근로자에 대한 '선별적인 평가'가 정당하기 위해서는 우선 평가결과에 따라 근로자에게 불이익(해고)이 발생할 수 있다는 점에서 평가대상자 선정기준의 공정성을 갖추어야 할 것이며, 그렇지 않을 경우 근로자들이 평가의 형평성은 물론 평가결과에 대해서도 부정하면서 회사의 인사권 남용문제를 제기할 소지가 있을 것으로 판단된다.

결국 '평가결과'에 의해 수습근로자의 본채용 여부가 결정되기 때문에 위 평가는 수습근로자에게 매우 중요하다는 점을 고려하면 평가는 수습근로자 모두에게 적용하는 것이 형평성 및 인사권 남용 문제를 둘러싼 분쟁을 예방할 수 있고 나아가 평가의 정당성을 인정받을 수 있는 방법이라 판단된다.

✍ 참조 : 서울행법 2015구합5832, 2015.10.15.; 서울행법 2002구합18180, 2002.12.6.; 서울행법 2002구합7210, 2002.8.27.

(2) 채용내정

채용내정이란 회사가 필요로 하는 노동력을 미리 확보하기 위해 학교 졸업예정자에 대하여 일정한 기간이 경과한 후 졸업이라는 일정한 요건이 충족되면 채용할 것을 약정하는 등 조건이 붙은 불확정적인 계약을 의미한다.

판례는 채용내정이 확정된 것(채용내정통지)은 회사가 근로계약의 승낙의 의사표시를 한 것으로 보아 근로계약이 성립된 것으로 판단하고 있다.

참조 판례

▪ 채용내정통지는 근로계약의 승낙의 의사표시를 한 것으로 보아야 할 것이다

(서울고법 99나41468, 2000.4.28.)

근로계약이란 근로자가 사용자에게 근로를 제공하고 사용자는 이에 대하여 임금을 지급함을 목적으로 체결된 계약으로써 기본적으로 낙성, 불요식의 계약이라고 할 것이다. 그런데 위에서 본 바와 같이 이 사건의 경우처럼 대기업인 피고회사가 대학 졸업예정자들을 상대로 신입사원을 모집하는 것은 근로계약의 청약의 유인이라 볼 것이고, 피고회사가 신입사원 채용절차로써 정하고 요구하는 서류전형 및 면접절차에 원고가 응하는 것은 근로계약의 청약에 해당한다고 보아야 하며, 이에 따라 피고회사가 서류전형과 면접 및 신체검사를 거친 후 1997년 11월경 원고에게 최종합격통지를 한 이른바 채용내정통지는 이로써 근로계약의 승낙의 의사표시를 한 것으로 보아야 할 것이다. 따라서 가사 피고회사의 주장과 같이 원고가 취업하기 위해서는 소정의 근로계약서, 서약서 등의 서류를 작성해야 하는 절차가 남아있다 하더라도 이는 원고가 피고회사에 근무하기 시작하면서 제출해야 하는 형식적·부수적 절차에 지나지 않는다고 볼 것이다.

채용내정은 이미 근로계약이 성립된 상태이기 때문에 채용내정자가 근로를 시작하기 전에 회사가 본채용을 거부하거나 취소하는 것은 '근로계약 해지에 대한 회사의 일방적 의사표시'로 보아 근로기준법상의 해고에 해당한다고 보아야 할 것이며, 이 경우 해고는 근로자가 근로를 제공하지 않은 상태에서 이루어진다는 점에서 근로기준법 제24조의 '경영상 해고'에 해당된다 할 것이고, 경영상 해고의 4가지 요건을 모두 갖추었을 때 그 해고의 정당성이 인정될 수 있을 것이다(예 판례는 회사의 경영사정이 악화됨에 따라 채용내정자를 우선적으로 해고대상자로 선정해 해고한 것을 정당한 경영상 해고로 인정하기도 하였다[9]).

9) 서울고법 99나41468, 2000.4.28.

(3) 동종업계 취업금지 약정의 효력

최근 기술이 발전하고 지식중심의 산업사회로 전환되면서 근로자가 동종업계로 취업해서 기존 회사에서 습득한 지식을 사용하는 것을 우려해 채용시 동종업계 취업금지 계약을 요구하는 경우가 증가하고 있다.

이러한 동종업계 취업금지 계약은 근로자로 하여금 해당 업체에서만 일하도록 하는 결과를 발생시켜 강제근로를 금지하고 있는 근로기준법의 취지를 위반하는 것이 아닌지 논란이 될 수 있다. 이에 대해 판례는 원칙적으로는 영업비밀을 가지고 있는 자로 하여금 동종업체에 전직하는 것 자체를 금지시키는 것은 헌법상 직업선택의 자유에 반하는 것이지만, 영업비밀을 보호해야 할 합리적인 필요성이 있는 경우에는 영업비밀을 가지고 있는 자를 일정기간 동안 경쟁 동종업체의 동종제품 제조 · 판매 및 그 보조업무에 종사하지 못하게 하는 것 자체가 위법하다고 보지는 않고 있다.[10)]

동종업계 취업금지의 문제는 회사의 영업비밀 보호와 밀접하게 관련되어 있다는 점에서 부정경쟁방지 및 영업비밀보호에 관한 법률의 규정이 적용될 수 있을 것이며 동종업계 취업금지규정 자체가 금지되는 것은 아니지만 그와 같은 규정이 효력을 발생하기 위해서는 반드시 영업비밀이 보호받을 가치가 있는 것이어야 하며, 취업제한 기간이 합리적이어야 할 것으로 판단된다.

Q&A

영업비밀 보호를 이유로 한 동종업계 취업제한 계약의 효력

기술이 발전하고 지식중심의 산업사회로 전환되면서 기업 차원에서는 해당 사업체의 근로자를 교육하여 보다 나은 기술과 지식을 습득하게 하고자 교육 등 다양한 투자를 하지만 결국 해당 근로자가 동종업체로 취업해서 회사에서 습득한 지식을 사용하는 경우가 발생하는 것에 대한 우려가 높아지고 있다.

영업비밀이란 공연히 알려져 있지 아니하고 독립된 경제적 가치를 가지는 것으로써 상당한 노력에 의하여 비밀로 유지된 생산방법 · 판매방법 기타 영업활동에 유용한 기술상 또는 영업상의 정보를 말하며(부정경쟁방지 및 영업비밀보호에 관한 법률 제2조 제2호), ① 비공지성(불특정인이 알 수 있는 상태가 아님), ② 비밀성(통상적인 수단에 의해서는 용이하게 입수될 수 없음), ③ 유용성(생산 · 판매방법 기타 영업활동에 유용한 정보) 등의 특징

10) 대법원 96다16605, 1996.12.23.

을 가지고 있다.

문제는 이러한 영업비밀을 보호하기 위해 해당 근로자에 대해 일정기간 동안 동종업체 취업을 금지하도록 하는 계약이 강제근로를 금지하고 있는 근로기준법의 취지를 위반하는 것이 아닌지 여부이다. 이에 대해서는 다음의 몇 가지 사항을 종합적으로 판단하여야 할 것이다.

(1) 특정 영업비밀이 존재해야 한다.

비공지성, 비밀성, 유용성 등 영업비밀의 요건을 갖춘 보호해야 할 영업비밀이 존재하여야 할 것이다.

(2) 영업비밀을 소유하거나 소유할 가능성이 있어야 한다.

취업제한계약이 유효하기 위해서는 근로자가 영업비밀을 소유하거나 소유할 가능성이 있어야만 한다. 즉 해당 근로자가 회사의 임원이나 기술개발의 책임자 등으로 영업비밀을 개발했거나 영업비밀에 접근할 수 있는 사람이어야 할 것이다. 따라서 비밀제한 가능성이 적은 일반근로자와 취업제한계약을 체결하였다 하더라도 그 효력을 인정받기가 어렵다.

(3) 영업비밀에 대한 보호 노력이 있어야 한다.

회사에서 영업비밀을 보호하려는 노력이 있어야 한다. 즉 이러저러한 정보나 기술은 영업비밀로서 관리되어야 한다는 것을 공지시키고 비밀의 가치를 가능한 한 등급으로 정하고 직급이나 직무에 따라 비밀에 대한 접근을 통제하는 등의 노력이 있어야 할 것이다.

(4) 사용자와 종업원간 이익을 합리적으로 비교해야 한다.

문제의 영업비밀에 관하여 비밀을 유지함으로써 사용자가 얻는 이익과 종업원이 입는 불이익을 비교해야 한다는 뜻이다. 실제로 영업비밀을 갖고 있다고 하더라도 그 영업비밀이 사용자에게 별로 큰 의미가 없는 것인 데 반해 종업원에게는 생계를 유지하기 위한 중요한 수단이 되는 경우에는 그 영업비밀에 대해 종업원에게 비밀유지를 부과하기는 힘들 것이다.

(5) 최소한의 기간과 장소(직장)에 그쳐야 한다.

사용자의 영업비밀을 보호할 필요가 있다고 하더라도 그러한 계약은 근로자의 생존권이나 직업선택의 자유를 침해할 수 있으므로 최소한의 기간과 장소에 그쳐야 할 것이다. 취업제한 직장은 동종기업 또는 경쟁기업 일반에 취업을 금지하는 것은 부당하고 해당 비밀과 관련하여 동일한 제품이나 서비스를 제공하는 직장으로 한정하여 해석되어야 할 것이다.

결국 영업비밀을 보호하기 위하여 영업비밀을 가지고 있는 자를 일정기간 동안 경쟁 동종업체의 동종제품 제조·판매 및 그 보조업무에 종사하지 못하게 하는 것이 헌법상 직업선택의 자유를 본질적으로 침해하는 것이라고 볼 수는 없을 것이나, 영업비밀 보호를 이유로 근로자의 직업선택의 자유를 과도하게 침해하는 것은 인정될 수 없을 것이다.

✍ 참조 : 근로개선정책과-2396, 2013.4.18.; 서울중앙지법 2007카합1160, 2007.8.10.; 대법원 2002마4380, 2003.7.16.; 서울지법 94카합12987, 1995.3.27.

Q&A

작년에 경쟁업체로 이직한 회사 전임 팀장이 회사 직원들 몇 명을 경쟁업체로 스카웃하려고 하고 있고, 몇 명의 직원들이 집단적으로 경쟁업체로 이직하려는 움직임이 있는데 이에 대해 회사가 취할 수 있는 조치는 무엇인지

근로자는 헌법상 직업선택의 자유가 있고, 근로관계에서 사용자를 제재하는(의무를 부과하는) 법(노동법)은 있으나 근로자를 제재하는 법은 없어, 우선 직원이 회사를 그만두는 것(집단적으로 그만두더라도) 자체를 막을 수 있는 방법은 없다.(물론 인수인계기간 및 신규인력 채용 등 필요에 의해 규정 등에서 정한 퇴직예정일 전 사직서 제출기간 준수를 요구할 수는 있으며-직원의 갑작스런 퇴직까지 보호되는 것은 아님-, 교육훈련 기회 부여 등으로 의무복무기간을 설정한 경우 의무복무를 요구할 수 있음.-물론 직원이 교육비를 반환하고 의무복무기간 전에 퇴사할 수 있음-)

한편 부정경쟁방지 및 영업비밀보호에 관한 법률에 의하면 직원의 직업선택의 자유를 보장함으로 인해 회사의 재산권이 침해되는 경우가 발생되는 상황은 바람직하지 않으며, 시장에서 경쟁사 직원 스카웃을 통해 경쟁사 영업비밀을 획득하는 것은 공정한 시장질서를 침해하는 행위로 금지하는 것이 마땅하므로 직원이 퇴직하고 경쟁사로 이직하는 상황이 위 법을 위반한 경우라면 이에 대한 책임(전직금지, 민사상 손해배상, 형사상 책임)을 물을 수 있을 것으로 판단된다.

다만, 직원이 경쟁사로 이직한다는 것 자체만으로 위 법을 위반한 행위라고 인정되는 것은 아니고, 직원의 경쟁사 이직으로 회사의 영업비밀[공공연히 알려져 있지 않고 독립된 경제적 가치를 가지는 것으로서, 상당한 노력에 의하여 비밀로 유지된 생산방법, 판매방법, 그 밖에 영업활동에 유용한 기술상 또는 경영상의 정보(위 법 제2조 제2호)]이 침해되는 가능성이 존재해야 직원의 경쟁사 이직에 대한 책임을 물을 수 있을 것이다(예 연구비용을 들여 마련한 특허 등 고유한 기술, 오랜 기간 축적한 회원 및 고객 정보와 같이 회사의 상당한 노력과 기간에 의해 쌓인 정보가 직원의 경쟁사 이직으로 유출되는 경우여야 회사로서는 영업비밀보호를 주장할 수 있음. 어떠한 것이 영업비밀에 해당되는 것이라고 단정할 수는 없고, 해당 회사의 구체적인 상황과 해당 정보의 구체적인 내용에 따라 판단해야 할 사안임).

따라서 회사로서는 우선 해당 인원의 경쟁업체 이직으로 인해 회사가 보호해야 할 영업비밀이 침해되는 경우인지 여부에 대한 검토가 필요할 것으로 판단되며, 영업비밀 보호의 필요성이 있다면 직원에 대해 경쟁사 이직이 위 법 위반에 해당될 수 있음을 설명 및 경고

하면서 이직을 만류하는 노력과 퇴직을 선동하는 행위에 대한 경고 등의 조치가 필요할 것으로 판단된다(영업비밀 보호의 필요가 있을 경우 경쟁업체에 대해서도 스카웃 행위의 중지를 요구할 수 있을 것임).
또한 영업비밀 보호가 필요한 경우에 해당되지 않는 경우라 하더라도 해당 직원의 업무 관련 자료는 회사의 재산이므로 이러한 자료가 외부로 유출되지 못하도록 하는 조치를 취할 필요도 있을 것으로 판단되며, 직원은 퇴직하기 전까지는 성실근무의무가 있기 때문에 만약 직원이 퇴직을 예정하고 있더라도 근무기간동안은 성실근무 및 정상적인 업무환경을 유지하도록 지시할 수 있고, 정상적인 근무를 제대로 수행하지 않으면서 근무시간 중 내부 직원 이직 선동 등 회사 질서와 근무기강을 무너뜨리는 행위에 대해서는 직원으로서 의무 위반에 대한 책임을 물을 수 있다는 점을 분명히 해두는 조치도 가능할 것으로 판단된다.

(4) 이중취업

근로자는 취업의 자유가 있다는 점을 고려하면 이중취업이 법에 의해 제한되는 것은 아니다. 다만, 근로자가 회사와 근로계약을 체결하면서 이중취업을 하지 않겠다고 약정했을 경우 이를 위반한 근로자에 대해 회사는 '계약위반' 및 '성실근로제공 의무 위반'의 책임을 물을 수 있을 것이다.

Q&A

회사의 근로시간은 9시~6시이고 주5일 근무이기 때문에 시간여유가 있어 한 달 전부터 다른 회사에서 파트타임으로 일하고 있는데 동시에 두 회사를 다니면 법적으로 문제가 되는지 여부

근로자는 취업의 자유가 있기 때문에 두 회사를 동시에 다니는 것 자체를 법으로 제한하지는 않지만, A회사에 근로자의 겸직을 금지하는 규정이 있을 경우에는 사업주는 이를 근거로 해당 근로자를 징계할 수는 있다.
일반적으로 겸직(이중취업)이란 근로자가 사용자의 허락없이 다른 사업장에 취업하거나 스스로 사업을 하는 것을 말한다. 판례도 근로자의 이중취업에 대한 징계의 정당성에 대해서는 어느 정도 인정하고 있다. 물론 근로자는 근로시간 이외에는 사용자의 구속으로부터 벗어나 자유롭게 행동할 수 있지만 겸직은 그 내용에 따라 근로자의 정상적인 노무제공에 지장을 가져오거나 기업질서를 문란케 할 우려가 있기 때문에 취업규칙상 '겸직금지규정'을 두고 이를 근거로 징계할 수 있다고 보아야 할 것이다.

다만, 겸직금지규정 위반을 사유로 한 징계의 정당성 여부는 다음의 사항들을 종합하여 판단해야 한다.

① 사용자의 묵인 여부

② 다른 회사의 취업시간, 기간의 장단

③ 다른 종업원의 작업의욕 감퇴가 있었는지 여부

④ 다른 직원의 업무부담 증가와 업무 정체 유무

⑤ 근로자측의 각별한 사정 유무

✍ 참조 : 대법원 2000다60890 · 60906, 2002.8.23.

핵심 정리사항

1. 사업주는 누구를 채용할 것인가를 자유로이 결정할 수 있지만, 채용보호의 필요가 있는 자(남녀고용평등, 장애인 의무고용, 국가유공자 의무고용, 고령자고용평등)를 보호해야 할 법적 의무가 있다.
2. 사용자는 근로계약시 근로조건을 서면으로 명시해야 하며, 법정 서면명시사항은 임금의 구성항목 · 계산방법 · 지급방법, 소정근로시간, 휴일 및 연차휴가이다.
3. 사용자는 이 법 및 대통령령의 요지와 취업규칙을 근로자가 자유로이 열람할 수 있는 장소에 항상 게시하거나 갖추어 두어야 할 의무가 있다.
4. 사용자는 근로계약기간을 정하는 근로계약을 체결할 경우 2년을 초과해서는 안 되며, 강제근로로부터 근로자를 보호하기 위해 위약예정금지, 전차금 상계금지, 강제저금금지 의무를 준수해야 한다. 관련해서 동종업계 취업금지 약정의 경우 근로자의 강제근로금지의 취지에 어긋나지 않는 범위에서 인정될 수 있다.
5. 수습, 채용내정은 근로계약이 체결된 것으로 인정되므로 정당한 이유없는 해고가 금지되는 등 근로기준법상의 보호를 받게 된다.

Part 4

근로시간

핵심키워드

근로시간, 법정근로시간, 8시간, 40시간, 연장근로, 야간근로, 휴일근로, 가산(할증)임금, 탄력적근로시간제, 선택적근로시간제, 재량근로시간제, 인정(간주)근로시간제, 단시간근로

목 적

1. 임금의 기초가 되고, 할증임금을 지급하는 대상이 되는 근로시간의 개념을 이해한다.
2. 근로시간에 대한 법적 기준인 법정근로시간을 이해한다.
3. 연장 · 야간 · 휴일근로와 할증임금을 이해한다.
4. 탄력적근로시간제, 교대제, 단시간근로와 같은 다양한 근로시간 운영기준을 이해한다.

1. 근로시간이란 사용자의 지휘 · 감독하에 있는 시간이다

근로시간이란 근로자가 사용자의 지휘 · 감독을 받아 근로계약에서 정한 근로를 제공하는 시간을 말한다. 일반적으로 사용자의 지휘 · 감독하에서 업무를 시작한 시각에서부터 휴게시간을 제외하고 업무가 끝나는 시각까지의 시간을 의미한다.

좁은 의미의 근로시간은 실제 근로를 제공하는 시간이지만, 실제 근로를 제공하지 않더라도 사용자의 지휘 · 감독하에 있는 시간(회사 공식 행사, 대기시간 등)도 넓은 의미의 근로시간으로 인정될 수 있다.

근로시간의 체계

<table>
<tr><td rowspan="3">법정
근로시간</td><td>기본원칙(근기법 제50조)</td><td>1일 8시간, 1주 40시간</td></tr>
<tr><td>연소근로자(근기법 제69조)</td><td>1일 7시간, 1주 40시간</td></tr>
<tr><td>유해 · 위험작업근로자
(산업안전보건법 제46조)</td><td>1일 6시간, 1주 34시간</td></tr>
<tr><td colspan="2">소정근로시간(근기법 제2조)</td><td>법정근로시간 내의 약정된 근로시간</td></tr>
</table>

① 시업 및 종업 준비시간

근로시간은 사용자의 지휘 · 감독하에 있는 시간을 의미하므로 작업 전 회의시간, 기계점검, 체조시간이나, 작업종료 후 정돈시간, 기계점검, 청소, 인수인계시간 등과 같이 근무와 밀접한 관련이 있는 시간도 근로시간으로 볼 수 있을 것이다.

② 대기시간

대기시간은 근로자가 직접 근로를 제공하는 시간은 아니지만 휴게시간과 같이 자유롭게 이용할 수 있도록 보장되어 있는 경우가 아니라면 사용자의 지휘 · 감독하에 있다고 볼 수 있으므로, 대기시간을 근로자가 자유롭게 이용할 수 있는지 여부에 따라 근로시간 여부를 판단해야 할 것이다.

한편, 근로기준법은 "작업을 위해 근로자가 사용자의 지휘 · 감독 아래에 있는 대기시간 등은 근로시간으로 본다"고 명시하고 있어 근로자가 자유롭게 이용할 수 없는 사용자 지휘·감독하에 있는 대기시간을 근로시간으로 인정하고 있다.

참 고

• 근로기준법(2012.8.2. 시행) •

제50조 【근로시간】 ①~② 생략

③ 제1항 및 제2항에 따른 근로시간을 산정함에 있어 작업을 위하여 근로자가 사용자의 지휘·감독 아래에 있는 대기시간 등은 근로시간으로 본다.

참조 판례

▪ 대기시간, 휴식·수면시간 등이 사용자의 지휘·감독 아래 놓여 있는 시간이라면 근로시간에 포함된다 (대법원 2016다243078, 2017.12.13.)

1. 근로기준법상의 근로시간이란 근로자가 사용자의 지휘·감독 아래 근로계약상의 근로를 제공하는 시간을 말한다. 근로자가 작업시간 도중에 현실로 작업에 종사하지 않은 대기시간이나 휴식·수면시간 등이라 하더라도 그것이 휴게시간으로서 근로자에게 자유로운 이용이 보장된 것이 아니고, 실질적으로 사용자의 지휘·감독 아래 놓여 있는 시간이라면 근로시간에 포함된다.
2. 피고(아파트 입주자대표회의)가 관리소장을 통해 문서로 지시한 특별지시, 직원 중요숙지사항 등은 경비원들에게 별도의 취침시간과 취침장소가 없다는 전제에서, 야간휴게시간에 근무초소(경비실) 내의 의자에 앉아 가면상태를 취하면서 급한 일이 발생할 시 즉각 반응하도록 지시한 점, 야간휴게시간에 근무초소(경비실) 내의 조명을 켜 놓도록 한 점, 야간휴게시간에 피고의 지시로 시행된 순찰업무는 경비원마다 매번 정해진 시간에 이루어지지 않았고, 이로 인하여 나머지 휴게시간의 자유로운 이용이 방해된 것으로 보이는 점 등을 종합하며 보면, 원고(아파트 경비원)들의 야간휴게시간은 자유로운 이용이 보장되는 휴식·수면시간으로 보기 어렵고, 혹시 발생할 수 있는 긴급 상황에 대비하는 대기시간으로 볼 여지가 충분하다.

   또한, 야간휴게시간에 근무초소(경비실)에서 불을 끄고 취침하는 경비원들에 대하여 입주민의 지속적인 민원이 제기된 점, 경비일지에 "심야시간 : 가면 상태임, 초소 불 끄고 취침하는 행위 근절"이라고 기재되어 있는 점, 피고는 경비원들의 근무평가에서 입주민들의 민원사항 중 지적사항을 그 평가사유로 삼고 있고, 이와 같은 경비원들의 근무평가 결과는 경비원들의 재계약 여부에 영향을 미쳤던 것으로 보이는 점 등을 종합해 보면, 피고가 관리소장을 통해 야간휴게시간 등에 관한 실질적인 지휘·감독을 하였다고 볼 여지가 크다.

   또한, 피고가 원고들을 포함한 경비원들에게 휴게장소를 제공하였다거나 휴게장소의 자유로운 이용을 보장하였다고 보기 어렵고, 경비원들의 휴게시간을 보장하기 위한 별다른 노력을 기울이지도 않았다.
결국 원고들의 휴게시간 중 상당시간은 실질적으로 피고의 지휘·감독을 벗어나 자유로운 휴식·수면시간의 이용이 보장되었다고 보기 어렵다.

③ 연수·훈련 및 야유회 등의 시간

사용자의 지시에 따라 참석하는 연수·훈련 및 야유회의 경우도 사용자의 지휘·감독하에 있는 시간인 근로시간으로 볼 수 있을 것이다.

④ 공민권 행사시간, 예비군 훈련시간

국회의원 선거일에 투표를 하는 시간이나 예비군 훈련을 받는 시간과 같이 근로자가 공민권 행사 또는 공의 직무를 집행하기 위해 필요한 시간에 대해 근로기준법(제10조)은 '필요한 시간을 부여'하면 되도록 규정하고 있으나, 관련 법령에서 해당 시간을 유급으로 하도록 규정하고 있는 경우에는 해당 시간에 대해 임금을 지급해야 할 것이며, 국회의원 선거법, 향토예비군설치법 등에서는 "해당 시간을 휴무로 해서는 안된다"고 규정하고 있어 이에 따라 사용자는 근로자의 해당 시간을 유급으로 인정해야 할 것이다.

Q&A

대통령선거일과 같은 각종 선거일이 임시공휴일로 지정될 때 일반 회사도 반드시 임시휴일을 실시해야 하는지

근로기준법 제10조에서는 "사용자는 근로자가 근로시간 중에 선거권, 그 밖의 공민권 행사 또는 공의 직무를 집행하기 위해 필요한 시간을 청구하면 거부하지 못한다. 다만, 그 권리 행사나 공의 직무를 수행하는 데에 지장이 없으면 청구한 시간을 변경할 수 있다"고 하여 공민권 행사의 법적 근거를 두고 있다.
그러나 공민권 행사를 위해 필요한 시간을 부여하면 되고 선거일을 반드시 휴일로 할 법적 의무는 없다. 즉 선거 등 공민권 행사를 위해 정부가 임시공휴일로 정하여 선포하였다 하더라도 이는 관공서가 휴무하는 날로서 단체협약, 취업규칙 등에 특별한 규정이 없다면 당연히 휴일로 되는 것은 아니다. 따라서 회사의 단체협약, 취업규칙에 관련 규정이 있다면 그에 따르고, 관련 규정이 없는 경우 해당 사업장에 적합한 방침을 정하면 된다.
또한 사업장의 소정근로시간 이외에 수행이 가능하거나, 별도로 시간을 부여하지 않아도 공무집행에 직접적인 지장을 가져오지 않으면 그 시간을 부여하지 않을 수 있다. 이에 대해 사용자가 공민권 행사를 근로시간 이외의 시간으로 할 것을 지시하는 것은 가능하지만,

그 지시에 근로자가 따르지 않고 근로시간 중에 필요한 시간을 청구한 때에는 이를 거부할 수 없다고 보아야 할 것이다.

통상적으로 선거가 실시되는 시간은 오전 6시부터 오후 6시까지이므로 사업장 내 소정근로시간이 아니더라도(출근 전) 공민권 행사가 가능하므로 별도의 시간을 부여할 것인지(예를 들어 출근시간을 늦추거나)는 단체협약, 취업규칙이 있으면 그에 따르고 아니면 회사에 적합한 방침을 정하면 될 것이다.

이때 공민권 행사를 위해 일을 하지 못한 시간에 대해서도 반드시 임금을 지급해야 하는지가 문제가 될 수 있다. 근로기준법 제10조는 공민권 행사를 위한 시간을 부여하도록 명시하고 있을 뿐 그 시간에 대한 임금지급에 대해서는 규정하지 않고 있다. 따라서 임금지급 여부는 단체협약, 취업규칙 등으로 결정할 수 있으며 단체협약, 취업규칙 등에 임금을 지급한다는 규정이 없으면 사용자의 임금지급의무는 없으며 필요한 시간만 부여하면 된다. 다만, 다른 법령에 근거가 있으면 임금을 지급해야 하는바, 공직선거법 제6조 제3항에 따르면 "공무원, 학생 또는 다른 사람에게 고용된 자가 선거인명부를 열람하거나 투표하기 위해 필요한 시간은 보장되어야 하며, 이를 휴무 또는 휴업으로 보지 아니한다"고 정하고 있다. 때문에 투표권 행사에 따른 시간에 대해서는 임금이 지급되어야 할 것이라는 것이 행정해석의 입장이다.

정리하면 선거일이 임시공휴일로 지정되어 관공서 등이 문을 열지 않는 것은 관공서의 공휴일에 관한 규정의 '기타 정부에서 수시 정하는 날'에 해당하기 때문이다. 따라서 원칙적으로 취업규칙이나 단체협약에 해당 기업의 휴일은 위 규정을 따른다고 되어 있을 경우에는 선거 등으로 정부에서 임시공휴일로 지정하는 때에는 이를 따라야 할 것이나, 취업규칙·단체협약 등에 이러한 규정이 없을 경우에는 반드시 휴일로 지정할 의무는 없다. 다만, 선거 등이 실시됨으로 인해서 근로자가 공민권을 행사해야 할 경우에는 그 시간을 부여해야 한다.

✍ 참조 : 근기 68207-1052, 2000.4.6.; 근기 01254-2018, 1992.12.14.; 근기 01254-11166, 1991.8.2.

⑤ 숙·일직시간

숙·일직시간은 그 근무의 내용이나 질에서 통상근무와 마찬가지라고 인정될 때에는 통상의 근로시간으로 보아야 할 것이나, 평소의 업무를 수행하는 경우가 아니라면 통상근로의 연장으로 보기는 어려울 것이다.

참조 판례

▪ 일 · 숙직시 업무내용이 본래 업무의 연장이고 그 내용과 질이 통상근로로 평가되는 경우 그러한 일 · 숙직 초과근무시 야간 · 연장 · 휴일근로수당 등이 지급되어야 한다

(대법원 93다46254, 1995.1.20.)

1. 일반적으로 일 · 숙직이라 함은 정기적 순찰, 전화와 문서의 수수, 기타 비상사태 발생 등에 대비하여 시설 내에서 대기하고 있는 것으로서 그 자체의 노동의 밀도가 낮고 감시 · 단속적 노동인 경우가 대부분이어서 이러한 업무는 관행적으로 정상적인 업무로 취급되지 아니하여 별도의 근로계약을 필요로 하지 아니하며 원래의 계약에 부수되는 의무로 이행되어야 하는 것으로서 정상근무에 준하는 임금을 지급할 필요가 없고, 야간 · 연장 · 휴일근로수당 등이 지급되어야 하는 것도 아니며, 관례적으로 실비변상적 금품이 지급되고 있다는 등의 특징이 있으나, 이러한 감시 · 단속적인 일 · 숙직이 아니고 일 · 숙직시 그 업무의 내용이 본래의 업무가 연장된 경우는 물론이고 그 내용과 질이 통상의 근로와 마찬가지로 평가되는 경우에는 그러한 초과근무에 대하여는 야간 · 연장 · 휴일근로수당 등을 지급하여야 할 것이다.
2. 시내버스 운송사업회사의 총무부장이 부정기적으로 통상근무 전후에 노선지도 근무를 한 경우, 이에 따른 근로가 당초부터 근로계약상의 의무로 정하여져 있지 아니할 뿐만 아니라 근로기준법 소정의 법정기준 근로시간을 초과한다면 그 근로의 내용이나 밀도가 평소의 업무에 비해 매우 낮거나 전혀 다른 내용의 근로이고 그에 대한 별도의 상당한 수당지급에 대한 약정이 있는 경우 등의 특별한 사정이 없는 한 그 업무가 그의 평소 관장업무인지 여부에 불문하고 근로기준법 제46조 소정의 연장시간근로에 해당한다고 보아야 한다.

2. 법정근로시간은 1일 8시간, 1주 40시간이다

일반성인근로자의 법정근로시간은 1일 8시간, 1주 40시간이다(근기법 제50조). 법정근로시간의 의미는 이 근로시간을 초과해 근로하는 경우 가산임금이 발생하는 연장근로가 되는 기준시간이라 할 것이며, 사업장에서 법정근로시간을 초과해 근로시킬 수 없음을 의미하지는 않는다.

'1주간'이란 달력상의 7일간, 즉 특정일을 기점으로 7일간을 1주로 보며, '1일'이란 1역일, 즉 오전 0시부터 오후 12시까지를 의미한다. 다만, 계속근로가 2일에 걸쳐 역일을

달리한 경우(예 오후 6시부터 익일 오전 6시까지 근무)에는 하나의 근로로 본다.

근로기준법상 연소근로자란 만 15세 이상 18세 미만의 근로자를 의미하며, 연소근로자의 근로시간은 1일에 7시간, 1주일에 40시간을 초과하지 못한다. 또한 연소근로자는 연장근로가 제한되며(당사자 합의로 1일 1시간, 1주 6시간 한도, 근기법 제69조), 탄력적근로시간제도와 선택적근로시간제도가 적용되지 않는다.

유해 또는 위험한 작업이란 잠함 · 잠수작업 등 고기압하에서 행하는 작업(산업안전보건법 시행령 제32조의8)을 의미하며, 유해 · 위험작업의 근로시간은 1일 6시간, 1주 34시간으로 위 작업에 대해서는 연장근로가 허용되지 않는다(산업안전보건법 제46조). 다만, 야간 및 휴일근로는 근로자 동의로 가능하다.

근로시간의 구분 및 체계

<table>
<tr><th rowspan="2">구 분</th><th colspan="2">기준근로시간</th><th rowspan="2">연장근로</th><th rowspan="2">야간근로 · 휴일근로</th></tr>
<tr><th>1일</th><th>1주</th></tr>
<tr><td>남성근로자</td><td rowspan="4">8시간</td><td rowspan="4">40시간</td><td rowspan="2">당사자합의
1주 12시간</td><td>제한 없음</td></tr>
<tr><td>여성근로자</td><td>본인동의</td></tr>
<tr><td>산후 1년 미만
여성근로자</td><td>당사자합의로
1일 2시간
1주 6시간
1년 150시간</td><td>본인동의와 고용노동부장관의 인가를 받아야 함</td></tr>
<tr><td>임신 중의
여성근로자</td><td>불가</td><td>근로자의 명시적 청구와 고용노동부장관의 인가를 받아야 함</td></tr>
<tr><td>18세 미만 근로자
(남녀 불문)</td><td>7시간</td><td>40시간</td><td>당사자합의로
1일 1시간
1주 6시간</td><td>본인동의와 고용노동부장관의 인가를 받아야 함</td></tr>
<tr><td>유해위험
작업 근로자</td><td>6시간</td><td>34시간</td><td>불가</td><td>-</td></tr>
</table>

한편, 소정근로시간은 위의 법정근로시간 이내에서 당사자가 정한 근로시간을 의미(근기법 제2조)하며, 소정근로시간의 개념은 시간급 통상임금의 산정에 있어 일급이나

월급을 시간급으로 환산하기 위하여 주로 사용된다.

즉 주40시간 법정근로시간이 적용되는 사업장의 소정근로시간은 주40시간이 되고, 월급여를 시간급으로 산정할 경우에는 소정근로시간(주40시간)과 유급처리시간(주휴유급시간 등)에 따라 월급여÷{(40시간+8시간)×365÷12÷7=209시간}의 산정방식을 적용하게 된다.

3. 연장근로는 법정근로시간을 초과해 행하는 근로이다

(1) 당사자 합의에 의한 연장근로

근로계약 당사자의 합의에 의해 1주 12시간 한도로 연장근로가 가능하며(일반성인근로자의 근로시간, 탄력적근로시간제, 선택적근로시간제. 근기법 제53조), 연소근로자의 경우 1일 1시간, 1주 6시간 한도로 연장근로가 가능하다(근기법 제69조).

임신 중인 여성에 대해서는 연장근로를 시킬 수 없고(근기법 제74조), 산후 1년이 지나지 않은 여성의 경우 단체협약이 있는 경우라도 1일에 2시간, 1주일에 6시간, 1년에 150시간을 초과하는 연장근로를 시키지 못한다(근기법 제71조).

판례는 1주 연장근로의 제한은 있지만 1일의 연장근로 제한의 한도는 없다고 보고 있으며,[1] 예외적으로 ① 특별한 사정이 있는 경우에 고용노동부장관의 인가와 근로자 본인의 동의를 얻어 1주 12시간을 초과하는 연장근로(인가연장근로)가 가능하고(근기법 제53조 제3항), ② 공중의 편의 또는 업무의 특성상 필요한 경우에는 근로자대표와의 서면합의에 의해 1주 12시간을 초과하는 연장근로(특례연장근로)가 가능하다(근기법 제59조).

Q&A

노사합의로 연장근로를 시행하면서 1주 연장근로 한도를 초과하는 합의를 하였음. 이처럼 연장근로에 대해 노사합의를 하였음에도 법상의 1주 연장근로 한도를 초과하는 경우라면 위 합의는 무효인지

근로기준법은 강행규정이기 때문에 회사가 반드시 준수해야 한다. 여기서 강행규정의 의미

1) 대법원 96다29892, 1997.7.25.; 근기 01254－13641, 1990.9.27.

는 '최저기준으로서의 준수의무'이기 때문에 법상의 기준보다 높은 근로조건에 대한 당사자의 합의는 계약의 일반원칙에 의해 당연히 인정될 수 있다.
연장근로는 '당사자 합의'로 시행하는 것이 원칙이기는 하나 당사자 합의의 영역으로만 두기에는 과도한 연장근로로 인해 근로자의 건강 악화가 초래될 수 있다는 점에서 근로기준법은 당사자 합의로 연장근로를 하기로 하였더라도 '1주 연장근로의 한도'를 정함으로써 근로자를 보호하려는 것이다.
따라서 1주 연장근로 한도를 초과하는 노사합의는 무효가 되고, 사용자에게는 근로기준법 위반에 따른 벌칙이 적용될 수 있다.

참조 판례

- 연장근로의 제한 (근로기준과-161, 2004.1.7.)
  연장근로의 제한에 대하여 규정한 근로기준법 제52조 제1항은 강행규정으로서 노사당사자가 합의하더라도 이를 위반할 경우에는 동법상의 처벌을 받을 수 있다.

연장근로에 대한 합의는 사용자와 개별 근로자간의 합의가 원칙이나 개별 근로자의 연장근로에 관한 합의권을 박탈하거나 제한하지 아니하는 범위에서는 단체협약에 의한 합의도 가능하다고 볼 것이며, 연장근로에 대한 합의를 연장근로 때마다 할 필요는 없고 근로계약 등으로 미리 이를 약정하는 것도 가능하며, 연장근로계약의 효력에 대해 기간의 정함이 없는 연장근로계약이라면 근로계약을 해지하지 않는 이상 합의의 효력은 유효하다고 볼 것이다.

참조 판례

- 단체협약에 의한 연장근로 합의 (대법원 93누5796, 1993.12.21.)
  당사자간의 합의라 함은 원칙적으로 사용자와 근로자와의 개별적 합의를 의미하고, 개별 근로자의 연장근로에 관한 합의권을 박탈하거나 제한하지 아니하는 범위에서 단체협약에 의한 합의도 가능하다.

- 근로기준법상 소정의 연장근로에 관한 '당사자간의 합의'의 의미와 방식 (대법원 94다19228, 1995.2.10.)
  근로기준법 제42조 제1항의 규정은 8시간 근로제에 따른 기준근로시간을 정하면서 아울러 그 예외의 하나로 당사자간의 합의에 의한 연장근로(시간외근로)를 허용하고 있는바, 여기서 당사자간의 합의라 함은 원칙적으로 사용자와 근로자와의 개별적 합의를 의미한다 할 것이고, 이와 같은 개별 근로자와의 연장근로에 관한 합의는 연장근로를 할 때마다 그때그때 할 필요는 없고 근로계약 등으로 미리 이를 약정하는 것도 가능하다. 또한 연장근로계약이 기간의 약정이 없는 경우에는 근로자가 위 근로계약을 해지하지 아니한 이상 연장근로에 관한 합의의 효력은 그대로 유효하다 할 것이다.

소정근로시간이 법정근로시간 미만인 상태에서 당사자 합의로 법정근로시간까지 근로시간을 연장하는 경우 그 연장근로시간에 대해 가산임금을 지급해야 하는지 여부(법정근로시간은 1일 8시간, 1주 40시간이고, 이를 초과한 근로시간이 연장근로이기 때문에 소정근로시간이 연장되더라도 법정근로시간 이내라면 법정 연장근로에 해당되지 않는다는 논리)와 관련해 기간제 및 단시간근로자 보호 등에 관한 법률이 개정(2014.9.19. 개정법 시행)됨에 따라 소정근로시간이 통상근로자의 소정근로시간(일반적으로 법정근로시간)보다 짧은 단시간근로자가 소정근로시간을 초과해 근로할 경우 그 초과근로에 대하여 50% 가산임금을 지급해야 한다.

참 고

• 기간제 및 단시간근로자 보호 등에 관한 법률 •

제6조【단시간근로자의 초과근로 제한】① 사용자는 단시간근로자에 대하여 「근로기준법」 제2조의 소정근로시간을 초과하여 근로하게 하는 경우에는 당해 근로자의 동의를 얻어야 한다. 이 경우 1주간에 12시간을 초과하여 근로하게 할 수 없다.
② 단시간근로자는 사용자가 제1항의 규정에 따른 동의를 얻지 아니하고 초과근로를 하게 하는 경우에는 이를 거부할 수 있다.
③ 사용자는 제1항에 따른 초과근로에 대하여 통상임금의 100분의 50 이상을 가산하여 지급하여야 한다.(2014.3.18 신설, 2014.9.19. 시행)

한편, 사업장에서 연장근로가 관행화되어 있는 경우 노동조합 소속 조합원들이 집단적으로 연장근로를 거부함에 따라 생산일정 등의 차질을 빚게 되는 경우 근로자는 '합의에 의한 연장근로'라는 정당한 권리를 행사한 것으로 인정될 수 있는가가 문제가 된다.

판례는 "연장근로가 당사자의 합의에 의하여 이루어지는 것이라고 하더라도 근로자들이 통상적으로 해 오던 연장근로를 집단적으로 거부함으로써 회사업무의 정상운영을 방해하였다면 이는 쟁의행위로 보아야 한다"[2]고 보면서 쟁의행위의 절차, 목적 등에서

2) 대법원 95도2970, 1996.2.27.

정당성이 인정되지 않으면 관행화된 연장근로의 집단적 거부는 불법쟁의행위에 해당한다고 보고 있다.

(2) 특별한 사정에 의한 연장근로

근로계약 당사자는 특별한 사정이 있는 경우 고용노동부장관의 인가와 근로자의 동의를 얻어 1주 12시간의 연장근로를 초과해 연장근로할 수 있다(근기법 제53조 제3항). '특별한 사정이 있는 경우'란 천재 · 사변 기타 이에 준하는 재해와 긴급 · 불가피한 사고로서 사회통념상 통상적인 업무의 운영상으로는 이를 예견할 수 없는 경우를 말하며, 업무량의 증가나 통상적인 수리를 위한 경우 등은 이에 해당하지 않는다.

한편, 고용노동부장관은 사전 인가없이 시행한 근로시간의 연장이 부적당하다고 인정한 경우에는 연장시간에 상당하는 휴게시간이나 휴일을 줄 것을 명(대휴명령)할 수 있다(근기법 제53조 제4항).

(3) 특수한 업종의 연장근로 특례

업무의 특성 또는 공공의 편의를 위해 1주 12시간 이상의 연장근로가 요구되는 사업의 경우 근로자대표와의 서면합의에 의해 1주 12시간을 초과한 연장근로 및 휴게시간 변경이 가능하며(근기법 제59조), 1주 12시간 한도의 연장근로를 초과할 수는 있어도 연장근로에 대한 가산임금은 발생한다. 또한 휴게시간을 변경할 수는 있어도 휴게시간을 전혀 부여하지 않거나 단축하는 것은 허용되지 않는다.

근로시간 연장과 휴게시간 변경이 가능한 특례가 인정되는 사업은 다음과 같다.

① 운수업 · 물품판매 및 보관업 · 금융보험업

② 영화제작 및 흥행업 · 통신업 · 교육연구 및 조사사업 · 광고업

③ 의료 및 위생사업 · 접객업 · 소각 및 청소업 · 이용업

④ 그 밖에 공중의 편의 또는 업무의 특성상 필요한 경우로서 대통령령이 정하는 사업 (사회복지사업)

4. 야간근로는 저녁 10시부터 새벽 6시까지 하는 근로이다

근로기준법상의 야간근로란 저녁 10시부터 새벽 6시까지의 근로를 의미하며(근기법 제56조), 근로시간이 법정근로시간 내의 시간이더라도 야간근로일 경우 해당 가산임금을 지급해야 한다(예 오후 8시부터 새벽 4시까지 근무한 경우 8시간 근무이더라도 야간근로가 발생하기 때문에 야간근로에 대한 가산임금이 발생하게 된다).

야간근로는 18세 이상 여성근로자의 경우 근로자의 동의를 얻어야 가능하고, 임산부와 연소근로자 야간근로는 금지되는 것이 원칙이나 다음의 경우로서 고용노동부장관의 인가를 받은 경우는 예외적으로 허용된다(근기법 제70조).

① 18세 미만 근로자의 동의가 있는 경우
② 산후 1년이 지나지 아니한 여성의 동의가 있는 경우
③ 임신 중의 여성이 명시적으로 청구하는 경우

5. 휴일근로는 휴일에 하는 근로이다

휴일근로란 휴일에 근로하는 경우를 의미하며, 여기서 휴일이란 법정휴일, 약정휴일, 유급휴일, 무급휴일 모두를 포함하는 개념이다. 즉 근로기준법 제55조(주휴일)의 법정유급휴일 이외에 취업규칙 · 단체협약에서 정하는 바에 따라 공휴일 · 국경일 · 회사창립일 등의 휴일(유급 또는 무급휴일)에 근로자가 근로하는 경우 휴일근로에 따른 가산임금이 발생하게 된다. 휴일근로가 제한되는 근로자는 위의 야간근로의 경우와 동일하다.

한편, 근로기준법에서 정한 유급휴일과 기타의 휴일 등이 중복되었을 경우 하나의 휴일로 보는 것이 원칙이나, 당사자가 별도로 정한 기준이 있으면 그에 따르면 된다.

6. 가산(할증)임금은 연장 · 야간 · 휴일근로에 대해 가산(할증)해 지급하는 임금이다

근로기준법상 가산임금은 근로자가 연장・야간・휴일근로 했을 때 해당 임금을 가산해서 지급하도록 함으로써 시간외근로를 억제하고, 정당한 보상이 이루어지도록 하는 데 그 취지가 있다.

가산임금액은 통상임금의 100분의 50이고, 가산임금 지급사유(연장, 야간, 휴일근로)가 중복되는 경우에는 각 사유별로 가산해서 중복보상해야 한다. 예를 들어 휴일에 10시간을 근무한 경우 휴일근로뿐 아니라 1일 8시간을 초과하는 2시간의 연장근로가 발생하는데 이 경우 휴일근로에 대한 가산임금에 추가로 연장근로에 대한 가산임금도 지급되어야 한다.

Q&A

우리 회사는 주40시간제 적용 사업장인데 교대 근무제를 실시하고 있음(토요일은 휴일이 아니다). 직원이 주중 1일을 연차휴가로 쉬고 토요일까지 1일 8시간을 근무하였는데 이 경우 위 직원에게 토요일 8시간을 연장근로로 보아 가산임금을 지급해야 하는지(월~목 8시간 ×4일, 금요일 휴가, 토요일 8시간 근무)

연장근로에 따른 가산임금은 근로자가 실제 법정근로시간을 초과해 근무한 데 대한 보상 차원에서 지급하는 것으로, 근로자가 결근이나 지각 또는 주중 휴일이 있는 경우에는 해당 시간을 제외하고 실제 근로한 시간이 법정근로시간(일반근로자의 경우 1일 8시간 또는 1주 40시간)을 초과할 때에 한해 연장근로시간이 발생하는 것으로 봐야 할 것이다. 즉 주4일은 8시간을 근무하고 주중 하루를 휴일 또는 휴가로 사용한 경우 토요일에 8시간을 근무하더라도 1주의 실근로시간이 40시간을 초과하지 않는 경우에는 토요일의 8시간 근무는 연장근로에 해당하지 않을 것으로 판단된다.

참조 판례

- 파업으로 인하여 법정근로시간 미달시 종업시간 이후의 근로시간에 대한 연장근로가산임금을 지급할 의무는 없다 (근기 68207-2776, 2002.8.21.)

[질의] A사는 노사합의로 근무시간을 1일 9시간(08 : 00~18 : 00)으로 정하고 17시부터 18시까지 근무한 시간에 대해서는 고정연장근로수당으로 2시간(실근

로분 1시간+추가분 1시간)을 지급하기로 합의한 바 있다.
노동조합이 13시부터 17시까지 4시간 부분 파업을 실시한 후 17 : 00부터 18 : 00까지는 정상 조업을 실시했는데 근무시간 중 4시간 파업으로 인해 실근로시간이 8시간 미만이더라도 17 : 00부터 18 : 00까지 일한 것에 대해 연장근로수당을 지급하여야 하는지. 또한 18 : 00 이후에 일한 것에 대해서도 연장근로수당을 지급하여야 하는지

[회시] 연장근로 1시간을 포함하여 시업 · 종업시각을 정한 경우에도 근로시간 도중에 부분파업으로 인하여 실근로시간이 법정근로시간을 초과하지 않는다면 17 : 00~18 : 00 사이의 근로 또는 18 : 00 이후의 근로에 대하여 동법 제55조에 의한 연장근로가산임금을 지급할 의무는 없다고 사료된다. 다만, 당사자가 실근로시간이 법정근로시간을 초과했는지 여부를 불문하고 17 : 00 이후의 근로에 대해서는 연장근로수당을 지급한다는 특약이 있는 경우에는 그에 따르면 될 것이다.

산정례 : 주휴일(일요일)에 10시간을 근무한 경우 해당일의 임금

① 10시간 근무에 대한 임금 : 10시간분
② 휴일근로 가산임금 : 10시간×50%=5시간분
③ 연장근로 가산임금 : 2시간×50%=1시간분
④ 유급휴일수당 : 8시간분
⑤ 합계 : 24시간분

또한 연장 · 야간 · 휴일근로에 대해 지급되는 임금에 갈음해서 부여하는 보상휴가제 제도가 있다. 보상휴가제는 시간외수당과 휴가 중 근로자가 선택할 수 있도록 한 제도로, 종전법에 의하면 연장 · 야간 · 휴일근로에 대해서는 할증임금을 포함한 사용자의 임금지급의무만 존재했으나, 해당 근로에 대해 임금으로 보상받을 것인지, 휴가를 사용할 것인지를 근로자가 선택할 수 있도록 한 것이다. 즉 근로자 갑이 4시간 연장근무한 경우 임금은 할증임금 포함해 6시간분이 발생하게 되는데 근로자는 6시간분 임금을 받을지, 6시간을 유급휴가로 사용할지를 선택할 수 있는 것이다.

보상휴가제를 시행하기 위해서는 사용자와 근로자대표가 서면합의를 통해 휴가부여 방식, 적용근로자 범위, 휴가사용기간 등을 구체적으로 정해야 한다. 한편, 보상휴가제에 의한 휴가를 미사용하는 경우에는 해당 임금을 지급해야 한다. 즉 휴가사용촉진을

통해 금전보상의무가 면제되는 대상은 아니다.

참 고

• 휴일근로에 대한 중복 할증 관련 이슈 •

현행 근로기준법은 연장근로시간을 최대 1주 12시간으로 정하고 있을 뿐 휴일근로가 연장근로시간에 포함되는지 여부를 명시적으로 규정하지 있지 않아 휴일에 근로하는 경우 그 시간이 1주 40시간을 초과한 경우 연장근로에 대한 할증임금을 중복해 지급해야 하는지에 대한 논란이 있다(예 평일 40시간을 근무하고, 휴일인 일요일에 근무할 경우 해당 근무는 휴일근무와 동시에 연장근무에 해당되어 휴일과 연장에 대한 할증임금을 중복 지급해야 하는지 여부).

고용노동부 행정해석은 휴일과 연장근로를 구분하고 있는 법을 고려해 휴일근로를 연장근로에 포함시키지 않고 있으나(고용노동부 행정해석과 같은 입장의 판례도 존재), 판례는 휴일근로가 1주 소정근로시간을 초과해 이루어지면 휴일근로 할증뿐만 아니라 연장근로 할증도 중복해야 한다고 판단하고 있다(해당 하급심 판례에 대한 대법원 판결을 앞두고 있음).

한편, 국회는 위 내용을 포함한 근로시간 관련 근로기준법 개정을 통한 입법적 해결을 모색하고 있는 상황이다.

• 임금근로시간정책팀 – 528, 2005.11.22

개정근로기준법 제49조에 의하여 주40시간제가 적용되는 사업장에서 주5일근무를 채택하여 운영하는 경우 노사 당사자간에 주휴일을 제외한 나머지 일(日)에 대하여 휴일로 한다는 명시적인 약정이 있는 경우라면 그날에 근로한 것은 휴일근로에 해당되므로 같은 법 제52조 제1항에 의한 연장근로시간에는 포함되지 않는다고 사료됨.

다만, 휴일에 1일 법정근로시간인 8시간을 초과하는 경우에는 그 초과된 시간에 대하여는 휴일근로가산수당외에 연장근로수당도 지급해야 하며 이 경우 초과된 시간은 같은 법 제52조 제1항에 의한 연장근로시간에 포함된다고 볼 수 있을 것임.

• 서울고법 2010나50290, 2012.11.9

근로기준법 제50조제1항은, 1주간의 근로시간은 휴게시간을 제외하고 40시간을 초과할 수 없다고 규정하고 있고, 제50조제2항은, 1일의 근로시간은 휴게시간을 제외하고 8시간을 초과할 수 없다고 규정함으로써, 1일 단위의 근로시간을 제한함과 동시에 1주 단위의 근로시간도 제한하고 있다. 즉 현행법상 연장근로의 제한은 2중으로 이루어지고 있다. 그리고 근로기준법 제56조는, 사용자는 연장근로(제53조, 제59조, 제69조 단서에 따라 연장된 시간의 근로). 야간근로(오후 10시부터 오전 6시까지 사이의 근로), 휴일근로에 대하여는 통상임금의 100분의 50 이상을 가산하여 지급하여야 한다고 규정하고 있다.

위와 같은 근로기준법의 규정, 근로자의 기본적 생활을 보장·향상시키고 균형 있는 국민경제의 발전을 꾀하고자 헌법에 따라 근로조건의 기준을 정한 근로기준법의 입법 취지를 종합하여 보면, 근로기준법 제56조가 정하는 할증임금의 제도적 취지는, 연장·야간·휴일근로가 기준 근로시간 내에서 행하여지는 근로보다 근로자에게 더 큰 피로와 긴장을 가져오게 하고 근로자가 누릴 수 있는 생활상의 자유시간을 제한하는 것이 되므로 이에 상응하는 경제적 보상을 하려는 데에 있고(대법원 1990.12.26. 선고 90다카12493 판결, 1992.11.24. 선고 92누9766 판결 등 참조), 사용자에게 가중된 금전적 부담을 가하여 연장·야간·휴일근로를 억제함으로써 근로자의 건강과 인간다운 생활을 보호하려는 측면도 있다.

그러므로 1일을 단위로 하는 경우 유급휴일 자체로 8시간을 초과하는 근로시간은 물론이고, 1주일을 단위로 하는 경우 유급휴일 근로시간 중 주 40시간을 초과하는 근로시간도 역시 주 40시간을 초과하여 근로를 제공한다는 점 및 휴일에 근로를 제공한다는 점에서 주 40시간 범위 내의 휴일근로보다 근로자에게 더 큰 피로와 긴장을 줄 수 있고, 따라서 근로자의 건강과 인간다운 생활을 위하여 그 억제의 필요성이 더욱 강하므로 중복할증을 인정하여야 한다. 이러한 해석은 근로자의 건강과 인간다운 생활을 위하여 사용자가 근로자의 추가고용 없이 기존 근로자들에게 할증임금 50%의 휴일근로를 연장하는 방법으로 장시간 근무하게 하는 것을 막는 데에도 그 의미가 있다. 그리고 연장근로와 휴일근로는 그 제한의 대상이 다르다는 점도 이러한 해석을 뒷받침한다.

• 부산고법 2015나5422, 2017.11.15.

아래와 같은 사정을 종합하여 보면, 근로의무일 동안 이미 법정근로시간인 40시간을 초과한 상태에서 휴일근로가 행하여졌다고 하더라도 그 중 1일 8시간을 초과하지 않는 부분에 대하여는 휴일근로로서 통상임금의 50%만 가산될 뿐이고 연장근로로서 통상임금의 50%가 중복가산되는 것은 아니라고 봄이 상당하다.

① 우리 근로기준법의 규정 형식 및 내용과 근로기준법이 시행된 이후 지금까지의 노동관행 등에 비추어 보면, 근로기준법 제50조제1항의 근로의무시간 제한은 '근로의무일'을 전제로 설정한 것으로서 휴일근로에 대하여는 별도의 보호규정을 둔 것으로 해석된다.

② 근로기준법의 관련 규정은 법정근로시간에서 휴게시간을 제외하고 있고, 휴일은 근로의무가 없는 날로서 휴일에 근무하는 경우 휴일근로로 분류하여 따로 보호하고 있다. 근로기준법 시행령 제30조도 "법 제55조에 따른 유급휴일은 1주 동안의 소정근로일을 개근한 자에게 주어야 한다."라고 규정함으로써 '1주 동안의 소정근로일'과 '휴일'을 개념상 구분하고 있다. 이와 같은 사정에 비추어 보면 근로기준법 제50조제1항의 '1주간'의 의미는 근로의무가 있는 날만을 기준으로 그 기간을 산정하여야 하고 휴일은 제외된다고 해석함이 상당하다.

> ③ 휴일근로도 연장근로에 포함된다고 해석하게 되면 연장근로와 휴일근로를 포함하여 12시간을 초과할 수 없다는 결론에 이르게 된다. 그런데 근로기준법 제109조, 제110조 등에서는 근로기준법 제50조나 제53조 등의 근로시간 제한규정을 위반하거나 근로기준법 제56조에 의한 연장근로 및 휴일근로수당을 지급하지 아니한 경우에 형사처벌을 하는 규정을 두고 있다. 그럼에도 불구하고 1953.8.9. 근로기준법이 시행된 이후 현재까지 장시간 동안 노동관행상 휴일근무시간을 연장근로시간에 포함시켜 근로시간 제한규정을 초과하였음을 이유로 행정적, 형사적 제재조치가 취하여지지 아니하였다. 이러한 관행 역시 휴일근로는 연장근로와는 별개의 방식으로 규율된다는 해석을 뒷받침하고 있다.
> ④ 주무부서인 고용노동부는 "1주일에 12시간을 한도로 근로기준법 제50조의 근로시간을 연장할 수 있다는 규정에서의 연장근로시간에는 휴일근로시간이 포함되지 아니한다."라는 취지의 행정해석 및 "휴일에 법정근로시간 8시간을 초과한 경우에는 그 초과된 시간에 대하여 휴일근로가산수당 이외에 연장근로수당도 지급하여야 하며, 이 경우 초과된 시간은 1주 12시간 연장근로시간에 포함된다."라는 취지의 행정해석을 한 바 있다. 이에 따라 실무의 관행은 휴일근로의 경우 1일 8시간을 초과하여 근로를 제공한 경우에 한하여 연장근로수당을 지급하고 있다. 이러한 실무 관행 역시 휴일근로는 연장근로와는 별개의 방식으로 규율된다는 해석을 뒷받침하고 있다.

7. 탄력적근로시간제는 업무량에 따라 근로시간을 신축적으로 운영할 수 있는 제도이다

(1) 2주 이내 단위, 3개월 이내 단위

탄력적근로시간제란 일정단위기간(2주, 3월) 내에 근로시간을 평균하여 주간 법정근로시간을 초과하지 않는 범위 내에서 단위기간 내의 특정일 또는 특정주의 근로시간이 1일 또는 1주의 법정근로시간을 초과하더라도 전체적으로 법정근로시간을 근로한 것으로 보아 별도의 연장근로수당을 지급하지 않을 수 있는 제도이다.

탄력적근로시간제는 사용자 입장에서는 업무량에 따라 근로시간을 신축적으로 운영할 수 있도록 하는 장점이 있지만, 근로자 입장에서는 생활리듬의 파괴 등이 우려되기 때문에 엄격한 요건을 갖추어 제도가 시행되도록 하는 것이 바람직하다 할 것이다.

탄력적근로시간제는 2주 이내 단위 탄력적근로시간제와 3월 이내 단위 탄력적근로시간제로 구분된다.

2주 이내 단위 탄력적근로시간제는 사용자가 취업규칙 또는 취업규칙에 준하는 것에 규정하고 있으면서, 2주 이내의 일정한 단위기간을 평균하여 1주의 평균근로시간이 40시간을 초과하지 아니하고, 어느 주라도 1주의 최장근로시간이 48시간을 초과하지 않을 경우 탄력적근로시간제의 시행으로 인정될 수 있다(근기법 제51조 제1항).

3월 이내 단위 탄력적근로시간제를 시행하기 위해서는 사용자와 근로자대표가 아래의 내용에 대해 서면합의를 해야 한다(근기법 제51조 제2항).

① 대상근로자의 범위

② 단위기간(3월 이내의 일정기간)

③ 단위기간에 있어서의 근로일 및 당해 근로일별 근로시간

④ 기타 대통령령이 정하는 사항(서면합의의 유효기간)

3월간의 근로시간을 평균하여 1주의 평균근로시간이 40시간을 초과하지 아니하고, 1주의 최장근로시간이 52시간을 초과하지 아니하며, 특정일의 근로시간은 12시간을 초과하지 않으면 시행이 가능하다.

(2) 임금 지급

탄력적근로시간제 단위기간 평균근로시간이 1일 8시간, 1주 40시간을 초과하지 않으면 가산임금이 발생하지 않는다. 다만, 특정일 최장근로제한시간[3개월(1개월) 단위의 경우 1일 12시간]과 특정주 최장근로제한시간(2주단위의 경우 48시간, 3개월 단위의 경우 52시간)을 초과하는 근로시간에 대해서는 가산임금이 발생한다.

Q&A 탄력적근로시간제에서 연장근로가 발생하는 경우

적법하게 탄력적근로시간제를 시행하면서 단위기간 평균근로시간이 법정근로시간을 초과하지 않을 경우 별도의 연장근로수당이 발생하지 않는다.
다만, 다음의 경우에는 연장근로가 발생한 것으로 보아 법상의 연장근로수당이 지급되어야

할 것이다.
① 평균근로시간이 법정근로시간을 초과하는 경우
② 평균근로시간이 법정근로시간 이내이더라도 특정주의 근로시간이 제한시간을 초과하는 경우(2주단위의 경우는 1주 48시간, 3개월 단위의 경우는 1주 52시간)

(3) 연장근로의 제한 및 적용 제외

탄력적근로시간제를 시행하면서도 당사자 합의로 1주 12시간 한도에서 연장근로가 가능하다고 본다(최장 1주 64시간까지 가능하다는 것이 고용노동부 행정해석[3]의 입장이다).

탄력적근로시간제는 근로자의 생활리듬 파괴로 인한 신체적인 부담이 발생할 수 있기 때문에 15세 이상 18세 미만의 연소근로자와 임신 중인 여성에 대해서는 시행할 수 없다.

참 고

• 근로기준법 •

제51조 【탄력적근로시간제】 ① 사용자는 취업규칙(취업규칙에 준하는 것을 포함한다)에서 정하는 바에 따라 2주 이내의 일정한 단위기간을 평균하여 1주간의 근로시간이 제50조 제1항의 근로시간을 초과하지 아니하는 범위에서 특정한 주에 제50조 제1항의 근로시간을, 특정한 날에 제50조 제2항의 근로시간을 초과하여 근로하게 할 수 있다. 다만, 특정한 주의 근로시간은 48시간을 초과할 수 없다.
② 사용자는 근로자대표와의 서면합의에 따라 다음 각 호의 사항을 정하면 3개월 이내의 단위기간을 평균하여 1주간의 근로시간이 제50조 제1항의 근로시간을 초과하지 아니하는 범위에서 특정한 주에 제50조 제1항의 근로시간을, 특정한 날에 제50조 제2항의 근로시간을 초과하여 근로하게 할 수 있다. 다만, 특정한 주의 근로시간은 52시간을, 특정한 날의 근로시간은 12시간을 초과할 수 없다.
1. 대상근로자의 범위
2. 단위기간(3개월 이내의 일정한 기간으로 정하여야 한다)
3. 단위기간의 근로일과 그 근로일별 근로시간
4. 그 밖에 대통령령으로 정하는 사항
③ 제1항과 제2항은 15세 이상 18세 미만의 근로자와 임신 중인 여성근로자에 대하여는

3) 근기 68207-1039, 2005.5.29.

적용하지 아니한다.
④ 사용자는 제1항 및 제2항에 따라 근로자를 근로시킬 경우에는 기존의 임금수준이 낮아지지 아니하도록 임금보전방안(賃金補塡方案)을 강구하여야 한다.

8. 선택적근로시간제는 근로자의 시업 및 종업시각을 유연하게 운영할 수 있는 제도이다

(1) 시업 및 종업시각의 유연한 운영

선택적근로시간제는 자유출퇴근제라고도 하며, 시업 및 종업시각을 근로자의 자유의사에 맡김으로써 근로자의 편의나 능률향상을 고려해 도입된 제도이다. 선택적근로시간제를 잘 활용하면 근로자의 입장에서는 번잡한 출퇴근시간을 피하고, 개인의 신체리듬에 따라 업무효율이 높은 시간을 선택하여 일할 수 있고, 또한 근로시간을 적절하게 운영하여 가정과 직장을 양립할 수 있는 여지가 주어진다는 장점이 있으며, 기업 입장에서는 근로자가 업무효율이 높은 시간에 일을 할 수 있게 됨으로써 생산성 향상에 기여할 수 있고, 1일 또는 1주간의 연장근로에 대해 별도의 수당을 지급하지 않아도 된다는 장점이 있다.

선택적근로시간제는 1월의 범위 안에서 총근로시간을 결정하면 출퇴근시간이나 1일의 근로시간 등은 근로자가 자율적으로 결정할 수 있는 제도이므로 기계의 작동시간 등에 맞추어 반드시 정해진 작업시간 안에 근무를 해야 하는 직종이 아닌 전문직이나 사무직, 관리직 등에 적용하여 근로시간을 효율적으로 운용할 수 있다.

선택적근로시간제를 시행하기 위해서는 취업규칙(이에 준하는 것을 포함)에 의하여 시업 및 종업시각을 근로자의 결정에 맡기기로 해야 하며, 근로자대표와 서면합의에 의하여 대상근로자의 범위, 정산기간, 반드시 근로해야 할 시간 등의 사항을 정해야 하며, 1월 이내의 정산기간을 평균하여 1주의 평균근로시간이 40시간을 초과하지 않아야 한다.

(2) 구체적인 운영 방안

신축적근로제도를 운영하기 위해서는 근로자가 원하는 근로시간대에 근로를 제공하되, 일정한 단위기간(정산기간) 동안에 총근로시간을 설정하고, 최소한 총근로시간에 해당하는 근로를 제공하도록 해야 한다. 따라서 정산기간 동안에 실근로시간이 그에 부족한 경우 그 부족분은 결근시간으로 계산되고, 초과하는 경우 시간외근로로 계산될 수 있다.

근로시간은 ① 개별 근로자가 의무적으로 출근하여 근로해야 하는 의무근로시간대(core time)와, ② 개별 근로자가 근로 여부를 자유로이 선택할 수 있는 선택적근로시간대(flexible time)로 나뉜다. 즉 근로자는 의무근로시간에는 반드시 근로를 제공하여야 하나 선택적근로시간에는 시업 및 종업의 시각뿐만 아니라 근로 여부도 일정한 범위 내에서 자유로이 결정할 수 있다.

선택적근로시간제하에서도 휴일근무・야간근로의 경우 가산임금이 지급되어야 하며, 정산기간 중 총근로시간이 당해 정산기간의 법정근로시간을 초과하는 경우에는 연장근로수당이 지급되어야 한다.

선택적근로시간제는 15세 이상 18세 미만의 연소근로자에 대해 적용할 수 없다. 다만, 임신 중인 여성의 경우 근로자가 근무하기 편한 시간대를 선택할 수 있다는 점에서 적용할 수 있다.

참 고

• 근로기준법 •

제52조 【선택적근로시간제】 사용자는 취업규칙(취업규칙에 준하는 것을 포함한다)에 따라 업무의 시작 및 종료 시각을 근로자의 결정에 맡기기로 한 근로자에 대하여 근로자대표와의 서면합의에 따라 다음 각 호의 사항을 정하면 1개월 이내의 정산기간을 평균하여 1주간의 근로시간이 제50조 제1항의 근로시간을 초과하지 아니하는 범위에서 1주간에 제50조 제1항의 근로시간을, 1일에 제50조 제2항의 근로시간을 초과하여 근로하게 할 수 있다.

1. 대상근로자의 범위(15세 이상 18세 미만의 근로자는 제외한다)
2. 정산기간(1개월 이내의 일정한 기간으로 정하여야 한다)
3. 정산기간의 총근로시간

4. 반드시 근로하여야 할 시간대를 정하는 경우에는 그 시작 및 종료 시각
5. 근로자가 그의 결정에 따라 근로할 수 있는 시간대를 정하는 경우에는 그 시작 및 종료 시각
6. 그 밖에 대통령령으로 정하는 사항

9. 재량근로시간제는 근로시간에 대한 근로자의 자율성을 보장하는 제도이다

재량근로시간제는 업무의 특성상 사업주의 관리감독이나 지시에 따라 업무를 수행하는 것보다는 근로자의 자율성을 최대한 보장할 때 생산성이 높아지는 창의적인 업무에 대해 업무수행의 재량을 부여하는 제도로 실근로시간과 관계없이 일정시간을 근로한 것으로 간주하는 제도이다. 이러한 업무의 경우 근로시간보다는 근로의 성과에 따른 보상제도를 적극적으로 시행하는 것이 합리적일 수 있다.

재량근로시간제의 적용대상업무는 대통령령에서 정하고 있다(근기법 시행령 제31조).

① 신상품 또는 신기술의 연구개발이나 인문사회과학 및 자연과학분야의 연구업무
② 정보처리시스템의 설계 또는 분석업무
③ 신문 · 방송 또는 출판사업에 있어서 기사의 취재 · 편성 또는 편집업무
④ 의복 · 실내장식 · 공업제품 · 광고 등의 디자인 또는 고안업무
⑤ 방송프로 · 영화 등의 제작사업에 있어서 프로듀서 또는 감독업무
⑥ 기타 고용노동부장관이 정하는 업무[4)]

재량근로시간제를 시행하기 위해서는 근로자대표와의 서면합의가 필요하며 서면합의에는 다음의 내용 등이 포함되어야 한다.

① 대상업무
② 사용자가 업무의 수행수단 및 시간배분 등에 관하여 근로자에게 구체적인 지시를

4) 회계 · 법률사건 · 납세 · 법무 · 노무관리 · 특허 · 감정평가 등의 사무에 있어 타인의 위임 · 위촉을 받아 상담 · 조언 · 감정 또는 대행을 하는 업무, 고용노동부고시 제2011－44호, 2011.9.23.

하지 아니한다는 내용

③ 근로시간의 산정은 당해 서면합의로 정하는 바에 따른다는 내용

재량근로가 실시되는 소정의 업무에 대하여 노사가 서면합의에서 정한 시간을 근로시간으로 인정한다.

> **참 고**
>
> • 근로기준법 •
>
> 제58조 【근로시간 계산의 특례】 ①~② 생략
>
> ③ 업무의 성질에 비추어 업무수행방법을 근로자의 재량에 위임할 필요가 있는 업무로서 대통령령으로 정하는 업무는 사용자가 근로자대표와 서면합의로 정한 시간을 근로한 것으로 본다. 이 경우 그 서면합의에는 다음 각 호의 사항을 명시하여야 한다.
>
> 1. 대상업무
> 2. 사용자가 업무의 수행수단 및 시간배분 등에 관하여 근로자에게 구체적인 지시를 하지 아니한다는 내용
> 3. 근로시간의 산정은 그 서면합의로 정하는 바에 따른다는 내용
>
> ④ 제1항과 제3항의 시행에 필요한 사항은 대통령령으로 정한다.

10. 인정(간주)근로시간제는 근로자의 실제 근로시간을 산정하기 어려운 경우 적용한다

근로자가 출장, 영업, 취재 등 사업장 외에서 근로함에 따라 실제 근로시간을 산정하기 어려운 경우 실근로시간과 임금계산 등을 둘러싸고 노사간에 분쟁이 발생할 여지가 있으므로 근로자가 사업장 밖에서 근로하는 경우 노사간보다 합리적인 근로시간을 설정하기 위한 취지의 제도이다.

근로자가 출장 기타의 사유로 근로시간의 전부 또는 일부를 사업장 밖에서 근로하여 근로시간을 산정하기 어려운 때에는 소정근로시간을 근로한 것으로 간주하며, 당해 업무수행에 필요한 시간이 통상적으로 소정근로시간을 초과하는 경우에는 그 업무의 수행에 통상 필요한 시간을 근로한 것으로 본다.

다만, 당해 업무에 관하여 근로자대표와의 서면합의가 있는 때에는 그 합의에서 정하는 시간을 그 업무의 수행에 통상 필요한 시간으로 간주한다.

Q&A

회사는 직원을 해외출장 보내면서 일요일 오전에 출발하도록 하고 있음. 이 경우 일요일을 휴일근로로 인정해야 하는 것인지 여부

근로기준법 제58조 제1항에 따르면 '출장 등 근로자가 사업장 밖에서 근로해 근로시간을 산정할 수 없을 때는 소정근로시간을 근로한 것'으로 보고 있으므로 근로자의 출장기간에 대해서는 소정근로시간을 근로한 것으로 인정하고 보상하면 될 것이다.
이 경우 위 출장기간에 '출장지로의 이동시간'이 포함되느냐가 문제가 될 수 있다. 즉 근로자가 출퇴근하는 시간을 근로시간으로 보지 않듯이 출장지로의 이동시간을 출퇴근시간에 준하는 시간으로 볼 것인지, 아니면 근로시간으로 볼 것인지 여부가 논란이 되는 것이다.
근로시간이란 '사용자의 지휘 · 감독하에서 근로를 제공하는 시간'이라는 점을 고려할 때 위 출장지로의 이동시간이 근로시간인지 여부는 결국 '사용자의 지휘 · 감독 아래 있는 시간인지 여부'에 따라 판단해야 할 것이다.
출장지로 이동하는 동안 해당 시간을 근로자가 자유로이 사용할 수 있다면 위 시간은 단순한 이동시간으로 보아야 할 것으로 보이지만, 이동 중에도 사용자의 지휘명령에 따라 업무를 수행해야 할 의무가 있는 시간이라면 근로시간으로 인정해야 할 것으로 판단된다.
물론 위 해외출장시간을 근로시간으로 인정하기로 당사자간 단체협약, 취업규칙 등에 규정하고 있다면 그에 따르면 될 것이다.

✍ 참조 : 근로기준과-5411, 2004.8.7.; 근기 68207-2675, 2002.8.9.

참 고

• 근로기준법 •

제58조 【근로시간 계산의 특례】 ① 근로자가 출장이나 그 밖의 사유로 근로시간의 전부 또는 일부를 사업장 밖에서 근로하여 근로시간을 산정하기 어려운 경우에는 소정근로시간을 근로한 것으로 본다. 다만, 그 업무를 수행하기 위하여 통상적으로 소정근로시간을 초과하여 근로할 필요가 있는 경우에는 그 업무의 수행에 통상 필요한 시간을 근로한 것으로 본다.
② 제1항 단서에도 불구하고 그 업무에 관하여 근로자대표와의 서면합의를 한 경우에는 그 합의에서 정하는 시간을 그 업무의 수행에 통상 필요한 시간으로 본다.
③~④ 생략

11. 교대제[5])는 작업을 중단할 수 없는 생산과정에서 주로 활용되는 근로시간제이다

(1) 교대제 근로의 유형 및 고려사항

교대제는 전기, 가스, 운수, 수도, 통신, 병원 등 공익적 사업을 중지할 수 없는 공공서비스 산업, 철강, 석유화학 등 생산과정이 연속되어 작업을 중단할 수 없는 산업, 생산설비 완전가동, 기업간 경쟁 등의 사유로 조업시간을 길게 해야 하는 산업에서 많이 활용되는 근로형태이다.

교대제의 유형은 2조 격일제, 2조 2교대제, 3조 2교대제, 3조 3교대제, 4조 3교대제 등이 있고, 교대제 근로를 시행하기 위해서는 노무관리 측면과 적법한 운영가능성을 고려해야 한다.

- 연중무휴 가동은 예비근무조가 있는 근무조(4조 3교대제 등)로 편성
- 규칙적인 근무조 교대 및 근무간격은 최소 12시간 이상 유지
- 근로시간은 1주 40시간, 1회 8시간 준수
- 연장근로는 부득이한 경우로 제한하고 야근일수는 최소화
- 휴일은 가능하면 많이 확보하고 휴가는 실제 사용토록 배려
- 출·퇴근버스의 운행 등 편의를 제공
- 교대제 근로의 배치 전후 건강진단 실시, 진단결과 및 판정의견에 따라 비교대 근로나 주간 근로로 전환 등 배려
- 취업규칙 등에 제도화(근기법 93)
- 주휴일(근기법 55)

  교대제를 운영하더라도 주휴일이 미리 예측가능하도록 지정하여 부여되어야 한다. 주휴일은 0시부터 24시까지 역일(暦日)단위로 주되, 교대제 운영을 위해 불가피한 경우 1주일에 1회 이상 계속하여 24시간의 휴식이 부여되면 주휴일을 부여한 것으로 간주

5) 교대제 근로자 근로기준법 적용지침, 근기 68201－574, 1999.11.10.; 교대제 근로자 근로기준법 적용지침(주40시간제 기준), 근로기준과, 2008.3.

• 근로시간(근기법 50)

교대제 형태를 취하더라도 법정기준근로시간(휴게시간 제외하고 1주 40시간, 1일 8시간)은 적용. 1일은 역일상 1일로 0시~24시까지이나, 계속 근무가 2역일에 걸친 경우에는 시업시각이 속한 날의 1일 근로로 취급한다.

• 연장근로의 제한(근기법 53)

교대제라고 하더라도 연장근로는 당사자간 합의가 필요하며, 또한 1주 12시간의 연장근로시간을 초과할 수 없다.

※예외
- 근로시간 및 휴게시간의 특례 사업(근기법 59) : 연장근로 제한 없음
- 임신 중인 여성(근기법 74) : 연장근로금지
- 산후 1년 미만 임산부(근기법 71) : 1일 2시간, 1주 6시간, 1년 150시간 초과 금지
- 18세 미만 연소근로자(근기법 69) : 1일 1시간, 1주 6시간 초과 금지

• 휴게(근기법 54) 및 휴가(근기법 60)

교대제 근로라 하더라도 휴게와 휴가 관련 규정이 적용된다.

• 야간근로(근기법 56)

야간근로(오후 10시부터 오전 6시까지 사이의 근로)에 대하여는 가산임금(통상임금 50% 이상)을 지급하며, 연소근로자와 임산부의 야간근로는 본인의 동의와 고용노동부장관의 인가 필요(근기법 70)

가. 교대제 근로의 유형별 적법성

① 2조 격일제

조를 2개조로 나누어 1개조가 24시간 연속근무를 2역일에 걸쳐 반복하여 근무하는 형태로 아파트 경비업무 등에서 주로 활용한다.

• 근무편성표

교대조 \ 일 수	제1일	제2일	제3일	제4일	제5일	제6일	제7일
1조	근무		근무		근무		근무
2조		근무		근무		근무	

※근무 : 7시~다음날 7시까지

1주 7일 계속 가동을 위해서는 1조는 4일간 근무하면서 1일 최대 11시간(연장 3시간,

휴게 1시간 제외)까지 근무하고, 2조는 3일간 근무하면서 1일 최대 12시간(연장 4시간, 휴게 1.5시간 제외)까지 근무해야 한다. 따라서 1일 24시간 계속 근무하는 근무편성은 불가능하나, 근로시간 및 휴게시간의 특례 사업(근기법 59) 및 근로시간 등의 적용 제외 업무(근기법 63)에 종사하는 근로자는 1일 24시간 계속 근무편성이 가능하다.

② 2조 2교대제

조를 2개로 나누어 2개의 근무조가 1일을 전반기, 후반기로 나누어 근무순번을 1주 또는 2~4주단위로 계속 바꿔가면서 근무하는 형태이다.

• 근무편성표(순환 : 1근무조→2근무조→1근무조)

일 수 / 교대조	제1주		제2주	
	제1일~제5일	제6일~제7일	제8일~제12일	제13일~제14일
1조	1근무조	휴	2근무조	휴
2조	2근무조	휴	1근무조	휴

※1근무조 : 0시~12시, 2근무조 : 12시~24시, 휴 : 1일의 휴일, 1일의 휴무일

1개조가 1일 10시간 24분 근무가능(연장 2시간 24분, 휴게 1시간 제외)하여 1일 최대 20시간 48분까지 근무할 수 있고, 각 조별로 1주 5일 가동방식으로 1일의 휴일과 1일의 휴무일을 일괄부여하게 된다. 따라서 1일 24시간 가동을 위해서는 각 조별로 휴게시간을 더 많이 부여(1시간 36분 이상)하여야 하나, 연장근로가 상태화(常態化)되어 법위반 소지가 있으므로 가급적 지양되어야 한다.

③ 3조 2교대제

3개의 교대제를 두어 근무형태를 3조로 나누고, 1일 근로를 2근무로 나누어 1일 기준으로 2개조는 근무하고, 1개조는 휴무하는 형태이다.

• 근무편성표 : 1주 5일 가동방식(순환 : 1근무조→2근무조→휴무조→1근무조)

구분	제1주						제2주						제3주					
	1일	2일	3일	4일	5일	6일~7일	8일	9일	10일	11일	12일	13일~14일	15일	16일	17일	18일	19일	20일~21일
1조	휴	1근	2근	휴	1근	휴	2근	휴	1근	2근	휴	휴	1근	2근	휴	1근	2근	휴
2조	1근	2근	휴	1근	2근	휴	휴	1근	2근	휴	1근	휴	2근	휴	1근	2근	휴	휴
3조	2근	휴	1근	2근	휴	휴	1근	2근	휴	1근	2근	휴	휴	1근	2근	휴	1근	휴

※1근(1근무조) : 0시~8시, 2근(2근무조) : 8시~16시, 휴 : 휴무조, 휴 : 1일의 휴일, 1일의 휴무일

2개조는 3일간 1일 11시간(휴게 1시간 제외) 근무하여 1주 33시간, 나머지 1개조는 4일간 1일 11시간(휴게 1시간 제외) 근무하여 1주 44시간 각각 근무하게 된다. 3개월 이내 탄력적근로시간제로 할 경우 특정주 52시간, 특정일 12시간 이내에서 연장근로 가산임금 지급에 대한 부담없이 운영이 가능하다.

• 근무편성표 : 1주 7일 가동방식(순환 : 1근무조→2근무조→휴무조→1근무조)

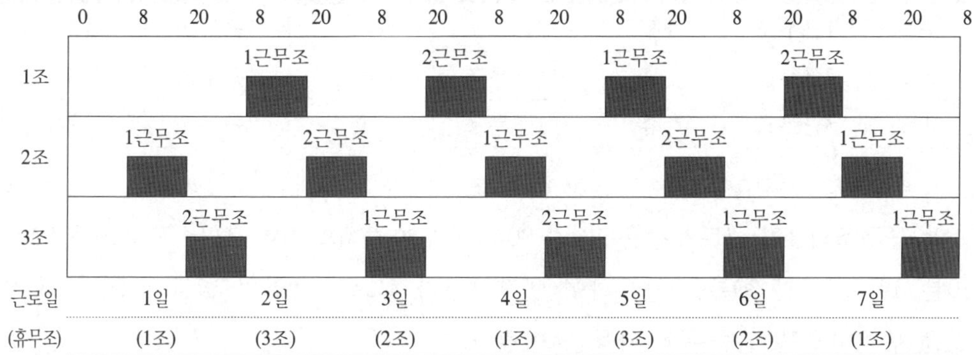

(단위 : 시간)

구 분	근로일	실근로시간		휴게시간		연장근로시간	
		1일	1주	1일	1주	1일 기준 시간 초과	1주 기준 시간 초과
1조	4일	11	44	1	4	3	12
2조	5일	11	55	1	5	3	15
3조	5일	11	55	1	5	3	15

※1근무조 : 8시~20시, 2근무조 : 20시~다음날 8시, 휴무조 : 휴무

1개조는 4일간 1일 11시간(휴게 1시간 제외) 근무, 나머지 2개조는 5일간 1일 11시간(휴게 1시간 제외) 근무하여 4일간 근무하는 조는 1주 연장근로의 합계가 12시간이나 나머지 5일 근무하는 2개조는 각 15시간으로 법위반이 된다. 따라서 연중무휴 가동을 위해서는 5일 근무하는 2개조에서 휴게시간을 더 많이 부여(1시간 36분 이상)하고 근로시간을 10.4시간(연장 2.4시간 포함)으로 해야 한다. 그러나 연장근로가 상태화되어 법위반 소지가 있으므로 가급적 지양되어야 할 것이다.

④ 3조 3교대제

3개의 조를 두고 1일 근로를 3근무조로 나누어 각 교대조별로 근무조를 적절히 배합하여 운용하는 형태로 1주 5일 가동방식과 1주 7일 가동방식이 있다.

• 근무편성표 : 1주 5일 가동방식(순환 : 1근무조→2근무조→3근무조→1근무조)

구 분	제1주		제2주		제3주	
	제1일~제5일	제6일~제7일	제8일~제12일	제13일~제14일	제15일~제19일	제20일~제21일
1조	1근무조	휴	2근무조	휴	3근무조	휴
2조	2근무조	휴	3근무조	휴	1근무조	휴
3조	3근무조	휴	1근무조	휴	2근무조	휴

※1근무조 : 0시~8시, 2근무조 : 8시~16시, 3근무조 : 16시~24시, 휴 : 1일의 휴일, 1일의 휴무일

각 근무조의 1일 근로시간은 7시간 30분(휴게 30분 제외)이며, 모든 근무조가 1일 7시간 30분, 1주 37시간 30분을 근무하여 연장근무가 없으나, 1일의 휴일과 1일의 휴무일을 일괄 부여하므로 연중무휴 가동은 어렵다.

• 근무편성표 : 1주 7일 가동방식, 주6일 근로(순환 : 3조→2조→1조→3조)

		1일	2일	3일	4일	5일	6일	7일
1주	1조	0~8 (7.5)	0~12 (11)	0~8 (7.5)	0~12 (11)	0~8 (7.5)	휴 일 (0)	0~8 (7.5)
	2조	8~16	12~24	8~16	휴 일	8~16	0~12	8~16
	3조	16~24	휴 일	16~24	12~24	16~24	12~24	16~24
2주	1조	16~24	12~24	16~24	12~24	16~24	휴 일	16~24
	2조	0~8	0~12	0~8	휴 일	0~8	0~12	0~8
	3조	8~16	휴 일	8~16	0~12	8~16	12~24	8~16
3주	1조	8~16	0~12	8~16	12~24	8~16	휴 일	8~16
	2조	16~24	12~24	16~24	휴 일	16~24	0~12	16~24
	3조	0~8	휴 일	0~8	0~12	0~8	12~24	0~8

※( )는 법정휴게시간 부여시 실근로시간
각 조는 1주 52시간 근무, 1근무조 : 0시~8시, 2근무조 : 8시~16시, 3근무조 : 16시~24시

쉬는 조가 없는 날은 각 조가 7시간 30분(휴게 30분 제외)씩 근무, 쉬는 조가 있는 날은 2개조가 11시간(휴게 1시간 제외)씩 근무하게 된다. 따라서 각 조의 주당 총근로시간이

52시간(연장 12시간 포함)으로 연장근로가 상태화되어 있어 휴가활용시 법위반 소지가 있고, 또한 연장근로를 하면서 주40시간제를 6일제로 운영하는 것에 근로자가 쉽게 동의하지 않아 연중무휴 가동에 활용이 곤란하다.

• 근무편성표 : 1주 7일 가동방식, 주5일 근로(순환 : 3조→2조→1조→3조)

		1일	2일	3일	4일	5일	6일	7일
1주	1조	0~8 (7.5)	0~12 (11)	0~12 (11)	휴 (0)	0~12 (11)	0~12 (11)	휴 (0)
	2조	8~16	12~24	휴	0~12	12~24	휴	0~12
	3조	16~24	휴	12~24	12~24	휴	12~24	12~24
2주	1조	16~24	12~24	12~24	휴	12~24	12~24	휴
	2조	0~8	0~12	휴	0~12	0~12	휴	0~12
	3조	8~16	휴	0~12	12~24	휴	0~12	12~24
3주	1조	8~16	0~12	12~24	휴	0~12	12~24	휴
	2조	16~24	12~24	휴	12~24	12~24	휴	12~24
	3조	0~8	휴	0~12	0~12	휴	0~12	0~12

※( )는 법정휴게시간 부여시 실근로시간
각 조는 1주 51.5시간 근무, 1조 : 0시~8시, 2조 : 8시~16시, 3조 : 16시~24시, 휴 : 1일의 휴일, 1일의 휴무일

쉬는 조가 없는 날은 각 조가 7시간 30분(휴게 30분 제외)씩 근무, 쉬는 조가 있는 날은 2개조가 11시간(휴게 1시간 제외)씩 근무한다. 따라서 각 조의 주당 총근로시간이 51.5시간(연장 11.5시간 포함)으로 연장근로가 상태화되어 휴가활용시 법위반 소지가 있고, 또한 연중무휴 가동시 근무시간대간에 간격이 너무 짧거나 휴일이 불규칙하여 근로자 건강보호나 생산성 측면에서 바람직하지 않다.

⑤ 4조 3교대제

조를 4개조로 나누어 3개조는 3근무조로 나누어 교대근무하고 1개조는 휴무하는 형태로 1일 24시간, 1주 7일 가동에 적합하다. 근로시간대간의 간격을 정상적으로 유지하고 야간근로 등으로 인한 피로회복을 위해 휴식시간을 충분히 주면서 운용해야 한다.

• 근무편성표 : 3근 1휴 방식(순환 : 1근무조→2근무조→3근무조→1근무조)

구 분	1일	2일	3일	4일	5일	6일	7일	8일	9일	10일	11일	12일
1조	1근	1근	1근	휴	2근	2근	2근	휴	3근	3근	3근	야휴
2조	휴	2근	2근	2근	휴	3근	3근	3근	야휴	1근	1근	1근
3조	2근	휴	3근	3근	3근	야휴	1근	1근	1근	휴	2근	2근
4조	3근	3근	야휴	1근	1근	1근	휴	2근	2근	2근	휴	3근

구 분	1일	2일	3일	4일	5일	6일	7일	8일	9일	10일	11일	12일
1조	1근	2근	3근	야휴	1근	2근	3근	야휴	1근	2근	3근	야휴
2조	2근	3근	야휴	1근	2근	3근	야휴	1근	2근	3근	야휴	1근
3조	3근	야휴	1근	2근	3근	야휴	1근	2근	3근	야휴	1근	2근
4조	야휴	1근	2근	3근	야휴	1근	2근	3근	야휴	1근	2근	3근

※근 : 근무, 휴 : 휴무, 1일 8시간 근무, 야휴 : 야간근로 후의 휴무
1근(1근무조) : 6시~14시, 2근(2근무조) : 14시~22시, 3근(3근무조) : 22시~6시

4조의 가장 전형적인 형태로 각 교대조가 3일 근무, 1일 휴무를 규칙적으로 반복하는 방식으로 휴무 다음날에 근무조가 전환된다. 12일을 주기로 9일 근무하고 3일은 쉬는데 휴일은 휴무일 중에 적정한 날을 휴일로 부여하면 된다.

• 근무편성표 : 4근 1휴(2→1) 방식(순환 : 1근무조→2근무조→3근무조→1근무조)

구 분	1일	2일	3일	4일	5일	6일	7일	8일	9일	10일	11일	12일	13일	14일	15일	16일
1조	2근	2근	2근	2근	휴	3근	3근	3근	3근	야휴	휴	1근	1근	1근	1근	휴
2조	휴	3근	3근	3근	3근	야휴	휴	1근	1근	1근	1근	휴	2근	2근	2근	2근
3조	3근	야휴	휴	1근	1근	1근	1근	휴	2근	2근	2근	2근	휴	3근	3근	3근
4조	1근	1근	1근	휴	2근	2근	2근	2근	휴	3근	3근	3근	3근	야휴	휴	1근

※근 : 근무, 휴 : 휴무, 1일 8시간 근무, 야휴 : 야간근로 후의 휴무
1근 : 1근무조, 2근 : 2근무조, 3근 : 3근무조

각 교대조가 4일 근무 1일 휴무한 후 근무조 변경, 4일 근무 2일 휴무한 후 다시 근무조 변경, 4일 근무 1일 휴무한 후 또 다시 근무조 변경을 반복하는 방식이다. 16일 주기로 12일을 일하고 4일을 쉬는데 그 중 1일은 야간근로 후 휴무, 휴일은 휴무일 중에 적정한 날을 휴일로 부여하면 된다.

• 근무편성표 : 5근 2휴(1→2) 방식(순환 : 1근무조→2근무조→3근무조→1근무조)

구 분	1일	2일	3일	4일	5일	6일	7일	8일	9일	10일	11일	12일	13일	14일	15일	16일	17일	18일	19일	20일
1조	3근	3근	3근	3근	3근	야휴	휴	1근	1근	1근	1근	1근	휴	2근	2근	2근	2근	2근	휴	휴
2조	야휴	휴	1근	1근	1근	1근	1근	휴	2근	2근	2근	2근	2근	휴	휴	3근	3근	3근	3근	3근
3조	1근	1근	휴	2근	2근	2근	2근	2근	휴	휴	3근	3근	3근	3근	3근	야휴	휴	1근	1근	1근
4조	2근	2근	2근	휴	휴	3근	3근	3근	3근	3근	야휴	휴	1근	1근	1근	1근	1근	휴	2근	2근

※근 : 근무, 휴 : 휴무, 1일 8시간 근무, 야휴 : 야간근로 후의 휴무
1근 : 1근무조, 2근 : 2근무조, 3근 : 3근무조

각 교대조가 5일 근무 2일 휴무한 후 근무조를 변경, 5일 근무 1일 휴무한 후 다시 근무조를 변경, 또다시 5일 근무 2일 휴무한 후 근무조를 변경하는 반복하는 방식으로, 20일을 주기로 15일을 근무하고 5일은 쉬는데 그 중 1일은 야간근로 후 휴무, 휴일은 휴무일 중에 적정한 날을 휴일로 부여하면 된다.

Q&A

교대근무자의 경우 주휴일은 어떤식으로 부여해야 하는지

교대제 근무에 대해 근로기준법상의 주휴일 규정이 적용 제외되지 않으므로 교대근무자가 1주 정해진 근무일(소정근로일)을 개근한 경우 1일을 주휴일로 부여해야 한다.
다만, 교대제 근무의 특성상 교대조가 변경됨에 따라 매주 특정 요일(예 일요일)을 휴일로 부여하는 것이 어려울 경우에는 1주 소정근로일을 제외한 나머지 날(비번일) 중의 1일을 유급처리함으로써 유급주휴일을 부여하거나, 특정 요일을 주휴일로 정하되 해당일이 근로일인 교대조에 대해서는 휴일을 사전에 변경하는 휴일의 사전대체를 통해 비번일을 주휴일로 부여하는 방식도 가능할 것으로 판단된다.

참조 판례

▪ 교대제 근로자의 유급주휴일 부여와 유급주휴일 대체시 할증임금 지급 여부

(근기 68207-671, 2001.2.28.)

교대제 근로자라 하더라도 근로기준법 제54조 및 동법 시행령 제25조가 적용되어야 한다. 그러나 유급주휴일은 반드시 일요일이어야 하는 것은 아니며 해당주의 소정근로일수를 개근한 경우에는 휴무일 중 하루에 대하여 유급주휴일이 부여되면 된다. 다만, 유급주휴일을 매주 화요일로 정하였으나 노사당사자간 합의에 의하여 화요일에 근로하고 다른 휴무일 중 1일을 유급휴일로 대체하였다면 화요일에 근로하였

다 하더라도 화요일 근로는 휴일근로가 아니며, 화요일 근로에 따른 할증임금 지급 문제도 발생하지 아니한다.

12. 단시간근로는 1주간의 소정근로시간이 통상근로자보다 짧은 근로를 말한다

단시간근로자란 1주간의 소정근로시간이 당해 사업장의 같은 종류의 업무에 종사하는 통상근로자의 1주간의 소정근로시간에 비하여 짧은 근로자를 의미한다(근기법 제2조).

단시간근로자의 근로조건은 통상근로자의 근로시간과 비례해 적용함이 원칙이며, 근로시간과 비례해 적용할 수 없는 근로기준법상의 제 규정은 동등하게 보호되어야 한다.

단시간근로자의 근로조건을 결정하는 데 기준이 되는 사항에 대해서는 근로기준법 시행령에서 규정하고 있다(근기법 시행령 제9조 별표 2).

① 근로계약의 체결

사용자가 단시간근로자를 고용할 경우에는 임금·근로시간 기타의 근로조건을 명확히 기재한 근로계약서를 작성하여 근로자에게 교부해야 하며, 단시간근로자의 근로계약서에는 계약기간, 근로일, 근로시간의 시작과 종료시각, 시간급 임금 기타 고용노동부장관이 정하는 사항이 명시되어야 한다.

Q&A

직원이 1년간 육아기근로시간단축을 신청하였다. 단축된 근로시간은 주20시간(1일 4시간)인데, 이 직원은 단시간근로자에 해당되는지 여부와 근로조건을 적용할 때 유의해야 할 사항은 무엇인지

단시간근로자란 1주 소정근로시간이 통상근로자의 소정근로시간보다 짧은 자를 의미하므로, 육아기근로시간단축에 의해 1주 소정근로시간이 주 40시간에서 주 20시간으로 단축되었다면 법상 단시간근로자에 해당된다.

우선 근로조건이 변경될 경우에도 서면명시해야 하기 때문에(근로기준법 제17조) 기존 주 40시간 근무에서 주 20시간 근무로 변경됨에 따른 근로시간과 임금의 변경사항이 명시된 새로운 근로계약서를 작성해야 한다.

육아기근로시간단축에 따른 근로조건은 단축된 근로시간만큼 비례 적용하는 것이 원칙이고, 비례 적용할 수 있는 대상은 임금만이 아니라 모든 근로조건이 될 수 있다(즉 정상근로를 전제로 지급하던 각종 근로조건을 단축근로시간에 비례해 적용할 수 있는 것이 원칙이다). 다만, 근로시간단축에 따라 수당을 감액할 경우 그 수당의 성격이 근로시간단축에 따라 감액하는 것이 타당해야 할 것이다. 즉 근로시간과 밀접한 관련성이 있는 기본급, 상여금(기본급을 기준으로 산정), 시간외근무수당(근로시간단축에 따라 시간외근로가 발생하지 않을 경우)은 근로시간단축에 따라 감액 지급이 가능한 수당이라 할 것이나, 근로시간과 관련없이 지급하는 수당에 대해서는 기존 근로시간 단축 전과 동일하게 적용하는 것이 타당하지 않을까 판단된다(예를 들어 교통보조비의 경우 출퇴근비용 지원 목적으로 지급되는 수당이고 근로시간이 단축되더라도 출퇴근일수가 동일하다면 이를 감액 지급해야 할 이유는 없을 것이다).

물론 근로기준법 제18조는 "단시간근로자의 근로조건은 그 사업장의 같은 종류의 업무에 종사하는 통상근로자의 근로시간을 기준으로 산정한 비율에 따라 결정되어야 한다"고 규정하고 있어 단시간근로자의 임금, 각종 수당, 복리후생 등에 대해 근로시간에 비례해 적용하는 기준이 있다면, 육아기 근로시간 단축에 따라 근로시간이 단축된 근로자에 대해서도 이 기준을 동일하게 적용할 수 있을 것으로 판단된다.

② 임금의 계산

단시간근로자의 임금산정단위는 시간급을 원칙으로 하며, 시간급 임금을 일급 통상임금으로 산정할 경우에는 1일 소정근로시간수에 시간급 임금을 곱하여 산정한다. 여기서 단시간근로자의 1일 소정근로시간수는 4주 동안의 소정근로시간을 그 기간의 통상근로자의 총소정근로일수로 나눈 시간수를 말한다.

③ 초과근로

사용자는 단시간근로자에 대하여 소정근로시간을 초과해 근로하게 하는 경우에는 근로자의 동의를 얻어야 하며, 1주간 12시간을 초과해 근로시킬 수 없다. 단시간근로자는 사용자가 동의를 얻지 않고 초과근로를 시키는 경우 이를 거부할 수 있다.

단시간근로자가 소정근로시간을 초과해 근로하는 경우 통상임금의 50% 가산임금을 지급해야 한다.

④ 휴일 · 휴가의 적용

단시간근로자도 통상근로자와 동일하게 주휴일과 법정휴가(연차휴가, 생리휴가, 출산전후휴가)를 적용받는다. 연차휴가의 경우 유급휴가는 각각 다음의 방식으로 계산한 시간 단위로 하며, 1시간 미만은 1시간으로 본다.

$$\text{통상근로자 연차휴가일수} \times \frac{\text{단시간근로자의 소정근로시간}}{\text{통상근로자의 소정근로시간}} \times 8\text{시간}$$

유급휴일, 출산전후휴가의 경우에 사용자가 지급하여야 하는 임금은 일급통상임금을 기준으로 하고, 연차휴가의 경우 임금은 시간급을 기준으로 한다.

산정례

주40시간제 사업장에서 시간급 4,000원을 받고 1주에 5일, 1일 5시간을 근무하는 근로자의 경우 주휴수당은 4,000원×5시간=20,000원

Q&A

2017.1.1.~12.31. 1년간 육아기 근로시간 단축에 따라 주20시간으로 근로시간을 단축한 직원이 2018년에 정상근무(주40시간) 복귀한 경우 2018년 연차휴가는 어떻게 부여해야 하는지

육아기근로시간단축에 따라 소정근로시간이 줄어든 직원의 연차휴가는 통상근로자의 근로시간에 비례해 산정하므로, 2017년의 단축된 근로에 대해서는 연차휴가가 1일 4시간을 기준으로 15일이 발생하게 된다(15일×20시간/40시간×8시간). 그리고 2018년은 1일 8시간, 1주 40시간 소정근로시간을 근무하게 되므로 연차휴가는 60시간을 8시간 휴가 사용으로 환산한 7.5일을 사용할 수 있게 된다.

⑤ 취업규칙의 작성 및 변경

사용자는 단시간근로자에게 적용되는 취업규칙을 통상근로자에게 적용되는 취업규칙과 별도로 작성할 수 있다. 통상근로자와 별도로 취업규칙을 작성하거나 이를 변경하고자 할 경우에는 적용대상이 되는 단시간근로자 과반수의 의견을 청취해야 하며 취업규칙을 단시간근로자에게 불이익하게 변경하는 경우에는 과반수의 동의를 얻어야 한다.

단시간근로자에게 적용될 별도의 취업규칙이 작성되지 아니한 경우에는 통상근로자에게 적용되는 취업규칙이 적용된다. 다만, 취업규칙에서 단시간근로자에 대하여 적용이 배제되는 규정을 두거나 달리 적용한다는 규정을 둔 경우에는 이에 따른다.

한편, 4주 동안(4주 미만으로 근로하는 경우에는 그 기간)을 평균하여 1주 동안의 소정근로시간이 15시간 미만인 근로자에 대하여는 퇴직급여제도(근로자퇴직급여 보장법 제4조), 주휴일(근기법 제55조), 연차유급휴가(근기법 제60조) 규정이 적용되지 않는다.

핵심 정리사항

1. 근로시간이란 근로자가 사용자의 지휘 · 감독을 받아 근로계약에서 정한 근로를 제공하는 시간으로 법정근로시간과 연장근로, 야간근로, 휴일근로로 구분된다.
2. 일반 성인근로자의 법정근로시간은 1일 8시간, 1주 40시간이다.
3. 법정근로시간을 초과한 근로인 연장근로를 위해서는 당사자 합의가 필요하며, 1주 12시간 한도 내에서만 가능하다.
4. 야간근로와 휴일근로는 대상에 따라 동의 또는 고용노동부장관의 인가를 얻어야 가능한 경우가 있으므로 적용대상을 정확히 이해하는 것이 필요하다.
5. 연장 · 야간 · 휴일근로시 가산(할증)임금을 지급해야 하며, 사유가 중복될 경우 각각 가산(할증)해야 한다.
6. 근로시간을 유연하게 운영할 수 있는 제도로 탄력적근로시간제, 선택적근로시간제, 재량근로시간제, 인정(간주)근로시간제가 있다.
7. 1주 소정근로시간이 짧은 단시간근로자의 근로조건 운영에 대한 법적 기준이 존재하므로 이를 정확히 이해하는 것이 필요하다.

Part 5

휴게와 휴일

핵심키워드

휴게시간, 주휴일, 근로자의 날, 약정휴일, 휴일의 사전대체, 적용 제외

목 적

1. 근로자의 재충전과 업무집중도를 높이기 위해 반드시 필요한 휴게시간과 휴일을 이해한다.
2. 법정휴일의 종류와 법정휴일과 약정휴일의 관계를 이해한다.
3. 휴일 대체 등 휴일근로의 운영에 대해 이해한다.

구 분	법정휴일 및 휴가, 휴직	약정휴일 및 휴가, 휴직
휴 일	- 주휴일 - 근로자의 날	- 공휴일 - 회사창립일 등
휴 가	- 연차유급휴가 - 생리휴가 - 출산전후휴가 - 배우자출산휴가	- 하계휴가 - 경조휴가 - 병가 등
휴 직	- 육아휴직 - 가족돌봄휴직	- 상병휴직 - 청원휴직 등
특 징	- 휴가일수 및 부여방식 등 법에서 정한 기준을 준수해야 함(법적 의무) - 법에서 정한 기준 이상으로 휴가를 부여하는 것은 노사가 자율적으로 결정 - 임금지급 여부는 법에서 정한 바에 따름(법정휴일 및 휴가는 모두 유급. 다만, 생리휴가, 산전후휴가 일부와 육아휴직, 가족돌봄휴직은 무급)	휴가일수 및 휴가부여조건, 임금지급 여부에 대해서는 단체협약, 취업규칙, 근로계약 등을 통해 노사가 자율적으로 결정

1. 휴게는 사용자의 지휘 감독으로부터 벗어난 휴식시간이다

휴게는 근로자가 근로시간 도중 심신의 피로를 회복할 수 있는 시간을 의미하며, 사용자의 지휘·감독으로부터 벗어나 자유로운 사용이 가능해야 한다(근기법 제54조 제2항).

휴게시간은 근로시간이 4시간인 경우 30분 이상, 8시간인 경우 1시간 이상을 부여해야 한다(근기법 제54조 제1항).

Q&A 휴게시간은 일시에 부여해야 하는지, 세분화해서 부여할 수 있는지

근로기준법은 휴게시간의 부여방식에 대해 '근로시간 도중에 부여'해야 한다는 것 외에 별도로 규정하고 있지 않다. 따라서 사업장의 구체적 상황을 고려해 법정 휴게시간의 길이

에 미달하지 않는 범위에서 휴게시간 부여방식은 노사합의 또는 취업규칙에 규정해 운영할 수 있을 것으로 판단된다(예 1일 점심(휴게)시간 1시간, 점심시간 30분과 오전 오후 각 15분, 50분 근무 10분 휴식시간 등).

참조 행정해석

▪ 휴게시간 부여방식 (근기 68207-3307, 2002.12.2.)

근로기준법 제53조에 사용자는 근로시간이 4시간인 경우에는 30분 이상, 8시간인 경우에는 1시간 이상의 휴게시간을 근로시간 도중에 주어야 한다고만 규정하고 있다. 따라서 근무시간과 명백히 구분하여 휴게시간을 분할하여 부여하더라도 작업의 성질, 근로여건 등에 비추어 사회통념상 합리성이 있고 휴게제도의 취지를 벗어나지 않는 한 이를 법위반으로 보기 어렵다.

휴게시간은 그 취지상 근로시간 도중에 부여해야 한다. 따라서 시업 전·종업 후 부여하는 시간은 휴게시간으로 인정되기는 어렵다.

또한 휴게시간은 근로자가 사용자의 지휘·감독으로부터 벗어나 자유로이 사용이 가능하도록 부여해야 한다. 다만, 업무의 지속을 위해 필요한 범위 내에서의 제약은 가능하다 할 것이다(휴게시간 중의 외출 제한 등).

한편, 업무의 특성 및 공중의 편의를 위한 사업(근기법 제59조)의 경우 근로자대표와 서면합의에 의해 휴게시간의 변경이 가능하고, 근로시간·휴게·휴일 적용제외자(근기법 제63조)에 대해서는 휴게시간을 적용하지 않을 수 있다.

2. 휴일은 근로제공의무를 면제한 날로 법정휴일과 약정휴일이 있다

휴일이란 법 또는 약정에 따라 근로자의 피로회복을 위해 근로제공의무를 면제한 날을 의미하며, 사용자는 근로자에 대하여 1주일에 평균 1회 이상의 유급휴일을 주어야 한다(근기법 제55조).

휴일의 종류는 법정휴일(주휴일, 근로자의 날)과 약정휴일(근로계약, 취업규칙, 단체협약 등에서 정한 휴일) 및 유급휴일과 무급휴일로 구분될 수 있다.

(1) 주휴일

주휴일은 1주 소정근로일수를 개근한 자에 한해 부여할 의무가 있다(근기법 시행령 제30조). 소정근로일이란 당사자가 근로하기로 정한 날을 의미하므로 매일 연속적으로 근로하지 않더라도 정해진 소정근로일(예를 들어 1주 3일근무, 교대제 근무)을 개근한 경우에도 주휴일을 부여해야 한다.

개근이란 정해진 근무일수에 출근한 것을 의미하므로 지각, 조퇴, 외출을 결근 1일로 취급하는 것은 근로기준법 위반이 된다. 또한 약정휴일, 휴가, 사용자의 귀책사유에 의한 휴업 등으로 휴무했어도 나머지 근로일수를 개근한 경우에는 개근으로 인정된다.

주휴일은 1일, 즉 역일에 의한 24시간(0시부터 24시까지)을 유급으로 계속 휴무하게 함이 원칙이나 근무형태상(교대제 연속작업 등) 부득이한 경우 계속 24시간 휴식을 부여하는 것도 가능하다고 본다.[1)]

주휴일은 반드시 일요일을 의미하는 것은 아니며, 당사자가 정한 특정일을 부여하면 된다(예를 들어 예식장, 영화관의 경우와 같이 주말이 바쁜 사업장은 평일을 주휴일로 부여할 수 있다). 다만, 주휴일은 근로자가 사전에 예측할 수 있도록 미리 정해서 운영해야 할 것이다.

또한 주휴일은 전 근로자가 일시에 사용할 수도 있고, 개인별 또는 부서별로 요일을 달리해서 사용할 수도 있다.

Q&A

당사의 시급제 근로자의 경우 시급이 8,000원이고, 시급 외에 직무수당과 생산수당 각 10만원씩을 매월 고정적으로 지급하고 있어 시급과 시간급 통상임금이 구분되어 있음. 이 경우 유급주휴일에 대한 수당(8시간분)을 시급으로 산정하면 되는지, 아니면 시간급통상임금으로 산정해야 하는지 여부

근로기준법 제55조는 주휴일에 대해 '1일의 유급휴일'을 명시하고 있는데 유급휴일의 임금에 대해서는 별도로 명시하고 있지 않다(한편, 법은 연장 · 야간 · 휴일근로수당은 통상임금으로 산정하고, 연차휴가 사용일을 유급으로 인정하는 수당은 통상임금 또는 평균임금으로 산정하도록 명시하고 있다).

---

1) 근기 01254－6585, 1988.5.4.

즉 근로기준법은 주휴수당(주휴일을 유급휴일로 인정해 지급하는 유급분)을 통상임금 또는 평균임금으로 산정하도록 명시하고 있지 않기 때문에 주휴수당은 사용자와 근로자간 약정한 산정방식이 있다면 그 방식에 따르면 될 것으로 판단된다. 고용노동부 행정해석도 "현행 근로기준법에서는 유급휴일에 지급되도록 보장된 임금의 산정방법에 관하여는 아무런 규정도 두지 아니하고 있으므로 단체협약이나 근로계약 등으로 그 임금산정방법을 정하고 있다면 그에 따라서 산정한 임금을 유급휴일수당으로 지급하면 될 것이며, 노사간의 합의에 의하여 따로 약정한 것이 없다면 평균임금, 통상임금 또는 기타로 정한 임금(기본급)을 지급하면 되는 것"이라고 보고 있다.

따라서 회사규정에 주휴수당을 시급×8시간으로 지급하기로 명시하고 있거나 기본급이 월 209시간분(주휴수당 8시간분 포함)으로 명시되어 있는 것처럼 주휴수당을 시간급 통상임금이 아닌 시급으로 산정하고 있다면 그에 따르면 될 것으로 판단된다.

✍ 참조 : 법무 811-14362, 1979.6.16.

한편, 주휴일과 다른 휴일이 겹친 경우 취업규칙・단체협약에 특별한 규정이 없는 한 하나의 휴일만이 인정되는 것이 휴일의 취지에 맞다고 본다.

참조 행정해석

- 주휴일이 공휴일과 중복되는 경우 별도의 정한 바가 없다면 별도의 휴일의 부여나 휴일근로수당을 가산지급할 필요는 없다 (근기 68207-2016, 1999.8.18.)

[질의] 근로자에게 1주 전에 주어진 주휴일이 공휴일(회사 취업규칙에서 정한 유급휴일)과 중복된 경우 당일날 휴무를 하였을 경우 공휴일에 대한 별도의 휴일의 부여나 150%의 임금을 지급해야 하는지 여부

A회사는 취업규칙에는 주휴일과 공휴일이 중복된 경우 각각 지급한다 등의 특단의 규정이 없다.

[회시] 근로기준법상 주휴일은 1주간의 소정근로일수를 개근한 자에게 1회의 유급휴일을 부여하는 것으로서 단체협약이나 취업규칙에서 주휴일이 당해 회사의 유급휴일과 중복되는 경우 그 익일을 휴일로 한다는 등 별도의 정한 바가 없다면 1회의 휴일을 실시함이 타당하다.

Q&A

연차휴가기간 내에 주휴일과 같은 휴일이 포함되어 있을 경우 휴가와 휴일이 중복되는 해당일은 어떤 식으로 처리해야 하는지. 즉 해당일은 연차휴가일수에서 빼는 것인지, 아니면 해당 휴일은 소멸하는 것인지 여부

휴일과 휴가는 법에 의해 사용자의 지급의무가 있는 법정휴일 · 휴가와 노사간의 약정에 의한 약정휴일 · 휴가로 나뉘며, 법정휴일은 주휴일, 근로자의 날, 법정휴가는 연차휴가, 생리휴가, 산전후휴가가 있다. 휴일과 휴가가 중복되는 경우에는 그 휴일 · 휴가의 성격에 따라 다음과 같이 운영할 수 있을 것이다.
첫째, 법정휴일과 법정휴가가 겹칠 경우 법정휴일은 법정휴가일수에 포함되지 않는다. 즉 노사의 약정과는 무관하게 사용자가 반드시 부여해야 하는 법적 의무가 있는 휴일 · 휴가라면 이를 하나의 휴일 · 휴가로 처리할 수는 없기 때문이다. 다만, 주휴일은 해당 주를 개근했을 때 발생하며 해당 주를 모두 휴가로 사용했을 경우에는 동 제도의 취지상 주휴일이 발생하지 않으므로 이 경우에는 당해 휴가일수에 산입할 수 있을 것으로 판단된다.
둘째, 법정휴일 · 휴가와 약정휴일 · 휴가가 겹칠 경우 이를 하나의 휴일이나 휴가로 처리할지 여부는 관련 규정에 따르면 될 것이다. 왜냐하면 약정휴일 · 휴가의 구체적 운영에 대해서는 노사간의 약정에 의해 운영할 수 있기 때문이다. 예를 들어 경조휴가기간 내에 주휴일이 겹칠 경우에는 별도의 경조휴가일을 추가하지 않고 경조휴가기간 내에 주휴일이 포함된 것으로 인정하기로 규정되어 있다면 그에 따르면 될 것으로 판단된다.
한편, 주휴일과 약정휴일과 같이 휴일이 중복되는 경우에는 '피로회복'이라는 휴일의 취지상 하나의 휴일만을 인정하는 것이 원칙이다. 다만, 취업규칙, 단체협약에 "휴일이 중복되는 경우 익일을 휴일로 한다"는 등의 특별한 규정이 있으면 그 규정에 따르면 될 것이다.

(2) 근로자의 날

5월 1일을 근로자의 날로 하고, 이 날을 근로기준법에 의한 유급휴일로 한다(근로자의 날 제정에 관한 법률).

(3) 공휴일

관공서의 공휴일에 관한 규정에 의한 공휴일은 근로기준법상의 당연히 근로자에게 부여해야 하는 휴일은 아니다. 따라서 근로계약, 취업규칙, 단체협약에 의해 휴일 여부 및 유급 여부를 결정할 수 있다(관공서의 공휴일에 관한 규정).

참 고 • 관공서의 공휴일에 관한 규정(대통령령 제24828호, 2013.11.5.) •

1. 일요일

2. 국경일 중 3·1절, 광복절, 개천절 및 한글날
3. 1월 1일
4. 설날 전날, 설날, 설날 다음날 (음력 12월 말일, 1월 1일, 2일)
5. 삭제
6. 석가탄신일 (음력 4월 8일)
7. 5월 5일 (어린이날)
8. 6월 6일 (현충일)
9. 추석 전날, 추석, 추석 다음날 (음력 8월 14일, 15일, 16일)
10. 12월 25일 (기독탄신일)
10의2. 「공직선거법」 제34조에 따른 임기만료에 의한 선거의 선거일
11. 기타 정부에서 수시 지정하는 날

* 대체공휴일 부여
- 제4호, 제9호(설, 추석)의 공휴일이 다른 공휴일과 겹칠 경우 공휴일 다음의 첫 번째 비공휴일
- 제7호의 공휴일(어린이날)이 토요일이나 다른 공휴일과 겹칠 경우 공휴일 다음의 첫 번째 비공휴일

(4) 주40시간제 시행에 따른 토요일

1주 소정근로일이 5일(월~금)이면 토요일은 근로의무가 없는 날이며, 근로의무가 없는 날이 곧바로 휴일을 의미하는 것은 아니다. 왜냐하면 1주 3일만 근무하는 근로자의 경우 주휴일을 제외한 3일이 곧바로 휴일은 아니기 때문이다.

근로기준법상 휴일의 취지는 1주간의 근로로 인해 축적된 근로자의 피로를 풀고 건강을 확보하도록 하며, 여가의 이용을 가능케 하여 사회적·문화적 생활을 할 수 있도록 하는 데 있다. 즉 근로기준법은 1주일의 피로회복을 위한 1일의 주휴일 외에는 별도의 휴일을 명시하고 있지 않으며, 결국 근로자의 날을 제외한 모든 휴일은 노사간의 약정휴일이 되는 것이다. 따라서 노사가 약정하지 않은 날은 휴일이 아니며, 단지 근로제공의무가 없는 날이 되고, 근로기준법상의 휴일근로수당이 발생하지 않는다.

주5일 근무제하에서의 토요일의 법적 성격

	휴무일	유급휴일
토요일 근무시 수당	주40시간 초과하는 경우 최초 4시간에 대해 3년간 한시적으로 25% 할증률 적용한 연장근로수당 발생	휴일근로에 대한 50% 할증률 적용한 휴일근로수당 발생

	휴무일	유급휴일
통상임금 산정기준시간	월 209시간 또는 226시간	월 226시간 또는 243시간
당사자간의 약정	별도 약정 없을 경우	취업규칙 등에 유급휴일임을 명시할 경우

Q&A

우리 회사는 주40시간제를 시행하면서 토요일을 무급휴일로 운영하고 있는데, 토요일이 회사의 다른 약정휴일(유급)과 겹칠 경우 유급휴일로 인정해야 하는지

휴일이 중복되었을 경우에는 휴일의 취지상 원칙적으로 하나의 휴일만을 인정해야 할 것이며(단, 노사가 별도 정한 기준에 있으면 그에 따르면 될 것이다) 하나의 휴일은 근로자에게 유리한 휴일을 적용해야 할 것이다.

따라서 무급휴일인 토요일과 유급휴일인 약정휴일이 겹치면 해당일은 약정휴일이 될 것이고, 약정휴일에 해당하는 임금을 지급해야 할 것으로 판단된다. 다만, 법정휴일과 달리 약정휴일의 유・무급 여부는 노사합의로 결정할 수 있으므로 "토요일과 겹치는 약정휴일에 대해서는 무급으로 한다"는 등의 취업규칙의 변경이 이루어진 경우에 한해 별도 수당지급 의무가 발생하지 않을 수 있을 것이다.

또한 약정휴일이 몇 시간 유급휴일인지에 대해 별도로 정하고 있지 않다면 원칙적으로 1일 소정근로시간에 해당하는 유급휴일(8시간)로 인정해야 할 것으로 판단된다.

참조 행정해석

- 유급휴일・휴가수당은 1일 8시간을 기준으로 산정하여야 한다

(근기 01254-14463, 1990.10.17.)

[질의] 4시간 근무의 토요일이 단체협약 등에서 정한 유급휴일 경우 휴일수당 지급액은?

[회시] 유급휴일, 유급 연・월차휴가의 유급임금은 특정일 구분없이 정상근로일의 소정근로시간을 기준으로 산정하여 지급하는 것이므로 1일 8시간을 기준으로 하여야 할 것이다.

- 무급휴일과 유급휴일이 중복되었을 경우 그 날은 유급휴일로 보아야 한다

(근로기준과-1270, 2004.3.13.)

[질의] 주5일 근무시행시 당사에서는 유급휴일과 무급휴일을 각각 일요일과 토요일로 지정하여 운영하려고 한다. 이때에 취업규칙에 명시된 약정휴일이 무급휴일(토요일)과 중복되었을 경우에 해당일의 급여 지급의무는?

[회시] 이때 무급휴일인 토요일과 취업규칙에 규정된 유급휴일이 중복되었을 경우

그 중복된 날은 유급휴일로 보아야 한다고 보며, 해당일에 근로하였을 경우 사용자는 유급으로 인정되는 임금(당사자가 약정한 임금) 외에도 휴일에 근로한 시간에 대하여 근로기준법 제55조의 규정에 의하여 통상임금의 100분의 50 이상을 가산한 임금을 추가로 지급하여야 할 것이다.

3. 휴일의 사전대체란 휴일을 다른 근무일로 사전에 변경하는 것이다

휴일의 대체란 노사합의에 의해 취업규칙 등에 미리 휴일로 정해져 있는 날, 즉 근로의무가 없는 날을 다른 근로일과 교체하여 휴일은 근로일로 하고 근로일을 휴일로 하는 조치를 말한다. 이러한 휴일 대체는 휴일 근로가 예정되어 있는 경우 사전에 다른 근무일을 휴일로 정해놓고 근로하도록 함으로써 휴일을 보장하기 위한 취지에서 비롯된 것이다.

휴일의 사전대체가 이루어질 경우 휴일은 평일로, 평일은 휴일로 변경되며, 따라서 휴일의 근로에 대해서는 휴일근로수당이 발생하지 않게 된다.

휴일 사전대체의 요건은 미리 근로자에게 휴일의 대체를 통지해야 하며(따라서 휴일근로 발생 이후에 휴일을 대체하는 것은 휴일의 사전대체로 인정되기 어렵다), 취업규칙 등에 관련 사항이 규정되어 있어야 함이 원칙이다.

다만, 근로자의 날은 법률에 의해 유급휴일로 특정된 날이기 때문에 다른 날로 휴일을 대체할 수 없다는 것이 고용노동부 행정해석의 판단이다.

참조 행정해석

- 지정된 휴일변경시 24시간 전에 근로자에게 통지해야 하고, 대체휴일근로시 휴일근로수당을 지급하여야 한다 (근기 68207-806, 1994.5.16.)

[질의] 1. 휴일을 변경코자 할 경우 당사자에게 변경하는 날을 통지하여야 하는지 여부

2. 유급휴일에 근무토록 하고 휴일변경일에 휴무시 휴일근무수당(할증임금)을 지급하는지 여부

3. 휴일변경일에 근무시 휴일근무수당(할증임금)을 지급하여야 하는지 여부

[회시] 1. 지정된 휴일을 변경하고자 할 때에는 적어도 24시간 전에 해당되기 전 근로자에게 통지하여야 한다.

2. 지정된 휴일의 변경은 단체협약이나 취업규칙에 그 변경요건·절차 등이

미리 정하여져 있거나 근로자의 동의를 얻은 경우에 다른 날로 대체할 수 있는바, 이와 같이 휴일이 대체휴일로 변경된 경우에는 당초의 휴일은 평일이 되므로 휴일근로가산수당을 지급할 필요가 없다.

그러나 근로자의 날은 법률로서 특정한 날을 유급휴일로 정하고 있으므로 다른 날로 휴일을 대체할 수 없으며, 동 휴일을 다른 날로 대체하여 근로자의 날에 근로한 경우에는 근로기준법 제46조에 의한 휴일근로수당을 지급하여야 한다.

3. 변경된 대체휴일에 근로한 경우에는 휴일근로수당을 지급함이 타당하다.

▪ 근로자의 날은 다른 날로 대체할 수 없다 (근로기준과-829, 2004.2.19.)

[질 의] 단체협약으로 사용자는 근로자의 동의를 얻어 휴일근로를 시키고 그에 따른 대체휴일을 지정할 수 있는 경우

근로자의 동의 없이 특정휴일을 강제 대체한 경우 휴일수당을 지급하여야 하는지 여부

사용자는 근무스케줄 작성시 근로자의 신청에 따라 휴일근로에 대한 대체휴일을 지정하는 경우 근로자의 동의가 있다고 볼 수 있는지

[회 시] 귀 질의 내용의 사실관계가 일부 불명확하여 정확한 답변이 곤란하나, 근로기준법 제54조의 주휴일과 단체협약이나 취업규칙 등으로 정한 휴일(약정휴일)을 다른 날로 변경(대체)하고자 하는 경우, 단체협약이나 취업규칙 등에 그에 관한 요건과 절차 등을 정하고 있을 때에는 그에 따라야 할 것이나 그와 같은 정함이 없는 경우에는 노사간의 합의가 있어야 할 것임.

따라서, 근로자의 동의를 휴일대체의 요건으로 단체협약에 규정하고 있음에도 근로자의 동의 없이 휴일을 다른 날로 대체하는 것은 휴일대체의 효력이 없으므로 당초의 휴일에 근로한 경우에는 근로기준법 제55조 소정의 휴일근로수당을 지급하여야 하나, 근로자의 동의가 있었거나 있었다고 볼 수 있는 경우에는 별도의 휴일근로수당을 지급할 필요가 없을 것임.

다만, '근로자의 날'은 법률로서 특정한 날을 유급휴일로 정하고 있으므로 다른 날로 대체할 수 없으며, 다른 날로 대체하였더라도 근로자의 날에 근로한 경우에는 근로기준법 제55조에 의한 휴일근로수당을 지급하여야 한다고 사료됨.

귀 질의 내용 중 휴일대체에 관하여 근로자의 동의가 있었는지 여부에 대하여는, 귀 사업장에서 휴일대체를 위해 부서별로 작성하는 근무스케줄 작성행위에 개별 근로자가 참여하였다면 개별 근로자의 명시적 의사표시가 없었다 하더라도 휴일대체에 대한 동의가 있었던 것으로 볼 수 있을 것임.

한편, 대휴란 사전에 휴일을 대체하지 않고 기존의 휴일에 근로를 시킨 후 다른 근로일을 휴무시키는 조치를 말하며, 법상의 의무는 아니고 취업규칙, 단체협약 등의 규정에 의해 시행이 가능하다. 대휴는 휴일이 변경된 것이 아니기 때문에 휴일근로에 대한 휴일근로수당은 발생하게 된다.

또한 근로기준법 제57조의 연장 · 야간 · 휴일근로에 대한 임금에 갈음해 부여하는 보상휴가는 발생된 시간외근로에 대한 수당 대신 휴가를 부여하는 것이므로 휴일근로에 대한 임금 대신 보상휴가를 부여하는 경우에는 휴일할증임금까지 포함된 시간만큼의 휴가를 부여해야 할 것이다(예를 들어 휴일에 8시간을 근로한 경우 휴일근로에 대한 임금은 8시간×150%인 12시간분이므로 보상휴가 또한 12시간분의 휴가를 부여해야 한다).

4. 근로기준법의 근로시간 · 휴게 · 휴일 기준 적용이 제외되는 업종 · 근로형태 · 직종이 있다

근로기준법상 근로시간 · 휴게 · 휴일에 관한 규정은 모든 사업 또는 사업장의 근로자에게 적용되는 것이 원칙이나 업무의 특성상 엄격하게 근로시간 등을 적용하는 것이 적합하지 않다고 여겨지는 업종, 직종, 근로형태 등에 대해서는 관련 조항을 적용 제외하고 있다.

참 고

• 근로기준법 · 시행령 •

법 제63조【적용의 제외】 이 장과 제5장에서 정한 근로시간, 휴게와 휴일에 관한 규정은 다음 각 호의 어느 하나에 해당하는 근로자에 대하여는 적용하지 아니한다.

1. 토지의 경작 · 개간, 식물의 재식(栽植) · 재배 · 채취사업, 그 밖의 농림사업
2. 동물의 사육, 수산 동식물의 채포(採捕) · 양식사업, 그 밖의 축산, 양잠, 수산사업
3. 감시(監視) 또는 단속적(斷續的)으로 근로에 종사하는 자로서 사용자가 고용노동부장관의 승인을 받은 자
4. 대통령령으로 정하는 업무에 종사하는 근로자

시행령 제34조【근로시간 등의 적용 제외 근로자】 법 제63조 제4호에서 "대통령령으로 정한 업무"란 사업의 종류에 관계없이 관리 · 감독업무 또는 기밀을 취급하는 업무를 말한다.

① 농림 · 축산 · 양식 · 수산업에 종사하는 근로자

자연조건에 의해 좌우되는 산업에 대해서는 근로시간, 휴일, 휴게시간을 획일적으로 규제하는 것이 어렵기 때문에 적용을 제외하고 있다.

② 감시적 · 단속적근로자로서 고용노동부장관의 승인을 얻은 경우

'감시적근로자'란 감시하는 것을 본래의 업무로 하고 신체적인 피로와 정신적인 긴장이 적은 경우로서 수위업무, 물품감시, 화재감시 등이 이에 해당하며, '단속적근로자'란 본래의 업무가 간헐적으로 이루어져 휴게시간 및 대기시간이 많아 근로의 밀도가 낮은 경우의 근로자를 의미한다.

감시적 · 단속적근로자가 고용노동부장관의 승인을 얻은 경우 개별 근로자의 동의가 없어도 근로시간 등의 적용 제외가 가능하다.

참 고

• 근로감독관 집무규정(고용노동부훈령 제185호, 2016.3.8.) •

제68조【감시적 · 단속적 근로에 종사하는 자에 대한 적용 제외 승인】① 「근로기준법」 제63조 제3호 및 같은 법 시행규칙 제10조 제2항에 따른 "감시적 근로에 종사하는 자"의 적용제외 승인은 다음 각 호의 기준을 모두 갖춘 때에 한한다.

1. 수위 · 경비원 · 물품감시원 또는 계수기감시원 등과 같이 심신의 피로가 적은 노무에 종사하는 경우. 다만, 감시적 업무이기는 하나 잠시도 감시를 소홀히 할 수 없는 고도의 정신적 긴장이 요구되는 경우는 제외한다.
2. 감시적인 업무가 본래의 업무이나 불규칙적으로 단시간 동안 타 업무를 수행하는 경우. 다만, 감시적 업무라도 타 업무를 반복하여 수행하거나 겸직하는 경우는 제외한다.
3. 사업주의 지배하에 있는 1일 근로시간이 12시간 이내인 경우 또는 다음 각 목의 어느 하나에 해당하는 격일제(24시간 교대) 근무의 경우
   가. 수면시간 또는 근로자가 자유로이 이용할 수 있는 휴게시간이 8시간 이상 확보되어 있는 경우
   나. 가목의 요건이 확보되지 아니하더라도 공동주택(「주택법 시행령」 제2조 제1항 및 「건축법 시행령」 별표 1 제2호 가목부터 라목까지 규정하고 있는 아파트, 연립주택, 다세대주택, 기숙사) 경비원에 있어서는 당사자간의 합의가 있고 다음날 24시간의 휴무가 보장되어 있는 경우

② 「근로기준법」 제61조 제3호 및 같은 법 시행규칙 제10조 제3항에 따른 "단속적 근로에 종사하는 자"의 적용제외 승인은 다음 각 호의 기준을 모두 갖춘 때에 한한다.

1. 평소의 업무는 한가하지만 기계고장 수리 등 돌발적인 사고발생에 대비하여 대기하는 시간이 많은 업무인 경우
2. 실근로시간이 대기시간의 반 정도 이하인 업무로서 8시간 이내인 경우. 다만, 격일제(24시간 교대) 근무인 경우에는 당사자간의 합의가 있고 다음날 24시간의 휴무가 보장되어야 한다.
3. 대기시간에 근로자가 자유로이 이용할 수 있는 수면 또는 휴게시설이 확보되어 있는 경우

③ 제1항 및 제2항의 근로시간은 일정기간(주 또는 월 등)의 평균적 개념으로 산정한다.

참조 행정해석

근무시간 변경과 감시적·단속적 근로 종사자에 대한 적용 제외 승인의 효력

(근기 68207-589, 2002.2.14.)

[질의] 당 사업장은 1998.10.12.자로 감시적·단속적 근로 종사자에 대한 적용제외 승인을 받은 바 있으나 인가승인 당시의 근무형태는 경비원 24시간 격일근무로 하였으나 2001.11.19.부터는 일근제(08 : 00~17 : 00)로 근무하고 있다. 이에 당초 인가승인시 근무시간과 현재의 근무시간이 변경되었는바, 기존 인가승인의 효력 여부는?

[회시]
- 근로감독관 집무규정 제48조 제3항에 "인·허가 이후에 근로형태의 변경이 있거나 인·허가기준에 미달하게 된 때에는 동 인·허가를 취소하여야 한다"고 규정되어 있는바, 동 규정상 취소사유에 해당하는 경우에는 기존 승인의 효력이 상실된다고 볼 수 있을 것이다.
- 감시·단속적 근로에 있어서 동 규정상의 '근로형태의 변경'이라 함은 감시·단속적 근로형태가 감시·단속적 근로가 아닌 근로형태로 변경되는 것을 말하며, '인·허가기준에 미달'하는 것은 당초 필요하지 아니한 요건이 추후 사정변경으로 요구되는 경우(예컨대 당사자 합의가 불필요한 1일 12시간 이하 교대제에서 당사자간 합의가 요구되는 24시간 격일제로 전환되는 경우) 등을 말한다.
- 귀 질의의 경우 24시간 격일제에서 일근제(08 : 00~17 : 00)로 변경됨에 따라 더 이상 감시적·단속적 근로가 아닌 경우나 감시적·단속적 근로라도 추가적인 요건이 요구되는 경우에는 기존 승인의 효력이 상실될 것이나, 근로형태의 변경없이 단순히 근로시간만 조정되고 기존 승인요건에 추가되는 요건도 없는 경우에는 기존 승인의 효력이 상실된다고 볼 수 없다.

Q&A

감시적 · 단속적근로자로 승인받아 근로기준법상의 근로시간, 휴게, 휴일 규정이 적용되지 않는 근로자가 근로자의 날에 근로한 경우 휴일근로로 인정해야 하는지 여부

감시적 또는 단속적 근로자로 승인을 받을 경우 근로시간, 휴게, 휴일에 관한 법률이 적용제외되므로 시간외수당, 휴일근로수당 등이 발생하지 않게 된다. 그러나 감시적 또는 단속적 근로자라 하더라도 야간근로(22 : 00~익일 06 : 00)를 하였을 경우에는 야간근로수당은 지급되어야 한다.

다만, 근로자의 날은 근로자의 날 제정에 관한 법률에 의해 유급휴일로 별도로 지정되어 있으므로 감시적 · 단속적근로자에 대해 근로기준법상의 휴일이 적용되지 않는다 하더라도 근로자의 날은 근로기준법에서 정하고 있는 휴일이 아니기 때문에 감시적 · 단속적근로자에 대해서도 유급휴일로 보장된다. 한편, 감시적 · 단속적근로자에 대해서는 휴일가산임금규정이 적용되지 않으므로 근로자의 날에 근무한 경우에는 근무한 데 대한 임금과 근무하지 않아도 유급휴일에 따라 받게 되는 유급분을 지급해야 할 것으로 판단된다.

✍ 참조 : 근로자의 날 관련 근로기준법 적용지침(임금근로시간정책팀－3356, 2007.11.13.)

③ 감독 · 관리적 지위에 있는 자

'감독 또는 관리적 지위에 있는 자'는 일반적으로 부장 · 공장장 등 근로조건의 결정 기타 노무관리에 있어서 경영자와 일체적인 입장에서 활동하고 있으면서 출퇴근에 엄격한 제한을 받지 않는 자를 말한다.

참조 행정해석

- 현장과장 및 관리직 과장급 이상인 자의 경우 출퇴근 등에 대하여 엄격한 제한을 받는지의 여부 등에 대해 구체적으로 판단해야 한다 (근기 01254－5592, 1987.4.6.)

  감독이나 관리의 지위에 있는 자라 하면 근로조건의 결정 기타 노무관리에 있어서 경영자와 일체적인 지위에 있는 자를 말하는 것으로 사업장 내의 형식적인 직책에 불구하고 출퇴근 등에 대하여 엄격한 제한을 받는지 여부, 노무관리방침의 결정에 참여하거나 노무관리상의 지휘권한을 가지고 있는지 여부, 그 지위에 따른 특별수당을 받고 있는지 여부 등을 종합적으로 검토, 판단하여야 할 것이며, 기밀의 사무를 취급하는 자라 함은 비서 기타의 직무가 경영자 또는 관리직 지위에 있는 자의 활동과 일체 불가분으로 출퇴근 등에 있어서 엄격한 제한을 받지 않는 자를 의미하는 것인바, 현장과장 및 관리직 과장급 이상인 자의 경우도 이에 따라 구체적으로 판단하여야 한다.

④ 기밀사무를 취급하는 자

기업의 비밀서류 등을 취급하거나, 비서, 기타 그 직무가 경영자 또는 감독・관리적 지위에 있는 자의 활동과 일체불가분의 관계에 있으며 출퇴근에 엄격한 제한을 받지 않는 자를 의미한다.

Q&A

저희 회사는 연구개발, 기획, 총무, 경리, 전산, QC, 자재 등 대부분의 부서는 기밀취급자라고 하여 10시 이후 근무와 휴일특근에 대한 수당만을 지급하고 퇴근시간 이후의 연장근무에 대해서는 별도 수당을 지급하지 않고 있음. 회사자재업무를 맡으면서 기밀취급자라는 이유로 연장근무를 인정하지 않고 있는데 구체적으로 어느 부서 내지 어느 업무가 기밀취급자로 분류되어 연장수당 등이 배제되는 것인지

근로기준법이 근로시간, 휴게, 휴일에 관한 규정의 적용 제외자를 설정(근기법 제63조 제4호)하고 있는 이유는 근무의 특성상 사업주로부터 근로시간에 대해 엄격한 관리를 받지 않으면서 자기재량권을 가지는 근로자의 경우 근로기준법상 근로시간 등의 엄격한 기준을 적용함을 통해 과도한 근로시간을 예방하고 충분한 휴식을 보장해야 할 대상은 아니라고 보기 때문이다.
근로기준법상 근로시간 등이 적용 제외되는 관리감독자 및 기밀취급자의 의미는 ① 노무관리상의 지휘권한을 가지거나, 기밀사무를 취급하면서 노무관리에 있어 경영자와 일체적인 입장에 있는 자, ② 출퇴근 등 근로시간에 대해 엄격한 관리를 받지 않는 자를 의미하며 직무・직급의 명칭과는 상관없이 실제 근무실태에 따라 판단해야 할 것이다. 즉 관리자, 감독자, 기밀취급자이더라도 실제 근로시간의 엄격한 관리를 받는 자는 법의 취지상 근로기준법상의 근로시간 등이 적용 제외되는 자로 볼 수 없을 것으로 판단된다.
따라서 출퇴근에 대해 엄격한 관리를 받는 경우라면 자재담당이 '기밀취급자'라는 이유만으로 근로시간 등이 적용 제외되는 자로 판단하기는 어려울 것으로 보인다. 한편, 적용 제외자의 경우 연장근로 및 휴일근로에 대한 가산수당, 근로기준법상의 주휴일, 휴게시간이 적용 제외되며, 야간근로(오후 10시부터 오전 6시)에 대한 가산임금, 연차휴가 등 근로기준법상 휴가는 적용 제외되지 않는다.

근로기준법에서 근로시간・휴게・휴일 기준 적용이 제외되는 근로자들에 대한 적용 관계는 다음과 같다.

적용이 제외되는 규정	적용되는 규정
-근로시간에 관한 규정 -휴게·휴일에 관한 규정	-야간근로 및 야간근로수당 -휴가 관련(연차휴가, 생리휴가, 산전후휴가) -근로기준법 외의 다른 법령에 의한 휴일(근로의 날)

핵심 정리사항

1. 휴게시간은 1일 중에, 휴일은 1주일 중에 근로자의 피로회복을 위한 휴식 보장 취지의 제도로 휴게시간은 근로시간이 4시간인 경우 30분 이상, 8시간인 경우 1시간 이상을 근로시간 도중에 부여해야 한다.
2. 휴일은 법정휴일과 약정휴일로 구분되며, 법정휴일은 주휴일과 근로자의 날, 약정휴일은 법정공휴일이나 회사창립일 등 사용자가 정한 휴일이다.
3. 휴일근로가 필요한 경우 휴일을 다른 날로 변경하는 조치를 휴일의 사전대체라 한다.
4. 근로기준법은 근로시간, 휴게, 휴일을 적용하는 것이 적합하지 않다고 여겨지는 업종, 직종, 근로형태 등에 대해 관련 조항의 적용을 제외하고 있다.

Part 6 휴 가

핵심키워드

법정휴가와 약정휴가, 연차유급휴가, 80퍼센트 이상 출근, 15일, 가산휴가, 휴가수당, 사용촉진, 휴가대체, 생리휴가, 출산전후휴가, 임신 중인 여성 보호

목 적

1. 법정휴가와 약정휴가의 관계에 대해 이해한다.
2. 법정휴가인 연차유급휴가의 부여요건, 휴가일수, 사용 및 수당에 대해 이해한다.
3. 연차휴가 사용촉진제도를 이해한다.
4. 모성보호를 위한 법정휴가인 생리휴가와 출산전후휴가를 이해한다.
5. 임신 중인 여성 근로자를 보호하는 법적 기준을 이해한다.

1. 휴가란 근로자의 근로제공의무를 일정기간 면제해주는 제도이다

휴가는 근로자가 근로를 제공할 수 없는 특별한 사정이 있을 때 근로제공의무를 일정기간 면제해 주는 제도로 휴가 부여 사유에 따라 ① 개근 또는 일정출근율 이상 성실히 근무한 근로자에 대한 보상을 위한 휴가, ② 경조사, 부상 등 근로자의 특별한 사정에 대한 보호를 위한 휴가, ③ 모성보호 및 육아 등 일 · 가정 양립을 위한 보장을 위한 휴가 등으로 구분할 수 있고, 법에서 정한 휴가인 법정휴가와 사용자와 근로자가 취업규칙이나 근로계약 등으로 정한 약정휴가로 구분된다.

	성실 근무에 대한 보상	근로자의 특별한 사정 보호	모성보호 및 일·가정 양립 지원
법정휴가	연차유급휴가	가족돌봄휴직(광의)	생리휴가, 출산전후휴가, 배우자출산휴가, 육아휴직(광의)
약정휴가	장기근속휴가, 포상휴가, 리프레쉬 휴가 등	경조휴가, 병가, 청원휴가 등	

법정휴가는 법률에서 정한 부여 요건과 기준에 따라 부여하는 휴가로 이를 부여하지 않을 경우 사용자는 법적 책임(벌칙, 미사용휴가 수당 지급 의무 등)을 부담하게 된다. 약정휴가는 법률에서는 정하지 않았으나 사용자가 단체협약이나 취업규칙, 근로계약을 통해 근로자에게 부여하기로 정한 휴가로 그 구체적인 부여 요건 및 일수 등은 사용자가 정한 기준에 따르며, 약정휴가를 부여하지 않았을 경우에는 법적 책임은 발생하지 않으나 계약 위반에 따른 책임(손해배상 책임, 단체협약 위반의 경우는 노동조합 및 노동관계조정법상 벌칙 적용)이 발생하게 된다.

한편, 법정휴가와 약정휴가가 모두 존재하는 경우가 있다. 배우자가 출산하면 부여하던 약정휴가인 경조휴가가 존재하는 상태에서 남녀고용평등 및 일 · 가정 양립 지원에 관한 법률상 배우자출산휴가가 도입 및 확대되는 경우, 법정생리휴가가 무급으로 개정되었음에도 사용자가 취업규칙을 통해 기존 유급생리휴가를 계속 유지하는 경우 등이 그 예이다. 이 경우에는 법정휴가와 약정휴가의 관계를 고려한 운영이 필요하다.

약정휴가는 법정휴가에 미달해 부여할 수 없다. 따라서 배우자출산휴가가 3일 유급휴가(최대 5일 부여)로 확대되었다면 배우자출산 경조휴가는 법적 배우자출산휴가 기준 이상으로 부여할 때 법위반의 문제가 발생하지 않는다. 물론 법정휴가보다 약정휴가가 유리한 경우에는 유리한 약정휴가를 부여하면 된다.

Q&A

생리휴가를 유급휴가로 운영하면서 휴가를 사용하지 않을 경우 수당을 지급하지 않기로 하는 것이 가능한지

종전 근로기준법의 유급생리휴가는 이를 사용하지 않았을 경우 대신 수당을 지급해야 한다고 판단했기 때문에 '사용하지 않을 경우 수당을 지급하지 않기로 하는 규정'은 법적 기준에 미달된 것으로 인정될 수 있었다. 그러나 법정 생리휴가가 무급휴가인 현행 법 기준에서는 유급생리휴가가 법보다 유리한 휴가이고, 유급생리휴가를 사용하지 않았을 경우 수당 지급에 대한 법적 기준이 없기 때문에 수당 지급 여부에 대해서는 취업규칙 등에 규정해 운영할 수 있다. 따라서 유급휴가를 사용하지 않을 경우 수당을 지급하지 않기로 하는 운영은 가능하다.

2. 연차유급휴가는 일정 비율 이상 출근한 근로자에게 부여하는 휴가이다

(1) 원칙 : 1년 이상 근로, 80퍼센트 이상 출근, 연차휴가 15일

연차휴가는 1년간 80퍼센트 이상 출근한 근로자에게 15일을 부여해야 하는 법정휴가이다. "1년간 80퍼센트 이상 출근"이란 1년간 소정근로일수(출근해야 할 의무가 있는 일수) 중 80퍼센트 이상을 출근해야 한다는 것으로 출근율을 산정할 때 특별한 기간(예 산전후휴가기간, 육아휴직기간, 병가기간, 쟁의행위기간)을 어떻게 처리해야 하는지가 문제가 된다. 즉 해당 기간을 어떻게 처리하느냐에 따라 출근율에 영향을 미쳐 연차휴가 부여 여부 및 일수가 달라질 수 있기 때문이다. 이에 대해서는 법에 규정하고 있는 내용은 없고 고용노동부 행정해석이 그 기준을 마련하고 있다.

참 고

• 연차유급휴가 등의 부여시 소정근로일수 및 출근 여부 판단기준 (임금근로시간정책팀 - 3228, 2007.10.25.) •

1. 배경

근로기준법 및 동법 시행령은 주휴일, 월차유급휴가, 연차유급휴가를 부여하는 기준으로 '소정근로일수의 개근 또는 그 출근율'을 삼고 있음.

1997.3.27. 근로기준법 시행령에서는 그 판단기준이 되는 월차유급휴가 부여시의 소정근로일수 산정기준을 변경함. 즉 구 시행령에서는 공민권 행사를 위한 휴일, 주휴일, 법정공휴일 및 기타 법정휴일을 소정근로일수에 산입하도록 하였으나, 새 시행령에서는 이를 삭제하고 공민권 행사를 위한 시간만을 근로한 것으로 보도록 함. 이에 따라 '소정근로일수의 산정 및 그 출근 여부의 판단'에 관한 새로운 해석기준을 제시하고자 함.

2. 소정근로일수 및 출근 여부 판단에 관한 해석기준

(1) 법령 또는 약정에 의한 휴일

소정근로일수 계산에서 제외. 소정근로일은 법령의 범위 내에서 근로자와 사용자가 근로하기로 정한 날을 의미함. 따라서 근로자와 사용자가 법령상 사전에 근로하기로 정할 수 없거나 또는 약정에 의하여 사전에 근로하지 않기로 한 다음의 날은 소정근로일수를 계산함에 있어 이를 제외함.

- 근로기준법에 의한 주휴일
- 근로자의 날 제정에 관한 법률에 의한 근로자의 날
- 취업규칙 또는 단체협약 등에 의한 약정휴일
- 기타 이상의 날에 준하여 해석할 수 있는 날 또는 기간

(2) 특별한 사유로 근로제공의무가 정지되는 날 또는 기간

소정근로일수 계산에서 제외. 취업규칙 또는 단체협약 등에서 당초 근로하기로 정하였으나 근로자 또는 사용자가 사전에 예측할 수 없는 특별한 사유가 발생하여 근로제공의무가 정지되는 경우가 있음. 따라서 이와 같은 경우에 해당하는 다음의 기간은 소정근로일수를 계산함에 있어 이를 제외함.

- 사용자의 귀책사유로 인한 휴업기간
- 적법한 쟁의행위기간
- 남녀고용평등법에 의한 육아휴직기간
- 기타 이상의 기간에 준하여 해석할 수 있는 날 또는 기간

이 경우 연차유급휴가일수는 사용자의 귀책사유로 인한 휴업기간, 적법한 쟁의행위기간, 남녀고용평등법에 의한 육아휴직기간을 제외한 나머지 소정근로일수에 대한 출근율에 따라 산출된 일수(계속근로연수가 1년 이상 2년 미만인 근로자의 경우 개근시 10일, 9할 이상 출근시 8일)에 당해 사업장의 연간 총소정근로일수에 대한 위의 나머지 소정근로일수 비율을 곱하여 산정하여야 함.

⑶ 법령상 또는 그 성질상 출근한 것으로 보아야 하는 날 또는 기간

소정근로일수 계산에는 포함하되, 출근한 것으로 봄. 소정근로일에 출근하지 않았으나 법령에 의해 그 날 또는 그 기간을 출근한 것으로 보도록 하거나 휴무일로 하지 않도록 한 규정이 있는 경우 또는 이와 같은 규정이 없더라도 그 성질상 결근한 것으로 처리할 수 없는 날 또는 기간이 있음. 따라서 이와 같은 경우에 해당하는 날 또는 그 기간을 소정근로일수를 계산함에 있어 이를 포함하되, 그 날 또는 그 기간을 출근한 것으로 봄.

- 업무상 재해로 인한 휴업기간, 산전후휴가(근기법 제60조 제6항)
- 예비군훈련기간(향토예비군설치법 제10조)
- 민방위훈련 또는 동원기간(민방위기본법 제23조)
- 공민권 행사를 위한 휴무일(공직선거법 제6조 제2항)
- 연·월차 유급휴가, 생리휴가
- 기타 이상의 날 또는 기간에 준하여 해석할 수 있는 날 또는 기간

다만, 이 경우에는 주휴, 월차유급휴가, 연차유급휴가의 성질에 비추어 주의 전부, 월의 전부 또는 연의 전부를 출근하지 아니한 경우에는 이를 부여하지 않아도 됨.

참조 행정해석

연차유급휴가 부여기준 '소정근로일수 및 출근 여부' 판단시 정직기간 등 관련 행정해석 변경 (근로기준과-3296, 2009.9.1.)

연차유급휴가를 부여하는 기준인 소정근로일수 및 출근 여부 판단시 정직기간에 대한 행정 해석을 다음과 같이 변경하니 업무에 참고하시기 바랍니다.

-다 음-

가. 종전 행정해석

근로자가 근로를 제공할 수 있음에도 사용자의 징계권의 행사로 이루어진 「정직」 또는 「강제 휴직」 기간은 소정근로일수 및 출근 여부 판단기준에서 ⑵ 특별한 사유로 근로제공의무가 정지되는 날 또는 기간의 ④ 기타 이상의 기간에 준하여 해석할 수 있는 기간으로 볼 수 있음(근기 68207-402, 2002.1.29.).

※같은 취지 행정 해석 : 근로기준팀-4, 2005.9.9.; 근기 68207-722, 2005.2.7.

나. 변경 후 해석

사용자가 징계권의 정당한 행사로 이루어진 「정직」 또는 「강제휴직」 기간은 연차유급휴가 등의 부여시 소정근로일수 및 출근 여부 판단기준에서(임금근로시간정책팀-3228, 2007.10.25.)에서 ⑵ 특별한 사유로 근로제공의무가 정지되는 날 또는 기간의 ④ 기타 이상의 기간에 준하여 해석할 수 있는 기간으로 볼 수 없음.

즉 사용자의 귀책사유로 인한 휴업기간과 적법한 쟁의행위기간, 육아휴직기간은 사용자의 귀책사유가 있거나 근로자의 정당한 권리행사 등 특별한 사유가 있는데 반해, 사용자가 정당한 사유로 징계한 정직기간은 그에 준하는 특별한 사유로 보기 어려우므로 연차유급휴가를 산정하기 위한 소정근로일수 및 출근 여부를 판단할 때 근로자의 귀책사유로 인한 징계기간은 소정근로일수에 포함하여 결근처리하고, 이를 다투어 확정된 부당 징계기간에 한하여 소정근로일수에서 제외하고 나머지 기간에 비례하여 연차유급휴가를 부여하는 것이 타당함.

다. 변경이유

붙임「연차유급휴가 부여기준 '소정근로일수 및 출근 여부' 판단시 정직기간에 대한 해석기준 변경」 참조

라. 행정사항

이 행정해석과 배치되는 종전의 해석은 모두 폐지하고 이 해석에 따름(근로기준과-3296, 2009.9.1.).

<붙임> 연차유급휴가 부여기준 '소정근로일수 및 출근 여부' 판단시 정직기간에 대한 해석기준 변경(근로기준과, 2009.8.28.)

I. 개요

연차유급휴가를 부여하는 기준으로 '소정근로일을 8할 이상 출근할 경우(근로기준법 제60조 제1항)'를 두고 있는데, 소정근로일 및 출근 여부를 판단함에 있어 기존 행정 해석은 정직기간은 소정근로일수에서 제외하고 나머지 소정근로일수에 대한 출근율에 따라 비례적으로 휴가를 부여토록 하였으나, 최근 대법원에서 이와 다른 입장(대법원 2008다41666, 2008.10.9.)을 보임에 따라 이에 대한 검토결과 기존 행정해석 변경

Ⅱ. 관련 법령 및 해석

1. 법령 : 근로기준법 제60조 제1항

사용자는 1년간 8할 이상 출근한 근로자에게 15일의 유급휴가를 주어야 한다.

2. 판례 : 대법원 2008다41666, 2008.10.9.

연차유급휴가는 근로자에게 일정기간 근로의무를 면제함으로써 정신적·육체적 휴양의 기회를 제공하고 문화적 생활의 향상을 기하려는 데에 그 의의가 있음(대법원 95누6649, 1996.6.11. 참조).

정직 등의 징계를 받은 근로자는 징계기간 중 근로자의 신분을 보유하면서도 근로 의무가 면제되므로 사용자는 취업규칙에서 근로자의 정직기간을 소정근로일수에 포함시키되, 그 기간 중 근로의무가 면제되었

다는 점을 참작하여 연차유급휴가 부여에 필요한 출근일수에는 포함되지 않는 것으로 규정할 수 있어, 연차유급휴가기간을 산정함에 있어 정직기간을 소정근로일수에 포함시키되 출근일수에서 제외하는 것은 법에 정한 기준보다 불리하게 규정한 것으로 볼 수 없음.

3. 행정 해석

- 근기 68207-402, 2002.1.29.

근로자가 근로를 제공할 수 있음에도 사용자의 징계권의 행사로 이루어진 「정직」 또는 「강제휴직」 기간은 소정근로일수 및 출근 여부 판단기준에서 (2) 특별한 사유로 근로제공의무가 정지되는 날 또는 기간의 ④ 기타 이상의 기간에 준하여 해석할 수 있는 기간으로 볼 수 있음.

※같은 취지 행정해석 : 근로기준팀-4, 2005.9.9.; 근기 68207-722, 2005.2.7. 등 다수

- 연차유급휴가 등의 부여시 소정근로일수 및 출근 여부 판단기준(임금근로시간정책팀-3228, 2007.10.25.)

(1) 법령 또는 약정에 의한 휴일 : 소정근로일수 계산에서 제외(주휴일, 근로자의 날, 약정휴일 등)

(2) 특별한 사유로 근로제공의무가 정지되는 날 또는 기간 : 소정근로일수 계산에서 제외하고 나머지 출근율에 따라 비례

① 사용자의 귀책사유로 인한 휴업기간

② 적법한 쟁의행위기간

③ 남녀고용평등법에 의한 육아휴직기간

④ 기타 이상의 기간에 준하여 해석할 수 있는 날 또는 기간

(3) 법령상 또는 그 성질상 출근한 것으로 보아야 하는 날 또는 기간 : 소정근로일수 계산에는 포함하되 출근한 것으로 봄(업무상 재해로 인한 휴업기간, 산전후휴가, 예비군 훈련기간, 민방위 훈련 또는 동원 기간, 공민권 행사를 위한 휴무일, 연・월차유급휴가, 생리휴가 등).

Ⅲ. 행정해석 변경 검토

1. 변경내용

변경 전	변경 후	변경 사유
근로자가 근로를 제공할 수 있음에도 사용자의 징계권의 행사로 이루어진 「정직」	사용자가 징계권의 정당한 행사로 ··················· ························	대법원 판례에 따른 변경

또는「강제휴직」기간은 소정 근로일수 및 출근 여부 판단기준에서 (2) 특별한 사유로 근로제공의무가 정지되는 날 또는 기간의 ④ 기타 이상의 기간으로 볼 수 있음.	······· 볼 수 없음.	

2. 검토 의견

대법원 판례는 취업규칙에서 근로자의 정직, 직위해제 기간을 소정근로일수에 포함시키되 그 기간 중 근로의무가 면제되었다는 점을 참작하여 연차유급휴가 부여에 필요한 출근일수에서 제외하는 것으로 규정할 수 있다고 보는 반면, 행정해석은 사용자의 징계권의 행사로 이루어진 정직 또는 강제휴직 기간은 당초 근로하기로 정하였지만 특별한 사유로 근로제공의무가 정지된 날로서 소정근로일수에서 제외하여야 한다고 보고 있음.

그러나 대법원의 입장과 같이 징계를 받은 근로자는 자신의 귀책사유와 무관하게 사용자의 징계로 인하여 근로를 제공하지 못한 것이라고 볼 수 없는 점, 우리부 관련 지침(연차유급휴가의 소정근로일수 및 출근 여부 판단기준)에서 소정근로일수에서 제외하고 나머지 기간에 비례하고 있는 '휴업기간과 적법한 쟁의행위기간, 육아휴직기간'은 사용자의 귀책사유가 있거나 근로자의 정당한 권리행사 등 특별한 사유가 있는데 반해, 사용자가 정당한 사유로 징계한 정직기간은 그에 준하는 특별한 사유로 보기 어려우므로 동일한 성격의 기간으로 보기가 곤란한 점, 국가공무원 복무규정에서도 정직기간 및 직위해지기간은 연가일수에서 공제하고 있는 점(제17조) 등을 종합적으로 고려할 때 연차유급휴가를 산정하기 위한 소정근로일수 및 출근 여부에 대한 판단은 대법원 판례의 입장과 같이 근로자의 귀책사유로 인한 징계기간은 소정근로일수에 포함하여 결근처리하고, 이를 다투어 확정된 부당징계기간에 한하여 소정근로일수에서 제외하고 나머지 기간에 비례하여 연차유급휴가를 부여하는 것이 타당함.

Ⅳ. 행정사항

기존의 행정해석 중 이 지침과 배치되는 행정해석은 이 지침 시행과 동시에 폐지함.

Q&A

계약직인 홍길동의 계약기간 1년이 만료됨에 따라 회사는 재계약 평가를 통해 1년 재계약을 하였음. 홍길동에게 부여해야 하는 연차휴가는 어떻게 되는가. 연차휴가는 1년 단위로 정리하면 되는지, 아니면 전체 기간을 계속근로로 보아 연차휴가를 산정해야 하는지

연차휴가부여를 위한 '계속근로'에 대해 근로기준법에서 명시된 기준은 없고, 고용노동부 행정해석은 '구체적인 고용실태 등 고용관행, 노사당사자간 기대심리, 업무내용 등 종래의 근로계약과 새로운 근로계약의 동일성 여부 등을 고려하여 개별 사례별로 판단'하고 있다. 근로계약기간이 종료된 후 근무기간의 단절없이 근로계약이 갱신되어왔다면 전기간을 '계속근로'로 보아야 할 것이겠지만 근로계약기간이 종료되고 일정한 기간 근로관계가 단절된 후 다시 근로계약을 체결하는 경우에는 그 기간의 단절이 형식에 불과한지 여부를 따져 계속근로 여부를 판단해야 할 것이다. 따라서 계약직근로자의 근로계약이 갱신되면서 근로기간의 단절이 없는 경우 전기간을 계속근로기간으로 보아 연차휴가일수를 산정하고(종전법 적용 사업장의 경우), 계속근로연수가 2년을 초과할 경우에는 가산휴가가 발생하는 것으로 보아야 할 것이다.

✍ 참조 : 근기 68207-404, 2002.1.29.

Q&A

1년 11개월 근무하고 퇴직하는 직원이 있다. 11개월 근무한 기간(1년 중 80퍼센트 이상 근무)의 경우 연차휴가가 발생하는지

연차휴가는 1년 단위로 발생한다. 즉 연차휴가가 발생하는 기준기간은 1년으로, 1년 미만 기간에 대한 연차휴가는 발생하지 않는다(다만, 계속근로연수 1년 미만 근로자에 한해 1월 개근시 1일의 월단위 연차휴가 발생).

따라서 1년 11개월 근무하고 퇴직하는 직원의 경우 1년 근무에 따라 발생된 연차휴가를 사용하던 중 퇴직하는 경우이므로 해당 미사용연차휴가에 대한 수당을 받을 수 있고, 2년차 11개월 근무기간에 대한 연차휴가는 발생하지 않는다.

(2) 80퍼센트 미만 출근자 : 1월 개근시 연차휴가 1일

1년간 소정근로일수가 80퍼센트 미만 출근한 근로자라 하더라도 해당 1년 중 개근한 월에 대해서는 1일의 연차휴가를 부여해야 한다.

참 고

• 개정 근로기준법(2012.2.1. 개정, 2012.8.2. 시행) •

제60조【연차유급휴가】① 생략

② 사용자는 계속하여 근로한 기간이 1년 미만인 근로자 또는 1년간 80퍼센트 미만 출근한 근로자에게 1개월 개근시 1일의 유급휴가를 주어야 한다.

부 칙 제4조【연차유급휴가에 관한 적용례】제60조 제2항의 개정규정은 이 법 시행 후의 근로기간이 최초로 1년이 되는 근로자로서 그 1년간 출근 기간이 80퍼센트 미만에 해당하는 근로자부터 적용한다.

Q&A

2017.2.1. 육아휴직에서 복귀한 근로자의 2018년도 연차휴가는 어떻게 산정해야 하는지(기준기간 1.1.~12.31.)

육아휴직을 사용한 근로자의 연차휴가는 육아휴직기간을 제외한 나머지 소정근로일수를 기준으로 80퍼센트 이상이면 연차휴가를 부여하되 그 휴가일수는 육아휴직기간을 제외한 나머지 소정근로일수와 연간 총소정근로일수의 비율에 따라 산정해야 한다.

즉, 2018년 연차휴가 부여를 위한 2017년도 출근율 80퍼센트 여부는 2017.2.1. 복귀 이후 기간의 출근율을 기준으로 판단하며, 2018년 연차휴가일수는 연간 총소정근로일수에 대한 나머지 소정근로일수의 비율로 산정(15일×(11월/12월))해야 할 것이다.

또한 2년에 1일씩 발생하는 가산휴가가 존재하는 경우(가산휴가는 계속근로연수에 따라 발생하고 육아휴직기간은 계속근로연수에 포함되므로, 육아휴직기간을 포함해 가산휴가가 발생하는 계속근로연수를 산정해야 할 것임.) 해당 가산휴가도 포함한 휴가일수를 위 소정근로일수의 비율로 산정해 최종 2018년 연차휴가를 부여하면 될 것이다.

한편 근로기준법 개정(2017.11.28. 개정, 시행일 2018.5.29., 개정법 시행일 이후 최초로 육아휴직을 신청하는 자에게 적용)에 의해 향후에는 연차휴가 부여를 위한 출근율을 산정할 때 육아휴직기간은 출근한 것으로 보아야 하므로, 위의 경우와 같이 연도 중 육아휴직에서 복귀한 근로자의 다음연도 연차휴가는 육아휴직기간을 제외한 나머지 소정근로일수에 비례해 부여하는 것이 아닌 육아휴직기간을 정상 출근한 것으로 간주해 연차휴가를 산정해야 할 것이다.

참조 행정해석

▪ 육아휴직자 연차휴가 (근로개선정책과－3370, 2014.6.13.)

[질의] 우리 공사는 제도 개선을 통해 '입사일' 기준으로 연차휴가를 부여해 오던

방식에서 '회계년도' 기준 연차휴가 부여 방식으로 전환했습니다. 제도 운영 중 '복직자'의 회계년도 기준 연차휴가 부여 방식에 대해 다음과 같이 문의 드리오니 이에 회신해 주시기 바랍니다.

<질의내용>

- 육아휴직 등 휴직 후 '복직자'에 대해서는 연도 중 입사자에게 입사 당해 연도에 연차를 부여토록 하는 귀 부의 방식(근로기준과－620, 2003.5.23.)을 준용해 연차휴가를 부여하고 있는데,
- 비례 발생의 기준이 되는 연차유급휴가는 근로기준법이 정한 기본 휴가일수로 하고 있으며, 근속년수에 따라 부여되는 가산 휴가는 비례 발생된 휴가에 산입해 근로자가 사용할 수 있음.
- 위와 같이 운영되는 우리 공사의 '복직자'에 대한 회계연도 기준 연차휴가 부여 방안이 근로기준법에 저촉되는지 여부

[회시] 1. 「근로기준법」 제60조 제1항에 따라 사용자는 1년간 80퍼센트 이상 출근한 근로자에게 15일의 유급휴가를 부여하고, 동조 제3항에 따라 3년 이상 계속 근로한 근로자에게는 제1항에 따른 휴가에 최초 1년을 초과하는 계속 근로 연수 매2년에 대해 1일을 가산한 유급휴가를 주도록 규정하고 있습니다.

2. 귀 질의는 「남녀고용평등과 일 · 가정 양립 지원에 관한 법률」의 육아휴직으로 연간 소정근로일수 일부를 출근하지 않는 경우 연차유급휴가 부여에 관한 것으로 여겨지며,
이와 관련 '연차유급휴가 등의 부여시 소정근로일수 및 출근여부 판단기준'(임금근로시간정책팀－3228, 2007.10.25.)에 따라 육아휴직기간은 '특별한 사유로 근로제공의무가 정지되는 날 또는 기간'으로 보아 육아휴직기간을 제외한 나머지 소정근로일수의 출근율이 80퍼센트 이상이면 연차유급휴가를 부여하되, 연차유급휴가일수는 육아휴직기간을 제외한 나머지 소정근로일수와 연간 총소정근로일수의 비율에 따라 산정해야 할 것입니다(같은 취지 대법원 2013.12.26. 선고 2011다4629 판결 참조).

3. 이때, 연간 총소정근로일수와 실질 소정근로일수의 비율 적용을 위한 연차유급휴가일수는 1년간 출근율에 따른 기본 연차유급휴가뿐만 아니라 근속연수에 따른 가산 연차유급휴가를 포함하는 것으로 보는 것이 타당할 것으로 사료됩니다.

참 고

• 개정 근로기준법(2017.11.28. 개정, 2018.5.29. 시행) •

구 제60조【연차유급휴가】⑥ 제1항부터 제3항까지의 규정을 적용하는 경우 다음 각 호의 어느 하나에 해당하는 기간은 출근한 것으로 본다.

1. 근로자가 업무상의 부상 또는 질병으로 휴업한 기간
2. 임신 중의 여성이 제74조 제1항부터 제3항까지의 규정에 따른 휴가로 휴업한 기간

개정 제60조 【연차유급휴가】 ⑥ 제1항 및 제2항을 적용하는 경우 다음 각 호의 어느 하나에 해당하는 기간은 출근한 것으로 본다.
1. 근로자가 업무상의 부상 또는 질병으로 휴업한 기간
2. 임신 중의 여성이 제74조 제1항부터 제3항까지의 규정에 따른 휴가로 휴업한 기간
3. 「남녀고용평등과 일 · 가정 양립 지원에 관한 법률」 제19조 제1항에 따른 육아휴직으로 휴업한 기간

참조 행정해석

- "법 시행 후의 근로기간이 최초로 1년이 되는 근로자"라 함은 계속근로기간이 1년 이상이면서 다음 연차유급휴가를 부여하기 위한 출근율 산정시점이 2012.8.2. 이후에 도래하는 근로자를 말한다 (근로개선정책과-1113, 2013.2.14.)

[질의] 근로기준법 제60조 제2항의 시행일과 관련해 부칙 제4조에 의하면 "제60조 제2항의 개정규정은 이 법 시행 후의 근로기간이 최초로 1년이 되는 근로자로서 그 1년간 출근 기간이 80퍼센트 미만에 해당하는 근로자부터 적용한다"고 규정하고 있는바, 이 법 적용과 관련해 아래와 같은 질의를 드립니다.

(1) 근로기준법 제60조 제2항의 법 시행일이 2012.8.2.인바, 계속근로기간이 1년 이상인 근로자의 법 적용일을 2012.8.2.로 보아 2012.8.3. 이후 계속근로기간이 1년 이상인 근로자로서 출근율이 80% 미만인 근로자에게 근로기준법 제60조 제2항에 따라 1개월 개근시 1일의 유급휴가를 주어야 하는지

(2) 근로기준법 부칙 제4조의 "이 법 시행 후의 근로기간이 최초로 1년이 되는 근로자로서 그 1년간 출근 기간이 80퍼센트 미만에 해당하는 근로자부터 적용한다"의 의미가 이 법 시행 후 1년이 지난 후인 2013.8.3.에 법이 적용되는지. 즉 2012.8.3. 이후 계속근로기간이 1년 이상인 근로자로서 출근율이 80% 미만인 근로자에게 2013.8.3. 이후 근로기준법 제60조 제2항에 따라 1개월 개근시 1일의 유급휴가를 주어야 하는지

위 부칙 제4조의 해석과 관련해 정확한 해석에 대한 지침이 없어 질의회시를 요청합니다.

[회시] 1. 근로기준법 제60조 제2항 및 부칙 제4조 해석 관련 귀 질의에 대한 회신입니다.

2. 질의 1(개정된 연차유급휴가 적용대상)

가. 근로기준법 제60조 제1항의 규정에 따라 사용자는 1년간 80퍼센트

이상 출근한 근로자에게 15일의 유급휴가를 주어야 하며 같은 법 제60조 제2항의 규정에 따라 사용자는 계속해 근로한 기간이 1년 미만인 근로자 또는 1년간 80퍼센트 미만 출근한 근로자에게 1개월 개근시 1일의 연차유급휴가를 주어야 합니다(2012.8.2.부터 적용).

나. 여기서 "1년간 80퍼센트 미만 출근한 근로자에게 1개월 개근시 1일의 연차유급휴가를 주어야 한다"는 조항의 신설취지(법률 11270호, 2012.2.1.)는 구법상 1년간 80퍼센트 이상 출근한 자에게만 부여하던 연차유급휴가를 1년간 80퍼센트 미만 출근한 근로자에게도 동 휴가를 부여하고자 하는 것으로 그 적용대상은 계속근로기간이 1년 이상인 근로자입니다. 따라서 근로자가 전년도 1년간 80퍼센트 미만을 출근했더라도 해당 기간 동안 만근한 월이 있다면 각 1일씩의 연차유급휴가가 발생하며 동 휴가는 당해연도에 부여해야 할 것입니다.

3. 질의 2(개정된 연차유급휴가 적용범위)

근로기준법 부칙 제4조의 규정에 따라 같은 법 제60조 제2항의 개정규정은 이 법 시행 후의 근로기간이 최초로 1년이 되는 근로자로서 그 1년간 출근 기간이 80퍼센트 미만에 해당하는 근로자부터 적용됩니다. 여기서 "법 시행 후의 근로기간이 최초로 1년이 되는 근로자"라 함은 계속근로기간이 1년 이상이면서 다음 연차유급휴가를 부여하기 위한 출근율 산정시점이 2012.8.2. 이후에 도래하는 근로자를 말하며, 연차유급휴가 발생범위(1개월 개근시 1일)는 2012.8.2. 이후 기간만이 아닌 연차유급휴가를 부여하기 위한 출근율 산정시점으로부터 역산해 1년간에 대해 적용되어야 할 것입니다.

예 ① 입사일이 2010.8.3.인 근로자가 2011.8.3.부터 2012.8.2.까지 80% 미만으로 출근했으나 월별 개근월이 6개월인 경우에는 연차유급휴가를 부여하기 위한 출근율 산정시점이 법 시행일(2012.8.2.) 이후이므로 연차유급휴가가 6일 발생한다.

② 입사일이 2010.8.2.인 근로자가 2011.8.2.부터 2012.8.1.까지 80% 미만으로 출근했으나 월별 개근월이 6개월인 경우에도 연차유급휴가를 부여하기 위한 출근율 산정시점이 법 시행일(2012.8.2.) 이전이므로 연차유급휴가는 발생하지 않는다.

(3) 1년 미만 근로자 : 1월 개근시 연차휴가 1일

근무기간 1년 미만 근로자에 대해서는 근무기간 동안 1월간의 소정근로일수를 개근한 경우 1일의 연차휴가를 부여해야 한다.

1년 미만 근로자가 1년 이상 근무함에 따라 1년 단위 연차휴가가 발생할 때 1년 미만 기간 동안 사용한 연차휴가가 있으면 이를 공제하고 부여하며, 1년 미만 근무하고 퇴사하는 경우에는 그 기간 동안 발생한 연차휴가 중 미사용휴가에 대해서는 수당으로 보상해야 한다(예를 들어 2017.1.1. 입사한 직원이 2017년에 연차휴가를 5일 사용한 경우 2018.1.1.에 부여하는 15일의 연차휴가에서 5일을 공제한 10일의 연차휴가를 부여하면 되고, 만약 해당 직원이 2017.12.15. 퇴직하는 경우에는 1년 미만 근무기간 동안 개근한 월이 11월이므로 휴가가 11일 발생해 사용한 5일을 공제한 6일의 미사용휴가에 대한 수당을 보상해야 한다).

한편 근로기준법 개정(2017.11.28. 개정, 시행일 2018.5.29.)에 의해 1년 미만 근로자가 사용한 연차휴가를 1년 단위 연차휴가 부여시 공제할 수 없으므로, 1년 미만 근로자가 사용한 연차휴가와 상관없이 1년 단위 연차휴가 15일을 부여해야 한다.

참 고

• 개정 근로기준법(2017.11.28. 개정, 2018.5.29. 시행) •

구 제60조【연차유급휴가】③ 사용자는 근로자의 최초 1년 간의 근로에 대하여 유급휴가를 주는 경우에는 제2항에 따른 휴가를 포함하여 15일로 하고, 근로자가 제2항에 따른 휴가를 이미 사용한 경우에는 그 사용한 휴가 일수를 15일에서 뺀다.

개정 제60조【연차유급휴가】③ 삭제

Q&A

2017.1.1.~12.31.까지 1년 계약직으로 근무한 홍길동이 퇴직하였다. 홍길동은 1년간 7일의 연차휴가를 사용하였다. 홍길동에게 지급해야 하는 미사용휴가수당은 몇일분인가

근로기준법 제60조 제1항은 '사용자는 1년간 80퍼센트 이상 출근한 근로자에게 15일의 유급휴가를 주어야 한다'면서 1년 근무한 근로자에 대한 사용자의 연차휴가 부여 의무를 규정하고 있다. 한편, 연차휴가를 미사용할 경우에는 미사용일수만큼 수당으로 보상해야 한다고 판단하고 있다(적법한 연차휴가사용촉진에 의해 사용촉진에도 불구하고 연차휴가를 사용하지 않은 경우는 보상의무 면제).

1년 근무하고 곧바로 퇴직하는 근로자의 연차휴가가 '1년 미만 근무자의 개근한 월 1일씩 발생하는 연차휴가(1년 최대 11일)'인지 '1년 단위로 발생하는 15일'인지에 대해 고용노동부는 1년 근무하고 퇴직하는 근로자의 퇴직일은 그 다음날(근로를 제공한 날은 고용종속관계가 유지되는 기간이므로)이라고 해석하면서 1년 근무하고 곧바로 퇴직하는 근로자의 연

차휴가는 1년 단위 연차휴가인 15일이라고 판단하고 있다.
이러한 고용노동부 행정해석에 의하면 해당 계약직 근로자는 1년 근무하고 퇴직하였으므로 지급해야 할 연차휴가는 15일이며, 이 중 실제 연차휴가 사용일수 7일을 제외한 나머지 휴가에 대한 수당을 지급해야 할 것으로 판단된다(한편 근로기준법 개정에 의해 2018.5.29. 이후에는 1년 미만 기간 중 사용한 연차휴가 7일을 공제하지 않고 15일을 연차휴가로 부여해야 할 것이며, 1년 미만 기간 중 발생한 최대 11일의 연차휴가 중 미사용한 휴가에 대한 수당과 15일의 연차휴가에 대한 수당을 지급해야 할 것이다).

참조 행정해석

- 계약기간 1년 만료와 동시에 퇴직하는 기간제근로자에게 연차유급휴가 미사용수당을 지급하여야 한다 (근로기준과-527, 2011.1.31.)

[질의] 근로기준법 제60조에 의해 사용자는 '1년간 8할 이상 출근한 근로자에게 15일'의 연차유급휴가를 부여해야 합니다. 일반적으로 연차휴가는 당해연도의 출근율에 따라 다음연도에 사용하도록 부여하고 있는데 당해연도에 근로관계가 종료되는 경우[예 계약기간 1년(2010.1.1.~12.31.) 만료와 동시에 퇴직하는 기간제근로자] 연차휴가 부여에 대해 아래와 같은 견해가 있어 어떠한 견해가 타당한지 여부와 타당하다고 판단하는 해석 근거에 대한 귀 부의 의견을 요청하오니 회신해 주시기 바랍니다.

- 갑설 : 근로기준법상 연차유급휴가는 1년이라는 기간과 8할 이상이라는 출근율 요건을 모두 충족한 경우 15일이 발생하므로, 근로자가 1년간 근무라는 요건을 충족한 이상 1년 근무와 동시에 퇴직하는 경우에도 연차유급휴가는 15일이 발생하며, 이를 사용할 수 없으므로 미사용 휴가에 대한 수당으로 보상해야 한다.
- 을설 : 연차유급휴가는 당해연도 1년을 충종한 경우 당해연도에 발생하는 것이 아니라 다음연도에 발생하는 것이고, 연차유급휴가의 취지는 1년간 일정 출근율 이상 출근한 근로자에게 다음연도 근무시 충분한 휴식의 기회를 부여하라는 것이므로 1년 만료와 동시에 퇴직함으로써 다음연도의 근로관계가 존재하지 않는 경우에는 연차유급휴가가 발생하지 않으므로 보상해야 할 수당 또한 발생하지 않는다.

[회시] 1. 귀 질의는 '계약기간 1년(2010.1.1.~12.31.) 만료와 동시에 퇴직하는 기간제근로자에게 연차유급휴가 미사용수당을 지급하여야 하는지'에 대하여 묻는 내용으로 보입니다.

2. 퇴직의 효력발생시기는 근로자가 당일 소정근로를 제공한 후 사용자에게

퇴직의 의사표시를 행하여 사용자가 이를 즉시 수리하였더라도 '근로를 제공한 날은 고용종속관계가 유지되는 기간'으로 보아야 하므로 별도의 특약이 없는 한 그 다음날을 퇴직일로 간주하여야 할 것입니다.

3. 귀 질의 내용과 같이 2010.1.1. 입사하여 2011.1.1. 퇴직하는 경우 2010년도 8할 이상 출근으로 퇴직년도(2011년)에 발생한 연차유급휴가 중 전부(15일) 미사용 하였다면 그 미사용한 일수(15일)에 대하여 연차유급휴가 미사용수당을 퇴직일로부터 14일 이내에 전액 지급하여야 할 것으로 사료됩니다.

(4) 가산휴가

가산휴가는 근로자가 3년 이상 계속근로한 경우 최초 1년을 초과하는 매 2년의 계속근로연수에 대해 1일을 가산해 휴가로 부여하는 제도이다. 예를 들어 2017.1.1. 입사자의 경우 2018년에 연차휴가 15일, 2020년에 16일, 2022년에 17일이 발생한다.

연차휴가의 발생한도는 25일로 계속근로연수가 늘어나도 25일을 초과해 휴가가 발생하지는 않는다.

3. 연차유급휴가 부여 및 사용

연차휴가는 개별 근로자 입사일을 기준으로 휴가를 부여함이 원칙이나, 인사노무관리의 편의상 연차휴가의 기준기간(예 1.1.~12.31.)을 정해서 운영하는 경우가 일반적이며 이 경우 중도입사한 해의 근무기간에 대한 휴가를 일할계산해서 다음 연도에 부여하고(예 2017.7.1. 입사한 근로자가 2017년 말까지 개근했을 때 2018.1.1.에 부여하는 연차휴가는 15일×6/12=7.5일), 그 다음 연도인 2019년부터는 기준기간(예 1.1.~12.31.)을 적용할 수 있을 것이다. 다만, 근로자가 최종 퇴직시 실제 입사일을 기준으로 휴가를 정산해 불이익이 없도록 해야 한다.

참 고

• 개정 근로기준법 시행지침-연차휴가(고용노동부, 2003.12.) •

1. 회계연도 단위로 연차휴가를 부여하는 경우 개정법 시행에 따른 연차휴가 부여방법
   현행 연차휴가는 입사일을 기준으로 산정해야 함이 원칙이나 노무관리의 편의를 위해

회계연도 등을 기준으로 전 근로자에게 일률적으로 부여할 수도 있다. 그러나 이 경우에도 근로자에게 불리하지 않아야 하므로 연도 중 입사자에 대해서는 다음 연도 1.1.에 근속기간에 비례하여 미리 휴가를 부여해야 한다.

예 2002.7.1. 입사자의 경우 근속기간이 연차휴가 산정대상기간의 절반에 해당하므로 2003.1.1.에 5일의 휴가를 미리 부여하고, 2004.1.1.부터 10일의 휴가를 부여하는 등 1년단위의 정상적인 휴가산정을 하면 된다(정확한 산식은 10일×근속기간의 총일수/365일임).

개정법하에서도 동일하게 취급해야 하나 1년 미만 근속기간 중 발생하는 연차휴가의 처리를 주의해야 한다.

예 산정례 : 2004.7.1. 입사자의 경우

① 2004.7.1.부터 12.31.까지 매월 개근할 경우 8.1., 9.1., 10.1., 11.1., 12.1., 2005.1.1.에 각 1일씩 총 6일의 연차휴가가 발생. 2005.1.1.에 6일의 휴가를 포함하여 미리 7.5일의 휴가를 부여하되, 6일의 휴가 중 3일의 휴가를 사용했다면 이를 공제하고 4.5일의 휴가를 부여

② 2005.1.1.부터 5.31.까지 매월 개근할 경우 2.1., 3.1., 4.1., 5.1., 6.1.에 각 1일씩 총 5일의 연차휴가가 발생. 2006.1.1.에 5일의 휴가를 포함하여 15일의 연차휴가가 발생하되, 5일의 휴가 중 4일을 2005년에 사용했다면 이를 공제하고 11일의 휴가를 부여

③ 2007.1.1.부터는 정상적인 휴가 부여(2007.1.1. 15일, 2008.1.1. 16일, 2008.1.1. 16일, 2010.1.1. 17일 등)

Q&A

당사는 연차휴가 부여시 직원 개인의 입사일과는 무관하게 매년 1월 1일부터 12월 31일을 기준으로 운영하고 있음. 예를 들어 2015년 7월 1일 입사한 근로자가 2015년 말까지 개근할 경우 2016년에 사용할 수 있는 연차휴가를 부여(15일×근속일수/365=7.5일)하고, 이후 2017년부터 1년단위로 연차휴가를 부여하며, 가산휴가와 관련해 중도입사연도를 제외한 다음해부터 법정연차휴가일수(15일)를 적용하고 있음. 이 직원이 2018년 7월 말에 퇴사하는 경우 기지급된 휴가 외에 별도로 정산해야 할 연차휴가가 있는지 여부

연차휴가는 근로자의 입사일을 기준으로 계속근로연수 1년단위로 발생하는 것이 원칙이나, 사업장의 인사관리의 편의를 위해 전체 근로자의 연차휴가 산정기간을 설정해 운영할 수 있다. 다만, 근로자가 최종 퇴사하는 경우 근로자의 최초 입사일을 기준으로 연차휴가 발생 여부를 따져 근로자에게 불이익이 없도록 해야 한다.

즉 질의와 같은 경우 위 근로자에게 실제 지급된 연차휴가는 2016년 7.5일, 2017년 15일, 2018년 15일(합계 37.5일)이며, 위 근로자의 입사일을 기준으로 실제 지급해야 할 연차휴가는 2016년(2015.7.1.~2016.6.30.) 15일, 2017년 15일, 2018년 16일(합계 46일)이므로 위 근로자가 2018년 7월 말에 퇴사할 경우 근로자는 최초 입사일을 기준으로 할 때 추가로 8.5일의 연차휴가에 대한 권리가 있으므로 근로자가 위 연차휴가를 사용하지 않고 퇴사할 경우 회사는 8.5일분의 연차휴가근로수당을 추가로 지급해야 할 것으로 판단된다.

연차휴가는 근로자가 자유로이 휴가시기를 지정하여 사용할 수 있음이 원칙이나 근로자에게 휴가를 주는 것이 사업운영에 막대한 지장이 있는 경우 사용자는 연차휴가시기를 변경할 수 있다(근기법 제60조 제5항).

Q&A

사직의사를 밝히고 사표를 제출한 근로자가 퇴사일까지 연차의 일부 또는 전부를 사용하려 할 경우(6월 말 퇴사를 희망하면서 6월 21일부터 10일간 연차휴가를 사용하려 할 경우) 회사는 휴가를 부여하지 않고 실제 출근일(6월 20일)까지만 인정하고 퇴사일로 처리한 후 연차휴가를 청구한 기간에 대해 연차수당으로 지급하는 것이 가능한지

근로자가 퇴직일을 지정해 사직의사를 밝힌 경우 그 기간이 회사가 정한 기간 이내라면 근로자가 요청한 퇴직일이 아닌 해당 기간이 경과한 후에 퇴직할 것을 요구할 수 있을 것이나(예를 들어 퇴직일 15일 전에 사직의사표시를 하도록 규정하고 있으나, 근로자가 퇴직일로부터 7일 전에 사직의사를 표시한 경우 회사는 사직의사표시일로부터 15일 후에 퇴사할 것을 근로자에게 요구할 수 있을 것임), 위의 기간에 저촉되지 않은 경우라면 지정한 퇴직일 이후에 퇴직처리할 수는 없을 것이다. 즉 근로자는 퇴직의 자유가 있고, 근로자가 갑작스런 퇴직으로 인한 회사의 불이익을 고려하면서 사직의사표시기간을 준수해 사직의사를 밝혔다면 근로계약 당사자로서 신의성실의 원칙도 지켰기 때문이다. 물론 회사가 퇴직일을 변경해줄 것을 요구해 근로자가 이를 받아들인다면 가능하겠으나, 근로자가 이를 거부할 경우에는 회사가 일방적으로 퇴직일을 변경할 수는 없다.

한편, 근로자는 퇴직 전 사용가능한 연차휴가를 청구할 권리가 있으나, 회사는 그 휴가를 부여하는 것이 사업에 지장을 미치는 경우(퇴직을 앞두고 있는 경우라면 업무인수인계 등의 사유 등)라면 위 휴가의 시기를 변경하도록 요구할 수 있을 것이고, 사직의사표시기간을 설정해 놓은 현실적 의미가 업무정리 · 인수인계 · 대체근무자 투입까지의 업무유지에 필요한 기간으로 근로자가 계속 근무해야 하는 기간이라면 근로자가 청구한 휴가일수를 축소하거나 휴가를 사용하지 않을 것을 요구할 수도 있을 것으로 판단된다.

4. 연차유급휴가수당

근로자가 연차휴가를 사용함에 따라 해당일을 유급으로 처리하는 연차휴가수당과 연차휴가를 사용하지 않아 휴가를 수당으로 보상하는 미사용휴가수당은 취업규칙, 단체협약 등에 따라 통상임금 또는 평균임금으로 지급한다.

한편, 휴가를 사용하기로 한 날 출근해 근무할 경우 휴가를 사용하지 않은 것으로 처리될 뿐 해당일에 대해 가산임금을 부여해야 하는 것은 아니다.

5. 연차유급휴가 사용촉진

휴가사용촉진제도는 사용자의 적극적인 사용권유에도 근로자가 휴가를 사용하지 않을 경우 금전보상의무가 면제되는 제도이다(종전법은 어떠한 경우라도 근로자가 연차휴가를 사용하지 않았을 때에는 수당청구권이 발생).

휴가사용촉진제도 도입의 진정한 취지는 근로자가 휴가의 취지에 맞게 실제 휴가를 적극적으로 사용함으로써 근로하는 시간을 단축하라는 것이다.

다만, 휴가사용촉진제도에 대한 사용자의 악용방지를 위해 ① 휴가사용기간 만료 6월 전을 기준으로 10일 이내에 사용자가 근로자에게 휴가사용 시기지정을 서면으로 요구하고, ② 이에 대해 근로자가 통보를 받은 날부터 10일 이내에 사용시기를 지정하지 않아 사용자가 휴가사용기간 만료 2월 전에 휴가사용시기를 지정하여 서면으로 통보했음에도 불구하고 근로자가 사용하지 않은 경우에만 제한적으로 사용자의 금전보상의무를 면제할 수 있도록 하고 있다.

참 고

• 개정 근로기준법 시행지침 - 휴가사용촉진(노동부, 2003.12.)[1] •

1. 휴가사용촉진조치대상 연차휴가

휴가사용촉진조치는 개정법에서 새로이 도입된 제도로서 개정법 시행 이후 새로이

1) 본 지침의 내용 중 사용촉진기간에 대한 내용은 종전법 기준이므로, 사용촉진기간에 대해서는 개정 근로기준법을 참고할 것

발생하는 연차휴가부터 적용되고, 종전법에 의해 발생한 연차휴가 또는 월차휴가에 대해서는 휴가사용촉진조치를 적용할 수 없다.

개정법 시행 이후 새로이 발생하는 연차휴가라 할지라도 법 제59조 제2항에 의해 1년 미만 근속기간 중 발생하는 연차휴가는 휴가사용촉진조치의 대상이 아니다.

2. "제59조 제7항 본문의 규정에 의한 기간이 끝나기 3월 전을 기준으로 10일 이내에"의 의미
   연차유급휴가는 발생한 때로부터 1년간 사용할 수 있으므로 "연차휴가 사용기간 만료일 3월 전을 기준으로 10일 이내에"란 연차휴가가 발생하여 1년이 되는 날을 기준으로 3개월 전부터 10일간을 의미한다.
   ※2001.8.1. 입사한 근로자가 2003.8.1.부터 2004.7.31. 기간 중에 8할 이상 출근하여 개정법에 따라 2004.8.1. 연차휴가 16일이 발생한 경우 사용자는 2005.5.1.~2005.5.10. 사이에 근로자에게 서면으로 시기지정을 요구하여야 한다.
   ※회계연도 단위로 연차휴가가 부여되는 경우 1.1.부터 12.31.까지 연차휴가를 사용할 수 있는데, 이 경우에는 10.1.~10.10. 사이에 서면으로 시기지정을 요구하여야 한다.
   다만, 그 이전에라도 사용자는 연차휴가 사용계획을 받아 휴가사용을 적극 권고할 수 있으나 이는 법 제59조의2에 의한 휴가사용촉진조치는 아니므로 그에 따른 법적 효과(금전보상의무 면제)는 없다.
3. 휴가사용촉진조치와 휴가사용시기 변경
   사용자의 휴가사용촉진조치에 따라 근로자가 휴가사용시기를 지정하거나 근로자가 지정하지 않아 사용자가 사용시기를 지정한 경우
   - 근로자는 원칙적으로 그 지정한 시기에 휴가를 사용하여야 하고 이를 변경할 수 없으나 사용자가 승인한 경우 변경할 수 있다.
   - 사용자는 원칙적으로 그 지정된 시기에 휴가를 사용할 수 있도록 하여야 하나 사업운영에 막대한 지장이 있는 경우 시기변경권을 행사할 수 있다.
4. 근로자가 지정된 휴가일에 출근하는 경우
   사용자는 지정된 휴가일에 근로자가 출근한 경우 노무수령 거부의사를 명확히 표시하여야 하며 명확한 노무수령 거부의사에도 불구하고 근로를 제공한 경우에는 연차휴가 근로수당을 지급할 의무가 없다.
   사용자가 노무수령 거부의사를 명확히 표시하지 않았거나 근로자에 대하여 업무지시 등을 하여 근로자가 근로를 제공한 경우에는 휴가일 근로를 승낙한 것으로 보아야 하므로 연차휴가근로수당을 지급해야 한다.

근로기준법 제61조 【연차 유급휴가의 사용 촉진】 사용자가 제60조 제1항 및 제4항에 따른 유급휴가의 사용을 촉진하기 위하여 다음 각 호의 조치를 하였음에도 불구하고 근로자가 휴가를 사용하지 아니하여 제60조 제7항 본문에 따라 소멸된 경우에는 사용자는 그 사용하지 아니한 휴가에 대하여 보상할 의무가 없고, 제60조 제7항 단서에 따른 사용자의 귀책

사유에 해당하지 아니하는 것으로 본다.
1. 제60조 제7항 본문에 따른 기간이 끝나기 6개월 전을 기준으로 10일 이내에 사용자가 근로자별로 사용하지 아니한 휴가 일수를 알려주고, 근로자가 그 사용 시기를 정하여 사용자에게 통보하도록 서면으로 촉구할 것
2. 제1호에 따른 촉구에도 불구하고 근로자가 촉구를 받은 때부터 10일 이내에 사용하지 아니한 휴가의 전부 또는 일부의 사용 시기를 정하여 사용자에게 통보하지 아니하면 제60조 제7항 본문에 따른 기간이 끝나기 2개월 전까지 사용자가 사용하지 아니한 휴가의 사용 시기를 정하여 근로자에게 서면으로 통보할 것

Q&A

개정법 시행에 합의하면서 휴가제도는 종전법을 적용하기로 노사간 합의를 하였는데 휴가사용촉진제도에 대해서는 별도 합의가 없었음. 이 경우 휴가사용촉진제도는 별도 합의가 있어야만 시행할 수 있는 것인지 아니면 개정법을 시행하기로 하였으므로 당연히 시행할 수 있는 것인지

휴가사용촉진제도가 개정법으로 도입되었으나(근로조건의 최저기준), 이는 근로자 입장에서는 불이익한 경우이기 때문에 이를 적용하기로 노사간 약정하지 않는 한 개정법상의 휴가사용촉진제도를 당연히 도입할 수 있다고 볼 수는 없다고 판단된다.
물론 개정법상의 휴가사용촉진제도의 취지 및 수당면제대상휴가(휴가사용만료일로부터 3개월 전부터 사용촉진한 휴가에 대해서만 적용)를 감안하면 '근로시간단축'이라는 개정법의 취지를 제대로 살리기 위해서는 사용자의 연차휴가근로수당 지급이 면제될 수 있는 휴가사용촉진제도 시행과는 별도로 실제 휴가를 사용촉진할 수 있는 다양한 방안을 모색할 수는 있다고 판단된다(휴가계획수립, 분기별 휴가사용실적 점검 등).

참조 행정해석

- 사용자가 휴가사용시기를 지정하여 문서로 통보하지 아니한 경우 휴가사용촉진조치가 이루어졌다고 볼 수 없다 (임금근로시간정책팀-163, 2005.10.5.)

[질의] 학교는 단체협약에 따른 연차유급휴가 사용촉진을 위하여 휴가사용기간 종료 3개월(2004.12.13.까지 제출) 전에 직원들에게 미사용휴가 사용계획서를 제출받고 부서장들에게 휴가사용을 독려하는 공문을 보냈으므로 연차유급휴가 사용촉진을 위한 사용자의 의무사항을 정상적으로 이행하였고, 따라서 미사용휴가에 대한 수당을 지급할 수 없다는 입장인데, 학교가 휴가종료기간 2개월 전까지 개인별 미사용휴가의 사용시기를 정하여 조합원에게 서면으로 통보하지 않았음에도 불구하고 미사용휴가에 대한 수당지급의무가 면

제되었다고 할 수 있는지

[회시] 개정 근로기준법(법률 제6974호) 제59조의2 규정에 의하면 사용자가 근로자에게 미사용 연차휴가일수를 알려주어 근로자가 그 사용시기를 지정하여 사용자에게 통보하도록 서면으로 촉구토록 하고, 근로자가 휴가사용시기를 정하여 사용자에게 통보하지 아니한 경우 사용자가 미사용휴가의 사용시기를 정하여 근로자에게 서면으로 통보토록 하는 등 일련의 연차유급휴가 사용촉진 조치를 통하여 미사용휴가에 대한 보상의무를 면하도록 규정하고 있다. 근로자가 연차휴가 사용촉진조치에 따라 휴가사용계획서를 제출하지 아니한 경우 이에 대하여 사용자가 휴가사용시기를 지정하여 문서로 통보하지 아니한 경우에는 근로기준법에 의한 휴가사용촉진조치가 이루어졌다고 볼 수 없으므로 미사용휴가에 대한 보상의무가 면제되었다고 보기는 어렵다.

Q&A

우리 회사는 매년 9월 중순 그 해 연차휴가에 대한 사용촉진을 사내게시판에 공지하여 개인별로 미사용휴가일을 지정해서 회사에 통보하도록 하고 있고, 만일 개인별로 지정을 하지 않은 경우 회사에서는 시스템을 통해 강제로 지정하여 통보하고 있는데 이러한 절차가 근로기준법에서 정한 절차를 위반한 것인지. 그리고 위반하였다면 직원에게 개별로 서면으로 통보해야 하는 것인지

근로기준법 제61조는 연차휴가사용촉진 및 그 절차를 규정하고 있다. 즉 근로자가 휴가의 취지에 맞게 실제 휴가를 적극적으로 사용하도록 함으로써 실근로시간을 줄이는 '근로시간 단축'의 취지를 살리되, 어떠한 경우가 연차휴가 사용을 촉진했는지를 둘러싼 노사간 분쟁을 예방하고 연차휴가 사용촉진에 대한 사용자의 악용 방지를 위해 사용촉진 절차를 엄격히 규정하고 있는 것이다. 따라서 법에서 정하고 있는 사용절차를 엄격히 준수하였을 때 비로소 연차휴가사용촉진과 미사용에 따른 효과인 '사용자의 연차휴가 미사용수당 지급의무 면제'가 인정될 수 있다.

사용촉진 절차는 ① 사용자가 근로자별로 미사용휴가일수를 알려주고 근로자가 그 사용시기를 정하여 사용자에게 통보하도록 '서면'으로 촉구하고(휴가사용 만료 6개월 전을 기준으로 10일 이내), ② 촉구를 받은 근로자가 미사용휴가의 사용시기를 정하여 사용자에게 통보하지 않을 경우에는 사용자가 미사용휴가의 사용시기를 정하여 근로자에게 '서면'으로 통보하며(휴가사용 만료 2개월 전까지), 그러한 휴가사용촉진조치에도 불구하고 근로자가 휴가를 사용하지 않아 휴가가 소멸되는 경우에는 사용자는 그 미사용휴가에 대한 보상을 할 의무가 없다고 규정하고 있다.

한편, 사용촉진 절차와 관련해 근로자 개인별 조치가 아닌 전체 근로자 집단의 미사용휴가일수를 사내게시판에 공지하는 경우가 적법한 절차인지 여부와 휴가사용에 대한 이메일

통보나 사내게시판을 통한 집단적인 공지가 법상의 '서면통지'의 요건을 갖춘 것인지 여부가 논란이 될 수 있다.
이와 관련해 "사용자로 하여금 '서면'으로 촉구 또는 통보하도록 규정한 것은 휴가사용촉진조치가 명확하게 이행되도록 하여 근로자의 권리보호를 보다 충실하게 하고 불명확한 조치로 인한 당사자간의 분쟁을 방지하려는 취지로 볼 수 있는 것"이라면서 '회사 내 E-mail을 활용하여 통보'하거나 '근로자별 미사용휴가일수를 게재한 공문을 사내 게시판에 게재'하는 것이 근로자 개인별로 '서면' 촉구 또는 통보하는 것에 비하여 명확하다고 볼 수 없는 한 인정되기 어렵다는 해석이 존재(근로기준과-3836, 2004.7.27.)하며, '서면'을 '종이로 된 문서'로 엄격히 해석하면서 전자문서는 특별한 사정이 없는 한 '서면'에 해당하지 않는다고 판단한 판례(서울행법 2010.6.18. 선고, 2010구합11269 판결)를 고려할 때(물론 해외연수자에 대한 해고시 해외연수라는 장소적 특수성에 따라 평상시 이메일로 연락해왔고, 이메일을 통해 첨부 문서를 보내고 수신확인을 하였다면 해고서면통지의 요건을 갖추었다고 판단한 판례-서울지법 2009.9.11. 선고, 2008가합42794 판결-가 존재하나, 장소적 특수성에 따른 이메일 연락의 특수한 사정이 존재하지 않거나, 전자결재체제가 완비되어 회사와 직원간의 업무 기안, 결재, 시행 과정이 이루어지는 특별한 사정이 없는 한 '서면통지'의 요건은 문언대로 해석될 가능성이 높다고 판단된다) 연차휴가사용촉진은 '개인별 통보'와 '서면'의 취지를 살리는 요건을 엄격히 갖추어야 인정될 수 있을 것으로 판단된다.

참조 행정해석

- 근로기준과-3836, 2004.7.27.

[질의] 근로기준법 제59조의2 미사용휴가에 대한 근로자별 서면 촉구 및 사용시기 서면 통보와 관련, 회사 내 'E-mail을 활용한 통보'로 이를 갈음할 수 있는지 여부

만약 가능하다면, 직원이 해당 E-mail을(고의 또는 실수로) 열어 보지 않았을 경우 E-mail 통보의 효력 발생 여부

'근로자별 미사용일수를 기재한 공문을 사내 게시판에 게재'하는 것으로 이를 갈음할 수 있는지 여부

[회시] 개정 근로기준법 제59조의2는 사용자가 근로자별로 미사용휴가일수를 알려주어, 근로자가 그 사용시기를 정하여 사용자에게 통보하도록 '서면'으로 촉구토록 하고, 촉구를 받은 근로자가 미사용휴가의 사용시기를 정하여 사용자에게 통보하지 아니한 경우에는 사용자가 미사용휴가의 사용시기를 정하여 근로자에게 '서면'으로 통보토록 규정하고 있으며, 그러한 휴가사용촉진 조치에도 불구하고 근로자가 휴가를 사용치 아니하여 휴가가 소멸되는 경우

에는 사용자는 그 미사용 휴가에 대한 보상을 할 의무가 없다고 규정하고 있는 바, 사용자로 하여금 '서면'으로 촉구 또는 통보하도록 규정한 것은 휴가사용촉진조치가 명확하게 이행되도록 하여 근로자의 권리보호를 보다 충실하게 하고 불명확한 조치로 인한 당사자간의 분쟁을 방지하려는 취지로 볼 수 있는 것임.

따라서 귀 질의서와 같이 '회사 내 E-mail을 활용하여 통보'하거나 '근로자별 미사용휴가일수를 게재한 공문을 사내 게시판에 게재'하는 것은 그러한 방법이 근로자 개인별로 '서면' 촉구 또는 통보하는 것에 비하여 명확하다고 볼 수 없는 한 인정되기 어렵다고 할 것임.

6. 연차유급휴가의 대체

유급휴가의 대체제도는 연차휴가는 근로자가 자유로이 사용할 수 있음이 원칙이나 근로자대표와의 서면합의에 의해 근로자 전체가 특정근로일을 연차휴가로 대체 사용이 가능하도록 한 제도이다(유급휴가 대체를 통한 하계휴가, 징검다리 휴일, 설·추석 공휴일 전·후에 추가하는 휴일 등)(근기법 제62조).

Q&A

근로기준법 제62조에 의하면 유급휴가의 대체를 위해서는 '근로자대표와의 서면합의'를 요건으로 하고 있으나 우리 회사에는 근로자대표가 없어 취업규칙의 변경절차를 거쳐 유급휴가의 대체를 취업규칙에 규정하였는데 이 경우에도 유급휴가의 대체가 인정될 수 있는지

근로기준법상의 '근로자대표'는 관련 사항에 대한 대표권을 행사할 수 있는 권한이 있는 자이며, 근로기준법이 근로자대표와의 합의를 통해 시행해야 할 사항을 규정하고 있는 취지는 그 사항이 사용자와 개별 근로자간에 결정될 수 있도록 해서는 근로자보호에 미흡하기 때문에 '노사의 대등한 지위에서의 결정구조'를 확보하기 위함이다.

근로기준법은 '근로자대표'의 개념에 대해 '사업 또는 사업장에 근로자 과반수로 조직된 노동조합이 있으면 그 노동조합, 없으면 근로자의 과반수를 대표하는 자'(근기법 제24조 제3항)라고 규정하고 있어 사용자는 이러한 요건에 해당하는 근로자대표와의 서면합의를 통해서만 유급휴가의 대체가 가능함이 원칙이라 할 것이다.

한편, 위 질의와 같이 취업규칙에 유급휴가의 대체규정을 명시하고, 이러한 취업규칙이 적법하게 변경되었음에도 유급휴가의 대체를 위한 근로기준법상의 요건인 '근로자대표와

의 서면합의'를 반드시 갖추어야 하는지 여부에 대해 행정해석은 위와 같은 취업규칙 변경 절차로 유급휴가의 대체가 가능하다고 판단하고 있다.
위의 행정해석의 의미는 법이 정하고 있는 정확한 방식은 아니지만 법상의 취지를 살린 다른 방식에 의한 합의라면 그 합의를 인정할 수 있다는 것으로 이해된다. 다만, 판례는 법률 규정의 입법취지에 비추어 볼 때 유급휴가를 대체하기 위해서는 반드시 근로자대표의 서면합의를 통해서만 가능하다고 판단하고 있으므로, '근로자대표 서면합의'가 아닌 다른 방식이 법상 취지를 충분히 살렸는지 여부, 다른 방식의 불가피성 등을 종합적으로 판단해 유급휴가 대체의 정당성에 대해서는 개별 사안마다 구체적으로 판단해야 할 것이다.
✍ 참조 : 근기 68207-1585, 2000.5.24., 대법원 2011.7.14 선고, 2011다23149 판결

7. 생리휴가는 생리 현상이 있는 여성근로자에게 부여하는 휴가이다

생리휴가는 모성보호의 취지에서 생리 현상이 있는 여성근로자에게 부여하며 임신, 폐경 등으로 인해 생리현상이 없는 자에 대한 생리휴가 부여의무는 없다. 생리사실 유무의 입증책임은 휴가부여 의무면제를 주장하는 사용자에게 있고, 병원진단 등이 필요한 경우 사용자가 그 비용을 부담해야 한다.2)

생리휴가는 개근 여부와는 상관없고, 근로형태나 근로자의 연령과도 무관하다.

Q&A

월중도에 입사한 근로자에 대해서도 생리휴가를 부여해야 하는지. 우리 회사는 생리휴가를 사용하지 않을 경우 당월 임금지급시 수당으로 지급하고 있기 때문에 위 근로자가 생리휴가를 사용하지 않았을 경우 다른 근로자와 마찬가지로 수당을 지급해야 하는 것인지 여부

생리휴가는 근로자의 취업일수나 개근 여부와는 상관없이 생리현상이 있는 여성근로자가 청구하면 반드시 부여해야 하는 휴가이다. 따라서 월중도에 입사한 근로자이더라도 생리휴가를 청구하는 경우 회사는 이를 부여해야 할 의무가 있다. 한편, 개정 근로기준법은 생리휴가가 무급으로 변경되었지만 유급생리휴가를 계속 적용하는 사업장의 경우 생리휴가 미사용시 수당을 보전할 것인지 여부에 대해서는 단체협약, 취업규칙, 근로계약 등 당사자 간에 정한 바에 따르면 되기 때문에 생리휴가를 사용하지 않을 경우 수당을 지급하기로

2) 근기 01254-14181, 1990.10.12.

정하고 있다면 위 근로자에 대해서도 수당을 지급해야 할 것이나, 생리휴가를 사용하지 않을 경우 별도수당을 지급하지 않는다는 규정이 있으면 그 규정에 따르면 될 것이다.

생리휴가는 여성근로자가 청구하는 경우에 부여해야 하며, 생리휴가를 사용하지 않을 경우 휴가청구권은 소멸하고 생리휴가를 적치 · 분할사용할 수 없다.

생리휴가는 무급휴가이기 때문에 근로자가 생리휴가를 사용한 경우 해당일을 무급처리할 수 있으며 미사용 생리휴가에 대한 별도의 보상의무는 없다.

참조 판례

- 개정 전 근로기준법상 여성근로자가 생리휴가를 쓰지 않은 경우 사용자는 통상임금을 기준으로 생리휴가 근로수당을 지급할 의무가 있다 (서울고법 2006나60054, 2007.5.4.)
생리휴가는 남성과 다른 생리적 특성을 가진 여성근로자의 건강뿐만 아니라 모성보호의 취지에서 우리나라 근로기준법의 '제5장 여성과 소년'란에 특별히 둔 보호규정이므로 생리휴가는 철저하게 보장되어야 한다. 또한 생리휴가와 연 · 월차휴가 모두 "사용자는 … 유급휴가를 주어야 한다"고 규정하여 사용자에게 동일한 유급휴가 지급의무를 부과하고 있는 점에서 규정내용이 같고, 생리휴가가 제5장 여성과 소년란에 위치하고 있다고 하더라도 사용자에게 보장의무를 지우고 있는 '법정휴가'라는 점에서는 그 법적 성질이 같다. 따라서 여성인 근로자가 생리휴가기일에 휴가를 사용하지 아니하고 근로한 경우에는 근로의무가 면제된 특정일에 추가로 근로를 제공한 것이므로 사용자는 당연히 그 근로의 대가로서 이에 상응하는 생리휴가근로수당도 지급하여야 할 것이다. 단지 입법취지, 목적 및 조문의 위치가 다르다는 점만으로, 연 · 월차휴가의 경우에도 지급되는 휴가근로수당을 생리휴가의 경우에 휴가근로수당의 지급이 부정된다면 이는 여성의 모성을 특별히 보호하기 위한 위 규정의 취지에 반하게 될 것이다.

참 고

• 근로기준법 •

구 근로기준법 제71조 【생리휴가】 사용자는 여성인 근로자에 대하여 월 1일의 유급생리휴가를 주어야 한다.

개정 근로기준법 제73조 【생리휴가】 사용자는 여성근로자가 청구하면 월 1일의 생리휴가를 주어야 한다.

8. 출산전후휴가와 유사산휴가는 임신 중인 여성을 보호하기 위한 제도이다

참 고

• 근로기준법(2014.3.24. 개정) •

第74조 【임산부의 보호】 ① 사용자는 임신 중의 여성에게 출산 전과 출산 후를 통하여 90일(한 번에 둘 이상 자녀를 임신한 경우에는 120일)의 출산전후휴가를 주어야 한다. 이 경우 휴가 기간의 배정은 출산 후에 45일(한 번에 둘 이상 자녀를 임신한 경우에는 60일) 이상이 되어야 한다.

② 사용자는 임신 중인 여성 근로자가 유산의 경험 등 대통령령으로 정하는 사유로 제1항의 휴가를 청구하는 경우 출산 전 어느 때 라도 휴가를 나누어 사용할 수 있도록 하여야 한다. 이 경우 출산 후의 휴가 기간은 연속하여 45일(한 번에 둘 이상 자녀를 임신한 경우에는 60일) 이상이 되어야 한다.

③ 사용자는 임신 중인 여성이 유산 또는 사산한 경우로서 그 근로자가 청구하면 대통령령으로 정하는 바에 따라 유산·사산 휴가를 주어야 한다. 다만, 인공 임신중절 수술(「모자보건법」 제14조 제1항에 따른 경우는 제외한다)에 따른 유산의 경우는 그러하지 아니하다.

④ 제1항부터 제3항까지의 규정에 따른 휴가 중 최초 60일(한 번에 둘 이상 자녀를 임신한 경우에는 75일)은 유급으로 한다. 다만, 「남녀고용평등과 일·가정 양립 지원에 관한 법률」 제18조에 따라 출산전후휴가급여 등이 지급된 경우에는 그 금액의 한도에서 지급의 책임을 면한다.

⑤ 사용자는 임신 중의 여성 근로자에게 시간외근로를 하게 하여서는 아니 되며, 그 근로자의 요구가 있는 경우에는 쉬운 종류의 근로로 전환하여야 한다.

⑥ 사업주는 제1항에 따른 출산전후휴가 종료 후에는 휴가 전과 동일한 업무 또는 동등한 수준의 임금을 지급하는 직무에 복귀시켜야 한다.

⑦ 사용자는 임신 후 12주 이내 또는 36주 이후에 있는 여성 근로자가 1일 2시간의 근로시간 단축을 신청하는 경우 이를 허용하여야 한다. 다만, 1일 근로시간이 8시간 미만인 근로자에 대하여는 1일 근로시간이 6시간이 되도록 근로시간 단축을 허용할 수 있다.

⑧ 사용자는 제7항에 따른 근로시간 단축을 이유로 해당 근로자의 임금을 삭감하여서는 아니 된다.

⑨ 제7항에 따른 근로시간 단축의 신청방법 및 절차 등에 필요한 사항은 대통령령으로 정한다.

* 다태아 출산전후휴가 시행일 : 2014.7.1.
* 제7항, 제8항, 제9항 시행일 : 300명 이상 사업장(2014.9.25.), 상시 300명 미만 사업장(2016.3.25.)

출산전후휴가기간 90일(한 번에 둘 이상 자녀를 임신한 경우에는 120일) 중 출산 후에는 반드시 45일(한 번에 둘 이상 자녀를 임신한 경우에는 60일) 이상이 확보되도록 부여해야 하며, 출산전후휴가기간 90일(한 번에 둘 이상 자녀를 임신한 경우에는 120일)을 초과하는 일수에 대해서는 무급으로 부여해도 무방하다.

출산전후휴가는 강행규정으로 휴가를 미사용하고 복귀를 원해도 법상 휴가일수를 부여해야 하며,[3] 휴가는 연속적으로 사용하도록 부여하는 것이 원칙이나 개정 근로기준법에 따라 '유산의 경험 등 대통령령으로 정하는 사유가 있는 경우'에는 출산 전 분할 사용이 가능하다(분할 사용하더라도 출산 후의 휴가기간은 연속 45일(한 번에 둘 이상 자녀를 임신한 경우에는 60일) 이상이 되어야 한다). 출산전후휴가 90일(한 번에 둘 이상 자녀를 임신한 경우에는 120일)은 역일상의 일수를 의미한다. 따라서 휴가기간 중에 있는 법정휴일 또는 약정휴일은 노사간 별도의 약정이 없는 한 동 휴가기간에 포함된다.

참조 행정해석

▪ 연 · 월차유급휴가 및 산전 · 산후휴가에 법정공휴일 등이 포함되는지 여부

(근기 68207-2385, 2000.8.10.)

[질의] 연 · 월차유급휴가 사용기간 중에 법정공휴일이나 노사간 약정휴일이 끼여 있을 때 이 법정공휴일이나 약정휴일이 연 · 월차유급휴일로 포함되는지 여부
산전 · 산후유급휴가기간 중에 끼어 있는 주휴일이나 기타 법정공휴일 및 약정휴일이 산전 · 산후유급휴가일에서 제외되는지 여부

[회시] 근로기준법상의 연 · 월차유급휴가는 근로일에 부여하는 것이 원칙이다.
관공서의 공휴일에 관한 규정에 의한 관공서공휴일은 노사당사자간 특약이 없는 한 근로기준법상의 근로일이다. 따라서 관공서공휴일을 특약에 의하여 약정휴일로 정하였다면 연 · 월차유급휴가 사용기간 중에 끼여 있는 관공서공휴일이나 노사간 약정휴일은 연 · 월차유급휴가일에서 제외함이 타당하다. 또한 귀 질의상 일요일이 근로기준법 제54조에 규정한 유급휴일에 해당한다면 당해 유급휴일도 제외하는 것이 타당하다.
근로기준법 제72조의 규정에 의하여 부여되는 60일의 산전후휴가는 역월상의 일수를 의미한다. 따라서 산전후휴가기간 중에 끼여 있는 법정휴일 또는 약정휴일은 산전후휴가기간에 포함된다. 다만, 노사당사자간 특약에 의하여 법정휴일 또는 약정휴일을 제외한다고 정하였다면 그에 따르면 된다.

---

3) 평정 68240-249, 2002.11.7.

한편, 근로기준법상 보호휴가가 부여되는 '출산'의 의미에 '유산 또는 사산'이 포함된다. 따라서 임신 중인 여성이 유산 또는 사산함에 따라 사업주에게 보호휴가를 청구하는 경우에는 사업주는 유사산휴가를 부여해야 한다. 휴가일수 등 그 구체적인 기준은 근로기준법 시행령에서 규정하고 있다.

참 고

• 근로기준법 시행령 •

제43조 【유산 · 사산휴가의 청구 등】 ① 법 제74조 제2항 전단에서 "대통령령으로 정하는 사유"란 다음 각 호의 어느 하나에 해당하는 경우를 말한다.
1. 임신한 근로자에게 유산 · 사산의 경험이 있는 경우
2. 임신한 근로자가 출산전후휴가를 청구할 당시 연령이 만 40세 이상인 경우
3. 임신한 근로자가 유산 · 사산의 위험이 있다는 의료기관의 진단서를 제출한 경우

② 법 제74조 제3항에 따라 유산 또는 사산한 근로자가 유산 · 사산휴가를 청구하는 경우에는 휴가청구사유, 유산 · 사산 발생일 및 임신기간 등을 적은 유산 · 사산휴가신청서에 의료기관의 진단서를 첨부하여 사업주에게 제출하여야 한다.

③ 사업주는 제2항에 따라 유산 · 사산휴가를 청구한 근로자에게 다음 각 호의 기준에 따라 유산 · 사산휴가를 주어야 한다.
1. 유산 또는 사산한 근로자의 임신기간(이하 "임신기간"이라 한다)이 11주 이내인 경우 : 유산 또는 사산한 날부터 5일까지
2. 임신기간이 12주 이상 15주 이내인 경우 : 유산 또는 사산한 날부터 10일까지
3. 임신기간이 16주 이상 21주 이내인 경우 : 유산 또는 사산한 날부터 30일까지
4. 임신기간이 22주 이상 27주 이내인 경우 : 유산 또는 사산한 날부터 60일까지
5. 임신기간이 28주 이상인 경우 : 유산 또는 사산한 날부터 90일까지

Q&A

직원이 청원휴직기간(무급) 중에 출산(출산일 2012.6.1.)을 했는데 출산 사실을 회사에 통보하지 않고 2012.7.1. 청원휴직에서 복귀한 후 출산휴가를 청구하였음. 이에 회사는 출산일로부터 90일을 산정해 이 중 청원휴직으로 휴가를 사용하지 못한 기간을 제외한 나머지 일수(60일)만을 출산전후휴가로 부여했는데 법적인 문제는 없는지

출산전후휴가 90일은 모성보호 차원에서 회사가 해당 근로자에게 반드시 부여해야 하는 강행규정이므로 회사가 출산휴가시기를 변경하거나, 근로자의 요구로 휴가기간을 단축할 수 없다.

따라서 위 직원과 같이 출산사실을 늦게 알린 경우에도 출산전후휴가는 90일을 보장해야 할 것이며, 다만 위 직원은 출산 전후 실제 휴직상태에 있었으므로 출산일로부터 90일을 출산전후휴가로 부여하되 출산일로부터 무급 청원휴직기간이었던 30일(6.1.~6.30.)을 소급해서 유급으로 인정하고 나머지 60일을 휴가로 부여하면 실질적으로 출산전후휴가 90일을 부여한 것으로 인정될 수 있지 않을까 판단된다.

✍ 참조 : 평정 68240-249, 2002.11.7.

출산전후휴가 중 최초 60일(한 번에 둘 이상 자녀를 임신한 경우에는 75일)에 대해서는 사용자가 유급(통상임금 또는 평균임금)으로 부여하되, 남녀고용평등과 일 · 가정 양립 지원에 관한 법률 제18조의 규정에 따라 출산전후휴가급여 등이 지급된 때(2006.1.1.부터 출산전후휴가기간 90일에 대해 고용보험에서 유급으로 지원)에는 그 금액의 한도 안에서 사용자의 지급의무가 면제된다.

고용보험에서는 출산전후휴가기간 또는 유산 · 사산휴가기간 90일(한 번에 둘 이상의 자녀를 임신한 경우에는 120일)에 대한 통상임금에 상당하는 금액이 480만원(한 번에 둘 이상의 자녀를 임신한 경우는 640만원)을 초과하는 경우에는 480만원(한 번에 둘 이상의 자녀를 임신한 경우에는 600만원)을 상한액으로 지급한다. 이때 우선지원대상기업[4] 근로자의 경우 통상임금이 월 160만원을 초과하는 경우에는 90일(한 번에 둘 이상의 자녀를 임신한 경우에는 120일) 중에서 초기 60일(한 번에 둘 이상의 자녀를 임신한 경우에는 75일)에 대한 급여의 차액은 사업주가 지급해야 한다. 한편, 근로자가 출산전후휴가기간 중 사업주로부터 통상임금에 해당하는 금품을 지급받은 경우로서 사업주로부터 받은 금품과 출산전후휴가 급여 등을 합한 금액이 출산전후휴가 시작일을 기준으로 한 통상임금을 초과한 경우 그 초과하는 금액을 출산전후휴가 급여 등에서 빼고 지급한다. 하한액은 휴가 시작일 당시의 최저임금이 기준이 된다.

4) 상시근로자가 아래와 같은 기업(고용보험법 시행령 제12조 제1항 별표 1)
- 제조업(다만, 산업용 기계 및 장비 수리업(34)은 그 밖의 업종) : 상시근로자 500명 이하
- 광업, 건설업, 운수 및 창고업, 정보통신업, 사업시설 관리, 사업 지원 및 임대 서비스업(다만, 부동산 이외 임대업(76)은 그 밖의 업종), 전문, 과학 및 기술 서비스업, 보건업 및 사회복지 서비스업 : 상시근로자 300명 이하
- 도매 및 소매업, 숙박 및 음식점업, 금융 및 보험업, 예술, 스포츠 및 여가관련 서비스업 : 상시근로자 200명 이하
- 그 밖의 업종 : 상시근로자 100명 이하

참 고

• 고용보험법 · 시행령 •

법 제76조 【지급 기간 등】 (2014.1.21. 개정, 2014.7.1. 시행) ① 제75조에 따른 출산전후휴가 급여등은 「근로기준법」 제74조에 따른 휴가 기간에 대하여 「근로기준법」의 통상임금(휴가를 시작한 날을 기준으로 산정한다)에 해당하는 금액을 지급한다. 다만, 제19조 제2항에 따라 근로자의 수 등이 대통령령으로 정하는 기준에 해당하는 기업이 아닌 경우에는 휴가 기간 중 60일(한 번에 둘 이상의 자녀를 임신한 경우에는 75일)을 초과한 일수(30일을 한도로 하되, 한 번에 둘 이상의 자녀를 임신한 경우에는 45일을 한도로 한다)로 한정한다.
② 제1항에 따른 출산전후휴가 급여등의 지급 금액은 대통령령으로 정하는 바에 따라 그 상한액과 하한액을 정할 수 있다.
③ 제1항과 제2항에 따른 출산전후휴가 급여등의 신청 및 지급에 필요한 사항은 고용노동부령으로 정한다.

시행령 제101조 【출산전후휴가 급여등의 상 · 하한액】 법 제76조 제2항에 따라 피보험자에게 지급하는 출산전후휴가 급여등의 상한액과 하한액은 다음 각 호와 같다.
1. 상한액 : 다음 각 목의 사항을 고려하여 매년 고용노동부장관이 고시하는 금액
   가. 출산전후휴가급여 수급자들의 평균적인 통상임금 수준
   나. 물가상승률
   다. 「최저임금법」에 따른 최저임금
   라. 그 밖에 고용노동부장관이 필요하다고 인정하는 사항
2. 하한액 : 출산전후휴가 또는 유산 · 사산휴가기간 시작일 당시 적용되던 「최저임금법」에 따른 시간 단위에 해당하는 최저임금액(이하 "시간급 최저임금액"이라 한다)보다 그 근로자의 시간급 통상임금이 낮은 경우에는 시간급 최저임금액을 시간급 통상임금으로 하여 산정된 출산전후휴가 급여등의 지원기간 중 통상임금에 상당하는 금액

9. 사용자는 그 밖의 임신 중인 여성근로자를 보호하는 근로기준법을 준수해야 한다

① 쉬운 근로로 전환(근기법 제74조 제5항)

임신 중인 여성근로자의 요구가 있는 경우에는 쉬운 종류의 근로로 전환시켜야 한다

(근기법 제74조 제4항). 임신 중의 여성근로자가 쉬운 업무로 전환하여 줄 것을 '요구'하는 경우에 적용되므로 이를 요구하지 아니하는 경우 사용자가 종래의 업무에 그대로 사용하여도 될 것이다. 쉬운 근로인지의 여부는 사회통념에 따라 구체적으로 판단하여야 하며 대체로 임신 중인 여성이 수행하기에 신체적 · 정신적으로 보다 수월하고 용이한 업무로서 당해 근로자가 요구하는 업무라는 것이 고용노동부의 해석이다.

Q&A

현재 임신 9개월인 예비엄마임. 임신 7개월까지 회사를 다녔고, 8개월부터 몸이 힘들어 그만두게 되었는데 실업급여는 구직활동을 해야만 나오는 것으로 알고 있음. 그러나 만삭인 몸으로 구직활동을 할 수 없다면 실업급여를 받을 수 없는 것인지

구직급여는 실업상태에 있는 구직자들의 생활안정을 위한 제도로 일정한 요건을 갖춘 구직자에게 지급된다. 실업급여를 받기 위해서는 ① 이직일 이전 18월간(기준기간) 중에서 보험료를 납부한 기간이 180일(약 6개월) 이상이 되어야 하고, ② 자발적 퇴직이 아니어야 하며, ③ 취업할 의사와 능력을 가지고 적극적으로 구직활동을 해야 한다.

따라서 임신을 이유로 퇴직한 경우라도 자발적인 경우에는 구직급여를 받을 수 없다. 다만, 자발적 퇴직이더라도 다음의 경우 등은 예외적으로 수급자격이 주어진다.

① 근로조건이 채용시 근로조건보다 현저히 낮아진 경우
② 회사의 임금체불
③ 상사나 동료의 고의적이고 현저한 차별 및 성희롱 등의 괴롭힘
④ 사업장의 파산절차개시
⑤ 권고사직 및 희망퇴직
⑥ 통근이 곤란한 곳으로의 사업장 이전 등의 사정이 있어 자발적으로 퇴직하게 되는 경우
⑦ 결혼, 임신, 출산, 병역법에 의한 의무복무 등으로 업무를 계속 수행하기 어려운 경우

그러므로 임신, 출산으로 업무를 계속 수행하기 어려워 퇴직한 것이라면 자발적 퇴직이 아닌 것으로 보아 수급자격이 인정될 수 있다.

구직급여는 이직일의 다음날부터 기산하여 12개월 이내에 소정급여일수(90~240일)를 한도로 지급한다. 따라서 구직급여를 받기 위해서는 이직한 날로부터 12개월 이내에 신청을 해야 하지만, 이 12월의 기간 중 임신 · 출산 · 육아 등의 사유로 인해 취직할 수 없는 경우에는 수급기간을 최대 4년까지 연장할 수 있다. 따라서 구직활동을 하더라도 임신 · 출산으로 인해 취직할 수 없는 경우라면 그 사실을 직업안정기관에 신고하여 12월의 기간에 그 사유로 인해 취직할 수 없는 기간만큼 수급기간을 연장하는 것이 가능하다.

또한 구직급여를 받기 위해서는 고용센터에 출석하여 실업의 신고를 하여야 하며, 이 날로부터 1주~4주의 범위에서 직업안정기관의 장이 지정한 날에 출석하여 구직노력을 하였음

을 신고해야 한다. 그런데 수급자격자가 실업의 신고를 한 이후에 질병·부상 또는 출산으로 취업이 불가능하여 실업의 인정을 받지 못한 날에 대하여는 당사자의 청구에 의하여 구직급여일액에 해당하는 금액을 상병급여로 지급받을 수 있다. 즉 구직자가 실업의 신고를 한 후 출산으로 인해 구직활동을 할 수 없는 상황이 된다면 구직급여액에 해당하는 상병급여를 청구할 수 있을 것이다.

② 시간외근로금지(근기법 제74조 제5항)

사용자는 임신 중인 여성근로자에 대하여 '시간외근로'를 시켜서는 안되며(근기법 제74조 제4항), 근로기준법 제71조에 의하여 산후 1년이 경과되지 아니한 여성에 대하여는 단체협약에 있는 경우라도 1일에 2시간, 1주일에 6시간, 1년에 150시간을 초과하는 시간외 근로를 시키지 못한다.

구 분	임신 중인 여성	산후 1년이 경과되지 않은 여성
제 한	시간외근로금지	1일 2시간, 1주일 6시간, 1년에 150시간 한도로 시간외근로

임산부의 야간·휴일근로는 원칙적으로 금지하나 산후 1년이 경과하지 않은 여성의 동의·임신 중의 여성이 명시적으로 청구하는 경우로서 고용노동부장관의 인가를 얻은 경우에는 예외적으로 허용한다.

또한 사용자는 고용노동부장관의 인가를 얻기 이전에 근로자의 건강 및 모성보호를 위하여 그 시행 여부와 방법 등에 관하여 당해 사업 또는 사업장의 근로자대표와 성실하게 협의하여야 한다.

구 분	임신 중인 여성	산후 1년이 경과되지 않은 여성
요 건	근로자의 명시적인 청구+고용노동부장관의 인가	근로자의 동의+고용노동부장관의 인가

③ 탄력적 근로시간제의 적용 제외(근기법 제51조 제3항)

임신 중인 여성근로자에 대해서는 현행법의 '탄력적 근로시간제'를 실시할 수 없다.

④ 해고의 제한(근기법 제23조 제2항)

사용자는 여성이 산전후휴가 중에 있는 기간과 그 후 30일간에는 해고하지 못한다.

⑤ 태아검진시간의 허용(근기법 제74조의2)

사용자는 임신한 여성근로자가 모자보건법 제10조에 따른 임산부 정기건강진단을 받는 데 필요한 시간을 청구하는 경우 이를 허용하여 주어야 하며, 건강진단시간을 이유로 임금을 삭감해서는 안된다.

⑥ 도덕상 또는 보건상 유해 · 위험한 사업 사용금지(근기법 제65조)

⑦ 임신기 근로시간 단축(근기법 제74조 제7항~제9항)

사용자는 임신 후 12주 이내 또는 36주 이후에 있는 여성 근로자가 1일 2시간의 근로시간 단축을 신청하는 경우 이를 허용하여야 하며(1일 근로시간이 8시간 미만인 근로자에 대하여는 1일 근로시간이 6시간이 되도록 근로시간 단축을 허용할 수 있음), 근로시간 단축을 이유로 해당 근로자의 임금을 삭감해서는 안된다(시행일 : 300명 이상 사업장(2014.9.25.), 300명 미만 사업장(2016.3.25.)).

핵심 정리사항

1. 휴가는 근로자의 근로제공의무를 면제해줌으로써 근로자의 휴식, 모성보호, 기타 특별한 사정을 보호하는 제도로 법정휴가와 약정휴가로 구분된다.
2. 연차휴가는 1년간 80퍼센트 이상 출근한 직원에게 15일(2년에 1일 가산, 25일 한도)을 부여하는 휴가로, 미사용시 수당을 지급해야 한다. 80퍼센트 미만 출근한 직원 및 1년 미만 근무한 직원에게는 1월 개근시 1일씩의 휴가를 부여해야 한다.
3. 근로기준법에서 정한 절차에 따라 사용자의 적극적인 사용 권유에도 근로자가 휴가를 사용하지 않을 경우 금전보상의무가 면제되는 연차휴가사용촉진제도가 시행되고 있다.
4. 모성보호를 위한 휴가로 무급생리휴가와 출산전후휴가(유산 · 사산휴가 포함)가 있다. 출산전후휴가는 90일이며 최초 60일은 사용자가, 30일은 고용보험의 출산전후휴가급여가 지급된다.
5. 근로기준법은 임신 중인 여성 근로자를 보호하기 위해 쉬운 근로로 전환, 시간외근로금지, 태아검진시간 허용 등의 기준을 마련하고 있다. 태아검진시간 허용, 임신기 근로시간 단축 등의 기준을 마련하고 있다.

Part 7

임 금

핵심키워드

근로의 대가, 임금의 삭감, 반납, 임금지급 원칙, 휴업수당, 평균임금 70%, 임금채권 우선변제, 체당금

목 적

1. 사용자가 지급하는 금품 중 '근로의 대가'로 지급되는 것이 임금이며, 임금은 근로기준법상의 법정수당을 산정하는 기준이 되기 때문에 임금을 판단하는 기준을 이해하는 것은 중요하다.
2. 임금의 개념과 판단기준을 이해한다.
3. 근로기준법상의 임금지급 4대원칙인 직접불, 전액불, 통화불, 정기불을 이해한다.
4. 임금의 삭감과 반납의 요건 및 효과를 이해한다.
5. 임금채권 우선변제 및 최우선변제대상, 임금채권보장제도(임금채권부담금, 체당금)를 이해한다.
6. 휴업수당의 지급요건과 휴업수당액을 이해한다.

1. 임금이란 사용자가 근로자에게 근로의 대가로 지급하는 금품이다

임금이란 사용자가 '근로의 대가'로 근로자에게 임금, 봉급 그 밖에 어떠한 명칭으로든지 지급하는 일체의 금품을 말한다(근기법 제2조).

근로기준법은 종속노동을 하는 근로자를 보호하는 법이므로 사용자가 지급하지 않았거나 근로자가 아닌 자가 받았다면 그 명칭과 관계없이 근로기준법의 보호를 받는 임금이라 할 수 없다. 또 임금은 근로자가 근로를 제공한 데 대한 대가로 지급하는 것이므로 근로의 제공과 관계없이 은혜적·실비변상적으로 지급되는 출장비, 경조금 등은 임금에 해당되지 않는다.

2. 임금 여부를 판단하는 핵심기준은 근로의 대가로 지급되었는지 여부이다

(1) 근로의 대가로 지급되어야 한다

임금은 근로자의 근로에 대한 대가로 지급되는 것으로 ① 근로제공에 대한 대가(예 연장·야간·휴일근로수당), ② 근로의 질과 양에 대한 대가(예 기술수당, 자격수당, 직책수당, 판매수당), ③ 근로여건, 환경에 대한 대가(예 위험수당)가 이에 해당된다.

근로의 제공과 상관없이 회사가 호의적으로 지급하는 각종 금품(축의금, 조의금, 위문금 등)이나 근무에 필요한 각종 장비, 물품 구입에 필요한 실비를 지급하는 실비변상적 금품은 임금에 해당되지 않는다.

다만, 근로자의 복리후생차원에서 지급되는 금품이라 하더라도 근로의 제공과 관련이 있고 단체협약이나 취업규칙 등에 지급조건이 정해져 있거나 관행적으로 전근로자에게 일률적으로 일정금액을 지급한 경우는 이를 임금으로 인정한다.

(2) 사용자가 근로자에게 지급해야 한다

사용자가 지급하지 않거나, 근로기준법상의 근로자가 아닌 자에게 지급되는 금품은 근로기준법상의 임금이 아니다. 봉사료, 팁과 같이 고객이 지불하는 금품은 원칙적으로 사용자가 지급하는 것이 아니므로 임금이 아니며, 회사의 이사 등 임원은 사용자의 지시하에 업무를 수행하는 것이 아니라 상법상 업무대표권과 집행권을 가지고 자기책임하에 업무를 추진하므로 근로자에 해당되지 않는다고 보아 임원에게 지급하는 보수도 임금에 해당되지 않는다고 본다.

또한 회사의 지휘감독을 받지 않으면서 업무실적에 의해 지급액 및 지급 여부가 결정이 되는 보수[1]는 임금이 아니라고 본다.

(3) 명칭과는 무관하다

사용자가 근로자에게 지급하는 금품의 명칭과는 관계없이 그 금품의 지급기준, 요건, 대상 및 지급의무 명시 정도에 따라 임금 여부를 판단하게 된다. 가계보조비, 출근장려수당, 생산장려금, 물가수당, 월동보조비 등 그 명칭만으로는 임금인지 여부를 판단하기 어려운 경우가 많기 때문에 그 실제를 따져 판단해야 할 것이다.

참 고

• 상여금의 임금 여부 및 효력에 대한 판단기준 •

① 상여금이 정기상여금으로서 취업규칙·단체협약 또는 관행적으로 지급시기 및 지급액이 정해진 상태에서 지급된 경우 특별한 사정이 없는 한 지급해야 할 임금으로서 효력이 발생한다(다만, 경영실적 등에 따라 지급액 및 지급률이 달라지는 상여금의 경우에는 원칙적으로 임금으로 보지 않는다).

② 상여금(기왕의 근로의 대가로 발생하거나 향후 고정적으로 지급이 예정된)의 삭감(또는 포기)에 대해 개별 근로자가 동의한 경우 그 동의의 효력은 발생한다.

③ 상여금이 취업규칙 등에 의해 정기적으로 지급되는 경우 상여금은 근로기준법상의 '근로의 대가'인 임금이므로 상여금 지급일 이전에 퇴사하는 근로자에게는 해당 기간만큼의 상여금을 일할계산해서 지급해야 하는 것이 원칙이다.

④ 상여금의 지급방식 및 대상 등에 대해서는 법에서 규정하고 있는 내용이 없기 때문에 회사규정에 '상여금 지급일 전에 퇴사한 근로자에게 상여금을 지급하지 아니한다'는 내용이 있을 경우 그 규정의 효력은 인정된다. 따라서 회사규정에 상여금 지급대상에 대해 명시된 바가 있으면 그에 따라 지급 여부를 결정할 수 있을 것이다.

---

1) 서울행법 2000구12453, 2001.2.1.

참조 행정해석

- 상여금이 단체협약에 의하여 미리 지급조건들이 명시되어 있거나 관례로서 지급해 온 사실이 인정되는 경우에는 그 상여금 지급은 법적 의무로서 이행되어야 한다
(근기 01254-1447, 1989.1.28.)

상여금이 단체협약이나 임금협약에 의하여 미리 지급조건들이 명시되어 있거나 관례로서 계속 지급하여 온 사실이 인정되는 경우에는 그 상여금 지급은 법적인 의무로서 이행하여야 하나, 상여금 지급은 근로기준법령에 의하여 지급되는 것이 아니고 단체협약이나 임금협약에 의하여 지급되는 것이므로 지급방법, 지급절차 등에 있어서도 동 협약체결 당사자인 노사가 해석하는 것이 원칙임.

- 기왕의 근로의 대가로서의 상여금을 삭감(반납)하는 경우에는 근로자 본인의 동의가 있어야 한다 (근기 68207-857, 1999.4.15.)

상여금 삭감에는 두 가지 유형이 있을 수 있으며 각각의 경우 적법절차는 다음과 같음. ① 기왕의 근로의 대가로서의 상여금을 삭감(반납)하는 경우에는 근로자 본인의 동의가 있어야 함(노조와의 합의 또는 회사규정의 개정만으로는 무효임). ② 앞으로의 근로조건으로서의 상여금을 삭감(하향조정)하는 경우에는 노조와의 합의를 거쳐 단체협약을 개정하거나 회사규정(취업규칙)을 노조 또는 근로자과반수의 동의를 얻어 변경하여야 함(근로자 본인의 동의 여부와는 무관함).

- 명문규정이 없는 한 정기상여금 지급일 전 퇴사자에 대하여도 상여금을 지급하여야 한다
(근기 68207-1667, 2000.5.31.)

상여금 지급에 관하여는 근로기준법에 규정된 사항이 없음. 상여금 지급률, 지급시기 등이 단체협약 또는 취업규칙 등에 정해져 있고 매년 일정시기에 일정률의 상여금을 지급하여 왔다면 동 상여금은 근로의 대상으로 지급되는 임금으로 보아 그 지급시기 이전에 퇴직한 근로자에게도 근무한 만큼의 상여금을 일할 계산하여 지급하여야 한다고 봄.
다만, 단체협약, 취업규칙 등에 "상여금은 지급일 현재 재직 중에 있는 자에 한한다"는 등의 명문규정이 있다면 이에 따라야 하며, 이 경우 근로기준법 위반문제는 발생하지 않는다고 사료됨.

(4) 구체적 사례

① 복리후생적 급여(식대, 자기계발비, 효도휴가비, 가족수당 등)

복리후생을 목적으로 지급되는 급여로 '근로의 대가'와는 무관해 보이는 급여들이

과연 임금인지를 판단하는 것은 쉽지가 않다. 사용자가 근로자에게 지급하는 금품의 명칭과는 관계없이 그 금품의 지급기준, 요건, 대상 및 지급의무 명시 정도에 따라 임금 여부를 판단하여야 할 것이므로 복리후생적 급여라 하더라도 근로자에게 계속적·정기적으로 지급되고 단체협약, 취업규칙, 급여규정, 근로계약, 노동관행 등에 의하여 사용자에게 그 지급의무가 지워져 있을 경우에는 임금으로 보아야 할 것이다.

참조 판례

- 복리후생비용 명목으로 지급된 금액의 통상임금 여부

(대법원 2012다118655, 2015.6.24.)

이 사건 단체협약 등에서 정해진 바대로 피고가 시내버스 갑지의 승무운전자에게 지급한 1일 1,500원의 승무수당, 피고가 근무일수에 따라 일률적으로 1일 3,500원으로 계산하여 지급한 CCTV수당, 사건 단체협약 등에서 정하여 피고가 1987.7.1.을 기준으로 1년 이상 근속한 운전자들에게 매 1년 단위로 9,000원을 가산하여 지급한 근속수당은 실제 근무성적과는 관계없이 정기적, 일률적으로 지급되어온 고정적인 임금이므로 모두 통상임금에 속한다.

피고가 원고를 포함한 운전자들에게 지급한 1일 1,500원의 식권 3장은 이 사건 단체협약에서 정한 복리후생비용의 명목으로 지급된 것으로서 실비 변상적 성격을 가져 소정근로의 대가로 볼 수 없으므로 통상임금에 포함되지 아니하고, 피고가 재직 운전자 전원을 운전자 공제회에 가입시키고 대납한 운전자 공제회 공제료는 운전자들의 복리후생을 위하여 은혜적으로 지급하거나 실비 변상적 명목으로 지출한 것이어서 소정근로의 대가로 볼 수 없으므로 통상임금에 포함되는 것으로 볼 수 없다.

피고는 근로를 제공한 모든 운전자에게 이 사건 단체협약에서 정한 복리후생비용의 명목으로 출근일수에 따라 1일 1,000원의 일비를 지급하였고, 그 지급명목은 숙식대, 연초대, 장갑대, 음료대, 출장여비인 사실을 알 수 있는데, 피고 소속 운전자들의 업무형태로 보아 숙식대, 출장여비가 발생한다고 보기 어렵고, 이는 실제 장갑 구입, 흡연이나 음료 취식 여부와 상관없이 모든 운전자에게 근무일수에 따라 고정적으로 지급된 것으로 보인다. 따라서 앞서 본 법리에 비추어 보면, 피고가 지급한 일비는 근무일수에 따라 지급액이 달라지기는 하지만 근무일에 소정근로를 제공하기만 하면 일정액을 지급받는 것이 확정되어 있으므로 정기적·일률적으로 지급되는 고정적인 임금인 통상임금에 해당한다고 할 것이다.

그러나 가족수에 따라 차등지급하는 가족수당[2]이나, 출근한 경우에만 지급하는 식사 제공, 의료비 지원 등 순수하게 복리후생적으로 지급하는 금품은 임금에 포함되지 않는다고 본다.[3]

② 임원 및 이사에게 지급되는 보수

임원 및 이사가 근로기준법상의 근로자인지 여부는 형식적인 기준(등기부등본 등재 여부, 직함, 계약서 등)이 아닌 실질적으로 지휘감독을 받아 근로를 제공하는지 여부에 따라 판단한다.[4]

임원 및 이사가 회사로부터 일정한 사무처리를 위임받아 업무를 처리하는 위임관계에 있는 경우에는 사용자의 지휘·감독하에서 근로를 제공하는 근로자가 아니기 때문에 일정한 보수를 받을 경우 이를 근로기준법상의 임금으로 볼 수는 없을 것이지만, 사용종속관계에서 근로를 제공하였다면 근로자로 보아 지급받은 보수는 근로기준법상의 임금으로 볼 수 있을 것이다.[5]

참조 판례

- 회사와 위임관계인 이사, 감사에게 지급된 보수는 임금이 아니다

(대법원 2002다64681, 2003.9.26.)

주식회사의 이사, 감사 등 임원은 회사로부터 일정한 사무처리의 위임을 받고 있는 것이므로 사용자의 지휘·감독 아래 일정한 근로를 제공하고 소정의 임금을 받는 고용관계에 있는 것이 아니며, 따라서 일정한 보수를 받는 경우에도 이를 근로기준법 소정의 임금이라 할 수 없다.

③ 봉사료

고객이 직접 지급하는 금품은 근로기준법상의 임금으로 볼 수 없지만,[6] 사용자가 봉사료를 일괄관리한 후 배분하는 경우에는 사용자가 지급하는 근로의 대가로 보아 임금으로 볼 수 있을 것이다.[7]

---

2) 임금 68207－145, 1994.3.15.
3) 통상임금산정지침 별표「통상임금 및 평균임금 등의 판단기준 예시」(고용노동부 예규 제47호, 2012.9.25.)
4) 임원의 근로자 여부 판단에 대한 자세한 내용은 Part 2 근로자와 사용자 참조
5) 근로기준과－1158, 2005.2.25.
6) 대법원 98다46198, 1999.1.26.
7) 위 노동부 예규 제551호 별표

④ 업무실적에 따른 대가(수수료 등)

학원강사가 강의내용, 방법, 과정 등에 있어 학원의 구체적인 업무지휘감독이 없는 상태에서 수강생의 수에 따라 결정되는 수입(수강료)의 일정비율을 학원과 배분하는 수수료,8) 보험모집인이 구체적 지휘감독없이 보험모집 실적에 따라 받는 수당,9) 학습지 교육상담교사의 위탁수수료10) 등은 근로기준법상의 임금으로 보기 어려울 것이다.

다만, 기본급없이 실적에 따른 대가를 받고 있다 하더라도 사용자의 지시 및 지휘감독을 받아 근로를 제공하는 경우라면 근로기준법상의 근로자로 인정되어 위 대가는 임금으로 인정될 수 있을 것이다.11)

⑤ 경영성과상여금

경영성과 또는 이익이 발생할 경우 이를 근로자에게 배분하는 경영성과상여금은 그 지급조건의 충족 여부가 경영실적 평가결과에 따라 비로소 결정되어지고, 그 평가결과에 따라 지급조건과 금액이 달라지거나 지급하지 않을 수도 있게 되는 등 그 지급사유의 발생이 불확정적이고 일시적이므로 이를 기왕의 근로의 대상으로 지급이 확정되어 사용자에게 지급의무가 부과되어지는 근로기준법에 의한 임금으로 볼 수는 없을 것이다.12)

Q&A

취업규칙에는 "연간 업무실적을 참작하여 상여금을 지급할 수 있다"고 명시하고 있고, 경영이익이 발생할 경우에 한해 부서별로 평가해 지급하는 경영성과상여금이 임금인지 여부

회사의 경영성과상여금이 고정적으로 지급되는 상여금과는 별도로 경영실적이 발생할 경우에 한해 부서별로 평가하여 지급기준 및 지급금액을 결정해 지급하는 경우라면 위 상여금은 경영이익의 발생이라는 요건을 충족해야 비로소 지급 여부가 확정되는 금품이기 때문에 근로의 대상으로 지급의무가 확정되어 있다고 볼 수 없고, 경영이익은 근로자뿐 아니라 경영진, 주주 등 회사의 제주체들이 노력한 결과라 할 것이고, 근로자에게 지급되는 경영성과상여금은 이를 근로자에게 분배하는 이익분배의 성격으로 보아야 할 것이므로 이를 근로의 대상으로 지급되는 임금으로 보기는 어려울 것으로 판단된다.

8) 근기 68207－2617, 1993.12.24.
9) 노조 68107－997, 2000.10.30.
10) 대법원 95다20348, 1996.4.26.
11) 근기 68207－3448, 2001.10.10.
12) 임금 68207－134, 2002.2.28.; 대법원 2002다1700, 2002.5.31.

참조 행정해석

▪ 판매목표 달성여부에 따라 지급되는 성과급의 임금 여부

(근로개선정책과-4400, 2011.11.10.)

근로기준법 제2조 제1항 제5호의 규정에 의거 '임금'이라 함은 사용자가 근로의 대가로 근로자에게 임금, 봉급, 그 밖에 어떠한 명칭으로든지 지급하는 일체의 금품을 말하는 것으로 임금의 범위에 포함되는지 여부는 그 명칭만으로 판단하여서는 아니 되며, 단체협약 · 취업규칙 등의 내용, 근무형태, 지급관행 등을 종합적으로 고려하여야 할 것입니다.

또한, 성과급에 대해서는 노동관계법에 다로 규정되어 있지 아니하나, 만일 회사의 단체협약 · 취업규칙 등에 지급조건, 금액, 지급시기를 미리 정하여 지급하거나 전 근로자에게 관례적으로 지급하여 사회통념상 근로자가 당연히 지급 받을 수 있다는 기대를 갖게 되는 경우에는 임금성이 인정된다고 할 수 있으나, 지급조건, 금액, 지급시기가 단체협약 · 취업규칙 등에 정하여져 있다고 하더라도 개인의 실적에 따라 결정되는 경우나 단체협약 · 취업규칙 등에 지급조건, 금액, 지급시기 등에 관하여 아무런 규정도 없이 사용자의 재량에 의해 매년 그 지급시기 및 지급액을 달리하거나 지급되지 아니하는 경우에는 근로자의 근로제공 자체의 대가라고 볼 수 없고, 사용자에게 그 지급의무가 확정되는 임금성을 갖는다고 보기 어려울 것입니다(대판 2005.5.14., 2001다76328, 임금정책과-588, 2005.2.5 등 참조).

귀 질의의 내용만으로는 구체적인 사실관계가 불분명하여 명확한 회신은 드리기 어려우나, 귀 질의상 '추가 성과급'이 취업규칙 등에 그 지급기준 등이 명시되어 있으나 그 지급의무가 회사의 판매목표 달성여부(판매목표 90% 이상시 지급)에 따라 발생한 경우라면 근로자의 근로제공 자체의 대가라고 볼 수 없어 근로기준법상 임금으로 보기 어려울 것으로 사료됩니다.

Q&A

수년간 회사의 경영실적이 높아 경영성과상여금을 수년간 지급한 경우 이 상여금이 '관행적으로 지급되는 임금'이 되어 향후 경영실적이 좋지 않은 경우에도 계속 지급해야 하는 것인지 여부

경영성과에 따라 지급되는 특별상여금이 비록 수차례에 걸쳐 반복적으로 지급하였다 할지라도 지급되는 상여금의 성격이 경영성과에 따라 지급 여부가 달라지는 이익분배성격의 금품이라면 근로기준법상의 임금으로 보기는 어려울 것으로 판단되고, 임금이 아닌 금품이 단지 수차례 반복적으로 지급되었다는 이유만으로 '관행적으로 지급되는 임금'이 될 수는 없을 것이며, 위 상여금은 여전히 경영성과에 따라 지급되는 금품으로 보아야 할 것으로

판단된다.

✍ 참조 : 임금 68207-38, 2000.1.19.

⑥ 개인성과급

근로자 개인의 실적에 따라 지급되는 개인성과급은 지급 여부가 개인의 실적에 따라 결정되는 것으로 근로제공 자체의 대상으로 볼 수는 없다는 점, 불확정적이고 일시적 금품으로 사용자의 의무로 확정되어 있지 않다는 점에서 임금이 아니라고 판단한 사례[13)]도 있지만 개인성과급이 개인의 성과, 실적, 성적을 평가해 지급하는 금품이라면 이는 개인의 근로의 결과에 대한 대가로 보아야 하지 않을까 생각된다.[14)]

⑦ 실비변상적 급여(교통비, 출장비, 업무추진비, 판공비 등)

출장비, 여비, 판공비 등과 같이 근로의 양과 질에 따라 지급되는 경우가 아닌 실제 비용을 보상해주기 위해, 특수한 근무조건이나 환경에서 직무를 수행하게 됨으로 말미암아 추가로 소요되는 비용을 변상하기 위하여 지급되는 급여는 실비변상적 급여이지 근로의 대가인 임금에 해당하지 않는다고 판단된다.[15)]

다만, 실비변상적 성격의 급여가 정기적으로 전근로자에게 지급됨에 따라 실비변상을 목적으로 하는 금품의 성격이 사라진 경우에는 근로의 대가인 임금으로 볼 수 있을 것이다.

참조 판례

▪ 출퇴근교통비가 정기적·제도적으로 지급되어 왔다면 임금의 성질을 갖는다

(대법원 91다37522, 1992.4.10.)

각처에 흩어져 거주하는 전직원에게 출퇴근용 버스를 제공할 수 없어 호의적·은혜적 견지에서 출퇴근에 따른 실비변상의 의미로 위 출퇴근교통비를 지급하였을 뿐이므로 이는 임금에 포함될 수 없다는 취지이나 기록에 의하면 이 사건에서 문제된 출퇴근교통비는 그 지급의 근거가 급여규정에 반드시 명시되어 있는 것은 아니라 할지라도 정기적·제도적으로 지급되어 왔고, 사무총장을 제외한 사무국의 전직원에게 그 직급에

13) 대법원 2001다76328, 2004.5.14.; 임금 68207-78, 2002.2.5.
14) 대법원 2011다23149, 2011.7.14.; 서울지법 2000가합70373, 2000.12.28.; 임금 68207-546, 1994.9.7.
15) 대법원 90다카4683, 1992.11.9.

따라 일률적으로 지급되어 온 것일 뿐 아니라, 특히 사무국직원 중 출퇴근교통비가 지급되지 아니한 사무총장에게는 그 대신에 출퇴근차량이 제공되었다는 것이므로, 위 출퇴근교통비는 여비, 출장비 등과 같은 실비변상적인 성격의 금원이 아니라 근로기준법 제18조에서 말하는 근로의 대상인 임금의 성질을 갖는 금원이라 할 것이다.

Q&A

회사는 과장급 이상 직원에 대해서는 차량 소유 여부와 상관없이 매월 일정액의 차량유지비를 지급하고 있는데, 이 차량유지비는 실비변상적 성격의 금품이므로 임금에 해당되지 않는지 여부

차량유지비가 직원들의 차량 유지에 드는 실비를 지원하는 목적으로 지급되는 성격이라면 실비변상적 목적으로 지급되는 것이지 근로의 대가로 지급되는 것이라 할 수 없어 임금이라고 보기는 어려울 것이다.
그러나 차량유지비가 차량 소유 여부와 상관없이 일정 직급 이상 직원에 대해 일률적으로 지급되고 있다면 이 때 지급되는 차량유지비는 차량 유지에 드는 실비지원을 목적으로 하는 금품이라 할 수 없고, 일정 직급 이상 직원에 대해 일률적으로 지급되는 금품으로 근로의 대가인 임금으로 인정될 가능성이 높다.
즉 차량유지비는 그 지급 대상, 지급 금액, 지급 방식 등을 고려해 실비변상 성격을 갖는 경우에 한해 임금이 아닌 금품으로 인정될 수 있을 것이다.

참조 판례

- 일정한 직급을 기준으로 일률적으로 지급된 차량유지비는 임금이다

(대법원 2000다18127, 2002.5.31.)

차량유지비의 경우 그것이 차량 보유를 조건으로 지급되었거나 직원들 개인 소유의 차량을 업무용으로 사용하는 데 필요한 비용을 보조하기 위해 지급된 것이라면 실비변상적인 것으로서 근로의 대상으로 지급된 것으로 볼 수 없으나 전 직원에 대하여 또는 일정한 직급을 기준으로 일률적으로 지급되었다면 근로의 대상으로 지급된 것으로 볼 수 있다.

⑧ 경조사비, 위로금, 축하금

직원의 경조사가 있을 때 일정한 금액을 지급하는 경조사비나 각종 위로금, 축하금 등은 근로의 대가로 지급되는 금품이라기보다는 회사가 근로자에게 은혜적으로 지급하는 금품이기 때문에 임금으로 볼 수는 없을 것이다.[16]

16) 대법원 93다4649, 1994.5.24.

3. 임금지급의 4대원칙은 직접불, 전액불, 통화불, 정기불 원칙이다

(1) 근로자에게 직접 지불해야 한다(직접불)

임금은 사용자가 근로자에게 직접 지급해야 하며 예외규정이 없다. 따라서 근로자가 제3자에게 임금수령을 위임 또는 대리하게 하는 법률행위는 효력이 인정되지 않는다.

사용자가 근로자의 임금을 근로자의 친권자 기타 법정대리인 또는 임의대리인에게 지급하는 것도 법위반이다. 노동조합 간부가 조합원으로부터 위임받는 것 또한 법위반이다. 그러나 근로자의 희망에 따라 지정된 은행의 '본인계좌'에 입금하는 것은 법위반으로 보지 않는다.

임금채권을 제3자에게 양도한 경우에도 임금은 직접 근로자에게 지급되어야 한다.[17)]

(2) 임금전액을 지불해야 한다(전액불)

가. 원칙

임금은 근로의 대가로 발생된 전액을 지급해야 한다. 따라서 사용자는 근로자에 대한 채권 또는 손해배상청구권을 가지고 임금채권과 상계할 수 없고, 퇴직금에 대하여 근로자에 대한 사용자의 대출금채권으로 상계할 수 없다.[18)] 다만, 임금채권의 압류(민사집행법 제246조)의 경우는 임금전액 중 해당 압류금액을 지급하지 않을 수 있다.

참 고

• 민사집행법 · 시행령 •

법 제246조【압류금지채권】(2011.4.5. 개정) ① 다음 각 호의 채권은 압류하지 못한다.

1. 법령에 규정된 부양료 및 유족부조료(遺族扶助料)
2. 채무자가 구호사업이나 제3자의 도움으로 계속 받는 수입
3. 병사의 급료
4. 급료 · 연금 · 봉급 · 상여금 · 퇴직연금 그 밖에 이와 비슷한 성질을 가진 급여채권의 2분의 1에 해당하는 금액. 다만, 그 금액이 국민기초생활보장법에 의한 최저생계비를 감안하여 대통령령이 정하는 금액에 미치지 못하는 경우 또는 표준적인 가구의 생계비를

17) 대법원 95다2630, 1996.3.22.
18) 대법원 94마1822 · 1823, 1994.3.16.

감안하여 대통령령이 정하는 금액을 초과하는 경우에는 각각 당해 대통령령이 정하는 금액으로 한다.
5. 퇴직금 그 밖에 이와 비슷한 성질을 가진 급여채권의 2분의 1에 해당하는 금액
6.~8. 생략
②~④ 생략

시행령 제3조【압류금지 최저금액】 법 제246조 제1항 제4호 단서에서 "「국민기초생활 보장법」에 의한 최저생계비를 감안하여 대통령령이 정하는 금액"이라 함은 월 150만원을 말한다.

시행령 제4조【압류금지 최고금액】 법 제246조 제1항 제4호 단서에서 "표준적인 가구의 생계비를 감안하여 대통령령이 정하는 금액"이라 함은 제1호에 규정된 금액 이상으로서 제1호와 제2호의 금액을 합산한 금액을 말한다.
1. 월 300만원
2. 법 제246조 제1항 제4호 본문의 규정에 의한 압류금지금액(월액으로 계산한 금액을 말한다)에서 제1호의 금액을 뺀 금액의 2분의 1
   ☞ [300만원+(급여채권의 1/2－300만원)×1/2]

나. 예외

다음의 경우에는 임금전액불 지불원칙의 예외로 인정된다.

① 법령 또는 단체협약에 특별한 규정이 있는 경우(근기법 제43조 제1항)
② 법령에 의한 공제는 근로소득세 · 주민세 · 4대보험료 등이 있다.
③ 사용자가 근로자 임금에서 노조조합비를 공제해 노동조합에 인도하기로 한 조합비공제제도(check－off제도)
④ 임금의 가불(비상시 지불)금액을 임금과 상계하는 것은 가능하다.
⑤ 지각 · 결근일 등에도 감액없이 임금이 지급되었거나 계산착오로 임금이 초과지급된 경우 차기임금액에서 이를 공제하여도 전액불 원칙에 반하지 않는다.

Q&A

지난 달에 직원이 개인사정으로 결근한 기간이 있어 임금에서 공제했어야 하는데 공제하지 않아 이번 달에 공제하려고 함. 이 경우 임금전액불 지불원칙에 위배되지 않는지

임금전액불 지불원칙의 취지는 사용자가 근로자의 근로의 대가인 임금을 일부만 지급함으로써 근로자가 생활상의 곤란을 겪지 않도록 하기 위함이며, 다만 ① 법령에 정해져 있거나, ② 단체협약에서 정한 경우, ③ 결근·지각 등으로 약정된 근로를 하지 않아 임금을 공제하는 경우 등은 임금전액불 원칙에 위반된다고 볼 수는 없을 것이다.
따라서 법상 결근에 대한 임금을 공제하는 것이 가능하므로 이를 계산착오로 공제하지 않아 다음 임금지급일에 공제하는 경우라면 임금전액불 원칙을 위반하는 것으로 볼 수는 없을 것으로 판단된다.

Q&A

직원이 시간외수당을 부당하게 청구하는 정황이 확인되어 회사는 시간외근로에 대한 사실관계를 입증하지 못하는 직원에 대해 시간외수당을 환수하려고 하는데 법적으로 가능한지 여부

회사가 직원의 시간외근로시간을 인정하는 방식(근거, 절차 등)이 존재함에도 불구하고 이러한 방식에 의한 직원의 시간외근로시간을 인정하기 어려운 사실관계가 확인된 경우에는 실제 사실에 기초해 시간외근로시간을 인정하는 것은 가능하다고 판단된다.
즉, 회사가 시간외수당을 지급한 근거가 된 사실관계가 달라짐에 따라 회사가 시간외수당을 지급할 이유가 없었거나 적게 지급되었어야 하는 경우라면 확인된 실제 사실관계에 기초해 시간외근로시간을 인정하고 기지급된 시간외수당에 대한 처리가 가능하다고 판단되며, 해당 직원에 대해서는 회사가 판단한 실제 사실관계가 아닌 기존 시간외수당 지급근거가 된 사실관계가 맞음을 입증하지 못할 경우에는 시간외수당을 정산할 수 있음을 설명·고지하고, 이에 대한 동의를 반드시 얻어야 하는 것은 아니지만 시간외수당을 둘러싼 분쟁을 예방하는 차원에서 동의를 얻어 처리하는 것이 바람직할 것으로 판단된다.
법적으로 재산정된 시간외수당과 기지급된 시간외수당의 차액에 대해서는 해당 직원이 직접 반환하도록 하고, 만약 해당 직원이 반환하지 않을 경우에는 '시간외수당 초과 지급금액 반환청구권'을 자동채권으로 지급해야 할 임금과 상계처리할 수 있을 것으로 판단되며, 이러한 환수 절차에 대해 사전에 해당 직원에게 설명해 두는 것이 필요할 것으로 판단된다.

참조 판례

- 사용자는 초과지급된 임금의 반환청구권을 자동채권으로 하여 근로자의 임금채권과 상계할 수 있다 (대법원 94다26721, 1995.12.21.)

  일반적으로 임금은 직접 근로자에게 전액을 지급하여야 하므로 사용자가 근로자에 대하여 가지는 채권으로서 근로자의 임금채권과 상계를 하지 못하는 것이 원칙이

나 계산의 착오 등으로 임금이 초과 지급되었을 때 그 행사의 시기가 초과 지급된 시기와 임금의 정산, 조정의 실질을 잃지 않을 만큼 합리적으로 밀접되어 있고 금액과 방법이 미리 예고되는 등 근로자의 경제생활의 안정을 해할 염려가 없는 경우나 근로자가 퇴직한 후에 그 재직 중 지급되지 아니한 임금이나 퇴직금을 청구하는 경우에는 초과 지급된 임금의 반환청구권을 자동채권으로 하여 상계하는 것은 무방하다.

(3) 통화로 지급해야 한다(통화불)

임금은 통화로 지급하여야 하며 현물급여는 원칙적으로 금지된다. 약속어음 등으로 지급하는 것은 금지되나, '보증수표'에 의한 임금의 지급은 통화불의 원칙에 반하지 않는다. 다만, 법령 또는 단체협약에 특별한 규정이 있는 경우에는 통화불 원칙의 예외로 인정된다.

(4) 정기적으로 지급해야 한다(정기불)

가. 원칙

임금은 매월 1회 이상 기일을 정하여 지급되어야 하며, '기일'은 특정되어야 하고 그 기일이 주기적으로 도래하는 것이어야 한다. 지급기일에 임금을 지급하지 않은 이상 그 후에 임금을 지급하였다 하더라도 사용자는 근로기준법상 임금미지급의 책임을 면하기는 어렵다.

나. 예외

임시로 지급되는 임금에 대해서는 정기불 원칙의 예외로 인정된다. 여기서 '임시로 지급되는 임금'이란 예컨대 결혼수당, 병위문금, 상여금, 퇴직금과 같이 지급사유는 확정되었지만 지급날짜를 확정할 수 없는 임금을 말하며, 대통령령으로 정하는 아래의 임금은 정기불 원칙의 적용을 받지 아니한다(근기법 시행령 제23조).

① 1월을 초과하는 기간의 출근성적에 따라 지급하는 정근수당
② 1월을 초과하는 일정 기간을 계속하여 근무한 경우에 지급되는 근속수당
③ 1월을 초과하는 기간에 걸친 사유에 따라 산정되는 장려금 · 능률수당 또는 상여금

④ 그 밖에 부정기적으로 지급되는 모든 수당

Q&A

노사간 임금인상에 합의한 경우 합의 이전에 퇴사한 사원에 대하여 인상분을 소급지급하여야 하는지에 관한 일반적 원칙과 합의 이전에 퇴사한 사원에 대하여 인상분을 소급지급하기로 하는 특약(다만, 퇴직금은 제외)을 노사가 합의한 경우 소급적용이 가능한지

임금인상일이 경과한 후 임금협약이 체결됨으로써 인상분에 대한 소급문제가 발생한 경우 별도의 특약이 없다면 그 임금인상분의 소급지급은 임금협약이 체결된 날 현재 재직 중인 자를 대상으로 하는 것이 원칙이며, 그 이전에 퇴사한 사원에게까지 확대적용되는 것은 아니라 할 것이다.
다만, 노사간 합의는 그 합의내용이 근로기준법 등 노동관계법령에 위배되지 않는 한 유효하다 할 것이므로 노사간에 임금협약 체결일 이전에 퇴사한 사원에 대해서 임금인상분을 소급하여 적용하여 주기로 하는 특약을 맺었다면 그 특약에 따라 퇴사한 사원에 대해서도 임금인상 소급적용이 가능할 것이며, 또한 그 인상액 소급분이 퇴직금에 반영됨으로써 퇴직금을 재정산해야 하는 번거로움과 불합리함을 노사간 특약으로 배제하는 것 역시 유효한 합의라 판단된다.
즉 위 합의가 유효하다는 근거는 ① 퇴사한 사원에 대해서까지도 임금인상 소급분을 지급하기로 합의한 것이 일반원칙이라기 보다는 일종의 혜택으로 볼 수 있는 점, ② 그 인상액 소급분을 퇴직금에 반영 하지는 않는다는 합의가 근로기준법에 위반된다고 볼 수 없는 점을 들 수 있을 것이다.

✍ 참조 : 대법원 2016다32193, 2017.2.15.; 대법원 91다34073, 1992.7.24.

4. 임금 및 임금채권은 우선 보호된다

(1) 임금의 삭감, 반납

회사가 예상치 못한 어려움에 부딪쳐 직원들의 임금을 제대로 지급하지 못하는 경우가 생길 수 있다. 월급은 어떻게든 맞춰 주지만 상여금을 제때 지급하지 못하거나 아예 지급하지 못할 수도 있다. 그렇다고 무작정 직원들에게 기다리라고 할 수만은 없다. 그럴 경우 회사의 사정을 충분히 설명하고 근로자들에게 동의를 얻어 임금을 삭감하거나 조정할 수 있는데 그 방법은 다음과 같다.

가. 임금 삭감의 경우

임금 삭감은 장래 일정시점 이후부터 종전보다 임금을 낮추어 지급하는 것으로서 노사가 자율적으로 결정할 사항이다. 삭감의 대상이 되는 임금이 단체협약이나 취업규칙에 규정되어 있는 경우(예 정기상여금) 집단적 의사결정 방식에 의해 단체협약 변경절차(노동조합 동의)와 취업규칙 변경절차(불이익 변경절차)를 거쳐야 할 것이며, 근로계약으로 임금수준을 정하고 있는 경우에는 개별 근로계약을 갱신해야 한다.

노사합의로 기존 임금을 삭감하더라도 최저임금 수준 미만으로 삭감하거나, 법정수당을 법정기준 미만으로 삭감하는 것은 강행법규위반으로 무효이다.[19)]

나. 임금 반납 · 포기의 경우

이미 발생한 임금채권을 반납하거나 포기하는 경우에는 반드시 개별 근로자의 동의를 구해야 한다. 이미 발생한 임금채권을 반납 또는 포기하는 행위는 노동조합 또는 근로자대표의 권한 밖의 일이므로 노동조합의 동의를 구하였거나 또는 노사협의회에서 합의했다 하더라도 개별 근로자의 동의를 구하지 못하면 효력이 없다.

참조 행정해석

- 기왕의 근로의 대가로서의 상여금을 삭감(반납)하는 경우에는 근로자 본인의 동의가 있어야 한다 (근기 68207-857, 1999.4.15.)

  상여금 삭감에는 두 가지 유형이 있을 수 있으며 각각의 경우 적법절차는 다음과 같음.

  기왕의 근로의 대가로서의 상여금을 삭감(반납)하는 경우에는 근로자 본인의 동의가 있어야 함(노조와의 합의 또는 회사규정의 개정만으로는 무효임).

  앞으로의 근로조건으로서의 상여금을 삭감(하향조정)하는 경우에는 노조와의 합의를 거쳐 단체협약을 개정하거나 회사규정을 노조 또는 근로자 과반수의 동의를 얻어 변경하여야 함(근로자 본인의 동의 여부와는 무관함).

(2) 임금의 시효

근로기준법상의 임금채권의 소멸시효는 3년이다. 즉 근로자가 임금에 대한 권리를

---

19) 임금 반납 · 삭감 · 동결 등에 관한 해석기준, 노동부 근로기준국, 2009.3.

3년 이내에 행사하지 않았을 경우 소멸시효에 의해 더 이상 임금에 대한 권리를 주장할 수 없게 된다.

(3) 임금채권 우선변제

가. 취지

기업의 경영환경이 악화되어 기업이 부담해야 하는 채무가 늘어나게 되고 급기야 기업이 도산상태에 이를 경우 어떠한 담보도 형성되어 있지 않은 임금채권이 다른 채권에 비해 우선적으로 보장받기 어렵고, 다른 채권과는 달리 임금채권은 근로자의 생계와 직결된다는 점을 고려해 임금채권의 우선순위를 보장함으로써 근로자를 보호하고자 하는 제도가 임금채권 우선변제제도이다.

참 고

• 근로기준법 •

제38조 【임금채권의 우선변제】 ① 임금, 재해보상금, 그 밖에 근로관계로 인한 채권은 사용자의 총재산에 대하여 질권(質權) · 저당권 또는 「동산 · 채권 등의 담보에 관한 법률」에 따른 담보권에 따라 담보된 채권 외에는 조세 · 공과금 및 다른 채권에 우선하여 변제되어야 한다. 다만, 질권 또는 저당권에 우선하는 조세 · 공과금에 대하여는 그러하지 아니한다.
② 제1항에도 불구하고 다음 각 호의 어느 하나에 해당하는 채권은 사용자의 총재산에 대하여 질권 · 저당권 또는 「동산 · 채권 등의 담보에 관한 법률」에 따른 담보권에 따라 담보된 채권, 조세 · 공과금 및 다른 채권에 우선하여 변제되어야 한다.
1. 최종 3개월분의 임금
2. 재해보상금

제12조 【퇴직급여 등의 우선변제】 ① 사용자에게 지급의무가 있는 퇴직금, 제15조에 따른 확정급여형 퇴직연금제도의 급여, 제20조 제3항에 따른 확정기여형 퇴직연금제도의 부담금 중 미납입 부담금 및 미납입 부담금에 대한 지연이자, 제25조 제2항 제4호에 따른 개인형 퇴직연금제도의 부담금 중 미납입 부담금 및 미납입 부담금에 대한 지연이자(이하 “퇴직급여 등”이라 한다)는 사용자의 총재산에 대하여 질권 또는 저당권에 의하여 담보된 채권을 제외하고는 조세 · 공과금 및 다른 채권에 우선하여 변제되어야 한다. 다만, 질권 또는 저당권에 우선하는 조세 · 공과금에 대하여는 그러하지 아니하다.
② 제1항에도 불구하고 최종 3년간의 퇴직급여 등은 사용자의 총재산에 대하여 질권 또는 저당권에 의하여 담보된 채권, 조세 · 공과금 및 다른 채권에 우선하여 변제되어야 한다.

> ③ 퇴직급여 등 중 퇴직금, 제15조에 따른 확정급여형 퇴직연금제도의 급여는 계속근로기간 1년에 대하여 30일분의 평균임금으로 계산한 금액으로 한다.
> ④ 퇴직급여 등 중 제20조 제1항에 따른 확정기여형 퇴직연금제도의 부담금 및 제25조 제2항 제2호에 따른 개인형 퇴직연금제도의 부담금은 가입자의 연간 임금총액의 12분의 1에 해당하는 금액으로 계산한 금액으로 한다.

나. 임금채권과 사용자의 총재산

우선변제가 인정되는 근로자의 채권은 '임금 · 퇴직급여 · 재해보상금 그 밖에 근로관계로 인한 채권'을 모두 포함하며, 임금채권 중 최종 3개월분의 임금, 최종 3년간의 퇴직급여 등(퇴직금, 확정급여형 퇴직연금제도의 급여, 확정기여형 퇴직연금제도의 미납입 부담금 및 지연이자, 개인형 퇴직연금제도의 미납입 부담금 및 지연이자) 및 재해보상금은 최우선변제대상이며, 사용자의 총재산이란 사용자가 법인인 경우 법인의 재산, 개인사업인 경우 개인사업주의 재산을 의미한다.

다. 우선순위

① 최종 3월분의 임금 · 최종 3년간의 퇴직급여 등 · 재해보상금
② 질권 · 저당권보다 우선하는 조세 · 공과금
③ 질권 · 저당권으로 담보된 채권
④ 최우선변제대상 임금을 제외한 임금 그 밖에 근로관계로 인한 채권
⑤ 조세 · 공과금
⑥ 일반채권

라. 임금채권우선변제의 절차

경매과정에서 경락(낙찰)이 되기 이전까지는 근로자가 '배당신청'을 해야 우선변제권이 인정될 수 있다.

마. 임금채권보장법에 의한 임금채권 보호(체당금)

(4) 임금채권보장제도의 취지

임금은 근로자를 고용한 사업주가 지급해야 함이 원칙이나, 근로자 입장에서 임금은 생계의 수단이기 때문에 기업의 도산 등으로 사업주의 임금지급능력이 없을 경우 근로자는 생계의 위협을 받게 된다. 임금채권보장제도란 이처럼 기업의 도산 등으로 사업주가 근로자에게 임금 및 퇴직금을 지급할 능력이 없을 경우 국가가 임금 및 퇴직금의 일부를 지급함으로써 근로자의 기본적인 생활안정을 도모하는 제도이다.

(5) 사업주의 임금채권부담금 납부

국가가 지급하는 체당금의 재원은 산재보험 적용대상 사업주가 납부하는 임금채권부담금을 통해 마련된다. 사업주가 부담하는 임금채권부담금은 보수총액의 2/1,000 범위 내에서 고용노동부장관이 정하는 비율을 적용한다(2016년 이후 사업주부담금 비율 0.6/1,000).

참 고

• 임금채권보장법 •

제10조【부담금의 경감】고용노동부장관은 다음 각 호의 어느 하나에 해당하는 사업주에 대하여는 제9조에 따른 부담금을 경감할 수 있다. 이 경우 그 경감기준은 고용노동부장관이 위원회의 심의를 거쳐 정한다.

1. 삭제
2. 「근로기준법」 또는 「근로자퇴직급여 보장법」에 따라 퇴직금을 미리 정산하여 지급한 사업주
3. 법률 제7379호 「근로자퇴직급여 보장법」 부칙 제2조 제1항에 따른 퇴직보험 등에 가입한 사업주, 「근로자퇴직급여 보장법」 제3장에 따른 퇴직연금제도를 설정한 사업주(같은 법 제26조에 따른 특례 적용사업의 사업주를 포함한다)
4. 「외국인근로자의 고용 등에 관한 법률」 제13조에 따라 외국인근로자 출국만기보험 · 신탁에 가입한 사업주

(6) 체당금 지급사유(임금채권보장법 제7조)

① 채무자 회생 및 파산에 관한 법률에 따른 회생절차개시의 결정이 있는 경우

② 채무자 회생 및 파산에 관한 법률에 따른 파산선고의 결정이 있는 경우

③ 고용노동부장관이 대통령령으로 정한 요건과 절차에 따라 미지급 임금등을 지급할 능력이 없다고 인정하는 경우

④ 사업주가 근로자에게 미지급 임금등을 지급하라는 다음 각 목의 어느 하나에 해당하는 판결, 명령, 조정 또는 결정 등이 있는 경우

가. 민사집행법 제24조에 따른 확정된 종국판결

나. 민사집행법 제56조 제3호에 따른 확정된 지급명령

다. 민사집행법 제56조 제5호에 따른 소송상 화해, 청구의 인낙(認諾) 등 확정판결과 같은 효력을 가지는 것

라. 민사조정법 제28조에 따라 성립된 조정

마. 민사조정법 제30조에 따른 확정된 조정을 갈음하는 결정

바. 소액사건심판법 제5조의7 제1항에 따른 확정된 이행권고결정

참 고

• 도산 등 사실인정의 요건(임금채권보장법 시행령 제5조) •

업종구분없이 상시근로자수가 300명 이하인 사업주로서,

① 사업이 폐지되었거나 다음과 같이 폐지과정에 있을 것

- 주된 업무시설이 압류, 가압류되거나 채무변제를 위해 양도된 경우(경매 진행 중인 경우 포함)
- 사업에 대한 인허가 및 등록 등의 취소 또는 말소
- 주된 생산 및 영업활동의 1개월 이상 중단

② 임금 등을 지급할 능력이 없거나 다음과 같이 지급이 현저히 곤란할 것

- 도산 등 사실인정일 현재 사업주의 1개월 이상 소재불명
- 사업주의 재산을 환가하거나 회수하는데 도산 등 사실인정의 신청일로부터 3개월 이상이 소요될 것으로 인정되는 경우

  ※도산 등 사실인정의 신청은 당해 사업에서 퇴직한 날의 다음날부터 1년 이내에 하여야 한다.
- 사업주(상시근로자수 10명 미만인 사업)가 도산등사실인정을 신청한 근로자에게 근로기준법 제36조에 따른 금품 청산 기일이 지난 날부터 3개월 이내에 임금등을 지급하지 못한 경우

(7) 체당금 지급대상 근로자(임금채권보장법 시행령 제7조 · 제8조)

근로자가 체당금을 지급받기 위해서는 다음의 요건을 모두 갖추어야 한다.

① 근로자 퇴직당시의 사업이 6개월 이상 행하여졌을 것(소액체당금의 사업주 추가 요건은 해당 근로자에게 임금 등을 지급하지 못해 법 제7조 제1항 제4호 각 목의 어느 하나에 해당하는 판결 등을 받았을 것)

② 파산선고 등이나 도산 등 사실인정을 신청한 날의 1년 전이 되는 날 이후부터 3년 이내에 당해 사업에서 퇴직하였을 것[소액체당금의 지급대상이 되는 근로자는 사업에서 퇴직한 날의 다음 날부터 2년 이내에 법 제7조 제1항 제4호 각 목의 어느 하나에 해당하는 판결, 명령, 조정 또는 결정 등에 관한 소(訴)의 제기 또는 신청 등을 하였을 것]

※체당금 청구는 파산선고 등이 있거나 도산 등 사실인정이 있은 날로부터 2년 이내에 청구하여야 한다(소액체당금은 판결 등이 있는 날부터 1년 이내 청구).

(8) 임금채권의 지급보장 범위(체당금 지급액)

체당금은 근로자가 지급받지 못한 임금 및 퇴직급여 전액을 지급하는 것이 아니라 최종 3월분의 임금 및 최종 3년간의 퇴직급여, 최종 3월 이내에 발생한 휴업수당으로 임금, 물가상승률, 기금의 재정상황 등을 고려해 고용노동부장관이 정한 상한액 범위 내에서 지급하게 된다.

임금 1월분(휴업수당 1월분, 퇴직금 1년분)의 상한액(2014년 이후)

퇴직당시의 연령	월정 상한액(휴업수당)
60세 이상	210만원(147만원)
50세 이상~60세 미만	280만원(196만원)
40세 이상~50세 미만	300만원(210만원)
30세 이상~40세 미만	260만원(182만원)
30세 미만	180만원(126만원)

* 소액체당금은 월 400만원

5. 휴업수당은 사용자의 귀책사유로 휴업하는 경우 근로자에게 지급되는 수당이다

(1) 취지

근로자가 근로제공의 의사가 있음에도 사용자의 귀책사유로 휴업한 경우 근로자는 민법상의 채권자지체책임 · 채권자의 이행불능 등으로 임금을 청구할 수 있으나, 이 경우 ① 사용자의 고의 · 과실의 인정문제, ② 임금지급의 강제수단이 민사소송절차에 의존하여야 한다는 등의 문제가 있어 근로자의 귀책사유없이 휴업상태에 이르러 임금을 받지 못하는 근로자를 보다 신속하게 보호하고자 하는 제도가 근로기준법상의 휴업수당제도이다.

참 고

• 근로기준법 •

제46조 【휴업수당】 ① 사용자의 귀책사유로 휴업하는 경우에 사용자는 휴업기간 동안 그 근로자에게 평균임금의 100분의 70 이상의 수당을 지급하여야 한다. 다만, 평균임금의 100분의 70에 해당하는 금액이 통상임금을 초과하는 경우에는 통상임금을 휴업수당으로 지급할 수 있다.

② 제1항에도 불구하고 부득이한 사유로 사업을 계속하는 것이 불가능하여 노동위원회의 승인을 받은 경우에는 제1항의 기준에 못 미치는 휴업수당을 지급할 수 있다.

(2) 휴업수당의 지급요건 : 사용자의 귀책사유

휴업수당의 지급요건인 사용자의 귀책사유란 사용자가 기업의 경영자로서 불가항력이라고 주장할 수 없는 모든 사유를 말하는 것으로 본다. 구체적인 사례로는 판매부진, 자금난, 원자재 부족, 공장이전, 공장내부 전기공사, 화재 등이 있다.

사용자의 귀책사유를 인정한 사례	사용자의 귀책사유를 부정한 사례
① 자금난, 원자재 부족, 주문량 감소	① 외부적 사유로 인한 정전
② 시장불황과 생산량 감축	② 전체 공장의 침수
③ 모회사의 경영난에 따른 하청공장의 자재,	③ 폭설 · 홍수로 인한 교통두절

사용자의 귀책사유를 인정한 사례	사용자의 귀책사유를 부정한 사례
자금난에 의한 조업단축 ④ 화재로 인한 조업중단 ⑤ 공장이전으로 인한 휴업 ⑥ 정비불량으로 인한 운전면허 정지기간 ⑦ 법률상의 정당성없는 직장폐쇄 ⑧ 기계의 파손으로 인한 작업 축소 ⑨ 갱내 붕괴사고로 인한 구조기간	④ 노동조합의 불법적인 직장봉쇄로 인한 공장 가동 중단 ⑤ 쟁의행위로 인한 조업 불가능 ⑥ 법령에 의한 휴업 ⑦ 제3자의 출근방해로 인한 휴업

참조 행정해석

▪ 휴업기간 중 쟁의행위가 개시되었을 경우 사용자의 휴업수당 지급의무

(근기 68207-109, 2001.1.11.)

근로기준법 제45조의 휴업에는 개개의 근로자가 근로계약에 따라 근로를 제공할 의사가 있음에도 불구하고 그 의사에 반하여 취업이 거부되거나 또는 불가능하게 된 경우도 포함되는 바(대법원 93다37915, 1993.11.9.), 근로자가 노동조합의 조합원으로서 쟁위행위에 참가한 경우에는 사용자에 대하여 근로의 제공을 거부하는 것으로써 근로를 제공할 의사가 있는 것으로 볼 수 없으므로 쟁의행위 기간은 근로기준법 제45조에 규정한 사용자의 귀책사유로 인한 휴업기간으로 볼 수 없음.

따라서 사용자의 귀책사유로 인한 휴업기간 중 쟁의행위가 개시되었다면 쟁의행위 개시 이후 기간에 대해서는 사용자는 휴업수당을 지급할 의무가 없음.

Q&A

회사의 생산량이 줄어듦에 따라 직원 일부에게 무급휴직을 권유해 직원이 이를 받아들여 휴직하는 경우에도 휴업수당을 지급해야 하는지

휴업수당제도는 회사의 사정(귀책사유)으로 인해 근로자가 근로제공의사가 있음에도 불구하고 회사가 근로를 시키지 못할 경우 근로자에게 평균임금의 70% 이상을 지급하도록 함으로써 근로자를 보호하고자 하는 제도라 할 것이므로 휴직과는 구별된다.

근로자가 회사의 경영상황을 고려해 회사의 권유를 받아들여 무급휴직하기로 하였다면 이는 사용자와 근로자가 근로제공과 임금지급에 대해 일정기간 정지하기로 합의한 것으로 볼 수 있으므로 당사자 합의에 의한 무급휴직시에는 사용자의 휴업수당 지급의무는 발생하지 않는다고 판단된다.

참조 행정해석

- 해고회피 노력으로 해고 대신 무급휴직을 실시했다면 휴업수당을 지급하지 않더라도 법위반은 아니다 (근기 68207-780, 2001.3.8.)

[질의] 회사의 취업규칙에 의한 휴직과 근로기준법 제31조의 경영상 이유에 의한 해고를 피하기 위한 휴직은 어떻게 다른 것인지

[회시] 휴직에 관하여 회사의 사규에서 규정한 바 있고 동 규정이 법령 등에 위반되지 않는다면 그에 따르면 될 것이며, 근로기준법 제31조에서 정한 요건과 절차에 따라 선정된 해고대상자에 대하여 사용자가 해고할 수 있음에도 해고회피노력의 일환으로서 무급휴직을 실시한다면 이는 결과적으로 근로자에게 유리한 것으로 보아야 할 것이고 이 경우 휴업수당을 지급하지 않더라도 근로기준법 위반은 아니라고 사료됨.

그러나 근로기준법 제31조를 준수하는 등 법적 요건과 절차에 따라 무급휴직자를 선정하지 아니하고 단지 노사가 무급휴직 실시에 합의한 후 개별 근로자의 신청없이 특정근로자에게 휴직을 강제한다면 이는 사실상의 휴업으로서 사용자는 당해 근로자에게 근로기준법 제45조의 휴업수당을 지급하여야 할 것임.

(3) 휴업수당액

휴업수당액은 평균임금의 70% 이상을 지급해야 한다. 휴업수당은 평균임금을 기초로 산정되기 때문에 휴업기간 중에 정기적으로 지급하기로 한 상여금의 지급일이 있더라도 특별한 규정이 없는 한 휴업수당 외에 별도로 이를 지급할 필요는 없다고 본다.

참조 행정해석

- 휴업보상의 산정기준이 되는 평균임금에 상여금이 포함되어 있다면 휴업보상기간에 상여금 지급의무는 발생하지 아니한다 (임금 32240-13059, 1989.9.7.)

상여금 지급에 대하여는 근로기준법상 따로 규정하고 있지 않으므로 업무상 재해로 요양 중인 근로자에 대하여 상여금을 지급하여야 할 것인지는 당해 사업장의 단체협약이나 취업규칙의 규정에 따라 결정되어야 할 것이나 단체협약이나 취업규칙 등에 별도의 규정이 없는 경우에는 법정 휴업급여(휴업보상)액의 산정기준이 되는 평균임금의 내용에 상여금이 이미 포함되어 있으므로 휴업보상기간에 대해서는 노동관계법상 상여금 지급의무는 없는 것으로 판단됨.

(4) 휴업수당액의 감액

사용자가 '부득이한 사유'로 사업계속이 불가능하여 '노동위원회의 승인'을 얻어 휴업한 경우에는 휴업수당 범위 이하의 휴업수당 지불이 가능하다. 여기서 부득이한 사유란 천재지변, 전쟁 등의 불가항력적인 사유로 인한 사고나 사용자로서의 최대의 주의를 기울였으나 사회통념에 비추어 피할 수 없는 사고 등이 포함된다. 예컨대 ① 수도 및 전력공급의 장기중단, ② 홍수, 산사태 및 지진 등으로 작업불능, ③ 화재로 인한 조업중단, ④ 심각한 경영난으로 해고회피노력의 일환으로 행한 휴업 등이 해당된다 할 것이다.

부득이한 사유로 사업계속이 불가능한 경우라도 노동위원회의 승인을 얻지 못하면 휴업수당을 지급하여야 한다. 부득이한 사유로 인한 조업불능의 입증책임은 휴업수당의 책임을 면제받고자 하는 사용자에게 있다.

감액의 정도는 평균임금의 100분의 70 미만으로 전혀 지불하지 않을 수도 있다.

(5) 쟁의행위와 휴업수당

쟁의행위로 조업이 불가능한 경우에는 휴업수당 지급의무가 없지만 희망근로자만으로도 조업이 가능함에도 불구하고 조업하지 않은 경우에는 근로희망자에 대해 휴업수당 지급의무가 있다고 본다. 한편, 사용자의 정당한 직장폐쇄가 이루어진 경우에는 휴업수당 지급의무가 없다고 본다.

참조 행정해석

- 파업에 참가하지 아니한 근로자를 근로시킬 수 있음에도 불구하고 사용자가 이를 거부한 경우에는 사용자의 귀책사유에 해당하므로 근로기준법 제45조에 의한 휴업수당을 지급하여야 한다 (협력 68140-368, 1997.9.9.)

  노동조합의 파업 등 쟁의행위와 관련하여 파업에 참가하지 아니한 자에 대한 임금지급 여부는 사용자가 현실적으로 근로희망자들의 노무제공으로 조업이 가능한지 여부와 관련하여 판단되어야 할 사항이며, 파업에 참가하지 아니한 근로자를 근로시킬 수 있음에도 불구하고 사용자가 이를 거부한 경우에는 사용자의 귀책사유에 해당하므로 근로기준법 제45조에 의한 휴업수당을 지급하여야 할 것으로 판단됨.

핵심 정리사항

1. 임금은 임금을 목적으로 근로를 제공하는 근로자에게 매우 중요한 근로조건이다. 그리고 근로기준법상의 각종 수당은 임금을 기초로 산정되기 때문에 임금의 개념을 정확히 이해하는 것이 중요하다.
2. 임금은 사용자가 근로자에게 지급하는 금품 중 근로의 대가로 지급하는 금품을 의미한다. 여기서 근로의 대가란 구체적으로 근로제공에 대한 대가, 근로의 양과 질에 대한 대가, 근로환경에 대한 대가를 의미한다.
3. 임금지급의 원칙은 근로자에게 직접 지급해야 하는 직접불, 근로의 대가로 발생된 전액을 지급해야 하는 전액불, 사용가능한 통화로 지급해야 하는 통화불, 매월 1회 이상 특정 기일에 지급되어야 하는 정기불 원칙이다.
4. 회사가 경영상 어려움이 발생해 임금 삭감(임금을 장래 일정시점 이후부터 종전보다 낮추어 지급하는 것) 또는 임금 반납(이미 발생한 임금채권을 반납하는 것)을 하기 위해서는 그 효과에 맞는 적법한 절차를 거쳐야 한다.
5. 근로기준법상의 임금은 근로자의 생활 유지를 위해 매우 중요하기 때문에 근로기준법은 다른 채권에 비해 임금채권의 우선변제권 및 최우선변제권을 인정하고 있고, 사업주가 도산 등의 사정으로 근로자에게 임금, 퇴직급여 등을 지급하지 못할 경우 이를 국가가 대신 지급하는 임금채권보장제도가 있다.
6. 사용자의 귀책사유로 휴업하는 경우 휴업수당으로 평균임금의 70% 이상을 지급해야 한다. 휴업수당의 지급요건은 사용자의 귀책사유이므로 어떠한 경우가 사용자의 귀책사유에 해당하는지를 이해하는 것이 중요하다.

Part 8

통상임금과 평균임금

핵심키워드

통상임금, 평균임금

목 적

1. 통상임금의 개념과 판단기준, 산정방식을 이해한다.
2. 평균임금의 개념과 산정방식을 이해한다.

1. 통상임금이란 정기적 · 일률적 임금이다

통상임금이란 근로자에게 정기적 · 일률적으로 소정근로 또는 총근로에 대하여 지급하기로 정한 임금을 말하며, 시급, 일급, 주급, 월급, 도급금액 등으로 산정된다(근기법 시행령 제6조).

통상임금은 다음의 법정수당을 산정하는 데 사용된다.

① 연장 · 야간 · 휴일근로수당(근기법 제56조)
② 해고예고수당(근기법 제26조)
③ 연차휴가수당(근기법 제60조)
④ 산전후휴가수당(근기법 제74조)

2. 통상임금에 포함되는 임금은 통상임금의 정의와 판례, 행정해석을 고려해 판단해야 한다

근로자에게 지급되는 각종 임금 중 어떤 임금이 통상임금에 포함되는지에 대해서는 법이나 시행령에서 구체적으로 명시하고 있지 않다. 따라서 각종 임금의 통상임금 여부에 대해서는 법에서 명시하고 있는 통상임금의 정의인 ① 정기적이고 전 근로자에게 일률적으로 지급되는 임금, ② 사전에 지급하기로 정해진 임금, ③ 소정근로 또는 총근로의 대가라는 요건을 갖추고 있는지에 대해 판단하고, 고용노동부 예규(제47호, 2012.9.25.) 통상임금산정지침 별표「통상임금 및 평균임금 등의 판단기준 예시」와 판례 및 고용노동부 행정해석의 구체적 사례를 고려해 판단해야 할 것이다.

(1) 정기적 · 일률적으로 지급되어야 한다

통상임금은 정기적으로 전 근로자에게 일률적으로 지급하기로 미리 정해진 고정적 임금이다. 따라서 실제 연장근로한 자에게만 지급되는 연장근로수당이나, 부양가족이 있는 자에게만 지급되는 가족수당, 출근일에만 제공하는 식대, 야간수당 · 비행수당 등과 같이 비정기적·비일률적인 금품은 통상임금이 아니다.

'정기적 임금'이란 일정기간 단위로 지급이 정해져 있는 임금을 의미하며 기본급, 직무수당, 직책수당 등이 그 예이다. 한편, '정기성'에 대해 종전 고용노동부 행정해석은 1임금지급기(월단위 이내)를 넘어서는 기간에 지급되는 임금은 정기적으로 지급되더라도 통상임금에서 제외된다고 판단했다. 즉 근로기준법상의 통상임금은 시급·일급·주급·월급금액까지만을 명시하고 있기 때문(근기법 시행령 제6조)에 월단위를 넘어서는 임금(예 분기별 상여금, 1년 1회 지급되는 휴가비 등)은 통상임금으로 볼 수 없다는 것이다. 그러나 대법원 전원합의체 판결(대법원 2012다89399, 2013.12.18.; 대법원 2012다94643, 2013.12.18.)에서 '정기성'에 대해 1개월을 초과하는 기간마다 지급이 되더라도 일정한 기간마다 정기적으로 지급되는 것이면 통상임금에 포함될 수 있다고 판단하였고, 이후 고용노동부도 '정기성'에 대해 대법원 전원합의체 판결에 따라 판단하는 것으로 해석 기준을 변경하였다('통상임금 노사지도 지침', 2014.1.23., 고용노동부).

참조 행정해석·판례

- 일정한 대상기간에 제공되는 근로에 대응하여 1개월을 초과하는 일정기간마다 지급되는 정기상여금은 통상임금에 해당한다. (대법원 2012다89399, 2013.12.18.)

  통상임금은 근로자가 소정근로시간에 통상적으로 제공하는 근로인 소정근로(도급근로자의 경우에는 총 근로)의 대가로 지급하기로 약정한 금품으로서 정기적-일률적-고정적으로 지급되는 임금을 말하고, 그 임금이 '1임금산정기간' 내에 지급되는 것인지 여부는 판단기준이 아니다. 따라서 어떠한 임금이 통상임금에 속하는지 여부는 그 임금이 소정근로의 대가로 근로자에게 지급되는 금품으로서 정기적-일률적-고정적으로 지급되는 것인지를 기준으로 그 객관적인 성질에 따라 판단하여야 하고, 임금의 명칭이나 그 지급주기의 장단 등 형식적 기준에 의해 정할 것이 아니다.

  통상임금에 속하기 위한 성질을 갖춘 임금이 1개월을 넘는 기간마다 정기적으로 지급되는 경우, 이는 노사간의 합의 등에 따라 근로자가 소정근로시간에 통상적으로 제공하는 근로의 대가가 1개월을 넘는 기간마다 분할지급되고 있는 것일 뿐, 그러한 사정 때문에 갑자기 그 임금이 소정근로의 대가로서의 성질을 상실하거나 정기성을 상실하게 되는 것이 아님은 분명하다. 따라서 정기상여금과 같이 일정한 주기로 지급되는 임금의 경우 단지 그 지급주기가 1개월을 넘는다는 사정만으로 그 임금이 통상임금에서 제외된다고 할 수는 없다.

- 정기성은 미리 정해진 일정한 기간마다 정기적으로 지급되는지 여부에 관한 것으로서, 1개월을 초과하는 기간마다 지급되더라도 일정한 간격을 두고 계속적으로 지급되는 것이면 통상임금이 될 수 있다. (2014.1.23., 통상임금 노사지도지침 4쪽, 고용노동부)

'일률적'이란 모든 근로자에 대해서 뿐 아니라 '일정한 조건 또는 기준에 달한 자'도 포함한다. 다만, 임시적 · 유동적으로 일정한 기준 및 조건에 달한 경우는 제외한다. 즉 모든 근로자에게 적용되는 일반적인 기준은 아니지만, 일정한 객관적 기준을 정할 수 있고 그 기준에 해당하는 모든 근로자에게 일률적으로 지급되는 임금이 있다면 이는 통상임금에 해당한다고 볼 수 있을 것이다. 기술수당, 면허수당, 위험수당, 특수작업수당 등이 그 예이다.

참조 판례

- 일률적으로 지급되는 것이라 함은 '모든 근로자에게' 지급되는 것뿐 아니라 '일정한 조건 또는 기준에 달한 모든 근로자에게' 지급되는 것도 포함된다

(대법원 93다31979, 1994.5.24.)

일률적으로 지급되는 것이라 함은 '모든 근로자에게' 지급되는 것뿐 아니라 '일정한 조건 또는 기준에 달한 모든 근로자에게' 지급되는 것도 포함된다고 해석되지만, 여기서 말하는 일정한 조건이란 '고정적이고 평균적인 임금'을 산출하려는 통상임금의 개념에 비추어 볼 때 고정적인 조건이어야 하는바, 생산계 반장직 근무자 및 지하 600m 이하 심부작업장 근무자에게 지급된 특수직무수당은 정기적으로 지급된 것이기는 하나 고정적으로 근무하는 것이 아니라 작업진행에 따라 그때그때 일시적으로 근무하는 것일 뿐이라면 일률적으로 지급된 것이라고 단정할 수 없어 통상임금에 포함되지 아니한다.

(2) 근로자에게 지급하기로 '사전에 정해진 것'이어야 한다

통상임금은 실제 근무일수나 근무성적과는 상관없이 사전에 지급하기로 정해진 임금을 의미한다. 즉, 초과근로를 제공할 당시에 그 지급 여부가 업적, 성과 기타 추가적인 조건과 관계없이 사전에 이미 확정되어 있는 경우 고정성이 인정될 수 있으며, 사전에 정해지지 않은 채 시간외근로가 발생할 경우 지급하는 연장 · 야간 · 휴일근로수당, 근무성적에 따라 지급여부나 지급액이 달라지는 성과급, 일정한 근무일수를 채워야 지급되는 수당, 지급 시점에 재직중인 경우에 한해 지급되는 수당은 고정성이 충족되지 않아

통상임금으로 인정되지 않는다.

참조 판례

- 고정적 임금이란 추가적인 조건과 관계없이 지급될 것이 확정되어 있는 임금을 의미한다. (대법원 2012다89399, 2013.12.18.)

  '고정성'이라 함은 '근로자가 제공한 근로에 대하여 그 업적, 성과 기타의 추가적인 조건과 관계없이 당연히 지급될 것이 확정되어 있는 성질'을 말하고, '고정적인 임금'은 '임금의 명칭 여하를 불문하고 임의의 날에 소정근로시간을 근무한 근로자가 그 다음 날 퇴직한다 하더라도 그 하루의 근로에 대한 대가로 당연하고도 확정적으로 지급받게 되는 최소한의 임금'이라고 정의할 수 있다.

  고정성을 갖춘 임금은 근로자가 임의의 날에 소정근로를 제공하면 추가적인 조건의 충족 여부와 관계없이 당연히 지급될 것이 예정된 임금이므로, 그 지급 여부나 지급액이 사전에 확정된 것이라 할 수 있다. 이와 달리 근로자가 소정근로를 제공하더라도 추가적인 조건을 충족하여야 지급되는 임금이나 그 조건 충족 여부에 따라 지급액이 변동되는 임금 부분은 고정성을 갖춘 것이라고 할 수 없다.

(3) 소정근로 또는 총근로에 대한 대가이어야 한다

통상임금은 사용자가 근로자로부터 일정한 근로를 제공받기로 한 데 대한 대가로 근로자에게 지급하기로 사전에 정해진 임금이기 때문에 소정근로 또는 총근로의 대가로서 지급되지 않는 임금은 통상임금으로 볼 수 없다. 기본급, 직책수당 등은 소정근로에 대한 대가로 지급하기로 정해진 임금으로 통상임금에 해당될 수 있을 것이나, 복리후생적으로 지급되는 임금은 통상임금에서 제외될 것이다.

(4) 구체적 사례

① 기본급, 직책수당, 직무수당, 자격수당

근로자의 근로 자체, 근로자가 맡은 업무 자체에 대한 대가로 지급하기로 사전에 정해진 임금은 통상임금에 해당된다.[1)]

1) 통상임금산정지침 별표 「통상임금 및 평균임금 등의 판단기준 예시」(고용노동부 예규 제47호, 2012.9.25.)

② 정기적으로 전 근로자에게 지급되는 복리후생적 임금(식대, 교통비 등)

식대와 교통비와 같이 복리후생적 또는 실비변상적 목적으로 지급되는 금품이더라도 매월 정기적으로 전 근로자에게 지급되는 경우에는 근로기준법상의 임금으로 볼 수 있는데 통상임금에 포함되는지에 대해 판례[2)]와 고용노동부 행정해석은 정기성·일률성을 갖춘 경우 통상임금으로 보고 있다.

참조 행정해석

- 식대 등의 통상임금 해당 여부 (근로기준정책과-655, 2015.3.5.)

'통상임금'이란 「근로기준법 시행령」 제6조 제1항의 규정에 따라 근로자에게 정기적이고 일률적으로 소정(所定)근로 또는 총 근로에 대하여 지급하기로 정한 시간급 금액, 일급 금액, 주급 금액, 월급 금액 또는 도급 금액을 말하고,

어떠한 임금이 통상임금에 속하는지 여부는 그 임금이 소정근로의 대가로서 정기적·일률적·고정적으로 지급되는 것인지를 기준으로 그 객관적 성질에 따라 판단하여야 함(대법원 2013.12.18. 선고 2012다89399 전원합의체 판결 참조).

－식대 관련

귀 질의 내용만으로 구체적인 사실관계를 알 수 없어 명확한 답변은 드리기 어려우나, 질의상 식대가 근로자 전원에게 매월 일정액인 월 10만원이 지급되는 경우라면

이는 소정근로의 대가로서 정기적·일률적·고정적으로 지급되는 것으로 보이므로 다른 추가적인 조건이 없다면 통상임금에 해당될 것임.

－자격수당 관련

'고정성'은 초과근로를 제공할 당시에, 그 지급 여부가 업적, 성과 기타 추가적인 조건과 관계없이 사전에 이미 확정되어 있는 것이어야 하고, 근로자가 임의의 날에 연장·야간·휴일 근로를 제공하는 시점에서 특수한 기술의 보유나 특정한 경력의 구비 여부는 기왕에 확정된 사실이므로 고정성이 인정됨.

질의상 자격수당이 특정 자격증 또는 기술을 보유한 근로자에게 매월 일정한 금액(기사 5만원, 기능사 3만원)을 지급하는 경우라면, 고정성이 인정되어 통상임금에 해당될 것임.

－직위별 차량 보조수당·출납수당·직책수당 관련

'일률성'이란 '모든 근로자'에게 지급되는 것뿐만 아니라 '일정한 조건 또는 기준에 달한 모든 근로자'에게 지급되는 것도 포함됨.

---

2) 대법원 2003다40859, 2003.10.23.

과장 이상의 직원에게 매월 일정액(부장 · 차장 20만원, 과장 10만원)의 차량 보조수당, 회계담당 직원에게 매월 3만원의 출납수당, 팀장 이상의 직원에게 매월 30만원의 직책수당이 지급되는 경우라면,
일정한 조건 또는 기준에 달한 모든 근로자에게 지급되어 일률성이 인정되므로 다른 추가적인 조건이 없다면 통상임금에 해당될 것임.

- 연말 격려금, 하계휴가비, 선물대, 생일자 지원금, 단체보험료 관련
소정근로를 했는지 여부와는 관계없이 지급일 기타 특정 시점에 재직중인 근로자에게만 지급하기로 정해져 있는 임금은 그 특정 시점에 재직 중일 것이 임금을 지급받을 수 있는 자격요건이 되므로
소정근로에 대한 대가의 성질을 가지는 것이라고 보기 어려울 뿐만 아니라 연장 · 야간 · 휴일 근로를 제공하는 시점에서 근로자가 그 특정 시점에 재직하고 있을지 여부는 불확실하므로 고정성을 결여한 것으로 보아야 함.
질의상 연말 격려금, 하계휴가비, 선물대, 생일자 지원금, 단체보험료 등이 지급일 현재 재직 중인 근로자에게 지급되고 지급일 이전 퇴직자에게는 미지급되는 경우라면 소정근로의 대가성과 고정성이 결여되어 통상임금으로 보기 어려울 것임.

- 가족수당 관련
일률성에 있어서 '일정한 조건 또는 기준'은 작업 내용이나 경력 등과 같이 소정근로의 가치 평가와 관련된 조건이어야 함.
질의상 가족수당이 미취학 자녀가 있는 직원에게 지급되는 경우라면 고정성 여부는 별론으로 하더라도 부양가족 수에 따라 차등 지급되는 임금은 근로와 관련된 일정한 조건 기준에 따른 것이라 할 수 없어 일률성이 결여되므로 통상임금으로 보기 어려울 것임.

- 통신비 · 자가운행보조비 관련
「근로기준법」 제2조 제1항 제5호의 규정에 따라 '임금'이란 사용자가 근로의 대가로 근로자에게 임금, 봉급, 그밖에 어떠한 명칭으로든지 지급하는 일체의 금품을 말하고,
근로의 제공과 직접적 관련없이 직무수행에 소요되는 비용을 변상하기 위하여 지급되는 실비변상적 금원 등은 근로의 대상으로서 지급되는 임금에 포함되지 않음.
질의상 통신비가 일정 금액의 한도(외근, 감사, 광고, 총무/교육직 등 : 7만원, 그 외 : 3만원) 내에서 실비 지원하는 경우라면 실비변상적 금품으로서 근로의 대가인 임금으로 보기 어려우며 임금을 전제로 하는 통상임금에도 해당되지 않을 것임.
자가운행보조비 또한 직급별로 일정 한도(팀장 : 70리터, 대리 : 120리터) 내에서 실비 지원하는 경우라면 통신비와 동일하게 볼 수 있음.

▪ 통근비용의 실비보조를 목적으로 지급되는 교통비는 통상임금에 포함되지 않는다

(임금정책과 - 2469, 2004.7.6.)

회사의 수당규정과 관행에 의하여 직원들의 통근비용의 실비를 보조할 목적으로 월 9만원씩 지급하나 결근, 병가, 휴직 등으로 미출근시에는 일수만큼 정산하여 지급하지 않는 교통비는 근로의 대가가 아니라 복리후생적 차원에서 지급되는 것으로 통상임금에 포함된다고 보기 어려울 것으로 사료됨.

▪ 식대가 복리후생적으로 지급되면 통상임금에 포함되지 않는다

(근기 68207 - 301, 1995.2.20.)

중식대 보조금이 통상임금의 범위에 포함되는지 여부는 동 금품의 지급 관련 근거 · 금품의 성격 등을 종합적으로 고려하여 판단하여야 할 것이나, 근로시간과 관계없이 근로자에게 복리후생적으로 지급되는 경우라면 노사간 별도의 특약이 없는 한 통상임금의 범위에 포함되지 않는 것임.

③ 고정상여금(분기/격월), 1년에 1회 정기적으로 지급하는 효도휴가비, 월동보조비

위에서 살펴본 바와 같이 대법원 전원합의체 판결과 고용노동부의 행정해석 변경에 따라 1임금지급기(1월 이내)를 초과하는 기간마다 지급되더라도 일정한 기간마다 정기적으로 지급되는 금품이 소정근로 또는 총근로에 대해 지급하기로 한 임금에 해당되는 금액이라면 통상임금으로 판단될 수 있을 것이다.

참조 판례

▪ 효도휴가비, 월동보조비가 전 근로자에게 정기적으로 지급되면 통상임금이다.

(대법원 2003다40859, 2003.10.23.)

효도휴가비는 설날과 추석 때 각 기본급의 50%씩을, 월동보조비는 매년 11월(1년에 1회) 보수지급일에 50,000원씩을 각 지급하고 있다면, 위 효도휴가비, 월동보조비는 모두 소정 근로 또는 총 근로에 대하여 지급하기로 한 금품이고 또한 정기적, 일률적으로 지급되는 고정적인 임금이라 할 것이므로 통상임금에 속한다.

④ 가족수당

가족수당의 경우 판례는 부양가족이 있는 근로자에게 가족수당이 지급되고 있고 미혼자 등 가족이 없는 근로자에게도 그 절반을 '본인수당'으로 지급하고 있다면 이는 근로의 질이나 양에 대하여 지급되는 기본급에 준하는 수당으로서 통상임금의 범위에

속한다고 판단하고 있지만, 행정해석[3]은 평균임금에 해당한다고 보고 있다.

참조 판례

- 미혼자에게도 기혼자가 받는 가족수당의 50%를 지급하였다면 통상임금에 포함된다 (대법원 91다5501, 1992.7.14.)

미혼자 등 가족이 없는 근로자에게 일률적으로 부양가족이 있는 근로자가 지급받는 가족수당의 절반을 지급한 경우 이는 근로의 질이나 양에 대하여 지급되는 기본급에 준하는 수당으로서 고정적·평균적으로 매월 일률적으로 지급되는 임금이라 할 것이므로 통상임금의 범위에 속한다.

통상임금 및 평균임금 등의 판단기준 예시(고용노동부 예규 제47호 통상임금산정지침 별표)

판단기준 예시	통상임금	평균임금	기타 금품
1. 소정근로시간 또는 법정근로시간에 대하여 지급하기로 정하여진 기본급 임금	○	○	
2. 일·주·월 기타 1임금 산정기간 내의 소정근로시간 또는 법정근로시간에 대하여 일급·주급·월급 등의 형태로 정기적·일률적으로 지급하기로 정하여진 고정급임금			
① 담당업무나 직책의 경중 등에 따라 미리 정하여진 지급조건에 의해 지급하는 수당 : 직무수당(금융수당, 출납수당), 직책수당(반장수당, 소장수당) 등	○	○	
② 물가변동이나 직급간의 임금격차 등을 조정하기 위하여 지급하는 수당 : 물가수당, 조정수당 등	○	○	
③ 기술이나 자격·면허증소지자, 특수작업종사자 등에게 지급하는 수당 : 기술수당, 자격수당, 면허수당, 특수작업수당, 위험수당 등	○	○	
④ 특수지역에 근무하는 근로자에게 정기적·일률적으로 지급하는 수당 : 벽지수당, 한냉지근무수당 등	○	○	
⑤ 버스, 택시, 화물자동차, 선박, 항공기 등에 승무하여 운행·조종·항해·항공 등의 업무에 종사하는 자에게 근무일수와 관계없이 일정한 금액을 일률적으로 지급하는 수당 : 승무수당, 운항수당, 항해수당 등	○	○	

3) 위 고용노동부 예규 제47호

판단기준 예시	통상임금	평균임금	기타금품
⑥ 생산기술과 능률을 향상시킬 목적으로 근무성적에 관계없이 매월 일정한 금액을 일률적으로 지급하는 수당 : 생산장려수당, 능률수당 등	○	○	
⑦ 그 밖에 ① 내지 ⑥에 준하는 임금 또는 수당	○	○	
3. 실제 근로 여부에 따라 지급금액이 변동되는 금품과 1임금 산정기간 이외에 지급되는 금품			
① 근로기준법과 근로자의 날 제정에 관한 법률 등에 의하여 지급되는 연장근로수당, 야간근로수당, 휴일근로수당, 월차유급휴가근로수당, 연차유급휴가근로수당, 생리휴가보전수당 및 취업규칙 등에 의하여 정하여진 휴일에 근로한 대가로 지급되는 휴일근로수당 등		○	
② 근무일에 따라 일정금액을 지급하는 수당 : 승무수당, 운항수당, 항해수당, 입갱수당 등		○	
③ 생산기술과 능률을 향상시킬 목적으로 근무성적 등에 따라 정기적으로 지급하는 수당 : 생산장려수당, 능률수당 등		○	
④ 장기근속자의 우대 또는 개근을 촉진하기 위한 수당 : 개근수당, 근속수당, 정근수당 등		○	
⑤ 취업규칙 등에 미리 지급금액을 정하여 지급하는 일·숙직수당		○	
⑥ 상여금			
가. 취업규칙 등에 지급조건, 금액, 지급시기가 정해져 있거나 전근로자에게 관례적으로 지급하여 사회통념상 근로자가 당연히 지급받을 수 있다는 기대를 갖게 되는 경우 : 정기상여금, 체력단련비 등		○	
나. 관례적으로 지급한 사례가 없고 기업이윤에 따라 일시적·불확정적으로 사용자의 재량이나 호의에 의해 지급하는 경우 : 경영성과배분금, 격려금, 생산장려금, 포상금, 인센티브 등			○
⑦ 봉사료(팁)로서 사용자가 일괄관리 배분하는 경우		○	
4. 근로시간과 관계없이 근로자에게 생활보조적·복리후생적으로 지급되는 금품			
① 통근수당, 차량유지비			
가. 전근로자에게 정기적·일률적으로 지급하는 경우		○	
나. 출근일수에 따라 변동적으로 지급하거나 일부 근로자에게 지급하는 경우			○

판단기준 예시	통상 임금	평균 임금	기타 금품
② 사택수당, 월동연료수당, 김장수당			
가. 전 근로자에게 정기적·일률적으로 지급하는 경우		○	
나. 일시적으로 지급하거나 일부 근로자에게 지급하는 경우			○
③ 가족수당, 교육수당			
가. 독신자를 포함하여 전근로자에게 일률적으로 지급하는 경우		○	
나. 가족수에 따라 차등지급되거나 일부 근로자에게만 지급하는 경우(학자보조금, 근로자교육비 지원 등의 명칭으로 지급)			○
④ 급식 및 급식비			
가. 근로계약, 취업규칙 등에 규정된 급식비로써 근무일수에 관계없이 전근로자에게 일률적으로 지급하는 경우		○	
나. 출근일수에 따라 차등지급하는 경우			○
5. 임금의 대상에서 제외되는 금품			
1. 휴업수당, 퇴직금, 해고예고수당			○
2. 단순히 생활보조적·복리후생적으로 보조하거나 혜택을 부여하는 금품 : 결혼축의금, 조의금, 의료비, 재해위로금, 교육기관·체육시설 이용비, 피복비, 통근차·기숙사·주택제공 등			○
3. 사회보장성 및 손해보험성 보험료부담금 : 고용보험료, 의료보험료, 국민연금, 운전자보험 등			○
4. 실비변상으로 지급되는 금품 : 출장비, 정보활동비, 업무추진비, 작업용품 구입비 등			○
5. 돌발적인 사유에 따라 지급되거나 지급조건이 규정되어 있어도 사유발생이 불확정으로 나타나는 금품 : 결혼수당, 사상병수당 등			○
6. 기업의 시설이나 그 보수비 : 기구손실금 등			○

통상임금인지 문제되는 임금유형별 정리[4)]

임금명목	임금의 특징	통상임금 해당여부
기술수당	기술이나 자격보유자에게 지급되는 수당(자격수당, 면허수당 등)	통상임금 ○
근속수당	근속기간에 따라 지급여부나 지급액이 달라지는 임금	통상임금 ○
가족수당	부양가족 수에 따라 달라지는 가족수당	통상임금 × (근로와 무관한 조건)
	부양가족 수와 관계없이 모든 근로자에게 지급되는 가족수당 분	통상임금 ○ (명목만 가족수당, 일률성 인정)
성과급	근무실적을 평가하여 지급여부나 지급액이 결정되는 임금	통상임금 × (조건에 좌우됨, 고정성 인정×)
	최소한도가 보장되는 성과급	그 최소한도만큼만 통상임금 ○ (그 만큼은 일률적, 고정적 지급)
상여금	정기적인 지급이 확정되어 있는 상여금(정기상여금)	통상임금 ○
	기업실적에 따라 일시적, 부정기적, 사용자 재량에 따른 상여금 (경영성과분배금, 격려금, 인센티브)	통상임금 × (사전 미확정, 고정성 인정 ×)
특정시점 재직 시에만 지급되는 금품	특정시점에 재직 중인 근로자만 지급받는 금품(명절귀향비나 휴가비의 경우 그러한 경우가 많음)	통상임금 × (근로의 대가 ×, 고정성 ×)
	특정시점 되기 전 퇴직 시에는 근무일수 비례하여 지급되는 금품	통상임금 ○ (근무일수 비례하여 지급되는 한도에서는 고정성 ○)

4) 대법원 보도자료 '통상임금에 관한 대법원 전원합의체 판결 선고', 2013.12.18.

3. 통상임금은 시간급으로 산정하는 것이 원칙이다

통상임금은 연장 및 야간·휴일근로수당을 산정하는 데 필요하므로 시간급으로 산정하는 것이 원칙이다. 다만, 임금의 체계 및 실태가 다양해 이를 시간급 통상임금으로 환산하는 것이 필요하다. 통상임금을 시간급으로 산정하는 방법에 대해서는 근로기준법 시행령 제6조에 명시되어 있다.

① 시간급은 그 금액
② 일급은 그 금액을 1일의 소정근로시간수로 나눈 금액
③ 주급은 그 금액을 주의 통상임금 산정기준 시간수(소정근로시간과 소정근로시간 외의 유급처리되는 시간을 합산한 시간)로 나눈 금액
④ 월급은 그 금액을 월의 통상임금 산정기준 시간수(주의 통상임금 산정 기준시간×1년간 평균주수÷12)로 나눈 금액

예를 들어 1주 소정근로시간이 주40시간이고, 주휴일을 8시간 유급처리하는 경우 월급을 시간급으로 산정하는 방식은 아래와 같이 월급금액을 209시간으로 나누면 된다.

$$\frac{\text{월급금액}}{(40\text{시간}+8\text{시간})\times \text{월평균주수}(365\div 12\div 7)=209\text{시간}}$$

참 고

• 통상임금산정지침(고용노동부 예규 제47호, 2012.9.25.) •

제3조【산정기초임금】① 통상임금의 산정기초가 되는 임금은 근로계약이나 취업규칙 또는 단체협약 등에 의하여 소정근로시간(소정근로시간이 없는 경우에는 법정근로시간, 이하 같다)에 대하여 근로자에게 지급하기로 정하여진 기본급 임금과 정기적·일률적으로 1임금 산정기간에 지급하기로 정하여진 고정급임금으로 한다.
② 생략

제4조【산정기준시간】제3조의 규정에 의한 통상임금의 산정기초가 되는 임금을 시간급금액으로 산정할 경우의 산정기준시간은 다음 각 호 시간으로 한다.
1. 일급금액으로 정하여진 경우에는 1일의 소정근로시간
2. 주급금액으로 정하여진 경우에는 소정근로시간과 소정근로시간 외에 유급처리되는 시간을 합산한 시간(이하 "주의 통상임금 산정기준시간"이라 한다)

3. 월급금액으로 정하여진 경우에는 주의 통상임금 산정기준시간에 1년간의 평균주수를 곱한 시간을 12월로 나눈 시간(이하 "월의 통상임금 산정기준시간"이라 한다)
4. 생략

Q&A

1주 40시간을 근무하고, 토요일이 무급휴일이며 일요일이 주휴일인 경우 시간급 통상임금은 어떻게 산정해야 하는 것인지

고정적으로 지급되는 월급여가 정해져 있을 경우 이를 시간급으로 산정하려면 통상임금에 해당하는 월급여가 몇 시간분으로 구성되어 있는지를 산정하고 월급여를 해당 시간으로 나누면 될 것이다.

소정근로시간이 1주 40시간이고 토요일 무급휴일, 일요일이 주휴일인 경우 1주 통상임금 산정기준시간은 소정근로시간+유급처리되는 시간이므로 40시간+8시간(주휴일 유급처리되는 시간)=48시간이며, 월 통상임금 산정기준시간은 1주 통상임금 산정기준시간에 평균주수(365일÷12월÷7일=4.34주)를 곱한 시간으로 209시간이 된다. 즉 위의 경우 월급은 월 209시간분으로 구성되므로 월급을 209시간으로 나누면 시간급이 얼마인지가 산정되게 되는 것이다.

☞ {(40시간+8시간)×365÷12÷7}=209시간

만약 주40시간제를 시행하면서 토요일을 4시간 유급으로 임금보전하는 경우에는 1주 유급처리되는 시간이 4시간 추가되므로 월 통상임금 산정기준시간은 월 226시간이 된다.

☞ {(40시간+4시간+8시간)×365÷12÷7}=226시간

4. 평균임금이란 산정사유 발생일 이전 3월간에 지급된 임금 총액을 그 기간의 총일수로 나눈 금액이다

평균임금이란 평균임금을 산정해야 할 사유가 발생한 날 이전 3월간에 해당 근로자에게 지급된 임금의 총액을 그 기간의 총일수로 나눈 금액을 말한다(근기법 제2조).

따라서 평균임금은 1일 단위로 산정된다.

평균임금은 다음의 법정수당을 산정하는 데 사용된다.

① 퇴직금(근로자퇴직급여 보장법 제8조)

② 휴업수당(근기법 제46조)

③ 연차휴가수당(근기법 제60조)

④ 재해보상금(근기법 제79조 · 제80조 · 제82조 · 제83조 · 제84조)

⑤ 감급제재의 제한액(근기법 제95조)

5. 평균임금에 포함되는 임금은 근로기준법상 임금이다

(1) 평균임금 산정기간 동안 발생한 근로기준법상의 임금

평균임금 산정을 위한 임금총액에는 산정기간 동안 발생한 금품 중 임금의 성질을 갖는 것이 모두 포함된다. 따라서 사전에 지급하기로 정해져 있지 않고 연장근로한 자에게만 지급되는 연장근로수당, 근무일수나 출근일수에 따라 지급액이 달라지는 승무수당 · 출근장려금 등 통상임금에서 제외되는 임금도 평균임금에 포함된다.

평균임금에서 제외되는 임금은 ① 임금이 아닌 금품, ② 평균임금 산정기간에서 제외되는 기간에 지급된 임금, ③ 임시로 지불된 임금 · 수당과 통화 외의 것으로 고용노동부장관이 정한 이외의 것(근기법 시행령 제2조)이 된다.

Q&A

평균임금에 포함되는 임금의 범위

평균임금은 퇴직금, 휴업수당 등을 산정하기 위한 근로기준법상 개념으로 근로기준법 제2조의 규정에 의해 '이를 산정하여야 할 사유가 발생한 날 이전 3월간에 그 근로자에 대하여 지급된 임금의 총액을 그 기간의 총일수로 나눈 금액'을 의미한다.

근로기준법상의 임금(근로의 대가)에 포함되는 모든 금품은 평균임금 산정시의 임금총액에 포함됨이 원칙이다. 다만, 다음의 '임금'으로 볼 수 없는 금품은 평균임금 산정시 제외된다.

① 회사에서 순수한 복리후생적(자녀학자금) · 은혜적(경조사비) · 실비변상적(출장비)으로 지급되는 금품

② 경영성과에 따라 지급되는 특별상여금

③ 교통비 및 식대가 출근일수에 따라 차등지급되어 실비변상적 금품으로 볼 수 있는 경우

④ 가족수에 따라 차등적으로 지급되는 가족수당 등

참조 판례

▪ 차량유지비가 실비변상적 성격으로 지급되었다면 임금으로 볼 수 없다

(대법원 96다33037 · 33044, 1997.10.24.)

근로자가 특수한 근로조건이나 환경에서 직무를 수행하게 됨으로 말미암아 추가로 소요되는 비용을 변상하기 위하여 지급되는 이른바 실비변상적 급여는 근로의 대상으로 지급되는 것으로 볼 수 없기 때문에 장래 수입상실손해액 산정의 기초가 되는 임금에 포함될 수 없다고 할 것인바, 차량유지비의 경우 그것이 전직원에 대하여 또는 일정한 지급을 기준으로 일률적으로 지급되었다면 근로의 대상으로 지급된 것으로 볼 수 있다고 할 것이나 차량보유를 조건으로 지급되었거나 직원들 개인 소유의 차량을 업무용으로 사용하는 데 필요한 비용을 보조하기 위해 지급된 것이라면 실비변상적인 것으로서 근로의 대상으로 지급된 것으로 볼 수 없다.

판례에 의하면 평균임금에서 제외되는 임금 중 '임시로 지불된 임금 및 수당'이란 '일시적 · 우발적 사유로 인하여 지급되는 경우처럼 그 지급사유의 발생이 불확정적인 임금 및 수당'을 말한다.

참조 판례

▪ 국외 주재직원의 초과급여는 임시로 지불된 임금이다(대법원 90다카4683, 1990.11.9.)

국외 주재직원으로 근무하는 동안 지급받은 급여 가운데 동등한 직급호봉의 국내 직원에게 지급되는 급여를 초과하는 부분은 근로의 대상으로 지급받는 것이 아니라 실비변상적인 것이거나 해외근무라는 특수한 근무조건에 따라 국외 주재직원으로 근무하는 동안 임시로 지급받은 임금이라고 보아야 할 것이다.

(2) 구체적 사례

① 상여금

상여금이 근로의 대가로서 지급액 및 지급시기가 정해져 있는 경우 평균임금에 포함되는 임금으로 보는 것이 일반적이다. 다만, 고정상여금과 달리 경영성과에 따라 지급되는 경영성과 상여금이나 일시적으로 지급하는 인센티브, 특별상여금 등은 그 지급사유

가 근로자의 근로의 대가라기보다는 '경영성과에 대한 이익분배의 성격', '사업주가 은혜적·호의적으로 지급하는 성격'의 금품이면서 그 지급 여부 및 금액이 불확정적이라는 점에서 평균임금에 포함되는 임금에 포함시킬 수는 없을 것이다.

한편, 매월 지급되지 않는 상여금을 평균임금 산정을 위한 임금총액에 포함시키는 방법이 문제가 된다. 예를 들어 1년에 6회, 2개월(2, 4, 6, 8, 10, 12월)마다 한 번씩 상여금 100%를 지급하는 회사에서 퇴직하는 근로자의 경우, 만약 11월 1일에 퇴사하는 근로자는 평균임금 산정기간에 8월, 10월이 포함되어 2회의 상여금이 평균임금 산정시의 임금총액에 포함되고, 10월 1일에 퇴사하는 근로자는 8월의 상여금만이 임금총액에 포함되게 되어 퇴사일에 따라 평균임금이 달라질 수 있다. 이는 평균임금의 취지에 적합하지 않으므로 근로의 대가로서의 상여금의 경우 1년 총액 중 평균임금 산정기간분만을 임금총액에 산입하는 것이 타당할 것이다.

참 고

• 평균임금 산정상의 상여금 취급요령(고용노동부예규 제96호, 2015.10.14.) •

1. 상여금이 단체협약, 취업규칙, 그 밖에 근로계약에 미리 지급되는 조건 등이 명시되어 있거나 관례로 계속 지급하여온 사실이 인정되는 경우 그 상여금의 지급이 법적인 의무로서 구속력을 가지게 되어 이때에는 근로제공의 대가로 인정되는 것이므로 이는 임금으로 취급하여야 할 것임. 그러므로 지급되는 상여금은 지급횟수(예를 들어 연 1회 또는 4회 등)를 불문하고 평균임금 산정기초에 산입함.
2. 상여금은 근로자가 지급받았을 당해 임금지급기만의 임금으로 취급하여 일시에 전액을 평균임금 산정기초에 산입할 것이 아니고 평균임금을 산정하여야 할 사유가 발생한 때 이전 12개월 중에 지급받은 상여금 전액을 그 기간 동안의 근로개월수로 분할 계산하여 평균임금 산정기초에 산입함.
3. 근로자가 근로를 제공한 기간이 1년 미만인 경우에는 그 기간 동안 지급받은 상여금 전액을 해당 근로개월수로 분할 계산하여 평균임금 산정기초에 산입함.

참조 행정해석

▪ 근무성적에 따라 상여금을 차등지급할 수 있다 (임금 32240-6549, 1989.5.2.)

상여금은 기업의 경영실적이나 근로자의 회사에 대한 기여도 등에 따라 사업주가 임의로 지급하는 것이 원칙이나 지급기준, 시기, 지급률 등을 단체협약이나 취업규칙 등에 명시하고 있다면 이에 따라야 할 것이므로 근무성적 등을 감안하여 단체협약 등에서 일정 제재기준을 정하여 차등지급하는 것은 근로기준법 위반으로 볼 수 없음.

② 연차휴가 미사용수당

연차휴가 미사용수당이란 근로자가 발생된 연차휴가를 1년간 사용하지 않거나, 사용하지 않고 퇴사하는 경우 휴가에 갈음해 지급하는 수당을 말한다. 연차휴가는 일정한 출근율 이상 출근한 근로자에 대한 근로의 대가로 부여하는 휴가이기 때문에 미사용휴가에 갈음해 지급하는 연차휴가 미사용수당은 임금에 포함된다고 보고 있다.

다만, 연차휴가 미사용수당은 1년간 미사용한 휴가에 대한 수당을 일시에 지급하는 것이기 때문에 수당을 지급하는 해당월의 근로의 대가로 볼 수는 없어 평균임금 산정시 어떻게 취급해야 하는지가 문제가 된다.

고용노동부 행정해석에 의하면 '퇴직 전년도에 발생한 연차휴가를 미사용하여 지급한 연차휴가 미사용수당액의 3/12'를 평균임금 산정시의 임금총액에 포함시켜야 하는 것으로 해석하고 있다.

참 고

• 연차유급휴가청구권 · 수당 · 미사용수당과 관련된 지침
(임금근로시간정책팀 - 3295, 2007.11.5.) •

연차유급휴가수당의 퇴직금 산정을 위한 평균임금 포함 여부

1. 퇴직하기 전 이미 발생한 연차유급휴가 미사용수당
   퇴직 전전년도 출근율에 의하여 퇴직 전년도에 발생한 연차유급휴가 중 미사용하고 근로한 일수에 대한 연차유급휴가 미사용수당액의 3/12을 「퇴직금 산정을 위한 평균임금 산정 기준임금」에 포함.
2. 퇴직으로 인해 비로소 지급사유가 발생한 연차유급휴가 미사용수당
   퇴직 전년도 출근율에 의하여 퇴직년도에 발생한 연차유급휴가를 미사용하고 퇴직함으로써 비로소 지급사유가 발생한 연차유급휴가미사용수당은 평균임금의 정의상 산정사유 발생일 이전에 그 근로자에 대하여 지급된 임금이 아니므로 「퇴직금 산정을 위한 평균임금 산정 기준임금」에 포함되지 아니함.

Q&A 2012.1.1.에 입사해 2017.2.1.에 퇴사하는 근로자의 평균임금을 산정할 때 평균임금에 포함시켜야 하는 연차휴가 미사용수당은 무엇인지

위 근로자는 2012년 개근의 대가로 2013.1.1.부터 연차휴가가 발생(15일)하고 발생된 휴가는 1년간(2013년 말까지) 사용한 뒤 미사용휴가는 휴가미사용수당으로 정산하게 된다. 휴가미사용수당을 연말에 정산하는 경우 위 근로자는 2015년 1년간 개근의 대가로 2016년 1년간 사용할 수 있는 연차휴가를 받고 이를 사용하다가 2016년 말에 미사용휴가를 휴가미사용수당으로 정산하였고, 2016년 1년간 개근의 대가로 2017년 1년간 사용할 수 있는 연차휴가를 받고 사용하다가 2017.2.1.에 퇴사하는 경우이다.
고용노동부 행정해석에 따르면 이때 평균임금 산정시 임금총액에 포함해야 하는 연차휴가 미사용수당은 2016년 말에 정산한 휴가미사용수당을 3/12한 금액이며, 2017년 사용할 수 있었던 연차휴가는 퇴직을 사유로 연차휴가 미사용수당으로 전환되므로 이 금액은 평균임금 산정을 위한 임금총액에 포함시키지 않는다. 즉 평균임금 산정을 위한 기간은 사유발생일 이전 3개월이며, 사유발생일 당일은 산입하지 않으므로 퇴직을 이유로 발생하는 금품은 이에 포함시킬 수 없기 때문이다.

③ 월 중도퇴사시 지급하는 월급여 전액

취업규칙과 단체협약의 규정에 월의 중도에 퇴직하는 경우에도 퇴직시에는 당해 월의 급여 전액을 지급한다고 규정되어 있을 경우 이렇게 지급받은 급여액 전액을 평균임금 산정시 포함시켜야 하는지가 문제된다. 근로하지 않은 잔여기간에 대해 지급한 월급여 부분은 근로의 대가가 아닌 은혜적 배려로 지급한 금액이기 때문에 평균임금 산정시 포함시킬 수는 없을 것이다.

참조 판례

- 취업규칙상 월의 중도에 퇴직하더라도 당해 월의 보수 전액을 지급한다는 규정이 있는 경우 퇴직 당해 월의 보수 전액을 퇴직금 산정의 기초가 되는 평균임금의 계산에 포함시킬 수 없다 (대법원 97다5015, 1999.5.12.)

  월의 중도에 퇴직하더라도 당해 월의 보수 전액을 지급한다는 취업규칙상의 규정은 퇴직하는 근로자에 대한 임금계산에 있어서의 정책적·은혜적 배려가 포함된 취지의 규정으로 보아야 할 것이지, 퇴직하는 근로자에게 실제 근무일수와 무관하게 퇴직 당해 월의 임금을 인상하여 전액 지급한다는 취지는 아니라고 할 것이므로 퇴직 당해 월의 보수 전액을 퇴직 직전일로부터 최종 3개월간에 지급된 급여액에

산입하여 평균임금을 산정하고 이를 기초로 퇴직금을 산출할 수는 없다.

Q&A

근로자가 카드빚 등을 갚아야 한다며 연장근로와 특근을 많이 시켜줄 것을 요구해 이를 수용하였으나, 2개월 정도 근무한 후 갑자기 퇴직의사를 밝혔음. 위 근로자는 평소보다 약 30% 정도 임금이 인상되었는데 인상된 임금 그대로 평균임금을 산정해야 하는지 여부

평균임금 산정방식에 대해서는 근로기준법 제2조에 규정되어 있고, 위 법 기준에 따르면 '퇴직일 직전 3개월간의 임금총액'을 기초로 산정해야 한다. 따라서 법적 기준에 의하면 위 근로자의 인상된 임금을 기초로 평균임금을 산정해야 한다. 다만, 위와 같이 법에서 평균임금을 정의하고 있는 이유는 평균임금을 통해 근로자의 통상의 생활임금을 보호하기 위한 취지라는 점을 고려하면 평균임금 산정방식이 법에 명시되어 있다하더라도 근로자가 의도적으로(퇴직금을 높이기 위한 의도 등) 평균임금을 인상시킨 경우에는 위 평균임금의 취지를 고려할 때 그 기간을 제외하고 평균임금을 산정하는 것이 타당할 것으로 판단된다.

참조 판례

- 근로자가 의도적으로 평균임금을 높이기 위해 행위한 경우 그 기간을 뺀 직전 3개월간의 임금을 기준으로 평균임금을 산정해야 한다 (대법원 94다8631, 1995.2.28.)

평균임금은 근로자에 대한 퇴직금 등 여러 가지 급여금을 산정하는 기준이 되고, 퇴직금에 관한 규정의 취지는 어디까지나 근로자의 생활을 보장하고자 하는 데 있으므로, 그 산정의 기준으로서의 평균임금은 원칙적으로 근로자의 통상의 생활임금을 사실대로 산정하는 것을 그 기준원리로 하여야 할 것인바, 이는 근로자가 의도적으로 현저하게 평균임금을 높이기 위한 행위를 하지 않았더라면 산정될 수 있는 평균임금상당액이라고 할 수 있을 것이고, 근로자의 의도적인 행위로 인하여 근로기준법의 관계규정에 따라 평균임금을 산정할 수 없게 된 경우에는 퇴직 직전의 기간이 그 통상의 생활임금을 가장 잘 반영하고 있다고 보아 그 퇴직 직전기간의 임금을 기준으로 평균임금을 산정하는 것으로 규정하고 있는 근로기준법의 규정취지에 비추어 그 근로자의 퇴직금의 기초가 되는 평균임금은 특별한 사정이 없는 한 위 평균임금의 산정기준에서 제외하여야 할 기간을 뺀 그 직전 3개월간의 임금을 기준으로 하여 근로기준법이 정하는 방식에 따라 산정한 금액상당이라고 할 것이다.

6. 평균임금 산정은 법정 산정방식과 산정시 제외되는 기간을 고려해야 한다

(1) 산정방식

$$\frac{\text{산정사유 발생일 이전 3월간의 임금총액}}{\text{산정사유 발생일 이전 3월간의 총일수}} = \text{1일분 평균임금}$$

이 경우 산정사유 발생일 초일은 불산입한다.[5]

(2) 평균임금 산정시 제외되는 기간

근로자의 통상의 생활임금을 보호하려는 평균임금의 취지에 따라 근로기준법은 평균임금 산정기간에서 제외되는 기간을 명시하고 있다(근기법 시행령 제2조).

① 수습사용 중의 기간
② 사용자 귀책사유로 인한 휴업기간
③ 산전후휴가기간
④ 업무상 재해로 인한 요양 및 휴업기간
⑤ 육아휴직기간
⑥ 적법한 쟁의행위기간
⑦ 병역법·향토예비군설치법 등에 의한 의무이행을 위해 근로하지 못한 기간
⑧ 업무 외 부상·질병 기타 사유로 인해 사용자의 승인을 얻어 휴업한 기간

Q&A

근로자가 정직 3개월의 징계를 받고 정직기간 중에 퇴사하였음. 정직기간 중에는 임금이 지급되지 않았는데 이 경우 위 근로자의 평균임금은 어떻게 산정하는지

징계로 인해 임금을 받지 못한 기간(정직 등)은 근로기준법 시행령 제2조에서 규정하고 있는 '평균임금 산정시 제외되는 기간 및 임금'이 아니기 때문에 위 기간을 포함시켜 평균임금을 산정해야 할 것이다. 다만, 산정된 평균임금이 통상임금보다 적을 경우 통상임금을

5) 대법원 96누5469, 1996.7.9.

평균임금으로 삼도록 하고 있으므로(근기법 제2조 제2항) 정직기간 중 임금을 받지 못함으로 인해 위 근로자의 평균임금이 통상임금에 미달할 경우에는 통상임금을 기초로 퇴직금 등을 산정하면 될 것으로 본다.

참조 행정해석

▪ 결근 등 근로자 귀책사유로 근속하지 못한 기간은 평균임금 산정기준기간에 포함한다
(임금 68207-132, 2003.2.27.)

평균임금 산정기간 중에 근로기준법 시행령 제2조 제1항 제1호 내지 제8호에 해당하는 기간이 있는 경우에는 그 기간과 그 기간 중에 지불된 임금은 평균임금 산정기준이 되는 기간과 임금의 총액에서 각각 공제하도록 규정되어 있음.
그러나 결근 등 근로자 귀책사유에 의하여 근로를 제공하지 못한 기간은 평균임금 산정기준이 되는 기간에서 공제하도록 규정되어 있지 아니함. 따라서 만일 평균임금 산정기준이 되는 기간에 근로를 제공하지 못한 사유가 결근 등 근로자 귀책사유에 해당되는 경우에는 동 기간도 평균임금 산정기준기간에 포함하여 평균임금을 산정하여야 함.

(3) 평균임금의 최저한도 보호

산정된 평균임금이 통상임금보다 적을 경우 통상임금을 평균임금으로 한다(근기법 제2조 제2항).

(4) 특수한 경우의 평균임금

근로기준법 및 시행령의 규정에 의해 평균임금을 산정할 수 없는 특수한 경우에는 고용노동부장관이 정하는 바에 따르도록 하고 있다(근기법 시행령 제4조).

참 고

• 평균임금산정특례고시(고용노동부고시 제2015-77호, 2015.10.14.) •

제1조【평균임금의 계산에서 제외되는 기간이 3개월 이상인 경우】① 「근로기준법 시행령」(이하 “영”이라 한다) 제2조 제1항에 따라 평균임금의 계산에서 제외되는 기간이 3개월 이상인 경우 제외되는 기간의 최초일을 평균임금의 산정사유가 발생한 날로 보아 평균임금을 산정한다.

② 영 제5조는 제1항에 따라 평균임금을 산정할 때 이를 준용한다. 이 경우 영 제5조 제1항 중 "부상 또는 질병이 발생한 달"은 "평균임금의 계산에서 제외되는 기간의 최초일이 속한 달"로 본다.

제2조 【근로제공의 초일에 평균임금 산정사유가 발생한 경우】 근로를 제공한 첫 날(「근로기준법」 제35조 제5호에 따라 수습기간 종료 후 첫 날을 포함한다)에 평균임금 산정사유가 발생한 경우에는 그 근로자에게 지급하기로 한 임금의 1일 평균액으로 평균임금을 추산한다.

제3조 【임금이 근로자 2명 이상 일괄하여 지급되는 경우】 근로자 2명 이상을 1개조로 하여 임금을 일괄하여 지급하는 경우 개별 근로자에 대한 배분방법을 미리 정하지 않았다면 근로자의 경력, 생산실적, 실근로일수, 기술·기능, 책임, 배분에 관한 관행 등을 감안하여 근로자 1명당 임금액을 추정하여 그 금액으로 평균임금을 추산한다.

제4조 【임금총액의 일부가 명확하지 아니한 경우】 평균임금의 산정기간 중에 지급된 임금의 일부를 확인할 수 없는 기간이 포함된 경우에는 그 기간을 빼고 남은 기간에 지급된 임금의 총액을 남은 기간의 총일수로 나눈 금액을 평균임금으로 본다.

제5조 【임금총액의 전부가 명확하지 아니한 경우 등】 이 고시 제1조부터 제4조까지의 규정에 따라 평균임금을 산정할 수 없는 경우에는 지방고용노동관서장이 다음 각 호의 사항을 감안하여 적정하다고 결정한 금액을 해당 근로자의 평균임금으로 본다.

1. 해당 사업장이 있는 지역의 임금수준 및 물가사정에 관한 사항
2. 해당 근로자에 대한 「소득세법」 및 관련 법령에 따라 기재된 소득자별 근로소득원천징수부, 「국민연금법」·「국민건강보험법」·「고용보험법」에 따라 신고된 보수월액·소득월액·월평균임금 등에 관한 사항
3. 해당 사업장이 있는 지역의 업종과 규모가 동일하거나 유사한 사업장에서 해당 근로자와 동일한 직종에 종사한 근로자의 임금에 관한 사항
4. 해당 사업장의 근로제공기간 중에 받은 금품에 대하여 본인 또는 그 가족 등이 보유하고 있는 기록(이 경우 사업주가 인정하는 경우에만 한정한다) 등 증빙서류에 관한 사항
5. 고용노동부장관이 조사·발간하는 "고용형태별근로실태조사보고서" 및 "사업체노동력조사보고서" 등 고용노동통계에 관한 사항

제6조 【재검토기한】 고용노동부장관은 이 고시에 대하여 2019년 1월 1일 기준으로 매 3년이 되는 시점(매 3년째의 12월 31일까지를 말한다)마다 그 타당성을 검토하여 개선 등의 조치를 하여야 한다.

핵심 정리사항

1. 통상임금은 임금 중에서 정기적 · 일률적으로 소정근로 또는 총근로에 대하여 지급하기로 정해진 임금으로 시간외근로수당, 휴가수당, 해고예고수당 등을 산정하는 기초가 된다.
2. 통상임금은 시간급이 원칙으로 임금을 시간급 통상임금으로 환산하기 위한 개념인 통상임금 산정기준 시간수의 의미(소정근로시간과 소정근로시간 외의 유급처리되는 시간을 합산한 시간)를 정확히 이해하는 것이 중요하다.
3. 평균임금은 이를 산정해야 할 사유가 발생한 날 이전 3월간 지급된 임금의 총액을 그 기간의 총일수로 나눈 금액으로 퇴직금, 휴업수당, 재해보상금 등을 산정하는 기초가 된다.
4. 근로자의 평소 임금수준인 평균임금을 보호하기 위해 근로기준법 시행령에서는 평균임금 산정 시 제외되는 기간과 임금을 규정하고 있다.

Part 9

포괄임금제

핵심키워드 포괄임금제

목 적 포괄임금제의 유형과 포괄임금제가 인정되기 위한 요건을 이해한다.

1. 포괄임금제는 기본 임금을 미리 산정하지 않은 채 제수당을 합한 금액을 지급하는 제도이다

포괄임금제는 법상의 개념은 아니다. 다만, 판례를 통해 성립된 개념으로 사용자는 근로계약을 체결함에 있어서 근로자에 대하여 기본임금을 결정하고 이를 기초로 제수당을 가산하여 이를 합산 지급함이 원칙이라 할 것이나, ① 근로시간, 근로형태와 업무의 성질 등을 참작하여, ② 계산의 편의와 직원의 근무의욕을 고취하는 뜻에서, ③ 근로자의 승낙하에 기본임금을 미리 산정하지 아니한 채 제수당을 합한 금액을 월급여액이나 일당임금으로 정하거나 매월 일정액을 제수당으로 지급하는 내용의 계약을 체결하더라도, ④ 근로자에게 불이익이 없고, 제반사정에 비추어 정당하다고 인정될 때에는 이를 무효라고 할 수 없는데, 이를 포괄임금제라 부르고 있다.[1)]

또한 판례에 의하면 유효한 포괄임금제의 경우 연장근로수당뿐 아니라 주휴수당이나 연월차수당 또한 일당임금이나 매월 일정액에 포함하여 지급하는 것이 불가능한 것은 아니며, 포괄임금제는 각종 수당의 지급방법에 관한 것으로서 근로자의 연월차휴가권을 박탈하는 것은 아니라고 보고 있다.

참조 판례

- 포괄임금제에 의한 임금지급계약을 체결한 경우에 그것이 근로자에게 불이익이 없고 제반사정에 비추어 정당하다고 인정될 때에는 이를 무효라고 할 수 없다

(대법원 96다24699, 1998.3.24.)

사용자는 근로계약을 체결함에 있어서 근로자에 대하여 기본임금을 결정하고 이를 기초로 제수당을 가산하여 이를 합산지급함이 원칙이라 할 것이나 근로시간, 근로형태와 업무의 성질 등을 참작하여 계산의 편의와 직원의 근무의욕을 고취하는 뜻에서 기본임금을 미리 산정하지 아니한 채 제수당을 합한 금액을 월급여액이나 일당 임금으로 정하거나 매월 일정액을 제수당으로 지급하는 내용의 이른바 포괄임금제에 의한 임금지급계약을 체결한 경우에 그것이 근로자에게 불이익이 없고 제반사정에 비추어 정당하다고 인정될 때에는 이를 무효라고 할 수 없다.

포괄임금제에 의한 임금지급계약이 근로자에게 불이익이 없어야 한다는 것은 단체협약이나 취업규칙에 구체적인 임금지급기준 등이 규정되어 있는 경우 그러한 규

1) 대법원 96다24699, 1998.3.24.; 대법원 95다4056, 1997.4.25.

정상의 기준에 비추어 보아 불이익하지 않아야 한다는 것을 의미한다.
주휴수당이나 연월차휴가수당이 근로기준법에서 정한 기간을 근로하였을 때 비로소 발생하는 것이라 할지라도 당사자 사이에 미리 그러한 소정기간의 근로를 전제로 하여 주휴수당이나 연월차휴가수당을 임금에 포함해 지급하는 것이 불가능한 것이 아니며, 포괄임금제란 각종 수당의 지급방법에 관한 것으로서 근로자의 연월차휴가권의 행사 여부와는 관계가 없으므로 포괄임금제가 근로자의 연월차휴가권을 박탈하는 것이라고 할 수도 없다.

2. 포괄임금제의 도입 요건

(1) 근로시간, 근로형태와 업무의 성질

근로자의 업무의 성질상 당연히 연장근로가 예정되거나, 연장근로시간의 정확한 파악이 어려운 경우 일정한 금액을 시간외수당(연장, 야간, 휴일근로수당)으로 산정해 지급하는 포괄임금제 적용이 가능하다 할 것이다.

① 연장 · 야간 · 휴일근로가 예정된 격일제 근로

참조 판례 · 행정해석

- 1일 24시간씩 격일근무하는 경비원 등에 대한 월정임금액에는 연장 · 휴일근로수당이 포함된 것으로 보아야 한다 (대법원 83도1050, 1983.10.25.)

  아파트 경비원 또는 보일러공으로 1일 24시간씩 격일 근무하기로 하고 채용되어 소정임금을 매월 지급받아 온 경우에 있어서 위 근로계약은 아파트 경비관리라는 근로형태의 특수성 때문에 근로기준법상의 기준근로시간을 초과한 연장근로와 야간 · 휴일근무가 당연히 예상되는 근로계약이었으므로 위 지급임금에는 근로기준법상 기준근로시간인 1일 8시간, 주 48시간 근로에 대한 임금 외의 연장근로와 휴일 · 야간근로에 대한 수당도 포함된 것으로 보아야 할 것이다.

- 격일제 근무 근로자의 경우 포괄임금제의 근로계약이 가능하다 (임금 68207-393, 2002.6.5.)

  근로계약을 체결함에 있어서 사용자는 근로자에 대하여 기본임금(통상임금)을 결정하고 이를 기초로 연장 · 야간 · 휴일근로 등에 대한 임금 및 가산수당을 합산하여 지급하는 것이 원칙임.

근로의 형태나 업무의 성질상 법정기준근로시간을 초과한 연장·야간·휴일근로 등이 당연히 포함되어 있는 경우에 계산의 편의를 위하여 노사당사자간 약정으로 일정 연장·야간·휴일근로시간 등을 미리 정한 후 이를 임금 및 수당으로 환산하여 고정적으로 지급하는 즉, 포괄임금제는 제반 사정에 비추어 근로자에게 불이익이 없어야 할 것이며, 한편으로는 당해 근로자의 실제 연장·야간·휴일근로시간에 대하여 근로기준법의 규정에 의하여 계산된 임금 및 수당이 포괄임금제로 지급되는 고정급보다도 상회할 때는 그 차액을 추가로 지급하여야 할 것임.

따라서 귀 질의의 격일제 근무 근로자(귀 질의의 갑 및 병 근무조)의 경우에는 업무의 성격상 연장·야간·휴일근로 등이 규칙적으로 발생하는 근무형태이므로 처음부터 가산임금 및 수당을 포함하여 임금을 결정하는 포괄임금제의 근로계약이 가능하다고 보아짐.

다만, 귀 질의와 같이 임금계산을 월급제 형태로 취하는 경우에는 근로계약서상에 시간급통상임금 및 연장·야간·휴일근로시간을 구체적으로 명시하고, 그에 따라 계산된 임금·수당액을 명확히 함으로써 향후 예상되는 분쟁의 소지를 없애는 것이 바람직할 것으로 사료됨.

아울러 귀 질의와 같은 격일제 근무형태는 근로기준법 제61조의 규정에 의거 「근로시간 등의 적용제외 승인」을 받지 못한 경우에는 연장근로시간이 1주에 12시간을 초과하게 됨으로써 결과적으로는 같은 법 제52조를 위반하는 문제가 발생됨을 알려드림.

② 근로시간 파악이 어려운 운수업 근로

참조 판례

- 근무시간이 불규칙한 사업장에 연장근로수당과 휴일근로수당을 일정률에 의해 일당으로 협정한 임금협정은 유효하다 (대법원 90다카6934, 1990.11.27.)

시외버스여객운송사업을 하는 피고회사가 노동조합과 임금협정을 체결함에 있어서 그 소속운전사들의 근무시간이 각기 일정하지 아니한 점 등을 감안하여 기본급에다가 일정한 비율에 의한 연장근무수당 및 월 25일 이내 근로시 주휴일근무에 대한 수당을 합산한 금액을 일당으로 정하고 이를 기준으로 근무일수에 따라 임금을 산정하되 월 25일을 초과하여 근무한 경우에는 별도로 산정한 금액을 위 임금에 가산하기로 약정하여 노동조합원인 원고도 이러한 임금협정에 따라 그 퇴직시까지 임금을 지급받아온 경우 먼저 기본임금을 결정하고 이에 따른 연장근로수당 및 주휴일수당 등을 계산하여 합산한 것이 아니라 할지라도 피고회사의 업무내용과 운전사들의 근무형태 및 근무시간의 특수성에 비추어 보면 위 협정내용이 근로자에게 특히 불이익하다고 볼 수 없으므로 위 임금협정이 무효라고 할 수 없다.

- 포괄임금제 방식의 임금 지급계약이 근로기준법이 정한 근로시간에 관한 규제를 위반해서는 안된다 (대법원 2008다6052, 2010.5.13.)

감시 · 단속적 근로 등과 같이 근로시간의 산정이 어려운 경우가 아니라면 달리 근로기준법상의 근로시간에 관한 규정을 그대로 적용할 수 없다고 볼 만한 특별한 사정이 없는 한 근로기준법상의 근로시간에 따른 임금지급의 원칙이 적용되어야 할 것이므로, 이러한 경우에도 근로시간 수에 상관없이 일정액을 법정수당으로 지급하는 내용의 포괄임금제 방식의 임금 지급계약을 체결하는 것은 그것이 근로기준법이 정한 근로시간에 관한 규제를 위반하는 이상 허용될 수 없다.

구 근로기준법(2007.4.11. 법률 제8372호로 전부 개정되기 전의 것) 제22조(현행 법 제15조)에서는 근로기준법에 정한 기준에 미치지 못하는 근로조건을 정한 근로계약은 그 부분에 한하여 무효로 하면서(근로기준법의 강행성) 그 무효로 된 부분은 근로기준법이 정한 기준에 의하도록 정하고 있으므로(근로기준법의 보충성), 근로시간의 산정이 어려운 등의 사정이 없음에도 포괄임금제 방식으로 약정된 경우 그 포괄임금에 포함된 정액의 법정수당이 근로기준법이 정한 기준에 따라 산정된 법정수당에 미달하는 때에는 그에 해당하는 포괄임금제에 의한 임금 지급계약 부분은 근로자에게 불이익하여 무효라 할 것이고, 사용자는 근로기준법의 강행성과 보충성 원칙에 의해 근로자에게 그 미달되는 법정수당을 지급할 의무가 있다.

(2) 계산의 편의

계산의 편의 등을 위해 연장근로수당 등을 일정액으로 미리 정해 지급하기로 한 계약이 유효하더라도 실제 연장근로 등에 따라 산정된 금액이 미리 지급된 금액보다 많을 경우에는 그 차액을 지급해야 할 것이다.

참조 판례

- 근무실적에 따라 시간외 · 야간 · 휴일근무의 수당조로 고정급지급시 별도의 휴일근무수당을 청구할 수 없다 (대법원 89다카15939, 1990.11.27.)

회사의 직원보수규정이 월 20일 이상의 근무실적이 있는 자에 대하여는 시간외 · 야간 · 휴일근무의 수당조로 직급별 금액을 정하여 근무수당이란 이름으로 고정급으로 지급하고 위 근무실적에 미달한 직원에게는 일할계산으로 또는 시간에 따른 일정비율로 이를 계산하도록 되어 있는 경우 위 근무수당은 실제 근무실적에 따라 지급되는 시간외 · 야간 및 휴일근무수당을 계산의 편의와 직원의 근무의욕을 고취시키는 취지에서 일정한 실제 근무시간을 기준으로 하여 매월 고정액 또는 감액조정액으로 지급키로 한 것으로서 근로자에게 불이익한 것이 아닌한 유효하다고 할 것이고, 따라서 근로자가 이러한 근로수당을 이미 지급받았다면 이와 별도로 휴일 근무수당을 청구할 수는 없다.

(3) 근로자의 승낙

포괄임금계약은 근로기준법상의 가산임금 지급체계에 대한 예외를 인정하는 계약이라는 점에서 명시적으로 근로계약서를 작성했거나 취업규칙 등에 구체적으로 명시했거나, 적어도 구두라도 포괄산정내역에 관해 구체적이고 명시적인 합의가 있어야 하는 것이 원칙이다.

참조 행정해석

- 근로자와의 합의에 의하여 법정제수당을 포함하는 포괄임금제를 시행하였다면 별도의 연장 · 야간 · 휴일 및 휴가수당을 지급할 의무는 없다(임금 68207-586, 1993.9.16.)
  임금은 근로계약에 의해 통상임금이 결정되고 이에 따른 제수당을 계산 지급하는 것이 원칙이나, 근로자와의 합의에 의하여 기본임금과 제수당에 해당하는 금액을 미리 합산 지급하였다면 그 금액이 실제 근로에 대한 근로기준법규정에 따라 계산한 금액보다 근로자에게 불이익이 없는 한 별도의 연장 · 야간 · 휴일 및 휴가수당을 지급할 의무는 발생하지 않는다고 판단된다.

(4) 근로자에게 불이익이 없고, 제반사정에 비추어 정당해야 한다

포괄임금계약은 실제 시간외근로가 발생할 경우 지급해야 하는 법정수당을 당사자 계약에 의해 사전에 미리 임금에 포함시켜 지급하기로 한 약정이라는 점에서 당사자가 계약으로 정한 범위 내에서 근로자에게 불이익이 없고, 제반사정에 비추어 정당해야 그 효력이 인정될 수 있을 것이다.

Q&A

매월 20시간에 해당하는 연장근로수당을 임금에 포함해 지급하기로 하였으나 실제 연장근로는 이보다 훨씬 많을 경우 근로자가 그 차액을 청구할 수 있는지

연장근로수당은 연장근로가 발생한 이후에 가산임금(50%)을 추가해 지급하는 사후적 임금의 성격이 강하지만 계산의 편의와 근로자의 승낙, 근로자에게 불이익하지 않은 경우에는 사전에 미리 연장근로수당을 지급하는 포괄임금제가 인정되고 있다.

다만, 포괄임금제의 취지가 법정수당을 지급하지 않을 수 있는 제도가 아니기 때문에 사전에 지급하는 연장근로수당이 실제 연장근로한 시간에 미치지 못할 경우 근로자는 그 차액을 청구할 수 있을 것으로 판단된다.

참조 판례 · 행정해석

- 일당에 연장근로수당이 포함됨을 합의했다고 해서 제한없는 연장근로수당 일체가 포함되어 있다고 보기 어렵다 (대법원 91다37256, 1992.7.14.)

  운수회사와 노동조합과의 사이에 체결한 임금협정이나 단체협약에 운전사, 안내원 등의 일당 중에 기본급 및 연장근로수당과 월 25일 이내에 해당하는 주휴수당이 포함되어 있고, 근로시간은 1일 8시간으로 하되 노사간 합의에 따라 1일 2시간 이내에서 연장근로를 할 수도 있으며, 근로일수는 월 25일로 한다고 규정되어 있다면 위 회사가 위 임금협정이나 단체협약에 근거하여 근로자들에게 지급한 일당에는 근로기준법상 기준근로시간인 1일 8시간과 2시간의 연장근로를 합한 10시간씩 월 25일 근로하는 것을 만근으로 삼아 그 한도 내에서의 연장근로수당과 주휴근로수당만이 포함되어 있다고 보는 것이 타당하고, 거기에 제한없는 연장근로수당 일체가 포함되어 있다고 보기는 어렵다.

- 포괄적 근로계약으로 정한 총금액이 실제 근로한 총임금액에 미달시 그 차액을 추가지급하여야 한다 (근기 01254-6585, 1988.5.4.)

  임금협정서에 월 또는 연단위로 근로시간, 휴게시간, 휴일수, 휴가일수 등 근로조건에 대한 평균치를 정하고 임금을 책정하는 포괄적 근로계약의 경우 임금협정서를 존중하여야 하나 임금협정서에 협정한 근로조건이 실제 근로조건과 달리 노사간 다툼이 있을 때는 실제 근로에 따라 포괄적 근로계약으로 정한 총금액이 실제 근로한 총금액을 상회할 때에는 법률상 문제될 것이 없으나 포괄적 근로계약으로 정한 총금액이 실제 근로한 총금액에 미달할 때는 그 차액을 추가지급하여야 한다.

Q&A

월급에 포함되어 있는 고정 시간외근로수당을 줄이는 대신 월급 총액은 동일하게 지급하는 것이 가능한지, 고정 시간외근로수당이 통상임금에 해당될 수 있는지

시간외근로에 대한 보상은 실제 시간외근로의 양에 따라 달라질 수 있으므로, 만약 임금총액에 포함된 시간외근로수당을 줄이는 것이 실제 시간외근로시간을 줄이면서 이루어지는 경우라면 추가 시간외근로수당 지급 문제는 발생하지 않을 것이다.
즉, 시간외근로수당으로 지급하는 기준시간을 줄이더라도 실제 시간외근로보다 적게 보상

하는 경우가 아닌 이상 기준시간을 조정하는 것 자체가 위법하다고 할 수는 없고, 또한 시간외근로수당이 포함된 임금총액의 기존 수준을 유지한다면 근로자 입장에서 불리한 것이 아니기 때문에(시간외근로수당을 산정하는 기준 임금 상승 등) 가능할 것으로 판단되며, 관련 규정이나 근로계약서를 변경해야 하는 경우에는 이를 변경해 시행해야 할 것이다. 한편 통상임금은 ①소정근로시간에 통상적으로 제공하는 근로의 가치를 금전적으로 평가한 것이어야 하며, ②초과근로 제공 전 금액과 지급여부가 확정되어 있어야 인정될 수 있다. 따라서 고정 시간외근로수당은 시간외근로수당의 지급방식의 하나일 뿐 그 성격이 소정근로시간을 초과한 시간외근로에 대한 대가로 지급되는 수당인 이상 통상임금에 해당되지 않을 것으로 판단된다.

참조 행정해석

- 연봉제에서 통상임금 (노사협력팀-6359, 2006.11.7.)

  임금체계를 연봉제로 변경하면서 현 직급 및 호봉에 해당하는 기본급, 상여금, 가계지원비, 효도휴가비, 장기근속수당, 시간외근로수당 등 연간 산정된 총액의 합으로 되어있으며 매월 급여지급일에 위 기본연봉급의 1/12을 지급하는 것으로 보이며, 연봉제로 임금체계를 변경해 기본급에 각종수당을 포함하여 기본 연봉으로 통합하고 기본연봉의 1/12을 매월 분할해 지급할 경우에는 매월 지급되는 기본연봉을 통상임금으로 보아야 할 것임. 다만, 기본연봉안에 연장근로시간에 대한 임금까지 포함되어 있는 경우에는 이를 통상임금의 범주에서 제외해야 할 것으로 보임.

- 고정연장근로에 대한 수당은 통상임금에 포함되지 않는다

  (근기 01254-19181, 1987.12.4.)

  사업장의 임금체계에 있어서 기본 근로시간당 일정액을 정하고, 근로기준법 제46조에 의한 연장근로에 대하여도 고정급으로 지급하기로 정한 경우, 동 연장근로수당은 통상임금에 포함되지 아니하나, 개개근로자의 통상임금에 의하여 산정한 연장근로에 대한 수당액이 고정급으로 정한 연장근로수당을 초과할 때에는 그 차액을 지급하여야 함.

핵심 정리사항

포괄임금제는 근로자의 근무형태에 비추어 합리적이거나 계산의 편의를 위해 운영될 수 있다 하더라도 근로자에게 불이익이 없고 제반사정에 비추어 정당해야 그 효력이 인정될 수 있다.

Part 10

최저임금제

핵심키워드

최저임금, 최저임금 고시, 최저임금 산정시 포함되는 임금, 최저임금 주지의무

목 적

1. 최저임금을 준수하기 위해 필요한 매년 고시되는 최저임금을 이해한다.
2. 최저임금 산정시 포함되는 임금의 범위를 이해한다.
3. 최저임금 주지의무를 이해한다.

1. 최저임금제도의 취지는 최저임금 보장을 통한 근로자의 최저생활 보호이다

임금수준은 사용자와 근로자간의 자유로운 근로계약을 통해 결정하는 것이 원칙이므로 당사자가 약정을 통해 정한 임금수준이 매우 낮을 경우 근로자로서는 최소한의 생활유지도 어렵게 될 수 있다. 이에 최저임금제도는 최저임금 보장을 통한 근로자의 최저생활 보호의 취지에서 시행되고 있다.

2. 최저임금법은 근로자를 사용하는 모든 사업 또는 사업장에 적용된다

최저임금법은 근로자를 사용하는 모든 사업 또는 사업장에 적용된다. 다만, 동거의 친족만을 사용하는 사업과 가사사용인에 대하여는 적용하지 않으며, 선원법의 적용을 받는 선원 및 선원을 사용하는 선박의 소유자에 대해서도 적용하지 않는다.

최저임금은 정규직근로자뿐만 아니라 계약직근로자, 일용직근로자, 시간제근로자와 같은 비정규직근로자에게도 동일하게 적용되며, 다만 다음과 같은 경우로 고용노동부장관의 인가를 받은 경우에만 적용을 제외한다(최저임금법 제7조, 동법 시행령 제6조).

① 정신 또는 신체장애로 근로능력이 현저히 낮은 자

② 그 밖에 최저임금을 적용하는 것이 적당하지 않다고 인정되는 자

3. 최저임금액은 매년 결정된다

최저임금은 시간급, 일급 또는 월급 단위로 정하되, 최저임금액은 매년 최저임금위원회를 거쳐 고용노동부장관이 고시한다[1]{2018.1.1.~12.31.까지 적용될 최저임금 : 시급 7,530원(2017년 시급 6,470원), 월 환산액 1,573,770원[주 소정근로 40시간을 근무할 경우, 월 환산 기준시간수 209시간(주당 유급주휴 8시간 포함) 기준]}.

1) 최저임금제와 관련한 자세한 내용은 'Point정리, 최저임금제', 고용노동부, 최저임금위원회, 2018.1. 참조

한편, 다음의 경우에는 최저임금액을 다르게 정하거나 따로 정할 수 있다(최저임금법 제5조).

① 1년 이상의 기간을 정하여 근로계약을 체결하고 수습 중에 있는 근로자로서 수습을 시작한 날부터 3개월 이내인 자(10/100 감액, 최저임금법 시행령 제3조). 다만, 개정 최저임금법 시행일(2018.3.20.) 이후 최초 근로계약을 체결한 자로서 단순노무업무로 고용노동부장관이 고시한 직종에 종사하는 근로자에 대해서는 적용하지 않는다.[2)]

② 임금이 통상적으로 도급제나 그 밖에 이와 비슷한 형태로 정하여져 있는 경우[해당 근로자의 생산고(生産高) 또는 업적의 일정단위에 의하여 최저임금액을 정함, 최저임금법 시행령 제4조]

4. 최저임금 산정시 포함되는 임금은 매월 지급되는 임금이다

최저임금에 산입되는 임금은 근로기준법 제2조에서 말하는 임금 중 매월 지급되는 임금, 즉 통상의 근로시간이나 근로일에 대응하여 지급되는 임금에 한정(기본급, 직무수당, 직책수당 등)되며, 다음의 임금은 제외된다(최저임금법 시행규칙 제2조 · 별표 1 · 2).

① 매월 1회 이상 정기적으로 지급하는 임금 외의 임금으로서 고용노동부장관이 정하는 것(상여금, 정근수당, 월동수당, 체력단련비 등)

② 소정의 근로시간 또는 소정의 근로일에 대하여 지급하는 임금 외의 임금으로서 고용노동부장관이 정하는 것(연차휴가근로수당, 연장근로수당, 일숙직수당 등)

③ 기타 최저임금액에 산입하는 것이 적당하지 아니하다고 인정하여 고용노동부장관이 따로 정하는 것(가족수당, 주택수당 등 복리후생적 금품 등)

한편 일반택시운송사업에서 운전업무에 종사하는 근로자의 최저임금에 산입되는 임금의 범위는 생산고에 따른 임금을 제외한 단체협약, 취업규칙, 근로계약에 정해진 지급조건과 지급률에 따라 매월 1회 이상 지급하는 임금으로, 소정근로시간 또는 소정의

2) 현행은 3개월 미만 수습근로자인 경우, 업무를 배우는 기간이므로 최저임금액보다 감액된 임금을 지급할 수 있도록 하고 있는데, 단순노무업무의 경우 기능숙련 기간이 필요하지 않아 최저임금을 감액지급할 필요가 없으므로, 단순노무업무 종사자는 최저임금 전액을 지급받도록 함[최저임금법(시행 2018.3.20., 법률 제14900호, 2017.9.19., 일부개정) 개정이유 및 주요 내용, 법제처].

근로일에 대하여 지급하는 임금 외의 임금과 근로자의 생활 보조와 복리후생을 위하여 지급하는 임금은 산입하지 않는다(최저임금법 제6조 제5항, 시행령 제5조의2).

참 고

• 최저임금에 산입 및 불산입하는 임금의 범위 •

1. 최저임금에 산입하지 않는 임금의 범위(최저임금법 시행규칙 별표 1)

구분	임금의 범위
매월 1회 이상 정기적으로 지급하는 임금 외의 임금	1. 1개월을 초과하는 기간의 출근성적에 따라 지급하는 정근수당 2. 1개월을 초과하는 일정기간의 계속근무에 대하여 지급하는 근속수당 3. 1개월을 초과하는 기간에 걸친 해당 사유에 따라 산정하는 장려가급(奬勵加給) · 능률수당 또는 상여금 4. 그 밖에 결혼수당 · 월동수당 · 김장수당 또는 체력단련비 등 임시 또는 돌발적인 사유에 따라 지급하는 임금 · 수당이나, 지급조건이 사전에 정해진 경우라도 그 사유의 발생일이 확정되지 않거나 불규칙적인 임금 · 수당
소정의 근로시간 또는 소정의 근로일에 대하여 지급하는 임금 외의 임금	1. 연차휴가 근로수당, 유급휴가 근로수당, 유급휴일 근로수당 2. 연장시간근로 · 휴일근로에 대한 임금 및 가산임금 3. 야간근로에 대한 가산임금 4. 일직 · 숙직수당 5. 그 밖에 명칭에 관계없이 소정근로에 대하여 지급하는 임금이라고 인정할 수 없는 것
그 밖에 최저임금액에 산입하는 것이 적당하지 않은 임금	가족수당 · 급식수당 · 주택수당 · 통근수당 등 근로자의 생활을 보조하는 수당 또는 식사, 기숙사 · 주택 제공, 통근차운행 등 현물이나 이와 유사한 형태로 지급되는 급여 등 근로자의 복리후생을 위한 성질의 것

2. 최저임금에 산입하는 임금의 범위(최저임금법 시행규칙 별표 2)

구분	임금의 범위
공통요건	1. 단체협약 · 취업규칙 또는 근로계약에 임금항목으로서 지급근거가 명시되어 있거나 관례에 따라 지급하는 임금 또는 수당 2. 미리 정해진 지급조건과 지급률에 따라 소정근로(도급제의 경우에는 총근로를 말한다)에 대하여 매월 1회 이상 정기적 · 일률적으로 지급하는 임금 또는 수당

개별적인 임금 · 수당의 판단기준	위의 공통요건에 해당하는 것으로 별표 1에 따른 임금 · 수당 외에 다음 각 호의 어느 하나에 해당하는 임금 또는 수당 1. 직무수당 · 직책수당 등 미리 정해진 지급조건에 따라 담당하는 업무와 직책의 경중에 따라 지급하는 수당 2. 물가수당 · 조정수당 등 물가변동이나 직급간의 임금격차 등을 조정하기 위하여 지급하는 수당 3. 기술수당 · 면허수당 · 특수작업수당 · 위험작업수당 등 기술이나 자격증 · 면허증 소지나 특수작업종사 등에 따라 지급하는 수당 4. 벽지수당 · 한냉지근무수당 등 특수지역에서 근무하는 사람에게 일률적으로 지급하는 수당 5. 승무수당 · 항공수당 · 항해수당 등 버스, 택시, 화물자동차, 선박, 항공기 등에 승무하여 운행 · 조정 · 항해 · 항공 등의 업무에 종사하는 사람에게 매월 일정한 금액을 지급하는 수당 6. 생산장려수당 등 생산기술과 능률을 향상시킬 목적으로 매월 일정한 금액을 지급하는 수당 7. 그 밖에 제1호부터 제6호까지의 규정에 준하는 것으로서 공통요건에 해당하는 것이 명백하다고 인정되는 임금 또는 수당

Q&A

우리 회사의 임금체계는 월급제로 정해진 기본급 외에 생산수당(직무수당 성격으로 매월 고정적으로 지급), 잔업수당, 특근수당, 분기별 상여금, 식대로 구성되어 있는데 위 기본급이 최저임금에 미달하는 경우 최저임금법 위반인지

최저임금에 포함되는 임금의 범위는 통상임금의 범위와 거의 비슷하다(동일한 개념은 아니다). 즉 소정근로시간에 대한 임금으로 매월 1회 이상 지급되는 금액이 있으면 소정근로시간에 대한 임금 외에 매월 지급되는 금액을 포함한 총금액이 최저임금을 넘는지 여부에 따라 최저임금법 위반 여부를 판단하게 된다.

따라서 회사의 임금 중 잔업수당, 특근수당, 1월을 초과하는 기간에 대한 상여금(분기별 1회 지급하는 상여금), 식대 등과 같은 복리후생비는 최저임금 산정시 제외되고, 기본급 및 생산수당은 최저임금에 포함될 것으로 판단된다.

기본급이 정해져 있더라도 생산수당과 같이 최저임금에 포함되는 고정임금을 지급하고 있을 경우 최저임금 판단은 최저임금에 포함되는 모든 임금을 소정근로시간수로 나눈 시

간급이 최저임금에 미달하는지에 따라 판단해야 할 것이다.
따라서 현재 회사의 기본급이 최저임금에 미달하더라도 매월 고정적으로 지급되는 생산수당이 최저임금 산정시 포함되는 임금이기 때문에 이를 합산한 금액을 월소정근로시간수로 나눈 시간급이 최저임금을 초과하면 최저임금법 위반이 아닐 것으로 판단된다.

참조 행정해석

- 최저임금 적용기준이 기본급인지 여부 (임금 32240-21666, 1989.12.29.)

[질의] 월단위로 지급되는 각종 수당이 많이 지급될 경우 기본급을 최저임금보다 적게 책정될 수 있는지, 된다면 일급 및 시급계산시에 기본급 기준으로 계산하는지 아니면 수당을 포함한 통상임금 기준으로 해서 산정하는지의 여부

[회시] 최저임금의 적용을 위한 임금에 포함되는 임금의 범위는 최저임금법 제6조 제4항 및 동법 시행규칙 제2조에 규정되어 있는바, 동 규정에 의하여 최저임금의 적용을 위한 임금에 산입되는 임금만을 산정하여 소정근로시간수로 나눈 시간급 임금이 시간급 최저임금액 이상이어야 함.

- 최저임금과 통상임금의 관계 (임금근로시간정책팀-1539, 2006.6.29.)

[질의] 「근로기준법」에서 규정하고 있는 "통상임금"이라 함은 근로자에게 정기적, 일률적으로 소정근로 또는 총 근로에 대하여 지급하기로 정하여진 시간급금액, 일급금액, 월급금액 또는 도급금액을 말하는 것이고, 최저임금에는 근속수당 등 고정적·일률적 수당이 가산되어 통상임금이 정하여지므로, 통상임금은 최저임금액에 비교하여 적어도 같거나 그보다 많아야 한다고 생각되는데 통상임금과 최저임금액의 법적, 실제적 관계와 차이에 대해서 설명하여 주시고, 사용자가 근로자에게 매월 지급하는 통상임금이 노동부장관이 고시한 최저임금액에 미달한다면, 그 사용자는 「최저임금법」을 위반하는 것인지 여부

[회시] 최저임금에 산입되는 임금은 「근로기준법」 제18조의 규정에 의한 "임금"에서 1) 매월 1회 정기적으로 지급하는 임금외의 임금, 2) 소정의 근로시간 또는 소정의 근로일에 대하여 지급하는 임금외의 임금, 3) 기타 최저임금액에 산입하는 것이 적당하지 아니한 임금을 제외한 임금을 의미함.

반면 통상임금은 근로자에게 정기적·일률적으로 소정근로 또는 총근로에 대하여 지급하기로 정하여진 시간급액·일급금액·주급금액·월급금액 또는 도급금액을 말하므로 최저임금은 그 성격상 사전적으로 확정되지 않은 임금도 포함될 수 있음에 비해, 통상임금은 연장근로수당 등의 계산의 기초가 되므로 사전확정이 필요함. ※ 예 : 생산고에 따른 임금은 최저임금의 산

입범위에는 포함되나, 통상임금에는 포함되지 않음.
즉, 시간급 통상임금과 시간급 최저임금은 실질적으로 그 범위가 유사하나 위와 같은 차이가 있어 반드시 일치하는 것은 아니므로, 통상임금이 최저임금에 미달한다고 하여 반드시 「최저임금법」 위반이라고 볼 수는 없고, 사실관계 등을 파악하여 위반여부를 판단해야 할 것임.

참 고

• 최저임금제도 업무처리지침 – 통상임금과의 관계 (임금근로시간정책팀 – 3848, 2006.12.20.) •

최저임금의 산입범위에 포함되는 임금은 근로기준법상의 임금에서 이에 산입하지 아니하는 임금을 제외한 임금을 의미하나 통상임금은 근로자에게 정기적 · 일률적으로 소정근로 또는 총근로에 대하여 지급하기로 정하여진 시간급금액 · 일급금액 · 주급금액 · 월급금액 또는 도급금액을 말함.
따라서 최저임금은 그 성격상 사전적으로 확정되지 않은 임금도 포함될 수 있음에 비해, 통상임금은 연장근로수당 등의 계산의 기초가 되므로 사전확정이 필요함(예 생산고에 따른 임금은 최저임금의 산입범위에는 포함되나, 통상임금에는 포함되지 않음).
그러나 실질적으로는 그 범위가 유사하여 최저임금에 산입하는 임금의 범위를 판단함에 있어 통상임금의 개념을 참고할 수 있을 것임.

Q&A

최저임금 인상에 따라 분기 1회 지급하던 상여금을 매월 지급하는 방식으로 변경할 경우 상여금은 최저임금에 산입될 수 있는지 여부

최저임금에 산입하는 임금의 범위에 대해서는 최저임금법 시행규칙에서 규정하고 있고, 매월 1회 이상 정기적으로 지급되는 임금을 최저임금에 산입하는 임금으로 보고 있어 매월 1회 지급되는 상여금이 이에 해당될 수 있는지 여부에 대한 판단이 필요하다.
상여금에 대해 해당 시행규칙에서는 '1개월을 초과하는 기간에 걸친 해당 사유에 따라 산정'하는 상여금에 대해서는 최저임금 산입 임금에서 제외하고 있다. 즉, 상여금이 '연간 상여금(예 연 400%)'과 같이 '산정기간'이 1개월을 초과하는 경우에는 이를 분기 분할 지급 또는 매월 분할 지급하는 '지급주기'와 상관없이 최저임금에 산입할 수 없을 것으로 판단된다. 따라서 상여금을 월단위 상여금으로 변경하거나, 기본급화 등 매월 지급되는 수당으로 변경하는 경우에 해당 변경된 상여금이 최저임금에 산입될 수 있을 것으로 판단된다.
한편 기존 상여금이 '지급일 현재 재직 중인 자에 한해 지급'되는 등 고정성 요건을 충족하지 않아 통상임금에서 제외되어 왔다면, 향후 해당 상여금의 산정기간의 변경 등에 따른

통상임금 여부에 대한 새로운 판단이 필요할 것이다(예 상여금이 매월 지급되는 수당으로 변경되면서 월 중도 퇴직시 일할 계산 지급하는 경우 통상임금 해당).

참조 행정해석

▪ 매월 지급되는 상여금의 최저임금 산입 여부 (법제처 15 - 0501, 2015.9.30.)

[질의요지] 단체협약에 근거하여 1년을 단위로 산정되어 근로자 모두에게 매월 정기적 · 일률적으로 지급되는 상여금이 「최저임금법」 제6조에 따른 최저임금에 산입하지 아니하는 임금에 포함되는지?

<질의 배경>

- □□회사는 단체협약에 근거하여 연간 600퍼센트의 상여금을 산정하고 이를 근로자들에게 매월 50퍼센트씩 분할 지급하고 있음.
- 위 회사는 상여금이더라도 정기적 · 일률적으로 지급되는 것은 최저임금에 산입되는 임금에 해당한다고 주장하였으나, 고용노동부는 위와 같은 상여금은 최저임금에 산입되지 않는다는 답변을 하자 법제처에 법령해석을 요청함.

[회답] 단체협약에 근거하여 1년을 단위로 산정되어 근로자 모두에게 매월 정기적 · 일률적으로 지급되는 상여금은 「최저임금법」 제6조에 따른 최저임금에 산입하지 아니하는 임금에 포함됩니다.

[이유] 「최저임금법」 제6조 제1항에서는 사용자는 최저임금의 적용을 받는 근로자에게 최저임금액 이상의 임금을 지급하여야 한다고 규정하고 있고, 같은 조 제3항에서는 최저임금의 적용을 받는 근로자와 사용자 사이의 근로계약 중 최저임금액에 미치지 못하는 금액을 임금으로 정한 부분은 무효로 하며, 이 경우 무효로 된 부분은 이 법으로 정한 최저임금액과 동일한 임금을 지급하기로 한 것으로 본다고 규정하고 있고, 같은 조 제4항 제1호와 같은 법 시행규칙 제2조 본문 및 별표 1에서는 매월 1회 이상 정기적으로 지급하는 임금 외의 임금으로서 1개월을 초과하는 기간에 걸친 해당 사유에 따라 산정하는 상여금은 같은 법 제6조 제1항 및 제3항에 따른 임금에 산입하지 아니한다고 규정하고 있으며, 같은 법 시행규칙 제2조 단서 및 별표 2에서는 최저임금에 산입하는 임금의 범위를 규정하면서 같은 법 시행규칙 별표 1에 따른 임금 · 수당을 제외하는 것으로 규정하고 있는바,

이 사안은 1년을 단위로 산정되는 상여금이더라도 매월 근로자 모두에게 일률적으로 지급되는 것이라면 최저임금에 산입하는 임금에 포함되는지에 관한 것이라 하겠습니다.

먼저, 「최저임금법」은 「대한민국헌법」 제32조 제1항에 따라 임금의 최저수준을 보장하여 근로자의 생활 안정과 노동력의 질적 향상을 목적으로 하는 법률로서(제1조), 최저임금제는 국가가 임금 수준의 최저한도를 정하여 사용자에 대하여 그 준수를 법적으로 강제하는 것이므로 이는 강행법규이며, 특히 최저임금에 산입하지 아니하는 임금의 범위에 관한 법령 규정은 구체적인 사안에서 최저임금 미달 여부를 판단하는 데 있어 핵심적인 기준이 될 것이므로, 특별한 사정이 없는 한, 그 법령상의 문언에 충실하게 해석하여야 할 것입니다.

그런데, 「최저임금법」 제6조 제4항 제1호 및 같은 법 시행규칙 제2조 본문에 따른 별표 1에서는 최저임금에 산입하지 아니하는 임금의 범위를 구체적으로 정하면서, "1개월을 초과하는 기간에 걸친 해당 사유에 따라 산정하는 상여금"을 최저임금에 산입하지 아니하는 임금으로 규정함으로써, 상여금의 "지급주기"가 아닌 상여금의 "산정기간"을 최저임금 산입 여부의 기준으로 하고 있습니다. 즉, 매월 일률적으로 지급되는 상여금이라 할지라도 상여금이 1년을 단위로 산정됨으로써 상여금 산정기간이 1개월을 초과하는 것인 경우에는 그 상여금은 같은 법 시행규칙 별표 1에서 규정하고 있는 최저임금에 산입하지 아니하는 임금에 해당한다고 할 것입니다.

또한, 「최저임금법 시행규칙」 제2조 단서 및 별표 2에서는 최저임금에 산입하는 임금의 범위를 정하면서 그 요건을 공통요건과 개별적인 임금 · 수당의 판단기준으로 나누어 규정하고 있고, 이 요건을 모두 충족하는 임금만을 최저임금에 산입하는 임금의 범위에 포함시키고 있는데, 그 개별적인 임금 · 수당의 판단기준에서는 최저임금에 산입되는 임금을 "별표 1에 따른 임금 · 수당 외" 다음 각 호의 어느 하나에 해당하는 임금 또는 수당이라 규정하고 있으므로, 해당 상여금이 별표 2의 임금 · 수당 기준에 부합된다고 하더라도, 이미 별표 1에 따른 임금 · 수당에 해당하는 경우에는 별표 2를 적용할 여지 없이 최저임금에 산입되는 임금의 범위에서 제외된다고 할 것입니다.

따라서, 단체협약에 근거하여 1년을 단위로 산정되어 근로자 모두에게 매월 정기적 · 일률적으로 지급되는 상여금은 「최저임금법」 제6조에 따른 최저임금에 산입하지 아니하는 임금에 포함된다고 할 것입니다.

5. 사용자는 근로자에게 최저임금을 주지해야 한다[3)]

사용자는 해당 최저임금에 대한 다음의 내용을 그 사업의 근로자가 쉽게 볼 수 있는 장소에 게시하거나 그 외의 적당한 방법으로 근로자에게 널리 알려야 한다(최저임금법 제11조, 시행령 제11조, 위반시 100만원 이하의 과태료).

① 적용을 받는 근로자의 최저임금액

② 최저임금에 산입하지 아니하는 임금

③ 당해 사업에서 최저임금의 적용을 제외할 근로자의 범위

④ 최저임금의 효력발생 연월일

참 고

• 일자리 안정자금 사업 개요[4)] •

구 분	주 체	내 용
지원대상	사업주	• 30인 미만 사업(단, 공동주택 경비 · 청소원은 예외) • 최저임금 준수 * 단, 고소득 사업자(과세소득 5억원 초과), 임금체불 명단공개 사업주, 국가 및 공공기관, 국가 등으로부터 인건비를 지원받는 사업주, 최저임금 위반 사업주는 제외 <지원가능 근로자> • 월평균 보수 190만원 미만(1개월 이상 고용유지) • 고용보험 가입, 최소한 전년도 임금수준 유지 * 단, 특수 관계인(사업주, 배우자, 직계존비속)은 제외
신청	사업주	• 2018.1.1 이후 최초 1개월분 임금 지급 이후(연1회 신청) • (고용보험 가입사업장 및 근로자) 월평균보수변경신고서 • (미가입 사업장 및 근로자) 고용보험성립신고서, 피보험자격 취득신고서 (일용근로자) 근로내용확인신고서 • (적용제외 사업장 및 근로자) 일자리 안정자금 신청서 * 근로자 추가 지원신청 시 해당 고용보험 서식으로 신청(그 외 변경사항은 일자리 안정자금 변경사항 신고서로 신청)

3) '2018년 최저임금 안내문', 최저임금위원회 참조
4) '일자리 안정자금의 이해', 2017.12, 고용노동부, 일자리 안정자금 홈페이지(www.jobfunds.or.kr)

접수	사회보험3공단 고용센터, 읍면동사무소 (주민센터 또는 행정복지센터)	• (온라인) 일자리 안정자금 홈페이지, 사회보험 3공단 EDI 시스템, 4대 사회보험 연계센터를 통한 온라인 신청 • (오프라인) 사회보험 3공단, 고용센터, 주민센터 방문 · 우편 · 팩스
심사	근로복지공단	• (1차) 고용보험DB(해당자료) 연계를 통한 요건 검증 －① 30인 미만 ② 체불 명단공개 사업주 ③ 국가 등 공공기관 ④ 월평균 보수 190만원 미만 ⑤ 최저임금 준수 ⑥ 고용보험 가입 ⑦ 전년도 임금수준 유지 ⑧ 사업장 정상운영 • (2차) e－나라도움 등 시스템을 통한 추가 검증 －① 실명확인 ② 고소득 사업주 ③ 재정지원 사업주 ④ 특수 관계인 ⑤ 외국인 등 체류여부
지급	근로복지공단	• 직접지급 or 사회보험료 대납방식 중 사업주 선택 • 월 1회 지급 (신청 이후 변경사항이 없을 경우 2018년 말까지 매월 지급)
사후관리	근로복지공단 고용노동부	• (근로복지공단) 부정수급 모니터링, 조사, 적발, 환수명령 • (고용노동부) 강제징수, 제재부가금 부과

핵심 정리사항

1. 최저임금제도는 근로자의 최저생활을 보호하기 위해 사용자로 하여금 최저임금 이상을 지급하도록 의무를 부과한 제도로 최저임금은 매년 고용노동부장관이 고시(2018년 시급 7,530원)한다.
2. 최저임금에 산입되는 임금은 근로기준법상 임금 중 통상의 근로시간이나 근로일에 대해 매월 지급되는 임금이며, 1개월을 초과해 지급되거나, 소정근로시간이나 근로일에 대해 지급하는 임금 외의 임금, 복리후생 성격의 임금은 제외된다.
3. 사용자는 최저임금을 근로자에게 알려주어야 할 주지의무가 있고, 이를 이행하지 않을 경우 과태료가 부과된다.

Part 11

취업규칙

핵심키워드

취업규칙, 취업규칙 작성의무, 불이익 변경, 취업규칙 변경 절차

목 적

1. 취업규칙의 의의와 법적 효력, 취업규칙 작성의무를 이해한다.
2. 취업규칙 불이익 변경과 그 효력을 이해한다.
3. 취업규칙을 변경할 때 필요한 법적 절차를 이해한다.

1. 취업규칙이란 회사의 규율과 규칙, 근로조건 등을 정하고 있는 규정을 의미한다

취업규칙은 회사 내 근로자가 지켜야 할 규율이나 각종 근로조건에 관한 사항을 문서로 정리한 규정 일체를 말한다. 즉 취업규칙은 취업규칙이라고 명시된 규정은 물론이고 인사규정, 복무규정, 급여규정, 징계규정, 복리후생규정 등 근로조건과 관련된 규정은 모두를 포함하는 개념이다.

취업규칙은 직원에게 공통적으로 적용되는 근로조건을 규정하고 있기 때문에 각종 분쟁 발생시 우선적인 판단기준이 된다.

취업규칙은 회사 내 모든 직원에게 적용되는 것이 원칙이나 적용대상을 정규직 사원에 한정하거나 따로 정하고자 하는 때에는 규정 내에 적용범위를 특별히 명시해 두어야 한다.

취업규칙은 한 회사에 반드시 하나만 있어야 하는 것은 아니며 필요하다면 정규직과 비정규직의 취업규칙을 따로 작성하여 운영할 수 있고 직군(생산직과 사무직 등)에 따라서도 별도로 규정을 작성할 수 있다.

한편, 취업규칙은 법에 의해 근로기준법상의 근로자 모두에게 적용하도록 작성해야 하는 사용자의 의무이고, 사업장의 모든 근로자에게 적용되는 것이 원칙이므로 사업장의 일부 근로자(예 정규직)를 대상으로 한 취업규칙만 작성하고 다른 일부 근로자(예 비정규직)에 대한 별도규정을 마련하고 있지 않다면 취업규칙은 전체 근로자에게 적용되는 것으로 인정될 수 있으므로 별도의 기준을 마련해 운영해야 할 필요가 있다면 별도의 취업규칙을 작성하는 것이 바람직할 것이다.

Q&A 정규직과 비정규직에게 적용되는 취업규칙을 별도로 운영할 수 있는지 여부

취업규칙은 직원들에게 공통적으로 적용되는 규율, 근로관계, 근로조건을 규정하고 있는 규정이기 때문에 근로자의 근로형태, 직종, 근로조건 등에 따라 별도의 취업규칙을 운영할 수도 있다고 판단된다. 따라서 정규직과 비정규직의 근로조건 및 근로내용, 근로제공방식 등의 차이에 따라 별도의 취업규칙을 운영하는 것은 가능할 것으로 보인다.

한편, 정규직과 비정규직의 근로조건의 차이가 단지 고용형태라는 형식만을 기준으로 한 경우라면 그 차별이 과연 정당한가의 문제가 제기될 수도 있지만, 그 차이의 합리적 이유(직무, 책임, 능력 등)가 있다면 인정될 수 있지 않을까 판단된다. 다만, 법에 의해 근로조건의 차이를 두는 것이 금지되는 경우(예 퇴직금차등제도의 금지, 비정규직 차별금지)에는 별도의 근로조건을 규정하더라도 해당 금지법령을 위반해서는 안 될 것이다.

참조 판례

▪ 근로자 일부에 적용되는 별도 취업규칙을 작성할 수 있다

(대법원 95누15698, 1996.2.27.)

사용자는 같은 사업장에 소속된 모든 근로자에 대하여 일률적으로 적용되는 하나의 취업규칙만을 작성하여야 하는 것은 아니고, 근로자의 근로조건, 근로형태, 직종 등의 특수성에 따라 근로자 일부에 적용되는 별도의 취업규칙을 작성할 수 있다.

2. 상시 10명 이상 근로자를 사용하는 회사는 취업규칙을 작성해 신고해야 한다

상시 10명 이상의 근로자를 사용하는 사용자는 취업규칙을 작성하여 고용노동부장관에게 신고하여야 한다.

'상시 10명 이상 근로자'란 정규직 사원만을 의미하는 것이 아니라 근로기준법상의 근로자에 해당하는 자는 모두 포함하는 '사업장의 상태적인 근로자 규모'를 의미하는 것이므로 계약직, 일용직 등 근로자도 상시근로자수 산정시 포함해 산정해야 할 것이다.

참조 행정해석

▪ 상시근로자 10인 이상의 의미 (근기 68207-3367, 2002.12.17.)

'상시 10인 이상의 근로자를 사용하는 사용자'라 함은 동법 동조의 취지로 볼 때 근로기준법의 전부 또는 일부를 적용받는 근로자가 상태적으로 보아 10인 이상인 경우를 의미한다고 볼 수 있을 것인바, 임시직 · 정규직 · 일용직 · 상용직 · 도급직 근로자 등을 총망라하여 상태적으로 근로자수가 10인 이상인지 여부를 가지고 판단함이 타당하다.

사용자가 취업규칙에 규정해야 할 사항은 크게 직무에 관한 사항, 직장질서 유지에 관한 사항, 근로시간 · 임금 등 근로조건에 관한 사항으로 나눌 수 있으며, 이에 대한 구체적인 기재사항은 근로기준법 제93조에서 다음과 같이 규정하고 있다.

① 업무의 시작과 종료 시각, 휴게시간, 휴일, 휴가 및 교대근로에 관한 사항
② 임금의 결정 · 계산 · 지급방법, 임금의 산정기간 · 지급시기 및 승급(昇給)에 관한 사항
③ 가족수당의 계산 · 지급방법에 관한 사항
④ 퇴직에 관한 사항
⑤ 근로자퇴직급여 보장법 제4조에 따라 설정된 퇴직급여, 상여 및 최저임금에 관한 사항
⑥ 근로자의 식비, 작업용품 등의 부담에 관한 사항
⑦ 근로자를 위한 교육시설에 관한 사항
⑧ 출산전후휴가 · 육아휴직 등 근로자의 모성 보호 및 일 · 가정 양립 지원에 관한 사항
⑨ 안전과 보건에 관한 사항
⑩ 근로자의 성별 · 연령 또는 신체적 조건 등의 특성에 따른 사업장 환경의 개선에 관한 사항
⑪ 업무상과 업무 외의 재해부조(災害扶助)에 관한 사항
⑫ 표창과 제재에 관한 사항
⑬ 그밖에 해당 사업 또는 사업장의 근로자 전체에 적용될 사항

사용자는 취업규칙을 고용노동부에 신고할 때에는 근로자의 의견을 기입한 서면을 첨부하여야 한다. 근로자의 의견을 듣지 않고 취업규칙을 변경해도 벌칙은 적용될 수 있지만 민사상의 효력은 유효하다. 그러나 불이익변경의 경우에는 근로자의 동의를 얻지 않았다면 벌칙 적용은 물론 민사상 효력 역시 발생하지 않는다.

고용노동부에 취업규칙을 신고하면 접수한 날로부터 20일 이내에 근로감독관이 이를 심사하고 심사결과 법위반 내용이 확인되면 변경명령을 한다. 변경명령이 통보되면 사용자는 일정한 기일 내에 관련 내용을 변경하여 보고하여야 하고 이를 따르지 않으면 벌칙이 적용되고 변경하지 않은 조항은 효력이 없다.

Q&A 회사에서 이번에 취업규칙을 변경하였으나, 이를 고용노동부에 신고하지 않았을 경우 변경된 취업규칙의 효력은 어떻게 되는지

근로기준법 제93조에 따라 회사는 취업규칙을 작성하거나 변경할 경우 고용노동부장관(관할 지방노동사무소)에게 신고하도록 하고 있고 이를 위반한 경우 500만원 이하의 과태료가 부과될 수 있다.

다만, 취업규칙을 신고하도록 하고 있는 것은 취업규칙에 대한 행정감독상의 편의를 위한 것이라는 점을 고려하면 취업규칙이 신고되지 않았다는 이유만으로 취업규칙의 효력 자체를 부정할 수는 없을 것으로 판단된다.

고용노동부 행정해석도 "사용자가 작성, 변경한 취업규칙으로 규정하고 있는 근로조건에 관한 사항이 법령 또는 그 사업장에 적용되는 단체협약에 저촉되지 아니하고, 사용자가 그 취업규칙을 사업장에 게시·비치하거나 근로자에게 배부하여 그 규정내용을 충분히 주지시키면 신고하기 이전이라도 효력이 발생한다(법무 811－12994, 1979.5.31.)"면서 신고되지 않은 취업규칙의 효력을 인정하고 있다.

한편, '의견청취절차 위반'과 관련해 판례는 취업규칙이 근로자에게 불이익하게 변경되는 것이 아닌 한 의견청취절차를 거치지 않았다고 해서 그 취업규칙을 무효로 볼 수 없다고 판단하고 있다. 다만, 의견청취절차를 규정한 근로기준법 위반의 문제는 발생하게 된다.

참조 판례

- 취업규칙 변경(불이익변경이 아닌 경우)시 의견청취를 거치지 않았다고 하여 취업규칙이 무효가 되지는 않는다 (대법원 88다카4277, 1989.5.9.)

근로기준법의 규정에 의하면 사용자는 취업규칙의 작성 또는 변경에 관하여 당해 사업장에 근로자의 과반수로 조직된 노동조합이 있는 경우에는 그 노동조합, 근로자의 과반수로 조직된 노동조합이 없는 경우에는 근로자의 과반수를 대표하는 자의 의견을 들어야 한다고 되어 있는바, 이는 근로자의 의견을 존중하여 취업규칙의 작성 또는 변경에 이를 반영시키기 위한 것으로서 위 의견청취절차규정 자체는 훈시규정에 불과하고 효력규정이 아니므로 이를 거치지 않았다고 하여 그 취업규칙이 무효로 되지는 않는다.

그러나 그 취업규칙의 작성 또는 변경이 근로자가 가지고 있는 기득의 권리나 이익을 박탈하여 불이익한 근로조건을 부과하는 내용일 때에는 종전 근로조건 또는 취업규칙의 적용을 받고 있던 근로자집단의 집단의사결정방법에 의한 동의를 요하고 이러한 동의가 없이 작성, 변경된 취업규칙은 무효라고 보아야 할 것이다.

신고된 취업규칙에 대한 중점 심사사항은 다음과 같다.[1)]

가. 요건심사

① 취업규칙의 신고 또는 변경신고가 근로기준법 시행규칙 제15조에 따른 별지 제15호 서식에 따라 작성되어 있는지 여부

② 법 제93조 각 호에 열거된 취업규칙의 필요적 기재사항이 빠짐없이 기재되어 있는지 여부

③ 근로자의 과반수를 대표하는 노동조합 또는 근로자 과반수의 의견을 들었거나 동의(근로자에게 불이익하게 변경되는 경우에 한함)를 얻었음을 입증하는 자료가 첨부되어 있는지 여부

④ 취업규칙에 인사 · 승급 · 급여 · 징계규정이나 호봉표 등을 별도로 정하도록 규정한 경우에는 그 규정 등이 첨부되어 있는지 여부를 심사하고, 별도로 정한 규정이 있음에도 불구하고 첨부되지 않은 경우에는 취업규칙 미신고에 준하여 처리(법 제93조, 제116조 제1항 제2호)

나. 내용심사

① 취업규칙의 내용이 관련법령에 저촉되는지 여부

② 취업규칙의 내용이 해당 회사의 단체협약의 규정에 저촉되는지 여부

③ 취업규칙의 내용이 행정지도사항에 배치되거나 사회통념상 극히 부당하다고 판단되는지 여부

④ 법 제93조 각 호에 열거된 취업규칙의 필요적 기재사항의 내용 또는 기준이 불명확하여 노사간 다툼의 소지가 있는지 여부

⑤ 변경된 취업규칙이 전반적으로 근로자에게 불리한지 여부

한편, 사용자는 취업규칙을 근로자가 자유로이 열람할 수 있는 장소에 상시 게시 또는 비치하여 근로자에게 주지시켜야 한다.

취업규칙의 비치는 문서로 할 수 있고 사내 통신망을 이용하여 열람이 가능하도록 할 수도 있다.

---

1) 취업규칙 심사요령, 고용노동부예규 제48호, 2012.9.25.

3. 사용자는 취업규칙을 작성 · 변경할 경우 근로자의 의견을 청취(불이익 변경시 동의)해야 한다

사용자는 취업규칙의 작성 또는 변경에 관하여 해당 사업장에 근로자의 과반수로 조직된 노동조합이 있는 경우에는 그 노동조합, 근로자의 과반수로 조직된 노동조합이 없는 경우에는 근로자 과반수의 의견을 들어야 한다.

취업규칙을 근로자에게 불리하게 변경하는 경우에는 집단적 의사결정방법에 의한 동의를 얻어야 하며, 근로자 과반수를 대표하는 노동조합이 있는 경우에는 그 노동조합, 없는 경우에는 근로자 과반수의 동의를 얻어야 한다.

(1) 동의 및 의견청취 방법

사업장 내 근로자의 과반수로 조직된 노동조합이 있는 경우 노동조합으로부터 동의를 얻거나 의견청취를 해야 취업규칙의 작성 · 변경이 가능하다.

이때 노동조합의 동의나 의견은 반드시 조합원 총회와 같은 절차를 거쳐 확인해야 하는 것은 아니며 노동조합 대표자 또는 일정한 권한을 가진 노동조합기구(대의원대회, 운영위원회 등)의 동의나 의견청취도 유효하다.

노동조합의 조합원이 전체 근로자의 과반수가 안되는 경우 해당 노동조합은 취업규칙의 변경동의권이 없으므로 전체 근로자 과반수의 동의나 의견청취가 있어야 할 것이다.

근로자의 과반수로 조직된 노동조합이 없는 경우에는 근로자 과반수의 의견을 듣거나 동의를 얻어야 하며 그 방법은 집단적인 의사결정방식 또는 회의방식을 거치는 것이 원칙이다. 다만, 근로자의 수가 많아 한 장소에서 회의를 진행하기 어려운 경우 각 사업장이나 단위부서별로 의사결정을 할 수 있고, 사용자측의 개입이나 간섭이 없다면 취업규칙의 내용을 공람케 하고 서명을 받는 방법도 가능할 것이다.

간혹 근로자 대표 또는 노사협의회 근로자위원으로부터 동의 또는 의견청취를 하여 취업규칙을 개정하는 예가 있는데 이들은 취업규칙 변경에 대한 동의 또는 의견청취의 대상이 되지 못하므로 반드시 근로자 과반수의 동의 또는 의견을 따로 구해야 한다.

Q&A 이번에 회사가 취업규칙을 개정하려고 하는데, 법에서는 '근로자 과반수'의 동의를 얻도록 규정하고 있음. 이때 '근로자 과반수'의 의미는

근로기준법은 근로자와 사용자를 구분하고, 각각의 정의를 규정하고 있으므로, 근로기준법 제94조에서 취업규칙 변경 절차와 관련해 규정하고 있는 '근로자 과반수'란 근로기준법상 사용자를 제외한 근로자의 과반수를 의미한다고 판단된다.
근로기준법상 사용자란 '사업주 또는 사업 경영 담당자, 근로자에 관한 사항에 대하여 사업주를 위하여 행위하는 자'(근로기준법 제2조 제2호)이므로, 관리자(부서장, 팀장 등)와 같이 근로자이면서 동시에 사용자에 해당하는 인원의 경우에는 '근로자에 관한 사항에 대해 사업주를 위해 행위하는 자'이기 때문에 근로조건 변경에 대해서는 회사의 이해를 우선 고려할 수 있어 취업규칙 변경 등의 경우 사용자를 제외한 근로자의 다수 의견(근로자 과반수)을 확인하는 것이 타당할 것이다.

참조 판례 · 행정해석

- 근로자 과반수의 의미 (협력 68210-346, 2003.9.30.)

  [질의] 근로기준법상 '근로자 과반수'의 의미는

  [회시] 근로기준법 제97조는 사용자는 취업규칙을 작성, 변경함에 있어 당해 사업 또는 사업장에 근로자 과반수로 조직된 노동조합이 있는 경우에는 그 노동조합, 없는 경우에는 근로자 과반수 동의를 얻거나 의견을 청취하도록 규정하고 있는 바, 여기서 "근로자 과반수"란 근로기준법 제14조에 의한 근로자에 해당하는 자 중에서 동법 제15조에 의한 사용자를 제외한 자의 과반수를 의미한다고 사료됨.

- 근로자 과반수의 동의를 얻는 방식 (대법원 2003다52456, 2005.5.12.)

  취업규칙에 규정된 근로조건의 내용을 근로자에게 불이익하게 변경함에 대하여 근로자 과반수로 구성된 노동조합이 없어 근로자들의 회의방식에 의한 과반수 동의가 필요한 경우 한 사업 또는 사업장의 기구별 또는 단위부서별로 사용자측의 개입이나 간섭이 배제된 상태에서 근로자 상호간에 의견을 교환하여 찬반의견을 집약한 후 이를 전체적으로 취합하는 방식도 허용된다.

한편, 일부 적용대상에 대해 별도의 취업규칙을 운영하는 경우 취업규칙을 변경하고자 할 때에는 해당 취업규칙 적용 대상 근로자의 과반수로부터 동의를 구하거나 의견을 청취하면 될 것이고 해당 취업규칙의 적용을 받지 않는 근로자에게까지 동의를 구하거

나 의견을 청취할 의무는 없다고 판단된다(예를 들어 정규직 취업규칙을 변경하면서 이를 적용받지 않는 계약직근로자의 의견을 청취하거나 동의를 얻어야 하는 것은 아니다).

(2) 불이익 여부의 판단

취업규칙을 불이익하게 변경하는 경우에는 반드시 노동조합 또는 근로자 과반수의 동의를 얻어야 하며 만약 동의를 얻지 못하면 변경된 취업규칙이 법적인 효력을 갖지 못하므로 불이익변경 여부를 판단하는 것은 매우 중요하다. 다음과 같은 기준으로 판단해야 할 것이다.

① 불이익변경 여부는 사회통념상 합리성이 있는지에 따라 판단하여야 한다. 또한 그 변경의 취지와 경위, 해당 업무의 성질, 취업규칙 각 규정의 전체적인 체제 등 제반 사정을 종합하여 판단하여야 한다.

② 취업규칙의 불이익변경 여부를 판단함에 있어 복수의 유사한 근로조건간에 근로조건의 저하와 개선이 섞여 있을 때는 각 근로조건의 성격 등을 종합적으로 고려하여 불이익한지를 따져야 한다.

③ 취업규칙의 변경이 일부 근로자에게는 유리하고 일부 근로자에게는 불리한 것처럼 근로자들 사이에 이해가 달리하는 경우에는 불이익한 변경이라고 보아야 한다.

구체적인 예를 살펴보면,

① 새로운 제도의 신설

종전에 없던 제도를 새로이 신설하였다고 하여 반드시 불이익한 변경이라고는 할 수는 없다. 취업규칙에 정년에 관한 아무런 규정이 없어 새로이 정년규정을 신설하는 경우 사업장의 제반 사정을 고려해 근로자가 정상적인 노무제공을 처리할 수 있는 연령의 한계를 고려한 것으로 기존 근로자에게 특별히 불이익하지 않다면 사회적 합리성을 인정받을 수도 있겠으나,[2] 정년제도를 신설함에 따라 기존에 정년 연령을 넘겨 계속 근무하던 직원들의 이익을 침해하는 경우라면 불이익변경절차를 거쳐야 할 것으로 판단된다.[3] 물론 기존의 정년을 낮추는 것은 불이익변경에 해당한다고 보아야 할 것이다.

2) 대법원 78다1046, 1978.9.12.
3) 대법원 96다2507, 1997.5.16.

② 세부절차규정의 신설

세부시행절차규정이 없어 이를 신설하는 경우에도 사회통념상 합리성이 인정된다면 불이익변경에 해당되지 않는다.

③ 기존 제도의 구체화

이미 존재하고 있는 제도의 본질을 바꾸지 않으면서 그 내용을 구체화하는 것은 변경 내용이 합리적인 이상 불이익변경으로 볼 수 없는 것이 원칙이다.

④ 징계 및 해고사유 추가, 신설

불이익한 변경으로 보아야 한다.

⑤ 연장근로의 축소

3조 3교대를 4조 3교대로 바꾸는 등 근로시간제도를 근로자에게 유리하게 변경하면서 통상임금액이 종전보다 감액되지 않았다면 연장근로의 기회가 줄어들어 연장근로수당이 지급되지 않는다 하더라도 이는 불이익변경으로 볼 수 없을 것이다.

⑥ 근로시간제도의 변경

출퇴근 시각 변경, 1일 근로시간 변경 등 근로시간제도를 변경하는 경우 일률적으로 불이익 여부를 판단할 수는 없고, 제도 변경에 따라 구체적으로 발생하는 불이익 여부를 고려해야 할 것이다. 통상근무를 교대근무로 전환함에 따라 근로자의 생활리듬을 파괴하는 경우[4] 등은 불이익변경으로 판단된다.

Q&A

회사의 해고사유에 '근무성적이 2년 연속 최하등급인 경우'를 신설하는 것이 취업규칙 불이익변경에 해당하는지

기존 근로자의 근로조건이 저하되는 제도를 도입하기 위해서는 근로자 과반수의 동의라는 취업규칙 불이익변경절차(불이익하지 않으면 과반수의 의견청취로 도입 가능)를 거쳐야 할 것이므로 '근로자의 업무능력'과 관련한 해고사유 신설이 근로자에게 불이익한 것인지에 따라 제도변경절차의 방식이 결정될 것이다.

4) 근기 68207－935, 2003.7.23.

근로자의 능력이 더욱 강조되는 사회적 분위기를 감안할 때 근로자의 업무능력을 고려한 해고사유를 신설하는 것이 사회통념상 합리성이 있다는 주장도 제기될 수 있으나, 취업규칙이 사용자와 근로자의 권리의무를 규정한 일종의 계약이라고 본다면 근로자는 기존의 권리가 줄어들고 의무가 늘어나는 계약변경을 받아들일 것인지를 결정할 수 있는 권리가 있다고 보아야 할 것이므로 기존 근로자가 해고될 수 있는 가능성이 추가되는 경우라면 원칙적으로 근로자에게 불이익한 제도변경으로 보아야 할 것으로 판단된다.

결국 회사 입장에서는 사회적 분위기와 회사의 현실적 상황, 개개 근로자의 적극적인 근무태도의 중요성을 강조하면서 기존 직원들의 동의를 구하도록 노력해야 할 것으로 보이며, 다만 기존 근로자의 기득권을 보호해야 하는 것과는 별도로 신규입사자에 대해서는 위 취업규칙을 적용할 수 있을 것으로 판단된다.

Q&A

지금까지 오전 9시에 출근해서 오후 6시까지 일을 했었는데 회사에서 갑자기 다음달부터 8시까지 출근하라고 함. 회사는 일방적으로 근무시간을 변경할 수 있는 것인지

사업장의 시업·종업시간은 해당 사업장의 근로계약, 취업규칙 또는 관행에 따르면 될 것이며 시업·종업시간을 변경하는 것은 근로조건의 변경에 해당되므로 취업규칙 변경절차를 거쳐야 한다. 즉 오전 9시 출근~오후 6시 퇴근에서 오전 8시 출근~오후 5시 퇴근으로 변경되는 경우라면 법정근로시간 이내이므로 적법하게 취업규칙을 변경한다면 인정될 수 있다. 취업규칙을 변경하기 위해서는 근로자 과반수의 의견청취를 거쳐야 하고, 불이익 변경의 경우 동의를 얻어야 하므로 시업·종업시간의 변경이 근로조건의 불이익 변경에 해당되는지 여부를 따져 필요한 절차를 거쳐야 할 것이다.

Q&A

올해부터 회사는 금연 정책을 추진하면서 신입사원 채용시 비흡연자를 채용하거나, 채용 이후 금연서약서를 받은 다음 이를 위반시 채용을 취소하려 하는데 가능한지. 그리고 기존 직원들에 대해서는 승격, 보상 등에서 흡연자에 대해 불이익을 주는 제도를 시행하려고 하는데 가능한지

사회적으로 '금연'의 타당성이 인정되고 있는 현실에서 회사가 금연 정책을 시행하는 것은 전혀 문제되지 않으며, 회사 이미지 측면에서도 부정적인 측면보다는 긍정적인 측면이 클 것으로 판단된다.

흡연자의 권리는 헌법상 행복추구권이라 할 수 있으나, 공익적인 측면(국민의 건강, 환경보호 등)에서 이러한 권리를 제한하려는 국가의 노력(금연장소 확대, 금연 홍보 등)이 헌법상 개인의 행복추구권을 제한하는 조치로 위헌이라고 볼 수도 없고, 기업이 직원을 채용하는

데 노동법상의 제한(남녀차별, 국적, 신앙, 종교, 장애, 연령 등으로 인한 차별) 외에 대해서는 원칙적으로 기업의 채용의 자유가 있다 할 것이므로 흡연자를 채용하지 않는 것을 법위반이라고 볼 수도 없을 것으로 판단된다.
다만, 채용 이후 흡연을 이유로 한 채용 취소는 노동법상 해고에 해당되어 해고의 정당한 사유(흡연이 과연 근로관계를 종료할 정도로 근로자의 커다란 귀책사유인지 여부)가 존재해야 할 것이다. 즉 채용의 전제조건으로 금연을 명확히 하지 않은 상태에서 채용이 확정된 이후 금연서약서를 작성하도록 하고 이를 위반했을 경우 채용을 취소하는 조치는 해고의 정당한 사유를 둘러싼 분쟁 발생 가능성이 존재한다.
따라서 채용의 전제조건으로 금연서약을 하도록 하고(금연서약을 하지 않는 자는 채용을 확정하지 않는다) 금연서약을 위반한 경우에는 채용을 취소(즉 금연서약을 하지 않거나 계속 흡연한다면 애초에 채용하지 않았을 것이기 때문에 흡연한 경우에는 채용을 없었던 것으로 하는 취소)하는 절차로 운영하는 것이 타당할 것으로 판단된다.
기존 직원들의 경우에는 '금연'이 승격, 보상 등 제반 근로조건의 기준이 아니었기 때문에 회사가 '금연'을 기준으로 제도를 시행하는 경우 이는 회사와 개인간의 '계약의 변경'에 해당한다고 볼 수 있다. 그리고 계약의 변경을 위해서는 당사자(회사와 개인)의 동의가 필요하거나, 회사 전체 직원들에게 적용되는 제도의 변경은 '과반수 근로자로 조직된 노동조합의 동의'를 얻어야 한다(근로기준법상 취업규칙 변경 절차의 준수).
따라서 이러한 근로기준법상의 취업규칙 변경 절차를 적법하게 거친 경우에는 흡연자에 대한 불이익 제도 시행이 가능할 것이다.
한편, 흡연자에 대해 불이익을 주는 제도가 아니라 금연자에게 일정한 이익을 주는 제도를 시행하는 것은 직원의 불이익이 발생하지 않는 제도의 시행이라는 점에서 과반수 노동조합의 의견 청취 또는 과반수 노동조합이 없는 경우 근로자 과반수의 의견청취를 통해 시행이 가능할 것으로 판단된다.

⑦ 임금제도의 변경

임금체계를 개편하면서 고정급 비중을 줄이고 변동급(예 성과급) 비중을 늘리거나, 연봉 삭감이 가능한 연봉제를 도입하거나, 성과나 평가에 따른 임금 차등폭을 확대하는 등의 경우는 기존 임금보다 적게 받을 가능성이 생기는 제도 변경이라는 점에서 불이익 변경으로 판단된다.

임금 구성항목을 변경(예 새로운 수당 신설, 기존 수당 통폐합)하는 것은 임금의 총액이 감액되지 않는 경우라면 불이익 변경으로 보기 어려울 것으로 판단되나, 구성항목 변경에 따른 구체적인 변경 사항이 무엇인지를 확인해 불이익 여부를 판단해야 할 것이다.

Q&A

인사고과에 따른 임금인상율 차등폭 확대(현재 고과에 따른 임금인상률 차등폭은 ±3%이나 차등폭을 ±10%로 확대)를 위해서는 근로자 동의를 얻어야 하는지

인사고과에 따른 임금 인상률 차등폭을 확대하기 위해서는 근로자 과반수의 동의가 필요한지 여부와 관련하여 우선 인사고과에 따른 임금 인상률 차등폭을 확대하는 것이 취업규칙의 변경에 해당되는지, 취업규칙의 변경에 해당된다면 불이익 변경에 해당되는지에 따라 근로자 과반수의 동의가 필요한지 여부를 판단할 수 있을 것이다.
'취업규칙'이란 사용자가 근로자의 복무규율과 임금 등 당해 사업의 근로자 전체에 적용될 근로조건에 관한 준칙을 규정한 것으로서 인사규정, 운영규정, 복무규정, 상여금 규정 등 명칭에 관계없이 사업장의 전 근로자에게 적용되는 근로조건 등을 포함하고 있다면 이는 취업규칙에 해당된다.
따라서 인사고과에 따른 임금 인상률 차등폭 확대로 인해 인사고과 결과에 따라 기준 임금 인상율이 인상되거나 삭감되는 정도가 종전보다 더 커지게 되는 것은 근로조건(임금인상율 적용)의 변경에 해당되어 취업규칙 변경 절차를 거쳐야 할 것이다.
한편 변경하고자 하는 근로조건의 내용(인사고과에 따른 임금 인상률 차등폭)이 일부 근로자에게는(인사고과 우수자) 유리하고, 일부 근로자에게는(인사고과 미흡자) 불리한 경우에는 유/불리가 적용되는 근로자 집단의 규모를 비교할 필요 없이 불이익변경이라고 보아야 하며, 이와 관련하여 판례 역시 일관되게 불이익변경으로 해석하고 있습니다. 따라서 본 사안의 경우 근로자 과반수의 동의 등 취업규칙 불이익 변경 절차를 거쳐야 할 것으로 판단된다.

참조 판례

- 일부 근로자에게 유리하고 불리한 경우 취업규칙 불이익 변경 여부

(대법원 2009두2238, 2009.5.28.)

취업규칙의 일부를 이루는 규정의 변경이 일부의 근로자에게는 유리하고 일부의 근로자에게는 불리한 경우 그러한 변경에 근로자집단의 동의를 요하는지를 판단하는 것은 근로자 전체에 대하여 획일적으로 결정되어야 할 것이고, 또 이러한 경우 취업규칙의 변경이 근로자에게 전체적으로 유리한지 불리한지를 객관적으로 평가하기가 어려우며, 같은 개정에 의하여 근로자 상호간의 이, 불리에 따른 이익이 충돌되는 경우에는 그러한 개정은 근로자에게 불이익한 것으로 취급하여 근로자들 전체의 의사에 따라 결정하게 하는 것이 타당하다.

Q&A

우리 회사 과장급 이상 직원들은 노동조합 가입대상이 아닌데 현재의 과장급 이상 직원들만을 대상으로 연봉제를 도입하고자 할 경우 노동조합이 반대한다면 연봉제를 도입할 수 없는 것인지

연봉제를 도입하기 위해서는 직원들의 의견을 듣는 절차를 거쳐야 할 것이며, 만약 연봉제가 기존의 제도보다 직원들에게 불리한 경우에는 직원들의 동의를 얻어야 할 것이다. 직원들의 의견 및 동의절차는 근로기준법상의 취업규칙 변경절차에 따르면 될 것이므로, 만약 근로자 과반수로 조직된 노동조합이 있으면 그 노동조합의 의견 및 동의를, 과반수 노조가 없을 경우에는 근로자 과반수의 의견 및 동의를 얻으면 될 것이다.

다만, 제도 변경에 대해 근로자 과반수로 조직된 노동조합에게 의견 및 동의권을 부여한 이유는 그러한 노조가 근로자들에 대한 대표권을 행사할 수 있다고 보기 때문인데, 연봉제 도입대상이 노동조합 가입대상이 아닌 경우에는 그들에 대해 노조가 대표권을 행사하는 지위에 있다고 보기 어렵기 때문에 위 근로자들 과반수의 의견청취(불리한 제도인 경우 동의)를 구하는 절차를 거쳐야 할 것으로 판단된다.

따라서 위 과장급 이상 직원들에게 적용될 연봉제를 도입하는데 노조가 반대하더라도 위 직원들 과반수의 의견청취 또는 동의를 얻으면 시행이 가능할 것이며, 설사 노조가 찬성한다하더라도 위 직원들 과반수의 의견 또는 동의를 구하는 절차를 거치지 않으면 연봉제 도입의 효력은 인정되지 않을 것으로 판단된다(다만, 연봉제가 현재의 과장급 이상 직원들뿐만 아니라 향후 과장급 이상에 대해 계속 적용하는 제도라면 위 '과장급 이상 연봉제'의 적용대상은 향후 과장급 이상이 될 직원들도 포함된다 할 것이어서 결국 전체 직원들에게 적용되는 근로조건의 변경에 해당될 수 있다. 이 경우에는 전체 직원들의 과반수로 조직된 노동조합이 있으면 그 노동조합의 의견 및 동의를 얻어야 '과장급 이상 연봉제' 도입이 가능할 것으로 판단된다).

도입되는 연봉제가 근로자의 근로조건의 개선과 저하가 혼재된 경우에는 근로조건의 성격을 종합적으로 고려하여 유리한지 불리한지 여부를 판단해야 하며, 취업규칙 변경에 의하여 근로자 상호간에 이해충돌이 발생하는 경우(예를 들어 성과가 높은 근로자는 연봉이 높아지고, 성과가 낮은 근로자는 연봉이 줄어드는 경우)에는 불이익한 변경으로 보고 관련 절차를 밟아야 한다.

✍ 참조 : 근기 68207－4087, 2001.11.27.

Q&A

연봉삭감이 없는 형태의 기존 연봉제를 평가등급 D와 E등급에 대해서는 연봉을 삭감하는 형태로 운영방식을 변경하는 경우 어떠한 절차를 거쳐야 변경된 연봉제가 유효할 수 있는지

기존의 연봉제 운영방식을 변경하는 경우에는 해당 근로자의 동의를 얻어야 하며, 다음과 같은 취업규칙 변경절차를 거쳐야 한다.

① 변경되는 연봉제가 기존보다 근로자에게 유리한 경우에는 근로자 과반수로 조직된 노동조합이 있는 경우에는 그 노동조합, 없는 경우에는 근로자의 과반수의 의견청취를

들으면 되며, 불리한 제도인 경우 그 동의를 얻어야 한다.
② 연봉제의 적용대상이 일부근로자에 한정되는 경우에는 해당 근로자의 과반수의 동의와 과반수로 조직된 노동조합 또는 근로자 과반수의 의견청취로 도입이 가능하다.

새로운 연봉제가 기존의 제도에 비해 불이익한지 여부를 판단함에 있어 평가에 따라 기존의 급여보다 많이 받는 자와 적게 받는 자가 혼재하는 제도인 경우에는 불이익변경으로 판단된다. 따라서 위 질의의 경우 평가에 의해 D, E등급을 받는 직원은 기존의 연봉이 삭감되는 불리한 제도로 변경되는 것이기 때문에 위의 연봉제의 적용을 받는 대상근로자 전체의 동의절차(과반수 이상의 동의)를 거쳐야 할 것이다.

참조 행정해석

▪ 연봉제 도입시 취업규칙 변경이 유·불리한지 여부의 판단방법

(근기 68207-3128, 2000.10.10.)

① 연봉제 대상 근로자집단에게 지급될 총임금재원은 도입 이전과 동일하게 유지하지만 그 재원 중 일부는 인사고과에 따른 변동급여로 정하여 지급하는 방식의 연봉제(이하 "제로섬방식 연봉제"라 한다)를 도입하는 경우

'제로섬방식 연봉제' 도입을 규정한 취업규칙의 불이익변경 여부는 근로자들에게 유·불리의 충돌이 존재하는 것으로 보아 일반적으로 불이익변경에 해당하는 것으로 사료된다.

② 연봉제 대상 근로자집단에게 지급될 총임금재원을 기존의 임금재원에 추가분을 더하여 구성하고, 당해 추가분을 가지고 인사고과에 따라 변동급여를 지급하는 방식의 연봉제(이하 "추가재원방식 연봉제"라 한다)에 대해서는 다음 두 가지 경우로 나누어 볼 수 있다.

기존의 임금수준을 최저한도로 하면서 인사고과에 따라 추가로 지급하는 방식의 경우에는 근로자의 기득이익을 침해하지 않으면서 근로자 모두에게 기존보다 유리한 결과를 가져오는 제도이므로 불이익변경에 해당하지 않을 것이다.

(3) 불이익변경의 효력

근로자에게 불이익하게 취업규칙을 변경하는 경우 근로자집단의 동의를 받지 못하였다면 변경된 부분은 효력이 없는 것이 원칙이며, 개인적으로 동의한 근로자에 대하여도 효력이 없다(근로자 과반수의 동의를 얻은 경우에는 반대한 근로자에 대해서도 효력이 있다).

동의를 받지 못하고 취업규칙을 불이익하게 변경하고 난 이후에 입사한 신규근로자

에 대하여는 변경된 취업규칙의 내용이 적용될 수 있다. 예를 들어 2015.1.1.에 임금제도를 개편하면서 근로자집단의 동의를 구하지 못한 경우라면 2015.1.1. 이전에 입사한 근로자에게는 기존 임금제도가 그대로 적용된다 하더라도 그 이후에 입사한 근로자에 대해서는 새로운 임금제도를 적용할 수 있다.

참조 판례

- 불이익변경의 효력 - 기존 근로자와 신규 입사자 (대법원 91다45165, 1992.12.22.)
  사용자가 취업규칙에서 정한 근로조건을 근로자에게 불리하게 변경함에 있어서 근로자의 동의를 얻지 못한 경우에 그 변경으로 기득이익이 침해되는 기존의 근로자에 대한 관계에서는 그 변경의 효력이 미치지 않게 되어 종전 취업규칙의 효력이 그대로 유지되지만, 그 변경 후에 변경된 취업규칙에 따른 근로조건을 수용하고 근로관계를 갖게 된 근로자에 대한 관계에서는 당연히 변경된 취업규칙이 적용되어야 하고 기득이익의 침해라는 효력배제사유가 없는 변경 후의 취업근로자에 대해서까지 그 변경의 효력을 부인하여 종전 취업규칙이 적용되어야 한다고 볼 근거가 없다.

근로자집단의 동의없이 불이익하게 변경한 취업규칙을 나중에 근로자 과반수로 조직된 노동조합이나 근로자 과반수로부터 소급해 추인을 받은 경우에는 소급을 인정한 날까지 소급하여 유효하게 효력을 가질 수 있다고 본다. 그러나 소급추인을 한 날 이전에 퇴직한 근로자들이나 비조합원(단체협약의 경우)에게는 효력이 없다.5)

4. 취업규칙의 효력

취업규칙은 법령 또는 당해 사업장에 대하여 적용되는 단체협약에 어긋나서는 안되며, 고용노동부장관은 법령 또는 단체협약에 어긋나는 취업규칙의 변경을 명할 수 있다. 법령, 단체협약 등에 위반되는 취업규칙의 해당 규정은 효력이 없으며 그에 해당되는 법령, 단체협약의 내용이 적용된다.

또한 취업규칙에 정한 기준에 미달되는 근로조건을 정한 근로계약은 그 부분에 관하여는 무효이다. 이 경우에 있어서 무효로 된 부분은 취업규칙에서 정한 기준에 의한다.

5) 대법원 91다34073, 1992.7.24.

참 고 표준취업규칙*

* 고용노동부, 2012.12. : 이 자료는 주40시간제가 적용되는 제조업체를 가정하여 작성한 것이므로 동 자료를 참고하여 사업장의 취업규칙을 작성·변경할 때는 근로기준법 등 노동관계법령에 위배되지 않는 범위 내에서 사업장의 규모나 업무의 특성에 맞게 변형하여야 한다.

취업규칙(안)	작성시 착안사항
제1장 총 칙	※총칙은 필수적 기재사항은 아니지만 취업규칙의 체계상 총칙 규정을 두는 것이 일반적임
제1조 【목적】 이 규칙은 ○○주식회사(이하 "회사"라 한다) 사원의 채용·복무 및 근로조건 등에 관한 사항을 정함을 목적으로 한다.	[선택] 취업규칙을 정하는 목적을 규정함
제2조 【적용범위】 ① 이 규칙은 회사의 사업장에 근무하는 사원에게 적용한다. ② 사원의 복무 및 근로조건에 관하여 법령, 단체협약, 그밖에 회사규정에 별도로 정함이 있는 경우를 제외하고는 이 규칙이 정하는 바에 의한다.	[선택] 기간제근로자와 무기계약근로자에 따라 달리 대우할 사항이 있는 경우는 해당되는 조항을 명확히 밝히는 것이 바람직함
제3조 【사원의 정의】 이 규칙에서 "사원"이라 함은 단시간사원을 제외한 무기계약사원과 기간제사원을 의미한다.	[선택] 규칙을 적용받는 대상 근로자의 범위를 명확히 규정하는 것이 바람직함 ✍ 참고 : 기간제 및 단시간 근로자 보호 등에 관한 법률 제정으로 계약기간을 정한 근로자를 "기간제근로자"로 표기함에 따라 계약기간을 정하지 않은 근로자를 "무기계약근로자"로 표기하는 것이 일반적임
제2장 채용 및 근로계약	※채용 관련 사항은 필수적 기재사항은 아니지만 취업규칙의 체계상 관련 규정을 두는 것이 일반적임
제4조 【채용기회】 회사는 사원의 모집 및 채용에 있어서 합리적인 이유없이 성별, 연령, 신앙, 사회적 신분, 출신지역, 출신학교, 혼인·임신·출산 또는 병력(病歷) 등에 의한 차등을 두지 않는다.	[선택] 모집과정에서 합리적 이유없이 차별을 하지 않도록 한 법의 취지를 명확히 할 필요[남녀고용평등과 일·가정

취업규칙(안)	작성시 착안사항
	양립 지원에 관한 법률(이하 남녀고용평등법) 제7조, 고용정책기본법 제7조 참조]
제 5 조【전형 및 채용서류】회사에 입사를 지원하는 자는 다음 각 호의 서류를 제출하여야 한다. 1. 이력서 1통 2. 자기소개서 1통	[선택] 모집단계에서의 제출서류는 최소한으로 하고, 기타 필요 서류는 합격자에 한하여 제출토록 할 필요 ✍ 참고 : 모집·채용시 사진, 신체조건(키, 몸무게), 결혼 및 출산 여부 등 직무능력과 관련없는 사항은 기재하지 않도록 함
제 6 조【근로계약】① 회사는 채용이 확정된 자와 서면으로 근로계약을 체결하고, 해당자에게 근로계약서 사본 1부를 내어 준다. ② 회사는 근로계약 체결시 사원에게 임금, 소정근로시간, 휴일, 연차유급휴가, 취업의 장소와 종사하여야 할 업무에 관한 사항, 근로기준법 제93조 제1호부터 제12호까지의 규정(취업규칙의 작성·신고사항)에서 정한 사항, 근로기준법 제10장의 기숙사에 관한 사항(기숙사가 있는 경우에 한함)을 명확히 제시한다. ③ 회사는 제2항의 내용 중 임금의 구성항목·계산방법·지급방법, 소정근로시간, 휴일, 연차유급휴가에 관한 사항, 취업의 장소와 종사하여야 할 업무에 관한 사항을 서면으로 명확히 제시하여 교부한다. 또한 기간제근로자인 경우 근로계약기간도 함께 명시한다. ④ 회사는 근로계약 체결시 제2항 및 제3항의 사항이 적시된 취업규칙을 제시하거나 교부함으로써 제2항의 명시 및 제3항의 서면명시 및 교부의무를 대신할 수 있다.	[선택] 근로기준법 제17조에 따라 사용자는 근로계약을 서면으로 체결하고 사본을 근로자에게 교부하도록 함으로써 근로조건 관련 사항을 명확히 알도록 하고 이와 관련된 논란을 줄이도록 할 필요(별지 1의 표준근로계약서 참조) －무기계약근로자 : 근로기준법 제17조(근로조건의 명시) 및 시행령 제8조 참조 －기간제근로자, 단시간근로자 : 기간제 및 단시간근로자 보호 등에 관한 법률 제17조(근로조건의 서면명시) 참조 ✍ 참고 : 근로계약 체결시 명시 및 서면명시 해야 하는 근로조건이 적시된 취업규칙을 제시하거나 교부함으로써 명시·서면명시 및 교부절차를 간소화하고 아울러 취업규칙을 사전에 인식시키는 효과도 있음

취업규칙(안)	작성시 착안사항
	✍ 참고 : 임금의 구성항목 · 계산방법에서는 노동관계법령에 의해 금지되는 위약예정, 전차금 상계, 강제저금의 소지가 있는 조항은 포함하지 말 것(근로기준법 제20조, 제21조, 제22조 참조)
제7조【수습기간】① 신규로 채용된 자는 최초로 근무를 개시한 날부터 0개월간을 수습기간으로 한다. ② 제1항의 수습기간은 근속년수에 포함하며, 평균임금산정기간에는 포함하지 아니한다.	[선택] 수습기간을 반드시 설정하여야 하는 것은 아니지만 수습기간을 설정하는 경우는 그 기간을 명확히 규정하도록 함 ✍ 참고 : 수습기간은 근속기간에 포함되도록 하여야 하며, 직무의 성질 등을 감안하여 사회통념상 인정되는 범위에서 지나치게 장기간이 되지 않도록 함
제3장 복 무	※복무 관련 사항은 필수적 기재사항은 아니지만 일반적으로 취업규칙에 규정하는 사항이며 근로기준법 등에 위반되지 않도록 할 필요
제8조【복무의무】사원은 다음 각 호의 사항을 준수하여야 한다. 1. 사원은 맡은바 직무를 충실히 수행하여야 한다. 2. 사원은 직무상 지득한 비밀을 엄수하고 회사기밀을 누설해서는 아니 된다. 단, 공익신고자 보호법상의 '공익신고자'의 경우에는 적용되지 아니한다. 3. 사원은 회사의 제반규정을 준수하고 상사의 정당한 직무상 지시에 따라야 한다. 4. 사원은 사원으로서 품위를 손상하거나 회사의 명예를 실추시키는 행위를 하여서는 아니 된다. 5. 사원은 그밖에 제1호 내지 제4호에 준하는 행위를 하여서는 아니 된다.	[선택] 사업장 질서 유지 차원에서 정하는 사항으로 사업장의 사정에 따라 달리 정할 수 있음 ✍ 참고 : 근로자의 기본권 및 그 밖의 법령에 따른 권익을 침해하지 않도록 유의해야 하며, 경영 · 인사상 최소한의 범위에서 규정해야 함

취업규칙(안)	작성시 착안사항
제 9 조 【출근, 결근】 ① 사원은 업무시간 시작 전까지 출근하여 업무에 임할 준비를 하여 정상적인 업무수행에 차질이 없도록 하여야 한다. ② 질병이나 그밖의 부득이한 사유로 결근하고자 하는 경우에는 사전에 소속부서의 장의 승인을 받아야 한다. 다만, 불가피한 사유로 사전에 승인을 받을 수 없는 경우에는 결근 당일에라도 그 사유를 명확히 하여 사후 승인을 받아야 하며 정당한 이유없이 이러한 절차를 이행하지 아니한 경우 무단결근을 한 것으로 본다.	[선택] 사업장 질서 유지 차원에서 정하는 사항으로 사업장의 사정에 따라 달리 정할 수 있음 ✍ 참고 : 사용자의 지시 및 강요에 의한 조기출근 시간은 근로시간으로 인정될 소지가 있으므로 지나치게 일찍 출근토록 하는 것은 자제해야 함
제10조 【지각 · 조퇴 및 외출】 ① 사원은 질병 그밖의 부득이한 사유로 지각하게 되는 경우에는 사전에 부서의 장 또는 직근 상급자에게 알려야 하며, 부득이한 사정으로 사전에 알릴 수 없는 경우에는 사후에라도 지체없이 이 사실을 알려야 한다. ② 사원은 근로시간 중에 사적으로 근무 장소를 이탈할 수 없다. 다만, 질병이나 그밖의 부득이한 사유로 인하여 조퇴 또는 외출 하고자 할 경우에는 소속부서의 장의 승인을 받아야 한다. ③ 사원이 지각 · 조퇴 및 외출한 시간은 무급으로 처리함을 원칙으로 한다.	[선택] 사업장 질서 유지 차원에서 정하는 사항으로 사업장의 사정에 따라 달리 정할 수 있음 ✍ 참고 : 지각 · 조퇴 및 외출로 인한 누계시간을 결근으로 취급하는 것은 연차휴가 산정에 불리하게 영향을 주는 것으로 허용되지 않음 - 다만, 노사간 특약으로 지각 · 조퇴 및 외출로 인한 누계시간을 연차휴가를 사용한 것으로 하여 연차휴가 일수에서 공제하는 것은 가능 (근기 68207-157, 2000.1.22.)
제11조 【공민권행사 및 공의 직무 수행】 ① 회사는 사원이 근무시간 중 선거권, 그밖의 공민권을 행사하거나 공(公)의 직무를 수행하기 위하여 필요한 시간을 청구할 경우 이를 거부할 수 없으며, 그 시간은 유급으로 처리한다. ② 회사는 제1항의 권리 행사나 공(公)의 직무를 수행하는데 지장이 없는 범위 내에서 사원이 청구한 시간을 변경할 수 있다.	[선택] 참고 : 공직선거법에 따른 4대선거와 향토예비군설치법, 민방위기본법에 따라 소집된 기간은 유급으로 처리해야 함 ✍ 참고 : 사업장 사정에 따라 선거일과 예비군 · 민방위 소집기간을 유급휴일로 정할 수 있음

취업규칙(안)	작성시 착안사항
제12조 【출장】 ① 회사는 업무수행을 위하여 필요한 경우 사원에게 출장을 명할 수 있다. ② 회사는 행선지별 여비, 숙박비, 현지교통비 등 실비에 충당될 수 있는 비용을 지급한다.	[선택] 업무를 수행해야할 장소가 유동적인 경우를 대비하여 확인적인 취지로 명시할 수 있음
제4장 인 사 제1절 인사위원회	※인사위원회 규정은 필수적 기재사항은 아니지만 인사 재량권의 남용을 방지하기 위해 인사위원회를 두어 인사를 정하는 것이 바람직
제13조 【인사위원회의 구성】 ① 인사위원회(이하 "위원회"라 한다)는 대표이사와 부서장 또는 그에 준하는 직급의 사원 중 대표이사가 임명하는 자로 총 5명 이내로 구성하되 근로자위원을 최소 1명 이상 포함되도록 한다. ② 위원회의 위원장은 대표이사 또는 대표이사가 위임한 자로 한다. ③ 위원회에는 인사(총무)담당자 1명을 간사로 둔다.	[선택] 참고 : 인사위원회 구성은 사업장 규모에 따라 위원 수를 달리 할 수 있음 ✍ 참고 : 인사위원회 구성시 근로자 위원을 포함하게 하는 것이 형평의 원칙상 바람직
제14조 【위원회의 기능】 위원회는 다음 각 호의 사항을 의결한다. 1. 사원의 표창에 관한 사항 2. 사원의 징계에 관한 사항 3. 그밖에 사원의 인사에 관하여 위원회의 의결이 필요한 사항	※"해고" 외 인사운영에 관한 사항은 노사협의회를 통해 운영할 수 있음(근로자참여 및 협력 증진에 관한 법률 제20조) [선택] 사업장의 사정에 따라 달리 정할 수 있음
제15조 【위원회의 소집 및 운영】 ① 위원회는 제14조의 의결사항이 있을 경우 위원장이 소집한다. ② 위원장은 회의를 소집하고자 하는 경우 원칙적으로 회의개최 7일 전에 회의일시, 장소, 의제 등을 각 위원에게 통보한다. ③ 위원회는 재적위원 과반수의 출석과 출석위원 과반수의 찬성으로 의결한다. 다만, 징계에 관한 사항은 재적위원 3분의 2 이상의 찬성으로 의결한다. ④ 위원장은 표결권을 가지며 가부동수일 때에는 결정권을 가진다. ⑤ 위원회의 회의는 공개하지 아니하며 회의내용과 관련된 사항은 누설하여서는 아니 된다. 다만, 위원회의 의결로 공개할 수 있다.	[선택] 인사위원회의를 둘 경우 운영절차를 투명하게 함으로써 민주적인 운영에 노력할 필요 ✍ 참고 : 의결정족수는 민주적인 운영 원칙에 충실하게 정하되, 특히 징계에 관하여는 보다 강화하는 것이 일반적임

취업규칙(안)	작성시 착안사항
⑥ 위원회의 의결사항이 특정위원에 관한 사항을 의결할 때에는 당해위원은 그 건의 의결에 참여할 수 없다. ⑦ 위원회의 운영방법 등 기타 필요한 사항에 대하여는 별도의 규정으로 정할 수 있다.	
제 2 절 배치·전직 및 승진	※인사이동 관련 규정은 필수적 기재사항은 아니지만 내용상 근로기준법 등 관련법률에 위반되지 않도록 할 필요
제16조【배치, 전직, 승진】① 회사는 사원의 능력, 적성, 경력 등을 고려하여 부서의 배치, 전직, 승진 등 인사발령을 하며, 사원은 정당한 사유없이 이를 거부할 수 없다. ② 회사는 제1항의 인사발령을 함에 있어서 합리적인 이유없이 남녀를 차별하지 아니한다. ③ 승진 등 인사발령과 관련하여 필요한 사항에 대하여는 별도의 규정으로 정한다.	[선택] 투명한 인사운영을 위해 규정하는 경우가 많으며 사업장 사정에 따라 별도의 인사규정으로 정하는 것도 가능 ✍ 참고 : 전직, 전근, 승진 등 인사발령을 함에 있어 합리적인 이유없이 특정 성(姓)을 불리하게 대우하지 않아야 함(남녀고용평등법 제10조 참조)
제 3 절 휴직 및 복직	※휴직 관련 규정 중 육아휴직은 필수적 기재사항이며 그 외의 휴직사유도 병행하여 규정하는 것이 일반적임
제17조【휴직】① 회사는 다음 각 호의 어느 하나에 해당하는 사유로 사원이 휴직원을 제출하는 경우에는 휴직을 승인할 수 있다. 이 경우 제3호의 휴직 외에는 무급을 원칙으로 한다. 1. 업무 외 질병, 부상, 가사 등으로 직무수행이 어렵다고 인정되는 경우 : 필요하다고 인정되는 기간 2. 병역법, 기타 법령에 의해 징집 및 소집되었을 때 : 징집 및 소집기간 3. 연수, 직무 등의 사유로 회사가 휴직이 필요하다고 하는 경우 : 필요하다고 인정되는 기간 ② 휴직자는 휴직기간 중 거주지의 변동 등의 사유가 있을 때에는 회사에 즉시 그 사실을 알려야 한다.	[선택] 근로자가 장기간 업무수행이 불가능할 경우를 대비하여 규정하는 것이 일반적임 –특히 휴직인정사유와 휴직기간, 유급 또는 무급 여부 등은 사업장 사정에 따라 달리 정할 수 있음

취업규칙(안)	작성시 착안사항
제18조 【육아휴직】 ① 회사는 만 6세 이하의 초등학교 취학 전 자녀[6](입양한 자녀를 포함한다)를 가진 남녀 사원이 그 영유아의 양육을 위하여 육아휴직을 청구하는 경우에는 이를 허용한다. 단, 계속 근로한 기간이 1년 미만이거나 같은 영유아에 대하여 배우자가 육아휴직 중인 경우에는 허용하지 않을 수 있다. ② 육아휴직 기간은 1년 이내로 한다. ③ 회사는 육아휴직을 이유로 해고나 그밖의 불리한 처우를 하지 않으며 특히 육아휴직기간에는 해고하지 아니한다. ④ 회사는 사원이 육아휴직을 사용할 경우 고용보험법령이 정하는 육아휴직급여를 받을 수 있도록 증빙서류를 제공하는 등 적극 협조한다.	[필수] 취업규칙의 필수적인 사항으로 모성보호 및 직장과 가정의 양립 차원에서 법으로 강제되는 제도임 ✍ 참고 : 2008.1.1.부터는 만 6세 이하의 초등학교 취학 전 자녀(입양한 자녀를 포함한다)를 가진 근로자의 청구시 육아휴직을 부여하여야 함(남녀고용평등법 제19조 참조) - 다만, 법령상 육아휴직을 허용하지 않아도 되는 근로자(계속 근로한 기간이 1년 미만, 같은 영유아에 대하여 배우자가 육아휴직 중인 근로자)에 대한 육아휴직을 부여할지 여부 등은 사업장 사정에 따라 달리 정할 수 있음
제19조 【가족돌봄휴직 등】 ① 회사는 사원이 부모, 배우자, 자녀 또는 배우자의 부모(이하 "가족"이라 한다)의 질병, 사고, 노령으로 인하여 그 가족을 돌보기 위한 휴직(이하 "가족돌봄휴직"이라 한다)을 신청하는 경우 이를 허용하여야 한다. 다만, 대체인력 채용이 불가능한 경우, 정상적인 사업운영에 중대한 지장을 초래하는 경우 등 남녀고용평등법 시행령으로 정하는 경우에는 그러하지 아니하다. ② 제1항 단서에 따라 가족돌봄휴직을 허용하지 아니하는 경우에는 해당 사원에게 그 사유를 서면으로 통보하고, 다음 각 호의 어느 하나에 해당하는 조치를 하도록 노력하여야 한다. 1. 업무를 시작하고 마치는 시간 조정 2. 연장근로의 제한 3. 근로시간의 단축, 탄력적 운영 등 근로시간의 조정 4. 그밖에 사업장 사정에 맞는 지원조치	[선택] 남녀고용평등법의 내용으로 2012.8.2.부터(300인 미만 사업장은 2013.2.2.부터) 근로자가 가족돌봄휴직을 신청하는 경우 특별한 사유가 없는 한 이를 허용하여야 함(남녀고용평등법 제22조의2 참조)

6) 현행법의 육아휴직 대상 자녀 기준은 '만 8세 이하 또는 초등학교 2학년 이하의 자녀'임.

취업규칙(안)	작성시 착안사항
③ 가족돌봄휴직 기간은 연간 최장 90일로 하며, 이를 나누어 사용할 수 있다. 이 경우 나누어 사용하는 1회의 기간은 30일 이상이 되어야 한다. ④ 회사는 가족돌봄휴직을 이유로 해당 근로자를 해고하거나 근로조건을 악화시키는 등 불리한 처우를 하여서는 아니 된다. ⑤ 가족돌봄휴직 기간은 근속기간에 포함한다. 다만, 근로기준법 제2조 제1항 제6호에 따른 평균임금 산정기간에서는 제외한다. ⑥ 회사는 소속 근로자가 건전하게 직장과 가정을 유지하는 데에 도움이 될 수 있도록 필요한 심리상담 서비스를 제공하도록 노력하여야 한다.	
제20조 【복직】 ① 사원은 휴직사유가 소멸되었을 때에는 지체없이 복직원을 제출해야 하며, 휴직기간이 만료된 때에는 그 만료일 7일 전까지 복직원을 제출하여야 한다. ② 사원은 부득이한 사유가 있는 경우 승인을 얻어 휴직기간을 연장할 수 있다. ③ 회사는 휴직 중인 사원으로부터 복직원을 제출 받은 경우에는 최대한 빠른 시일 내에 휴직 전의 직무에 복직시키도록 노력하되, 부득이한 경우에는 그와 유사한 업무나 동등한 수준의 급여가 지급되는 직무로 복귀시키도록 노력한다. **제21조 【근속기간의 계산】** 휴직기간은 근속기간에 산입한다. 다만, 제17조 제1항 제2호의 병역법에 의한 군복무기간은 퇴직금 산정을 위한 계속 근로연수에서 제외한다.	[선택] 복직 절차는 사업장의 사정에 따라 달리 정할 수 있으나, 휴직 및 복직과 관련한 논란을 줄이기 위해 명확히 규정할 필요 ✍ 참고 : 사업장에서 허용한 휴직기간은 근속기간에 산입하는 것이 일반적 * 육아휴직기간은 근속기간에 반드시 포함(남녀고용평등법 제19조 제4항 참조) ** 개정된 병역법 제69조 제2항·제3항에는 현역 또는 실역에 복무하게 되어 휴직된 자는 복무 후 그 직장에 복직을 보장하고, 군복무로 인하여 휴직된 때에는 승진에 있어서 복무기간을 실무의 종사기간으로 보아야 한다고 규정하고 있으므로, 위 개정된 병역법이 시행된 이후에는 위 휴직기간을 승진의 경우 이외에 퇴직금의 지급기간에까지 가산할 수 없을 것임(대법원 92다41968 판결, 1993.1.15.)
제 5 장 근로조건 제 1 절 근로시간	※근로시간 관련 규정은 필수적 사항이며 근로기준법 등 관련 법률에 위반되지 않도록 할 필요

취업규칙(안)	작성시 착안사항
제22조 【근무형태】 근무형태는 주간근무를 원칙으로 하며, 필요할 경우 사원의 대표와 합의하여 교대근무제를 시행할 수 있다.	[필수] 사업장의 특성을 감안하여 근무형태를 달리 규정할 수 있음
제23조 【근로시간】 ① 1주간의 근무일은 0요일부터 0요일까지 0일로 하고 이 경우 매주 토요일은 무급휴무일로 한다. ② 1주간의 근로시간은 휴게시간을 제외하고 40시간으로 한다. ③ 1일의 근로시간은 8시간으로 하되, 제24조의 휴게시간을 제외하고 00 : 00부터 00 : 00시까지로 한다. 단, 18세 미만 사원의 경우 1일의 근로시간은 7시간 이내로 한다.	[필수] 근로기준법에 위배되지 않는 범위 내에서는 사업장 사정에 따라 근무요일, 근무시간을 달리 정할 수 있음 - 근무일을 화요일부터 토요일까지로 하는 경우 - 주당 근로시간을 35시간으로 하는 경우 - 1일 근로시간을 7시간으로 하는 경우 등 ✍ 참고 : 주40시간제를 주5일제 형태로 실시하는 경우 유급주휴일 외의 나머지 1일을 무급으로 할지 또는 유급으로 할지를 명확히 규정할 필요
제24조 【휴게】 휴게시간은 제23조 제3항의 근로시간 중 00 : 00시부터 00 : 00시까지로 한다. 다만, 업무사정에 따라 휴게시간을 달리 정하여 운영할 수 있다.	[필수] 휴게시간은 근로기준법의 취지에 위배되지 않는 범위 내에서 사업장 사정에 따라 달리 정할 수 있음 ✍ 참고 : 근로시간이 4시간인 경우에는 30분 이상, 8시간인 경우에는 1시간 이상의 휴게시간을 적정하게 부여하고, 휴게시간은 근로자가 자유롭게 이용할 수 있도록 보장해 줄 필요(근로기준법 제54조 참조)
제25조 【탄력적근로시간제】 ① 회사는 00월부터 00월까지 00개월 동안 생산직사원에 대하여 다음 각 호에 정하는 바에 따라 2주단위의 탄력적 근로시간제를 시행한다. 1. 주당 근무시간 : 첫 주 00시간, 둘째 주 00시간 2. 첫 주의 1일 근무시간 : 0요일부터 0요일까지 00시간(00 : 00부터 00 : 00까지, 휴게시간은 00 : 00부터 00 : 00까지)	[선택] 사업장의 사정에 따라 2주단위의 탄력적근로시간제를 도입할 필요가 있는 경우에는 취업규칙에 필수적으로 명시하여야 함(근로기준법 제51조 참조)

취업규칙(안)	작성시 착안사항
3. 둘째 주의 1일 근무시간 : 0요일부터 0요일까지 00시간 (00 : 00부터 00 : 00까지, 휴게시간은 00 : 00부터 00 : 00까지) ② 회사는 제1항에 따라 사원이 첫 주에 00시간을 근무한 경우 8시간을 초과한 시간에 대하여는 가산수당을 지급하지 아니한다. ③ 15세 이상 18세 미만의 사원과 임신 중인 여성사원은 탄력적 근로시간제를 적용하지 아니한다.	– 해당 사원의 범위, 각 주·각일의 근로시간, 실시기간 등을 명확히 하여 논란이 없도록 할 필요 ✍ 참고 : 이 경우 특정 주 또는 특정한 날의 근로시간이 법정근로시간을 초과하더라도 연장근로가산수당을 지급하지 않을 수 있음
제26조【간주근로시간제】① 사원이 출장, 파견 등의 이유로 근로시간의 일부 또는 전부를 사업장 밖에서 근로하여 근로시간을 산정하기 어려운 경우에는 1일 8시간을 근로한 것으로 본다. ② 사원이 출장, 파견 등의 업무를 수행하기 위하여 통상적으로 1일 8시간을 초과하여 근로할 필요가 있는 경우에는 1일 10시간을 근로한 것으로 본다. 다만, 사원의 대표와 서면 합의를 통하여 이를 달리 정할 수 있다.	[선택] 출장, 외부영업 등으로 사업장 밖에서의 근로시간을 계산하기 어려운 경우를 대비하여 규정할 필요 – 제2항에 대하여는 근로자대표와 서면합의를 통해 사업장 사정에 따라 달리 정할 수 있음(근로기준법 제58조 1항 및 2항 참조)
제27조【연장·야간 및 휴일근로】① 연장근로는 1주간 12시간을 한도로 사원의 동의하에 실시할 수 있다. 단, 18세 미만 사원은 1일 1시간, 1주일에 6시간을 한도로 사원의 동의하에 실시할 수 있으며, 산후 1년이 지나지 아니한 여성사원에 대하여는 단체협약이 있는 경우라도 1일 2시간, 1주 6시간, 1년 150시간을 한도로 사원의 동의하에 실시할 수 있으며, 임신 중인 여성사원은 연장근로를 실시할 수 없다. ② 연장·야간 및 휴일근로에 대하여는 통상임금의 50%를 가산하여 지급한다. ③ 회사는 사원의 대표와 서면 합의하여 연장·야간 및 휴일근로에 대하여 임금을 지급하는 것을 대신하여 휴가를 줄 수 있다.	[선택] 근로기준법에 명시된 사항이며 확인적 차원에서 규정하는 것도 가능(근로기준법 제53조, 제56조, 제69조, 제71조, 제74조 참조) ✍ 참고 : 주40시간제를 처음 시행하는 사업장의 경우 최초 3년간은 연장근로를 1주 16시간까지 할 수 있고 최초 4시간에 대해서는 25%를 할증임금으로 지급할 수 있음(근로기준법 부칙 제6조 참조) 다만, 탄력적·선택적근로시간제 시행 사업장, 18세 미만 연소근로자, 산후 1년 미경과자는 부칙 제6

취업규칙(안)	작성시 착안사항
	조의 적용이 배제되므로 각각 해당법률 조항의 규정에 따라 시간이 제한되고 연장근로 수당도 50%를 지급해야 함 ✍ 참고 : 주40시간제 시행 사업장의 경우 근로자대표의 서면합의로 연장·야간 및 휴일근로에 대하여 임금을 지급하는 것을 대신하여 휴가를 줄 수 있음(근로기준법 제57조 참조)
제28조 【야간 및 휴일근로의 제한】 ① 18세 이상의 여성 사원을 오후 10시부터 오전 6시까지 근로하게 하거나 휴일에 근로를 시킬 경우 당해 사원의 동의를 얻어 실시한다. ② 임산부와 18세 미만인 사원에 대하여는 오후 10시부터 오전 6시까지의 시간 및 휴일에 근로를 시키지 않는 것을 원칙으로 한다. 다만, 다음 각 호의 어느 하나에 해당 하는 경우에는 그 시행 여부와 방법 등에 관하여 사원의 대표와 성실히 협의한 후 고용노동부장관의 인가를 받아 야간 및 휴일근로를 실시할 수 있다. 1. 18세 미만자의 동의가 있는 경우 2. 산후 1년이 지나지 아니한 여성의 동의가 있는 경우 3. 임신 중의 여성이 명시적으로 청구하는 경우	[선택] 근로기준법 내용으로 반드시 명시할 필요는 없으나 확인적 차원에서 규정할 수 있음 - 18세 이상 여성 : 휴일, 야간근로를 시키고자할 경우 당해근로자의 동의 필요(근로기준법 제70조 제1항 참조) - 임산부와 18세 미만 사원 : 원칙적으로 야간 및 휴일근로를 제한, 업무상 필요한 경우 해당 근로자의 동의 또는 명시적 청구와 더불어 시행 여부와 방법 등에 관하여 근로자대표와 성실히 협의한 후 고용노동부장관의 인가를 받아 실시할 수 있음(근로기준법 제70조 제2항 및 제3항 참조)
제29조 【근로시간 및 휴게·휴일의 적용 제외】 ① 다음 각 호의 하나에 해당하는 사원에 대하여는 1주 40시간, 1일 8시간을 초과하여 연장근로하거나 휴일에 근로하더라도 연장근로 및 휴일근로 가산임금을 지급하지 않는다.	[선택] 근로기준법 제63조의 사항으로 해당자를 명확히 구분할 수 있는 사업장의 경우 확인적 차원에서 규정하는

취업규칙(안)	작성시 착안사항
1. 감시 · 단속적 업무로서 고용노동부장관의 승인을 받은 경우 2. 관리 · 감독 업무 또는 기밀취급 업무에 종사하는 경우 ② 제1항의 각 호에 해당하는 사원이 야간에 근로한 경우 통상임금의 50%를 가산하여 지급한다.	것도 가능(근로기준법 제63조 참조) ✍ 참고 : 휴일 및 휴게, 근로시간 제도를 적용 제외 하더라도 야간근로에 대한 가산임금은 지급해야 함
제 2 절 휴일 · 휴가	※휴일 · 휴가 관련 규정은 필수적 사항이며 내용상 근로기준법 등 관련 법률에 위반되지 않도록 할 필요
제30조 【유급휴일】 ① 1주 동안 소정근로일을 개근한 사원에 대하여는 일요일을 유급주휴일로 부여한다. ② 근로자의 날(5월 1일)은 유급휴일로 한다. 다만, 근로자의 날에 근로를 한 경우 근로기준법 제57조(보상휴가제)에 따라 보상휴가를 줄 수 있다. ③ 관공서의 휴일에 관한 규정에 따른 휴일과 회사의 창립기념일인 00월 00일은 유급휴일로 한다. 다만, 공직선거법 제34조에 따른 임기만료에 의한 선거일은 제11조에서 별도로 정하는 바에 따른다.	[필수] 유급 주휴일은 특정일을 지정하여 규정할 필요(근로기준법 제55조 및 시행령 제30조 참조) ✍ 참고 : 유급 주휴일이 반드시 일요일이어야 하는 것은 아니고, 사업장 사정에 따라 근로자 그룹별로 다른 요일을 정할 수 있음 ✍ 참고 : 창립기념일, 명절연휴 등을 휴일로 정할 수 있음
제31조 【연차유급휴가】 ① 1년간 8할 이상 출근한 사원에게는 15일의 유급휴가를 준다. 다만, 1년간 80퍼센트 미만 출근한 사원에게도 개근한 1월에 대하여 1일의 유급휴가를 준다. ② 계속하여 근로한 기간이 1년 미만인 사원에게는 1개월 개근시 1일의 유급휴가를 준다. ③ 최초 1년간의 근로에 대하여 유급휴가를 주는 경우에는 제2항에 따른 휴가를 포함하여 15일로 하고, 사원이 제2항에 따른 휴가를 이미 사용한 경우에는 그 사용한 휴가 일수를 15일에서 뺀다. ④ 3년 이상 근속한 사원에 대하여는 제1항 규정에 의한 휴가에 최초 1년을 초과하는 계속 근로연수 매 2년에 대하여 1일을 가산한 유급휴가를 주며, 가산휴가를 포함한 총 휴가일수는 25일을 한도로 한다.	[필수] 연차휴가에 관한 사항(근로기준법 제60조 참조)은 필수적 기재사항 ✍ 참고 : 근로기준법 제60조 개정(2012.2.1.)에 따라 1년간 80퍼센트 미만 출근한 근로자의 경우에도 1개월 개근시 1일의 유급휴가를 주어야함(시행일 : 2012.8.2.) ✍ 참고 : 개정법 적용시점 예시 ① 입사일이 2010.8.2.인 근로자가 2011.8.2.부터 2012.8.1.까지 80% 미만으로 출근한 경우(월별 개근월이 6개월) 연차유급휴가 발생 일수 : 없음 ② 입사일이 2010.8.3.인 근로자가 2011.8.3.부터 2012.8.2.까지 80% 미만으로 출근한 경

취업규칙(안)	작성시 착안사항
	우(월별 개근월이 6개월) 연차유급휴가 발생 일수 : 6일
제32조【연차휴가의 사용】① 사원의 연차유급휴가는 1년간 행사하지 아니하면 소멸된다. 다만, 사용자의 귀책사유로 사용하지 못한 경우에는 그러하지 아니하다. ② 회사는 근로기준법 제61조에 따라 연차유급휴가 사용을 촉진할 수 있다. 회사의 사용촉진조치에도 불구하고 사원이 사용하지 아니한 연차유급휴가에 대하여는 금전으로 보상 하지 아니한다.	[선택] 연차휴가 사용 방법 및 효과는 근로기준법 제60조에서 정하고 있어 별도 기재할 필요가 없으나, 근로자에게 주지시키는 차원에 기재하는 것이 바람직 - 아울러 근로기준법 제61조에 따른 사용자의 연차휴가사용촉진도 취업규칙에서 명확히 하는 것이 바람직 ✍ 참고 : 근로기준법 제61조 개정(2012.2.1.)에 따라 미사용 휴가일수 고지 및 사용예정일 통보 요청 시기가 휴가 사용청구권 소멸 3개월 전에서 6개월 전으로 변경되었음(시행일 : 2012.8.2.)
제33조【연차유급휴가의 대체】회사는 사원의 대표와 서면합의에 의하여 연차유급휴가일에 대신하여 특정한 근로일에 사원을 휴무시킬 수 있다.	[선택] 사업장 사정에 따라 적정하게 보완하여 규정할 수 있음(근로기준법 제62조 참조) ✍ 참고 : 근로자가 사전에 이를 충분히 알고 준비할 수 있도록 운영할 필요
제34조【하기휴가】사원은 00월 00일부터 00월 00일까지 사이에 하기휴가를 사용할 수 있다. 이 경우 휴가개시일 3일 전에 부서의 장에게 승인을 받아야 한다.	[선택] 사업장 사정에 따라 하기휴가를 특별휴가로 부여할 것인지 연차휴가를 사용하는 것으로 할 것인지 정할 수 있음 ✍ 참고 : 연차휴가는 업무수행에 지장이 적도록 분산하여 사용하는 것이 바람직하지만 하기휴가 때에는 집단적으로 비교적 장기간의 휴가를 사용할 수 있도록 부여하는 경향이 확산되고 있음

취업규칙(안)	작성시 착안사항
제35조 【경조사 휴가】 ① 회사는 다음 각 호의 어느 하나에 해당하는 범위에서 사원의 신청에 따라 유급의 경조사휴가를 부여한다. 1. 본인의 결혼 : 5일 2. 배우자의 출산 : 5일 3. 본인·배우자의 부모 또는 배우자의 사망 : 5일 4. 본인·배우자의 조부모 또는 외조부모의 사망 : 2일 5. 자녀 또는 그 자녀의 배우자의 사망 : 2일 ② 제1항에 따른 경조사 휴가기간 중 휴일 또는 휴무일이 포함되어 있는 경우에는 이를 포함하여 휴가기간을 계산한다.	[선택] 사업장 사정에 따라 달리 정할 수 있음 ✍ 참고 : 반드시 유급으로 규정해야 하는 것은 아니며, 최소한의 기간은 유급으로 부여하고 추가로 필요한 기간은 연차휴가를 사용하도록 하는 방안도 가능 다만, 배우자 출산휴가는 3~5일의 범위에서 근로자가 신청한 일수만큼 부여하여야 하며, 최초 3일은 유급으로 함[시행시기 2012.8.2.부터(300인 미만 사업장은 2013.2.2.부터] ✍ 참고 : 경조사휴가일이 '근무일'을 의미하는지 여부를 명확히 하는 것이 바람직함
제36조 【생리휴가】 회사는 여성 사원이 청구하는 경우 월 1일의 무급생리휴가를 부여한다.	[필수] 필수적 기재사항으로 모성보호 제도의 정착 차원에서 규정(근로기준법 제73조 참조)
제37조 【병가】 ① 회사는 사원이 업무 외 질병·부상 등으로 병가를 신청하는 경우에는 연간 60일을 초과하지 않는 범위 내에서 병가를 허가할 수 있다. 이 경우 병가기간은 무급으로 한다. ② 상해나 질병 등으로 1주 이상 계속 결근시에는 검진의사의 진단서를 첨부하여야 한다.	[선택] 필수적 사항은 아니지만 취업규칙에 규정하는 것이 일반적이며 사업장 사정에 따라 달리 정할 수 있음
제 3 절 모성보호	※모성보호 관련 규정은 필수적 기재사항이며 관련 법률에 위반되지 않도록 할 필요
제38조 【임산부의 보호】 ① 임신 중의 여성 사원에게 출산 전과 출산 후를 통하여 90일의 보호휴가를 준다. 이 경우 반드시 출산 후에 45일 이상 부여한다. ② 임신 중인 여성 사원이 유산의 경험 등 근로기준법 시행령이 정하는 사유로 제1항의 휴가를 청구하는 경우 출산 전 어느 때라도 휴가를 나누어 사용할 수 있도록 한다. 이 경우 출산 후의 휴가 기간은 연속하여 45일 이상이 되어야 한다.	[필수] 필수적 기재사항으로 모성보호 제도의 정착 차원에서 규정(근로기준법 제74조 참조) ✍ 참고 : 고용보험법 시행령 제12조(우선지원대상기업의 범위)에 따른 우선지원대상기업(예 : 제조업 500인 이하)인 경우에는 산전후

취업규칙(안)	작성시 착안사항
③ 임신 중인 여성 사원이 유산 또는 사산한 경우로서 해당 사원이 청구하는 경우에는 다음 각 호에 따른 휴가를 부여한다. 다만, 모자보건법에서 허용되지 않는 인공중절수술은 제외한다. 1. 유산 또는 사산한 여성 사원의 임신기간이 11주 이내인 경우 : 유산 또는 사산한 날로부터 5일까지 2. 유산 또는 사산한 여성 사원의 임신기간이 12주 이상 15주 이내인 경우 : 유산 또는 사산한 날로부터 10일까지 3. 유산 또는 사산한 여성 사원의 임신기간이 16주 이상 21주 이내인 경우 : 유산 또는 사산한 날로부터 30일까지 4. 유산 또는 사산한 여성 사원의 임신기간이 22주 이상 27주 이내인 경우 : 유산 또는 사산한 날로부터 60일까지 5. 임신기간이 28주 이상인 경우 : 유산 또는 사산한 날로부터 90일까지 ④ 회사는 사원이 출산전후휴가급여 등을 신청할 경우 고용보험법에 따라 출산전후휴가급여 등을 받을 수 있도록 증빙서류를 제공하는 등 적극 협조한다. ⑤ 제1항 및 제2항에 따른 보호휴가 기간 중에 사원이 고용보험법에 따라 지급받은 출산전후휴가 등 급여액이 그 사원의 통상임금보다 적을 경우 회사는 최초 60일분의 급여와 통상임금의 차액을 지급한다. ⑥ 임신 중의 여성 사원에게 연장근로를 시키지 아니하며, 요구가 있는 경우 쉬운 종류의 근로로 전환시킨다.	휴가기간(유·사산휴가 포함) 중 통상임금 90일분을 산전후휴가급여를 해당 사원에게 지급함(한도금액 405만원[7]) –이에 따라 사용자는 고용보험에서 지급받은 급여가 그 근로자의 통상임금보다 적을 경우 차액 중 60일 분에 대하여만 지급 의무가 있음 ✍ 참고 : 우선지원대상기업이 아닌 경우에는 산전후휴가기간 90일 중 최초 60일에 대하여 사용자의 지급의무가 있음[나머지 30일분은 고용보험기금에서 지급(135만원 한도[8])] ✍ 참고 : 2012.8.2.부터 출산전후휴가 분할 사용이 가능해지고, 16주 전에 유산·사산한 경우도 유산·사산 휴가 가능
제39조【태아검진 시간의 허용 등】① 회사는 임신한 여성 사원이 모자보건법 제10조에 따른 임산부 정기건강진단을 받는데 필요한 시간을 청구하는 경우 이를 허용한다. ② 회사는 제1항에 따른 건강진단 시간을 이유로 사원의 임금을 삭감하지 않는다.	[필수] 필수적 기재사항으로 모성보호 제도의 정착 차원에서 규정(근로기준법 제74조의2 참조) ✍ 참고 : 모자보건법에 따른 임산부 정기건강진단 실시기준 ① 임신 7개월까지 : 2개월마다 1회 ② 임신 8개월에서 9개월까지 : 1개월마다 1회 ③ 임신 10개월 이후 : 2주마다 1회

7) 2018년 현재 480만원
8) 2018년 현재 160만원 한도

취업규칙(안)	작성시 착안사항
제40조【육아기 근로시간 단축】① 회사는 제18조 제1항에 따라 육아휴직을 신청할 수 있는 남녀 사원이 육아휴직 대신 근로시간의 단축(이하 “육아기 근로시간 단축”이라 한다)을 신청하는 경우에는 이를 허용하여야 한다. 다만, 대체인력 채용이 불가능한 경우, 정상적인 사업 운영에 중대한 지장을 초래하는 경우 등 남녀고용평등법 시행령이 정하는 경우에는 그러하지 아니하다. ② 회사가 육아기 근로시간 단축을 허용하지 아니하는 경우에는 해당 사원에게 그 사유를 서면으로 통보하고 육아휴직을 사용하게 하거나 그밖의 조치를 통하여 지원할 수 있는지를 해당 사원과 협의하여야 한다. ③ 회사가 해당 사원에게 육아기 근로시간 단축을 허용하는 경우 단축 후 근로시간은 주당 15시간 이상이어야 하고 30시간을 넘어서는 아니 된다. ④ 육아기 근로시간 단축의 기간은 1년 이내로 한다. ⑤ 회사는 사원이 육아기 근로시간 단축을 사용할 경우 고용보험법령이 정하는 육아기 근로시간 단축 급여를 받을 수 있도록 증빙서류를 제공하는 등 적극 협조한다.	[필수] 2012.8.2.부터 육아기 근로시간 단축제도가 의무화 됨 ✍ 참고 : 육아기 근로시간 단축 부여 여부는 사업주의 의무사항이며, 대통령령이 정하는 예외적인 경우에 한하여 허용하지 아니할 수 있음(위반시 500만원 이하의 과태료) 허용하지 아니하는 경우 사유를 서면으로 통보하고 사원과 협의하여야 함(위반시 500만원 이하의 과태료)
제41조【육아기 근로시간 단축 중 근로조건 등】① 회사는 제40조에 따라 육아기 근로시간 단축을 하고 있는 사원에 대하여 근로시간에 비례하여 적용하는 경우 외에는 육아기 근로시간 단축을 이유로 그 근로조건을 불리하게 하여서는 아니 된다. ② 제40조에 따라 육아기 근로시간 단축을 한 근로자의 근로조건(육아기근로시간 단축 후 근로시간을 포함한다)은 회사와 그 사원간에 서면으로 정한다. ③ 사업주는 제40조에 따라 육아기 근로시간 단축을 하고 있는 사원에게 단축된 근로시간 외에 연장근로를 요구할 수 없다. 다만, 그 사원이 명시적으로 청구하는 경우에는 회사는 주 12시간 이내에서 연장근로를 시킬 수 있다. ④ 육아기 근로시간 단축을 한 사원에 대하여 근로기준법 제2조 제6호에 따른 평균임금을 산정하는 경우에는 그 사원의 육아기 근로시간 단축기간을 평균임금 산정기간에서 제외한다.	[선택] 남녀고용평등법의 내용으로 취업규칙에 반드시 규정할 필요는 없으나 확인적인 취지로 명시할 수 있음(남녀고용평등법 제19조의3 참조)

취업규칙(안)	작성시 착안사항
제42조【육아휴직과 육아기 근로시간 단축의 사용형태】사원은 제18조와 제40조에 따라 육아휴직이나 육아기 근로시간 단축을 하려는 경우에는 다음 각 호의 방법 중 하나를 선택하여 사용할 수 있다. 이 경우 어느 방법을 사용하든지 그 총 기간은 1년을 넘을 수 없다. 1. 육아휴직의 1회 사용 2. 육아기 근로시간 단축의 1회 사용 3. 육아휴직의 분할 사용(1회만 할 수 있다) 4. 육아기 근로시간 단축의 분할 사용(1회만 할 수 있다) 5. 육아휴직의 1회 사용과 육아기 근로시간 단축의 1회 사용	[선택] 남녀고용평등법의 내용으로 취업규칙에 반드시 규정할 필요는 없으나 확인적인 취지로 명시할 수 있음(남녀고용평등법 제19조의4 참조)
제43조【육아시간】생후 1년 미만의 아동이 있는 여성 사원의 청구가 있는 경우 제24조의 휴게시간 외에 1일 2회 각 30분씩 유급 수유시간을 준다.	[선택] 근로기준법에 명시된 사항으로 확인적인 취지로 취업규칙에 명시하는 것도 가능(근로기준법 제75조 참조)
제6장 임 금	※임금 관련 규정은 필수적 기재사항이며 근로기준법 등 관련 법률에 위반되지 않도록 할 필요
제44조【임금의 구성항목】① 사원에 대한 임금은 기본급 및 ○○수당과 연장·야간·휴일근로수당 등 법정수당으로 구성한다. ② 제23조의 근로시간을 초과하여 근로한 경우, 야간에 근로한 경우(22 : 00～06 : 00), 휴일에 근로한 경우에는 각각 시간급 통상임금의 50%를 가산하여 지급한다. ③ 제2항의 통상임금에 산입하는 임금의 범위는 기본급 및 ○○수당으로 하되, 시간급 통상임금은 월 통상임금을 209시간으로 나누어 계산한다.	[필수] 임금을 구성하고 있는 항목을 명확히 하여 연장근로수당 등의 계산시에 논란이 없도록 할 필요 ✍ 참고 : 통상임금은 근로자에게 정기적·일률적으로 지급되는 금액(근로기준법 시행령 제6조 참조)이며 여러 가지 수당을 신설하여 임금체계를 복잡하게 하는 것은 바람직하지 않음 ✍ 참고 : 월급제의 경우 시간급 통상임금 환산을 위해서는 1개월의 산정기준시간으로 나누어서 계산 ① 주당 소정근로시간이 40시간인 경우 : 209시간 {(주40시간+유급주휴일 8시간)×365÷7}÷12월

취업규칙(안)	작성시 착안사항
	② 주당 소정근로시간이 35시간인 경우 : 183시간 {(주35시간+유급주휴일 7시간)×365÷7}÷12월
제45조【임금의 계산 및 지급방법】① 임금은 매월 초일부터 말일까지를 산정기간으로 하여 해당 월의 00일 사원에게 직접 지급하거나 사원이 지정한 사원 명의의 예금계좌에 입금하여 지급한다. 다만, 지급일이 토요일 또는 공휴일인 경우에는 그 전일에 지급한다. ② 신규채용, 승진, 전보, 퇴직 등의 사유로 임금을 정산하는 경우에는 발령일을 기준으로 그 월액을 일할 계산하여 지급한다.	[필수] 임금지급형태 및 임금계산기간을 명확히 규정하고, 임금지급기일 등을 명확히 하여야 하며 사업장 사정에 따라 달리 정할 수 있음 ✍ 참고 : 임금지급 주기는 반드시 월 1회 이상이 되도록 설정하여야 함(근로기준법 제43조 참조)
제46조【비상시 지급】사원이 다음 각 호의 사유로 청구하는 경우에는 지급기일 전이라도 이미 제공한 근로에 대한 임금을 지급한다. 1. 사원 또는 그의 수입에 의하여 생활을 유지하는 자의 출산, 질병 또는 재해의 비용에 충당하는 경우 2. 사원 또는 그의 수입에 의하여 생활하는 자의 혼인 또는 사망시 그 비용에 충당하는 경우 3. 사원이 부득이한 사정으로 1주일 이상 귀향하는 경우	[선택] 근로기준법에 명시된 사항으로 확인적 차원에서 규정할 수 있음(근로기준법 제45조 참조)
제47조【휴업수당】① 회사의 귀책사유로 휴업하는 경우에는 휴업기간 동안 사원에게 평균임금의 100분 70의 수당을 지급한다. 다만, 평균임금의 100분의 70에 해당하는 금액이 통상임금을 초과하는 경우에는 통상임금으로 지급한다. ② 부득이한 사유로 사업을 계속하는 것이 불가능한 경우에는 노동위원회의 승인을 받아 제1항에 정한 금액에 못 미치는 휴업수당을 지급 할 수 있다.	[선택] 근로기준법에 명시된 사항으로 확인적 차원에서 규정할 수 있음(근로기준법 제46조 참조)
제48조【상여금지급】① 회사는 기본급의 00%를 상여금으로 지급한다. 다만, 단체협약에서 달리 정할 경우 그 기준에 의한다. ② 상여금은 연 0회 각 00%를 지급하고 지급사유로 속한 달의 정기 임금지급일에 지급한다.	[선택] 상여금 지급 자체는 의무사항이 아님. 다만, 상여금 규정을 두는 경우에는 취업규칙에 필수적으로 명시하여야 하며 사업장 사정에 따

취업규칙(안)	작성시 착안사항
③ 퇴직자의 경우 상여금 지급일을 기준으로 일할 계산하여 지급하고 계속근로 3개월 미만인 자는 지급대상에서 제외한다.[9]	라 상여금의 지급기준, 지급기일, 지급대상, 지급률 등을 달리 정할 수 있음 ✍ 참고 : 상여금 지급기준을 합리적으로 설정하여 근로자간 차별 등에 대한 논란이 발생하지 않도록 주의할 필요 ✍ 참고 : 상여금 지급 횟수는 명절 등(구정설날, 추석, 여름휴가, 연말 등)을 고려하여 정함
제 7 장 퇴직 · 해고 등	※퇴직 관련 규정은 필수적 기재사항이며 특히 해고와 연계되어 많은 쟁점이 발생하므로 근로기준법 등 관련 법률에 위반되지 않도록 할 필요
제49조 【퇴직 및 퇴직일】 ① 회사는 사원이 다음 각 호에 해당할 때에는 사원을 퇴직시킬 수 있다. 1. 본인이 퇴직을 원하는 경우 2. 사망하였을 경우 3. 정년에 도달하였을 경우 4. 근로계약기간이 만료된 경우 5. 해고가 결정된 경우 ② 제1항에 의한 퇴직의 퇴직일은 다음 각 호와 같다. 1. 사원이 퇴직일자를 명시한 사직원을 제출하여 수리되었을 경우 그 날 2. 사원이 퇴직일자를 명시하지 아니하고 사직원을 제출하였을 경우 이를 수리한 날. 단, 회사는 업무의 인수인계를 위하여 사직원을 제출한 날로부터 30일을 넘지 않는 범위 내에서 퇴직일자를 지정하여 수리할 수 있다. 3. 사망한 날 4. 정년에 도달한 날	[필수] 근로계약 관계의 종료사유를 명확히 하기 위하여 규정하며 사업장 사정에 따라 달리 정할 수 있음 ✍ 참고 : 사유별 효력발생(퇴직)시기를 명확히 규정하여 근속기간 산정 등에 다툼이 없도록 유의할 필요

9) 상여금 지급일 이전에 퇴직하는 직원에 대해 일할 계산해 지급할 것인지, 상여금 지급일 현재 재직자에 한해 지급할 것인지 여부 등 상여금 운영 방식에 대한 결정 필요

취업규칙(안)	작성시 착안사항
5. 근로계약기간이 만료된 날 6. 해고가 결정·통보된 경우 해고일	
제50조【해고】사원이 다음 각 호의 경우와 같이 사회통념상 근로관계를 더 이상 존속하기 어렵다고 인정될 정당한 이유가 있는 경우 해고할 수 있다. 1. 신체 또는 정신상 장애로 직무를 감당할 수 없다고 인정되는 경우(의사의 소견이 있는 경우에 한함) 2. 휴직자로서 정당한 사유없이 휴직기간 만료일 후 7일이 경과할 때까지 복직원을 제출하지 않은 경우 3. 징계위원회에서 해고가 결정된 경우 4. 기타 제1호 내지 제3호에 준하는 경우로서 정당한 이유가 있는 경우	[선택] 사회통념상 근로관계를 더 이상 존속하기 어렵다고 인정되는 경우 통상해고와 징계해고 등을 정할 수 있으며 사업장 사정에 따라 달리 정할 수 있음 ✍ 참고 : 다만, 해고는 근로기준법 제23조에 따라 정당한 이유가 있을 때에만 허용되므로 해고사유는 사회통념상 합리성이 있어야 함
제51조【해고의 제한】① 사원이 업무상 부상 또는 질병의 요양을 위하여 휴업한 기간과 그 후 30일 동안은 해고하지 아니한다. 다만, 근로기준법 제84조에 따라 일시보상을 하였을 경우에는 해고할 수 있다. ② 산전(産前)·산후(産後)의 여성 사원이 근로기준법에 따라 휴업한 기간과 그 후 30일 동안은 해고 하지 아니한다. ③ 제1항 본문 및 제2항에도 불구하고 사업을 계속할 수 없게 된 경우에는 해당사원을 해고할 수 있다.	[선택] 근로기준법의 내용으로 반드시 취업규칙에 규정할 필요는 없으나 확인적인 취지로 규정하는 것도 가능(근로기준법 제23조 제2항 참조) ✍ 참고 : '사업을 계속할 수 없게 된 경우'라 함은 전체적인 사업을 계속 수행하는 것이 상당기간 동안 불가능한 경우임(근기 68207-1376, 2004.4.2.)
제52조【해고의 통지】① 회사는 사원을 해고하는 경우에는 서면으로 그 사유 및 날짜를 기재하여 통지한다. ② 회사는 제1항에 따라 해고를 통지하는 경우 해고일로부터 적어도 30일 전에 해고예고를 하거나, 30일 전에 해고예고를 하지 아니하였을 때에는 30일분의 통상임금을 지급한다.	[선택] 근로기준법의 내용으로 반드시 취업규칙에 규정할 필요는 없으나 확인적인 취지로 규정할 수 있음(근로기준법 제27조 참조) ✍ 참고 : 정당한 이유가 있어 해고하는 경우라도 30일 전에 예고하거나 30일분 이상의 통상임금을 지급하여야 함
제53조【해고예고의 예외】다음 각 호의 사원에게는 해고예고를 하지 아니한다.	[선택] 근로기준법의 내용으로 반드시 취업규칙에 규정할 필

취업규칙(안)	작성시 착안사항
1. 일용 사원으로서 3개월을 계속 근무하지 아니한 자 2. 2개월 이내의 기간을 정하여 사용된 자 3. 월급제 사원으로서 6개월이 되지 아니한 자[10)] 4. 계절적 업무에 6개월 이내의 기간을 정하여 사용된 자 5. 수습기간 중인 자(3개월 이내) 6. 사원이 고의로 사업에 막대한 지장을 초래하거나 재산상 손해를 끼친 경우로서 고용노동부령이 정하는 사유에 해당하는 자	요는 없으나 확인적인 취지로 규정할 수 있음(근로기준법 제35조 참조)
제54조 【정년】 정년은 만 00세에 도달한 날로 한다.[11)]	[선택] 필수적인 사항은 아니지만 정년을 규정하는 경우가 많으며 사업장 사정에 따라 달리 정할 수 있음 ✍ 참고 : 고령자고용촉진법은 정년을 60세 이상 정할 것을 노력의무로 규정(고령자고용촉진법 제19조 참조)
제55조 【차별금지】 퇴직 · 해고 · 정년에서 남녀를 차별하지 않는다.	[선택] 필수적인 사항은 아니지만 퇴직, 해고, 정년에서 남녀를 차별하지 않도록 규정(남녀고용평등법 제11조 참조)
제 8 장 퇴직급여	※퇴직급여 관련 규정은 필수적 기재사항이며 금액산정 등을 둘러싸고 많은 쟁점이 발생하므로 근로기준법 등 관련 법률에 위반되지 않도록 할 필요
제56조 【퇴직급여제도의 설정 등】 ① 회사는 1년 이상 근무한 사원이 퇴직할 경우에는 계속근로기간 1년에 대하여 30일분의 평균임금을 퇴직금으로 지급한다. ② 회사는 근로자퇴직급여 보장법 제4조에 따라 제1항의 퇴직금을 지급하는 대신 사원의 과반수 동의를 얻어 퇴직연금제도를 도입할 수 있다.	[필수] 필수적 사항으로 사업장 사정에 따라 법정기준을 상회하는 수준에서 달리 정할 수 있음(근로자퇴직급여보장법 제8조 참조) ✍ 참고 : 퇴직금제도를 설정한 회사

10) 헌법재판소 위헌판결(2014헌바3, 2015.12.23.)로 효력 없음.
11) 현행 법적 정년은 만 60세 이상임.

취업규칙(안)	작성시 착안사항
	에서 퇴직연금제도를 도입하고자 할 때에는 근로자의 과반수가 가입한 노동조합이 있는 경우에는 그 노동조합, 근로자의 과반수가 가입한 노동조합이 없는 경우에는 근로자 과반수의 동의를 얻어 퇴직연금규약을 작성하고 관할 지방고용노동관서에 신고하여야 함
제57조 【중간정산】 회사는 주택구입 등 근로자퇴직급여 보장법 시행령에서 정한 사유로 사원이 요구하는 경우에는 퇴직하기 전에 해당 사원의 계속근로기간에 대한 퇴직금을 미리 정산하여 지급할 수 있다. 이 경우 미리 정산하여 지급한 후의 퇴직금 산정을 위한 계속 근로기간은 정산시점부터 새로이 기산한다.	[선택] 퇴직금 중간정산을 하는 경우 그 요건 및 절차를 명확히 할 필요(근로자퇴직급여보장법 제8조 제2항 참조) ✍ 참고 : 근로자퇴직급여보장법 제8조 개정(2011.7.25.)에 따라 사유에 따른 제한없이 이루어지던 퇴직금 중간정산이 대통령령에 정한 사유에 해당할 경우에만 가능해졌음에 유의할 것(시행일 : 2012.7.26.)
제 9 장 표창 및 징계	※징계(제재) 관련 규정은 필수적 기재사항이며 부당해고 등과 연계되어 많은 쟁점이 발생하므로 근로기준법 등 관련 법률에 위반되지 않도록 할 필요
제58조 【표창】 ① 회사는 사원이 다음 각 호의 1에 해당하는 경우 표창할 수 있다. 1. 회사의 업무능률향상에 현저한 공로가 인정된 자 2. 회사의 영업활동에 크게 기여한 자 3. 업무수행 성적이 우수한 자 4. 기타 표창의 필요가 인정되는 자 ② 표창 대상자 및 표창의 방법은 위원회를 거쳐 결정한다.	[선택] 임의적 사항으로 사업장 사정에 따라 달리 정할 수 있음
제59조 【징계】 회사는 다음 각 호에 해당하는 사원에 대하여 징계위원회의 의결을 거쳐 징계할 수 있다(이 경우 징계위원회는 제13조의 인사위원회로 대신한다).	[필수] 필수적 사항으로 사업장 사정에 따라 달리 정할 수 있음 ✍ 참고 : 징계는 노사간 갈등의 요

취업규칙(안)	작성시 착안사항
1. 부정 및 허위 등의 방법으로 채용된 자 2. 업무상 비밀 및 기밀을 누설하여 회사에 피해를 입힌 자 3. 회사의 명예 또는 신용에 손상을 입힌 자 4. 회사의 영업을 방해하는 언행을 한 자 5. 회사의 규율과 상사의 정당한 지시를 어겨 질서를 문란하게 한 자 6. 정당한 이유없이 회사의 물품 및 금품을 반출한 자 7. 직무를 이용하여 부당한 이익을 취한 자 8. 회사가 정한 복무규정을 위반한 자 9. 직장 내 성희롱 행위를 한 자 10. 기타 이에 준하는 행위로 직장질서를 문란하게 한 자	인이 될 수 있으므로 징계사유를 합리적으로 설정하려는 노력이 필요 ✍ 참고 : 특히 징계위원회는 사업장 사정에 따라 그 구성 및 규모를 달리 정하거나 사업장 규모가 작을 경우 설치하지 않을 수도 있으나 투명한 운영을 위해 가급적 설치하는 것이 바람직함
제60조【징계의 종류】 사원에 대한 징계의 종류는 다음과 같다. 1. 견책 : 징계사유 발생 자에 대하여 시말서를 받고 문서로 견책한다. 2. 감봉(감급) : 1회에 평균임금 1일분의 2분의 1, 총액은 월 급여금총액의 10분의 1을 초과하지 않는 범위의 금액을 감액한다. 3. 정직 : 중대 징계사유 발생 자에 대하여 3월 이내로 하고, 그 기간 중에 직무에 종사하지 못하며 그 기간 동안 임금을 지급하지 아니한다. 4. 해고 : 근로계약을 해지하는 것으로 한다.	[필수] 필수적 사항으로 사업장에 따라 달리 정할 수 있음 ✍ 참고 : 감급의 제재를 정할 경우에는 그 감액은 1회의 액이 평균임금의 1일분의 2분의 1을, 총액이 1 임금지급기에 있어서의 임금총액의 10분의 1을 초과하지 못함(근로기준법 제95조 참조) * 1일 평균임금이 5만원이고 월 급여 총액이 250만원인 경우 1회에 25,000원 범위 내, 10달에 걸쳐 10회를 감급할 경우 25만원 범위 내
제61조【징계심의】 ① 징계위원회의 위원장은 징계의결을 위한 회의 7일 전까지 징계위원회의 위원들에게는 회의일시, 장소, 의제 등을, 징계대상 사원에게는 서면으로 별지 2의 출석통지를 각 통보한다. ② 징계위원회는 징계사유를 조사한 서류와 입증자료 및 당사자의 진술 등 충분한 증거를 확보하여 공정하게 심의한다. 이 경우 징계대상자가 징계위원회에 출석을 원하지 아니하거나 서면진술을 하였을 때는 별지 2 하단의 진술권 포기서 또는 별지 3의 서면진술서를 징구하여 기록에 첨부하고 서면심사만으로 징계의결을 할 수 있다.	[필수] 근로기준법에 정한 필수적 사항으로 사업장에 따라 달리 정할 수 있음 ✍ 참고 : 징계의 양정과 징계절차와 관련하여 노동위원회에 부당해고 등의 구제신청을 제기하는 등 논란이 발생할 수 있으므로 합리적인 수준의 징계와 공정한 절차 운영이 필요함

취업규칙(안)	작성시 착안사항
③ 징계위원회의 위원이 징계대상자와 친족관계에 있거나 그 징계사유와 관계가 있을 때에는 그 위원은 그 징계의결에 관여하지 못한다. ④ 징계위원회는 의결 전에 해당사원에게 소명할 기회를 부여한다. ⑤ 징계위원회는 징계 대상자가 2회에 걸쳐 출석요구에 불응하거나 소명을 거부하는 경우 또는 소명을 포기 하는 의사를 표시하는 경우에는 소명없이 징계의결 할 수 있다. ⑥ 간사는 징계의결을 위한 회의에 참석하여 회의록을 작성하고 이를 보관한다.	
제62조 【징계결과 통보】 징계결과통보는 해당 사원에게 별지 5의 징계처분사유 설명서에 의한다.	[필수] 징계결과를 서면으로 통보하도록 하는 것이 바람직함 [징계처분사유설명서(별지 5) 참조]
제63조 【재심절차】 ① 징계처분을 받은 사원은 징계결정이 부당하다고 인정될 때 징계통보를 받은 날로부터 7일 이내에 서면으로 재심신청을 할 수 있다. ② 재심을 요청받은 경우 징계위원회는 10일 이내에 재심을 위한 회의를 개최하여야 하며 그 절차는 제61조 및 제62조를 준용한다.	[선택] 사업장 사정에 따라 달리 정할 수 있으나 투명하고 공정한 운영을 위해 가급적이면 재심절차를 두는 것이 바람직함
제10장 교육 및 성희롱의 예방	※교육 및 성희롱 예방 관련 규정은 필수적 기재사항은 아니지만 근로자의 사기 및 직장분위기 개선 차원에서 규정하는 것이 일반적임
제64조 【직무교육】 ① 회사는 사원의 직무능력향상을 위하여 필요한 경우 직무교육을 시킬 수 있으며 사원은 교육과정에 성실히 임하여야 한다. ② 제1항에 의한 직무교육과 제65조에 의한 직장 내 성희롱 예방교육은 근무시간 중에 실시하는 것을 원칙으로 하고 교육을 받는 시간은 근로를 제공한 것으로 본다. 다만, 사원과 합의로 근무시간 외에 직무교육을 받도록 할 수 있으며	[선택] 사업장 사정에 따라 달리 정할 수 있음. 다만, 교육시설을 운영하는 경우는 필수사항임 ✍ 참고 : 특히 교육시설의 운영 등과 관련하여 근로자간 공평한 기회가 부여될 수 있도록 합리적인 운영기준을 설정할 필요

취업규칙(안)	작성시 착안사항
이 경우의 처우에 관하여는 교육의 장소 · 일정 등을 고려하여 따로 정한다. ③ 회사는 교육에 있어 남녀를 차별하지 않는다.	✍ 참고 : 소정근로시간 내에 사용자의 지시로 이루어지는 직무교육의 경우 당사자 간 특약이 없는 한 그 시간은 근로를 제공한 것으로 보아야 하고, 교육에서의 합리적 이유없이 남녀를 차별하지 않도록 한 법의 취지를 명확히 할 필요(남녀고용평등법 제10조 참조)
제65조【성희롱의 예방】① 회사는 직장 내 성희롱을 예방하고 사원이 안전한 근로환경에서 일할 수 있는 여건 조성을 위해 1년에 1회 이상 성희롱 관련 법령의 요지, 성희롱 예방을 위한 사업주의 방침, 성희롱 피해자의 권리구제 방법과 가해자의 조치 등을 내용으로 성희롱 예방교육을 한다. ② 회사의 모든 임원 및 사원은 남녀고용평등법에서 금지한 직장 내 성희롱에 해당하는 행위를 하여서는 안된다. ③ 직장 내 성희롱을 하여 물의를 일으킨 임 · 직원에 대하여는 해고 등의 징계 조치를 취하여야 하며, 성희롱 피해자와 같은 장소에 근무하지 않도록 인사이동을 병행하여 실시한다. ④ 회사는 직장 내 성희롱 피해자의 고충을 해결을 위하여 별도의 고충처리위원회를 둘 수 있으며, 이 경우 고충처리위원은 남녀 동수로 구성하고 피해자의 요청이 있는 경우를 제외하고는 직장 내 성희롱에 대해서는 비공개를 원칙으로 한다.	[선택] 직장 내 성희롱 예방 분위기 조성을 위해 필요 ✍ 참고 : 특히 사업장에서 성희롱 피해자의 구제를 위한 절차가 있을 경우 이러한 사항을 보완하여 구체적으로 규정할 필요 ✍ 참고 : 제1항의 가해자 조치 및 피해자의 권리구제 방안을 구체적으로 규정할 필요
제11장 안전보건	※안전보건 관련 규정은 필수적 기재사항이며 산업안전보건법 등 관련 법률에 위반되지 않도록 할 필요
제66조【안전보건관리규정】① 회사는 사업장의 안전 · 보건을 유지하기 위하여 다음 각 호의 사항이 포함된 안전보건관리규정을 작성하여 각 사업장에 게시하거나 갖춰 두고, 이를 근로자에게 알려야 한다. 1. 안전 · 보건 관리조직과 그 직무에 관한 사항	[선택] 산업안전보건법 제20조 참조 ✍ 참고 : 상시근로자수 100인 이상의 회사는 산업안전보건 법령에서 정한 취지를 명확히 이행하는 동시에 근로자는 안전의식을 고취

취업규칙(안)	작성시 착안사항
2. 안전·보건교육에 관한 사항 3. 작업장 안전관리에 관한 사항 4. 작업장 보건관리에 관한 사항 5. 사고 조사 및 대책 수립에 관한 사항 6. 그밖에 안전·보건에 관한 사항 ② 각 부서는 회사의 안전보건관리규정에 따라 각 작업장의 안전보건관리를 실시하여야 한다. ③ 사원은 안전보건관리계획의 효과적인 운용을 위하여 적극적으로 협력하여야 한다.	할 수 있도록 안전보건관리계획이 필요
제67조【안전보건 교육】회사는 사원의 산업재해예방을 위하여 안전 및 보건에 관한 정기교육, 채용시의 교육, 작업내용 변경시의 교육, 유해위험 작업에 사용시 특별안전 교육 등 산업안전보건법령에 따른 제반 교육을 실시하며 사원은 이 교육에 성실하게 참여하여야 한다.	[필수] 필수적 사항이며 사업장 사정에 따라 달리 정할 수 있음 ✍ 참고 : 산업안전보건법령에 정한 취지를 명확히 이행하는 동시에 근로자의 안전의식을 고취할 수 있도록 규정할 필요(산업안전보건법 제31조 및 시행규칙 제33조 참조)
제68조【위험기계·기구의 방호조치】회사는 유해하거나 위험한 작업을 필요로 하거나 동력을 작동하는 기계·기구에 대하여 유해·위험 방지를 위한 방호조치를 하여야 하며 사원은 다음 각 호의 위험기계·기구의 방호조치 사항을 준수하여야 한다. 1. 방호조치를 해체하고자 할 경우 소속부서의 장의 허가를 받아 해체할 것 2. 방호조치를 해체한 후 그 사유가 소멸한 때에는 지체없이 원상으로 회복시킬 것 3. 방호장치의 기능이 상실된 것을 발견한 때에는 지체없이 소속부서의 장에게 신고할 것	[필수] 필수적 사항이며 사업장 사정에 따라 달리 정할 수 있음 ✍ 참고 : 산업안전보건법령에 정한 취지를 명확히 이행하는 동시에 근로자의 안전의식을 고취할 수 있도록 규정할 필요(산업안전보건법 제33조 및 시행규칙 제46조, 제47조 및 제48조 참조)
제69조【보호구의 지급 및 착용】회사는 사원이 유해·위험 작업으로부터 보호 받을 수 있도록 보호구를 지급하여야 하며 사원은 작업시 회사에서 지급하는 보호구를 착용하여야 한다.	[필수] 필수적 사항이며 사업장 사정에 따라 달리 정할 수 있음 ✍ 참고 : 산업안전보건법령에 정한 취지를 명확히 이행하는 동시에 근로자의 안전의식을 고취할 수 있도록 규정할 필요

제70조【물질안전보건자료의 작성 · 비치】 회사는 사업장에서 사용하는 고용노동부령이 정하는 화학물질 및 화학물질을 함유한 제제에 대하여는 물질안전보건자료를 취급근로자가 쉽게 볼 수 있는 장소에 게시하거나 갖추어야 한다.	[필수] 필수적 사항이며 사업장 사정에 따라 달리 정할 수 있음 ✍ 참고 : 화학물질 취급 사업장의 사업주 및 근로자의 안전 의식을 고취할 필요(산업안전보건법 제41조 참조)
제71조【작업환경측정】 ① 회사는 산업안전보건법에 의한 작업환경측정을 실시하되, 원칙적으로 매 6개월에 1회 이상 정기적으로 실시한다. ② 제1항의 작업환경측정시 사원 대표의 요구가 있을 때에는 사원 대표를 입회시킨다. ③ 회사는 작업환경측정의 결과를 사원에게 알려주며 그 결과에 따라 당해 시설 및 설비의 설치 또는 개선, 건강진단 등 적절한 조치를 한다.	[필수] 필수적 사항이며 산업안전보건법령에 정한 취지를 명확히 이행할 수 있도록 규정할 필요(산업안전보건법 제42조 참조) ✍ 참고 : 작업장 또는 작업 공정이 신규로 가동되거나 변경되는 등으로 작업환경 측정대상 작업장이 된 경우에는 그 날로부터 30일 이내에 작업환경 측정을 실시하고, 그 후 6개월 마다 1회 이상 정기적으로 작업환경 측정을 실시하여야 함(산업안전보건법 시행규칙 제93조의4 참조) – 그러나 ① 화학적 인자 측정치가 노출기준을 초과한 경우는 작업 환경측정 주기를 단축해야함, ② 최근 1년간 작업 공정에서 공정 설비의 변경 작업방법의 변경, 설비의 이전 등 작업환경측정 결과에 영향을 주는 변화가 없고, 작업환경측정 결과가 최근 2회 연속 노출기준 미만일 경우에는 1년에 1회 이상 작업환경을 측정할 수 있음(산업안전보건법 시행규칙 제93조의4 참조)
제72조【건강진단】 ① 회사는 사원의 건강보호 · 유지를 위하여 산업안전보건법이 정하는 바에 따라 매년 1회 일반건	[필수] 필수적 사항이며 산업안전보건법령에 정한 취지를 명

취업규칙(안)	작성시 착안사항
강진단을 실시한다. 단, 사무직은 매 2년에 1회 실시한다. ② 회사는 산업안전보건법이 정하는 바에 따라 필요한 경우 특수·배치 전·수시·임시건강진단 등을 실시한다. ③ 사원은 회사가 실시하는 건강진단을 성실히 받아야 한다.	확히 이행할 수 있도록 규정할 필요(산업안전보건법 제43조 참조) ✍ 참고 : 특히 노출기준 이상인 작업공정 및 특수·수시·임시건강진단 실시결과 직업유소견자가 발견된 작업공정에서 노출된 모든 사원에 대하여는 다음 회에 한하여 특수건강진단의 실시주기를 1/2로 단축하여야함(산업안전보건법 시행규칙 제99조의2)
제73조 【산업안전보건법 준수】 ① 회사는 이 규칙에서 정하지 아니한 사항에 대하여는 산업안전보건법에 따라 산업재해 예방을 위한 기준을 지켜 사원의 신체적 피로와 정신적 스트레스 등에 의한 건강장해를 예방하고 안전 및 보건을 유지·증진시킨다. ② 사원은 산업안전보건법에서 정하는 사항과 그 외에 업무에 관련되는 안전보건에 관하여 상사로부터 지시받은 사항을 정확하게 이행하여야 한다.	[필수] 필수적 사항이며 산업안전보건법에 정한 사업주와 근로자의 의무를 이해하도록 규정할 필요 ✍ 참고 : 산업안전보건법 제5조 및 제6조
제12장 재해보상	※재해보상 관련 규정은 필수적 기재사항이며 근로기준법 등 관련 법률에 위반되지 않도록 할 필요
제74조 【재해보상】 ① 사원이 업무상 부상 또는 질병에 걸린 경우와 사망하였을 때의 보상은 산업재해보상보험법에 의한다. ② 산업재해보상보험법의 적용을 받지 않는 업무상 부상 또는 질병에 대하여는 근로기준법이 정하는 바에 따라 회사가 보상한다.	[필수] 필수적 사항이며 사업장 사정에 따라 업무 외의 재해에 대한 부조 등을 반영하여 달리 정할 수 있음 ✍ 참고 : 산업재해보상보험법 제52조 제1항에 따라 보험급여를 받았거나 받을 수 있으면 동일한 사유에 대한 근로기준법에 의한 재해보상책임이 면제됨 ✍ 참고 : 부상 또는 질병이 3일 이내의 요양으로 치유될 수 있는 산업재해(산업재해보

취업규칙(안)	작성시 착안사항
	상보험법 제37조 참조)로서 산재법 적용이 제외되는 경우 근로기준법에 따라 사업주가 보상해야 함
제13장 취업규칙 제75조【취업규칙의 비치】회사는 본 규칙을 사업장 내의 사무실·휴게실 등에 비치하여 사원들이 자유롭게 열람할 수 있도록 한다.	[선택] 취업규칙 필수적 기재사항은 아니나 근로기준법에서는 법령의 요지 및 취업규칙 비치의무를 규정하고 있으므로 이를 근로자들에게 주지시킬 필요(근로기준법 제14조 참조)
제76조【취업규칙의 변경】이 규칙을 변경할 때에는 사원의 과반수로 조직된 노동조합이 있는 경우 그 노동조합, 근로자의 과반수로 조직된 노동조합이 없는 경우 근로자의 과반수 의견을 청취하도록 한다. 다만, 취업규칙을 불리하게 변경하는 경우에는 그 동의를 받아야 한다.	[선택] 취업규칙 변경절차는 근로기준법 제94조에서 정하고 있으므로 이를 확인적 차원에서 취업규칙에 기재 하는 것이 바람직 ✍ 참고 : 사용자는 취업규칙의 작성 또는 변경에 관하여 해당 사업 또는 사업장에 근로자의 과반수로 조직된 노동조합이 있는 경우에는 그 노동조합, 근로자의 과반수로 조직된 노동조합이 없는 경우에는 근로자의 과반수의 의견을 들어야 함. 다만, 취업규칙을 근로자에게 불리하게 변경하는 경우에는 그 동의를 받아야 함(근로기준법 제94조)
부 칙 제1조【시행일】본 규칙은 20 년 월 일부터 시행한다.	

핵심 정리사항

1. 취업규칙은 사업장의 규율과 근로조건에 대한 공통된 규범으로 상시 10명 이상 사업장의 작성 의무 및 근로자에 대한 주지의무가 있다.
2. 취업규칙이 기존 근로조건보다 불리해지는 경우에는 불이익 변경에 해당되며, 취업규칙 변경이 불이익 변경인지 여부에 따라 그 변경 절차와 효력이 달라지므로 불이익 변경 여부를 판단하는 것이 중요하다.
3. 취업규칙을 변경하는 경우 과반수 노동조합 또는 근로자 과반수의 의견청취를 거쳐야 하며, 불이익하게 변경하는 경우에는 동의가 필요하다.

Part 12

징계와 근로관계 변경

핵심키워드

징계 사유, 징계 종류, 징계 절차, 근로관계 변경, 배치전환, 대기발령, 휴직, 전출, 전적, 영업양도, 합병

목 적

1. 징계의 원칙과 정당성이 인정되기 위해서는 어떠한 요건이 필요한지를 이해한다.
2. 근로관계 변경의 종류와 정당성요건에 대해 이해한다.

1. 징계는 사업장의 질서 유지를 위해 사용자가 행하는 근로자에 대한 불이익 조치이다

사용자는 사업장의 질서를 유지하기 위해 사업장의 규율을 위반한 근로자에게 일정한 불이익을 가하는 징계를 할 수 있다. 사용자의 징계권은 기업의 질서와 규율유지라는 측면에서 필요한 수단이기는 하지만 사용자가 징계권을 남용할 경우 근로자에게 심한 불이익은 물론 생존권을 박탈할 위험도 있으므로 근로기준법은 정당한 사유없는 징계를 금지하는 등 사용자의 징계권을 여러 가지로 제한하고 있다. 따라서 징계의 종류, 내용, 요건 등 구체적 사항은 단체협약이나 취업규칙 등에 정해 놓되, 법령에 위반되지 않도록 해야 하며 사회통념상 합리성이 있어야 된다.

일반적으로 인정되는 정당한 징계사유는 다음과 같다. 하지만 비슷한 사유 또는 사안이라 하더라도 구체적인 경우에 따라 정당성이 다르게 판단될 수 있고, 사소한 잘못에 대해 과도한 징계를 하는 것은 부당징계가 되는 수가 있으므로 근로자를 징계할 때에는 신중하게 결정해야 한다.

① 전출명령 거부, 출장명령 거부, 휴일출근 거부 등 직무·업무명령 위반
② 근무태만, 직무능력 부족, 무단결근, 직장이탈 등 근무성적 불량
③ 폭발위험구역에서의 흡연, 불법선전물·유인물의 배포 등 직장질서 문란행위
④ 불법쟁의행위
⑤ 기업재산·물적시설의 보존 및 안전규칙 위반행위
⑥ 기숙사에서의 풍기문란행위
⑦ 상사에 대한 폭언, 횡령, 회사물건 절도, 직장 내 성희롱 등 사업장 내의 범죄 또는 비행행위
⑧ 회사기밀, 영업상의 비밀의 누설 등 성실의무 위반행위
⑨ 경쟁회사에 취업하는 등 이중취업(겸직) 행위

참 고

• 개인문제, 회사 밖에서의 문제와 징계사유 •

① 사생활의 비행문제는 원칙적으로 징계사유가 되지 않으나, 사업활동에 직접 관련되거나 기업의 신뢰·명예를 손상케 한 경우 또는 노무급부의 제공에 영향을 준 경우에는 징계의 대상이 될 수 있다.

② 기업 밖에서의 범죄행위로 형사상 소추 또는 유죄판결은 원칙적으로 징계사유가 되지 않으나, 이로 인한 장기간의 노무급부 곤란, 업무상 요구되는 근로자에 대한 신뢰 및 품위손상, 사용자나 기업의 명예손상이 야기된 경우 징계의 정당성이 인정될 수 있다.

Q&A

동료 직원에 대한 채무를 불이행하고 지속적으로 차용을 요청하는 직원에 대해 징계할 수 있는지, 개인적인 문제이기 때문에 회사가 개입하면 안 되는 것인지

개인적인(사적인) 문제라 하더라도 그것이 근로제공의무 등 근로관계에 영향을 미치거나, 사용자의 제규정이나 기준을 위반했거나, 사용자의 조직관리에 영향을 미쳤거나, 사용자의 명예훼손이나 업무방해 등의 문제를 발생시키는 등 근로관계에서 지켜야 할 의무를 제대로 이행하지 않고 근로관계 당사자인 사용자에 대한 신의성실의무를 위반한 경우에는 사용자의 징계권 행사가 가능하다고 판단된다.

회사 소속 직원간 '금전'을 둘러싼 문제가 직무 영역이 아닌 사적인 영역에 해당될 수 있지만, 회사 소속 직원들간의 문제로 직원들간 신뢰 훼손(조직 내 지위를 이용했을 가능성 존재, 동료 직원의 실질적 피해 발생 등)과 부서 조직 질서 문란의 문제가 발생했고, 해당 직원에 대한 경고에도 불구하고 시정되지 않을 경우에는 회사 취업규칙에서 정한 징계사유에 해당될 수 있을 것이다.

한편, 채무금액의 규모에 따라 위의 문제(직원들간 신뢰 훼손, 조직 질서 문란 등)의 정도가 달라질 수 있겠으나, 정도의 차이를 결정하는 금액에 대한 기준을 설정하기가 어려워 채무금액의 정도를 현실적인 징계양정의 기준으로 삼는 것은 쉽지 않을 것이며, 채무금액의 규모로 인해 위의 문제 외에 추가적으로 근로제공을 불성실하게 할 수 밖에 없는 상황이라거나, 회사의 명예 훼손 및 업무방해 등이 발생하는 상황이 아니라면 단지 채무금액의 규모만을 기준으로 징계양정을 판단하는 것은 타당하지 않을 것으로 판단된다.

참조 판례

- 과다한 채무에 따른 해고의 정당성 판단 (대법원 99두1458, 1999.4.27.)

  원심판결 이유에 의하면 원심은, 원고는 아무런 변제 대책도 없이 위와 같이 과다한 채무를 부담하였고, 대출금의 상당 부분을 자녀의 해외 어학연수비 등 교육비와

생활비 등에 무절제하게 소비하였으며, 동료경찰관에게 위와 같은 채무 부담 사실을 알리지도 않고 대출보증을 하도록 하거나 대출을 받아 자신에게 대출금을 빌려주도록 하여 그들의 월급이 압류되게 하는 등 피해를 입히고 있고, 원고가 위 채무에 대한 변제능력이 없으며, 기타 경찰관의 공익적 지위와 위와 같은 과다 채무를 부담한 상태에서는 정상적인 복무를 기대하기 어려운 점 등 제반 사정을 종합하여 볼 때, 원고가 22년간 경찰관으로 근무하면서 수회 표창을 받았고, 형사처벌이나 징계처분을 받은 사실이 없이 근무하여 온 점과 채무의 일부를 변제한 사정 등 원고 주장의 제반 정상을 참작하더라도, 이 사건 해임처분이 원고의 직무의 특성과 비위의 내용 및 성질, 징계의 목적 등에 비추어 객관적으로 명백하게 부당한 것으로 사회통념상 현저하게 타당성을 잃어 징계 재량권의 범위를 일탈하였거나 남용한 것이라고 할 수 없다고 판단하였는바, 기록에 비추어 살펴보면 원심의 위와 같은 판단은 정당하고, 거기에 국가공무원법상의 품위유지 의무위반으로 인한 징계처분의 재량권의 범위에 관한 법리오해의 위법이 있다고 할 수 없다.

징계가 정당하기 위해서는 다음의 원칙을 지켜야 한다.

① 취업규칙이나 단체협약에 규정된 징계사유에 의해야 한다.

② 취업규칙이나 단체협약에 규정된 징계의 종류에 의해야 한다.

③ 행위와 징계의 양정이 균형을 이루어야 한다.

④ 징계절차를 지켜야 한다.

⑤ 하나의 징계사유에 대해 이중처분을 해서는 안된다.

Q&A

취업규칙에 정해지지 않은 징계처분을 한 경우 그 징계의 효력

징계는 근로자의 직장질서 침해행위 등에 대한 제재로 부과되는 불이익처분이기 때문에 그 징계가 정당하기 위해서는 미리 취업규칙이나 단체협약 등에 징계의 사유・종류・절차 등을 상세히 규정함으로써 사용자의 자의적인 처분이나 근로자에게 예기치 못한 불이익이 생기지 않도록 행해져야 할 것이다.

다만, 취업규칙에 정해진 징계의 종류가 아닌 징계처분을 했다고 해서 그 징계가 당연히 무효가 된다고 볼 수는 없다고 판단되며, 징계처분을 하면서 취업규칙에 규정된 징계의 종류가 아닌 징계처분을 하는 경우에는 ① 다른 징계종류와 비교할 때 징계사유에 대한 해당 처분이 적정한 징계양정인지, ② 기업질서 유지 등을 위해 해당 징계처분을 할 수밖에 없는 징계의 필요성이 있는지, ③ 회사의 징계 관행 및 형평성에 비추어 볼 때 해당 근로자에게 큰 불이익이 없는지, ④ 해당 징계처분이 사회통념상 인정될 수 있는 내용인지 등을 살펴 신중을 기해야 할 것으로 판단된다.

참조 행정해석

▪ 규정에 없는 징계가 당연무효가 되는 것은 아니다 (근기 68207-691, 2002.2.21.)

[질의] 회사 인사규정에서 정하고 있지 않은 정직 3개월의 징계를 한다면 부당한 것인지

[회시] 원칙적으로 취업규칙(징계규정)이 정하는 바에 따라 징계권을 행사해야 함. 귀 질의상 인사규정 제49조(징계 및 재심)에서 "직원의 징계 및 재심에 관하여는 인사위원회에서 결정한다"라고만 규정하고 있고 구체적인 사항에 대해서는 규정하고 있지 않은바, 이와 같이 징계규정이 없는 상태에서 정직처분과 같은 징계를 한 경우에 근로기준법 제30조에 위반하지 않는 한 당연히 무효라고 보기는 어려우나, 징계에 관한 사항은 근로조건의 중요한 내용으로서 당연히 취업규칙에서 정해야 할 것이다.

▪ 규정에 정해지지 않은 징계의 종류로 징계할 경우 그 정당성은 제반사정을 고려해 판단해야 한다 (근로기준과-5273, 2004.10.4.)

[질의] 1심 징계위원회에서 직원에 대해 '권고사직'을 결정하였으나, 2심 징계위원회에서 취업규칙에 규정된 징계의 종류가 아닌 '강임'(주임에서 반장으로)으로 결정하였는바, 이의 정당성 여부

[회시] 취업규칙이나 단체협약 등에 징계의 사유나 종류 등을 기술함에 있어 세부적인 내용까지(징계양정을 가중하거나 감경할 경우의 적정 처분내용 등을 포함) 망라하는 것이 사실상 용이하지 않거나 적절하지 않을 경우에는 사업(장)의 형편에 맞게 포괄적으로 규정할 수도 있을 것으로 사료되는바, 이때에도 구체적인 전후 사정에 비추어 징계사유와 징계양정 사이에 형평성이 유지되고 징계내용이 사회상규나 강행법규에 어긋나지 않으며, 그 징계가 객관적으로 볼 때 기업질서를 유지하는 데에 필요하고도 합리적이어야 할 것이다.

피징계인의 징계사유만을 볼 때 사실상 권고사직에 해당될 정도임에도 취업규칙상의 정상참작규정에 의거 당초의 징계처분보다 명백히 근로자에게 유리하게 감경된 경우라면 나중의 징계처분이 취업규칙 등에 정하여진 징계의 종류에 해당되지 아니한다고 하더라도 이로 인해 사용자의 자의적인 처분이나 근로자에 대한 예기치 못한 불이익이라는 결과를 가져온 것으로 보기는 어려우므로 이를 무효라고 할 수는 없다고 사료된다.

2. 징계의 종류와 절차

일반적으로 많이 통용되는 징계의 종류는 다음과 같다.

① 경고 : 말로써 또는 경고문을 보내 주의를 주고 훈계하는 것이다.

② 견책 : 반성문 또는 시말서를 써서 제출하게 함으로써 스스로 반성하도록 만드는 것이다.

③ 감급 : 임금의 일부를 주지 않는 것이다. 감급은 1회의 위반사항에 1일 평균임금의 반액까지만 감급할 수 있고, 1임금지급기(지난 월급을 지급한 날부터 다음 월급을 지급하는 날까지의 기간)에 수차례의 감급을 하더라도 임금총액의 1/10까지만 가능하도록 제한(근기법 제95조)되어 있으므로 주의해야 한다.

④ 정직 : 사원으로서의 신분은 계속 유지되나 회사에 나오지 못하게 하고 일도 시키지 않는 것이다. 따라서 임금지급의무도 없다.

⑤ 해고 : 사원의 신분을 박탈하여 근로관계를 종료시키는 것이다.

Q&A

직원을 징계하면서 '월급여의 1/3 감봉'을 결정하였는데 위 감봉결정이 근로기준법에 저촉되는지

근로기준법 제95조(제재규정의 제한)는 "취업규칙에서 근로자에게 감급의 제재를 정할 경우에는 그 감액은 1회의 금액이 평균임금의 1일분의 2분의 1을, 총액이 1임금지급기의 임금총액의 10분의 1을 초과하지 못한다"고 규정하고 있다.
'감급(감봉)'은 근로자의 귀책사유를 이유로 임금의 일부를 지급하지 않음으로써 근로자에 대해 경제적인 손실을 통해 훈계하고자 하는 징계이지만, 임금은 '근로의 대가'로서 근로자의 생존권과 직결되어 있는 금품이기 때문에 징계를 통해 근로자의 임금을 과도하게 제한하는 것은 근로기준법상의 임금보호 취지에 부합하지 않고, 따라서 근로기준법 제95조는 이에 대한 일정한 제한을 두고 있는 것이다.
다만, 감급의 제재는 근로자가 근로를 제공함으로써 일단 발생한 임금채권을 감액하는 것으로서 근로자가 자신의 귀책사유로 인해 취업규칙 등에 정한 정당한 사유에 의해 출근정지, 정직이나 직위해제 등의 징계를 받음으로써 임금의 전부 또는 일부를 지급받지 못했다면 이는 징계의 결과 근로를 제공하지 못한 데 따른 것으로서 동법 제95조 위반은 아니라 할 것이다.

(1) 1회의 금액이 평균임금의 1일분의 2분의 1을 초과하지 못한다.
감급의 징계는 하나의 위반행위에 대해 수차례의 제재를 가할 수 있다. 즉 매월 1회씩 총감급 3개월의 제재가 가능할 것이며 이 경우 1회의 감급액이 평균임금의 1일분의 2분의 1을 초과할 수 없다.

(2) 총액이 1임금지급기의 임금총액의 10분의 1을 초과하지 못한다.
동시에 수회의 감급의 총액이 1임금지급기 임금총액의 10분의 1을 초과할 수 없다. 예를 들어 하나의 징계인 '감급 3개월'이 '월 1회씩 3회' 형태로 취해질 경우 3회의 감급액 합계가 1임금지급기 임금총액의 10분의 1을 초과할 수 없는 것이다.
여기서 '1임금지급기의 임금총액'이란 1임금지급기에 정기적으로 지급되는 임금으로 상여금과 같이 부정기적으로 지급되는 임금은 제외된다.

(3) 따라서 '월급여의 1/3 감봉'은 근로기준법 위반의 제재에 해당될 것으로 판단되며, 따라서 법정 감급액과 실제 감급액의 차액은 당 근로자에게 환급해야 하며 회사의 인사관리 규정 제○조(징계의 종류와 효력) 제○항 제○호 "감봉 : 보수의 3분의 1을 감한다" 규정은 현행 근로기준법 위반에 해당하므로 근로기준법상의 기준으로 수정되어야 할 것이다.

참조 행정해석

▪ 감급제한에서 임금총액의 범위 (근기 68207-144, 2000.1.20.)

[질의] 임금총액에는 상여금, 연월차수당, 시간외수당, 당직수당이 포함되는지 여부

[회시] 근로기준법 제98조에서 규정한 임금총액이라 함은 1임금지급기에 정기적으로 지급되는 임금의 총액을 의미한다. 1임금지급기란 당해 근로자의 임금계산기간(주급의 경우 1주, 월급의 경우 1월)을 의미한다.

▪ 감급액은 근로기준법의 제한을 받는다 (근기 68207-3381, 2002.12.23.)

[질의] 월급으로 임금을 지급하고 있는 회사에서 월급이 1,500,000이고 1일 평균임금이 50,000원인 근로자가 1회 사안에 대하여 감급 6개월 제재를 받았을 경우 감급액의 총액은?

[회시] 월급이 1,500,000원이고, 1일 평균임금의 50,000원인 근로자가 1회의 위반행위에 대하여 감봉 6개월의 제재를 받았을 경우 감급 1회의 액은 1일 평균임금 50,000원의 반액인 25,000원을 초과할 수 없으며, 6월간에 걸쳐 수회 감급할 수 있으나 그 감급총액은 1임금지급기 임금총액의 10분의 1인 150,000원을 초과할 수 없다고 사료된다.

징계는 그 실질적 내용보다 형식적 절차가 더 중요시되는 경우가 많다. 따라서 단체협약이나 취업규칙에서 징계위원회의 구성・소명의 기회보장・사전협의 등의 절차를 규

정한 경우 반드시 그 절차를 거쳐야 한다. 절차를 지키지 않은 징계는 부당한 징계로서 무효가 될 가능성이 많다.

Q&A

직원을 징계하는 경우 소명의 기회를 부여하지 않으면 절차위반으로 무효가 되는지

단체협약, 취업규칙 등에 징계절차규정이 있는 경우에는 그 절차를 반드시 거쳐야 하며, 절차를 위반한 경우 징계 자체의 효력도 인정되지 않을 수 있다. 그러나 징계절차가 별도로 정해져 있지 않거나, 소명의 기회를 부여해야 하도록 규정하고 있지 않다면 징계권을 행사할 수 있는 정당한 지위에 있는 자가 사실관계에 기초해 징계를 결정할 수 있을 것으로 판단된다. 다만, 소명의 절차가 존재하지 않더라도 일반적으로 징계시 근로자에게 소명의 기회를 주는 것이 객관적이고 신중한 징계를 위해 바람직할 것이다.

참조 판례

- 규정에 징계절차가 정해져 있지 않으면 절차없이 행한 징계가 무효라고 할 수 없다

(대법원 90다카27402, 1991.4.9.)

근로자를 징계함에 있어서 취업규칙 등에 징계에 관한 절차가 정해져 있으면 반증이 없는 한 그 절차는 정의가 요구한 것으로서 징계의 유효요건이라 할 것이나, 취업규칙 등의 징계에 관한 규정에 징계혐의자의 출석 및 진술기회 등에 관한 절차가 규정되어 있지 않다면 그와 같은 절차를 밟지 아니하고 징계하였다 하여 이를 들어 그 징계를 무효라고 할 수 없다.

흔히 단체협약에 조합원의 징계시 노동조합과 협의 또는 동의 등의 조항이 규정되어 있는 경우가 있다. 이러한 경우 협의 또는 합의를 하는 것이 원칙이나 피징계자의 징계사유가 명백하고 회사가 성실하고 진지한 노력을 다했는 데도 노동조합이 특별한 사유없이 협의 또는 합의에 응하지 않았고 회사가 이를 입증한 경우에는 이러한 노동조합의 행위는 권리남용이 되어 징계처분은 유효하다고 본 판례가 있다.

참조 판례

- 징계시 노동조합의 사전동의권은 신의성실원칙에 입각해 합리적으로 행사되어야 한다

(대법원 2001두3136, 2003.6.10.)

노동조합의 사전동의권은 어디까지나 신의성실의 원칙에 입각하여 합리적으로 행사되어야 할 것이므로 노동조합측에 중대한 배신행위가 있고 이로 인하여 사용자

측의 절차의 흠결이 초래된 경우이거나 또는 피징계자가 사용자인 회사에 대하여 중대한 위법행위를 하여 직접적으로 막대한 손해를 입히고 비위사실이 징계사유에 해당함이 객관적으로 명백하며 회사가 노동조합측과 사전합의를 위하여 성실하고 진지한 노력을 다하였음에도 불구하고 노동조합측이 합리적 근거나 이유제시도 없이 무작정 징계에 반대함으로써 사전합의에 이르지 못하였다고 인정되는 경우나 노동조합측이 스스로 이러한 사전동의권의 행사를 포기하였다고 인정되는 경우에는 사용자가 이러한 합의없이한 해고도 유효하다고 보아야 한다.

3. 근로관계 변경이란 근로자의 직무, 근로장소, 근로시간, 사용자 등의 변경을 의미한다

근로자를 채용할 때 기업은 근로자의 직무, 근무시간, 임금 등의 근로조건을 근로계약을 통해 합의하게 된다. 특히 근로기준법 제17조 근로조건의 명시의무에 의해 '취업의 장소와 종사해야 할 업무에 관한 사항'을 명시하도록 하고 있다(근기법 시행령 제8조 제1항 제1호).

그러나 기업 입장에서 기업을 둘러싼 경영환경, 인력운영계획 등에 따라 근로자의 직무 및 부서의 변경이 필요할 경우가 있고, 근로자도 직무수행 중 직무적응도나 타직무에 대한 선호 정도, 부서 내 팀워크 등에 따라 직무 및 부서의 변경을 요구할 수 있다. 물론 이와 같은 근로관계의 변경이 기업인력 운영에 있어서 유연성을 가지고, 근로자도 다양한 경력개발이 가능할 수 있는 취지로 운영될 때 그 효과는 매우 긍정적일 것이다.

반면, 근로자 입장에서 채용시의 직무가 부당하게 변경됨으로 인해 불이익을 받을 여지도 있기 때문에 근로기준법은 "사용자가 정당한 이유없이 휴직, 전직 등을 하지 못한다"(근기법 제23조)고 하면서 근로자의 근로관계 변경 및 인사이동의 정당한 요건을 갖추어야 한다고 규정하고 있으므로 기업은 근로관계 변경시 법적인 요건과 절차를 갖추기 위한 노력을 기울여야 할 것이다.

근로관계의 변경은 그 변경되는 내용에 따라 ① 근로조건의 변경, ② 근로장소의 변경(배치전환, 전출), ③ 근로내용의 변경(전직, 전보), ④ 근로지위의 변경(휴직, 정직), ⑤ 사용자의 변경(전적, 영업양도, 합병)으로 구분할 수 있을 것이다.

4. 배치전환(전직)

(1) 배치전환이란?

배치전환이란 근로자의 근무내용 또는 근무장소가 장기적으로 변경되는 것을 말한다. 배치전환을 통해 기업은 인력의 수급불균형을 해소할 수 있고, 적재적소에 근로자를 배치함으로써 인력운영의 효율성을 꾀할 수 있으며, 성과창출이 높은 부서로의 집중을 통한 생산력의 극대화를 실현하고, 새로운 사업부문의 창출이 가능하다.

배치전환은 기업의 효율성의 측면에서 뿐 아니라 근로자의 경력개발과 직무경험의 확대, 다양한 기능의 습득과 능력의 신장을 도모할 수 있는 장점이 있다.

(2) 배치전환의 법적 근거와 한계

배치전환이 제대로 이루어지기 위해서는 기업측과 근로자측의 이해가 맞아 떨어져야 하는데 그렇지 않을 경우 어떻게 판단해야 할 것인지가 문제가 된다. 기업은 인사권을 이유로 무조건 근로자에게 배치전환을 명령할 수 있는가? 근로자는 자신이 원하지 않는다는 이유만으로 무조건 배치전환 명령에 불응할 수 있는가? 기업과 근로자의 이해가 일치하지 않을 경우 배치전환 명령권의 효력은 어느 때 인정받을 수 있으며, 그 법적 근거는 무엇인가? 또 명령권의 한계는 어디까지인가?

① 인사권의 재량범위 내에서 인정 - 근로기준법 제23조【정당한 이유】

배치전환은 기업의 인력운영방안의 하나이기 때문에 기본적으로 기업이 배치전환의 명령권을 갖는다. 그러나 그 권한이 인사권의 재량범위를 벗어날 수는 없는데, 판례는 "전직처분이 정당한 인사권의 범위 내에 속하는지 여부는 전직명령의 업무상의 필요성과 전직에 따른 근로자의 생활상 불이익과의 비교교량, 근로자 본인과의 협의 등 그 전직처분을 하는 과정에서 신의칙상 요구되는 절차를 거쳤는지의 여부에 의해 결정하여야 한다"[1]고 하면서 배치전환의 업무상 필요성과 근로자의 불이익, 그리고 협의절차 등을 명령권 행사가 정당한지를 판단하는 기준으로 삼고 있다.

---

1) 대법원 93다47677, 1994.5.10.

한편, 근로자와의 협의는 정당한 인사권 행사인지 여부를 판단하는 하나의 요소라고는 하겠으나 성실한 협의를 거치지 않았다는 것만으로 배치전환의 정당성을 부인할 수는 없다고 보아야 할 것이다.2)

근로기준법 제23조 제1항에 따라 기업은 '정당한 이유'없이 근로자를 배치전환시킬 수 없지만 '경영상의 부득이한 사유'의 경우(예 경비원직제의 폐지로 인한 생산직 사원으로의 전직명령을 거부한 근로자를 해고한 경우) '정당한 사유'로 인정될 수 있다.

또한 판례는 배치전환, 전직의 '정당한 사유'로서의 '업무상 필요성'을 '직장질서 유지, 직원간 인화 등'으로까지 폭넓게 인정하고 있다.

참조 판례

▪ 배치전환의 업무상 필요성 (대법원 97누2528, 1999.9.3.)
직장질서의 유지나 회복 또는 근로자간의 인화를 위한 배치전환도 업무상 필요성이 있다고 인정할 수 있을 것이다.

Q&A

다음달부터 회사가 서울에서 천안으로 이전하게 됨. 거주지를 옮기는 것이 어려워 동의할 수 없다고 했더니 그렇다면 회사를 그만둘 수밖에 없지 않느냐고 하는데 어떻게 해야 하는 것인지

우선 원칙적으로 사업주는 사업상 필요에 의해 사업장소를 이동할 수 있다. 이때 '사업장의 타 지역 이전의 결정 그 자체는 사용자의 경영권의 본질적인 사항'에 해당하므로 노조 또는 개별 근로자의 동의가 없다고 해서 사업장의 이전이 무효가 되는 것은 아니다.
따라서 회사 이전에 따른 근로장소 변경에 대해 근로자가 동의하지 않더라도 회사는 근로자에게 인사명령을 내릴 수 있고, 이러한 인사명령을 거부하는 근로자에 대한 제재도 가능하게 된다. 현실적으로 보더라도 현재의 사업장이 완전히 폐쇄되는 경우라면 근로자는 이전하는 사업장으로 출근하지 않는 한 더 이상 근로를 계속하는 것은 어려울 것이다.
한편, 거주지 이전으로 인한 근로자의 생활상의 불이익을 최소화하기 위해 노동조합이 이주비 지원 등에 대한 협의를 요구할 경우 회사는 이에 응해야 할 것으로 판단된다. 공장이전 자체에 대해서는 근로자 또는 노동조합의 동의가 필요한 것은 아니라 하더라도 이주비 지원 등 근로조건과 밀접하게 관련된 사항은 그 한도 내에서 단체교섭의 대상이 될 수 있기 때문이다.
✍ 참조 : 노조 68107-1200, 2001.11.2.; 대법원 95누7130, 1996.4.12.

2) 대법원 94다52928, 1995.10.13.

Q&A 영업 업무를 수행하는 사원이 상급자와 갈등, 업무수행 태만 등의 사유로 과거 업무경력 등을 감안하여 타 부서로 전환배치하고자 함. 이 경우 본인의 동의를 반드시 구해야 하는지 여부와 본인의 의견에 반해 회사에서 직무와 사업장을 정해 인사명령한다면 법적으로 문제는 없는지 여부

전환배치는 회사의 인사권 행사로 인정되는 것이 원칙이지만, 근로계약시 부서나 업무를 특정하거나(예 영업직 채용), 근무장소를 특정한 경우(예 천안 사업장)에는 특정된 근로조건을 변경하는 것은 계약조건의 변경에 해당되기 때문에 이를 변경하기 위해서는 계약당사자인 근로자 동의가 필요함이 원칙이다.
다만, 부서나 업무, 근무장소를 특정하면서 '회사 업무상 필요한 경우 이를 변경한다.'고 명시하거나, 회사 규정상 부서, 업무, 근무장소 변경에 대한 회사 권리에 대한 근거가 마련되어 있거나, 인사 관행상 직원들의 부서, 업무, 근무장소 변경이 종종 있는 경우에는 반드시 동의가 있어야 전환배치가 가능한 것은 아니며, 회사의 인사권 행사가 권리남용에 해당하지 않는 범위에서, 규정과 근로계약에서 정한 기준에 벗어나지 않고, 인사관행의 틀을 벗어나지 않는 범위에서 이루어진다면 그 정당성은 인정될 수 있을 것으로 판단된다.
전환배치의 정당성에 대해 판례는 업무상 필요성 존재 여부, 근로자의 불이익에 대한 고려, 근로자와 성실한 협의의 3가지 요건을 기준으로 회사의 인사권 행사가 남용되지 않았는지, 근로자가 부당하게 불이익을 받는 것은 아닌지를 판단하고 있으므로, 첫째, 해당 인원의 현재 부서에서 근무하기 어려운 객관적 사정이 존재하는지에 대한 검토(상사와 갈등 정도, 업무 태만 정도가 현재 부서에 있기 어려운 정도인지, 개선의 기회와 경고 등 노력을 기울였음에도 개선이 되지 않는지 등), 둘째, 해당 인원의 불이익을 최소화하기 위한 노력(변경하는 업무를 해당 인원이 수행하는데 특별히 문제가 없는지 여부, 근무장소가 변경되는 경우 그 변경에 따른 교통비 등의 지원 노력 여부 등), 셋째, 전환배치의 필요성과 해당 인원의 의견을 청취하기 위한 협의 노력(객관적인 문제의 원인이 무엇인지, 이 문제에 대해 마지막으로 개선의 기회를 부여할 수는 없는지, 해당 인원의 요구사항을 들어줄 수 있는 방안을 강구해보았는지 등)이 필요할 것으로 판단된다.

② 법령에 위배되지 않아야

배치전환 명령이 근로기준법 제6조와 남녀고용평등과 일·가정 양립 지원에 관한 법률 제10조의 균등처우를 위반하거나, 노동조합 및 노동관계조정법 제81조 부당노동행위(노동조합업무를 방해하기 위한 불이익 처분으로서의 배치전환) 규정을 위반해서는 그 효력이 인정되지 않는다.

(3) 근로계약 · 취업규칙 · 단체협약에 의한 제한

근로계약시 근로장소 및 업무를 명시해야 하며, 이를 위반한 근로계약은 무효가 될 수 있다. 따라서 근로계약상의 근로장소가 특정되어 있거나, 업무가 특정되어 있는 경우 이를 변경하기 위해서는 근로자의 동의가 있어야 할 것이다. 또한 변경될 근로제공의 장소와 업무가 현재의 근로조건과 현저하게 차이가 날 경우에도 근로자의 동의가 있어야 할 것으로 판단된다.[3)]

또한 배치전환, 전직의 범위 및 절차와 관련해 취업규칙이나 단체협약에 그 사항이 명시되어 있다면 그에 따라야 할 것이다.

참조 판례

▪ 전직 · 전보명령은 법령 및 근로계약을 위반해서는 안된다

(대법원 91누5204, 1992.1.21.)

근로자에 대한 전직이나 전보는 원칙적으로 사용자(인사권자)의 권한에 속하므로 업무상 필요한 범위 안에는 상당한 재량을 사용자에게 인정하여야 할 것이나 그것이 근로기준법 제27조 제1항 또는 제105조에 위반하거나 권리남용에 해당하는 등 특별한 사정이 있는 경우에는 허용되지 않는다 할 것이고 또 근로계약상 근로의 장소가 특정되어 있는 경우에 이를 변경하는 전직이나 전보명령을 하려면 근로자의 동의가 있어야 한다.

5. 대기발령(직위해제)

대기발령(직위해제)이란 기업의 인력운영상 필요에 의해 근로자의 직무를 일정기간 중지시키거나 근로자의 보직을 부여하지 않는 사용자의 인사 조치를 의미한다.

대기발령 사유로는 기업의 조직개편에 따른 인력 재배치가 필요한 경우, 직원이 현재의 담당업무를 수행할 능력이 부족한 경우(예 팀장 등 관리자로서 리더십 부족, 담당 업무 수행능력이 현저히 떨어지는 저성과자 등), 직원이 징계에 회부되어 담당업무를 계속 부여하기 어려운 경우(예 회계 담당 직원의 횡령 사건에 대한 징계절차 진행 등) 등 직무 및 보직

3) 대법원 92다893, 1994.2.8.

을 부여하기 어려운 경우이다.

대기발령은 사용자의 인사권으로 인정되어 업무상 필요한 범위 안에서 사용자에게 상당한 재량이 인정되고 있으나, 대기발령에 따라 근로자의 근로관계가 변경되기 때문에 사용자의 인사권이 남용되지 않아야 하는 등 대기발령의 정당성을 확보해야 할 사용자의 의무가 있다 할 것이다.

참조 판례

- 대기발령은 업무상 필요한 범위 안에서 사용자에게 상당한 재량이 인정될 수 있다 (대법원 2002두8011, 2002.12.26.)

기업이 그 활동을 계속적으로 유지하기 위하여는 노동력을 재배치하거나 그 수급을 조절하는 것이 필요불가결하므로 대기발령을 포함한 인사명령은 원칙적으로 인사권자인 사용자의 고유권한에 속한다 할 것이고, 따라서 이러한 인사명령에 대하여는 업무상 필요한 범위 안에서 사용자에게 상당한 재량을 인정하여야 하며 이것이 근로기준법 등에 위반되거나 권리남용에 해당하는 등의 특별한 사정이 없는 한 위법하다고 할 수 없고, 대기발령이 정당한 인사권의 범위 내에 속하는지 여부는 대기발령의 업무상의 필요성과 그에 따른 근로자의 생활상의 불이익과의 비교교량, 근로자와의 협의 등 대기발령을 하는 과정에서 신의칙상 요구되는 절차를 거쳤는지의 여부 등에 의하여 결정되어야 하며, 근로자 본인과 성실한 협의절차를 거쳤는지의 여부는 정당한 인사권의 행사인지의 여부를 판단하는 하나의 요소라고는 할 수 있으나 그러한 절차를 거치지 아니하였다는 사정만으로 대기발령이 권리남용에 해당되어 당연히 무효가 된다고는 볼 수 없다(대법원 1997.7.22. 선고 97다18165 · 18172 판결, 1999.8.20. 선고 99두1984 판결 등 참조).

일반적으로 대기발령이 정당하기 위해서는 대기발령 사유가 회사 규정에 명시된 사유에 해당되어야 하고, 대기발령을 결정하는 규정상 절차(예 인사위원회)를 준수해야 하며, 대기발령의 업무상 필요성이 존재해야 할 것이다.

또한 대기발령은 그 사유를 해소하기 위한 잠정적인 인사조치이기 때문에 대기발령의 기간을 정하지 않거나 그 기간이 부당하게 장기간인 경우에는 대기발령의 정당성을 인정받기 어려울 것이다.

참조 판례

- 근로자에 대한 부당하게 장기간인 대기발령의 효력(대법원 2005다3991, 2007.2.23.)

기업이 그 활동을 계속적으로 유지하기 위하여는 노동력을 재배치하거나 그 수급을 조절하는 것이 필요 불가결하므로 대기발령을 포함한 인사명령은 원칙적으로 인사권자인 사용자의 고유권한에 속한다 할 것이고, 따라서 이러한 인사명령에 대하여는 업무상 필요한 범위 안에서 사용자에게 상당한 재량을 인정하여야 하지만 (2005.2.18. 선고 2003다63029 판결 참조), 대기발령이 일시적으로 당해 근로자에게 직위를 부여하지 아니함으로써 직무에 종사하지 못하도록 하는 잠정적인 조치이고, 근로기준법 제30조 제1항에서 사용자는 근로자에 대하여 정당한 이유없이 전직, 휴직, 기타 징벌을 하지 못한다고 제한하고 있는 취지에 비추어 볼 때 사용자가 대기발령 근거규정에 의하여 일정한 대기발령 사유의 발생에 따라 근로자에게 대기발령을 한 것이 정당한 경우라고 하더라도 당해 대기발령규정의 설정 목적과 그 실제 기능, 대기발령 유지의 합리성 여부 및 그로 인하여 근로자가 받게 될 신분상, 경제상의 불이익 등 구체적인 사정을 모두 참작하여 그 기간은 합리적인 범위 내에서 이루어져야 하는 것이고, 만일 대기발령을 받은 근로자가 상당한 기간에 걸쳐 근로의 제공을 할 수 없다거나 근로제공을 함이 매우 부적당한 경우가 아닌데도 사회통념상 합리성이 없을 정도로 부당하게 장기간 동안 대기발령 조치를 유지하는 것은 특별한 사정이 없는 한 정당한 이유가 있다고 보기 어려우므로 그와 같은 조치는 무효라고 보아야 할 것이다.

한편, 대기발령은 근로자가 근로제공의무가 있음에도 불구하고 사용자에 의해 근로제공이 거부되는 경우이기 때문에 해당 기간의 임금은 근로기준법 제46조의 휴업수당 수준(평균임금의 70% 이상)이 지급되어야 할 것으로 판단된다.

참조 행정해석

- 휴업으로서의 요건을 갖춘 경우에는 대기발령 중인 자에 대하여도 휴업수당을 지급해야 한다 (근기 68207-148, 2002.2.5.)

[질의] 당사 자문회사인 ○○회사는 1999.1.1. ○○증권사와 합병을 통해 모든 고용승계가 이루어지도록 하였으나 잉여인력이 발생한 관계로 일부직원에 대해서는 희망퇴직을 권유하였으나 이를 거부하여 1994.4.9.자로 불가피하게 대기발령(출근을 정지하고 자택대기 : 대기발령에 대해서 해당 근로자들의 동의를 받은 적이 없음)하여 월급의 50%만 지급하여 오다가, 또다시 2001.1.1.부로 규정을 개정하여 종전의 50% 지급하던 월급을 삭감하여 월급의 20%만 지급하여 오던 중 2002.10.8.자로 정리해고 조치하였음. 합병 이후에도 구 ○○증권사 조합원에 대해서는 종전의 단체협약이 적용되어 왔으며 1999.11.25.자로 2개의 노동조합에 대해서는 통합된 단체협약이 체결됨.

대기발령기간 동안의 임금에 대해서는 어떻게 해야 하는지

갑설 : 대기발령자에 대해서는 회사의 규정에는 일정기간 동안에는 임금의 50%를 지급하고 그 이후에는 20%를 지급하도록 되어 있으므로 회사의 규정을 기준으로 지급해야 한다고 판단됨.

을설 : 회사가 희망퇴직을 거부한 직원에 대해서는 출근을 정지하고 자택에서 대기하도록 하고 이 기간 동안에는 일정액의 임금(50%→20%)을 지급하여 오고 있었으므로 이는 원칙적으로 사용자의 세력 범위 내에 발생하는 경영장해로 근로자에게 휴일을 부여키로 하였다 하더라도 귀책사유에 해당되어 근로기준법 제45조를 적용하여 평균임금의 70%를 지급해야 한다고 보아야 할 것임.

[회시] 귀 질의내용이 불분명하나, 근로기준법 제45조에 의하여 사용자의 귀책사유로 인한 휴업의 경우에는 동조에 의한 휴업수당을 지급해야 하며, 대기명령, 휴직 등의 명칭으로 근로자의 신청이나 동의없이 의사에 반하여 노무수령을 거부하더라도 실질적으로 동법 동조에 의한 휴업으로서의 요건을 갖춘 경우에는 휴업수당을 지급해야 할 것으로 사료됨.

6. 휴　직

휴직이란 근로자가 질병이나 개인적인 사정 등으로 인하여 회사에 출근할 수 없을 때 본인의 희망이나 회사의 규정에 따라 근로계약을 유지한 상태에서 일정기간 동안 허용하는 조치이다.

근로자가 업무상 재해를 입어 휴직하는 경우에는 회사는 법에 의해 당연히 근로자가 치료를 받을 수 있도록 휴직 조치하여야 한다. 또한 육아휴직을 신청하는 경우에도 남녀고용평등과 일·가정 양립 지원에 관한 법률상의 요건에 따라 휴직기간을 부여해야 한다(법정휴직). 그러나 근로자가 개인적인 사정이나 업무와 상관없는 부상, 질병 등으로 휴직을 신청하는 경우에는 회사의 규정에 따라 일정기간을 휴직으로 부여할 수 있다(청원휴직, 상병휴직 등).

휴직기간이 지나면 근로자는 당연히 회사에 복직해야 한다. 그런데 휴직기간이 지나도 근로자가 복직을 하지 않거나, 질병·부상이 완치되지 않아 복직을 할 수 없을 때에는 어떻게 하여야 할까?

근로자가 정당한 사유없이 휴직기간이 지나도 아무 이유없이 복직원을 제출하지 않는 경우에는 무단결근으로 처리할 수 있고, 상당기간 복직하지 않을 경우에는 근로자의 근로제공의사를 확인한 후 조치해야 할 것이다. 휴직기간이 지나도 질병이나 부상이 완치되지 않아 복직을 할 수 없게 된 경우에는 근로자의 요청에 따라 휴직기간을 연장할 수 있다(휴직기간연장에 대해 별도 정한 바가 없다면 휴직기간연장의 필요성 인정, 연장기간 등에 대해서는 회사에 재량권이 있다). 다만, 장기간의 휴직에도 불구하고 질병이나 부상이 완치될 가능성이 없거나, 복직을 하더라도 후유장애로 인하여 담당업무를 정상적으로 수행할 수 없다고 인정되는 경우에는 그 근로자와의 근로관계를 종료할 수도 있을 것이다.

Q&A

직원이 휴직기간이 종료하였음에도 휴직사유가 소멸되지 않아 휴직기간 연장을 신청하였는데, 회사는 반드시 위 휴직기간 연장신청을 받아들여야 하는 것인지

업무상 재해로 인한 휴업, 육아휴직 등과 같은 법정휴직은 법상의 기준에 따라야 할 것이나, 기타 업무 외 재해로 인한 휴직, 개인사정으로 인한 휴직 등은 당사자간의 약정(단체협약, 취업규칙, 근로계약)에 의하면 될 것이므로 위 직원이 당사자간의 약정휴직을 사용한 경우라면 위 휴직기간을 연장할 것인지 여부는 규정에 정한 바에 따르는 것이 원칙이다. 즉 장기간의 근로제공의무를 면제해주는 휴직의 최대기간을 정해 놓았는데 근로자가 그 기간을 넘어서는 휴직을 신청하는 경우, 휴직을 연장하는 규정이 없는데 휴직연장을 신청하는 경우, 정해진 휴직사유가 아닌 다른 사유로 휴직을 신청하는 경우 등에 대해서는 원칙적으로 사용자가 그 휴직을 인정해야 할 의무는 없다고 판단된다.
그러나 규정에 정해진 기준을 형식적으로 적용하기보다는 휴직기간을 연장해야만 하는 근로자의 사정, 연장하는 기간이 적당한지 여부, 근로자의 근로제공이 필요한 회사의 업무상 사정 등을 종합적으로 판단해 휴직인정 여부를 판단하는 것이 바람직할 것으로 생각된다.

참조 판례

- 단체협약에 정해진 휴직기간을 초과해 휴직연장을 신청한 근로자를 퇴직조치한 것은 정당성이 인정된다 (대법원 96다21065, 1996.10.29.)

버스 운수회사가 휴직기간은 45일을 초과할 수 없고, 휴직기간 만료 전일까지 복직원을 제출하지 않으면 퇴직처리한다는 단체협약규정에 따라 복직원을 제출함이 없이 단체협약소정의 최고한도보다 약 3배나 많은 기간 동안의 휴직연장을 신청한 근로자를 퇴직처분한 경우 그 규정은 근로자의 장기휴직으로 인한 버스 운수회사의 업무마비를 막기 위하여 단체협약에 규정한 것이라고 해석함이 상당하므로 근로기준법 제27조 제1항에 위반되는 당연무효의 규정이라고 볼 수 없으며, 또한 업

무상 재해가 아닌 사고로 입원한 운전기사인 근로자에게 단체협약에 정한 최고한도보다 약 3배나 많은 기간 동안의 휴직을 허용할 경우 회사의 업무가 막대한 지장을 초래할 것인 점 등에 비추어 그 퇴직처분에는 정당한 이유가 있다.

Q&A

회사 규정상 업무외 휴직기간은 최대 1년임. 질병휴직을 1년간 사용한 직원이 복귀후 다시 해당 질병이 재발함에 따라 휴직을 신청할 경우 이를 허용해야 하는지 여부

회사 규정에서 휴직기간을 규정하면서, 그 기간이 재직기간 전체에 걸쳐 사용가능한 기간이라고 규정하고 있지 않거나, 휴직사유의 성질상 재직기간 중 1회에 한해서만 적용하는 것을 의미하는 것이라고 볼 수 없는 휴직에 대해서는 해당 휴직 사유가 발생했을 때 부여하는 휴직기간으로 해석하는 것이 타당하다고 판단된다.

즉, 질병은 재직기간 중 단지 1회만 발생될 수 있는 사유가 아니기 때문에 특별히 재직 중 사용가능기간으로 명시적으로 규정하고 있지 않은 이상(또는 적용 관행이 그러한 이상) 특정 질병에 따른 휴직사유가 발생할 때마다 적용하는 기간으로 해석하는 것이 타당할 것이다.

다만, 휴직기간에 대한 제한이 있다 보니 질병이 치료되지 않고 정상적인 업무수행이 어려운 상황임에도 불구하고 제한된 기간을 초과해 휴직할 수 없어 복직한 이후 정상적인 근로를 제공하지 않다가 다시 휴직을 신청하는 경우와 같이 질병을 치료하고 정상적인 업무에 복귀할 수 있도록 배려하기 위한 취지의 휴직기간을 직원이 남용하는 경우(즉, 정상적인 업무 가능 상태로 복귀할 수 있는 질병 치료기간이 규정상 휴직제한기간을 초과할 정도로 장기간인 경우임에도 일단 복귀했다가 다시 휴직을 신청하는 경우) 이는 정상적인 업무복귀를 전제로 한 휴직 부여의 취지에 비추어 사실상 휴직제한기간을 초과해 휴직을 부여하는 결과가 되어 타당하지 않다고 판단된다.

만약 휴직이 종료되고 복귀한 이후 정상적인 근로제공이 이루어지다가 새로운 질병이 발생하거나 기존 질병이 재발한 것으로 볼 수 있는 경우라면 새롭게 직원의 질병휴직사유가 발생한 것으로 봐야 할 것이다.(복직시 해당 질병의 치료 상태에 대한 판단(의학적 소견에 따른 복직 여부 판단)이 이루어지고, 상당기간 정상적인 근로를 제공하다가 해당 질병이 재발한 경우로서, 질병이 치료되지 않았음에도 휴직기간 제한으로 인해 복귀한 이후 다시 휴직을 신청하는 경우라고 볼 수 없다면 새로운 휴직을 부여해야 할 것으로 판단됨.)

한편 동일한 질병이 재발하고 있는 상황이므로 해당 질병의 상태에 대한 정확한 의학적 판단을 통해 해당 질병이 향후에도 재발할 수 있는 질병인지 여부 및 주기적으로 일정기간 병가나 휴직이 필요한 상황인지에 대한 판단과 해당 질병이 재발하지 않도록 회사와 해당 직원이 주의해야 하는 것은 무엇인지에 대한 확인 등을 통해 향후 근로자의 정상적인 업무수행이 가능한지에 대한 판단과 그에 따른 조치가 필요할 것으로 판단된다.

Q&A

전염가능성이 있는 질병으로 휴직 중인 직원이 업무복귀를 희망하는 경우 회사가 취할 수 있는 조치는 무엇이 있는지

회사는 직원의 안전과 건강을 보호해야 할 의무가 있기 때문에 안전·보건상의 조치를 취해야 하며 그 구체적인 조치사항에 대해서는 산업안전보건법에 명시되어 있으므로 이를 준수하면 된다.

산업안전보건법 제45조【질병자의 근로금지·제한】에 의하면 "① 사업주는 전염병, 정신병 또는 근로로 인하여 병세가 현저히 악화될 우려가 있는 질병으로서 고용노동부령이 정하는 질병에 이환된 자에 대하여는 의사의 진단에 따라 근로를 금지하거나 제한해야 하며, ② 근로를 금지 또는 제한받은 근로자가 건강을 회복한 때에는 지체없이 취업하게 해야" 한다.

위 고용노동부령이 정하는 질병이란 산업안전보건법 시행규칙 제116조에 명시되어 있는 바, ① 전염의 우려가 있는 질병, 다만 전염을 예방하기 위한 조치를 한 때는 제외, ② 정신질환, ③ 심장·신장·폐 등의 질환으로 근로에 의해 병세가 악화될 우려가 있는 질병 등이 그에 해당한다.

즉 회사는 직원이 질병에 이환된 사실을 확인한 이상 직원의 건강에 대한 배려를 해야 함은 물론 질병의 전염 등을 예방하는 등 다른 직원들의 건강 또한 유의해야 할 법상의 의무가 있다 할 것이며, 다만 질병자의 취업을 과도하게 제한해서는 안되고 전문가인 의사의 진단을 고려해 해당 질병자의 취업에 대한 조치를 취해야 할 것이다.

위 직원의 경우 회사가 직원의 근로를 제한하거나 금지할 수 있는 타당한 근거는 결국 직원의 질병의 정도 및 전염가능성에 대한 의학적 소견이라 할 것이므로 우선 의사소견에 따라 취업 여부를 판단하고, 취업 이후의 회사와 직원이 준수해야 할 사항을 정하는 것이 필요할 것으로 판단된다.

위 직원의 질병에 대한 의사소견이 업무복귀가 가능하다는 것과 전염가능성이 없다는 것이라면 의사소견에 따라 업무복귀를 하도록 할 수 있을 것이며, 의사소견을 받을 때 추가로 회사와 해당 직원의 주의사항, 직원의 건강관리 유의사항, 전염방지를 위한 조치사항 등에 대한 소견도 받는 것이 위 질병으로 인해 발생할 수 있는 제반 문제를 예방할 수 있는 방법이 아닐까 판단된다.

또한 위 직원이 복직하는 경우 회사가 주의해야 할 사항은 위 직원의 건강관리라 할 것이므로 현재로서는 위 질병의 치유에 필요한 의사의 조치사항을 준수하도록 하는 것(정기검진, 기타 주의사항 준수)과 회사의 배려(검진을 위한 외출의 보장, 주의사항 준수를 위한 회사의 협조)가 필요할 것으로 판단된다.

7. 전출과 전적

(1) 전출과 전적이란?

기존의 근로관계가 변경되는 경우 중 전출과 전적은 다른 기업에서 다른 사용자의 지휘 · 감독에 따라 근로를 제공하게 된다는 점에서 동일한 사용자의 지휘 · 감독을 전제로 한 기업 내 인사이동(배치전환, 전직)과 구별된다. 또한 전출은 다른 기업에서 근무하더라도 기존 기업에서 기존 근로자의 지위를 그대로 유지하지만, 전적은 기존 사용자와의 근로계약을 해지하고 새로운 사용자와의 근로계약이 체결된다는 점에서 다르다.

(2) 전출 · 전적명령의 정당한 사유 – 근로자의 동의

전출 · 전적명령이 정당하기 위해서는 전출 · 전적명령을 내려야 할 정당한 사유가 있어야 하며, 여기서 정당한 사유란 프로젝트의 수행, 설비구축의 지원 등 기업운영상 근로자의 전출이 필요하거나 경영상의 어려움으로 인해 근로자의 일부를 다른 기업으로 전적시켜야 하는 경우, 근로자 개인의 사정과 요구에 의한 경우 등이다. 또한 전출 · 전적명령이 정당하기 위해서는 그 명령이 남녀를 차별하거나, 노동조합의 활동을 방해하기 위해서 등 관련 법령에 위배되어서는 안된다.

기업 내의 인사이동 · 배치전환 · 전직명령은 그 명령의 업무상 필요성이 있거나 취업규칙 및 근로계약에 명시되어 있을 경우 사용자의 인사권이 폭넓게 인정되고 있으나, 전출과 전적은 그 명령의 정당한 사유만으로 곧바로 그 명령의 정당성이 인정되지 않고 근로자의 동의가 필수적이다.

즉 전출과 전적은 근로자가 다른 사용자의 지휘 · 감독을 받아야 한다는 점에서 근로자의 동의가 필수적이다. 또한 명시적인 동의가 아니더라도 ① 묵시적 동의, ② 포괄적 사전동의를 받은 경우,[4] ③ 관행으로 확립된 경우에도 전출 · 전적명령이 정당할 수 있다고 판단된다.

---

4) 대법원 92누8200, 1993.1.26.

참조 행정해석 · 판례

- 전적은 근로자의 동의를 얻어야 유효하다 (대법원 95누1972, 1996.4.26.)
  전적은 종래에 종사하던 기업과 근로계약을 합의해지하고 이적하게 될 기업과 새로운 근로계약을 체결하는 것이거나 근로계약상의 사용자의 지위를 양도하는 것이므로 근로자의 동의를 얻어야 효력이 생기는 것이다.
- 전적관행과 근로자의 동의 (대법원 95다42270, 1996.5.10.)
  근로자의 동의를 얻지 아니하고 다른 계열기업으로 근로자를 전적시키는 관행이 있어서 그와 같은 관행이 기업 내에서 일반적으로 근로관계를 규율하는 규범적 사실로 명확하게 승인되거나 기업의 구성원이 일반적으로 아무런 이의를 제기하지 아니한 채 당연한 것으로 받아들여 기업 내에서 사실상의 제도로 확립되어 있어 근로계약의 내용을 이루는 것으로 인정되는 경우처럼 특별한 사정이 있는 경우에 한하여 근로자의 구체적인 동의를 얻지 아니하더라도 근로자를 다른 계열기업으로 유효하게 전적시킬 수 있다 할 것이다.
- 전출에 대한 동의의 필요성 (근기 68207-683, 1997.5.24.)
  근로자를 여타 사업장으로 전출시키는 것은 노무제공을 하는 상대방의 변경을 수반하는 중요한 근로조건의 변경에 해당하므로 당사자의 동의가 수반되어야 한다.

(3) 전출 · 전적과 근로관계

일반적으로 근로자의 전출 · 전적시 소속기업과 전출 · 전적기업간의 계약을 통해 전출 · 전적근로에 관한 전반적인 사항을 결정하게 된다. 전적의 경우에는 새로운 사용자와 근로계약을 체결하는 것이기 때문에 새로운 기업이 모든 사용자책임을 지게 되지만, 전출근로자에 대한 사용자책임은 구체적인 근로제공과 관련 조항에 따라 실질적으로 지휘 · 감독권한이 누구에게 있는가에 따라 판단하게 된다.

즉 전출의 경우 기존의 기업과의 근로관계를 유지하면서 전출기업에서 근로를 제공하는 형태이기 때문에 근로시간, 휴일, 휴가, 안전과 보건 등 근로제공과 관련한 직접적인 사항은 전출기업으로부터 지휘 · 명령을 받게 되지만, 해고와 같이 근로자의 지위를 변동시킬 수 있는 사항은 기존의 기업이 사용자책임을 지게 된다. 임금에 대한 사용자책임은 기존 기업과 전출기업간의 계약에 의해 결정될 수 있다. 다만, 현행 파견근로자보호 등에 관한 법률상 임금에 대한 사용자 책임은 근로자를 파견시킨 파견사업주에게 있는 점을 고려할 때 전출근로자의 임금에 대한 사용자 책임은 근로계약관계를 유지하고 있는 기존 기업에 있는 것으로 보아야 할 것이다.

한편, 전적은 종전 사용자와의 근로관계를 합의해지하고 이적하게 될 사용자와 새로운 근로계약을 체결하는 것이므로 유효한 전적이 이루어진 경우 당연히 종전 사용자와의 근로관계는 단절된다. 즉 근로자가 전적에 동의하고 기존의 근로관계에서 발생한 퇴직금 등 모든 금품을 청산한 경우라면 전적 기업에서의 근로관계는 새롭게 시작되기 때문에 계속근로연수 역시 새로이 기산되게 된다.[5] 다만, 당사자 사이에 종전 기업과의 근로관계를 승계하기로 하는 특약이 있거나 이적하게 될 기업의 취업규칙 등에 종전 기업에서의 근속기간을 통산하도록 하는 규정이 있는 등의 특별한 사정이 있는 경우에는 그 특약과 규정에 따라 계속근로연수가 인정될 수 있을 것이다.[6]

8. 영업양도와 합병

(1) 영업양도

① 영업양도의 개념

영업양도란 '일정한 영업목적에 의해 조직화된 업체, 즉 인적·물적 조직을 그 동일성을 유지하면서 일체로서 이전하는 것'[7]을 의미하므로 영업이 포괄적으로 양도되면 특별한 약정이 없는 한 기존 근로자의 근로관계도 양수인에게 포괄적으로 승계된다고 보는 것이 판례를 비롯한 일반적인 견해이다.

참조 판례

▪ 영업양도의 개념 – 인적·물적 조직의 동일성 유지

(대법원 2002다23826, 2003.5.30.)

영업의 양도라 함은 일정한 영업목적에 의하여 조직화된 업체, 즉 인적·물적 조직을 그 동일성은 유지하면서 일체로서 이전하는 것으로서, 이러한 영업양도가 이루

5) 근기 68207－773, 1994.5.11.
6) 대법원 99다21806, 2000.12.22.
7) 대법원 99두2680, 2001.7.27.

> 어진 경우에는 원칙적으로 해당 근로자들의 근로관계가 양수하는 기업에 포괄적으로 승계된다.
> 영업양도가 이루어졌는가의 여부는 단지 어떠한 영업재산이 어느 정도로 이전되어 있는가에 의하여 결정되어야 하는 것이 아니고 거기에 종래의 영업조직이 유지되어 그 조직이 전부 또는 중요한 일부로서 기능할 수 있는가에 의하여 결정되어야 하므로 영업재산의 일부를 유보한 채 영업시설을 양도했어도 그 양도한 부분만으로도 종래의 조직이 유지되어 있다고 사회관념상 인정되면 그것을 영업의 양도라 볼 것이지만, 반면에 영업재산의 전부를 양도했어도 그 조직을 해체하여 양도했다면 영업의 양도로 볼 수 없다.

물론 영업이 아닌 단순한 기계 및 설비 등의 자산만을 양도하는 경우에는 근로자의 포괄승계의 문제가 발생하지는 않는다. 따라서 당사자간의 계약이 영업양도인지 아닌지를 판단하는 것이 중요해지는데 현실적으로 이 구별이 쉽지 않은 경우가 많다.

영업양도 여부를 판단하는 기준에 대해 판례[8]는 ① 영업의 동일성 여부는 일반 사회관념에 의해 결정되어져야 할 사실인정의 문제이며, ② 종래의 영업조직이 유지되어 그 조직이 전부 또는 중요한 일부로서 기능할 수 있는가에 따라 영업양도 여부를 판단해야 한다고 보고 있다.

② 근로관계의 승계

영업이 양도되면 근로관계는 포괄적으로 승계되는 것으로 보는 것이 일반적인 견해이다(원칙승계설). 따라서 당사자간에 근로관계 승계에 대한 명시적인 약정이 없더라도 당사자간의 양도계약이 영업양도에 해당하는 경우에는 당시 영업양도인과 근로관계를 맺고 있는 모든 근로자의 근로관계가 양수인에게 승계되는 것으로 보아야 할 것이다.

그렇다면 양도인과 양수인간에 영업양도계약을 체결하면서 일부 근로자의 승계를 배제하는 약정을 했을 경우 그 약정의 효력은 어떻게 되는가?

판례는 일부 근로자를 고용승계하지 않는 특약이 있는 경우 그 특약은 해당 근로자에게는 실질적으로 해고와 다름이 없기 때문에 근로기준법 제23조 제1항의 '해고의 정당한 사유'가 있거나, 동법 제24조 제1항의 '긴박한 경영상의 필요에 의한 사업의 양도·인수'에 따른 경영상 해고사유가 있는 경우에 한해 그 특약의 효력이 인정되는 것으로

8) 대법원 2000두8448, 2002.3.29.

보고 있다.[9)]

즉 당사자간에 영업양도계약을 체결하면서 당사자간에 일부 근로자만을 고용승계할 것을 약정하거나 또는 노동조합활동에 적극적인 일부 근로자의 경우 사업운영에 지장을 초래할 것을 우려해 고용승계대상에서 배제하기로 약정했을 경우 이에 따라 양도인이 이들을 해고할 경우 그 진정한 해고사유가 '영업양도 자체'라면 사업경영 주체를 변경하는 것을 목적으로 한 영업양도가 곧바로 근로자에 대한 해고사유가 될 수는 없기 때문에 그 해고는 정당성을 인정받기 어려울 것이다. 더구나 노동조합활동을 이유로 한 승계거부는 노동조합 및 노동관계조정법(이하 "노조법"이라 한다)상의 부당노동행위에 해당하여 무효라 할 것이다.

한편, 영업양도에 의해 승계된 근로자들과 기존 양수인 회사에 근무하던 근로자들간의 근로조건의 차이가 발생할 수 있으나 이는 영업양도에 의한 기존 근로조건의 포괄승계에 따른 것으로 근로자들간의 균등처우위반의 문제 또는 퇴직금제도의 차등금지위반의 문제가 생기는 것은 아니다.

다만, 근로자들간의 근로조건의 차이로 인해 인사관리상의 어려움이 발생할 수 있으므로 이러한 경우에는 고용승계된 근로자들에게 적용되는 근로계약 및 취업규칙의 변경절차를 거쳐 전체 근로자들의 근로관계의 통일을 꾀할 수 있을 것이나, 이 경우 근로기준법상의 적법한 변경절차를 거치지 않고 인사관리상의 어려움을 이유로 사용자가 일방적으로 변경할 수는 없을 것이다.[10)]

(2) 합 병

회사의 합병이란 2개 이상의 회사가 1개의 회사로 합체하는 것을 말하며, 특정 회사가 소멸하고 다른 회사로 흡수되는 흡수합병, 합병의 당사자인 모든 회사가 소멸하고 새로운 회사로 합체·설립되는 신설합병의 경우가 있다.

사업의 필요에 의해 합병이 되면 기존 회사에 근무하던 근로자의 지위는 어떻게 되는가?

판례는 회사의 합병에 의해 근로관계가 승계되는 경우에는 종전의 근로계약상의 지위가 그대로 포괄적으로 승계되는 것으로 본다.[11)] 즉 새로운 합병회사가 해산회사의

9) 대법원 93다33173, 1994.6.28.
10) 대법원 93다58714, 1994.8.26.

사업주로서의 지위를 승계하기 때문에 해산회사의 취업규칙, 근로계약, 단체협약에 의한 임금, 퇴직금, 근로시간 등의 근로조건과 노동조합에 대한 상대방으로서의 지위와 의무가 그대로 포괄승계된다. 합병에 의해 해산회사 근로자와 합병회사 근로자간의 근로조건의 차이(임금·퇴직금 제도 등)가 있더라도 이는 근로기준법상의 균등처우위반 및 퇴직금차등제도 금지위반에 해당하는 것은 아니다.

따라서 합병당사자간에 해산회사의 근로자의 일부를 승계에서 제외하기로 하거나, 해산회사 근로조건의 일부를 승계하지 않기로 한 합의(퇴직금누진제를 승계하지 않고 법정퇴직금제도를 운영하는 경우와 같이)는 무효이다.

참조 판례

- 합병시 종전의 근로계약상의 지위는 포괄적으로 승계된다

(대법원 99다9370, 2001.4.24.)

회사의 합병에 의하여 근로관계가 승계되는 경우에는 종전의 근로계약상의 지위가 그대로 포괄적으로 승계되는 것이므로(해산회사의 퇴직금규정이 흡수회사의 퇴직금규정보다 근로자들에게 불리하다고 하더라도) 합병당시 취업규칙의 개정이나 단체협약의 체결 등을 통하여 합병 후 근로자들의 근로관계의 내용을 단일화하기로 변경·조정하는 새로운 합의가 없는 한 합병 후 흡수회사는 해산회사에 근무하던 근로자들에 대한 퇴직금관계에 관하여 종전과 같은 내용으로 승계하는 것이라고 보아야 한다.

핵심 정리사항

1. 징계는 사용자가 사업장의 질서를 유지하기 위해 사업장의 규율을 위반한 근로자에게 일정한 불이익을 가하는 것으로 징계가 정당하려면 징계의 사유와 양정이 정당해야 하고, 정해진 징계절차를 준수해야 한다.
2. 근로조건, 근로장소, 근로내용, 근로지위, 사용자의 변경 등을 근로관계의 변경이라고 하고, 근로관계 변경이 정당하기 위해서는 근로관계 변경의 정당한 사유(업무상 필요성, 근로자 동의 등)가 있어야 하며, 법령 및 근로계약·취업규칙·단체협약을 준수해야 한다.

11) 대법원 99다9370, 2001.4.24.

Part 13 사직과 해고

핵심키워드

사직, 합의해지, 징계해고, 통상해고, 경영상 해고, 해고서면통지, 해고예고, 부당해고의 구제

목　적

1. 근로관계종료사유를 구분하고 각각의 내용과 효력에 대해 이해한다.
2. 근로기준법상의 해고의 제한과 해고예고제도를 이해한다.
3. 부당해고에 대한 구제제도를 이해한다.

1. 근로관계 종료사유는 크게 사직과 해고, 합의해지로 구분된다

사용자와 근로자의 근로관계의 종료방식은 ① 근로관계 종료에 대한 근로자의 일방적 의사표시인 사직, ② 근로관계 종료에 대한 사용자의 일방적 의사표시인 해고, ③ 근로자와 사용자의 합의에 의해 근로관계를 종료시키는 합의해지로 구분된다.

근로관계 종료사유

사 유	내 용	적용규정
사 직	근로자의 자발적인 퇴직의사표시	민법(의사표시의 효력)
해 고 (징계, 통상, 경영상 해고)	사용자의 강제적인 퇴직의사표시	근로기준법 제23조 · 제24조
합의해지	근로자와 사용자의 합의에 의한 근로관계 종료(권고사직, 희망퇴직 등)	민법(의사표시의 효력)
정 년	당사자가 정한 정년의 도래로 인한 퇴직	단체협약, 취업규칙, 근로계약
근로계약기간 만료	당사자가 정한 근로계약기간의 종료로 인한 퇴직	기간제 및 단시간 근로자 보호 등에 관한 법률 제4조, 근로계약

현행 근로기준법은 '사용자가 정당한 이유없이 근로자를 해고할 수 없도록'(근기법 제23조) 하거나, '경영상 이유에 의한 해고의 요건 및 절차'(근기법 제24조)를 준수하도록 하는 등 사용자의 일방적 해고로부터 근로자를 보호하고 있으나, 그 외에 근로자가 사직하거나 사용자와 근로자간 합의를 통해 퇴직하는 경우에 대해서는 별도로 규정하고 있지 않고 당사자의 자유의사에 따라 판단하고 있으며 당사자의 자유의사에 대해서는 민법에서 규정하고 있는 의사표시의 효력에 기초해 판단하고 있다.

참 고

• 의사표시와 관련한 민법 규정 •

① 불공정한 법률행위(민법 제104조)
당사자의 궁박, 경솔 또는 무경험으로 인하여 현저하게 공정을 잃은 법률행위는 무효로 한다.

② 비진의의사표시(민법 제107조)
의사표시는 표의자가 진의 아님을 알고 한 것이라도 그 효력이 있다. 그러나 상대방이 표의자의 진의 아님을 알았거나 이를 알 수 있었을 경우에는 무효로 한다.
③ 하자있는 의사표시(민법 제110조)
사기나 강박에 의한 의사표시는 취소할 수 있다.

즉 근로자가 퇴직을 원해 사직서를 제출하거나, 회사의 권고 등을 받아들여 사직하는 경우 근로자의 퇴직의사표시가 효력없는 의사표시가 아닌 이상 근로기준법상의 해고와는 구분해 그 퇴직의 사유 및 사직을 권고한 사유가 정당한가를 따지지 않고 퇴직의 효력을 인정하고 있는 것이다.

Q&A

직원이 퇴직일을 정해 사직서를 제출하였으나 퇴직일 이전에 인수인계가 끝나지 않아 좀더 근무해 줄 것을 요구할 수 있는지, 직원이 이를 거부할 경우 반드시 사직서를 수리해야 하는지

사직은 근로자가 자발적인 의사에 따라 퇴직을 요구하는 것으로 회사는 이를 승낙해야 함이 원칙이다. 다만, 근로계약 당사자간에 사직일로부터 일정기간 전에 퇴직의사를 밝히도록 정하고 있는 경우(예 퇴직일 15일 전 사직서 제출) 직원이 그 기간 이전에 사직의사를 밝혔다면 그 기간까지는 근무하면서 인수인계 등을 요구할 수는 있다.
즉 위 일정기간의 의미는 근로자는 퇴직의 자유가 있지만 회사 또한 근로자의 갑작스런 퇴직으로 인한 업무공백을 예방하고 인수인계기간을 확보해야 할 필요성이 있으므로 근로계약 당사자가 계약관계를 종료하는 데 필요한 기간을 정한 것으로 인정될 수 있을 것으로 판단된다.
그러나 당사자가 위와 같은 일정한 기간을 설정하지 않았음을 이유로 근로자가 사직서를 제출했음에도 회사에서 이를 수리하지 않거나, 인수인계 미흡을 이유로 장기간의 추가근무를 요구할 수는 없다. 즉 민법 제660조의 규정에 따라 기간을 정하지 않은 계약의 경우 사용자가 근로자로부터 근로관계 해지의 통고를 받은 날로부터 1월이 경과하면(기간으로 보수를 정한 때에는 통고를 받은 당기 후의 1기를 경과하면) 퇴직의 효력이 발생하기 때문이다.

2. 사직은 근로자의 자유의사에 의한 자발적 퇴직이다

일반적으로 '근로자의 자유의사에 의한 자발적 퇴직'을 의미하는 사직서 제출이 '근로자의 완전한 자유의사'에 기인하지 않고 구조조정과정에서 인력감축을 위한 회사의 권유나 강요에 의하는 경우가 많아지면서 사직서 제출이 '근로자의 자유의사'에 의한 자발적 퇴직인지, 사용자의 의도에 의한 '해고'인지가 분명하지 않은 상황이 발생하고 있다.

특히 사용자가 해고제한이라는 근로기준법상의 규제를 회피하기 위해 근로자의 사직의 형식을 빌어 근로관계를 종료하는 경우가 빈번하게 발생하는데 구조조정시 명예퇴직(또는 희망퇴직)과 같이 일정한 위로금을 지급하는 조건으로 자발적으로 퇴직할 근로자를 모집하는 경우, 해고사유(무단결근 및 근무태도 불량 등)가 있음에도 사직을 권고함으로써 권고사직의 형태로 근로관계를 종료하는 경우와 같이 사직할 의사가 없는 근로자로 하여금 사직서를 제출하게 하고 이를 수리하는 의원면직의 형식을 취하여 근로계약관계를 종료시키는 경우가 그 전형적인 예이다. 판례가 사직서 수리에 의한 퇴직을 인정한 경우와 인정하지 않은 사례는 다음과 같다.

[사직서 수리의 효력을 부정한 사례]

① 명백한 강요 및 사기

- 사직서 제출이 명백한 강요(1980년 정권교체기의 사회분위기에 위축된 경우)에 의한 경우[1)]
- 사직서를 다른 용도에 사용한다는 사용자의 분명한 의사표시가 있어 사직서를 제출했음에도 이를 수리해 퇴직조치한 경우[2)]

② 일괄사직서 제출 및 선별수리(비진의의사표시)

회사의 지시에 의해 근로자가 일괄사직서를 제출하고 회사는 사직의사표시가 진의에 의한 것이 아님을 알면서도 선별적으로 수리해 의원면직 처리하는 경우[3)] 등 명백하게

1) 대법원 91다38686, 1993.1.26.
2) 대법원 91다44681, 1992.3.27.
3) 대법원 90다11554, 1991.7.12.

근로자가 사직하고자 하는 의사없이 사직서를 제출하였다고 보여지는 경우는 사직서 수리가 무효라고 인정하고 있다.

[사직서 수리의 효력을 인정한 사례]

① 다소 위협적일 수 있는 표현에 불과

사용자가 사직을 권유하는 데 있어서 '다소 위협적일 수 있는 강압적인 문구와 표현'을 사용[4)]

② 합리적인 절차와 기준 및 정당한 인사권 행사

명예퇴직에 대한 강한 권유가 있었다 하더라도 그 인사상의 불이익이 나름대로 합리적인 절차와 기준에 의해 대상자와 내용이 결정되어 인사권의 범위를 넘어섰거나 남용하였다고 보이지 않는 경우[5)]

③ 명예퇴직 권고에 따른 사직서 제출

"명예퇴직을 하지 않을 경우 이후 정리해고의 대상이 되고, 그때 퇴직할 경우 퇴직위로금의 혜택이 없다"면서 행한 사용자의 명예퇴직 권고에 따른 사직서 제출에 대하여 인정한 사례[6)] 등은 판례가 근로자의 사직서 제출의 의사표시를 넓게 인정하고 있음을 보여주고 있다.

참조 판례

- 희망퇴직제 실시에 따라 근로자가 회사에 대하여 사직서를 제출하고 회사가 이를 수리하여 면직한 것은 근로기준법상의 해고가 아니다 (대법원 2002다60528, 2003.4.11.)
  피고 회사에서는 노동조합과 사전협의를 거쳐 희망퇴직자들에게 퇴직금 등의 지급조건을 우대하여 주는 내용으로 희망퇴직제를 실시하기로 한 뒤, 원고들에게 희망퇴직의사를 물어 원고들의 명시적인 퇴직의사에 기하여 면직처분을 하였고, 그 과정에서 희망퇴직제의 실패로 정리해고를 시행할 경우 적용될 연령이나 근속기간 등의 정리기준을 고려할 때에 정리해고대상자에 포함될 가능성이 상당한 원고들에게 희망퇴직을 적극적으로 권유한 것에 지나지 않는 점 등에 비추어 보면 원고들이

4) 서울고법 98누2715, 1999.6.24.
5) 서울고법 2000누5694, 2000.11.16.
6) 서울행법 99구15784, 2000.11.21.; 서울행법 99구36217, 2000.11.3.

사직의 의사가 없었음에도 불구하고 피고 회사측의 강요에 의하여 공포심을 느낀 결과 어쩔 수 없이 사직서를 제출하였다고 보기 어려운 반면, 원고들은 당시 희망퇴직의 권고를 선뜻 받아들일 수는 없었다고 할지라도 그 당시의 경제상황, 피고 회사의 구조조정계획, 피고 회사가 제시하는 희망퇴직의 조건, 정리해고를 시행할 경우 정리기준에 따라 정리해고대상자에 포함될 가능성, 퇴직할 경우와 계속 근무할 경우의 이해득실 등 제반사항을 종합적으로 고려하여 심사숙고한 결과 사직서를 제출하였다고 봄이 상당하다.

Q&A

명예퇴직금 지급조건(6개월분 임금)으로 사직서를 제출한 영업직 직원의 업무인수인계과정에서 부실거래처가 드러나 이에 대한 책임을 물어 명예퇴직금을 지급하지 않고 퇴직조치 할 수 있는지

명예퇴직에 대한 당사자의 합의와 근로자의 귀책사유는 별개로서 명예퇴직합의에 따른 당사자의 이행의무(근로자의 퇴직, 회사의 명예퇴직금 지급)는 근로자의 귀책사유를 이유로 당연히 소멸하는 것은 아니고 회사입장에서 근로자의 귀책사유에 대한 조치는 별도로 취해져야 할 것이다. 참고로 명예퇴직대상자가 실제 명예퇴직일 전에 회사규정상의 해고사유에 해당되어 명예퇴직을 취소하고 해고한 것은 정당하다는 판례가 있다.
다만, 당사자간에 명예퇴직에 대해 합의하면서 명예퇴직금의 지급조건을 분명히 한 경우 그 조건이 사회통념상 불합리한 조건이 아닌 이상 그 조건에 해당되지 않는 대상자에 대해 명예퇴직금 지급을 제한할 수 있을 것으로 판단된다. 즉 명예퇴직일까지의 계속근로를 전제로 하거나, 명예퇴직금 지급의 취지를 고려할 때 퇴직일 전까지 회사에 손해를 발생시키지 않아야 한다거나, 근로자의 귀책사유로 인해 사회통념상 명예퇴직금 지급이 부적당한 경우 등 명예퇴직금을 지급하지 않을 사유를 당사자가 분명히 약정했을 때에는 그러한 약정에 따라 명예퇴직금이 지급되지 않을 수도 있을 것으로 판단된다.

✍ 참조 : 대법원 98다42172, 2000.7.7.

참조 판례

▪ 명예퇴직의 효력 (대법원 2000다60890 · 60906, 2002.8.23.)

명예퇴직은 근로자가 명예퇴직의 신청(청약)을 하면 사용자가 요건을 심사한 후 이를 승인(승낙)함으로써 합의에 의하여 근로관계를 종료시키는 것이고, 이러한 합의가 있은 후에는 당사자 일방이 임의로 그 의사표시를 철회할 수 없으며, 이 합의에 따라 명예퇴직예정일이 도래하면 근로자는 당연히 퇴직되고 사용자는 명예퇴직금을 지급할 의무를 부담하게 되는 것이나, 다만 위와 같은 명예퇴직 합의 이후 명예퇴직예정일 도래 이전에 근로자에게 근로관계를 계속하게 하는 것이 곤란할

정도의 중대한 비위행위가 있는 경우에는 사용자로서는 명예퇴직의 승인을 철회할 수 있다.

한편, 사직서 제출 및 수리의 효력과 관련된 문제로 근로자가 사직서를 제출한 이후 그 의사를 철회할 수 있는지, 특히 근로자가 사직의사를 철회했음에도 사용자가 이를 승낙하지 않고 사직서를 수리한 경우가 문제가 된다. 판례는 사직서 제출의 경우를 ① 근로자가 퇴직에 대해 사용자에게 청약하고 회사가 승낙하는 경우, ② 근로자가 근로관계 해지를 통고하는 경우로 구분하면서, 청약→승낙의 형태로 사직서가 수리되는 경우에는 근로자가 사직서 제출 이후 회사의 승낙이 있기 전에 그 사직의사를 철회할 수 있으나, 퇴직에 대해 일방적으로 회사에 통고한 경우에는 회사의 동의없이는 그 사직의사를 철회할 수 없다고 판단하고 있다.[7]

즉 명예퇴직이나 권고사직과 같이 회사가 사직을 권고함에 따라 근로자가 이를 받아들여 회사에 사직서를 제출하는 것은 회사가 근로자의 사직서를 최종적으로 수리함에 따라 당사자간 합의에 의해 근로관계가 종료되는 경우이기 때문에 이는 근로자가 회사의 의사와는 무관하게 일방적으로 퇴직을 통고한 경우라 볼 수는 없다 할 것이다.

따라서 이 경우는 근로자가 사직의사표시(청약) 이후 회사의 최종 승낙 전에 그 의사를 철회할 수 있다고 보아야 할 것이고[8], 사직서의 기재내용, 제출경위, 사직의사표시 철회의 동기 등 제반 사정을 고려해 근로자가 근로관계를 종료시키겠다는 일방적 의사표시로서 사직서를 제출한 경우라면 회사의 동의없이는 그 의사표시를 철회할 수 없다고 보아야 할 것이다.[9]

참조 판례

- 명예퇴직을 신청한 근로자가 인사발령이 통보되기 전 명예퇴직신청의 의사를 철회할 수 있는지 여부 (대법원 2002다11458, 2003.4.22.)

  사용자측 내부에서는 근로자로부터 명예퇴직신청이 있을 경우 이를 모두 받아들이기로 하는 결정이 있었다 하더라도 외부적으로는 일정한 경력이 있는 근로자 전원에 대하여 명예퇴직을 신청할 수 있고 그 명예퇴직신청자 가운데 결격사유가 있는 자를 유보한 후 인사위원회의 의결을 거쳐 명예퇴직대상자를 정한다는 방침을 소

7) 대법원 2001다81269, 2002.4.26.
8) 대법원 2002다11458, 2003.4.22.
9) 대법원 99두8657, 2000.9.5.

속근로자에게 고지하고 명예퇴직신청을 받은 사실 등 여러 가지 사정을 참작하여 볼 때 원고가 사직원에 의하여 신청한 명예퇴직은 근로자가 청약을 하면 사용자가 요건을 심사한 후 승낙함으로써 합의에 의하여 근로관계를 종료시키는 것으로서 사용자의 승낙이 있어 근로계약이 합의해지되기 전에는 근로자가 임의로 그 청약의 의사표시를 철회할 수 있다.

3. 해고는 법에 의해 제한되며, 정당성이 인정되어야 한다

해고란 근로자의 의사와는 관계없이 사용자가 일방적으로 근로관계를 종료하는 법률행위를 말한다. 해고는 사용자가 근로자를 일방적으로 퇴직시킨다는 점에서 아래와 같이 법에 의한 제한을 받는다.

① 정당한 이유없는 해고의 금지(근기법 제23조 제1항)
② 업무상 재해로 인한 휴업기간과 그 후 30일, 산전후휴가기간과 그 후 30일 해고금지(근기법 제23조 제2항)
③ 경영상 이유에 의한 해고의 제한(근기법 제24조)
④ 근로자가 감독기관에 사용자를 신고한 것을 이유로 한 해고의 금지(근기법 제104조 제2항)
⑤ 근로자의 근로3권 행사를 이유로 한 해고 및 불이익처분의 금지(노조법 제81조)
⑥ 해고사유 및 해고시기의 서면통지(근기법 제27조)

Q&A

산재로 인해 직원이 2년이 넘게 요양 중인데, 법에 의하면 근로자가 산재 중에는 해고할 수 없도록 되어 있는 것으로 알고 있음. 요양이 끝나기 전에는 위 직원과의 근로관계를 정리할 수는 없는 것인지 여부

산재근로자를 보호하기 위해 근로기준법은 근로자가 업무상 재해로 인해 휴업한 기간과 그 후 30일간은 해고하지 못하도록 규정하고 있다(근기법 제23조 제2항).
다만, 근로기준법 제84조에 의해 근로자가 요양 개시 후 2년을 경과하여도 부상 또는 질병이 완치되지 아니한 경우 평균임금의 1,340일분의 일시보상을 행하면 모든 보상책임을 면할 수 있고, 일시보상을 행한 경우에는 근로관계를 종료시킬 수 있으며, 산업재해보상보험법(이하 "산재법"이라 한다)의 규정에 따라 근로자가 요양을 개시한 후 3년이 경과한 날 이후

에 산재법상의 상병보상연금을 받고 있는 경우에는 근로기준법상의 일시보상이 지급된 것으로 보아 근로자와의 근로관계를 종료시킬 수 있다(산재법 제80조 제4항).
한편, 위 근로자가 요양 중에 받던 휴업급여(평균임금의 70%) 외에 회사가 추가로 30%의 급여를 지급한 경우 위 30%의 금액은 일시보상액에 포함되지 않으므로 별도의 일시보상을 해야 할 것이다(근기 01254-268, 1993.2.22.). 다만, 보상금은 당사자의 동의를 얻어 1년간에 걸쳐 분할 보상할 수 있음을 고려할 수 있을 것이다(근기법 제85조).

관련 법령 및 참조 행정해석

- 근로기준법 제23조【해고 등의 제한】① 생략

② 사용자는 근로자가 업무상 부상 또는 질병의 요양을 위하여 휴업한 기간과 그 후 30일 동안 또는 산전(産前)·산후(産後)의 여성이 이 법에 따라 휴업한 기간과 그 후 30일 동안은 해고하지 못한다. 다만, 사용자가 제84조에 따라 일시보상을 하였을 경우 또는 사업을 계속할 수 없게 된 경우에는 그러하지 아니한다.

- 산업재해보상보험법 제80조【다른 보상이나 배상과의 관계】①~③ 생략

④ 요양급여를 받는 근로자가 요양을 시작한 후 3년이 지난 날 이후에 상병보상연금을 지급받고 있으면「근로기준법」제23조 제2항 단서를 적용할 때 그 사용자는 그 3년이 지난 날 이후에는 같은 법 제84조에 따른 일시보상을 지급한 것으로 본다.

- 위로금을 일시보상금에서 공제하고 일시보상할 수 없다

(근기 01254-268, 1993.2.22.)

[질의] 단체협약에 따라 근로자가 장해등급 판정을 받을 경우 등급에 따라 일정액의 위로금을 지급하고 있는바, 평균임금 1,340일분에서 이미 지급된 위로금을 공제하고 일시보상을 행하여도 무방한지 여부

[회시] 산업재해보상보험법에 의한 장해급여가 근로기준법상의 일시보상 이전에 지급된 경우 장해급여는 재해발생에 따른 요양 종결시점의 노동상실률을 평가하여 지급되는 손해보상적 성격의 급여이고 일시보상은 2년 이상 요양 중에 있는 근로자에 대하여 사용자가 재해보상책임을 면하기 위하여 지급하는 일시적 보상이므로, 두 보상의 지급요건과 사유가 동일하다고 볼 수 없어 일시보상액 지급시기 지급된 장해급여액을 공제할 수 없다고 사료되며 사용자가 지급한 위로금과도 공제할 수 없을 것이다.

해고는 근로자의 잘못(귀책사유)으로 인한 경우인 징계해고, 근로계약상의 의무를 이행할 수 없는 경우인 통상해고와 회사의 경영사정(귀책사유)으로 인한 경우인 경영상

해고로 구분된다.

(1) 징계해고

징계해고란 근로자가 자신의 귀책사유로 인하여 관련법령 · 단체협약 · 취업규칙 및 근로계약에 규정된 의무를 위반하거나, 사용자의 지시 · 명령에 불복종하는 것 등을 이유로 행하는 해고를 말한다.

① 무단결근 · 조퇴 · 지각
② 약정된 근로제공의 거부 · 하자있는 근로제공
③ 불법쟁의행위의 선동 · 참가
④ 회사경영에 대한 손해 야기
⑤ 회사명예의 훼손
⑥ 상사의 지시불복종
⑦ 회사기밀의 누설
⑧ 회사규정의 위반
⑨ 근로자의 범법행위

Q&A 업무능력 부족을 이유로 한 해고의 정당성

근로계약 당사자인 근로자를 해고할 수 있는 경우는 첫째, 근로자가 근로계약상의 의무를 심각하게 위반했거나(징계해고), 둘째, 근로자가 근로계약상의 의무를 수행할 수 있는 능력이 현저히 떨어졌거나(통상해고), 셋째, 회사가 근로자와의 근로관계를 유지할 수 있는 환경이 현저히 나빠진 경우(경영상 해고)이다.
'업무능력'은 일상적으로 회사가 근로자에게 요구하는 조건이라는 점, '업무능력의 부족' 여부는 그 판단이 주관적일 수 있다는 점, '업무능력의 발휘'를 위한 회사의 노력 및 배려도 필요하다는 점 등을 고려하면 단지 '업무능력의 부족'만을 이유로 당연히 근로자에 대한 해고가 정당하다고 볼 수는 없을 것으로 판단되며, 다음과 같은 기준을 고려해야 할 것으로 판단된다.
① 근로계약시 예정한 업무를 정상적으로 수행할 수 없는지
② 업무능력을 평가하는 객관적 기준이 존재하는지
③ 회사가 근로자에게 업무능력 개선을 위한 기회를 제공하였는지

④ 업무능력 부족이 해고사유임을 당사자가 인식하고 있는지(규정, 근로계약)
⑤ 업무능력 부족과 불성실한 근무자세의 상관성이 존재하는지

참조 재결례 및 판례

- 업무불성실 및 업무수행능력 부족 (중노위 2000부해124, 2000.6.13.)

영업부장의 직위에 있으면서 사업제안서 및 견적서를 제출한 사실이나 수주실적이 전혀 없는 등 영업활동업무를 성실하게 수행하지 않은 사실과 업적평가, 전문지식, 리더십 등으로 평가한 인사고과에서 가장 낮은 평점을 받은 점 등을 참작하여 업무수행능력이 결여되었다고 인정되는 경우

- 능력부족과 해고사유 (중노위 2000부해372, 2000.9.19.)

근로자가 40여일 동안에 홈페이지를 2쪽밖에 만들지 못한 것은 요즈음 전공하지 않은 사람들도 1~2일이면 이를 만들어내는 것에 견주어 볼 때 심각한 능력부족이라 아니할 수 없는바, 이는 사용자가 근로자를 계속 고용할 수 없는 해고사유로 보기에 충분하다 할 것이다.

- 매년 인사고과에서 업무수행능력 및 지식을 향상시키라는 지시를 받았음에도 개선되지 않은 경우 (서울고법 2003누3316, 2003.9.26.)

근로자가 담당하던 인사보조업무는 비교적 단순하고 정형적인 업무였다 할 것인데 이미 수년간 같은 업무를 수행하여 왔음에도 불구하고 동일한 유형의 실수를 반복하였다는 점, 이러한 이유로 매년 인사고과에서 업무수행능력 및 지식을 향상시키라는 지시를 받았음에도 개선되지 아니하고 오히려 인사고과결과가 지속적으로 저하되고 있었다는 점에 비추어 보면 회사가 근로자를 해고한 것이 지나치게 가혹하여 징계양정권을 일탈·남용한 것이라고 하기는 어렵다.

- 2회 연속 인사고과에서 최하위등급을 받아 인사고과규정에 의해 징계해고한 것 (서울행법 2003구합39306, 2004.12.28.)

원고는 그 이전에도 인사고과불량자로 수회에 걸쳐 징계를 받은 전력이 있었던 점 등에 비추어 보면 인사고과규정에 근거해 원고에 대한 2회 연속 최하위등급으로 인사고과를 한 것이 원고에게 일방적으로 불리하게 평가된 것이라고 보기 어렵고, 따라서 원고가 2001년 하반기와 2002년 상반기 2회 연속 인사고과에서 최하위등급인 C를 받은 것은 취업규칙소정의 징계사유에 해당한다.

Q&A

형사상 유죄판결과 해고의 정당성

근로자가 형사상 유죄판결을 받았다는 그 자체만으로 근로자에 대한 해고가 정당하다고 볼 수는 없다. 형사처벌과 근로관계 종료로서의 해고는 별개의 문제이기 때문이다. 즉 형사처벌은 공동체의 약속인 규범을 어긴 개인을 처벌함으로써 사회적 공동체의 질서와 공동체 구성원들을 보호함을 목적으로 하고 있지만 회사에서의 징계(해고)는 회사 공동체의 질서와 직장 구성원들을 보호하는 것을 목적으로 하기 때문에 근로자의 형사처벌을 이유로 한 징계(해고)는 형사처벌이 회사 공동체에 끼치는 영향 등을 고려해 결정해야 할 것이며, 특히 근로계약관계라는 특수한 상황을 충분히 고려해야 할 것이다(대법원 97다7066, 1997.7.25.; 대법원 97다9239, 1997.5.23.).

근로자에 대한 해고가 정당하기 위해서는 근로기준법 제23조의 '정당한 이유'가 존재해야 하므로 결국 근로자가 형사상 유죄판결을 받았을 경우 그 유죄판결이 해고의 정당한 사유에 해당하는지는 형사상 유죄판결이 근로관계에 미친 영향이 근로관계를 지속시키기 어려운 정도인지에 대한 판단에 따라야 할 것으로 생각된다.

① 규정에 형사상 유죄판결을 '당연퇴직' 또는 '해고사유'로 명시하고 있는 경우
규정(취업규칙, 단체협약 등)에 형사상 유죄판결을 당연퇴직 또는 해고사유로 명시하고 있는 경우에는 그에 따를 수 있음이 원칙이나, 단지 해고사유로 규정되어 있다는 이유만으로는 안되고 근로관계를 종료해야 할 필요성을 충분히 검토해야 하고, 그 규정의 의미를 정확히 해석해 적용해야 할 것이며 규정에 정해진 절차를 준수해야 할 것이다(서울행법 2002구합37839, 2003.7.10.; 대법원 97다7066, 1997.7.25.).

② 형사상 유죄판결과 근로제공의무
형사상 유죄판결로 인해 근로자의 정상적인 근로제공이 불가능한 경우 사용자는 근로계약의 기본의무를 이행하지 못하는 근로자에게 책임을 묻거나 근로계약을 해지할 수 있는 권리를 갖는다고 보아야 할 것이다(대법원 94다42082, 1995.3.24.).

③ 형사상 유죄판결 행위와 직무와의 연관성
근로자가 형사처벌을 받더라도 근로제공에 지장이 없거나(불구속), 그 위반 정도가 작고(형량), 근로자의 반성의 정도 및 기존 근무태도를 고려할 때 정상참작의 여지가 크다 하더라도 형사상 유죄판결을 받은 행위와 근로자의 직무와의 연관성에 따라(예를 들어 경리담당자의 횡령) 근로관계종료의 필요성이 요구될 수 있다(서울행법 2003구합14024, 2003.12.4.).

④ 형사상 유죄판결과 회사에 미친 영향(손해, 명예훼손 등)
근로자의 형사상 유죄판결 행위로 인해 회사의 업무상 손해가 발생하고 회사의 명예 및 이미지가 실추되는 경우 회사는 근로자에게 그 책임을 물을 수 있을 것이다(대법원 97누1600, 1997.9.26.).

(2) 통상해고

통상해고란 근로자에게 귀책사유는 없으나, 근로자 개인의 정신적·육체적 기타의 사유로 인하여 법령·단체협약·취업규칙 및 근로계약 등에 규정된 근로제공의무를 충분히 이행할 수 없는 것을 이유로 하는 해고를 말한다.

① 직업상 요구되는 자격증이 없는 경우

② 업무의 성격상 필요한 능력(통솔력, 협동심 등)이 현저히 부족한 경우

③ 근로계약상의 근로제공을 더 이상 제공할 수 없는 신체·정신적 상태에 이른 경우
(예 운전기사의 실명)

④ 객관적으로 업무능력이 현저히 부족함이 판명된 경우

⑤ 기업경영상 비밀유지가 요구되는 근로자가 경쟁기업주와 인척관계에 있는 경우

Q&A

직원이 대기발령 이후 3개월 후에 직무를 부여받지 못하는 경우 해고할 수 있는지

대기발령(직위해제, 보직해임)은 근로자가 장래에 있어서 계속 직무를 담당하게 될 경우 예상되는 업무상의 장애 등을 예방하기 위해 일시적으로 해당 근로자에게 직위를 부여하지 아니함으로써 직무에 종사하지 못하도록 하는 잠정적인 조치로서의 보직해제를 의미한다. 대기발령은 징계와는 그 성질이 다르다. 즉 대기발령은 근로자의 잘못에 대해 책임을 묻고 불이익을 주기 위한 조치가 아니라 회사운영의 필요성(조직개편 등 경영상 사정, 업무능력 부족에 따른 업무향상 기회의 부여, 징계에 회부되어 있는 근로자에 대한 일시적인 직무정지의 필요 등)에 의해 취해지는 조치라 할 것이므로 징계사유를 적용하거나 징계절차를 거쳐야 하는 것은 아니라 할 것이다.

이러한 대기발령의 성격을 고려하면 '대기발령 이후 일정기간의 경과'만을 이유로 당연퇴직 또는 해고가 가능하다고 볼 수는 없을 것이고, 다만 대기발령의 사유가 '근로자의 업무능력 부족 등'을 이유로 한 경우라면 대기발령기간 동안 업무능력 향상 등을 위한 근로자의 노력과 자세를 고려해 향후 근로관계 종료가능성을 판단해야 할 것이다.

참조 판례

- 직위해제와 직권면직 (대법원 95누15926, 1996.10.29.)

직위해제처분을 받은 후 그 직위해제기간 동안에 그 직무수행능력이 향상되었다고 볼 수 없고, 진정으로 자신의 잘못을 뉘우치기보다는 자신의 비위행위가 사장의 지시에 의하여 어쩔 수 없이 이루어진 것처럼 그 책임을 상급자에게 전가시키는

등으로 자신을 변명하는 것으로 일관하여 왔다면 회사가 그와 같이 개전의 정을 나타내고 있지 아니한 근로자에 대하여 인사규정에 따라 직권면직의 처분을 한 것이 정당한 인사권의 범위를 벗어나거나 인사권을 남용하였다고 단정할 수도 없다.

- 직위해제처분에 이은 당연면직의 효력 (대법원 2003두6665, 2004.10.28.)

원고에 대한 이 사건 당연면직 처리는 원고가 참가인법인의 인사규정 제25조 제1항 제1호에 정한 사유에 해당한다고 하여 직위해제처분을 받은 후 3월이 경과하도록 직위해제사유가 소멸되거나 해소되지 아니하였음을 사유로 같은 규정 제17조 제4호에 근거하여 이루어진 것인바, 이와 같은 직위해제처분에 이은 당연면직처리는 이를 일체로서 관찰할 때 근로자의 의사에 반하여 사용자의 일방적 의사에 따라 근로계약관계를 종료시키는 것으로서 실질상 해고에 해당하고, 따라서 그 처분에 있어서는 근로기준법에 의한 제한을 받는다고 보아야 할 것이다.

(3) 경영상 해고

근로기준법 제24조에 따라 사용자는 경영상의 이유에 의하여 근로자를 해고하고자 하는 경우에는 ① 긴박한 경영상의 필요성이 있어야 하며, ② 해고회피노력을 다해야 하고, ③ 합리적이고 공정한 해고의 기준을 정해 그 대상자를 선정하되 남녀의 성을 이유로 차별해서는 안되며, ④ 근로자대표와 성실한 협의를 거쳐야 해고의 정당성을 인정받을 수 있다.

이 4가지 요건 중 하나라도 충족시키지 못할 경우 그 해고의 정당성이 인정되지 않을 가능성이 높다.

첫째, 긴박한 경영상의 필요성이 인정되어야 한다.

긴박한 경영상의 필요성에 대해 예전에는 회사의 도산을 회피하기 위해 불가피한 경우로 그 요건이 엄격하였으나, 최근의 판례는 인원감축이 사회통념상 합리적이고 경영합리화를 위해 필요한 경우에도 경영상의 긴박한 필요성이 있다고 인정하는 경향이다.

판례는 "정리해고의 요건이 되는 긴박한 경영상의 필요라 함은 반드시 기업의 도산을 회피하기 위한 경우에 한정되지 아니하고, 장래에 올 수도 있는 위기에 미리 대처하기 위하여 인원삭감이 객관적으로 보아 합리성이 있다고 인정되는 경우도 포함되는 것으로 보아야 할 것"[10]이라고 판단하고 있다.

---

10) 대법원 2001다29452, 2002.7.9.

① 인원삭감이 객관적으로 보아 합리성이 있다고 본 사례

- 승객의 감소와 유류가격 등의 인상으로 인하여 적자규모가 누적되어 오던 중 다른 회사를 인수함으로써 그 채무가 급격히 증가하여 직원들의 급여를 제때 지급하지 못하고 있던 상태로 관리직원들을 정리해고할 급박한 경영상의 필요가 있었다고 판단[11)]
- 시장구조의 대폭적인 변화에 적응하고 적자요인을 해소하기 위해 조직을 축소 개편한 경우[12)]

② 인원삭감이 객관적으로 보아 합리성이 없다고 본 사례

- 기존의 근로자를 정리해고한 뒤 곧바로 신규채용을 하는 경우[13)]
- 직원들의 급여를 인상한 점에 비추어 기구축소로 인원정리를 해야 할 긴박한 경영상의 어려움이 있는 것으로 보기 어려움[14)]
- 재정적자를 예상하고 예방적으로 정리해고를 하였으나 경영실적이 호전된 경우[15)]
- 정리해고당시 사업체의 자금사정 및 해고 후의 경영상태 등이 양호한 경우[16)]

Q&A

회사는 여러 개의 사업장을 운영하고 있으나 경영환경 악화로 사업장 중 일부를 폐쇄하고자 함. 이 경우 해당 인원들에 대한 해고의 정당성 여부

원칙적으로 사업주는 사업운영의 자유가 있기 때문에 사업을 종료하고 사업의 종료를 이유로 근로자와의 근로관계를 종료할 수 있을 것이다.
다만, 사업주가 여러 사업장을 운영하고 있고, 이 중 특정 사업장의 폐쇄로 인해 그 인원을 정리해야 할 경우에는 몇 가지 법적으로 검토해야 할 사항이 발생하게 된다.
첫째, 사업주는 사업을 종료하는 것이 아니라 사업을 축소하는 것이기 때문에 '사업의 종료에 따른 근로자의 해고'가 당연히 인정되는 것은 아니다.
둘째, 사업의 축소 등 경영상의 이유로 인원을 정리해야 할 경우 우선 당사자간에 근로관계의 종료에 대해 합의할 경우에는 해고의 법적 문제가 발생하지 않는다. 즉 사업장의 정리를

11) 대법원 2000두1454, 2001.1.16.
12) 대법원 93다48823, 1994.6.14.
13) 서울고법 96나22237, 1997.1.15.
14) 대법원 97누7059, 1997.10.28.
15) 대법원 87다카2132, 1989.5.23.
16) 대법원 94누10931, 1995.11.24.

이유로 사직을 권고하고 이를 근로자가 받아들여 사직할 경우에는 해고가 아니기 때문에 법적인 문제가 발생하지 않는다(지급해야 할 임금 · 퇴직금 외에 별도의 위로금을 약정하면서 근로자와 퇴직을 합의할 수 있다. 희망퇴직 · 명예퇴직의 경우 그러한 대표적인 예).
셋째, 근로자를 해고해야 하는 상황이라면 근로기준법상 경영상 해고의 요건을 충족해야 가능할 것이다. 즉 경영상의 긴박한 필요성이 있고, 근로자의 해고회피를 위해 최대한 노력을 하고, 해고대상자를 공정하게 선정하고, 근로자측과 성실한 협의(해고일 50일 전)를 한 이후에도 인력감축이 필요한 경우 부득이하게 행한 정리해고는 정당성을 인정받을 수 있을 것이다.
즉 ① 사업장의 전근로자에게 사업종료일(근로자 퇴사일) 50일 이전 사업장 폐쇄에 따른 인원정리 및 인원배치와 관련한 제반 사항을 통보(대부분의 인원을 다른 사업장으로 배치한다면 이에 대해서는 사전에 주지시켜야 한다)하고, ② 최대한 다른 사업장으로 직원들의 전직을 위한 노력, 희망퇴직자 모집 등의 해고회피노력에 최선을 다해야 할 것이며, ③ 다른 사업장으로의 전직 등이 어려워 부득이하게 일부 근로자를 해고해야 하는 경우라면 해고대상자에 대해서는 회사 사정을 충분히 설명하고 사직을 권고하되 이를 받아들이지 않을 경우에는 법상의 경영상 해고절차를 준수해야 하며, ④ 해고대상자를 선정함에 있어서는 회사측의 이해(근로자의 능력, 업무성적 등)와 근로자측 이해(연령, 부양의무, 재취업 가능성 등)를 충분히 고려해 그 대상자를 선정해야 할 것이다.

둘째, 해고하기 전에 해고를 피하기 위한 노력(해고회피노력)을 해야 한다.

경영상 해고가 정당하기 위해서는 긴박한 경영상의 필요성이 있어야 할 뿐 아니라 인원삭감의 조치를 취하기에 앞서 기업이 당면한 경영상의 어려움을 타개하기 위하여 실현 가능한 경영상의 모든 조치를 강구하는 등의 '해고회피노력'을 기울였으나 그러한 노력만으로는 경영상의 어려움을 극복할 수 없었거나, 해고 이외의 다른 경영상의 조치를 취하는 것이 기대하기 곤란한 사정이 있어 부득이 정리해고를 할 수밖에 없음이 인정되어야 한다.[17)]

판례가 인정한 해고회피노력으로는 ① 경영방침의 개선, ② 직원의 임금삭감 및 신규채용의 중지, ③ 근로시간 감축 및 일시휴업 · 휴직, 연장근로의 축소, ④ 희망퇴직자 모집 등이 있다.

17) 대법원 99두202, 1997.4.27.

셋째, 합리적이고 공정한 기준을 정해 해고대상자를 선정해야 한다.

해고대상자를 선정하는 데 근로자의 생활보호의 측면과 회사이익의 측면을 적절히 조화해야 한다. 즉 근로자의 근속연수, 피부양자수, 재취업가능성, 재산상태 등의 근로자의 생활보호 측면과 근무성적, 기능숙련도 등 회사의 이익측면을 동시에 고려해 대상자를 선정해야 한다. 왜냐하면 경영상 해고는 근로자가 특별한 잘못이 없음에도 회사의 경영사정으로 인한 해고이기 때문에 회사 입장만을 고려해서는 안되고 근로자의 입장 또한 충분히 고려해야 하는 것이다.

해고대상자 선정기준 제 요인

근로자 생활보호측면	기업이익측면
-근로자의 연령 -근속연한 -가족에 대한 부양의무 -재산소유상태 -다른 가족의 소득 -근로자의 건강상태 등	-평소의 근무태도 -기능의 숙련도 -근로능력, 경험기능, 직업적 자질 -인사고과 -고용형태에 있어 기업에 대한 귀속성 등

① 합리적이고 공정한 기준으로 인정한 사례

- 정리해고대상자 선정기준이 근무성적, 업무능력, 근무태도 등을 종합적으로 고려하고 집안사정, 재산상태 등을 폭넓게 감안[18)]
- 제1사업부와 제2사업부 중 경영상 심히 곤란을 겪고 있는 제1사업부를 폐지하면서 제1사업부 소속 전체 근로자들을 해고대상자로 선정한 경우[19)]

② 합리적이고 공정한 기준으로 인정하지 않은 사례

- 경영상 필요성이 발생한 사업장 전체를 기준으로 하지 않고 축소대상 부서 소속 근로자만을 해고대상으로 한 경우[20)]
- 정리해고대상자를 선별하는 과정에서 대표이사를 상대로 진정을 제기한 근로자들

18) 대법원 2000두4910, 2002.7.26.
19) 대법원 93다4892, 1994.5.10.
20) 대법원 92누3076, 1993.1.26.

만 해고하는 등 자의적으로 해고자를 선정[21)]

• 근로자 사정을 고려하지 않고 기업 입장만을 고려한 경우[22)]

Q&A

희망퇴직대상자가 희망퇴직을 신청하지 않아 정리해고했을 경우 그 적법성

희망퇴직자를 모집할 때 회사는 향후 인력운영방향, 조직개편 등을 고려해 자유로이 대상자 기준을 설정할 수 있고, 통상 연령 및 근속기간을 기준으로 설정하며 전직원을 대상으로 할 수도 있을 것이다.
희망퇴직자 기준 설정 자체는 특별한 법적 문제를 발생시키지 않으나, 희망퇴직을 신청하지 않은 대상자를 곧바로 경영상 해고대상자로 선정했을 때는 '대상자 선정의 합리성과 공정성'의 문제가 발생할 소지가 있으므로 희망퇴직대상자와 경영상 해고대상자를 동일하게 보아서는 안 될 것이다.
왜냐하면 희망퇴직대상자 일부가 희망퇴직을 신청하지 않았다 하더라도 실제 희망퇴직자의 수에 따라 회사 입장에서 필요한 인력감축 인원수가 충족되었을 수도 있고, 희망퇴직대상자 선정기준을 고려할 때와 경영상 해고의 대상자를 선정할 때의 기준은 명백히 별개이기 때문이다(예를 들어 근속기간이 15년 이상인 자를 희망퇴직대상자로 선정했다고 해서 근속기간 15년 이상인 자가 경영상 해고의 대상자가 될 수는 없다).

참조 판례

▪ 최선의 해고회피노력을 하였는지 여부 (서울고법 2000나15908, 2001.4.11.)
원고가 희망퇴직에 불응하자 피고 은행은 하향배치 전환, 전적 등의 고용유지노력을 하지 않고 사실상 퇴직을 강요하는 수단으로 인사부 조사역으로 인사발령을 해 현직에서 배제시킨 다음 휴직명령을 내린 후 해고한 점에 비추어 피고 은행이 희망퇴직제를 실시했다는 사실과 해고직원 중 일부에게 재취업을 알선했다는 사실만으로 해고회피노력을 다했다고 보기 어렵다.

넷째, 근로자대표와 성실하게 협의해야 한다.

사용자는 사업 또는 사업장에 근로자의 과반수로 조직된 노동조합이 있는 경우에는 그 노동조합, 노동조합이 없는 경우에는 근로자의 과반수를 대표하는 자에게 해고를 하고자 하는 날의 50일 전까지 통보하고 성실하게 협의하여야 한다.

21) 서울고법 99누8062, 2000.1.19.
22) 서울지법 94가합10586, 1995.12.15.

여기서 협의라 함은 필요한 사항을 상대방에게 설명하고 의견을 들으며, 질문에 성의껏 답변하는 과정에서 수용가능한 것은 최대한 수용하고 그렇지 못한 경우에는 그 이유를 제시하는 것을 말한다. 사용자가 "기업 경영상 부득이하다", "정부방침상 어쩔수 없다", "경영이 어렵다" 등 추상적인 설명만으로 일관하는 경우에는 성실히 협의한 것으로 보기 어렵다.

한편, 경영상 해고가 회사 전체가 아닌 특정 부서·인원에 한정되어 진행될 경우 협의의 대상인 근로자대표(과반수 노동조합 대표자 또는 근로자 과반수를 대표하는 자)란 해당 인원을 대표하는 자를 의미한다 할 것이다. 판례도 "정리해고시 근로자들의 이해관계를 대변할 수 있는 조직과의 협의를 통하여 이해관계를 조절함을 목적으로 하고 있는 근로기준법 제31조 제3항(현행 제24조 제3항)의 취지에 비추어 보면 근로자 중 주로 4급 이상의 직원을 감원하기로 하는 경우 4급 이상 직원들의 이해관계를 대변할 수 있는 근로자대표와의 협의가 필요하다고 해야 할 것"[23]이라고 판단하고 있다.

Q&A

단체협약에 "회사는 노동조합과 합의없이 정리해고를 실시할 수 없다"는 고용안정협약이 있는데 회사의 경영환경이 악화되어 일부 인력을 감축할 수밖에 없는 상황임에도 위 단체협약 규정에 따라 노조와 합의하지 않으면 정리해고를 시행할 수 없는 것인지

정리해고를 할 것인지 여부에 대한 결정은 원칙적으로 회사의 고유한 인사·경영권 사항이라 할 것이지만 회사와 노동조합은 단체협약을 통해 회사의 인사·경영권의 일부를 제한하는 합의를 할 수 있기 때문에 단체협약에 이러한 규정이 있다면 당사자는 이를 준수해야 함이 원칙이다(대법원 94다46763, 1995.3.18.).

다만, 노사가 상호 근로3권과 인사·경영권의 본질적인 권한을 존중해야 한다는 점을 고려할 때 회사가 위 합의를 이행할 수 없게 된 제반사정, 노조의 합의권 남용 여부, 사정 변경, 새로운 합의사항 유무 등을 종합적으로 고려해 회사의 단체협약 위반 여부를 판단해야 할 것으로 보인다.

단체협약에 정리해고시 사전합의조항 또는 고용안정협약이 체결되어 있을 경우 이러한 단체협약을 위반한 정리해고의 정당성 여부는 다음과 같은 기준들을 종합적으로 검토해 판단해야 할 것이다(대법원 판례 및 하급심 판결 참조).

① 단체협약 체결경위 등을 종합적으로 검토해 해당 조항의 취지를 확인

사전합의 조항 하나만을 주목하여 쉽게 사용자의 경영권의 일부 포기나 중대한 제한을

23) 서울행법 2003구합18866, 2004.1.30.

인정해서는 안되고 그와 같은 단체협약을 체결하게 된 경위나 당시의 상황, 단체협약의 다른 조항과의 관계, 노동조합이 경영에 대한 책임까지도 분담하고 있는지 여부 등을 종합적으로 검토하여 '사전합의' 조항의 의미가 '구조조정의 합리성과 공정성을 담보하려는 협의의 취지'로 해석함이 상당할 경우(대법원 99도5380, 2002.2.26.)

② 대안없이 무조건 반대하는 등 노동조합이 합의거부권을 남용하였는지를 판단
정리해고의 필요성이 객관적으로 명백하며 노동조합과 사전합의를 위해 성실하고 진지한 노력을 다했음에도 노동조합측이 합리적 근거나 이유를 제시함이 없이 무작정 정리해고를 반대하면서 합의거부권을 남용한 경우(대법원 2001두649, 2002.5.14.)

③ 협의과정에서 노동조합이 신의칙을 위반하였는지를 판단
노동조합이 정리해고를 추진하는 것에 구두합의 하였다가 이를 문서화하려 하자 갑자기 노사합의에 의한 정리해고자 선정을 주장하여 협의를 결렬시키고 이후 회사에 대해 정리해고를 하지 않겠다는 합의서 작성을 요구하는 등 노동조합측에 중대한 배신행위가 있고 이로 인하여 사용자측의 절차상 위반이 발생한 경우(대법원 2001두649, 2002.5.14.)

④ 경영상 어려움 등 고용안정협약을 이행할 수 없는 사정변경이 발생했는지, 기존의 협약을 해지하는 새로운 합의가 이루어졌는지를 검토
"향후 5년간 정리해고를 하지 않기로 한다"는 부분은 위 규정의 전단의 "회사와 노동조합은 생산성 향상, 인력 재배치 등 해고회피를 위해 최선의 노력을 다하여야 한다"는 내용 등에 비추어 볼 때에 어떠한 경우에도 절대로 정리해고를 하지 않겠다는 취지로 단정하여 해석하기는 어려운 데다가, 그 직후 외국 대기업과의 인수협상이 결렬되고 채권자의 자금지원이 중단되어 부도가 발생하고 회사정리절차개시신청이 이루어지는 등 통상적인 예상을 크게 벗어나 회사 자체의 존폐 위기에 처하는 절박한 지경에 이르게 되자 회사와 노동조합이 회사를 회생시키기 위한 노력의 일환으로 인력 등 전 분야에 걸쳐 구조조정을 실시하기로 하는 합의가 이루어진 이상 당초에 이루어진 고용안정협약은 그 후에 발생한 예상치 못한 급격한 상황 변화에 대응하여 이루어진 새로운 합의에 의하여 사실상 변경되었다고 할 것(서울고법 2002나58138, 2003.7.10.)
"이 사건 '특별단체교섭 합의서' 중 인수 후 인위적인 구조조정을 실시하지 않는다는 조항은 참가인 회사 인수예정자였던 ○○주철관공업이 참가인 회사를 인수하여 사용자가 되는 것을 전제로 스스로 경영상 결단에 의하여 참가인 회사 소속 근로자들에 대한 정리해고를 제한하기로 한 것이다. 이는 이른바 고용안정협약으로 근로조건 기타 근로자에 대한 대우에 관하여 정한 부분이므로 규범적 부분에 해당한다. 그러므로 참가인 회사 인수 후 기업 자체가 존폐위기에 처할 심각한 재정적 위기가 도래하였다거나 예상하지 못했던 급격한 경영상 변화가 있는 경우 등 협약체결 당시 예상하지 못하였던 사정변경이 있어 협약의 효력을 유지하는 것이 객관적으로 보아 부당한 경우와 같은 특별한 사정이 없는 한 위 협약은 유효하다.

이 사건 정리해고 당시 국내 철강 수요 감소가 예상되고, 실제로 2008.1.1.부터 2008.12.31.까지 참가인 회사에 당기 순손실이 2,716,000,000원 발생하였으며, 유동부채가 유동자산을 초과하는 등 경영상 어려움이 있었다. 그러나 참가인 회사가 고용안정협약을 체결한 2007.7.16. 이후 2008년까지는 국내 강관 가격이 올라 강관업계는 사상 최대 수준인 매출실적을 올리고 있었는데도, 참가인 회사는 구조조정을 하지 않겠다고 약정한 후 채 1년도 지나지 아니한 2008.5.16. 제1차 정리해고를 하였고, 그 정리해고가 위법하다는 경북지방노동위원회의 판정이 있자 2008.11.28. 다시 이 사건 정리해고를 한 점, 참가인 회사는 2007년에 적자가 51억 원 발생하였고, 이에 반하여 2008년도 당기 순손실은 그 2분의 1을 약간 상회하는 정도로 2008년에는 오히려 적자 폭이 대폭 준 점, 고용안정협약 체결 당시에 비하여 급격한 매출감소가 일어나고 있다고 볼 자료는 없는 점 등에 비추어 볼 때 참가인 회사가 협약 체결 당시 예상하지 못하였던 심각한 재정적 위기에 처하여 협약의 효력을 유지하는 것이 객관적으로 보아 부당한 상황에 이르렀기 때문에 이 사건 정리해고를 하였다고 보기 어렵다. 참가인 회사가 약속한 고용안정협약의 효력을 배제할 수 없는 이상 이를 어기고 원고들을 정리해고한 것은 정당하지 않다"(대법원 2011두7526, 2011.5.26.)

다섯째, 경영상 해고 이후 재고용 의무를 준수해야 한다.

경영상 해고에 의해 근로자를 해고한 사용자는 근로자를 해고한 날부터 3년 이내에 해고된 근로자가 해고당시 담당했던 업무와 동일한 업무에 근로자를 채용하고자 하는 때에는 제31조에 따라 해고된 근로자가 원하는 경우 그 근로자를 우선적으로 고용하여야 한다.

참 고

• 근로기준법(재고용 의무) •

제25조 【우선 재고용 등】 ① 제24조에 따라 근로자를 해고한 사용자는 근로자를 해고한 날부터 3년 이내에 해고된 근로자가 해고당시 담당하였던 업무와 같은 업무를 할 근로자를 채용하려고 할 경우 제24조에 따라 해고된 근로자가 원하면 그 근로자를 우선적으로 고용하여야 한다.

② 정부는 제24조에 따라 해고된 근로자에 대하여 생계안정, 재취업, 직업훈련 등 필요한 조치를 우선적으로 취하여야 한다.

4. 사용자는 근로자를 해고하기 전에 해고를 예고해야 한다

해고예고 또는 해고예고수당 지급제도는 사용자가 근로자를 해고하기 일정기일 전에 그 해고를 예고하도록 함으로써 갑작스런 해고로 인한 생계유지의 곤란으로부터 근로자를 보호하고 근로자의 재취업에 필요한 충분한 시간적 여유를 부여하기 위한 제도이다.

해고예고는 적어도 해고일로부터 '30일 전'에 해야 하며, 예고의 방법은 문서 또는 구두로써 하며 반드시 해고될 날과 해고대상을 특정해야 한다.

사용자는 해고의 예고 대신에 30일분 이상의 통상임금을 해고예고수당으로 지급하고 근로자를 해고할 수 있다. 30일 전에 해고예고하지 않을 경우 지급해야 할 해고예고수당은 30일분 이상의 통상임금이므로 30일은 안되지만 일정기간 해고예고기간이 있다는 이유로 30일분보다 적은 금액을 지급할 수는 없다(예 20일 전에 해고예고하는 경우 10일분만을 해고예고수당으로 지급하는 경우).[24)]

한편, 해고의 예고나 해고예고수당을 지급했다는 이유만으로 해고가 정당성을 획득하는 것은 아니다.

근로기준법은 해고예고의 예외근로자와 예외사유를 규정하고 있다. 한편, 근로관계 종료사유가 해고가 아닌 경우(근로계약기간의 만료, 사직 등)에는 해고예고가 적용되지 않는다. 해고예고 예외사유 및 해고예고 적용예외자는 다음과 같다.

[해고예고 예외사유(근기법 제26조)]

① 천재·사변 기타 부득이한 사유로 사업계속이 불가능한 경우
② 근로자가 고의로 사업에 막대한 지장을 초래하거나 재산상 손해를 끼친 경우로서 고용노동부령이 정하는 사유에 해당하는 경우(횡령, 배임, 불법 집단행동, 기물파손 등)

[해고예고 적용예외자(근기법 제35조)]

① 일용근로자로서 3월을 계속 근무하지 아니한 자
② 2월 이내의 기간을 정하여 사용된 자

---

24) 근기 68207－1627, 2003.12.17.

③ 계절적 업무에 6개월 이내의 기간을 정하여 사용된 자

④ 수습 사용 중인 근로자(수습 3월 이내)

참조 판례

▪ 월급근로자로서 6개월이 되지 못한 자를 해고예고제도의 적용예외 사유로 규정하고 있는 근로기준법 제35조 제3호가 근무기간이 6개월 미만인 월급근로자의 근로의 권리를 침해하고, 평등원칙에 위배된다 (헌재 2014헌바3, 2015.12.23.)

해고예고제도는 근로조건의 핵심적 부분인 해고와 관련된 사항일 뿐만 아니라, 근로자가 갑자기 직장을 잃어 생활이 곤란해지는 것을 막는 데 목적이 있으므로 근로자의 인간 존엄성을 보장하기 위한 최소한의 근로조건으로서 근로의 권리의 내용에 포함된다. 해고예고제도의 입법 취지와 근로기준법 제26조 단서에서 규정하고 있는 해고예고 적용배제사유를 종합하여 보면, 원칙적으로 해고예고 적용배제사유로 허용될 수 있는 경우는 근로계약의 성질상 근로관계 계속에 대한 근로자의 기대가능성이 적은 경우로 한정되어야 한다.

"월급근로자로서 6월이 되지 못한 자"는 대체로 기간의 정함이 없는 근로계약을 한 자들로서 근로관계의 계속성에 대한 기대가 크다고 할 것이므로, 이들에 대한 해고 역시 예기치 못한 돌발적 해고에 해당한다. 따라서 6개월 미만 근무한 월급근로자 또한 전직을 위한 시간적 여유를 갖거나 실직으로 인한 경제적 곤란으로부터 보호받아야 할 필요성이 있다. 그럼에도 불구하고 합리적 이유 없이 "월급근로자로서 6개월이 되지 못한 자"를 해고예고제도의 적용대상에서 제외한 이 사건 법률조항[근로기준법(2007.4.11. 법률 제8372호로 전부개정된 것) 제35조 제3호]은 근무기간이 6개월 미만인 월급근로자의 근로의 권리를 침해하고, 평등원칙에도 위배된다.

Q&A

회사직원 중 1년 계약직 직원에게 한 달 전에 계약만료일을 체크해 주지 못했음. 그런데 회사측에서는 그 직원과 재계약의사가 없어서 계약 만료로 퇴사처리하려고 하는데, 사전에 통보 없어도 큰 문제는 없는지(담당자가 바뀌어서 사전통보를 체크하지 못함)

계약기간 만료로 인한 근로관계의 종료는 해고가 아니기 때문에 근로기준법상 30일 전 해고예고 또는 해고예고수당 지급규정이 적용되지 않는다. 따라서 계약 만료를 이유로 한 근로관계종료는 당사자가 적정한 기준에 의해 운영하면 될 것이다.

"근로계약만료일 ○일 전에 계약 만료를 통보하지 않았을 경우 근로계약은 기존의 조건으로 갱신된다"는 근로계약상의 약정이 없는 한 한달 전에 계약만료일을 체크하지 않았다는 이유로 계약기간 만료로 인한 근로관계의 종료가 무효가 되는 것은 아니다.

다만, 재계약 여부에 대해서는 계약 만료 일정기간 전에는 통보함으로써 근로자의 입장에

서 향후 재취업에 대한 대책을 마련할 수 있는 시간을 부여하는 것이 근로관계를 형성하고 있는 사용자와 근로자간의 신의성실의 원칙에 부합한다 할 것이다.

5. 부당해고에 대해서는 노동위원회에 구제신청을 할 수 있다

부당하게 해고되었을 경우 근로자는 노동위원회에 부당해고구제신청을 하거나 법원에 해고무효확인의 소를 제기해 그 권리회복을 청구할 수 있다.

참 고

• 근로기준법 •

제28조 【부당해고 등의 구제신청】 ① 사용자가 근로자에게 부당해고 등을 하면 근로자는 노동위원회에 구제를 신청할 수 있다.
② 제1항에 따른 구제신청은 부당해고 등이 있었던 날부터 3개월 이내에 하여야 한다.

제29조 【조사 등】 ① 노동위원회는 제28조에 따른 구제신청을 받으면 지체없이 필요한 조사를 하여야 하며 관계당사자를 심문하여야 한다.
② 노동위원회는 제1항에 따라 심문을 할 때에는 관계당사자의 신청이나 직권으로 증인을 출석하게 하여 필요한 사항을 질문할 수 있다.
③ 노동위원회는 제1항에 따라 심문을 할 때에는 관계당사자에게 증거제출과 증인에 대한 반대심문을 할 수 있는 충분한 기회를 주어야 한다.
④ 제1항에 따른 노동위원회의 조사와 심문에 관한 세부절차는 「노동위원회법」에 따른 중앙노동위원회(이하 "중앙노동위원회"라 한다)가 정하는 바에 따른다.

제30조 【구제명령 등】 ① 노동위원회는 제29조에 따른 심문을 끝내고 부당해고 등이 성립한다고 판정하면 사용자에게 구제명령을 하여야 하며, 부당해고 등이 성립하지 아니한다고 판정하면 구제신청을 기각하는 결정을 하여야 한다.
② 제1항에 따른 판정, 구제명령 및 기각결정은 사용자와 근로자에게 각각 서면으로 통지하여야 한다.
③ 생략

제31조 【구제명령 등의 확정】 ① 「노동위원회법」에 따른 지방노동위원회의 구제명령이나 기각결정에 불복하는 사용자나 근로자는 구제명령서나 기각결정서를 통지받은 날부터 10

일 이내에 중앙노동위원회에 재심을 신청할 수 있다.
② 제1항에 따른 중앙노동위원회의 재심판정에 대하여 사용자나 근로자는 재심판정서를 송달받은 날부터 15일 이내에 「행정소송법」의 규정에 따라 소(訴)를 제기할 수 있다.
③ 제1항과 제2항에 따른 기간 이내에 재심을 신청하지 아니하거나 행정소송을 제기하지 아니하면 그 구제명령, 기각결정 또는 재심판정은 확정된다.

제32조 【구제명령 등의 효력】 노동위원회의 구제명령, 기각결정 또는 재심판정은 제31조에 따른 중앙노동위원회에 대한 재심신청이나 행정소송 제기에 의하여 그 효력이 정지되지 아니한다.

근로자는 부당해고에 대해 노동위원회에 구제신청할 수 있고, 부당해고구제신청은 해고일로부터 3월 이내에 해야 한다. 노동위원회는 지방노동위원회(초심) – 중앙노동위원회(재심) 절차로 구분되고 당사자가 재심결과에 불복하는 경우 행정소송을 제기할 수 있다.

노동위원회 사건 흐름도

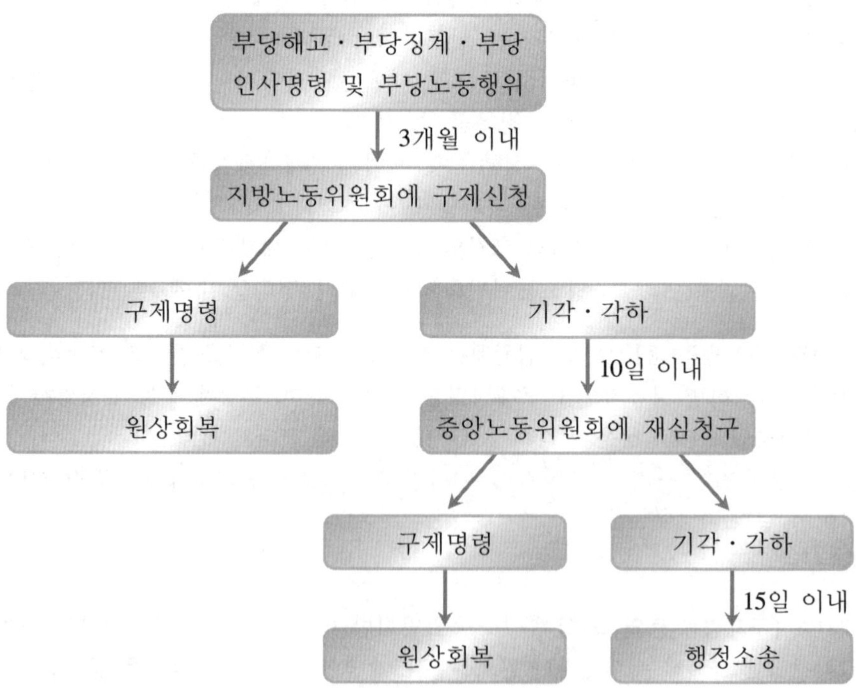

부당해고로 판명될 경우 노동위원회는 사용자에게 원직복직과 해고기간의 임금상당

액 지급을 명령하게 된다.

① 원상회복(원직복직)

부당해고로 판정된 경우 해고의 효력이 부정되어 근로자는 원래의 근로관계를 회복하게 된다. 판례는 복직된 일이 종전의 일과 다소 다르더라도 원직에 복직시킨 것이라고 본다.

참조 판례

- 원직복직의 의미 (대법원 96다47074, 1997.5.16.)
  사용주가 지방노동위원회의 권고에 따라 해고되었던 근로자를 복직시키면서 해고 이후 복직시까지 해고가 유효함을 전제로 이미 이루어진 인사질서, 사용주의 경영상의 필요, 작업환경의 변화 등을 고려하여 복직근로자에게 그에 합당한 일을 시킨 경우 그 일이 비록 종전의 일과 다소 다르더라도 이는 사용주의 고유권한인 경영권의 범위에 속하는 것이므로 정당하게 복직시킨 것으로 보아야 한다.

② 금전보상제

노동위원회는 부당해고 구제명령을 할 때 근로자가 원직복직을 원하지 않는 경우에는 원직복직을 명하는 대신 근로자가 해고기간 동안 근로를 제공하였더라면 지급받을 수 있었던 임금상당액 이상의 금품을 근로자에게 지급하도록 명할 수 있다.

금전보상제 도입의 취지는 복직을 원하지 않는 근로자에 대한 효과적인 구제가 이루어질 수 있도록 하기 위함이며, 노동위원회는 근로자의 귀책사유, 해고의 부당성 정도 등을 고려해 임금상당액, 위로금 등을 포함한 임금상당액 이상의 금품지급을 명할 수 있다.

참 고

• 근로기준법(금전보상제) •

제30조 【구제명령 등】 ①~② 생략

③ 노동위원회는 제1항에 따른 구제명령(해고에 대한 구제명령만을 말한다)을 할 때에 근로자가 원직복직(原職復職)을 원하지 아니하면 원직복직을 명하는 대신 근로자가 해고기간 동안 근로를 제공하였더라면 받을 수 있었던 임금상당액 이상의 금품을 근로자에게 지급하도록 명할 수 있다.

③ 임금상당액 지급

부당해고로 판정되는 경우 사용자는 근로자가 부당해고기간 동안 근로했으면 받을 수 있었던 임금상당액을 지급해야 한다.

Q&A

직원이 노동위원회로부터 부당해고 판정받아 복직을 하였음. 복직하기 전 월이 정기상여금 지급월이었는데 이 상여금도 지급해야 하는 것인지

임금상당액의 범위에 대해 법에서 정하고 있지는 않지만 부당해고기간은 사용자의 귀책사유로 근로자가 근로를 제공하지 못한 기간이기 때문에 복직한 근로자에게 지급해야 할 임금의 범위는 '정상적으로 근무했으면 받았을 임금상당액'이어야 할 것으로 판단된다. 따라서 기본급뿐만 아니라 근로자가 정상적으로 근무했으면 발생했을 시간외근로수당이나 정기상여금 또한 지급해야 할 임금상당액의 범위에 포함될 것으로 판단된다.
위 임금상당액의 구체적 산정방식과 관련해 판례는 "근로자의 해고일 직전 3개월간의 평균임금을 산정해 이를 근거로 임금상당액을 지급해야 한다"(대법원 93다11463, 1993.12.21.)고 판단한 사례가 있고, 특수한 지급조건이 충족되었을 경우에 한해 부정기적으로 지급되는 금품(예 보직수당)은 위 임금액에 포함되지 않는다고 본 사례(대법원 90다카25277, 1991.6.26.)도 있다.

④ 이행강제금

노동위원회는 구제명령(재심판정을 포함)을 받은 후 이행기한까지 구제명령을 이행하지 않는 사용자에 대하여 2천만원 이하의 이행강제금을 부과하며, 최초의 구제명령이 있은 날을 기준으로 매년 2회의 범위 안에서 구제명령이 이행될 때까지 반복하여 이행강제금을 부과·징수할 수 있다. 이 경우 이행강제금은 2년을 초과하여 부과·징수하지 못한다.

참 고

• 근로기준법(이행강제금) •

제33조【이행강제금】① 노동위원회는 구제명령(구제명령을 내용으로 하는 재심판정을 포함한다. 이하 이 조사에 같다)을 받은 후 이행기한까지 구제명령을 이행하지 아니한 사용자에게 2천만원 이하의 이행강제금을 부과한다.
② 노동위원회는 제1항에 따른 이행강제금을 부과하기 30일 전까지 이행강제금을 부과·징수한다는 뜻을 사용자에게 미리 문서로써 알려 주어야 한다.

③~④ 생략
⑤ 노동위원회는 최초의 구제명령을 한 날을 기준으로 매년 2회의 범위에서 구제명령이 이행될 때까지 반복하여 제1항에 따른 이행강제금을 부과·징수할 수 있다. 이 경우 이행강제금은 2년을 초과하여 부과·징수하지 못한다.
⑥~⑧ 생략

핵심 정리사항

1. 근로관계종료사유는 크게 사직과 해고, 합의해지로 구분되며, 해고는 사용자의 일방적 의사표시에 의한 근로관계종료라는 점에서 '정당한 사유'가 있는 경우에 인정되도록 근로기준법에 의해 엄격히 제한되고 있다.
2. 근로기준법상의 해고는 징계해고, 경영상 이유에 의한 해고, 통상해고로 구분되며 해고가 정당하기 위해서는 해고사유가 정당해야 하고, 경영상 해고의 경우 4가지 요건을 갖추어야 하며, 해고절차를 준수해야 하고, 해고사유와 시기를 서면으로 통지해야 한다.
3. 갑작스런 해고로 인해 근로자의 생계유지 곤란을 보호하기 위해 해고일로부터 30일 전 해고를 예고하거나 30일분의 통상임금을 지급해야 하는 해고예고제도가 있다.
4. 해고가 부당할 경우 근로자는 노동위원회, 법원을 통해 부당해고의 구제를 신청할 수 있다. 노동위원회의 경우 원직복직 및 임금상당액 지급을 신청할 수도 있고 금전보상을 신청할 수도 있다.

Part 14

퇴직급여와 금품청산

핵심키워드

계속근로연수, 퇴직금액, 중간정산, 차등제도금지, 퇴직연금, 금품청산

목 적

1. 퇴직급여의 취지와 종류를 이해한다.
2. 퇴직금제도의 적용대상, 계속근로연수, 퇴직금 산정, 중간정산제도, 차등제도금지의 주요 내용을 이해한다.
3. 퇴직연금제도의 종류와 도입절차, 퇴직연금규약 등 주요 내용을 이해한다.
4. 사용자의 금품청산의무를 이해한다.

1. 퇴직금은 사용자가 1년 이상 계속근로하고 퇴직하는 근로자에게 지급해야 하는 법정금품이다

일정 기간 근무하고 퇴직하는 근로자에게 사용자가 지급해야 하는 퇴직급여는 크게 퇴직금과 퇴직연금으로 구분된다.

퇴직금은 퇴직근로자 및 그 가족의 생활을 보장하기 위한 제도이기 때문에 그 퇴직의 사유, 외형적인 명칭, 종류와는 관계없이 근로계약이 종료되면 계속근로연수에 따라 지급해야 하며, 퇴직금은 법이 정한 금품이므로 단체협약, 취업규칙, 근로계약 등에 사용자의 지급의무 없음이 명시되어 있어도 지급해야 한다.

참 고

근로기준법 제34조 【퇴직급여제도】 사용자가 퇴직하는 근로자에게 지급하는 퇴직급여 제도에 관하여는 「근로자퇴직급여 보장법」이 정하는 대로 따른다.

근로자퇴직급여 보장법 제4조 【퇴직급여제도의 설정】 ① 사용자는 퇴직하는 근로자에게 급여를 지급하기 위하여 퇴직급여제도 중 하나 이상의 제도를 설정하여야 한다. 다만, 계속근로기간이 1년 미만인 근로자, 4주간을 평균하여 1주간의 소정근로시간이 15시간 미만인 근로자에 대하여는 그러하지 아니하다.
② 제1항의 규정에 의한 퇴직급여제도를 설정함에 있어서 하나의 사업 안에 차등을 두어서는 아니된다.
③ 사용자가 퇴직급여제도의 종류를 선택하거나 선택한 퇴직급여제도를 다른 종류의 퇴직급여제도로 변경하고자 하는 경우에는 당해 사업에 근로자의 과반수로 조직된 노동조합이 있는 경우에는 그 노동조합, 근로자의 과반수로 조직된 노동조합이 없는 경우에는 근로자의 과반수(이하 "근로자대표"라 한다)의 동의를 얻어야 한다.
④ 사용자가 제3항의 규정에 따라 선택되거나 변경된 퇴직급여제도의 내용을 변경하고자 하는 경우에는 근로자대표의 의견을 들어야 한다. 다만, 근로자에게 불이익하게 변경하고자 하는 경우에는 근로자대표의 동의를 얻어야 한다.

근로자퇴직급여 보장법 제8조 【퇴직금제도의 설정】 ① 퇴직금제도를 설정하고자 하는 사용자는 계속근로기간 1년에 대하여 30일분 이상의 평균임금을 퇴직금으로 퇴직하는 근로자에게 지급할 수 있는 제도를 설정하여야 한다.

> ② 제1항의 규정에 불구하고 사용자는 근로자의 요구가 있는 경우에는 근로자가 퇴직하기 전에 당해 근로자가 계속 근로한 기간에 대한 퇴직금을 미리 정산하여 지급할 수 있다. 이 경우 미리 정산하여 지급한 후의 퇴직금 산정을 위한 계속근로기간은 정산시점부터 새로이 기산한다.

참조 판례

- **최종 퇴직시 발생하는 퇴직금청구권을 사전에 포기하거나 사전에 그에 관한 민사상 소송을 제기하지 않겠다는 부제소특약을 하는 것은 강행법규인 구 근로기준법에 위반되어 무효이다** (대법원 97다49732, 1998.3.27.)

  퇴직금은 사용자가 일정기간을 계속근로하고 퇴직하는 근로자에게 그 계속근로에 대한 대가로서 지급하는 후불적 임금의 성질을 띤 금원으로서 구체적인 퇴직금청구권은 계속근로가 끝나는 퇴직이라는 사실을 요건으로 하여 발생된 것인바, 최종 퇴직시 발생하는 퇴직금청구권을 사전에 포기하거나 사전에 그에 관한 민사상 소송을 제기하지 않겠다는 부제소특약을 하는 것은 강행법규인 근로기준법에 위반되어 무효이다. 원고들을 포함한 외국인 조종사들이 내국인 조종사들에 비하여 높은 임금을 받은 것은 피고 회사의 기장 수급과 외국인 기장의 높은 기술숙련도, 기타 제반 복지비용이 포함되어 있는 관계로 말미암은 것으로서 피고가 원고들과 근로계약을 체결함에 있어 원고들의 임금수준을 국내 조종사에 비하여 높게 정함으로써 그 임금 속에 퇴직금이 포함되는 것으로 생각하였다고 하더라고 원고들과 사이에 이점에 관한 의사합치가 있었다고 볼 수 없다.

퇴직금은 계속근로연수 1년 이상 근로자가 퇴직시에 지급하는 법정금품이며 계속근로기간이 1년 미만인 근로자, 4주간을 평균하여 1주간의 소정근로시간이 15시간 미만인 근로자에 대하여는 사용자의 법적 지급의무가 없다.

한편, 퇴직급여는 상시 4명 이하 근로자를 사용하는 사업장에도 확대 적용된다(2010.12.1.부터 2012.12.31.까지 기간은 법정퇴직급여의 50% 이상 수준, 2013.1.1. 이후는 법정퇴직급여 100% 수준).

(1) 계속근로기간

퇴직금 지급 대상은 '계속근로기간 1년 이상 근무하고 퇴직'하는 근로자인데 여기서 계속근로기간이란 근로계약 체결시부터 근로계약 종료시까지의 근로계약 존속기간, 즉

'재직기간'으로 보아야 할 것[1]으로, 재직기간 중에 근로형태가 변경되거나, 휴직 또는 결근기간이 있더라도 하나의 근로계약이 계속되는 경우에는 계속근로로 인정될 수 있을 것이며, 실질적으로 근로관계의 단절없이 계속근로한 경우에는 계속근로로 인정될 수 있을 것이다.

가. 근로형태의 변경

임시직에서 정규직으로 전환되는 경우와 같이 처음 입사시의 근로형태가 중간에 변경되더라도 공백기간없이 계속근로했다면 이 기간을 모두 계속근로기간으로 인정해야 할 것이다.

참조 행정해석

▪ 일용직으로 근무하다가 정규직으로 환직된 경우의 퇴직금 산정방법

(임금 68207－581, 2000.11.14.)

동일한 사업장에서 일용직으로 입사하여 근무하다가 정규직으로 임용되어 계속근로한 근로자의 퇴직금 계산을 위한 계속근로연수 판단은 아래와 같이 구체적인 사실관계를 종합적으로 고려하여야 할 것이다.

① 근로자의 자발적인 의사에 따라 일용직 사직의사 표시와 사용자의 사직수리가 이루어진 이후에 정규직으로의 환직을 위한 시험응시 등 임용절차를 거친 경우라면 이는 정규직 임용 여부와는 관계없이 기왕의 일용직에 대한 근로관계는 유효하게 단절된 것으로 볼 수 있을 것이나,

② 일용직 근로관계를 계속 유지하고 있는 상태에서 정규직으로의 채용이 이루어진 경우라면 이는 일용직에서 정규직으로 환직된 것에 불과한 것이므로 근로관계가 유효하게 단절되었다고는 볼 수 없을 것이다.

Q&A

정년퇴직한 근로자를 촉탁직으로 다시 채용했을 때 계속근로연수는 새로이 시작되는 것인지 아니면 종전 계속근로연수가 인정되는 것인지 여부

근로자가 정년에 도달한 경우 근로계약 당사자간에 특별한 약정이 없는 한 근로관계는 종료하는 것이 원칙이므로 정년퇴직한 근로자를 촉탁직으로 재고용하는 것은 기존의 계약이 단절되고 새로운 계약을 체결하는 것으로 보아 당사자간에 특별한 정함이 없다면 위 근로관계는 단절된 것으로 보아야 할 것이다.

---

1) 대법원 96다42024, 1996.12.10.; 근기 01254－7175, 1987.5.4.

따라서 당사자가 특별히 정함이 없는 한 위 근로자의 계속근로연수는 촉탁직으로 채용된 후부터 새로이 기산되기 때문에 촉탁직으로 근무를 시작한 이후 1년이 경과해야 퇴직금이 발생할 것이고, 연차휴가는 가산휴가없이 새로이 기산될 것으로 판단된다.

✍ 참조 : 근기 68207-338, 2001.2.2.

참 고

• 고용상 연령차별금지 및 고령자고용촉진에 관한 법률 •

제21조 【정년퇴직자의 재고용】 ① 생략
② 사업주는 고령자인 정년퇴직자를 재고용할 때 당사자간의 합의에 의하여 「근로기준법」 제34조에 따른 퇴직금과 같은 법 제60조에 따른 연차유급(年次有給)휴가일수 계산을 위한 계속근로기간을 산정할 때 종전의 근로기간을 제외할 수 있으며 임금의 결정을 종전과 달리할 수 있다.

나. 근로계약기간의 갱신 및 반복

계약직근로자로 채용되어 근로계약이 수차례 갱신·반복되는 경우에도 실질적으로 계속근로를 해왔다면 그 기간 모두를 계속근로기간으로 인정해야 할 것이다.

참조 행정해석

▪ 계약직근로자의 퇴직금 지급 여부 (근기 68207-2991, 2000.9.28.)

[질의] 8개월간 근무를 한 후 의무적으로 약 20일간의 휴직기간을 거쳐 다시 재계약으로 근무를 한다는 계약조건으로 약 25개월간 근무를 한 근로자가 근무한 회사로부터 퇴직금을 수령할 수 있는지 여부

[회시] 기간의 정함이 있는 근로계약의 경우 당사자 사이의 근로관계는 그 기간이 만료되면 사용자의 해고 등 별도의 조치없이 당연히 종료되는 것이 원칙임. 다만, 수차례에 걸쳐 기간을 정한 근로계약이 반복되는 경우 기간의 정함이 없는 근로계약으로 전환될 수 있다.

따라서 사업의 내용 등에 의거 필요한 기간만을 유기계약기간으로 정하였다면 당해 계약기간이 만료되면 근로관계는 당연히 종료되는 것이 원칙이며, 당해 유기계약기간이 만료되고 일정기간이 경과한 후 다른 업무를 위하여 새로운 근로계약을 체결하였다면 이는 계속근로로 볼 수 없다고 사료된다. 다만, 사업이 단절됨이 없이 계속되는 업무임에도 불구하고 퇴직금 지급을 회피할 목적으로 사업주가 임의로 사직처리하고 일정기간의 휴직기간을 거

친 후 재입사시키는 등을 반복적으로 행하는 경우라면 동일사업에 사실상 계속근로 하였다고 봄이 타당하다고 사료된다.

Q&A

근로관계가 단절된 것인지 계속근로인지를 판단하는 기준

판례와 고용노동부 행정해석은 계속근로와 관련해 근로관계가 단절되지 않고 계속되었는지 여부에 대해서는 '구체적인 고용실태 등 고용관행, 노사당사자간 기대심리, 업무내용 등 종래의 근로계약과 새로운 근로계약의 동일성 여부 등을 고려하여 개별 사례별로 판단'하고 있다(근기 68207-404, 2002.1.29.).

근로계약기간이 단절없이 갱신된 경우는 '계속근로'로 판단하지만 근로계약기간이 종료되고 일정한 기간 근로관계가 단절된 후 다시 근로계약을 체결하는 경우에는 원칙적으로 근로관계는 단절된 것으로 판단한다. 다만, 그 기간의 단절이 형식에 불과한지 여부를 따져 계속근로 여부를 판단해야 할 것이다.

우선 근로관계 단절에 대한 당사자의 의사가 분명하고, 근로관계 단절기간을 두어야 할 업무상 필요성(목적)이 존재하는 경우에는 단절기간이 단지 형식에 불과한 것으로 인정되지는 않을 것으로 판단된다. 그리고 계약기간이 종료하고 어느 정도의 단절기간이 있으면 근로관계가 단절된 것이냐에 대해서는 이를 일률적으로 ○일 또는 ○월의 단절기간이면 인정될 수 있다고 판단하기는 어렵겠지만, 사업장의 제반사정을 고려해 그러한 단절기간이 필요함에 따라 적정한 기간을 설정하는 경우에는 그 기간이 인정될 수 있지 않을까 판단된다.

① 근로관계 단절의 의사가 분명한 경우

근로관계를 단절하고 새로운 근로관계를 시작하기로 한 당사자간의 의사가 분명한 경우에는 근로관계가 단절된 것으로 판단해야 할 것이다.

참조 판례

퇴직을 전제로 한 해외파견에 응한 경우 (대법원 97다2306, 1997.9.9.)

자신이 해외파견에 응하면 퇴직 조치된다는 사실을 잘 알면서 자발적으로 교육훈련소에 입소함으로써 퇴직조치되고, 또 퇴직금까지 수령하였으므로 원고와 피고 공사 사이의 근로관계는 여기서 일단 단절되었다고 보아야 할 것이다.

② 단절기간을 두어야 할 필요성(목적)이 분명한 경우

계약기간 종료 후 근로관계를 단절시켜야 할 업무적 필요성이 존재하는지 여부(비수기, 동계기간 등)

참조 행정해석

유기계약과 단절기간을 두어야 할 업무상 필요성(근기 68207-627, 1999.11.13.)

계절적인 영향으로 동계기간 중 작업이 이루어지지 않는 관계로 동계기간을 제외한 10개월만을 근무하는 조건으로 근로계약을 체결하는 경우에는 업무의 특성상 특별히 유기계약으로 하였다고 사료되며 업무형편상 근로계약이 종결되고, 일정기간 경과 후 다시 새로운 채용절차에 의하여 근로계약을 체결하는 등 계약이 수차례 반복적으로 이루어졌다고 하더라도 이 경우에는 단지 형식에 불과한 경우라고 보기 곤란할 뿐만 아니라 계약해지 이후 기간(동계기간)에 근로자가 다른 직업에 종사할 수 있는 직업선택의 자유를 제한하는 것으로 볼 수 없는 등 계속근로로 인정하기 어렵다고 사료됨.

③ 실질적인 단절기간

1주일의 기간을 근로관계의 유효한 단절기간으로 인정한 고용노동부 행정해석이 있지만 1주일의 단절기간을 둔 근로계약이 수차례 반복갱신될 경우 그 기간의 정함이 '계속근로'에 따르는 법적 책임을 면하기 위한 형식적인 기간에 불과하다고 판단될 가능성이 높을 것으로 판단된다.

원칙적으로 단절기간은 근로자가 다른 사업장 취업을 고려할 수도 있고, 다른 업무에 종사할 수도 있는 '실질적인 기간'이 되어야 할 것이다.

다. 근로관계의 변경

① 퇴직 후 재입사

판례는 근로자의 퇴직 후 재입사가 계열사간 입퇴사의 형식이 반복되었을 뿐 실질적인 배치전환인 경우라면 계속근로연수는 단절되지 않는다고 판단하지만, 근로자가 자유의사에 따라 퇴직 후 재입사한 경우에는 계속근로연수는 재입사시부터 새로이 기산된다고 보고 있다.

참조 판례

- 근로자가 법인체 내의 독립채산제로 운영되는 사업부문을 사직하고 다음날 같은 법인체 내의 다른 사업부문에 채용되어 근무한 경우 근로관계는 계속된다

(대법원 97다18899, 1997.11.25.)

법인체가 독립적인 사업부문의 경영개선을 위해 그 소속 근로자들을 정리한 뒤 법

인체의 다른 사업장에서 근무하게 하였다면 이는 동일한 사용자가 기업 내에서 배치전환을 한 것과 같은 실질을 갖는다고 할 것이며, 그 과정에서 법인체의 직원이 근로자에게 사정을 설명하고 근로자가 희망하는 법인체 산하의 다른 사업장에서 계속근무할 수 있게 하여 주겠다고 함에 따라 근로자가 이를 수락하여 사직원을 제출하게 된 것이라면 사직원에 담긴 근로자의 내심의 의사는 그 사업부문을 그만둔다는 것이지 법인체와의 근로계약 자체를 해지하여 근로관계를 단절하겠다는 의사라고 볼 수는 없다.

② 회사의 합병 · 영업양도

회사 합병의 경우 합병 또는 신설회사는 소멸회사의 권리의무를 포괄적으로 승계하며, 영업양도의 경우에도 영업의 인적 · 물적 조직이 그 동일성을 유지하면서 이전되면 당사자간의 특약이 없는 한 원칙적으로 양도인과의 근로관계가 양수인에게 포괄승계된다는 것이 판례의 입장[2)]이므로 계속근로연수 역시 이전의 회사에서의 근로연수를 합산해 산정해야 할 것이다.

참조 판례

- 별도합의가 없는 한 합병시 근로관계는 포괄승계된다(대법원 99다9370, 2001.4.24.)
  회사의 합병에 의하여 근로관계가 승계되는 경우에는 종전의 근로계약상의 지위가 그대로 포괄적으로 승계되는 것이므로(해산회사의 퇴직금규정이 흡수회사의 퇴직금규정보다 근로자들에게 불리하다고 하더라도) 합병당시 취업규칙의 개정이나 단체협약의 체결 등을 통하여 합병 후 근로자들의 근로관계의 내용을 단일화하기로 변경 · 조정하는 새로운 합의가 없는 한 합병 후 흡수회사는 해산회사에 근무하던 근로자들에 대한 퇴직금관계에 관하여 종전과 같은 내용으로 승계하는 것이라고 보아야 한다.

③ 전출, 전적

계열사로의 전출의 경우 이전에 소속된 회사에의 사직서 제출과 퇴직금 수령이 근로자의 자발적 의사에 의한 것이라면 계속근로가 단절되지만, 그렇지 않은 경우에는 최초 입사일을 계속근로연수의 기준으로 삼아야 할 것이다.

2) 대법원 2000두8448, 2002.3.29.

참조 판례

▪ 기업체의 일방적 결정에 따른 근로자의 계열사간 전출 · 입의 경우 근로관계는 단절되지 않는다 (대법원 95다51397, 1997.3.28.)

근로자가 모회사로부터 자회사로, 다시 자회사로부터 모회사로 전출되는 경우에 근로자가 자의에 의하여 계속근로관계를 단절할 의사로써 모회사 또는 자회사에 사직서를 제출하고 퇴직금을 지급받은 다음 자회사 또는 모회사에 다시 입사하였다면 전자와의 근로관계는 일단 단절될 것이지만, 그것이 근로자의 자의에 의한 것이 아니라 모회사의 경영방침에 의한 일방적인 결정에 따라 퇴직과 재입사의 형식을 거친 것에 불과하다면 이러한 형식을 거쳐서 퇴직금을 지급받았더라도 근로자에게 근로관계를 단절할 의사가 있었다고 할 수 없고 따라서 계속근로관계도 단절되지 않는다.

Q&A

2001년에 자회사로 전적(사직서 제출, 퇴직금 수령)하여 근무하던 중 2002년 자회사가 매각됨에 따라 다시 회사로 재입사하여 근무하고 있는 직원이 당시의 자회사로의 이동을 본인들의 의지와 무관한 단순한 인사이동이라고 주장하면서 2004년 12월부로 중간정산 퇴직금을 재계산해 달라고 요구하고 있는바, 위 요구의 정당성 여부

직원이 법인이 다른 자회사로 옮기는 '근로계약 당사자인 사용자를 변경'하는 것을 전적이라고 한다. 전적이란 사용자와 근로자가 근로계약을 해지하고 다른 사용자와 그 근로자가 새로운 근로계약을 체결하거나 근로계약상의 사용자의 지위를 양도하는 것을 말하며, 전적을 하기 위해서는 ① 원래기업과 근로자 사이의 근로계약 종료, ② 전적 상대방기업과 근로자 사이의 근로계약 체결, ③ 원래기업과 전적 상대방기업간의 전적계약 또는 합의가 필요하다. 전적은 종전 사용자와의 근로관계를 합의해지하고 이적하게 될 사용자와 새로운 근로계약을 체결하는 것이므로 유효한 전적이 이루어진 경우 당연히 종전 사용자와의 근로관계는 단절됨이 원칙이다. 다만, 당사자 사이에 종전 기업과의 근로관계를 승계하기로 하는 특약이 있거나 이적하게 될 기업의 취업규칙 등에 종전 기업에서의 근속기간을 통산하도록 하는 규정이나 관행이 있는 등 특별한 사정이 있는 경우 종전 사용자와의 근로관계는 그대로 승계된다. 따라서 기업간 근로자의 근로관계를 승계하기로 한 별도 합의가 없고, 근로자가 자의에 의해 퇴직하면서 퇴직금을 수령한 경우 계속근로연수는 전적기업에서 새로이 기산되게 된다.

따라서 위 직원의 전적의 경우 회사가 계열사간 직원이 빈번하게 이동하는 관행이 있어 그러한 관행에 따라 계열사간 이동을 한 경우가 아니라면 위 직원의 자회사로의 전적이 유효한지 여부는 당사자의 실제 의사가 무엇이었는가에 따라 판단될 수밖에 없을 것이며,

위 직원이 자회사로의 전적당시 회사의 강요나 협박, 비진의의사표시 등에 의해 사직서를 제출하고 퇴직금을 수령한 것으로 위 행위가 무효라고 주장하기 위해서는 이를 입증해야 할 것이고, 이를 입증하지 못하면 전적에 대한 동의를 기초로 한 제반 행위(사직서 제출, 퇴직금 수령 등)의 효력이 인정될 것으로 판단된다.

✍ 참조 : 대법원 99다21806, 2000.12.22.

라. 특정기간의 계속근로연수 산입 여부

① 수습 · 시용기간

근로관계가 성립된 이후 정식 채용 전 단계(교육, 적응, 준비기간 등)이므로 계속근로연수에 포함된다.

② 휴업기간

'계속근로연수'는 재직기간을 의미하기 때문에 업무상 재해로 인한 휴업 · 사용자의 귀책사유로 인한 휴업기간은 계속근로연수에 포함된다. 개인적인 사유로 인한 휴업기간도 계속근로연수에 포함시켜야 한다는 것이 행정해석의 입장이며, 군복무기간의 계속근로연수 산입에 대해서 판례와 행정해석은 병역법에 따라 군복무기간을 계속근로연수에 산입하지 않더라도 위법하지 않다고 보고 있다.

③ 쟁의행위기간과 노조전임기간, 결근기간

모두 재직기간에 해당하므로 계속근로연수에 포함된다.

(2) 퇴직금액

퇴직금은 계속근로연수 1년에 대하여 평균임금의 30일분 이상을 지급해야 한다.

산정례 :

만약 2009.3.1:에 입사하여 2017.5.9. 퇴사하였다면 근속기간은 8년 2개월 8일이 된다. 1년에 30일분의 평균임금을 지급하도록 규정되어 있다면 지급일수는 (8년×30일분의 평균임금)+(2개월×1/12×30일분의 평균임금)+(8일×1/365×30일분의 평균임금)= 240일+5일+0.7일, 즉 245.7일분의 평균임금을 퇴직금으로 지급하여야 할 것이다.

Q&A

기존의 퇴직금 누진제가 퇴직금 단수제(법정퇴직금, 근로연수 1년에 대해 일률적으로 평균임금 30일분)로 변경되었는데, 이처럼 근로자 재직기간 중 퇴직금 제도가 변경된 경우 최종 퇴직시 퇴직금산정방식

재직기간 중 퇴직금규정이 변경되고 근로자가 퇴직하는 경우 ① 최종 퇴직시의 퇴직금 규정만이 적용될 것인가, ② 개정 전 규정과 개정 후 규정으로 나누어 각각의 근속기간에 대한 퇴직금을 산정할 것인가의 문제가 발생한다.

퇴직금규정의 변경에 따른 퇴직금 산정방법에 대해 당사자가 별도로 합의한 사항이 있다면 그에 따르면 될 것이나(예 변경 전은 종전 규정에 의해, 변경 후에는 새로운 규정에 의해 각각 퇴직금을 산정한다), 퇴직금규정만 변경하고 구체적인 적용방식에 대해 명시하지 않은 경우 판례에 의하면 퇴직금규정을 변경하면서 특별한 명시가 없는 한 최종 퇴직시 유효한 퇴직금규정으로 전체 근속기간에 대한 퇴직금을 산정해야 한다는 입장이고, 고용노동부 행정해석은 '개정된 취업규칙의 적용시기에 대하여 특별히 정함이 없는 한 개정 전에는 종전의 지급규정에 따라, 개정 후에는 새로이 개정된 지급규정을 적용하여 퇴직금을 지급하여야 할 것'이라고 판단하고 있다.

다만, 판례도 '기존의 근로자의 기득권이 침해되지 않는 한'이라는 단서를 전제하고 있는 점을 감안할 때 변경된 퇴직금제도의 적용시기를 분명히 하되(예 개정된 퇴직금제도는 전체 재직기간에 대해 적용된다), 퇴직금제도를 변경하면서 기존 직원들의 기득권을 고려한 조치(제도 변경시점에서 중간정산을 신청한 경우 종전 규정에 따라 퇴직금을 중간정산하는 등)를 취한다면 기존 근로자의 기득권을 침해하지 않으면서 퇴직금제도 변경에 대한 당사자의 명확한 의사를 확인함으로써 향후 퇴직금제도 변경을 둘러싼 당사자간의 분쟁의 소지가 줄어들 수 있을 것으로 판단된다.

참조 판례 · 행정해석

- 근속기간 중 퇴직금규정이 변경된 경우 변경 전의 근속기간에 대하여도 변경된 퇴직금규정이 적용된다 (대법원 96다45399, 1997.7.11.)

  구체적인 퇴직금청구권은 계속근로가 끝나는 퇴직이라는 사실을 요건으로 하여 발생하는 것이어서 계속근무기간의 중간에 사용자에 의하여 퇴직금규정이 변경되었다면 변경 이후의 근속기간은 물론이고 근로자의 기득이익을 침해하지 않는 한 원칙적으로 변경 전의 근속기간에 대하여도 변경된 퇴직금규정을 적용하여야 한다.

▪ 퇴직금규정이 누진제에서 법정제로 변경된 경우의 퇴직금 산정방법

(임금 68207－70, 2000.1.25.)

[질의] 노사합의로 퇴직금누진제를 폐지하면서 기 발생한 퇴직금을 확정하면서 노사합의로 2000.1.1. 중간정산을 신청토록 하였으나, 일부 근로자가 중간정산을 신청하지 않고 계속 근무하다가 퇴직할 경우 퇴직금은 어떠한 방법으로 산정하여야 하는지

[회시] 근로자의 집단적 동의방식에 의하여 취업규칙(퇴직금지급규정)을 개정하면서 개정된 취업규칙의 적용시기에 대하여 특별히 정함이 없는 한 개정 전에는 종전의 지급규정에 따라 개정 후에는 새로이 개정된 지급규정을 적용하여 퇴직금을 지급하여야 할 것이다.

Q&A

우리 회사는 퇴직금 누진제를 적용하고 있는데, 평균임금을 산정하면서 식대, 교통비는 제외하고 산정하도록 규정하고 있음. 위 식대와 교통비는 전 근로자에게 정기적으로 지급되는 금품으로 근로기준법상 평균임금에 포함되는 임금으로 보이는데 이를 제외하고 산정하는 것이 법위반이 아닌지, 근로자는 위 차액을 청구할 수 있는지 여부

퇴직금 관련 현행법에 의하면 회사는 '계속근로연수 1년에 대해 평균임금 30일분 이상을 지급하는 퇴직금제도를 설정'해야 한다. 따라서 법정퇴직금제도를 시행하는 사업장이나 법정퇴직금 이상의 제도를 시행하는 사업장(예 누진제)은 모두 퇴직금액이 평균임금 30일분에 미달해서는 안된다.
퇴직금 산정을 위한 평균임금에 포함되는 임금의 범위를 당사자가 임의로 정함에 따라 법상의 평균임금에 미달되는 금액으로 퇴직금을 산정할 경우 현행법상의 퇴직금 하한선에 미달하는 퇴직금을 지급함에 따라 법위반의 문제가 발생될 가능성이 높다.
다만, 퇴직금 누진제가 시행됨에 따라 법상의 평균임금에 미달되는 금액으로 퇴직금을 산정하더라도 산정된 퇴직금이 법상의 퇴직금을 초과하는 경우에는 현행법의 퇴직금규정을 위반한 것으로 보기는 어려울 것으로 판단된다.

참조 판례

▪ 산정된 퇴직금이 근로기준법상의 기준을 상회한다면 평균임금에 산입될 수 있는 임금항목을 퇴직금 산정의 기초가 되는 임금에서 제외하기로 하는 단체협약상 합의는 유효하다

(대법원 97다21086, 1998.1.20.)

퇴직금 급여에 관한 근로기준법은 사용자가 퇴직하는 근로자에게 지급하여야 할 퇴직금액의 하한선을 규정한 것이므로 노사간에 급여의 성질상 근로기준법이 정하는 평균임금에 포함될 수 있는 급여를 퇴직금 산정의 기초로 하지 아니하기로 하는 별도

의 합의가 있고, 그 합의에 따라 산정한 퇴직금액이 근로기준법이 보장한 하한선을 상회하는 금액이라면 그 합의가 근로기준법에 위반되어 무효라고 할 수는 없다.

(3) 퇴직금 중간정산

퇴직금은 근로자가 퇴직할 때 지급하는 것이 원칙이지만 근로자가 법령에서 정한 중간정산 사유에 해당되어 중간정산을 요구하는 경우 퇴직금을 중간정산할 수 있다. 근로자의 퇴직금 중간정산 요구에 따라 사용자가 반드시 중간정산해야 하는 것은 아니다. 퇴직금 중간정산 이후 계속근로연수는 새로이 기산된다.

퇴직금 중간정산은 근로자의 신청에 의해 퇴직 전에 미리 퇴직금을 지급하는 제도로 중간정산 이후 1년 미만 근무하고 퇴사하더라도 근로자는 전체 근무기간이 1년 이상이기 때문에 사용자는 근로자의 1년 미만의 기간에 대한 퇴직금을 지급해야 한다.

① 퇴직금 중간정산 사유에 대한 법적 제한

개정 근로자퇴직급여 보장법에 의해 2012.7.26. 이후에는 시행령에서 정하는 퇴직금 중간정산 사유(무주택자의 주택 구입, 6개월 이상 요양, 임금피크제 도입에 의한 임금 삭감 등)에 해당되는 경우에 한해 퇴직금 중간정산이 가능하다.

참 고

• 근로자퇴직급여 보장법 시행령 •

제3조【퇴직금의 중간정산 사유】① 법 제8조제2항 전단에서 "주택구입 등 대통령령으로 정하는 사유"란 다음 각 호의 어느 하나에 해당하는 경우를 말한다.

1. 무주택자인 근로자가 본인 명의로 주택을 구입하는 경우
2. 무주택자인 근로자가 주거를 목적으로 「민법」 제303조에 따른 전세금 또는 「주택임대차보호법」 제3조의2에 따른 보증금을 부담하는 경우. 이 경우 근로자가 하나의 사업에 근로하는 동안 1회로 한정한다.
3. 6개월 이상 요양을 필요로 하는 다음 각 목의 어느 하나에 해당하는 사람의 질병이나 부상에 대한 요양 비용을 근로자가 부담하는 경우
   가. 근로자 본인
   나. 근로자의 배우자
   다. 근로자 또는 그 배우자의 부양가족
4. 퇴직금 중간정산을 신청하는 날부터 역산하여 5년 이내에 근로자가 「채무자 회생 및

파산에 관한 법률」에 따라 파산선고를 받은 경우

5. 퇴직금 중간정산을 신청하는 날부터 역산하여 5년 이내에 근로자가 「채무자 회생 및 파산에 관한 법률」에 따라 개인회생절차개시 결정을 받은 경우
6. 사용자가 기존의 정년을 연장하거나 보장하는 조건으로 단체협약 및 취업규칙 등을 통하여 일정나이, 근속시점 또는 임금액을 기준으로 임금을 줄이는 제도를 시행하는 경우

6의2. 사용자가 근로자와의 합의에 따라 소정근로시간을 1일 1시간 또는 1주 5시간 이상 변경하여 그 변경된 소정근로시간에 따라 근로자가 3개월 이상 계속 근로하기로 한 경우

7. 그 밖에 천재지변 등으로 피해를 입는 등 고용노동부장관이 정하여 고시하는 사유와 요건에 해당하는 경우

② 사용자는 제1항 각 호의 사유에 따라 퇴직금을 미리 정산하여 지급한 경우 근로자가 퇴직한 후 5년이 되는 날까지 관련 증명 서류를 보존하여야 한다.

퇴직금 중간정산 사유와 퇴직연금 담보대출(DC형의 경우 중도인출) 사유 비교[3)]

사 유	퇴직금 중간정산	퇴직연금 담보대출 (DC형 중도인출)
무주택자인 가입자가 본인 명의로 주택을 구입하는 경우	○	○
무주택자인 근로자가 전세금 또는 주택자금에 따른 보증금을 부담하는 경우 ※전세금 또는 보증금이 인상되는 경우도 포함하되 당해 사업에서 1회에 한함	○	○
본인, 배우자 및 부양가족이 질병·부상으로 6개월 이상 요양하는 경우	○	○
최근 5년 이내 파산선고 또는 개인회생절차 개시 결정을 받은 경우	○	○
고용보험법 시행령 규정에 따른 임금피크제를 실시하여 임금이 줄어드는 경우	○	×
소정근로시간을 1일 1시간 또는 1주 5시간 이상 변경	○	×
천재지변 등 고용노동부장관이 정하는 경우	○	○

3) 근로자퇴직급여 보장법령 FAQ(Ⅰ), 고용노동부, 2012.9., 근로자퇴직급여보장법 시행령 제2조·제3조·제14조(2015.12.15. 개정)

퇴직금 중간정산 사유 증명방법

구 분	확인방법(증명 서류) 예시
신청서	퇴직금 중간정산신청서 ※신청일자, 중간정산 대상기간, 중간정산의 사유 등 포함
무주택자 여부 확인	- 현거주지 주민등록등본 - 현거주지 건물등기부등본 또는 건축물관리대장등본 - 재산세 (미)과세증명서
주택구입 여부 확인	주택구입의 경우에는 부동산 매매계약서(분양계약서) 사본, 주택 신축의 경우에는 건축설계서 및 공사계약서 등
전세계약 등 확인	전세 및 임대차계약서 사본
부양가족 확인	가족관계증명서, 주민등록등본 등 생계를 같이하는 부양가족인지를 증명할 수 있는 서류
질병·부상 및 요양기간 확인	의사의 진단서 또는 소견서, 국민건강보험공단의 장기요양확인서 등 질병·부상으로 6개월 이상 요양을 하는 경우를 증명할 수 있는 서류
파산 또는 개인회생절차 개시 결정 확인	- 법원의 파산선고 - 법원의 개인회생절차 개시 결정문, 변제계획안 인가에 따라 변제계획 수행 중임을 증명할 수 있는 서류
임금 감소사실 확인	임금피크제 실시 및 해당근로자가 임금이 줄어드는 대상인지는 단체협약, 취업규칙, 근로(연봉)계약, 급여명세서 등으로 증명(사용자가 자료를 통해 확인, 근로자 제출 불필요)
물적피해 확인	지방자치단체에서 발급한 피해사실확인서 또는 자연재난 피해신고서를 증명자료로 제출, 피해의 정도가 50% 이상임을 확인
인적피해 확인	- 지방자치단체에서 발급한 자연재난 피해신고서로 사망, 실종, 부상 등 인적피해가 있었음을 확인 - 배우자, 생계를 같이하는 부양가족이 사망 또는 실종한 경우 : 가족관계증명원, 가족관계의 등록 등에 관한 법률에 따라 해당자의 사망, 실종 등을 증명할 수 있는 서류를 통해 확인 - 근로자, 배우자 및 그 부양가족이 15일 이상 입원한 경우 : 가족관계증명원(근로자 본인의 경우 해당 없음), 입원확인서를 통해 확인

② 근로자의 요구

퇴직금 중간정산은 회사방침 등을 통해 일방적으로 실시할 수는 없고 근로자의 요구가 있어야 하는 것이 원칙이다. 근로자가 요구하지 않은 상황에서 회사에서 퇴직금 중간정산을 실시한 경우 그 효력에 대해 고용노동부 행정해석은 "근로기준법 제34조 제3항(현행 근로퇴직급여 보장법 제8조 제2항)의 규정에 의한 퇴직금 중간정산은 근로자의 요구와 사용자의 승낙이라는 쌍방간 의사의 합치로 시행할 수 있는 것이며, 사용자가 근로자의 요구없이 일방적으로 퇴직금 중간정산을 한 경우라도 퇴직금 중간정산을 근로자가 사후적으로 확인하고 중간정산 후 퇴직일까지 별다른 이의를 제기하지 않았다면 이는 근로기준법상의 퇴직금 중간정산에 해당한다고 보아야 할 것"[4]이라면서 근로자의 요구없이 실시된 퇴직금 중간정산제의 경우에도 사후 동의 등 쌍방간 의사의 합치가 있었다면 유효한 퇴직금 중간정산으로 볼 수 있다고 보고 있다.

③ 개별적 동의

퇴직금 중간정산은 해당 근로자 개인의 요구(또는 동의)에 따라 시행해야 하며, 취업규칙 또는 단체협약에 명시된 바에 따라 시행하는 경우와 같이 집단적인 동의에 따라 시행되는 규정, 지침, 협약을 근거로 개별 근로자의 요구(또는 동의)없이 퇴직금 중간정산을 시행할 경우 그 효력은 인정되지 않는다.[5]

Q&A

퇴직금 중간정산금을 잘못 산정한 경우 중간정산 이후 최종 퇴직일까지의 퇴직금과 해당 중간정산금 차액분을 최종 퇴직시 지급하면 되는 것인지, 아니면 최종 퇴직시의 퇴직금을 산정해 이미 지급된 중간정산 퇴직금을 제외한 나머지 차액을 지급하면 되는 것인지 여부

퇴직금 중간정산은 근로자의 신청과 사용자의 승낙이 이루어지면 그 효력이 발생하는 것으로 그에 따라 사용자가 근로자에게 퇴직금 중간정산금을 지급했다면 이에 대한 법률효과는 성립(완성)되는 것이며, 퇴직금 중간정산을 실시한 이후 계속근로연수는 새로이 기산된다(임금 68207-523, 2002.7.24.).
즉 퇴직금 중간정산이 유효하게 성립되었다는 것은 최종 퇴직 전 계속근로연수에 대한 퇴직금 중간정산금 지급의 법적 효력이 완성되는 것으로 중간정산 시점에서의 평균임금과

4) 임금 68220-111, 1999.2.18.
5) 임금 68200-111, 2002.2.20.

해당 계속근로연수를 기초로 퇴직금을 산정하는 과정에서 계산착오가 발생한 경우 해당 착오에 의한 퇴직금 차액산정은 해당 중간정산 시점을 기준으로 산정해야 하는 것이지 계산착오를 이유로 퇴직금 중간정산의 효력 자체를 무효로 하고 최종 퇴직시에 퇴직금을 산정해 기 지급된 퇴직금을 제외한 나머지 차액을 지급해야 한다고 해석할 수는 없다고 판단된다.

한편, 퇴직금 중간정산이 적법하게 이루어졌을 경우 퇴직금 중간정산금의 소멸시효는 퇴직금 중간정산시점이므로 근로자가 퇴직금을 적법하게 중간정산하고 3년이 경과한 이후에는 그 금액계산이 잘못되었다고 청구하더라도 소멸시효 완성에 의해 청구권이 인정되지 않을 가능성이 높다고 판단된다(한편, 고용노동부 행정해석은 퇴직금 중간정산의 소멸시효는 퇴직일로부터 기산되어야 할 것이기 때문에 계산착오 등으로 잘못 계산된 퇴직금 중간정산금에 대해서는 최종 퇴직일로부터 3년 이내에 청구할 수 있는 권리가 인정된다고 판단하고 있다).

참조 행정해석

퇴직금 중간정산금을 잘못 산정한 경우 그 차액산정방법

(임금 68207-579, 2001.8.14.)

[질의] 퇴직금을 중간정산할 당시 근로기준법 제19조에서 정한 평균임금으로 산정하지 않아 당사자에게 불리한 금액으로 지급되었을 경우 추후 실제 퇴직시 발생한 전체 퇴직금을 기준으로 그 차액을 근로기준법상으로 요구할 수 있는지 여부

[회시] 근로자와 사용자간에 퇴직금 중간정산을 시행하기로 합의하였으나 ① 사용자가 퇴직금을 지급하지 않거나, ② 퇴직금을 잘못 산정하여 차액이 발생된 경우에는 사용자는 퇴직금 중간정산의 합의에 따라 동 퇴직금을 지급하거나 또는 그 차액을 지급하여야 할 의무가 있고, 당해 근로자는 동 퇴직금의 지급청구권을 가지는 것으로 보아야 할 것이다.

중간정산시 계산착오 등으로 지급받지 못한 퇴직금의 일부에 대한 소멸시효

(퇴직급여보장팀-1953, 2006.6.8.)

[질의] 퇴직금 중간정산금액의 계산착오시 재산정 여부 및 소멸시효 계산방법

[회시] 1. 근로자퇴직급여 보장법 제8조 제1항의 규정에 의하여 퇴직금은 근로자가 퇴직할 때 지급하여야 하나 동조 제2항의 규정에 의하여 퇴직하기 전이라도 근로자의 요구를 사용자가 수용하여 퇴직금의 일부를 중간정산을 할 수 있습니다.

2. 즉 퇴직금은 그 성격상 근로관계 종료에 따라 발생되고, 중간정산

은 퇴직금의 일부를 당사자의 합의로 퇴직 전에 미리 지급받을 수 있는 경우에 지나지 않으므로 비록 유효하게 중간정산이 이루어졌다 하더라도 중간정산시 계산착오 등으로 지급받지 못한 퇴직금의 일부에 대한 소멸시효는 퇴직일로부터 기산하여야 할 것으로 사료됩니다.

3. 그러므로 귀 질의의 경우 당초 퇴직금 중간정산 기준시점의 정당한 평균임금으로 재계산된 중간정산 금액에 미리 지급받은 금액을 공제한 나머지 금액을 추가로 지급하는 것이 타당할 것으로 판단됩니다.

적법한 퇴직금 중간정산의 소멸시효 기산점 (대법원 2006다20542, 2008.2.1.)

1. 구 근로기준법 제34조 제3항에 의한 퇴직금 중간정산은 근로자가 기왕의 계속근로기간 전부 또는 일부에 대하여 퇴직금의 중간정산을 요구하고 사용자가 그 요구기간에 대한 중간정산을 승낙함으로써 성립하는 것이고, 이 경우 사용자는 근로자의 요구기간 중 일부 기간에 대하여만 일방적으로 중간정산을 실행함으로써 그 합의를 확정지을 수 없으나 사용자의 일부 기간에 대한 중간정산 실행이 민법 제534조에 의한 변경을 가한 승낙으로서 새로운 청약에 해당하고 근로자가 그 중간정산퇴직금을 아무런 이의없이 수령함으로써 이에 동의한 것으로 볼 수 있는 경우에는 그 중간정산이 실행된 일부 기간의 범위 내에서 중간정산이 성립된다.
2. 사용자와 근로자의 합의로 퇴직금 중간정산이 성립한 일부 근로기간에 대하여는 중간정산 시점에 중간정산퇴직금청구권이 발생하고 소멸시효도 그때부터 기산되지만, 중간정산 합의가 없었던 나머지 근로기간에 대하여는 최종 퇴직시에 퇴직금청구권이 발생하고 소멸시효도 최종 퇴직 시점으로부터 진행한다.

Q&A

퇴직금에 대해 "향후 퇴직금 산정 및 지급과 관련한 일체의 민·형사상 문제제기를 하지 않겠다"는 약정(부제소특약)을 한 경우 그 약정의 효력

부제소특약의 대상은 원칙적으로 당사자간의 자유로운 계약 및 합의의 영역이라 할 것으로 발생된 퇴직금에 대해서도 그 산정 및 지급에 관하여 민·형사상의 일체의 청구를 하지 아니하기로 한 부제소특약이 인정될 수 있을 것으로 판단되나(대법원 95다3350, 1996.6.14. 참조), 퇴직금청구권을 사전에 포기하는 등의 부제소특약은 강행법규에 위반되어 무효라 할 것이다. 즉 판례에 의하면 "퇴직금의 구체적인 청구권은 계속근로가 끝나는 퇴직이라는

사실을 요건으로 하여 발생되는 것인 바, 최종 퇴직시 발생하는 퇴직금청구권을 사전에 포기하거나 사전에 그에 관한 민사상 소송을 제기하지 않겠다는 부제소특약을 하는 것은 강행법규인 근로기준법에 위반되어 무효"(대법원 2001다41568, 2002.8.23.)라고 판단하면서 강행법규위반의 부제소특약의 효력을 인정하지 않고 있다.

(4) 퇴직금 차등제도의 금지

하나의 사업 내에서는 직위, 직종(예 생산직, 사무직), 직급, 성별 또는 근로형태(예 계약직, 정규직)에 따른 퇴직금 차등제도를 설정할 수 없고, 근로자의 동의를 얻어서 시행하더라도 무효이다. 여기서 '하나의 사업'이란 경영상 일체를 이루는 기업체 그 자체[6]를 의미하며, 예를 들어 서울본사와 부산공장, 대학교와 부속의 의료원의 경우 하나의 사업으로 본다.

다만, ① 단체협약의 적용을 받는 자와 아닌 자의 차별, ② 기업의 합병·양도 등 조직변경으로 인해 포괄승계된 근로자와 기존 근로자의 차별, ③ 회사 임원과 같이 근로기준법 적용대상이 아닌 자의 퇴직금제도와 근로자의 퇴직금제도의 차등을 두는 것은 법이 제한하고 있는 퇴직금 차등제도가 아니다.

2. 퇴직연금제(근로자퇴직급여 보장법)[7]

(1) 입법 배경

① 급속한 인구고령화와 노동시장의 여건변화

OECD 회원국 중 가장 빠른 속도로 고령화가 진행되고 있으나 근로자들의 노후대비책은 미비하여 사회적 부담이 가중되고 있고, 연봉제 확산, 근속연수 단축 등으로 퇴직금이 소액생활자금으로 소진되는 등 효율적으로 활용되지 못하고 있다.

---

6) 대법원 91다21381, 1993.2.9.

7) 퇴직연금제도 도입·운영 매뉴얼, 노동부, 2007.12.; 근로자퇴직급여 보장법 주요 내용, 노동부, 2005.1. 참조

② 기업도산시 근로자의 수급권보장이 미흡

사업주가 퇴직금을 장부상으로만 적립함에 따라 기업이 도산하면 근로자는 실업과 체불이라는 이중의 고통을 받게 된다.

③ 근로자 절반 이상이 퇴직금제도의 적용에서 배제되어 있다

법정복지제도가 상대적으로 보호의 필요성이 큰 취약근로자를 적용 제외하고 있어 형평성 원칙에 역행

④ 근로자 퇴직시 기업의 일시금 부담이 가중되어 예측가능한 경영의 장애요인으로 작용

(2) 퇴직급여제도의 설정

기존의 퇴직금제도와 퇴직연금제도[확정급여형(DB형), 확정기여형(DC형)]를 통칭해 퇴직급여제도라고 하며, 사용자는 반드시 하나 이상의 퇴직급여제도를 설정해야 한다. 한편, 개정 근로자퇴직급여 보장법 시행일(2012.7.26.) 이후 새로이 성립(합병 · 분할 제외)된 사업의 사용자는 1년 이내에 퇴직연금제도를 설정해야 한다(법 제5조).

퇴직연금제를 도입하지 않은 사업장은 기존의 퇴직금제도를 설정한 것으로 간주되며, 퇴직연금제를 도입하고자 하는 사업장은 퇴직연금제 도입 및 퇴직연금제 중 확정급여형과 확정기여형을 선택할 때 근로자대표의 동의를 얻어야 한다.

참 고

• 근로자퇴직급여 보장법 •

제5조【새로 성립된 사업의 퇴직급여제도】 법률 제10967호 근로자퇴직급여 보장법 전부개정법률 시행일 이후 새로 성립(합병한다)된 사업의 사용자는 근로자대표의 의견을 들어 사업의 성립 후 1년 이내에 확정급여형 퇴직연금제도나 확정기여형 퇴직연금제도를 설정하여야 한다.

퇴직금, DB형, DC형 비교[8)]

구 분	퇴직금	확정급여형(DB형)	확정기여형(DC형)
퇴직급여 형태	일시금	연금 또는 일시금	연금 또는 일시금
급여수준	근속연수 1년당 30일분의 평균임금	일시금 기준으로 퇴직금과 동일	근로자 각자의 운용실적에 따라 변동
사용자 부담	퇴직시 일시부담	사용자의 적립금 운용 실적에 따라 변동	확정(연간 임금총액의 12분의 1을 매년 1회 이상 납부)
적립방식과 수급권 보장	대부분 사내적립, 수급권 불안정	부분사외적립, 수급권 부분 보장	전액사외적립, 수급권 완전 보장
중도인출	퇴직금 중간정산 가능	성격상 불가	시행령에 정한 경우에 한해 가능
직장이동시 통산	불가능	어려움[개인퇴직계좌(개정법 개인형 퇴직연금)로 이전 가능]	옮긴 회사의 확정기여형 연금 또는 개인퇴직계좌(개정법 개인형 퇴직연금)로 이전 가능
적립금의 운용	사용자	사용자	근로자
적합기업근로자	도산위험이 없고, 임금상승률이 높은 근로자	연공급(호봉제), 장기근속근로자	연봉제, 체불위험이 있는 기업, 단기근속근로자

참 고

• 퇴직연금제도의 장점[9)] •

근로자	기업(사용자)
근로자의 수급권 강화 : 회사 도산과 관계없이 사외적립되어 관리됨	변화된 인사노무관리에 적합 : 퇴직금 일시부담 완화, 성과주의 임금제도 도입 적합
노후보장대책 : 퇴직금 일시금을 생활자금으로 소진하지 않고 55세 이후 연금수령 가능	적정 재무관리와 세제혜택 : 퇴직금 비용 예측을 통한 재무관리 용이, 법인세 손비인정
세제혜택 : DC형 퇴직연금 및 추가납입금은 개인연금과 합산해 연간 300만원까지 소득공제	협력적 노사관계 구축수단으로 활용 : 노사간 충분한 협의를 통한 제도 설계 및 도입
금융환경 변화에 대한 이해와 활용능력 제고 : 금융 및 투자교육	퇴직금 체불에 대한 법적 위험 감소

8) 퇴직연금제도 도입 · 운영 매뉴얼, 노동부, 2007.12.
9) 위 매뉴얼

참 고

• 제도선택시 고려사항[10] •

재무적 측면	인사적 측면	노사관계적 측면
비용 최소화, 수익 최대화	근로자의 생산성 및 사기를 높이는 방향	근로자의 요구 충족, 위험 최소화
전환비용 최소화 추가수익 최대화 장기부채 축소	소요비용 · 시간 최소화 안정적인 조직관리 직원 이해도 및 수용도	근로자 선호도 감당가능한 리스크 추가 수익 기회

(3) 퇴직급여제도의 도입 : 근로자대표의 동의

① 근로자대표의 동의

퇴직연금제를 도입하거나 도입된 퇴직연금제도를 다른 퇴직연금제도로 변경(예 DB형 →DC형)하거나 도입된 퇴직연금제도를 퇴직금제도로 변경하기 위해서는 근로자대표의 동의가 필요하다.

또한 퇴직연금제 도입을 결정한 후 퇴직연금제도의 종류를 선택할 경우에도 근로자대표의 동의를 얻어야 한다. 따라서 퇴직연금제를 도입하기로 결정한 후 DB형, DC형을 사용자가 임의로 선택할 경우 적법한 퇴직연금제도 도입으로 인정되지 못한다.

한편, 설정된 퇴직급여제도의 주요 내용을 변경하는 경우(예 부담금 비율 변경, 연금사업자 변경)에는 근로자대표의 의견을 청취해야 하며, 변경되는 내용이 기존에 비해 근로자에게 불이익한 경우에는 근로자대표의 동의를 얻어야 한다.

② 근로자대표의 의미

근로자대표란 근로자 과반수로 조직된 노동조합이 있으면 그 노동조합, 과반수 노동조합이 없으면 근로자 과반수를 의미한다. 따라서 과반수 노동조합이 없는 경우, 복수의 노동조합 각각이 과반수 노동조합이 아닌 경우에는 근로자 과반수의 동의를 얻어야 퇴직연금제 도입이 가능하다.

10) 위 매뉴얼

참조 행정해석

▪ 근로자대표의 의미 (퇴직급여보장팀-5073, 2006.12.29.)

[질의] 퇴직연금 도입시 한 사업장에 2개의 노조가 있으면서 어느 노조도 근로자의 과반수로 조직된 노동조합이 아닐 경우 별도의 개별 근로자의 동의서 없이도 근로자대표를 2명의 노동조합위원장의 서명날인된 동의서를 제출해도 되는지

[회시] 근로자퇴직급여 보장법 제4조 제3항에 따라 사용자는 퇴직급여제도의 종류를 선택하거나 선택한 퇴직급여제도를 다른 종류의 퇴직급여제도로 변경하고자 하는 경우에는 당해 사업에 근로자 과반수로 조직된 노동조합이 있는 경우에는 그 노동조합, 근로자의 과반수로 조직된 노동조합이 없는 경우에는 근로자의 과반수의 동의를 얻어야 하는바, 귀하의 질의내용대로 한 사업장에 2개의 노동조합이 있으나 근로자 과반수로 조직된 노동조합이 모두 아닐 경우에는 동법에서 정한 바대로 근로자의 과반수의 동의를 얻어야 할 것으로 판단된다.

한편, 퇴직연금제를 기존 근로자들에게는 도입하지 않고 신규 근로자에게 도입하는 경우 기존 과반수 노동조합이나 기존 근로자들이 신규 근로자들에 대한 대표성을 갖지 않기 때문에 기존 근로자대표의 동의가 없어도 도입이 가능할 것이다.

참조 행정해석

▪ 신규 근로자에 대한 퇴직연금 도입시 기존 근로자 동의 필요 여부

(퇴직급여보장팀-971, 2007.3.8.)

[질의] 신규 근로자에 대하여 퇴직연금제도 도입시 기존 근로자에 대한 동의를 얻어야 하는지 여부

[회시] 근로자퇴직급여 보장법 제4조 제3항에 따라 사용자는 퇴직급여제도의 종류를 선택하거나 변경하고자 하는 경우에는 당해 사업의 근로자대표의 동의를 얻도록 규정되어 있다. 귀하의 질의내용만으로 볼 때 확정기여형 퇴직연금제도를 도입하면서 동 제도의 가입대상을 신규 근로자로 한정하고자 한다면 기존 근로자에 대한 퇴직급여제도에는 변경되지 아니하므로 근로자대표의 동의없이 도입이 가능할 것으로 보이며, 단 제도 시행일 이전 기존 근로자에 대해서도 추가로 퇴직연금제도를 적용하고자 할 경우에는 기존 근로자대표의 동의를 얻어야 할 것이다.

또한 퇴직연금제 도입대상을 노동조합 가입대상에서 제외되는 자로 한정하는 경우에는 노동조합이 이들에 대한 대표권이 없으므로 노동조합 가입대상 제외자 과반수의 동의를 얻어 도입이 가능할 것이다.

참조 행정해석

▪ 비조합원에 대한 퇴직연금 도입시 동의주체　　(퇴직급여보장팀－855, 2007.2.26.)

[질의] 1) 과반수 노동조합이 존재하는 경우도 노동조합 동의없이 비조합원(2급 이상)에 대해서만 개별 동의를 득한 후 퇴직연금제도 도입이 가능한지 여부?

2) 비조합원 직원의 개별 동의를 얻어 가입하는 경우 퇴직연금규약 신고시 제출서류는?

• 갑(甲)설

① 비조합원(2급 이상 직원)에 대하여는 노동조합에게 대표권이 존재하지 아니하다.

② 비조합원(2급 이상 직원)은 사용자 또는 그의 이익을 대표하여 행동하는 자 및 사업의 경영담당자이므로 노동조합의 가입대상이 아니며 사용자의 위치에서는 2급 이상 직원에 대하여는 퇴직연금을 도입하는 경우 노동조합의 동의없이 개별동의를 득한 후 도입이 가능하다.

• 을(乙)설

① 근로자퇴직급여 보장법 제4조 제3항에서는 비조합원의 경우에 대하여 예외를 인정하지 않고 있는 점

② 만일 예외를 인정하게 될 경우에는 근로자대표의 동의권이 침해될 수 있는 점 등을 고려한다면 근로자의 과반수로 조직된 노동조합이 존재하는 경우에는 비조합원에 대하여도 해당 노동조합의 동의없이는 퇴직연금제도 도입이 불가능하다.

[회시] 근로자퇴직급여 보장법 제4조 제3항에 따라 퇴직연금제도를 선택하거나 기존의 퇴직급여제도를 변경하고자 하는 경우에는 당해 사업에 근로자의 과반수의 동의를 얻어야 한다.

다만, 귀하의 질의내용에서와 같이 노동조합 가입대상이 아닌 2급 이상 직원만을 대상으로 퇴직연금제도를 도입하는 경우 과반수 이상으로 조직된 노동조합이라 하더라도 노동조합 가입대상이 아닌 자에 대해서는 그 동의권을 행사할 수는 없으므로 퇴직연금제도를 적용받는 근로자 과반수의 동의를 받는 것이 근로자퇴직급여 보장법 제4조 제3항의 입법취지에 부합한다고 사료되며, 이 경우 과반수로 조직된 노동조합에 대해서는 의견을 들으면 족할 것이다.

퇴직연금규약을 해당 지방노동관서에 신고할 때에는 가입대상 근로자 과반수의 동의와 노동조합의 의견을 들었음을 입증하는 서류를 제출하여야 할 것이다.

③ 복수의 퇴직급여제도 설정가능 여부

근로자퇴직급여 보장법 제4조 제1항에 의해 사용자는 퇴직급여제도 중 하나 이상의 제도를 반드시 설정해야 한다. 반드시 하나의 퇴직급여제도를 설정해야 하는 것은 아니고, 복수의 퇴직급여제도를 설정하는 것도 가능하다(예 퇴직금제도 - 퇴직연금제도, DB형 - DC형, 퇴직금 - DB형 - DC형).

즉 퇴직연금제 도입에 대해 근로자대표의 동의를 얻으면서 근로자들이 퇴직금, DB형, DC형을 선택할 수 있도록 하는 사항까지 포함해 동의를 얻은 이후 근로자들이 퇴직급여제도를 선택하도록 하는 것은 가능하고, 선택한 제도를 구체적으로 설계한 퇴직연금규약에 대해 해당 퇴직연금제도를 선택한 근로자들 과반수의 동의를 얻으면 될 것이다.

참조 행정해석

▪ 복수의 퇴직급여제도 설정가능 여부 (퇴직급여보장팀 - 828, 2005.11.24.)

[질의] 근로자대표의 동의를 얻어 퇴직연금제로 전환함에 있어서 현행 퇴직금제, DC형, DB형 중 하나를 근로자가 선택할 수 있도록 규약을 작성할 수 있는지

[회시] 근로자퇴직급여 보장법에 의하면 상시근로자 5인 이상을 사용하는 자는 근로자 과반수대표의 동의를 받아 퇴직금제, 확정급여형 퇴직연금제 및 확정기여형 퇴직연금제 중 하나 이상의 퇴직급여제도를 설정하도록 하고 있으므로 근로자 과반수대표의 동의를 받아서 퇴직금제, 확정급여형 퇴직연금제 및 확정기여형 퇴직연금제 등 세 가지 퇴직급여제도를 모두 설정한 후 근로자가 이 중 하나를 선택하도록 하는 것은 가능할 것으로 판단된다.

또한 퇴직급여제도 중 확정급여형 퇴직연금제도를 설정하고자 하는 사용자는 확정급여형 퇴직연금규약을, 확정기여형 퇴직연금제도를 설정하고자 하는 사용자는 확정기여형 퇴직연금규약을 각각 작성하여 지방노동관서에 신고하여야 한다.

한편, 종전법에서는 DB형 퇴직연금제도와 DC형 퇴직연금제도가 모두 설정된 사업이더라도 근로자는 하나의 제도에만 가입이 가능했으나, 개정법 제6조에서는 사용자가 가입자에 대하여 DB형 퇴직연금제도와 DC형 퇴직연금제도를 함께 설정할 수 있도록

함에 따라 한 근로자가 두 제도에 동시에 가입하는 것(혼합형 퇴직연금제도)이 가능해졌다. 이 경우 DB형 퇴직연금제도의 급여는 법 제15조에 따른 급여수준에 퇴직연금 퇴직연금규약으로 정하는 설정 비율(ⓐ)을 곱한 금액, DC형 퇴직연금제도의 부담금은 법 제20조 제1항의 부담금의 부담수준에 퇴직연금규약으로 정하는 설정 비율(ⓑ)을 곱한 금액으로 하되, 각각의 설정 비율의 합(ⓐ+ⓑ)은 1 이상이 되어야 한다.

> **참 고**
>
> • 근로자퇴직급여 보장법 •
>
> 제6조【가입자에 대한 둘 이상의 퇴직연금제도 설정】① 사용자가 가입자에 대하여 확정급여형 퇴직연금제도 및 확정기여형 퇴직연금제도를 함께 설정하는 경우 제15조 및 제20조 제1항에도 불구하고 확정급여형 퇴직연금제도의 급여 및 확정기여형 퇴직연금제도의 부담금수준은 다음 각 호에 따른다.
>
> 1. 확정급여형 퇴직연금제도의 급여 : 제15조에 따른 급여수준에 확정급여형 퇴직연금규약으로 정하는 설정 비율을 곱한 금액
> 2. 확정기여형 퇴직연금제도의 부담금 : 제20조 제1항의 부담금의 부담수준에 확정기여형 퇴직연금규약으로 정하는 설정 비율을 곱한 금액
>
> ② 사용자는 제1항 제1호 및 제2호에 따른 각각의 설정 비율의 합이 1 이상이 되도록 퇴직연금규약을 정하여 퇴직연금제도를 설정하여야 한다.

(4) 퇴직급여제도의 차등설정 금지

사용자는 퇴직급여제도를 설정하면서 하나의 사업 안에 차등을 두어서는 안된다. 여기서 퇴직금, 확정급여형(DB형), 확정기여형(DC형) 등 근로자집단별로 제도유형을 다르게 설정하는 것은 차등제도 설정에 해당하지 않는다. 즉 퇴직급여제도 차등설정 금지란 하나의 사업 내에서 직종, 직위, 직급에 따른 퇴직급여의 지급기준이나 지급률을 달리하는 것을 금지하는 것으로, 차등이란 우열이 있는 제도를 각각 다른 근로자에게 적용하는 것을 말하는데, 근로자퇴직급여 보장법 제4조 제1항은 사용자로 하여금 하나 이상의 제도를 설정하도록 규정하고 있어 각각의 퇴직급여제도는 근로자에게 동등한 가치를 가지고 있음을 미리 상정하고 있다는 것을 알 수 있다. 따라서 복수의 퇴직급여제도를 동시에 실시하는 것은 차등제도의 설정으로 볼 수 없다.

다만, 복수의 퇴직급여제도를 시행하는 경우에도 근로자에게 선택의 기회 또는 권리

를 주어야 차등이 되지 않을 것이다. 즉 특정한 집단의 근로자는 특정제도만 실시(예 생산직 근로자는 퇴직금제도만, 사무직 근로자는 확정기여형 퇴직연금제도만 실시키로 정하고 해당 근로자로 하여금 다른 제도를 선택하지 못하도록 하는 경우)하는 것은 차등제도에 해당될 수 있다.

한편, 근로자집단별로 부담금 산정방식의 차이가 있는 경우(평사원보다 간부사원에게 유리한 산정방식 적용), 부담금 비율을 근로형태별로 차이를 두는 경우(계약직 연간임금총액의 1/12, 정규직 연간임금총액의 1.5/12) 등과 같이 직종, 직위, 직급에 따른 퇴직급여의 구체적인 기준을 달리 적용하는 경우에는 법에서 금지하는 차등에 해당될 수 있으므로 유의해야 할 것이다.

(5) 퇴직연금 도입시 기존 퇴직금의 처리

퇴직연금제도를 도입할 경우 기존 퇴직금제도하에서의 퇴직금을 어떻게 처리할 것인지에 대한 방안도 강구해야 한다. 다음과 같은 방법이 가능할 것이다.

첫째는 퇴직연금 도입 이전 근무분에 해당하는 퇴직금을 그대로 두고 퇴직연금을 시행하되 근로자가 향후 당해 기업을 퇴직할 때 과거 근무분에 대한 퇴직금을 별도로 지급하는 방법이다. 이 경우 근로자의 과거근무기간에 대한 퇴직금은 퇴직일 당시의 평균임금으로 산정해야 한다.

둘째는 기존 근무분을 퇴직연금의 가입기간에 포함시켜 운영하는 방법이다. 예를 들어 2008.1.1. 확정기여형(DC형) 퇴직연금제를 도입하는 경우 2006.1.1. 입사한 직원의 2년분의 퇴직금을 퇴직연금 사용자부담금으로 납입함으로써 위 직원의 퇴직연금 가입기간을 제도 도입일로부터 2년을 추가하는 방법이다. 과거근무기간분을 퇴직연금에 일시에 포함시킬 것인지, 분할해 포함시킬 것인지는 구체적으로 퇴직연금규약에 정해 운영이 가능할 것이다.

참조 행정해석

- 퇴직연금 도입시 과거근무분 포함 (퇴직급여보장팀-805, 2006.3.14.)

[질의] ① 퇴직급여충당금의 일부만 DC로 전환하기 위하여 과거근무기간 중 일부를 소급하여 DC 가입기간에 포함할 수 있는지
② 과거근무기간 중 일부를 소급하여 DC 가입기간에 포함할 수 있다면

- 사업장의 전 가입자에 대하여 과거 특정일까지 소급하는 것이 가능한지
- 개별 가입자별로 소급기간을 달리 적용하는 것이 가능한지, 또한 이 경우 각 가입자별 과거근무기간 중 소급기간의 비율이 동일해야 하는지

③ 제도도입 이후 가입기간을 소급하기 위해 퇴직연금규약을 변경하는 것이 불이익 변경에 해당하는지

④ DB에서 일정기간에 걸쳐 과거근무채무(PSL)를 상각하는 경우 각 근로자의 제도 가입시기는 어떻게 계산하는지(만약 5년에 걸쳐 PSL을 상각하는 기업의 경우 처음부터 전체 근속기간을 소급하여 포함하도록 한다면 위 ②와 관련하여 DC제도와의 형평성 문제가 발생할 수 있다)

[회시] ① 근로자퇴직급여 보장법 제12조 제3호 및 제13조 제6호의 규정에 의하여 DC를 설정하는 경우 당해 퇴직연금의 설정 전에 제공한 근로기간에 대하여도 노사가 합의한 경우 가입기간으로 할 수 있으므로 과거의 일부기간에 대하여만 소급하여 가입기간으로 하는 것도 가능할 것이다.

② DC를 설정한 사업장에서 노사가 합의하여 과거의 일부기간에 대하여만 소급하여 가입기간으로 하는 경우 그 가입기간의 설정은 과거특정시점까지 일률적으로 소급하는 방법 및 개별 가입자별로 자유의사에 따라 소급기간을 달리 적용하는 방법 등이 모두 가능할 것이다.

③ 퇴직연금제도를 도입한 이후 과거근로기간에 대하여 소급하여 퇴직연금 가입기간으로 하는 것은 달리 볼 사정이 없는 한 근로자에게 불이익하게 제도내용을 변경하는 것으로 보기는 어려울 것이다.

④ DB를 설정한 사업장의 경우에도 DC를 설정한 사업장의 경우와 마찬가지로 과거의 일부기간에 대하여만 소급하여 가입기간으로 할 수 있으며, 구체적으로는 과거특정시점까지 일률적으로 소급하는 방법 및 개별 가입자별로 자유의사에 따라 소급기간을 달리 적용하는 방법 등이 모두 가능할 것이다.

(6) 퇴직연금규약의 작성 및 신고

퇴직연금제도를 설정하는 경우 사용자는 근로자대표의 동의를 얻어 퇴직연금규약을 작성해 고용노동부장관에게 신고해야 한다. 퇴직연금규약 작성시 반드시 포함되어야 할 내용(법정기재사항)은 다음과 같다.

퇴직연금규약 법정기재사항

<table>
<tr><th>확정급여형(DB형)</th><th>확정기여형(DC형)</th></tr>
<tr><td colspan="2">- 퇴직연금사업자 선정(방법 등)
- 가입자(범위 등)
- 가입기간(소급 여부 등)
- 급여종류 및 수급요건
- 퇴직연금 업무위탁계약의 체결, 해지, 계약이전 등에 관한 사항
- 적립금 운용현황(금액, 수익률) 통지
- 급여지급사유, 급여지급절차
- 퇴직연금 폐지, 중단 등</td></tr>
<tr><td>- 급여수준(30일분 이상)
- 재정건전성 확보(사외적립 60% 이상)</td><td>- 부담금(임금총액 1/12 이상, 추가기여)
- 부담금 납부방법(1년 1회 이상)
- 적립금 운용(근로자, 반기 1회 이상 변경 가능)
- 적립금 운용방법 및 정보의 제공
- 중도인출
- 수수료 부담
- 가입자 교육</td></tr>
</table>

① 확정급여형 퇴직연금제도(법 제13조)

• 퇴직연금사업자(금융기관) 선정에 관한 사항

퇴직연금제도의 자산관리 및 운용관리업무를 위탁할 퇴직연금사업자, 즉 금융기관의 선정을 규약에 정하도록 하였다(자산관리업무와 운용관리업무를 수행하는 퇴직연금사업자는 동일기관으로 선정할 수도 있고 다르게 할 수도 있다).

• 가입자에 관한 사항

당해 사업장에서 실시하는 퇴직연금제도의 가입자격, 가입시기, 가입방법 등을 정하도록 하기 위함이다.

• 가입기간에 관한 사항

가입기간은 퇴직연금제도의 설정 이후 당해 사업에서 근로를 제공한 기간으로 하되, 당해 퇴직연금제도의 설정 이전에 제공한 근로기간에 대하여도 가입기간으로 할 수 있다.

퇴직연금제도는 원칙적으로 장래의 기간에 대하여 노사가 합의한 시점부터 시행할 수 있으나 노사가 과거근무분에 대해서도 소급하여 시행하기로 한 경우에는 소급 적용도 가능하며, 이 경우 과거근무분을 몇 년에 걸쳐 적립할 것인지는 기업의 부담 능력을 감안하여 설정할 수 있다(예 즉시, 5년, 10년 등).

• 급여수준에 관한 사항

근로자가 퇴직시 수령하는 일시금의 금액이 계속근로기간 1년에 대하여 30일분의 평균임금에 상당하는 금액 이상이어야 하며, 확정급여형의 특성인 급여수준을 사전에 확정토록 하되, 그 수준은 퇴직시 일시금 기준으로 현행 퇴직금과 동등하게 설정해야 한다.

• 급여 지급능력 확보에 관한 사항

확정급여형의 경우 최종적으로 사업주가 급여의 책임을 진다고 하더라도 도산 등 사실상 책임을 질 수 없는 경우에 대비하여 매년 의무적으로 사외에 적립해야 하는 기준을 규정(시행령 제5조)해 놓음으로써 근로자수급권 보장을 위한 안전장치를 마련하고 있고, 다음의 어느 하나에 해당하는 금액 중 더 큰 금액(기준책임준비금)에 100분의 60 이상으로 대통령령으로 정하는 비율[11])을 곱하여 산출한 금액(최소적립금) 이상을 적립금으로 적립해야 한다.

- 매 사업연도 말일 현재를 기준으로 산정한 가입자의 예상 퇴직시점까지의 가입기간에 대한 급여에 드는 비용 예상액의 현재가치에서 장래 근무기간분에 대하여 발생하는 부담금 수입 예상액의 현재가치를 뺀 금액으로서 고용노동부령으로 정하는 방법에 따라 산정한 금액
- 가입자와 가입자였던 사람의 해당 사업연도 말일까지의 가입기간에 대한 급여에 드는 비용 예상액을 고용노동부령으로 정하는 방법에 따라 산정한 금액

• 급여의 종류 및 수급자격 등에 관한 사항

다음의 내용이 명시되어야 한다(법 제17조).

- 연금은 55세 이상으로서 가입기간이 10년 이상인 가입자에게 지급할 것. 이 경우

11) 근로자퇴직급여 보장법 시행령 제5조【확정급여형 퇴직연금제도의 최소적립금 수준】①
1. 2012년 7월 26일부터 2013년 12월 31일까지의 기간 : 100분의 60
2. 2014년 1월 1일부터 2015년 12월 31일까지의 기간 : 100분의 70
3. 2016년 1월 1일부터 2017년 12월 31일까지의 기간 : 100분의 80
4. 2018년 1월 1일 이후 : 고용노동부령으로 정하는 100분의 80 이상의 비율

연금의 지급기간은 5년 이상이어야 한다.

- 일시금은 연금수급요건을 갖추지 못하거나 일시금수급을 원하는 가입자에게 지급. 급여의 지급은 가입자가 지정한 개인형 퇴직연금제도의 계정으로 이전하는 방법으로 한다. 다만, 가입자가 55세 이후에 퇴직하여 급여를 받는 경우 등 대통령령으로 정하는 사유[12]가 있는 경우에는 그러하지 아니하다(시행령 제9조).

• 운용관리업무 및 자산관리업무의 계약의 체결 및 해지, 그 해지에 따른 계약이전에 관한 사항

계약의 체결 및 해지와 관련된 노사간, 사용자와 퇴직연금사업자간의 마찰을 사전에 예방하기 위한 것이다.

• 운용현황의 통지에 관한 사항

매년 1회 이상 적립금액 및 운용수익률 등이 고용노동부령이 정하는 바에 따라 가입자에게 통지되도록 함으로써 가입자들이 운용상황을 확인하고, 적립금의 운용수익 등을 다른 퇴직연금사업자와 비교할 수 있도록 하기 위함이다.

• 가입자의 퇴직 등 급여지급사유 발생과 급여의 지급절차에 관한 사항

• 확정급여형 퇴직연금제도의 폐지·중단 사유 및 절차 등에 관한 사항

퇴직연금의 폐지 또는 중단과 관련된 노사간의 마찰을 예방하기 위하여 그 사유와 폐지중단시의 후속조치 등에 대해서 사전에 정하도록 하기 위함이다.

• 그 밖에 확정급여형 퇴직연금제도의 운영을 위하여 대통령령이 정하는 사항(시행령 제10조)

부담금의 부담에 관한 사항, 가입자에 대한 교육방법에 관한 사항

---

12) 근로자퇴직급여 보장법 시행령 제9조【개인형 퇴직연금제도로의 이전 예외 사유】법 제17조 제4항 단서에서 "가입자가 55세 이후에 퇴직하여 급여를 받는 경우 등 대통령령으로 정하는 사유"란 다음 각 호의 어느 하나에 해당하는 경우를 말한다.

1. 가입자가 55세 이후에 퇴직하여 급여를 받는 경우
2. 가입자가 법 제7조 제2항에 따라 급여를 담보로 대출받은 금액 등을 상환하기 위한 경우. 이 경우 가입자가 지정한 개인형 퇴직연금제도의 계정으로 이전하지 아니하는 금액은 담보대출 채무상환 금액을 초과할 수 없다.
3. 퇴직급여액이 고용노동부장관이 정하는 금액 이하인 경우

② 확정기여형 퇴직연금제도(법 제19조)

• 부담금의 부담에 관한 사항

사용자의 부담수준은 현행 퇴직금의 사용자 부담이 근속연수 1년당 30일(약 1월분)의 임금(평균임금)이므로 근로자별 '연간 임금총액의 1/12(8.3%) 이상'으로 설정하도록 하고, 가입자는 사용자의 부담금 외에 추가로 부담금을 부담할 수 있다.

• 부담금의 납부에 관한 사항

사용자의 부담금 납부빈도를 매년 1회 이상의 범위 안에서 사업장 실정에 따라 자율적으로 설정하도록 하되, 가입자가 탈퇴한 때는 14일 이내에 미납부 부담금을 납부하도록 한다.

사용자가 정해진 기일(확정기여형 퇴직연금규약에서 납입 기일을 연장할 수 있도록 한 경우에는 그 연장된 기일)까지 부담금을 납입하지 않은 경우 그 다음 날부터 부담금을 납입한 날까지 지연 일수에 대하여 연 100분의 40 이내의 범위에서 은행법에 따른 은행이 적용하는 연체금리, 경제적 여건 등을 고려하여 대통령령으로 정하는 이율에 따른 지연이자를 납입해야 한다(법 제20조, 시행령 제11조).

• 적립금의 운용에 관한 사항

가입자는 적립금의 운용방법을 스스로 선정할 수 있고, 매 반기 1회 이상 운용방법의 변경이 가능해야 한다.

• 적립금 운용방법 및 정보의 제공 등에 관한 사항

매 반기 1회 이상 위험과 수익구조가 상이한 세 가지 이상의 적립금 운용방법이 제시되고, 운용방법별 이익 및 손실의 가능성에 관한 정보 등 가입자가 운용방법을 선정하는 데 필요한 정보가 제공되도록 함으로써 원리금보장상품을 포함하여 위험과 (예상)수익률이 다른 다양한 운용방법을 제시하여 근로자가 투자선호에 따라 선택하고, 금융시장의 상황에 따라 변경할 수 있도록 하고, 금융지식이 충분하지 아니한 근로자들을 보호하기 위하여 적립금 운용에 필요한 정보를 제공토록 하였다(퇴직연금제도, 금융시장 상황 및 적립금의 합리적 운용방법 등에 대해서 매년 1회 이상 교육을 실시하도록 한다).

• 중도인출에 관한 사항

주택구입 등 대통령령(시행령 제2조 · 제14조)이 정하는 일정한 요건을 갖춘 경우 퇴직연금의 중도인출을 허용, 근로자의 예측하지 못한 일시금 수요에 대비할 수 있도록 하기 위함이다.

참 고

• 근로자퇴직급여 보장법 시행령 •

제2조【퇴직연금제도 수급권의 담보제공 사유 등】① 「근로자퇴직급여 보장법」(이하 "법"이라 한다) 제7조 제2항 전단에서 "주택구입 등 대통령령으로 정하는 사유와 요건을 갖춘 경우"란 다음 각 호의 어느 하나에 해당하는 경우를 말한다.

1. 무주택자인 가입자가 본인 명의로 주택을 구입하는 경우

1의2. 무주택자인 가입자가 주거를 목적으로 「민법」 제303조에 따른 전세금 또는 「주택임대차보호법」 제3조의2에 따른 보증금을 부담하는 경우. 이 경우 가입자가 하나의 사업 또는 사업장(이하 "사업"이라 한다)에 근로하는 동안 1회로 한정한다.

2. 6개월 이상 요양을 필요로 하는 다음 각 목의 어느 하나에 해당하는 사람의 질병이나 부상에 대한 요양 비용을 가입자가 부담하는 경우
   가. 가입자 본인
   나. 가입자의 배우자
   다. 가입자 또는 그 배우자의 부양가족(「소득세법」 제50조 제1항 제3호에 따른 부양가족을 말한다. 이하 같다)

3. 담보를 제공하는 날부터 역산하여 5년 이내에 가입자가 「채무자 회생 및 파산에 관한 법률」에 따라 파산선고를 받은 경우

4. 담보를 제공하는 날부터 역산하여 5년 이내에 가입자가 「채무자 회생 및 파산에 관한 법률」에 따라 개인회생절차개시 결정을 받은 경우

4의2. 다음 각 목의 어느 하나에 해당하는 사람의 대학등록금, 혼례비 또는 장례비를 가입자가 부담하는 경우
   가. 가입자 본인
   나. 가입자의 배우자
   다. 가입자 또는 그 배우자의 부양가족

5. 그 밖에 천재지변 등으로 피해를 입는 등 고용노동부장관이 정하여 고시하는 사유와 요건에 해당하는 경우

② 법 제7조 제2항 전단에서 "대통령령으로 정하는 한도"란 다음 각 호의 구분에 따른 한도를 말한다.

1. 제1항 제1호, 제1호의2, 제2호부터 제4호까지 및 제4호의2의 경우 : 가입자별 적립금의 100분의 50

2. 제1항 제5호의 경우 : 천재지변 등으로 입은 가입자의 피해 정도 등을 고려하여 고용노

> 동부장관이 정하여 고시하는 한도
>
> 제14조【확정기여형퇴직연금제도의 중도인출 사유】 법 제22조에서 "주택구입 등 대통령령으로 정하는 사유"란 다음 각 호의 어느 하나에 해당하는 경우를 말한다.
> 1. 제2조 제1항 제1호 · 제1호의2 · 제2호 또는 제5호에 해당하는 경우
> 2. 중도인출을 신청한 날부터 역산하여 5년 이내에 가입자가 「채무자 회생 및 파산에 관한 법률」에 따라 파산선고를 받은 경우
> 3. 중도인출을 신청한 날부터 역산하여 5년 이내에 가입자가 「채무자 회생 및 파산에 관한 법률」에 따라 개인회생절차개시 결정을 받은 경우

- 그 밖에 확정기여형 퇴직연금제도의 운영을 위하여 대통령령이 정하는 사항(시행령 제11조)
  - 운용관리업무 · 자산관리업무 수행과 관련해 소요되는 비용의 부담에 관한 사항
  - 가입자에 대한 교육방법에 관한 사항

(7) 업무의 수행(위탁)

① 운용관리업무(법 제28조)

적립금의 운용관리는 전문적인 기관에 의해서 안전하게 운용될 수 있도록 하기 위하여 퇴직연금사업자에게 위탁하도록 하였다.

- 사용자 또는 가입자에 대한 적립금 운용방법의 제시 및 운용방법별 정보의 제공
- 연금제도 설계 및 연금계리(확정급여형에 한함)
- 적립금 운용결과의 기록 · 보관 · 통지
- 사용자 또는 가입자가 선정한 운용방법을 자산관리업무를 수행하는 퇴직연금 사업자에게 전달

② 자산관리업무(법 제29조)

적립금의 관리업무를 퇴직연금사업자에게 위탁하도록 하였고, 계약의 형태는 근로자의 수급권 보호를 위하여 적립금이 사용자로부터 분리되어 근로자의 수급권을 확보할 수 있는 특별계정으로 운영하는 보험계약 또는 특정근로신탁계약만 허용하였다.

- 계좌설정 및 관리
- 부담금의 수령
- 적립금의 보관 및 관리
- 급여의 지급
- 운용관리업무를 수행하는 퇴직연금사업자가 전달하는 적립금의 운용지시에 따른 운용방법의 취득 및 처분

(8) 퇴직연금사업자(법 제14조)

퇴직연금에 관한 업무를 위탁받아 운용하고자 하는 자, 즉 퇴직연금사업자는 다음에 해당하는 자로서 일정요건을 갖추어 등록하여야 한다.

① 자본시장과 금융투자업에 관한 법률에 따른 투자매매업자, 투자중개업자 또는 집합투자업자

② 보험업법 제2조 제6호에 따른 보험회사

③ 은행법 제2조 제1항 제2호에 따른 은행

④ 신용협동조합법 제2조 제2호에 따른 신용협동조합중앙회

⑤ 새마을금고법 제2조 제3항에 따른 새마을금고중앙회

⑥ 산업재해보상보험법 제10조에 따른 근로복지공단(근로복지공단의 퇴직연금사업대상은 상시 30명 이하의 근로자를 사용하는 사업에 한한다)

⑦ 그 밖에 제1호부터 제6호까지에 준하는 자로서 대통령령으로 정하는 자

참 고 • 재무건전성, 인적 · 물적요건 등 퇴직연금사업자의 등록요건 •

근로자퇴직급여 보장법 시행령 제20조【퇴직연금사업자의 등록요건 등】 ① 법 제26조 각 호 외의 부분에서 "재무건전성 및 인적 · 물적 요건 등 대통령령으로 정하는 요건"이란 다음 각 호의 요건을 말한다.

1. 다음 각 호의 구분에 따른 재무건전성의 요건을 갖출 것
   가. 법 제26조 제1호 · 제2호 · 제3호 또는 제7호에 해당하는 자 : 「금융산업의 구조개선에 관한 법률」 제10조 제1항에 따른 자기자본비율(이하 이 조에서 "자기자본비율"이라 한다)이 같은 조 제2항에 따라 금융위원회가 정하여 고시하는 기준 이상일 것
   나. 법 제26조 제4호 또는 제5호에 해당하는 자 : 자기자본비율이 법 제26조 제1호부터

제3호까지 및 제7호의 어느 하나에 해당하는 자 중 업무 또는 재무구조 등이 가장 유사한 자에게 적용되는 기준 이상일 것

다. 법 제26조 제6호에 해당하는 자 : 법률에 따라 설치된 기금으로부터 출연받을 수 있는 법적 근거를 갖출 것

2. 금융위원회가 정하여 고시하는 바에 따라 운용관리업무 또는 자산관리업무에 관한 전문성이 있는 인력과 업무수행에 필요한 전산요원 등 필요한 인력을 갖출 것. 다만, 법 제28조 제2항에 따라 운용관리업무 중 일부 업무를 다른 자에게 위탁하는 경우에는 해당 업무에 관한 인력을 갖춘 것으로 본다.
3. 금융위원회가 정하여 고시하는 바에 따라 운용관리업무 또는 자산관리업무의 수행에 필요한 전산설비와 사무실을 갖출 것. 이 경우 그 전산설비는 정전 · 화재 등의 사고가 발생할 경우 업무의 연속성을 유지할 수 있도록 보완설비를 갖추고, 제도내용의 변경 등으로 인하여 가입자에게 피해가 발생하지 않도록 전산 시스템을 미리 구축하여야 한다.

② 제1항 제2호 단서에도 불구하고 법 제28조 제1항 제2호의 업무를 수행하려는 퇴직연금사업자는 금융위원회가 정하여 고시하는 바에 따라 다음 각 호의 요건을 모두 갖춘 연금계리 전문인력을 반드시 갖추어야 한다.

1. 「보험업법」 제182조 제1항에 따라 등록된 보험계리사일 것
2. 퇴직연금, 퇴직일시금 신탁 또는 퇴직보험 업무에 1년 이상 종사한 경력이 있을 것
3. 금융위원회가 정하는 연금제도의 설계 및 연금 계리에 관한 업무교육을 이수할 것

③ 금융위원회는 제1항 제2호 · 제3호 및 제2항의 요건에 관한 세부 기준을 정하여 고시하여야 한다. 이 경우 미리 고용노동부장관과 협의하여야 한다.

④ 법 제26조 제7호에서 "대통령령으로 정하는 자"란 「자본시장과 금융투자업에 관한 법률」에 따라 신탁업의 인가를 받은 자를 말한다.

⑤ 고용노동부장관은 법 제26조에 따른 등록 신청이 다음 각 호의 어느 하나에 해당하는 경우를 제외하고는 등록을 해주어야 한다.

1. 등록을 신청한 자가 법 제26조 각 호의 어느 하나에 해당하지 않는 경우
2. 제1항 및 제2항에 따른 요건을 갖추지 못한 경우

(9) 개인형 퇴직연금제도(IRP)(법 제24조)

① 직장이동성 및 단기근속자 증가, 중간정산제 및 연봉제의 확산 등으로 퇴직일시금이 노후자금으로 활용되지 못하고 소액생활자금으로 수령 · 소진되는 문제점이 커짐에 따라 직장을 옮기더라도 일시금을 계속 적립했다가 은퇴시에 연금 또는 일시

금으로 받을 수 있도록 하는 장치 마련 필요에 따라 도입

② 개인형 퇴직연금제도의 설정

퇴직급여의 일시금을 수령한 자 등은 개인형 퇴직연금제도를 설정할 수 있다.

③ 개인형 퇴직연금제도의 운영

개인형 퇴직연금제도는 퇴직연금사업자가 운영할 수 있고, 개인형 퇴직연금제도에 가입하고자 하는 자는 퇴직연금사업자와 위탁계약을 체결하여야 한다(계약내용은 확정기여형 퇴직연금과 동일).

개인형 퇴직연금제도와 종전 개인퇴직계좌 비교[13)]

구 분	개인형 퇴직연금제도(IRP)	개인퇴직계좌(IRA)
명 칭	개인형 퇴직연금제도	개인퇴직계좌
가입대상	-퇴직급여 일시금 수령자 -DB/DC 가입자 -자영업자(2017년부터)	퇴직급여 일시금 수령자
급여이전	퇴직연금가입자의 급여이전방법으로 규정	임의 선택
추가납입	추가납입 가능(한도 18백만원)	추가납입 불가

(10) 퇴직연금의 폐지 · 중단시 처리(법 제38조)

퇴직연금이 폐지 또는 운영이 중단된 경우 폐지된 이후 또는 중단된 기간에 대하여는 법정퇴직금제도를 적용한다(폐지 · 중단으로 가입자가 급여를 지급받은 경우 퇴직금 중간정산으로 본다).

- DB형 : 사용자는 근로자에게 귀속된 퇴직연금급여액과 퇴직금과 차액을 지급
- DC형 : 납부가 중단된 기간 이후에 대해서는 퇴직금제도가 적용

(11) 권리의 양도 및 담보의 제공 금지(법 제7조)

근로자의 수급권 보호를 위하여 퇴직연금의 급여를 받을 권리는 양도하거나 담보에

13) 근로자퇴직급여 보장법령 FAQ(Ⅰ), 고용노동부, 2012.9., 근로자퇴직급여보장법 시행령 제17조(2015.12. 15. 개정)

제공할 수 없도록 하였다. 다만, 주택구입 등 대통령령이 정하는 사유와 요건을 갖춘 경우에는 대통령령이 정하는 한도 내에서 담보로 제공할 수 있다.

(12) 퇴직보험의 폐지

확정급여형 퇴직연금이 현행 퇴직보험을 보완·발전시킨 형태이므로 현행 퇴직보험은 폐지하되, 퇴직연금으로 점진적으로 전환할 수 있도록 경과규정을 두었다(이 법 시행 이후 퇴직보험은 신규로 가입할 수 없으나, 이미 가입된 경우 2010.12.31.까지는 퇴직보험으로 인정된다).

기존의 퇴직보험 가입 사업장은 계약이전(퇴직보험→DB형 퇴직연금)을 통해 전환하면 될 것으로 퇴직보험을 DB형 퇴직연금으로 전환하지 않는 경우에는 다음과 같이 처리 가능하다.

- 기 적립된 적립금을 중간정산하여 개별 근로자에게 지급
- 중간정산하여 IRA(개정법 IRP) 또는 확정기여형 퇴직연금계좌에 적립

3. 금품청산

(1) 퇴직 후 14일 이내 금품청산 의무

사용자는 근로자가 사망 또는 퇴직한 경우 그 지급사유가 발생한 때로부터 14일 이내에 임금·보상금, 기타 일체의 금품을 지급해야 하며, 다만 특별한 사정이 있을 경우 당사자간의 합의에 의해 그 기일을 연장할 수 있다(근기법 제36조).

금품청산규정은 퇴직근로자 등의 생활안정을 도모하기 위하여 사용자로 하여금 법률관계를 조기에 청산하도록 하는 데 그 취지가 있다.[14]

14) 대법원 97도1091, 1997.8.29.

Q&A

금품청산의 대상

근로기준법상의 금품청산규정은 근로관계가 종료되는 근로자의 생활안정 도모를 위해 법률관계를 빠른 시일 내에 청산하도록 사용자에게 의무를 부과한 것이므로 금품청산의 대상은 근로기준법상의 임금만이 아니라 명예퇴직금, 위로금, 기타 근로관계에서 발생한 모든 금품을 의미한다고 보아야 할 것이다.

참조 행정해석

- 명예퇴직금도 금품청산의 대상이다 (임금 68207-5, 1994.1.4.)
  근로기준법에 규정된 기타 일체의 금품이라 함은 명칭 여하를 불문하고 근로관계로부터 발생하여 근로자에게 귀속되는 일체의 금품이라 할 것이므로 명예퇴직금(퇴직위로금)도 이에 해당한다 할 것이다.

(2) 지연이자제도

사용자는 근로기준법상 금품청산규정에 의하여 지급하여야 하는 임금 및 근로자퇴직급여 보장법 제2조 제5호에 따른 급여(일시금만 해당)의 전부 또는 일부를 그 지급사유가 발생한 날부터 14일 이내에 지급하지 아니하는 경우 그 다음날부터 지급하는 날까지의 지연일수에 대하여 연 100분의 40 이내의 범위에서 은행법에 의한 금융기관이 적용하는 연체금리, 경제적 여건 등을 감안하여 대통령령이 정하는 이율(연 100분의 20)에 의한 지연이자를 지급하여야 한다(근기법 제37조 제1항).

다만, 지연이자제도는 천재·사변 그 밖의 대통령령이 정하는 다음의 사유에 의하여 임금지급을 지연하는 경우 그 사유가 존속하는 기간에 대하여는 적용하지 않는다(근기법 제37조 제2항, 동법 시행령 제18조).

① 임금채권 보장법 시행령 제4조 각 호의 어느 하나에 해당하는 경우
② 채무자 회생 및 파산에 관한 법률, 국가재정법, 지방자치법 등 법령상의 제약에 의하여 임금 및 퇴직금을 지급할 자금을 확보하기 어려운 경우
③ 지급이 지연되고 있는 임금 및 퇴직금의 전부 또는 일부의 존부를 법원이나 노동위원회에서 다투는 것이 적절하다고 인정되는 경우

④ 그 밖에 위 ①~③에 준하는 사유가 있는 경우

(3) 체불임금에 대한 사용자 처벌 : 반의사불벌죄

사용자가 근로기준법상의 임금을 체불하거나 금품을 청산하지 않은 경우 근로기준법상의 벌칙규정이 적용되나 이 벌칙은 근로자의 사용자에 대한 처벌의사에 따라 결정된다(근기법 제109조 제2항).

(4) 체불사업주 명단 공개

근로자에게 임금, 보상금, 수당 그 밖에 일체의 금품("임금 등"이라 한다)을 지급하지 않은 사업주가 명단 공개 기준일 이전 3년 이내 임금 등을 체불하여 2회 이상 유죄가 확정된 자로서 명단 공개 기준일 이전 1년 이내 임금 등의 체불총액이 3천만원 이상인 경우 고용노동부장관은 그 사업주의 인적사항 등을 공개할 수 있다(체불사업주의 사망·폐업 등 명단 공개 실효성이 없는 경우 예외 인정. 근기법 제43조의2).

참 고

• 근로기준법 •

제43조의2 【체불사업주 명단 공개】 (2012.2.1. 신설, 2012.8.2. 시행) ① 고용노동부장관은 제36조, 제43조, 제56조에 따른 임금, 보상금, 수당, 그 밖에 일체의 금품(이하 "임금 등"이라 한다)을 지급하지 아니한 사업주(법인인 경우에는 그 대표자를 포함한다. 이하 "체불사업주"라 한다)가 명단 공개 기준일 이전 3년 이내 임금 등을 체불하여 2회 이상 유죄가 확정된 자로서 명단 공개 기준일 이전 1년 이내 임금 등의 체불총액이 3천만원 이상인 경우에는 그 인적사항 등을 공개할 수 있다. 다만, 체불사업주의 사망·폐업으로 명단 공개의 실효성이 없는 경우 등 대통령령으로 정하는 사유가 있는 경우에는 그러하지 아니하다.
② 고용노동부장관은 제1항에 따라 명단 공개를 할 경우에 체불사업주에게 3개월 이상의 기간을 정하여 소명 기회를 주어야 한다.
③ 제1항에 따른 체불사업주의 인적사항 등에 대한 공개 여부를 심의하기 위하여 고용노동부에 임금체불정보심의위원회(이하 이 조에서 "위원회"라 한다)를 둔다. 이 경우 위원회의 구성·운영 등 필요한 사항은 고용노동부령으로 정한다.
④ 제1항에 따른 명단 공개의 구체적인 내용, 기간 및 방법 등 명단 공개에 필요한 사항은 대통령령으로 정한다.

핵심 정리사항

1. 퇴직급여는 1년 이상 계속근로하고 퇴직하는 근로자에게 사용자가 지급해야 할 법정금품으로 퇴직금과 퇴직연금으로 구분된다.
2. 퇴직금은 계속근로연수 1년에 대해 평균임금 30일분 이상을 지급하며, 근로자의 신청에 의해 중간정산이 가능하고, 근로자들간의 차등제도 설정이 금지된다.
3. 퇴직연금제는 근로자의 노후대비의 취지에서 도입된 제도로 확정급여형(DB형)과 확정기여형(DC형)이 있으며, 제도를 도입하기 위해서는 과반수 노동조합 또는 근로자 과반수의 동의를 얻어야 하며 구체적인 제도운영을 위해 퇴직연금규약을 작성해야 한다.
4. 근로자가 퇴직하는 경우 사용자는 퇴직급여를 포함해 근로관계에서 발생한 일체의 금품을 14일 이내에 지급해야 할 금품청산의무가 있으며, 14일을 초과하는 경우 지연이자를 지급해야 한다.

Part 15 남녀고용평등과 일 · 가정 양립 지원

핵심키워드

남녀차별금지, 직장 내 성희롱, 성희롱 예방교육, 모성보호제도, 육아휴직, 육아기 근로시간 단축, 육아휴직급여, 배우자 출산휴가, 가족돌봄휴직

목 적

1. 남녀고용평등의 취지 및 모성보호와 고용상 성차별금지(남녀차별금지)의 취지와 모집부터 퇴직까지의 차별금지 주요 내용을 이해한다.
2. 직장 내 성희롱 금지와 예방에 대해 이해한다.
3. 육아휴직제도의 취지와 육아휴직대상과 사용, 육아휴직급여 등 주요 내용을 이해한다.
4. 배우자 출산휴가와 가족돌봄휴직제도에 대해 이해한다.

1. 여성인력 활용의 중요성 및 정부의 여성 · 모성보호 정책에 유의해야 한다

헌법은 모든 영역에서 성별에 의한 차별을 금지하는 것(제11조 제1항)을 기본원칙으로 하고, 여자의 근로에 대한 특별한 보호(제32조 제4항)와 여자의 복지와 권익향상(제34조 제3항)과 모성의 보호(제36조 제2항)를 규정하고 있다. 이에 따라 근로기준법 및 남녀고용평등과 일 · 가정 양립 지원에 관한 법률 등의 법률을 통해 구체적으로 규율하고 있다. 정부는 여성의 경제활동 참가율의 획기적 개선을 위해 직장 내 성차별 인사제도 및 관행을 적극적으로 개선하고, 모성보호제도 및 보육지원을 확대하며, 여성노동관계법의 실효성을 제고하기 위한 다양한 노력을 기울이고 있어 기업은 이러한 국가의 정책을 앞서 이해하고 적정한 운영을 해야 할 과제를 안고 있다.

남녀고용평등과 일 · 가정 양립 지원제도의 종류

구 분		대 상
임신 · 출산	출산전후휴가	출산한 여성근로자
	유 · 사산휴가	임신 중 유 · 사산한 여성근로자
	배우자 출산휴가	배우자가 출산한 남성 근로자
출산 후 육아	육아휴직	만 8세 이하 또는 초등학교 2학년 이하의 자녀가 있는 근로자
	육아기 근로시간 단축	
가족 돌봄	가족돌봄휴직	돌봄이 필요한 가족(부모, 자녀, 배우자, 배우자의 부모)이 있는 근로자

여성 고용 관련 사업별 주요 내용[1)]

구 분	지원요건 및 대상	지원수준 및 지원기간	위반시 벌칙
출산전 · 후 휴가	출산한 여성근로자	· (단태아) 90일간 통상임금 지급 단, 대규모기업은 30일 · (다태아) 120일간 통상임금 지급 단, 대규모기업은 45일	2년 이하 징역 또는 1천만원 이하 벌금

1) '모성보호와 일 · 가정 양립 지원 업무 편람', 2017.8., 고용노동부

구 분	지원요건 및 대상	지원수준 및 지원기간	위반시 벌칙
유산 · 사산 휴가	임신 중 유산 · 사산한 여성근로자	임신 기간에 따라 5~90일의 보호휴가 부여	2년 이하 징역 또는 1천만원 이하 벌금
육아휴직	만8세 이하 또는 초등학교 2학년 자녀가 있는 근로자	육아휴직 첫 3개월 통상임금 80% (상한 150만원/하한 70만원) 나머지 9개월 통상임금의 40% (상한 100만원/ 하한 50만원)	500만원 이하 벌금
육아기 근로시간 단축	만8세 이하 또는 초등학교 2학년 자녀가 있는 근로자	통상임금의 60%를 기준으로 단축시간에 비례하여 지원	500만원 이하 과태료
출산육아기고용안정장려금			
• 비정규직 재고용 장려금	임신 중 또는 출산전후휴가, 육아휴직(생후 15개월 이내) 중 계약이 만료된 근로자를 무기로 재고용한 사업주	우선지원대상기업 최대 1년간 총 720만원, 대규모기업 최대 1년간 총 360만원	
• 육아휴직 등 부여 장려금	· 육아휴직을 30일 이상 부여시	우선지원대상기업 최대 1년간 360만원(대규모기업 폐지) * 1호 인센티브 최대 1년간 120만원	
	· 육아기 근로시간 단축을 30일 이상 부여시	우선지원대상기업 최대 1년간 240만원, 대규모기업 최대 1년간 120만원	
• 대체인력지원금	육아휴직, 육아기 근로시간 단축을 실시하고 대체인력을 채용한 사업주	우선지원대상기업 최대 1년간 총 720만원, 대규모기업 최대 1년간 총 360만원	
시간선택제 신규창출형 · 전환형 지원금	시간선택제를 도입하고 6개월 이상 고용된 전일제 근로자의 임신, 자녀돌봄 등의 필요에 따라 근로시간단축을 허용한 사업주	전환장려금, 간접노무비, 대체인력지원금 등을 지원	

2. 남녀고용평등을 위해 고용상 성차별이 금지되고 있다

남녀고용평등과 일·가정 양립 지원에 관한 법률(이하 "고평법"이라 한다)은 "대한민국 헌법의 평등이념에 따라 고용에서 남녀의 평등한 기회와 대우를 보장하고 모성 보호와 여성 고용을 촉진하여 남녀고용평등을 실현함과 아울러 근로자의 일과 가정의 양립을 지원함으로써 모든 국민의 삶의 질 향상에 이바지하는 것을 목적으로 한다"(제1조)고 규정하면서 남녀의 고용상 차별을 금지하고 남녀고용평등 실현을 추구하고 있다.

(1) 차별의 개념 - 직접차별과 간접차별

이 법에서 '차별'이란 사업주가 근로자에게 성별, 혼인 또는 가족 안에서의 지위, 임신, 출산 등의 사유로 합리적인 이유없이 채용 또는 근로의 조건을 달리하거나 그 밖의 불리한 조치를 하는 경우를 말한다("직접차별"이라 한다). 또한 사업주가 채용 또는 근로의 조건을 동일하게 적용하더라도 그 조건을 충족시킬 수 있는 남성 또는 여성이 다른 한 성에 비하여 현저히 적고 그로 인하여 특정 성에게 불리한 결과를 초래하며 그 기준이 정당한 것임을 증명할 수 없는 경우에도 차별로 본다("간접차별"이라 한다. 고평법 제2조 제1호).

다만, 다음의 경우는 차별의 예외로 인정되고 있다(고평법 제2조 제1호 단서).

① 직무의 성격에 비추어 특정 성이 불가피하게 요구되는 경우
② 여성 근로자의 임신·출산·수유 등 모성보호를 위한 조치를 하는 경우
③ 그 밖에 이 법 또는 다른 법률에 따라 적극적 고용개선조치(기존 내용 유지)를 하는 경우

(2) 차별의 유형[2)]

고평법은 제2장의 제1절 '남녀의 평등한 기회보장 및 대우'에서 사업주가 모집과 채용(제7조 제1항), 임금 외의 금품 등(제9조), 교육·배치 및 승진(제10조), 정년·퇴직 및 해고(제11조 제1항)에서 남녀를 차별하는 행위와 여성근로자를 모집·채용함에 있어서

---

2) 차별의 유형 및 사례에 대해서는 남녀고용평등업무처리규정(고용노동부예규 제117호, 2016.9.5.) 참조

직무의 수행에 불필요한 용모 · 키 · 체중 등의 신체적 조건과 미혼조건 등을 제시 · 요구하는 행위(제7조 제2항) 및 근로여성의 혼인, 임신 또는 출산을 퇴직사유로 예정하는 근로계약을 체결하는 행위를 금지하고(제11조 제2항), 동일한 사업장 내에 남녀가 동일가치노동에 종사하면 동일한 임금을 지급하여야 함을 규정하고 있다(제8조).

① 모집 · 채용상 차별

사업주는 근로자를 모집 · 채용할 때 남녀를 차별해서는 안된다.

[차별사례]

- 특정 성에게 모집 · 채용의 기회를 주지 아니하는 경우(남자사원모집, 병역필한 남자에 한함 등)
- 직종 · 직무별로 남녀를 분리하여 모집하거나 성별로 채용예정인원을 배정함으로써 특정 직종 · 직무에 특정 성의 채용기회를 제한하는 경우(판매직 남자 ○명, 관리 · 사무직 남자 ○명 등)
- 채용시 특정 성에게만 합리적인 이유없이 별도의 구비서류 등을 요구하는 경우
- 모집 · 채용에 있어 특정 성만을 가르키는 직종의 명칭을 사용하는 경우. 다만, 특정 성을 배제하는 것이 아님이 분명한 경우는 제외한다.
- 학력 · 경력 등이 같거나 비슷함에도 불구하고 특정 성을 다른 성에 비해 낮은 직급 또는 직위에 모집 · 채용하는 경우(남자는 정규직, 여자는 임시직)
- 남녀가 같거나 비슷한 자격을 갖추고 있음에도 불구하고 특정 성을 다른 성보다 불리한 고용형태로 채용하는 경우
- 구인광고 내용에 합리적인 이유없이 특정 성을 우대한다는 표현을 하는 경우. 다만, 특정 성의 비율이 현저히 낮은 사업장에서 현존하는 차별을 해소하기 위하여 특정 성을 우대하는 것은 합리적인 이유가 있는 것으로 본다.
- 특정 직종의 모집연령을 합리적인 이유없이 성별로 차이를 두는 경우
- 특정 성에게만 직무수행에 필요하지 않는 용모 등 신체적 조건이나 결혼 여부 등의 조건을 부과하는 경우
- 특정 직종을 모집함에 있어서 특정 성이 충족하기 어려운 신장 · 체중 · 체력 등을 채용조건으로 한 것으로 인하여 특정 성의 채용비율이 다른 성에 비해 현저하게

적은 경우. 다만, 직무관련성, 정당성 등에 대한 사업주의 입증이 있는 경우는 제외한다.

- 서류전형 · 면접 · 구술시험 등 채용절차에서 객관적인 기준에 의하지 아니하고 특정 성을 불리하게 대우함으로써 채용기회를 제한하는 경우
- 모집 · 채용에 관한 정보를 성별에 따라 다르게 제공하는 경우

[차별이 아닌 사례]

- 직무의 성질상 남성근로자가 아니면 업무의 정상적인 수행이 곤란하여 당해 직종에 남성만을 채용하는 경우
- 관계법령상 여성취업이 금지된 직종에 남성만을 채용하는 경우
- 남성역의 배우 · 모델, 남자목욕탕 근무자, 남자 기숙사 사감 등

Q&A 회사에서 남자는 정식사원, 여자는 계약직으로 채용하는 것이 차별인지

현행 남녀고용평등과 일 · 가정 양립 지원에 관한 법률 등에 의하면 "사업주는 근로자의 모집 및 채용에 있어서 남녀를 차별해서는 안된다"고 하여 모집 · 채용상의 성차별을 금지하고 있다. 이에 대해 고용노동부(남녀고용평등업무처리규정)에서는 차별의 유형에 대해서 구체적으로 예시하고 있는데 위의 경우처럼 남성은 정규직, 여성은 계약직과 같이 합리적인 이유없이 '여성을 남성보다 불리한 고용형태로 채용하는 것'은 차별에 해당한다고 볼 수 있다.

이외에도 다음과 같이 근로자의 모집 및 채용에 있어서 남녀에게 평등한 기회를 주지 아니하는 것으로 인정되는 경우는 모집 · 채용상 성차별이 존재했다는 혐의를 받을 수 있다.

① 여성에게는 전적으로 모집 · 채용의 기회를 주지 아니하는 경우
② 직종별로 남녀를 분리모집하거나 성별로 채용예정인원을 배정함으로써 특정직종에 여성의 채용기회를 제한하는 경우
③ 학력 · 경력 등 자격이 같음에도 불구하고 여성을 남성보다 낮은 직급 또는 직위에 모집 · 채용하는 경우
④ 여성의 채용기회를 제한할 목적으로 직무수행상 반드시 필요하지 아니한 채용조건을 부과하는 경우
⑤ 면접 · 구술시험의 경우 객관적인 기준에 의하지 아니하고 여성을 불리하게 대우함으로써 여성의 채용기회를 제한하는 경우 등

참 고

• 남녀고용평등과 일 · 가정 양립 지원에 관한 법률 •

제7조 【모집과 채용】 ① 사업주는 근로자를 모집하거나 채용할 때 남녀를 차별하여서는 아니된다.

② 사업주는 여성근로자를 모집 · 채용할 때 그 직무의 수행에 필요하지 아니한 용모 · 키 · 체중 등의 신체적 조건, 미혼 조건, 그 밖에 고용노동부령으로 정하는 조건을 제시하거나 요구하여서는 아니된다.

② 임금차별

동일가치노동이란 직무수행에서 요구되는 기술, 노력, 책임, 작업조건 등이 동일한 경우를 말하며, 임금결정시에 학력, 경력, 근속연수, 작업성과 등 합리적인 사유가 없는 한 동일한 임금을 주어야 한다는 취지이다. 동 규정 적용시에는 호봉, 기본급 · 승급액 등에 있어서 남녀에게 다른 기준을 사용하는 것은 명백한 차별에 해당된다.

동일가치노동 판단기준[3)]

구 분	내 용
기 술	자격증, 습득된 경험 등 업무수행능력 또는 솜씨의 객관적 수준
노 력	업무수행에 필요한 물리적 힘 및 정신적 부담
책 임	업무에 내재된 의무의 성격 · 범위, 사업주가 당해 직무에 의존하는 정도
작업조건	소음, 열, 물리 · 화학적 위험의 정도 등 당해 업무에 종사하는 근로자가 통상적으로 처하는 작업환경

[차별사례]

• 기본급 · 호봉산정 · 승급 등에 있어서 성에 따라 그 기준을 달리 적용함으로써 임금을 차별하는 경우

• 모성보호 등을 위하여 여성근로자에게 더 많은 비용이 지출된다는 이유로 여성의 임금을 낮게 책정하는 경우

• 군복무자에 대하여 호봉을 가산하는 경우에 있어서 그 가산의 정도가 군복무기간을

3) 위 고용노동부예규 제117호 제4조

상회하거나 병역면제자 또는 미필자인 남성에게도 호봉가산을 적용하여 지급하는 경우

- 특정 성이 대다수인 직종의 임금을 합리적인 이유없이 다른 직종보다 낮게 정하여 지급하는 경우

Q&A

회사는 남성들에게는 군경력을 인정하여 여직원에 비해 높은 호봉을 적용하고 있음. 똑같이 대졸신입사원으로 입사하여 같은 일을 하더라도 대졸여성직원은 대졸남성직원에 비해 임금을 적게 받는 결과가 발생하는데 이것이 차별인지

고용노동부의 지침에 따르면 '동일가치노동'이라 함은 일을 하는 데 있어서 요구되는 기술, 노력, 책임, 작업조건 등의 기준과 근로자의 학력 · 경력 · 근속연수 등을 종합적으로 고려했을 때 서로 비교되는 남녀간의 노동이 동일하거나 거의 같은 성질인 노동 또는 두 업무가 다소 다르더라도 직무평가 등의 방법에 의해 본질적으로 동일한 가치가 있다고 인정되는 노동을 말한다.

군경력에 따라 서로 다른 임금을 지급하는 것에 대해 고용노동부는 일정한 범위 내에서는 차별로 보지 않는다. 다만, 군복무자에 대하여 호봉을 가산하는 경우 그 가산의 정도가 군복무 기간을 상회하거나, 병역면제자 또는 미필자인 남성에게도 군복무자와 마찬가지로 호봉을 가산하여 적용하면서 여성만 제외하는 경우에 대해서는 동일가치노동 동일임금 지급조항을 위반한 것으로 본다.

따라서 대졸남성직원에 대해 군경력을 인정하여 높은 호봉을 적용하는 데 있어서 그 호봉의 차이가 군복무기간을 상회하는 것(예를 들어 군필자에 대해 매 직급의 승진소요연한을 1년씩 축소할 수 있다고 규정하고 있는 것은 군경력을 과도하게 인정하는 것에 해당할 수 있음)이라면 차별에 해당한다고 볼 수 있다. 또한 대졸남성직원에 대해서는 군복무 여부와 무관하게 일률적으로 높은 호봉을 적용하면서 대졸여성에게는 낮은 호봉을 적용하는 것이라면 이 경우도 차별에 해당한다고 볼 수 있다.

✍ 참조 : 여정 68240-269, 1999.6.2.

참조 판례

- 남녀간 학력 · 경력 · 기술에 별다른 차이가 없음에도 합리적인 이유없이 임금을 차별함은 남녀고용평등법 위반이다 (대법원 2002도3883, 2003.3.14.)
  - 취업규칙상 성별을 임금결정의 중요기준으로 삼고 있고, 실제로 일용직 채용에 있어 성별에 따라 임금을 차별하고 있을 뿐 아니라,
  - 남녀 모두 연속공정에 따라 작업하면서 위험도나 작업환경의 별 차이도 없고,

남녀 모두 일용직으로서 책임도에 있어서도 별 차이가 없는 점,

• 여자에 비해 더 체력이 소모되어도 특별한 노동강도를 요하거나 특별한 기술·경험을 요구되는 것이 아닌 만큼 동 건의 경우 임금차별을 정당화할 정도가 아니다.

※수행업무 : 남성(무거운 원료나 기계운반), 여성(청소나 잉크보충 등)

[차별이 아닌 사례]

• 비교되는 남녀근로자가 동일하거나 비슷한 일을 하더라도 당해 근로자 사이의 학력·경력·근속연수·직급 등의 차이가 객관적·합리적인 기준으로 정립되어 임금이 차등지급되는 경우

• 임금형태를 직무급·능률급·능력급 등으로 정하여 비교되는 남녀근로자 사이에 능력 또는 업적상의 격차가 구체적·객관적으로 존재함으로써 임금이 차등지급되는 경우

참 고

• 남녀고용평등과 일·가정 양립 지원에 관한 법률 •

제8조 【임금】 ① 사업주는 동일한 사업 내의 동일가치 노동에 대하여는 동일한 임금을 지급하여야 한다.

② 동일가치 노동의 기준은 직무수행에서 요구되는 기술, 노력, 책임 및 작업조건 등으로 하고, 사업주가 그 기준을 정할 때에는 제25조에 따른 노사협의회의 근로자를 대표하는 위원의 의견을 들어야 한다.

③ 사업주가 임금차별을 목적으로 설립한 별개의 사업은 동일한 사업으로 본다.

③ 임금 외의 금품 등의 차별

여사원에게만 가족수당지급을 제한하는 경우와 같이 임금 외의 금품 또한 남녀를 차별해서는 안된다.

참조 행정해석

▪ 가족수당지급에 있어 남녀의 지급조건을 달리하는 것은 차별이다

(부소 68240-256, 1996.6.18.)

[질의] 가족수당을 지급하면서 기혼여성에 대해서만 배우자가 직장에서 가족수당을 지급받지 않는 경우로 제한하고 있는 경우(기혼남성은 제한 없음) 남녀고용평등법 위반인지

[회시] 남녀고용평등법 제6조의3은 사업주가 임금 외에 근로자의 생활을 보조하기 위한 금품의 지급 또는 자금의 융자에 있어서 여성인 것을 이유로 남성과 차별대우를 금지하고 있으므로 귀사에서 가족수당지급시 여성인 것을 이유로 차별하는 것은 동법 위반이다.

참 고

• 남녀고용평등과 일 · 가정 양립 지원에 관한 법률 •

제9조【임금 외의 금품 등】 사업주는 임금 외에 근로자의 생활을 보조하기 위한 금품의 지급 또는 자금의 융자 등 복리후생에서 남녀를 차별하여서는 아니된다.

④ 교육 · 배치 및 승진에 있어 차별

[교육에서 차별사례]

• 교육 대상자 선정에 있어 본인의 의사에 반하여 특정 성을 제외하거나 다른 성에 비해 불리한 조건을 부과하는 경우
• 합리적인 이유없이 성별에 따라 교육과정을 분리하여 편성 · 운영하거나, 교육내용을 달리하는 경우
• 각종 교육 대상자 선정 기준을 특정 직무 또는 직급으로 한정하여 교육대상자에 포함되는 특정 성의 비율이 현저히 낮고, 그로 인하여 특정 성에게 불이익한 결과를 초래한 경우

[배치에서 차별사례]

• 일정한 직무의 배치대상에서 특정 성을 배제하거나 불리하게 대우하는 경우
• 혼인, 임신, 출산, 육아 등을 이유로 본인의 의사에 반하여 특정 성을 불이익하게 배치하는 경우
• 같거나 비슷한 학력 · 자격으로 채용한 후 특정 성은 주로 주요업무에 배치하고 다른 성은 본인의 의사에 반하여 보조업무에 배치하는 경우
• 정기적으로 순환 배치하면서 특정 성은 본인의 의사에 반하여 같거나 비슷한 업무에 계속 종사하게 하는 경우
• 특정 성이 대다수인 직종(렬) · 직군과 다른 성이 대다수인 직종(렬) · 직군 상호간에 전직을 제한하거나 배제하는 경우. 다만, 직무관련성, 정당성 등에 대한 사업주의

입증이 있는 경우는 제외한다.

- 일정 직무의 배치기준을 특정 성이 충족하기 어려운 일정 이상의 신장, 체중, 체력 등으로 한정하여 그 직무에 배치된 특정 성의 비율이 현저하게 낮고, 그로 인하여 특정 성에게 불이익한 결과를 초래한 경우

Q&A

임신 4개월째로 회사에 임신사실을 알리자 회사는 근무여건 등을 이유로 무급휴가를 통보하였음. 본인은 계속근로를 해야 하는 상황이라 무급휴가를 사용하기가 어려운데 회사의 무급휴가 명령에 반드시 응해야 하는 것인지

임신을 이유로 근로자가 기존의 업무를 담당하기 어려워 좀더 쉬운 업무로의 전환을 요구할 수는 있으나, 사용자가 임신 중인 근로자의 의사에 반해 합리적 이유없이 근로자의 업무를 변경하거나 업무 자체를 박탈하는 것은 남녀고용평등과 일·가정 양립 지원에 관한 법률 위반(임신차별)이라 할 것이다.
한편, 근로자가 회사의 무급휴가 명령을 거부하고 현재의 업무를 계속하겠다는 의사를 밝혔음에도 회사에서 일방적으로 휴직을 명하고 근무하지 못하도록 할 경우 이는 '회사의 귀책사유에 의한 휴업'으로 회사는 근로기준법 제46조에 의해 근로자에 대해 평균임금의 70%의 휴업수당 지급의무가 발생할 수 있다.

[승진에서 차별사례]

- 특정 성에게 승진기회를 전혀 부여하지 않거나 특정 성은 일정 직급(위) 이상으로는 승진할 수 없도록 하는 경우
- 특정 성에게 승진기회는 부여하고 있지만, 장기간 근속을 요건으로 하는 등 상대적으로 불리한 조건, 절차 등을 적용하는 경우
- 특정 성의 직급(위)을 다른 성에 비하여 더 많은 단계로 세분화하여 일정 직급에의 승진시까지 다른 성보다 장기간 소요되게 함으로써 결과적으로 특정 성을 불리하게 대우하는 경우

참조 행정해석

▪ 교육 · 배치 · 승진에서 차별 판단기준 (감독 68200 - 2932, 1993.7.21.)

[질의] 남녀고용평등법 제10조(구법 제7조)의 "사업주는 근로자의 교육 · 배치 및 승진에 있어서 여성인 것을 이유로 남성과 차별대우를 하여서는 아니된다"

는 규정과 관련, 학력이 같은 남녀 근로자 중 남성은 입사시 주임으로 입사하고 1년 4개월만에 계장으로 승진하는데 여자는 입사시 사원으로 입사하여 주임으로 승진하는데 5년이 걸렸다면 이것이 차별이 아닌지

[회시] 교육 · 배치 및 승진에 있어서 여성인 것을 이유로 한 남성과의 차별대우는 근로여성의 직무수행능력을 습득, 향상시키고 관리직을 담당할 수 있는 기회와 가능성을 배제함으로써 근로여성을 계속적으로 단순보직이나 저임금 직종 · 직위에 머무르게 하는 중요한 요인이 되며, 이는 곧 근로여성의 근무의욕을 저하시켜 근속기간을 단축시키는 원인이 되므로 교육 · 배치 및 승진에 있어 성차별 행위를 못하도록 규정되고 있는바,

가. 교육 : 신입사원교육, 관리감독자 훈련, 국내외 연수 등 명칭에 관계없이 근로자의 직무수행의 배양 또는 향상을 위하여 사업주가 소속근로자를 대상으로 실시하는 모든 교육 및 직업훈련이 포함되며, 여성을 대상에서 제외하거나 불리한 조건을 부과하는 행위, 남 · 녀별로 교과과정을 구분하여 편성하는 것 등은 성차별한 것으로 추정되는 행위로 볼 수 있다.

나. 배치 : 사업주가 근로자에게 직무의 내용과 직무수행장소 등을 정하여 특정업무에 종사하도록 하는 것으로 신규채용자 배치, 기존근로자 배치전환, 파견, 대기발령 등이 포함되며 성차별배치라 함은 여성이라는 것을 이유로 하여 그 대상으로부터 여성근로자를 배제하거나, 혼인이나 일정한 연령에 달한 것 등을 이유로 여성근로자에 대하여 불이익되는 배치전환을 하는 것을 말한다.

다. 승진 : 사업주가 근로자를 현재의 직급 또는 직위로부터 보다 상위직급 또는 직위에 임명하는 것을 말하는 것으로 주요 차별의 예는 ① 승진기회 미부여, ② 불리한 조건, 절차 적용, ③ 승진한계 차등 적용, ④ 여성직급의 세분화를 통한 차별 등을 들 수 있다.

참 고

• 남녀고용평등과 일 · 가정 양립 지원에 관한 법률 •

제10조 【교육 · 배치 및 승진】 사업주는 근로자의 교육 · 배치 및 승진에서 남녀를 차별하여서는 아니된다.

⑤ 정년 · 퇴직 및 해고에 있어 차별

정년 · 퇴직 및 해고에 있어서의 차별유형은 여성조기정년제, 결혼(임신 및 출산)퇴직제 등이 있으며, 동일직종간 남녀 정년차별, 대다수가 여성인 직종의 낮은 정년 등으로 나타난다.

성별 정년설정의 합리성을 판단함에 있어서 단지 일반적으로 여성의 육체적 · 정신적 능력이 남성보다 부족하다거나 여성노동자의 평균적인 근속연수가 남성근로자에 비해 짧다든가 하는 것을 합리성의 근거로 삼아서는 안된다. 합리적인 이유없이 남녀차별 정년을 규정하거나, 근로여성의 혼인 · 임신 또는 출산을 퇴직사유로 정한 단체협약 · 취업규칙 · 근로계약 등은 그 부분에 한하여 무효이며, 이들 규정을 근거로 한 퇴직처분은 근로기준법 제23조 제1항의 규정에 의한 정당한 이유없는 해고에 해당된다.

[차별사례]

- 동일직종 · 직급 등에서 남녀간 정년을 달리 정하는 경우
- 특정 성이 다수를 차지하는 직종 · 직급 등의 정년을 합리적인 이유없이 다른 직종 · 직급 등보다 낮게 정하는 경우
- 특정 성의 근로자에 대하여 혼인, 임신, 출산, 육아 등의 이유로 퇴직을 강요하거나 해고하는 경우
- 사내 결혼을 이유로 특정 성의 근로자를 퇴직시키거나, 부부가 같은 직장에 근무한다는 이유로 특정 성의 근로자를 해고하는 경우
- 경영상 이유에 의한 해고에 있어 합리적인 이유없이 특정 성을 다른 성보다 앞서 해고하는 경우
- 징계사유, 징계수준, 절차 등에 있어 특정 성을 다른 성에 비해 불리하게 대우하여 해고하는 경우

참조 판례

- 회사가 사내 부부 사원 중 한명에게 일방적으로 사직을 강요했다면 부당해고에 해당한다 (대법원 2002다19292, 2002.7.21.)

회사의 중간관리자들이 계속 · 반복적으로 행한 퇴직권유 또는 종용행위는 근로자들에 대하여 우월적인 지위에 있는 회사의 강요행위라고 인식될 것이어서 사직서를 제출한 대가로 별도의 이득도 얻지 못한 근로자들이 1998.8.31.자로 퇴직을 원하는 내용의 사직서를 제출함으로써 표명한 사직의사는 피고의 강요에 의하여 어쩔 수 없이 이루어진 것으로서 내심의 효과의사없는 비진의표시라 할 것이고, 따라서 이는 의원면직의 외형만을 갖추고 있을 뿐 실질적으로는 회사에 의한 해고에 해당하고, 나아가 근로자들을 해고할 만한 정당한 사유가 있고 정당한 징계절차를 밟아 해고하였다거나 근로기준법 제31조에 따른 정리해고의 요건을 갖추었다는 점에 관

하여 피고로부터 아무런 주장, 입증이 없으므로 부당해고이다.

참 고

• 남녀고용평등과 일 · 가정 양립 지원에 관한 법률 •

제11조 【정년 · 퇴직 및 해고】 ① 사업주는 근로자의 정년 · 퇴직 및 해고에서 남녀를 차별하여서는 아니된다.

② 사업주는 여성근로자의 혼인, 임신 또는 출산을 퇴직사유로 예정하는 근로계약을 체결하여서는 아니된다.

3. 직장 내 성희롱은 근로자의 고용환경을 악화시키는 행위로 사업주의 예방의무가 있다

(1) 직장 내 성희롱의 개념

'직장 내 성희롱'이란 "사업주 · 상급자 또는 근로자가 직장 내의 지위를 이용하거나 업무와 관련하여 다른 근로자에게 성적 언동 등으로 성적 굴욕감 또는 혐오감을 느끼게 하거나 성적 언동 또는 그 밖의 요구 등에 따르지 아니하였다는 이유로 근로조건 및 고용에서 불이익을 주는 것"을 말한다(고평법 제2조 제2호).

고평법은 직장 내 성희롱이 고용상 남녀차별의 유형임을 분명히 하면서 사업주로 하여금 직장 내 성희롱을 예방하도록 하고 있다.

현행 성희롱 관련 규율 체계

구 분	남녀고용평등과 일 · 가정 양립 지원에 관한 법률
개 념	사업주 · 상급자 또는 근로자가 직장 내의 지위를 이용하거나 업무와 관련하여 다른 근로자에게 성적 언동 등으로 성적 굴욕감 또는 혐오감을 느끼게 하거나 성적 언동 또는 그 밖의 요구 등에 따르지 아니하였다는 이유로 고용에서 불이익을 주는 것
가해자	–사업주 –상급자, 동료근무자, 부하직원 –고객

구 분	남녀고용평등과 일 · 가정 양립 지원에 관한 법률
피해자	- 남녀근로자(주로 여성근로자) - 모집채용 과정에서 구직자
사업주의 조치의무	- 성희롱 예방교육 - 가해자 징계 - 피해자에 대한 불이익 금지
사건해결	- 남녀고용평등과 일 · 가정 양립 지원에 관한 법률에 의한 분쟁처리절차(기업 내 고충처리기관 등에 의한 자주적 해결, 지방노동관서장의 지원) - 노동위원회 구제신청 - 민사상 소송
제 재	- 사업주의 피해자 불이익조치 : 3년 이하의 징역 3,000만원 이하의 벌금 - 사업주의 교육 미실시, 관계서류 제출의 거부, 허위보고 등 : 300~500만원 이하의 과태료 - 가해자 징계 등 필요조치 하지 않은 경우 : 500만원 이하 과태료

(2) 직장 내 성희롱의 유형

고용노동부는 지침과 시행규칙을 통해 직장 내 성희롱 판단을 위한 기준을 별표에서 예시하고 있다. 이에 따르면 대표적인 성적인 언어나 행동을 크게 육체적 행위, 언어적 행위, 시각적 행위 등으로 다음과 같이 나누고 있다.[4)]

① 육체적 행위

• 입맞춤이나 포옹, 뒤에서 껴안기 등의 신체적 접촉행위
• 가슴, 엉덩이 등 특정 신체부위를 만지는 행위
• 안마나 애무를 강요하는 행위

② 언어적 행위

• 음란한 농담을 하거나 음탕하고 상스러운 이야기를 하는 행위(전화통화 포함)
• 외모에 대한 성적인 비유나 평가를 하는 행위
• 성적 사실관계를 묻거나 성적인 내용의 정보를 의도적으로 유포하는 행위

4) 직장 내 성희롱 판단을 위한 기준의 예시(고평법 시행규칙 제2조 별표 1)

- 성적인 관계를 강요하거나 회유하는 행위
- 회식자리 등에서 무리하게 옆에 앉혀 술을 따르도록 강요하는 행위

③ 시각적 행위

- 음란한 사진·그림·낙서·출판물 등을 게시하거나 보여주는 행위(컴퓨터통신이나 팩시밀리 등을 이용한 경우도 포함)
- 성과 관련된 자신의 특정 신체부위를 고의적으로 노출하거나 만지는 행위

④ 그 밖에 사회통념상 성적 굴욕감 또는 혐오감을 유발하는 것으로 인정되는 언어나 행동

(3) 직장 내 성희롱의 금지 및 예방의무

남녀고용평등과 일·가정 양립 지원에 관한 법률 제12조에서는 "사업주, 상급자 또는 근로자는 직장 내 성희롱을 하여서는 아니된다"고 성희롱 금지를 명시하고 있으며 다음과 같은 의무를 사업주에게 부여하고 있다.

① 직장 내 성희롱 예방교육의무

사업주는 직장 내 성희롱을 예방하고 근로자(파견근로자 등 포함)가 안전한 근로환경에서 일할 수 있는 여건조성을 위하여 직장 내 성희롱의 예방을 위한 교육을 실시하여야 한다(고평법 제13조 제1항).

사업주는 직장 내 성희롱 예방교육을 연 1회 이상 실시하여야 한다. 성희롱 예방교육의 내용에는 직장 내 성희롱에 대한 법령, 당해 사업장의 직장 내 성희롱 발생시의 처리절차 및 조치기준, 당해 사업장의 직장 내 성희롱 피해근로자의 고충상담 및 구제절차, 그 밖에 성희롱 예방에 필요한 사항이 반드시 포함되어야 한다. 예방교육은 사업의 규모와 사정을 고려하여 직원연수·조회·회의 등을 통하여 실시할 수 있다. 다만, 단순히 교육자료만을 배포, 게시하는 방법에 의한 경우에는 예방교육을 실시한 것으로 보지 않는다(고평법 시행령 제3조 제3항)[5]. 이때 파견근로자에 대한 성희롱 예방교육의무는 사

5) 다음 각 호의 어느 하나에 해당하는 사업의 사업주는 성희롱 예방을 위한 교육자료 또는 홍보물을 게시하거나 배포하는 방법으로 직장 내 성희롱 예방 교육을 할 수 있다(고평법 시행령 제3조 제4항).

용사업주에게 있다(고평법 제34조).

한편 사업주는 성희롱 예방 교육의 내용을 근로자가 자유롭게 열람할 수 있는 장소에 항상 게시하거나 갖추어 두어 근로자에게 널리 알려야 한다(고평법 제13조 제3항, 위반시 500만원 이하 과태료, 2017.11.28. 신설, 2018.5.29. 시행).

참조 행정해석

▪ 전자메일을 이용하여 직장 내 성희롱 예방교육을 실시할 수 있는지

(근여 68240-223, 1999.6.21.)

[질의] 직장 내 성희롱 예방교육을 회사 전자게시판에 '교육홍보물'을 제작하여 적극적으로 공지(기간 : 1년 내내)하거나 동 내용을 직원 각 개인에게 전자메일을 보내는 방법으로 갈음하여 실시하는 것이 적법한지

[회시] 남녀고용평등법 제8조의2 제1항 제1호 및 동법 시행령 제9조 제1항에 의하면 사업주는 직장 내 성희롱 예방을 위한 교육을 연 1회 이상 실시하여야 하며, 사업주가 이를 위반한 경우에 300만원 이하의 과태료에 처하도록 규정하고 있다. 또한 성희롱 예방을 위한 교육방법으로 사업장의 규모와 사정을 고려하여 기존직원 및 신입사원에게 직원연수 · 정례조회 · 부서별 회의 · 신입사원 오리엔테이션 등의 집체교육방법을 이용하되, 비디오테이프 등 시청각 교재를 활용할 수 있으며, 이 경우 반드시 외부강사를 활용하여야 하는 것은 아니고 사업주 또는 부서장에 의한 교육도 가능하다. 따라서 귀원에서 문의하신 전자게시판 및 전자메일을 통한 교육은 집체교육으로 볼 수 없을 뿐만 아니라 근로자 개개인이 동 내용을 열람하였음을 확인할 방법이 없으므로 적법한 교육방법이라 할 수 없으며, 다만 동법에서 말하는 예방교육 이외에 수시로 사보 또는 홍보물의 발간, 사내게시판 활용, 컴퓨터 정보망 및 전자우편 등 다양한 방법으로 기업의 관리자나 근로자에게 직장 내 성희롱 예방사항을 알려 건전한 직장문화 조성에 노력할 수 있는 것이다.

② 직장 내 성희롱의 가해자에 대한 제재

회사 내에서 성희롱이 확인된 경우 지체없이 징계 기타 이에 준하는 조치를 취해야 한다(고평법 제14조 제2항 · 제5항). 징계시 성희롱의 정도 및 지속성 등을 고려하여야 한다.

1. 상시 10명 미만의 근로자를 고용하는 사업
2. 사업주 및 근로자 모두가 남성 또는 여성 중 어느 한 성(性)으로 구성된 사업

③ 고객 등에 의한 성희롱 방지

사업주는 고객 등 업무와 밀접한 관련이 있는 자가 업무수행과정에서 성적인 언동 등을 통해 근로자에게 성적 굴욕감 또는 혐오감 등을 느끼게 하여 해당 근로자가 고충 해소를 요청할 경우 근무장소 변경, 배치전환, 유급휴가의 명령 등 적절한 조치를 하여야 한다(위반시 300만원 이하 과태료).

(4) 직장 내 성희롱 피해자의 보호의무

사업주는 피해자가 성희롱 발생을 이유로 상담을 하거나 관련 기관에 진정 · 고소 등을 한 것을 이유로 고용상의 불이익한 조치를 해서는 안되며, 근로자가 고객 등에 의한 피해를 주장하거나 성적 요구 등에 불응한 것을 이유로 해고나 그 밖의 불이익한 조치를 취해서는 안된다.

피해주장이 제기되었을 때는 그 주장을 제기한 근로자가 근무여건상 불이익을 받지 않도록 노력하여야 하며, 직장 내 성희롱과 관련하여 그 피해근로자에게 해고 그 밖에 불이익한 조치를 취하면 안된다(고평법 제14조 제3항 · 제4항 · 제6항 · 제7항).

참 고

• 남녀고용평등과 일 · 가정 양립 지원에 관한 법률 •

제14조 【직장 내 성희롱 발생 시 조치】 ① 누구든지 직장 내 성희롱 발생 사실을 알게 된 경우 그 사실을 해당 사업주에게 신고할 수 있다.

② 사업주는 제1항에 따른 신고를 받거나 직장 내 성희롱 발생 사실을 알게 된 경우에는 지체 없이 그 사실 확인을 위한 조사를 하여야 한다. 이 경우 사업주는 직장 내 성희롱과 관련하여 피해를 입은 근로자 또는 피해를 입었다고 주장하는 근로자(이하 "피해근로자등"이라 한다)가 조사 과정에서 성적 수치심 등을 느끼지 아니하도록 하여야 한다.

③ 사업주는 제2항에 따른 조사 기간 동안 피해근로자등을 보호하기 위하여 필요한 경우 해당 피해근로자등에 대하여 근무장소의 변경, 유급휴가 명령 등 적절한 조치를 하여야 한다. 이 경우 사업주는 피해근로자등의 의사에 반하는 조치를 하여서는 아니 된다.

④ 사업주는 제2항에 따른 조사 결과 직장 내 성희롱 발생 사실이 확인된 때에는 피해근로자가 요청하면 근무장소의 변경, 배치전환, 유급휴가 명령 등 적절한 조치를 하여야 한다.

⑤ 사업주는 제2항에 따른 조사 결과 직장 내 성희롱 발생 사실이 확인된 때에는 지체 없이 직장 내 성희롱 행위를 한 사람에 대하여 징계, 근무장소의 변경 등 필요한 조치를

하여야 한다. 이 경우 사업주는 징계 등의 조치를 하기 전에 그 조치에 대하여 직장 내 성희롱 피해를 입은 근로자의 의견을 들어야 한다.
⑥ 사업주는 성희롱 발생 사실을 신고한 근로자 및 피해근로자등에게 다음 각 호의 어느 하나에 해당하는 불리한 처우를 하여서는 아니 된다.
1. 파면, 해임, 해고, 그 밖에 신분상실에 해당하는 불이익 조치
2. 징계, 정직, 감봉, 강등, 승진 제한 등 부당한 인사조치
3. 직무 미부여, 직무 재배치, 그 밖에 본인의 의사에 반하는 인사조치
4. 성과평가 또는 동료평가 등에서 차별이나 그에 따른 임금 또는 상여금 등의 차별 지급
5. 직업능력 개발 및 향상을 위한 교육훈련 기회의 제한
6. 집단 따돌림, 폭행 또는 폭언 등 정신적 · 신체적 손상을 가져오는 행위를 하거나 그 행위의 발생을 방치하는 행위
7. 그 밖에 신고를 한 근로자 및 피해근로자등의 의사에 반하는 불리한 처우
⑦ 제2항에 따라 직장 내 성희롱 발생 사실을 조사한 사람, 조사 내용을 보고 받은 사람 또는 그 밖에 조사 과정에 참여한 사람은 해당 조사 과정에서 알게 된 비밀을 피해근로자등의 의사에 반하여 다른 사람에게 누설하여서는 아니 된다. 다만, 조사와 관련된 내용을 사업주에게 보고하거나 관계 기관의 요청에 따라 필요한 정보를 제공하는 경우는 제외한다.

Q&A

회사에서 성희롱 사건을 조사하는 과정에서 성희롱 피해자를 보호하기 위한 것이라면서 오히려 피해자를 다른 부서로 배치전환시킨 것이 정당한 것인지

현행 남녀고용평등과 일 · 가정 양립 지원에 관한 법률은 직장 내 성희롱이 발생했을 경우 가해자에 대한 처벌의무와 피해자에 대한 보호의무를 사업주에게 부과하고 있다(고평법 제14조). 여기서 피해자를 보호한다는 것은 직장 내 성희롱과 관련한 주장을 제기한 근로자가 근무여건상 불이익을 받지 않도록 하는 것과 성희롱 문제와 관련하여 피해근로자가 해고 그 밖의 불이익한 조치를 받지 않도록 해야 한다는 것을 의미한다.
그런데 피해자를 보호한다는 명목(피해자를 성희롱 행위자와 분리시키기 위해서)으로 피해자를 배치전환, 전근, 전직시키거나 사건이 해결될 때까지 휴직하라는 명령을 내리는 경우가 현실에서는 종종 발생하기도 한다.
성희롱 피해자가 배치전환을 자진해서 요구하거나 또는 동의하는 경우에는 문제가 되지 않을 수 있지만, 업무상 필요성이 없음에도 피해자의 의사를 확인하지 않거나 이에 반하여 위와 같은 배치전환 등을 시키는 것은 피해자에 대한 불이익한 조치를 한 것으로 간주될 수 있을 것이다. 따라서 성희롱 사건 조사기간 중 피해자와 성희롱 행위자가 같은 부서에서 일하는 것이 피해자의 근무여건을 악화시킬 것이라고 보여지는 경우로서 피해자를 보호해

야 할 필요가 제기된다면 피해자를 격리시키기보다는 행위자를 제재하는 것이 바람직할 것으로 판단된다.

4. 육아휴직은 근로자의 자녀 양육을 위해 부여하는 제도이다

(1) 육아휴직 대상(고평법 제19조)

만 8세 이하 또는 초등학교 2학년 이하의 자녀(입양한 자녀를 포함한다)를 양육하기 위하여 당해 사업장에서 1년 이상 근무한 남녀근로자는 육아휴직을 신청할 수 있다. 다만, 배우자가 육아휴직 중인 경우 육아휴직을 신청할 수 없다(고평법 시행령 제5조).

(2) 육아휴직기간 및 신청

육아휴직기간은 1년 이내로 만 8세 이하 또는 초등학교 2학년 이하의 자녀를 둔 직원은 육아휴직을 신청할 수 있다. 육아휴직 신청 시점에서 육아휴직 신청 요건을 갖춘 경우에는 휴직기간 중 신청 요건 자녀의 연령이 초과해도 나머지 기간을 모두 사용할 수 있다.

참 고

• 남녀고용평등과 일·가정 양립 지원에 관한 법률 •

제19조 【육아휴직】 ① 사업주는 근로자가 만 8세 이하 또는 초등학교 2학년 이하의 자녀(입양한 자녀를 포함한다)를 양육하기 위하여 휴직(이하 "육아휴직"이라 한다)을 신청하는 경우에 이를 허용하여야 한다. 다만, 대통령령으로 정하는 경우에는 그러하지 아니하다.
② 육아휴직의 기간은 1년 이내로 한다.
③~⑥ (생략)

(3) 육아기 근로시간 단축

2008.6.22.부터 시행된 육아기 근로시간 단축은 근로자가 육아휴직 대신 근로시간을

단축(육아기 근로시간 단축)하는 것으로 종전법은 사업주가 이를 허용할 수 있도록 규정하면서 반드시 허용해야 할 의무를 부과하지는 않았으나 개정법(2012.8.2. 시행)은 근로자가 신청하는 경우 이를 허용해야 할 사업주의 의무를 부과하면서, 다만 대체인력 채용이 불가능한 경우나 정상적인 사업 운영에 중대한 지장을 초래하는 경우 등 대통령령으로 정하는 경우에만 예외적으로 허용하지 않을 수 있도록 하였다(고평법 제19조의2, 시행령 제15조의2).

참 고

• 남녀고용평등과 일 · 가정 양립 지원에 관한 법률 시행령 •

제15조의2【육아기 근로시간 단축의 허용 예외】 법 제19조의2 제1항 단서에서 "대통령령으로 정하는 경우"란 다음 각 호의 어느 하나에 해당하는 경우를 말한다. (2012.7.10. 신설, 2012.8.2. 시행)

1. 단축 개시예정일의 전날까지 해당 사업에서 계속 근로한 기간이 1년 미만인 근로자가 신청한 경우
2. 같은 영유아의 육아를 위하여 배우자가 육아휴직(다른 법령에 따른 육아휴직을 포함한다)을 하고 있는 근로자가 신청한 경우
3. 사업주가 「직업안정법」 제2조의2 제1호에 따른 직업안정기관(이하 "직업안정기관"이라 한다)에 구인신청을 하고 14일 이상 대체인력을 채용하기 위하여 노력하였으나 대체인력을 채용하지 못한 경우. 다만, 직업안정기관의 장의 직업소개에도 불구하고 정당한 이유없이 2회 이상 채용을 거부한 경우는 제외한다.
4. 육아기 근로시간 단축을 신청한 근로자의 업무 성격상 근로시간을 분할하여 수행하기 곤란하거나 그 밖에 육아기 근로시간 단축이 정상적인 사업 운영에 중대한 지장을 초래하는 경우로서 사업주가 이를 증명하는 경우

육아기 근로시간 단축 후 근로시간은 주당 15시간 이상이어야 하고 30시간을 넘어서는 안되며, 육아기 근로시간 단축의 기간은 1년 이내로 한다. 사업주는 육아기 근로시간 단축을 이유로 해당 근로자에게 해고나 그 밖의 불리한 처우를 하여서는 안되며, 근로자의 육아기 근로시간 단축기간이 끝난 후에 그 근로자를 육아기 근로시간 단축 전과 같은 업무 또는 같은 수준의 임금을 지급하는 직무에 복귀시켜야 한다. 육아기 근로시간 단축을 하고 있는 근로자에 대하여 근로시간에 비례하여 적용하는 경우 외에는 육아기 근로시간 단축을 이유로 그 근로조건을 불리하게 하여서는 안되며, 구체적인 근로조건은 사업주와 그 근로자간에 서면으로 정해야 한다. 육아기 근로시간 단축 근로자에 대한

연장근로는 그 근로자가 명시적으로 청구하는 경우에 한하여 주 12시간 이내에서만 가능하다. 이 기간은 평균임금 산정기간에서 제외된다. 만약 육아기 근로시간 단축을 허용하지 않는 경우에 사업주는 해당 근로자에게 그 사유를 서면으로 통보하고 육아휴직을 사용하게 하거나 그 밖의 조치를 통하여 지원할 수 있는지를 해당 근로자와 협의해야 한다.

참 고

• 남녀고용평등과 일 · 가정 양립 지원에 관한 법률 •

제19조의2【육아기 근로시간 단축】① 사업주는 제19조 제1항에 따라 육아휴직을 신청할 수 있는 근로자가 육아휴직 대신 근로시간의 단축(이하 "육아기 근로시간 단축"이라 한다)을 신청하는 경우에 이를 허용하여야 한다. 다만, 대체인력 채용이 불가능한 경우, 정상적인 사업 운영에 중대한 지장을 초래하는 경우 등 대통령령으로 정하는 경우에는 그러하지 아니하다.

② 제1항 단서에 따라 사업주가 육아기 근로시간 단축을 허용하지 아니하는 경우에는 해당 근로자에게 그 사유를 서면으로 통보하고 육아휴직을 사용하게 하거나 그 밖의 조치를 통하여 지원할 수 있는지를 해당 근로자와 협의하여야 한다.

※위반시 제39조 제2항 제2호 : 500만원 이하의 과태료

③ 사업주가 제1항에 따라 해당 근로자에게 육아기 근로시간 단축을 허용하는 경우 단축 후 근로시간은 주당 15시간 이상이어야 하고 30시간을 넘어서는 아니된다.

④ 육아기 근로시간 단축의 기간은 1년 이내로 한다.

⑤ 사업주는 육아기 근로시간 단축을 이유로 해당 근로자에게 해고나 그 밖의 불리한 처우를 하여서는 아니된다.

※위반시 제37조 제2항 제4호 : 3년 이하의 징역 또는 2천만원 이하의 벌금

⑥ 사업주는 근로자의 육아기 근로시간 단축기간이 끝난 후에 그 근로자를 육아기 근로시간 단축 전과 같은 업무 또는 같은 수준의 임금을 지급하는 직무에 복귀시켜야 한다.

※위반시 제37조 제4항 제5호 : 500만원 이하의 벌금

⑦ 육아기 근로시간 단축의 신청방법 및 절차 등에 관하여 필요한 사항은 대통령령으로 정한다.

(4) 육아휴직 분할사용, 병행사용

육아휴직은 1회에 한해 분할사용할 수 있고, 육아휴직과 육아기 근로시간 단축을 병

행해 사용(육아휴직의 1회 사용, 육아기 근로시간 단축의 1회 사용, 육아휴직의 분할사용－1회만 할 수 있음, 육아기 근로시간 단축의 분할사용－1회만 할 수 있음, 육아휴직의 1회 사용과 육아기 근로시간 단축의 1회 사용 중에서 하나를 선택)하는 것도 가능하다.

참 고

• 남녀고용평등과 일 · 가정 양립 지원에 관한 법률 •

제19조의4【육아휴직과 육아기 근로시간 단축의 사용형태】근로자는 제19조와 제19조의2에 따라 육아휴직이나 육아기 근로시간 단축을 하려는 경우에는 다음 각 호의 방법 중 하나를 선택하여 사용할 수 있다. 이 경우 어느 방법을 사용하든지 그 총기간은 1년을 넘을 수 없다.

1. 육아휴직의 1회 사용
2. 육아기 근로시간 단축의 1회 사용
3. 육아휴직의 분할사용(1회만 할 수 있다)
4. 육아기 근로시간 단축의 분할사용(1회만 할 수 있다)
5. 육아휴직의 1회 사용과 육아기 근로시간 단축의 1회 사용

(5) 육아휴직급여 등

① 육아휴직급여

고용보험에서는 육아휴직을 30일 이상 부여받은 피보험자 중에서 ① 육아휴직을 시작한 날 이전의 피보험 단위기간이 통산하여 180일 이상이고, ② 같은 자녀에 대하여 피보험자인 배우자가 육아휴직(30일 미만은 제외한다)을 부여받지 않고, ③ 육아휴직을 시작한 날 이후 1개월부터 끝난 날 이후 12개월 이내에 신청한 경우(본인이나 배우자의 질병 · 부상 등의 연장사유에 해당할 경우는 예외)에는 다음과 같이 육아휴직급여를 지급한다.

1. 육아휴직 시작일부터 3개월까지 : 육아휴직 시작일을 기준으로 한 월 통상임금의 100분의 80에 해당하는 금액(해당 금액이 150만원을 넘는 경우에는 150만원, 해당 금액이 70만원보다 적은 경우에는 70만원)
2. 육아휴직 4개월째부터 육아휴직 종료일까지 : 육아휴직 시작일을 기준으로 한 월 통상임금의 100분의 40에 해당하는 금액(해당 금액이 100만원을 넘는 경우에는 100만원, 해당 금액이 50만원보다 적은 경우에는 50만원)

3. 육아휴직 급여의 100분의 75에 해당하는 금액은 매월 지급하고, 그 나머지 금액은 육아휴직 종료 후 해당 사업장에 복직하여 6개월 이상 계속 근무한 경우(근로계약 기간의 만료로 6개월 이상 계속 근무할 수 없는 기간제근로자에 대해서는 근로계약 기간의 만료로 육아휴직이 종료되거나 사업장 복직 후 근로계약 기간 만료일까지 계속 근무한 경우)에 합산하여 일시불로 지급
4. 같은 자녀에 대하여 부모가 순차적으로 육아휴직을 하는 경우 두 번째 육아휴직을 한 피보험자의 최초 3개월의 육아휴직 급여는 월 통상임금에 해당하는 금액(월별 상한액은 대상 자녀가 첫째 자녀인 경우 150만원, 둘째 이상의 자녀인 경우 200만원)

다만, 육아휴직기간 중 사업주로부터 육아휴직을 이유로 금품을 지급받은 경우로서 매월 단위로 육아휴직기간 중 지급받은 금품과 육아휴직급여의 100분의 75에 해당하는 금액을 합한 금액이 육아휴직 시작일 기준으로 한 월 통상임금을 초과한 경우에는 그 초과한 금액을 육아휴직급여의 100분의 75에 해당하는 금액에서 빼고 지급한다.

육아기 근로시간 단축에 의해 단축된 근로시간에 대한 급여는 육아휴직급여를 기준으로 단축된 근로시간에 비례해 고용보험에서 지급된다(고용보험법 시행령 제104조의2).

육아기 근로시간 단축 개시일을 기준으로 「근로기준법」에 따라 산정한 월 통상임금의 100분의 80에 해당하는 금액 (150만원을 상한액으로 하고, 50만원을 하한액으로 한다)	×	(단축 전 소정근로시간 − 단축 후 소정근로시간) / 단축 전 소정근로시간

예를 들어 월통상임금이 180만원인 근로자가 주당 근로시간을 40시간에서 25시간으로 단축한 경우 사업주로부터 통상임금 180만원의 25/40인 113만원을 지급받으며, 고용보험에서 통상임금의 80%인 144만원×(40－25)/40＝54만원을 지급받게 된다.

② 출산육아기 고용안정장려금(고용보험법 시행령 제29조)

고용보험에서는 피보험자인 근로자에게 육아휴직 또는 육아기 근로시간 단축(이하 "육아휴직 등")을 30일 이상 부여한 사업주에게 출산육아기 고용안정장려금을 지급한다. 또한 사업주가 출산전후휴가, 유산 · 사산 휴가, 육아휴직 등 시작일 전 60일이 되는 날 이후 신규로 대체인력을 30일 이상 고용하고, 출산전후휴가, 유산 · 사산 휴가, 육아휴직 등이 끝난 근로자를 30일 이상 계속 고용한 경우로서 신규 대체인력을 채용하기 전 3개

월부터 채용 후 6개월까지 고용조정으로 근로자를 이직시키지 아니한 경우에는 위 장려금을 지급한다.[6] 육아휴직을 허용한데 대한 장려금은 피보험자 1명당 월 30만원(우선지원대상기업만 지원, 육아휴직을 처음으로 부여한 직원에 대해 1호 인센티브 추가 10만원 지급), 육아기 근로시간 단축을 허용한 피보험자 1명당 월 10만원(우선지원대상기업은 월 20만원), 대체인력채용에 따른 장려금은 대체인력으로 신규 채용된 사람 1명당 매월 30만원(우선지원대상기업은 매월 60만원)이다.

(6) 육아휴직으로 인한 불이익 처우 금지

사업주는 육아휴직을 이유로 근로자에 대해 불이익한 처우를 하지 못하며, 사업주는 육아휴직기간 동안 합리적인 해고사유가 있더라도 휴직 종료 전에는 당해 근로자를 해고할 수 없다(고평법 제19조 제3항). 그리고 사업주는 육아휴직 종료 후 당해 근로자를 휴직 전과 같은 업무 또는 같은 수준의 임금을 지급하는 직무에 복귀시켜야 한다(고평법 제19조 제4항).

Q&A

회사에서 육아휴직기간에 대해 퇴직금 산정을 위한 근속기간에는 포함시키면서 승진의 기초가 되는 근속기간에는 이 기간을 제외하고 있는데 이러한 회사의 조치가 적법한 것인지

남녀고용평등과 일·가정 양립 지원에 관한 법률 제19조에 따라 사업주는 근로자의 육아휴직을 이유로 해고 등 불리한 처우를 해서는 안되며 육아휴직기간은 근속기간에 포함하도록 규정하고 있고 위 근속기간에 대한 특별한 제한규정은 없다. 따라서 위 근속기간은 법상의 퇴직금 및 연차휴가일수 가산의 기초가 되는 근속기간만이 아니라 '육아휴직을 사용한 근로자에게 불리하지 않도록' 승진 또는 승급, 근속 관련 수당 산정의 기초가 되는 근속기간도 모두 포함되는 것으로 보아야 할 것으로 육아휴직기간을 승진소요 근속기간에서 제외하는 것은 적법한 운영이 아니라 판단된다.

참조 행정해석

▪ 육아휴직자에 대한 불리한 처우 해당 여부 (감독 68213-3125, 1995.2.10.)

[질의] 1. 육아휴직자를 1년에 한해 정기승급대상에서 제외함은 남녀고용평등법 제11조 제3항의 육아휴직자에 대한 불리한 처우에 해당되어 법에 저촉되는지

6) 고용창출장려금·고용안정장려금의 신청 및 지급에 관한 규정(고용노동부고시 제2017-95호, 2018.1.1.)

2. 남녀고용평등법 제11조 제3항의 법적취지가 모든 인사제도사항(정기승급 등)까지 정상근무(출근)한 자와 동일하게 처우하라는 의미로 해석해야 하는지

[회시] 1. 남녀고용평등법 제11조 제3항에 사업주는 근로여성에게 육아휴직을 이유로 불리한 처우를 하여서는 아니된다고 규정되어 있는바, 불리한 처우의 해당 여부는 그 사업장의 통상적인 인사관행을 참고로 하여 판단하여야 하나, 일반적으로 불리한 처우에 해당되는 경우는 다음과 같다.

① 육아휴직기간 만료 후 복직을 시키지 않거나 근무처를 불합리하게 변경하는 경우

② 육아휴직기간을 승진, 승급, 퇴직금 또는 상여금산정 연차휴가일수 가산 등의 기초가 되는 근속기간에 포함시키지 않는 경우

2. 육아휴직과 관련하여 불리한 처우로 볼 수 없는 경우

① 회사의 정기인사발령 등에 의하거나 순환보직시기 도래 등 통상의 인사관행대로 배치전환이 이루어지고, 사회통념상 객관적으로 인정되는 경우

② 상여금 등이 일정기간 동안 근로한 대가(출근성적 등)로 지급되고 육아휴직기간이 그 기간의 일부 또는 전부 포함되어 있어 당해 상여금 지급의 일부 또는 전부를 지급하지 않은 경우

③ 연차유급휴가는 1년간의 소정근로일의 출근성적을 기준으로 휴가일수를 산정하는바, 육아휴직기간은 출근으로 취급하는 산전후휴가와는 달리 근로계약이 존속하는 상태에서 근로제공의무가 정지되는 기간이므로 소정근로일을 확정함에 있어 이를 제외하는 경우

(7) 비정규직 사용제한기간에서 육아휴직기간 제외

기간제근로와 파견근로를 사용할 수 있는 최대기간(사용제한기간)은 2년으로, 종전법은 육아휴직기간을 특별히 사용기간에서 제외되는 기간으로 규정하고 있지 않아 비정규직근로자가 육아휴직을 사용할 경우 실제 근무할 수 있는 기간이 줄어들게 되어 기업 입장에서 비정규직근로자에 대한 육아휴직 허용을 꺼리거나, 육아휴직을 사용해야 하는 사유가 발생하는 경우 근로관계를 종료하는 등 비정규직근로자의 육아휴직 사용이 원활하지 않았다.

고평법 제19조 제4항(2012.8.2. 시행)은 "기간제근로자 또는 파견근로자의 육아휴직기간은 기간제 및 단시간 근로자 보호 등에 관한 법률 제4조에 따른 사용기간 또는 파견근로자보호 등에 관한 법률 제6조에 따른 근로자파견기간에 산입하지 아니한다"고 규정하면서 비정규직 사용제한기간에서 육아휴직기간을 제외함으로써 사업주는 육아휴직

기간을 제외한 나머지 사용기간이 2년을 초과하지 않는 범위에서 기간제 및 파견 근로를 사용할 수 있다.

한편, 근로계약기간이 1년 이하인 근로자 또는 파견근로자의 근로계약기간이 출산전후휴가기간이나 임신기간 중에 끝나는 경우 그 계약기간이 끝난 즉시 또는 출산 후 15개월 이내에 그 근로자와 기간의 정함이 없는 근로계약을 체결하는 사업주(파견근로자의 사용사업주 포함)에 대해서도 출산육아기 고용안정장려금이 지급된다(우선지원대상기업 근로자 1명당 1년을 한도로 월 60만원, 대규모기업은 월 30만원).

5. 배우자 출산휴가는 출산한 배우자를 보호하기 위해 근로자에게 부여하는 휴가이다

배우자 출산휴가는 배우자가 출산할 때 근로자로 하여금 배우자를 보호할 수 있도록 하기 위한 취지의 휴가로 2008.6.22. 도입되었고(3일 무급휴가), 이후 개정 고평법에 의해 사업주는 근로자가 휴가를 신청할 때 5일의 범위에서 3일 이상의 유급휴가로 부여해야 한다(고평법 제18조의2, 시행일 : 300명 이상 사업 2012.8.2., 300명 미만 사업 2013.2.2.).

배우자 출산휴가는 근로자의 배우자가 출산한 날부터 30일이 지나면 청구할 수 없다. 따라서 사업주는 근로자가 휴가를 청구하지 않거나, 출산일로부터 30일 이후에 청구하는 경우 휴가를 부여해야 할 의무는 없다.

배우자 출산휴가는 연속사용이 원칙이나, 단체협약이나 취업규칙에 분할사용이 가능하도록 규정되어 있거나, 사업주의 동의가 있다면 분할사용이 가능할 것이다. 또한 휴가는 출산일 이후에 사용하는 것이 원칙이나, 출산을 위한 준비 과정 등을 고려하여 휴가기간 안에 출산예정일이 포함되면 출산일 전에 휴가를 사용할 수도 있다.[7]

참 고

• 남녀고용평등과 일 · 가정 양립 지원에 관한 법률 •

제18조의2 【배우자 출산휴가】 ① 사업주는 근로자가 배우자의 출산을 이유로 휴가를 청구하는 경우에 5일의 범위에서 3일 이상의 휴가를 주어야 한다. 이 경우 사용한 휴가기간

7) 임신, 출산, 육아기 근로자의 궁금한 77가지, 고용노동부, 2013.2.

중 최초 3일은 유급으로 한다.
② 제1항에 따른 휴가는 근로자의 배우자가 출산한 날부터 30일이 지나면 청구할 수 없다.

제39조 【과태료】 ① 생략
② 사업주가 다음 각 호의 어느 하나에 해당하는 위반행위를 한 경우에는 500만원 이하의 과태료를 부과한다.
1.~2. 생략
3. 제18조의2 제1항을 위반하여 근로자가 배우자의 출산을 이유로 휴가를 청구하였는데도 5일의 범위에서 3일 이상의 휴가를 주지 아니하거나 근로자가 사용한 휴가 중 3일을 유급으로 하지 아니한 경우

6. 근로자가 가족돌봄휴직을 신청하는 경우 사업주는 이를 부여해야 한다

사업주는 근로자가 부모, 배우자, 자녀 또는 배우자의 부모의 질병, 사고, 노령으로 인하여 그 가족을 돌보기 위한 휴직(가족돌봄휴직)을 신청하는 경우 이를 허용해야 한다(고평법 제22조의2, 2012.8.2. 시행, 300명 미만 사업은 2013.2.2. 시행). 다만, 대체인력 채용이 불가능한 경우, 정상적인 사업 운영에 중대한 지장을 초래하는 경우 등 대통령령으로 정하는 경우에는 부여하지 않을 수 있다. 휴직을 부여하지 않는 경우에는 그 사유를 서면으로 통보하고 근로시간 조정 등의 노력을 해야 한다.

가족돌봄휴직기간은 연간 최장 90일이며, 분할사용이 가능하다. 분할사용할 때 1회의 기간은 30일 이상이 되어야 한다.

가족돌봄휴직은 무급이며, 근속기간에 포함하되, 평균임금 산정기간에서는 제외한다.

사업주가 가족돌봄휴직을 부여하지 않을 경우에는 500만원 이하의 과태료가 부과된다.

참 고

• 남녀고용평등과 일 · 가정 양립 지원에 관한 법률 · 시행령 •

법 제22조의2 【근로자의 가족돌봄 등을 위한 지원】 ① 사업주는 근로자가 부모, 배우자, 자녀 또는 배우자의 부모(이하 "가족"이라 한다)의 질병, 사고, 노령으로 인하여 그 가족을 돌보기 위한 휴직(이하 "가족돌봄휴직"이라 한다)을 신청하는 경우 이를 허용하여야 한다.

다만, 대체인력 채용이 불가능한 경우, 정상적인 사업 운영에 중대한 지장을 초래하는 경우 등 대통령령으로 정하는 경우에는 그러하지 아니하다.
② 제1항 단서에 따라 사업주가 가족돌봄휴직을 허용하지 아니하는 경우에는 해당 근로자에게 그 사유를 서면으로 통보하고, 다음 각 호의 어느 하나에 해당하는 조치를 하도록 노력하여야 한다.
1. 업무를 시작하고 마치는 시간 조정
2. 연장근로의 제한
3. 근로시간의 단축, 탄력적 운영 등 근로시간의 조정
4. 그 밖에 사업장 사정에 맞는 지원조치

③ 가족돌봄휴직 기간은 연간 최장 90일로 하며, 이를 나누어 사용할 수 있다. 이 경우 나누어 사용하는 1회의 기간은 30일 이상이 되어야 한다.
④ 사업주는 가족돌봄휴직을 이유로 해당 근로자를 해고하거나 근로조건을 악화시키는 등 불리한 처우를 하여서는 아니 된다.
⑤ 가족돌봄휴직 기간은 근속기간에 포함한다. 다만, 「근로기준법」 제2조 제1항 제6호에 따른 평균임금 산정기간에서는 제외한다.
⑥ 사업주는 소속근로자가 건전하게 직장과 가정을 유지하는 데에 도움이 될 수 있도록 필요한 심리상담 서비스를 제공하도록 노력하여야 한다.
⑦ 고용노동부장관은 사업주가 제1항에 따른 조치를 하는 경우에는 고용 효과 등을 고려하여 필요한 지원을 할 수 있다.
⑧ 가족돌봄휴직의 신청방법 및 절차 등에 관하여 필요한 사항은 대통령령으로 정한다.

시행령 제16조의3 【가족돌봄휴직의 허용 예외】 법 제22조의2 제1항 단서에서 "대통령령으로 정하는 경우"란 다음 각 호의 어느 하나에 해당하는 경우를 말한다.
1. 돌봄휴직 개시예정일의 전날까지 해당 사업에서 계속 근로한 기간이 1년 미만인 근로자가 신청한 경우
2. 가족돌봄휴직을 신청한 근로자 외에 돌봄이 필요한 가족의 부모, 자녀, 배우자 등이 돌봄이 필요한 가족을 돌볼 수 있는 경우
3. 사업주가 직업안정기관에 구인신청을 하고 14일 이상 대체인력을 채용하기 위하여 노력하였으나 대체인력을 채용하지 못한 경우. 다만, 직업안정기관의 장의 직업소개에도 불구하고 정당한 이유없이 2회 이상 채용을 거부한 경우는 제외한다.
4. 근로자의 가족돌봄휴직으로 인하여 정상적인 사업 운영에 중대한 지장이 초래되는 경우로서 사업주가 이를 증명하는 경우

7. 사업주는 근로자가 청구하는 경우 난임치료휴가를 부여해야 한다.

사업주는 근로자가 인공수정 등 난임치료를 받기 위해 휴가를 청구하는 경우 연간 3일(최초 1일 유급) 이내의 휴가를 부여해야 한다.

참 고

• 남녀고용평등과 일 · 가정 양립 지원에 관한 법률 •

제18조의3【난임치료휴가】① 사업주는 근로자가 인공수정 또는 체외수정 등 난임치료를 받기 위하여 휴가(이하 "난임치료휴가"라 한다)를 청구하는 경우에 연간 3일 이내의 휴가를 주어야 하며, 이 경우 최초 1일은 유급으로 한다. 다만, 근로자가 청구한 시기에 휴가를 주는 것이 정상적인 사업 운영에 중대한 지장을 초래하는 경우에는 근로자와 협의하여 그 시기를 변경할 수 있다.

② 사업주는 난임치료휴가를 이유로 해고, 징계 등 불리한 처우를 하여서는 아니 된다.

③ 난임치료휴가의 신청방법 및 절차 등은 대통령령으로 정한다.

(신설 2017.11.28., 시행일 2018.5.29.)

핵심 정리사항

1. 남녀고용평등과 일 · 가정 양립 지원에 관한 법률은 남녀의 고용평등을 실현하고 차별을 금지하기 위해 마련된 법으로 이를 위해 모집과 채용, 임금, 임금 외 금품, 교육 · 배치 · 승진, 퇴직 및 해고에 있어서의 차별을 금지하고 있다.
2. 사업주는 직장 내 성희롱으로 인해 근로자의 업무환경이 악화되는 것을 예방하고 근로자를 보호할 수 있도록 정기예방교육, 가해자에 대한 제재, 피해자 보호 등의 노력을 해야 한다.
3. 육아휴직제도는 일과 가정의 양립을 지원하기 위한 제도로 8세 이하의 자녀를 가진 근로자가 1년간 사용할 수 있는 법정휴직이며, 근로자는 육아휴직과 육아기 근로시간 단축을 선택해 신청할 수 있고, 이를 분할해 사용할 수 있다. 한편, 육아휴직자 및 육아휴직을 부여한 사업주에 대해 지급하는 육아휴직급여 및 출산육아기 고용안정지원금제도가 있다.
4. 사업주는 출산한 배우자를 보호하기 위한 취지에서 근로자가 신청하는 경우 배우자 출산휴가를 부여해야 한다.
5. 근로자가 가족의 질병, 사고, 노령으로 인해 가족돌봄휴직을 신청하는 경우 사업주는 이를 허용해야 한다.
6. 사업주는 근로자가 인공수정 등 난임치료를 받기 위해 휴가를 청구하는 경우 휴가를 부여해야 한다.

Part 16

비정규직

핵심키워드

기간제근로, 사용기간 2년 제한, 근로자파견, 파견대상업무, 파견근로기간, 고용의무, 파견과 도급의 구별, 비정규직차별금지

목　　적

1. 비정규직의 정의와 유형을 이해한다.
2. 사용기간 2년 제한 등 기간제근로에 대한 법률의 주요 내용을 이해한다.
3. 파견근로에 대한 법률의 주요 내용 및 파견과 도급의 구별기준을 이해한다.
4. 비정규직차별금지의 주요 내용을 이해한다.

1. 비정규근로자의 정의와 유형

일반적으로 비정규근로는 다음과 같은 형태의 근로를 의미한다. 즉 비정규근로는 크게 ① 고용기간이 정해져 있거나 임시적으로 근로를 제공하는 계약직 · 일용직 · 임시직 근로, ② 정규근로자보다 근로시간이 짧은 단시간근로, 파트타임근로, ③ 근로를 제공하는 사업장에 직접 채용되지 않고 다른 사업주의 근로자로서 근로를 제공하는 사업장에 파견되어 근로하는 파견, 용역 근로 등으로 구분할 수 있다.

기업에서는 상대적으로 낮은 비용으로 근로자를 고용하고 경기변동에 따르는 고용조정이 용이하다는 장점 때문에 비정규직에 대한 선호도가 높다. 그러나 일부 자발적 비정규직을 제외하면 비정규근로는 상대적으로 낮은 임금률, 저조한 건강보험이나 국민연금 등의 부가급부 혜택, 그리고 미비한 고용안정성으로 인해 이에 대한 개선의 요구가 높은 상황이다.

비정규직근로자의 고용형태는 매우 다양하고 산업사회의 변화와 함께 계속해서 새로운 유형의 비정규직근로자들이 발생하고 있다.

고용형태에 따른 비정규직 유형

<table>
<tr><th>구 분</th><th colspan="2">유 형</th></tr>
<tr><td>직접고용</td><td colspan="2">계약직 · 임시직 · 수당직, 일용직, 촉탁 · 아르바이트, 단시간근로, 시간제, 호출근로, 재택근로, 계절근로, 인턴 등</td></tr>
<tr><td rowspan="2">간접고용</td><td>사용관계 성립</td><td>사용관계 불성립</td></tr>
<tr><td>파견근로</td><td>도급(용역), 위임 등</td></tr>
</table>

① 기간제근로자

기간제근로자란 근로계약기간이 정해져 있지 않아 정년까지의 고용이 보장되는 것이 아니라 계약기간이 종료되면 근로계약관계가 종료하는 근로자를 의미한다. 이 경우에 근로계약기간이 만료하면 근로계약은 당연히 종료되기 때문에 별도의 해고사유가 필요하지 않으며 당연히 해고예고규정도 적용되지 않는다.

② 단시간근로자

정규근로자보다 근로시간이 짧은 단시간근로자, 파트타이머를 의미한다.

③ 파견 또는 용역 근로자

파견근로자는 파견사업주에게 채용되어 사용사업주 사업장에서 사용사업주의 지휘감독을 받아 근로하는 근로자이며, 용역근로자는 수급회사 소속으로 도급회사의 용역내용에 따라 수급회사의 지휘감독을 받아 근로하는 근로자이다.

파견 또는 용역은 근로관계가 중층적으로 형성됨에 따라 사용자 책임을 둘러싼 문제가 발생하는 경우가 많고, 사용사업주가 파견업체 또는 용역업체와 파견 또는 용역계약을 해지하는 경우 근로자의 고용불안이 야기되어 파견·용역근로자가 사용사업주 또는 원청회사에 문제를 제기하는 등 다양하고 복잡한 문제에 직면해 있다.

④ 도급·위탁근로자(이른바 특수고용형태근로자)

계약당사자가 노무를 제공받는 방식은 근로계약뿐만 아니라 도급·위임·위탁계약을 통해서도 가능한데 근로자가 사용자의 지휘감독을 받아(사용종속관계에서) 업무를 수행한다는 점이 다른 계약과 구분되는 근로계약의 특징이다.

한편, 도급·위임·위탁계약자의 지위가 사용자에게 실질적으로 사용종속된 노동관계법의 보호대상인지, 독립적인 사업자의 지위를 가지는 자로 노동관계법의 보호대상에서 제외되는지 여부를 둘러싼 다양한 문제(예 퇴직금 대상 여부, 노동조합 조직가능성 여부)가 발생하고 있어 이에 대한 입법적 해결이 모색되고 있는 상황이다.

Q&A 근로계약을 도급계약으로 전환하는 것의 적법성 및 관련 절차

헤드헌터를 프리랜서 계약으로 전환하는 것은 근로기준법상 근로계약을 민법상 도급계약으로 전환하는 것으로 당사자의 동의하에 계약형태를 변경하는 것은 원칙적으로 가능할 것이다.

다만, 근로기준법상 근로자 여부는 계약의 명칭이 민법상의 고용계약이든 도급계약이든 그 형식에 관계없이 실질에 있어 근로자가 사업 또는 사업장에 임금을 목적으로 사용종속관계에서 사용자에게 근로를 제공하였는지의 여부에 따라 판단하므로 형식과 내용이 일치하는 도급계약을 체결하기 위해서는 다음의 기준을 준수해야 할 것으로 판단된다.

① 업무의 내용을 사용자로부터 지시받거나, 업무수행과정에 대해 구체적인 지휘·감독을 받지 않아야 한다. 만약 사용자가 업무수행시 업무명령이나 지휘·감독권을 행사하고 헤드헌터가 이를 거부할 수 없는 상황이라면 이는 도급계약이 아닌 근로계약으로 간주된다.
② 시업 및 종업시간이 정하여지거나 사용자의 구속을 받는 근로시간이 구체적으로 정하여져 있고 이를 이행하지 않는 경우 일정한 제재조치가 행해진다면 이 또한 근로계약에 해당한다.
③ 보수의 지급은 업무처리의 수수료 성격으로 지급되어야 한다. 성과와 관계없이 기본급 등의 형태로 일정액을 지급하는 것은 근로의 대가인 임금으로 간주되어 근로자로 인정될 수 있다.
④ 계약해지 등 계약과 관련된 모든 사항은 도급계약상에 명시되어야 한다. 만약 회사의 인사·복무규정을 준수토록 하거나 이를 적용하여 위반시 징벌 등의 제재를 가하는 경우에는 도급계약으로 인정되기 어렵다.

한편, 도급계약을 체결하는 경우에는 ① 도급(용역, 업무위탁)계약서를 작성해야 하고, ② 계약 당사자가 사업자등록을 해야 하며, 용역수수료에 대해 사업소득세를 공제하고, ③ 업무수행 중 발생한 손해배상과 관련하여 이를 원만히 처리하기 위한 방법으로 신용보증보험회사에 가입하도록 하고, ④ 기존 근로관계를 종료하고(사직서 제출) 퇴직금 정산을 완료해야 할 것이다.

한편, 개정 고용정책기본법에 의해 고용형태공시제도가 시행됨에 따라 상시 300명 이상의 근로자를 사용하는 사업주는 매년 근로자의 고용형태를 공시해야 한다. 고용형태공시제도의 취지는 비정규직(기간제, 파견근로자 등)을 포함한 근로자의 고용형태 현황을 공시하도록 함으로써 비정규직을 과도하게 사용하는 사업주가 이를 자율적으로 개선하도록 하기 위함이다.

참 고

• 고용정책기본법 •

법 제15조의2 【고용형태 현황 공시】 (2012.12.18. 신설) ① 대통령령으로 정하는 수 이상의 근로자를 사용하는 사업주는 매년 근로자의 고용형태 현황을 공시하여야 한다.
② 제1항에 따른 고용형태, 공시절차 및 그 밖에 필요한 사항은 고용노동부령으로 정한다.

시행령 제26조의2 【고용형태 현황 공시 의무 사업주】 (2013.6.11. 신설, 2015.2.26. 개정) ① 법 제15조의2 제1항에서 "대통령령으로 정하는 수 이상의 근로자를 사용하는 사업주"란 상시 300명 이상의 근로자를 사용하는 사업주를 말한다.

> ② 제1항의 상시 사용하는 근로자 수는「고용보험 및 산업재해보상보험의 보험료징수 등에 관한 법률 시행령」제2조 제1항 제3호에 따른 상시근로자수의 산정방법에 따라 산정한다.
>
> 시행규칙 제1조의2【고용형태 공시절차 등】(2013.6.11. 신설, 2017.11.21. 개정) ①「고용정책 기본법」(이하 "법"이라 한다) 제15조의2 제2항에 따라 사업주는 매년 3월 31일(해당 일이 공휴일인 경우에는 그 직전 근무일을 말한다)을 기준으로 다음 각 호의 구분에 따른 근로자의 고용형태 현황을 별지 제1호서식에 따라 작성하여 해당 연도 4월 30일까지 공시하여야 한다. 이 경우 상시 1,000명 이상의 근로자를 사용하는 사업주는 고용형태 현황을 사업장별로 별지 제1호의2서식에 따라 작성하여 별지 제1호서식의 고용형태 현황과 함께 공시하여야 한다.
>
> 1. 사업주가 고용한 근로계약기간의 정함이 없는 근로자
> 2. 사업주가 고용한 근로자로서「기간제 및 단시간근로자 보호 등에 관한 법률」제2조 제1호의 기간제근로자
> 3. 제1호 또는 제2호의 근로자 중「근로기준법」제2조 제1항 제8호의 단시간근로자
> 4.「파견근로자보호 등에 관한 법률」제2조 제5호의 파견근로자 등 다른 사업주가 고용한 근로자로서 법 제15조의2 제1항에 따른 사업주가 그 사업 또는 사업장에서 사용하는 근로자
>
> ② 제1항에 따른 고용형태 현황 공시는 법 제15조 제3항에 따라 고용노동부장관이 구축·운영하는 고용안정정보망(이하 "고용안정정보망"이라 한다)을 통하여 한다. 이 경우 고용안정정보망은 최근 3년(사업이 성립한 날부터 3년 미만인 사업주는 그 사업이 성립한 날 이후의 기간을 말한다) 동안의 공시내용을 알 수 있도록 운영되어야 한다.
>
> ③ 제1항 및 제2항에도 불구하고「공공기관의 운영에 관한 법률」제4조에 따른 공공기관의 경우에는 같은 법 제11조 제1항 제3호의 임원 및 운영인력 현황을 같은 법 제12조에 따라 공시함으로써 법 제15조의2 제1항에 따른 공시를 갈음할 수 있다.

2. 기간제근로

(1) 기간제 사용기간 2년 제한

2007.7.1. 이후부터는 근로계약기간과 관련한 근로기준법 제23조가 삭제되고, 기간제 및 단시간 근로자 보호 등에 관한 법률이 시행됨에 따라 기간제근로에 대해서는 제4조

에 의해 '기간제 사용기간'이 제한되게 된다.

즉 사용자는 기간제근로자를 2년 초과해 사용할 수 없고, 근로계약기간을 반복갱신하더라도 계속근로기간 2년을 초과해 사용할 수 없다. 그러나 2년의 범위 내에서는 1년을 초과하는 근로계약기간을 정하는 것도 가능하고, 2년의 범위 내에서는 근로계약기간을 수차례 반복갱신하는 것도 가능하다. 사용자가 기간제근로자를 2년을 초과해 사용할 때에는 해당 근로자는 '기간의 정함이 없는(무기계약) 근로자'로 간주되고, 기간제근로자를 2년을 초과해 사용한 이후 사용자가 근로계약기간 만료를 이유로 근로계약을 종료하는 것은 근로기준법상 해고에 해당되어 '해고의 정당한 사유'가 있어야 근로관계 종료의 정당성이 인정될 수 있다.

한편, 근로계약기간을 정한 근로계약은 근로계약기간의 만료로 근로관계가 종료됨이 원칙이나 계약기간 만료 이후 재계약(갱신)이 이루어져왔거나, 해당 업무가 한시적 업무가 아닌 경우 등 근로계약기간이 종료되더라도 재계약을 통해 계속근로할 수 있다는 근로자의 '정당한 갱신기대감'이 인정되는 경우에는 단지 근로계약기간 만료만을 이유로 재계약(갱신)을 거절하고 근로관계를 종료하는 것은 부당해고에 해당될 수 있다.

따라서 기간제 근로자의 계약기간 만료 이후 재계약하는 경우에는 재계약 기준(예 근무평가, 담당 직무 존재, 예산 등)을 마련하고 이 기준에 따라 재계약 여부를 결정하는 것이 필요할 것이다.

Q&A

회사는 계약직근로자를 채용(계약기간 1년)해 최대 2년까지 근무할 수 있도록 해왔고, 최초 1년 계약이 만료되면 특별한 사정이 없는 한 재계약을 해왔음(특별한 재계약 기준은 없음). 그런데 계약직근로자인 A는 부서에서 평가가 좋지 않아 재계약하지 않을 예정임. A의 계약기간 만료와 동시에 재계약하지 않고 퇴직 조치할 예정인데 가능한지

근로계약기간을 정한 근로계약은 근로계약기간의 만료로 근로관계가 종료됨이 원칙이나 계약기간 만료 이후 재계약(갱신)이 이루어져왔거나, 해당 업무가 한시적 업무가 아닌 경우 등 근로계약기간이 종료되더라도 재계약을 통해 계속근로할 수 있다는 근로자의 '정당한 갱신기대감'이 인정되는 경우에는 단지 근로계약기간 만료만을 이유로 재계약(갱신)을 거절하고 근로관계를 종료하는 것은 부당해고에 해당될 수 있다는 것이 판례의 판단이다(대법원 2007두1729, 2011.4.14.).

따라서 회사가 계약직에 대해 재계약을 통해 최대 2년까지 근무하도록 해오는 등 재계약

관행이 존재하고 해당 업무가 종료되는 경우가 아니라면 단지 계약기간이 만료된다는 이유만으로 근로관계를 종료하는 것에 대해서는 '계약직근로자의 갱신기대감'을 고려한 신중한 접근이 필요할 것으로 판단된다.

계약직근로자 A가 계약직인 이상 근무평가와 업무능력 등과 관계없이 당연히 재계약될 것이라는 기대감까지 인정된다고 보기는 어렵지만, 재계약을 결정하는 기준(예 근무평가 결과 ○점 이상 또는 ○등급 이상)이 존재하지 않은 상태에서 부서의 A에 대한 평가가 사회통념상 계속근로가 불가능하다고 인정될 정도로 A의 근무상 문제가 있는 정도가 아니라면 단지 계약기간 만료와 부서 평가가 좋지 않다는 정도만으로는 재계약을 거부하는 것의 정당성에 대한 논란이 발생할 가능성이 있다.

재계약 기준이 명확히 마련되어 있지 않은 상태이고, 부서 평가 결과가 사회통념상 계속근로가 불가능할 정도가 아니라면 해당 인원에 대해 부서 평가 결과를 설명하면서 상호합의를 통해 근로관계를 종료하거나 재계약을 결정하되, 향후에는 근로계약서 등에 재계약 기준을 명확히 마련해 이 기준에 따른 평가 결과를 통해 재계약 여부를 결정하는 운영방안을 모색하는 것이 필요할 것이다.

참조 판례

- 근로자의 정당한 근로계약 갱신기대감이 인정될 경우 이를 위반한 갱신거절은 부당해고이다 (대법원 2007두1729, 2011.4.14.)

기간을 정하여 근로계약을 체결한 근로자의 경우 그 기간이 만료됨으로써 근로자로서의 신분관계는 당연히 종료되고 근로계약을 갱신하지 못하면 갱신거절의 의사표시가 없어도 그 근로자는 당연 퇴직되는 것이 원칙이다. 그러나 근로계약, 취업규칙, 단체협약 등에서 기간 만료에도 불구하고 일정한 요건이 충족되면 당해 근로계약이 갱신된다는 취지의 규정을 두고 있거나, 그러한 규정이 없더라도 근로계약의 내용과 근로계약이 이루어지게 된 동기 및 경위, 계약 갱신의 기준 등 갱신에 관한 요건이나 절차의 설정 여부 및 그 실태, 근로자가 수행하는 업무의 내용 등 당해 근로관계를 둘러싼 여러 사정을 종합하여 볼 때 근로계약 당사자 사이에 일정한 요건이 충족되면 근로계약이 갱신된다는 신뢰관계가 형성되어 있어 근로자에게 그에 따라 근로계약이 갱신될 수 있으리라는 정당한 기대권이 인정되는 경우에는 사용자가 이에 위반하여 부당하게 근로계약의 갱신을 거절하는 것은 부당해고와 마찬가지로 아무런 효력이 없고, 이 경우 기간 만료 후의 근로관계는 종전의 근로계약이 갱신된 것과 동일하다고 할 것이다.

(2) 기간제 사용기간 제한의 예외 : 2년 초과 사용 가능

사업의 완료, 휴직 등 근로자 결원 발생, 근로자 학업 등 이수, 고령자(만 55세 이상)와의 근로계약, 전문적 지식 · 기술의 활용이 필요한 경우로서 대통령령이 정하는 경우 등에 대해서는 2년을 초과해 기간제근로자를 사용할 수 있도록 '기간제 사용기간 2년 제한의 예외사유'가 인정되고 있다(기간제 및 단시간 근로자 보호 등에 관한 법률 제4조, 시행령 제3조).

① 사업의 완료 또는 특정한 업무의 완성에 필요한 기간을 정한 경우
② 휴직 · 파견 등으로 결원이 발생하여 당해 근로자가 복귀할 때까지 그 업무를 대신할 필요가 있는 경우
③ 근로자가 학업, 직업훈련 등을 이수함에 따라 그 이수에 필요한 기간을 정한 경우
④ 고령자고용촉진법 제2조 제1호의 규정에 의한 고령자와 근로계약을 체결하는 경우
⑤ 전문적 지식 · 기술의 활용이 필요한 경우

1. 박사학위(외국에서 수여받은 박사학위를 포함한다)를 소지하고 해당 분야에 종사하는 경우
2. 국가기술자격법 제9조 제1항 제1호에 따른 기술사 등급의 국가기술자격을 소지하고 해당 분야에 종사하는 경우
3. 전문자격을 소지하고 해당 분야에 종사하는 경우(변호사, 공인회계사, 공인노무사 등)

⑥ 정부의 복지정책 · 실업대책 등에 의하여 일자리를 제공하는 경우로서 대통령령이 정하는 경우

1. 고용정책기본법, 고용보험법 등 다른 법령에 따라 국민의 직업능력 개발, 취업 촉진 및 사회적으로 필요한 서비스 제공 등을 위하여 일자리를 제공하는 경우
2. 제대군인 지원에 관한 법률 제3조에 따라 제대군인의 고용증진 및 생활안정을 위하여 일자리를 제공하는 경우
3. 국가보훈기본법 제19조 제2항에 따라 국가보훈대상자에 대한 복지증진 및 생활안정을 위하여 보훈도우미 등 복지지원 인력을 운영하는 경우

⑦ 그 밖에 ① 내지 ⑤에 준하는 합리적인 사유가 있는 경우로서 대통령령이 정하는 경우

1. 다른 법령에서 기간제근로자의 사용기간을 법 제4조 제1항과 달리 정하거나 별도의 기간을 정하여 근로계약을 체결할 수 있도록 한 경우
2. 국방부장관이 인정하는 군사적 전문적 지식·기술을 가지고 관련 직업에 종사하거나 고등교육법 제2조 제1호에 따른 대학에서 안보 및 군사학 과목을 강의하는 경우
3. 특수한 경력을 갖추고 국가안전보장, 국방·외교 또는 통일과 관련된 업무에 종사하는 경우
4. 고등교육법 제2조에 따른 학교(같은 법 제30조에 따른 대학원대학을 포함한다)에서 다음의 업무에 종사하는 경우
   가. 고등교육법 제14조에 따른 조교의 업무
   나. 고등교육법 시행령 제7조에 따른 겸임교원, 명예교수, 시간강사, 초빙교원 등의 업무
5. 통계법 제22조에 따라 고시한 한국표준직업분류의 대분류 1과 대분류 2 직업에 종사하는 자의 소득세법 제20조 제1항에 따른 근로소득(최근 2년간의 연평균근로소득을 말한다)이 고용노동부장관이 최근 조사한 고용형태별 근로실태조사의 한국표준직업분류 대분류 2 직업에 종사하는 자의 근로소득 상위 100분의 25에 해당하는 경우
6. 근로기준법 제18조 제3항에 따른 1주 동안의 소정근로시간이 뚜렷하게 짧은 단시간근로자(4주 평균 1주 소정근로시간이 15시간 미만인 자)를 사용하는 경우
7. 국민체육진흥법 제2조 제4호에 따른 선수와 같은 조 제6호에 따른 체육지도자 업무에 종사하는 경우
8. 다음의 연구기관에서 연구업무에 직접 종사하는 경우 또는 실험·조사 등을 수행하는 등 연구업무에 직접 관여하여 지원하는 업무에 종사하는 경우
   가. 국공립연구기관
   나. 정부출연연구기관 등의 설립·운영 및 육성에 관한 법률 또는 과학기술분야 정부출연연구기관 등의 설립·운영 및 육성에 관한 법률에 따라 설립된 정부출연연구기관
   다. 특정연구기관 육성법에 따른 특정연구기관

라. 지방자치단체출연 연구원의 설립 및 운영에 관한 법률에 따라 설립된 연구기관

마. 공공기관의 운영에 관한 법률에 따른 공공기관의 부설 연구기관

바. 기업 또는 대학의 부설 연구기관

사. 민법 또는 다른 법률에 따라 설립된 법인인 연구기관

참 고

• 기간제 및 단시간 근로자 보호 등에 관한 법률 •

법 제4조【기간제근로자의 사용】 ① 사용자는 2년을 초과하지 아니하는 범위 안에서(기간제 근로계약의 반복갱신 등의 경우에는 그 계속근로한 총기간이 2년을 초과하지 아니하는 범위 안에서) 기간제근로자를 사용할 수 있다. 다만, 다음 각 호의 어느 하나에 해당하는 경우에는 2년을 초과하여 기간제근로자로 사용할 수 있다.

1. 사업의 완료 또는 특정한 업무의 완성에 필요한 기간을 정한 경우
2. 휴직·파견 등으로 결원이 발생하여 당해 근로자가 복귀할 때까지 그 업무를 대신할 필요가 있는 경우
3. 근로자가 학업, 직업훈련 등을 이수함에 따라 그 이수에 필요한 기간을 정한 경우
4. 「고령자고용촉진법」 제2조 제1호의 고령자와 근로계약을 체결하는 경우
5. 전문적 지식·기술의 활용이 필요한 경우와 정부의 복지정책·실업대책 등에 따라 일자리를 제공하는 경우로서 대통령령이 정하는 경우
6. 그 밖에 제1호 내지 제5호에 준하는 합리적인 사유가 있는 경우로서 대통령령이 정하는 경우

② 사용자가 제1항 단서의 사유가 없거나 소멸되었음에도 불구하고 2년을 초과하여 기간제근로자로 사용하는 경우에는 그 기간제근로자는 기간의 정함이 없는 근로계약을 체결한 근로자로 본다.

시행령 제3조【기간제근로자 사용기간 제한의 예외】 ① 법 제4조 제1항 제5호에서 "전문적 지식·기술의 활용이 필요한 경우로서 대통령령이 정하는 경우"란 다음 각 호의 어느 하나에 해당하는 경우를 말한다.

1. 박사학위(외국에서 수여받은 박사학위를 포함한다)를 소지하고 해당 분야에 종사하는 경우
2. 「국가기술자격법」 제9조 제1항 제1호에 따른 기술사 등급의 국가기술자격을 소지하고 해당 분야에 종사하는 경우
3. 별표 2에서 정한 전문자격을 소지하고 해당 분야에 종사하는 경우

② 법 제4조 제1항 제5호에서 "정부의 복지정책·실업대책 등에 의하여 일자리를 제공하는

경우로서 대통령령이 정하는 경우"란 다음 각 호의 어느 하나에 해당하는 경우를 말한다.

1. 「고용정책기본법」, 「고용보험법」 등 다른 법령에 따라 국민의 직업능력 개발, 취업 촉진 및 사회적으로 필요한 서비스 제공 등을 위하여 일자리를 제공하는 경우
2. 「제대군인 지원에 관한 법률」 제3조에 따라 제대군인의 고용증진 및 생활안정을 위하여 일자리를 제공하는 경우
3. 「국가보훈기본법」 제19조 제2항에 따라 국가보훈대상자에 대한 복지증진 및 생활안정을 위하여 보훈도우미 등 복지지원 인력을 운영하는 경우

③ 법 제4조 제1항 제6호에서 "대통령령이 정하는 경우"란 다음 각 호의 어느 하나에 해당하는 경우를 말한다. (2010.2.4. 개정)

1. 다른 법령에서 기간제근로자의 사용기간을 법 제4조 제1항과 달리 정하거나 별도의 기간을 정하여 근로계약을 체결할 수 있도록 한 경우
2. 국방부장관이 인정하는 군사적·전문적 지식·기술을 가지고 관련 직업에 종사하거나 「고등교육법」 제2조 제1호에 따른 대학에서 안보 및 군사학 과목을 강의하는 경우
3. 특수한 경력을 갖추고 국가안전보장, 국방·외교 또는 통일과 관련된 업무에 종사하는 경우
4. 「고등교육법」 제2조에 따른 학교(같은 법 제30조에 따른 대학원대학을 포함한다)에서 다음 각 목의 업무에 종사하는 경우 (2010.2.4. 개정)
   가. 「고등교육법」 제14조에 따른 조교의 업무
   나. 「고등교육법 시행령」 제7조에 따른 겸임교원, 명예교수, 시간강사, 초빙교원 등의 업무
5. 「통계법」 제22조에 따라 고시한 한국표준직업분류의 대분류 1과 대분류 2 직업에 종사하는 자의 「소득세법」 제20조 제1항에 따른 근로소득(최근 2년간의 연평균 근로소득을 말한다)이 고용노동부장관이 최근 조사한 고용형태별 근로실태조사의 한국표준직업분류 대분류 2 직업에 종사하는 자의 근로소득 상위 100분의 25에 해당하는 경우 (2010.2.4. 개정)
6. 「근로기준법」 제18조 제3항에 따른 1주 동안의 소정근로시간이 뚜렷하게 짧은 단시간근로자를 사용하는 경우
7. 「국민체육진흥법」 제2조 제4호에 따른 선수와 같은 조 제6호에 따른 체육지도자 업무에 종사하는 경우
8. 다음 각 목의 연구기관에서 연구업무에 직접 종사하는 경우 또는 실험·조사 등을 수행하는 등 연구업무에 직접 관여하여 지원하는 업무에 종사하는 경우 (2010.2.4. 신설)
   가. 국공립연구기관
   나. 「정부출연연구기관 등의 설립·운영 및 육성에 관한 법률」 또는 「과학기술분야 정부출연연구기관 등의 설립·운영 및 육성에 관한 법률」에 따라 설립된 정부출연연구기관

다.「특정연구기관 육성법」에 따른 특정연구기관
라.「지방자치단체출연 연구원의 설립 및 운영에 관한 법률」에 따라 설립된 연구기관
마.「공공기관의 운영에 관한 법률」에 따른 공공기관의 부설 연구기관
바. 기업 또는 대학의 부설 연구기관
사.「민법」 또는 다른 법률에 따라 설립된 법인인 연구기관

참조 행정해석

- 임원임기를 근로계약기간으로 정한 비서의 사용기간 제한 예외 인정 여부 (비정규직대책팀-3017, 2007.7.26.)

[질의] 당사의 비상근 회장의 임기가 3년이며, 그 비서업무에 대한 수요는 상시적이지 않은 편이다. 이러한 비서업무를 수행하기 위해 기간제근로자를 3년간 고용하는 경우 사용기간 제한 예외사유인 '사업의 완료 또는 특정한 업무의 완성에 필요한 기간을 정한 경우'에 해당하는지

[회시] 구체적 상황에 따라 다를 수 있겠으나 3년 임기의 비상근 회장의 비서를 채용하는 경우 당해 근로자와 근로계약을 체결할 때 회장의 임기 동안만 일을 하는 것으로 유기계약을 체결하였다면 사업의 완료에 필요한 기간을 정한 것으로 해석하여 기간제법 제4조 단서조항에 의한 사용기간 제한의 예외로 인정될 수 있을 것으로 사료된다.

- 무기계약근로자 전환 여부 (비정규직대책팀-3018, 2007.7.26.)

[질의] A기업에서 특정 B프로젝트에 3년 근무 후 일반 기간제 계약직으로 1년 6개월 근무 후 또 다른 특정 C프로젝트에 3년을 근무하는 경우에 무기계약근로자 전환시기

[회시] 특정 프로젝트 B와 C가 사업의 완성에 필요한 기간을 정하여 기간제 근로계약을 체결한 경우라면 기간제법 제4조 제1항의 예외에 해당될 수 있을 것이다. 따라서 일반 기간제계약에 의한 근로기간이 2년을 넘지 않는 경우 무기계약근로자로 전환되지 않는다고 보아야 할 것이다.

Q&A

기간제 및 단시간 근로자 보호 등에 관한 법률에 의하면 '휴직 · 파견 등으로 결원이 발생하여 당해 근로자가 복귀할 때까지 그 업무를 대신할 필요가 있는 경우'에는 2년을 초과해 계약직을 사용할 수 있다고 규정하고 있음. 이때 2년을 초과해 사용할 수 있는 기간은 해당 휴직 근로자의 휴직기간만 인정되는 것인지 아니면 휴직 전 대체인력 직무교육 및 업무인수인계 등을 위한 사전 준비기간도 인정될 수 있는 것인지

기간제 및 단시간 근로자 보호 등에 관한 법률 제4조 제1항 제2호에 의하면 '휴직 · 파견 등으로 결원이 발생하여 근로자가 복귀할 때까지 업무를 대신할 필요가 있는 경우'에 기간제 사용기간 2년을 초과해 기간제를 사용할 수 있다고 규정하고 있다.
즉 기간제 사용기간 2년 제한의 예외로 인정되는 경우는 '기존 근로자가 휴직을 시작한 이후부터'라는 제한은 없고, '업무를 대신할 필요가 있는 경우'이기 때문에 기존 근로자 업무를 대신하는데 필요한 직무교육 및 업무인수인계 등을 위해 설정하는 기존 근로자 휴직 전 준비기간은 '업무를 대신할 필요가 있어 정한 계약기간'에 해당될 것이므로 그 준비기간도 예외 계약기간으로 인정될 수 있을 것으로 판단된다.
한편, 고용보험법상 육아휴직자 대체인력에 대한 지원금 요건도 '육아휴직 시작일 전 60일이 되는 날부터 신규로 대체인력을 30일 이상 고용한 경우'라는 점을 보더라도 대체인력에 대한 요건이 반드시 해당 휴직이 시작된 이후부터로 제한된다고 보기는 어려울 것으로 판단된다.

(3) 기간제 사용기간 2년 제한의 적용범위

기간제 사용기간 2년 제한규정은 이 법 시행(2007.7.1.) 이후 근로계약이 체결 · 갱신되거나 기존의 근로계약기간을 연장하는 경우부터 적용한다(예 2007.1.1. 1년간 근로계약을 체결하고 2008.1.1. 계약갱신하는 경우 2008.1.1.부터 위 법의 적용을 받아 향후 2년으로 사용기간이 제한).

(4) 근로조건 서면명시의무

사용자는 기간제근로자 또는 단시간근로자와 근로계약을 체결하는 때에는 다음 각 호의 모든 사항을 서면으로 명시하여야 한다(기간제 및 단시간 근로자 보호 등에 관한 법률 제17조, 위반시 500만원 이하 과태료).

① 근로계약기간에 관한 사항
② 근로시간 · 휴게에 관한 사항
③ 임금의 구성항목 · 계산방법 및 지불방법에 관한 사항
④ 휴일 · 휴가에 관한 사항
⑤ 취업의 장소와 종사하여야 할 업무에 관한 사항

⑥ 근로일 및 근로일별 근로시간(단시간근로자에 한한다)

3. 파견근로

'근로자파견'이란 ① 파견사업주가 근로자를 고용한 후 그 고용관계를 유지하면서, ② 근로자파견계약의 내용에 따라, ③ 사용사업주의 지휘 · 명령을 받아 사용사업주를 위한 근로에 종사하게 하는 것을 의미한다(고용과 사용의 분리).

통상적인 근로계약과는 달리 근로자파견은 파견근로자를 고용하는 사용자와 사용하는 사용자가 분리되면서 노동관계법상의 사용자 책임의 문제가 발생하고, 일반 노동관계법 외에 파견근로자 보호 등에 관한 법률의 적용을 받게 되어 파견기간 등의 제한을 받게 된다.

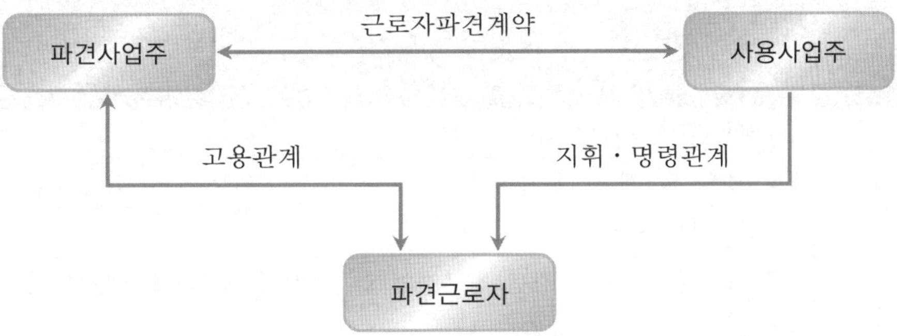

(1) 근로자파견사업

'근로자파견사업'이라 함은 근로자파견을 업(業)으로 행하는 것을 말한다(파견법 제2조 제2호).

여기서 '업(業)'이라 함은 일정한 목적으로 동종행위를 반복 · 계속적으로 행하는 것을 말하며, 1회에 한하는 행위라도 반복 · 계속의 의사를 가지고 행하였으면 '사업성'은 인정된다. 만약 계속 반복되더라도 우발적 · 수동적 행위에 불과하다면 사업성은 인정되지 않는다.

(2) 파견대상업무

파견근로자 보호 등에 관한 법률은 근로자파견대상업무 및 파견사유를 제한함으로써 무분별한 파견근로의 활용을 금지하고 있다.

가. 전문지식, 기술, 경험 또는 업무의 성질 등을 고려해 적합한 업무

근로자파견사업은 제조업의 직접 생산공정업무를 제외하고 전문지식·기술·경험 또는 업무의 성질 등을 고려하여 적합하다고 판단되는 업무로서 대통령령이 정하는 업무를 대상으로 한다(파견법 제5조 제1항). 대통령령이 정하는 업무는 파견근로자 보호 등에 관한 법률 시행령 제2조 제1항에 의한 업무를 말한다.

근로자파견대상업무(파견근로자 보호 등에 관한 법률 시행령 제2조 제1항 별표 1)

한국표준 직업분류 (통계청 고시 제2000-2호)	대 상 업 무	비 고
120	컴퓨터관련 전문가의 업무	
16	행정, 경영 및 재정전문가의 업무	행정전문가(161)의 업무를 제외한다.
17131	특허전문가의 업무	
181	기록 보관원, 사서 및 관련 전문가의 업무	사서(18120)의 업무를 제외한다.
1822	번역가 및 통역가의 업무	
183	창작 및 공연예술가의 업무	
184	영화, 연극 및 방송관련 전문가의 업무	
220	컴퓨터관련 준전문가의 업무	
23219	기타 전기공학 기술공의 업무	
23221	통신 기술공의 업무	
234	제도 기술 종사자, 캐드 포함의 업무	
235	광학 및 전자장비 기술 종사자의 업무	보조업무에 한한다. 임상병리사(23531), 방사선사(23532), 기타 의료장비기사(23539)의 업무를 제외한다.

한국표준 직업분류 (통계청 고시 제2000-2호)	대 상 업 무	비 고
252	정규교육 이외 교육 준전문가의 업무	
253	기타 교육 준전문가의 업무	
28	예술, 연예 및 경기 준전문가의 업무	
291	관리 준전문가의 업무	
317	사무 지원 종사자의 업무	
318	도서, 우편 및 관련 사무 종사자의 업무	
3213	수금 및 관련 사무 종사자의 업무	
3222	전화교환 및 번호안내 사무 종사자의 업무	전화교환 및 번호안내 사무 종사자의 업무가 당해 사업의 핵심 업무인 경우를 제외한다.
323	고객 관련 사무 종사자의 업무	
411	개인보호 및 관련 종사자의 업무	
421	음식조리 종사자의 업무	관광진흥법 제3조에 따른 관광 숙박업의 조리사 업무를 제외한다.
432	여행안내 종사자의 업무	
51206	주유원의 업무	
51209	기타 소매업체 판매원의 업무	
521	전화통신 판매 종사자의 업무	
842	자동차운전 종사자의 업무	
9112	건물청소 종사자의 업무	
91221	수위 및 경비원의 업무	경비업법 제2조 제1호에 따른 경비업무를 제외한다.
91225	주차장 관리원의 업무	
913	배달, 운반 및 검침관련 종사자의 업무	

나. 결원 또는 일시적 사유에 의한 인력필요업무

출산 · 질병 · 부상 등으로 결원이 생긴 경우 또는 일시적 · 간헐적으로 인력을 확보하여야 할 필요가 있는 경우에는 근로자파견사업을 행할 수 있다(파견법 제5조 제2항).

또한 사용사업주는 일시적인 사유에 의하여 파견근로자를 사용하고자 할 경우에는 과반수 노동조합(과반수 노동조합이 없는 경우 근로자 과반수를 대표하는 자)과 성실하게 협의하도록 규정하고 있다(파견법 제5조 제4항).

다. 절대금지대상업무

절대금지대상업무란 어떤 사유로도 당해 업무에 관해서 파견사업주는 근로자파견사업을 행할 수 없고 사용사업주 역시 파견근로자를 사용할 수 없는 업무를 말한다(파견법 제5조 제3항, 동법 시행령 제2조 제2항).

① 건설공사현장에서 이루어지는 업무
② 각종 법규에 의한 하역업무로서 직업안정법 제33조의 규정에 의하여 근로자공급사업허가를 받은 지역의 업무
③ 선원법 제3조의 규정에 따른 선원의 업무
④ 산업안전보건법 제28조의 규정에 따른 유해하거나 위험한 업무
⑤ 진폐의 예방과 진폐근로자의 보호 등에 관한 법률 제2조 제3호에 따른 분진작업을 하는 업무
⑥ 산업안전보건법 제44조에 따른 건강관리수첩의 교부대상 업무
⑦ 의료법 제2조의 규정에 의한 의료인의 업무 및 같은 법 제80조에 따른 간호조무사의 업무
⑧ 의료기사 등에 관한 법률 제3조에 따른 의료기사의 업무
⑨ 여객자동차운수사업법 제2조 제3호에 따른 여객자동차운송사업의 운전업무
⑩ 화물자동차운수사업법 제2조 제3호에 따른 화물자동차운송사업의 운전업무
⑪ 파견법 제42조 제1항의 벌칙 적용 대상 업무

한편, 다음과 같은 경우에도 파견근로자를 사용할 수 없다.

첫째, 파견사업주는 쟁의행위 중인 사업장에 쟁의행위로 중단된 업무의 수행을 위하여 근로자를 파견하여서는 안된다(파견법 제16조 제1항). 이는 노동조합의 쟁의행위를 무력화할 수 있는 대체근로를 방지함으로써 노동조합의 단체행동권을 보장하기 위함이다.

둘째, 근로기준법 제24조의 규정에 의하여 경영상의 이유에 의한 해고를 한 후 2년간

은 파견근로자를 사용하여서는 안된다. 다만, 사업장에 근로자 과반수로 조직된 노동조합이 있는 경우에는 그 노동조합(근로자 과반수로 조직된 노동조합이 없는 경우에는 근로자의 과반수를 대표하는 자)의 동의가 있을 때에는 6월이 경과하면 파견근로자를 사용할 수 있다(파견법 제16조 제2항, 동법 시행령 제4조).

(3) 근로자파견계약

'근로자파견계약'이라 함은 파견사업주와 사용사업주간에 근로자파견을 약정하는 계약을 말하며(파견법 제2조 제6호), 다음의 사항을 반드시 서면으로 기재해야 한다(파견법 제20조).

① 파견근로자의 수
② 파견근로자가 종사할 업무의 내용
③ 파견사유
④ 파견근로자가 파견되어 근로할 사업장의 명칭 및 소재지 기타 파견근로자의 근로장소
⑤ 파견근로 중인 파견근로자를 직접 지휘·명령할 자에 관한 사항
⑥ 근로자파견기간 및 파견근로 개시일에 관한 사항
⑦ 시업 및 종업의 시각과 휴게시간에 관한 사항
⑧ 휴일·휴가에 관한 사항
⑨ 연장·야간·휴일근로에 관한 사항
⑩ 안전 및 보건에 관한 사항
⑪ 근로자파견의 대가
⑫ 파견사업관리책임자 및 사용사업관리책임자에 관한 사항

한편, 사용사업주는 근로자파견계약을 체결하는 때에는 파견사업주가 차별금지규정을 준수할 수 있도록 필요한 정보를 서면으로 제공해야 한다(파견법 제20조 제2항).

사용사업주가 파견사업주에게 제공하여야 하는 정보는 사용사업주의 사업 내의 파견근로자와 같은 종류 또는 유사한 업무를 수행하는 근로자에 대한 다음 정보를 말한다(파견법 제20조 제2항, 시행령 제4조의2).

① 근로자 유무 및 근로자의 수
② 임금 및 임금의 구성항목
③ 시업(始業) 및 종업(終業)의 시각과 휴게시간에 관한 사항
④ 휴일 · 휴가에 관한 사항
⑤ 연장 · 야간 · 휴일근무에 관한 사항
⑥ 안전 및 보건에 관한 사항
⑦ 복리후생시설의 이용에 관한 사항
⑧ 그 밖에 법 제2조 제7호에 따른 차별적 처우의 대상이 되는 근로조건 중 ②부터 ⑦까지의 규정에 포함되지 아니한 사항

(4) 파견근로기간(파견법 제6조)

파견근로기간은 다음과 같이 구분된다.

① 전문지식 · 기술 · 경험 또는 업무의 성질 등을 고려해 파견을 필요로 하는 업무의 경우 파견기간은 1년을 초과할 수 없으나, 파견사업주 · 사용사업주 · 파견근로자의 합의로 1년의 범위 안에서 연장할 수 있다. 다만, 만 55세 이상 고령자에 대하여는 2년을 초과해 근로자파견기간을 연장할 수 있다.
② 출산 · 질병 · 부상 등 사유가 객관적으로 명백한 경우의 파견기간은 그 사유해소에 필요한 기간으로 병가 또는 휴가기간이 이에 해당한다.
③ 일시적 · 간헐적으로 인력을 확보하여야 할 필요가 있는 경우에는 3월 이내의 기간 동안 파견이 가능하다. 다만, 그 사유가 해소되지 아니하고 파견사업주 · 사용사업주 · 파견근로자간에 합의가 있는 경우에는 1회에 한하여 3월의 범위 안에서 그 기간을 연장할 수 있다.

(5) 파견근로자 고용의무

사용사업주가 다음에 해당하는 경우에는 파견근로자를 직접 고용해야 할 고용의무가 있다(고용의무 위반시 3천만원 이하의 과태료). 다만, 파견근로자가 명시적인 반대의사를 표시하거나 대통령령이 정하는 정당한 이유가 있는 경우(임금채권보장법 시행령 제4조 각

호의 어느 하나에 해당하는 경우, 천재 · 사변 그 밖의 부득이한 사유로 사업의 계속이 불가능한 경우)는 그렇지 않다(파견법 제6조의2).

① 2년을 초과해 계속적으로 파견근로자를 사용하는 경우

② 파견금지업무에 파견근로자를 사용하는 경우

③ 무허가파견업체로부터 2년을 초과해 계속적으로 근로자파견의 역무를 제공받은 경우

참 고

• 파견근로자 보호 등에 관한 법률 •

제6조 【파견기간】 ① 근로자파견의 기간은 제5조 제2항의 규정에 해당하는 경우를 제외하고는 1년을 초과하지 못한다.

② 제1항의 규정에 불구하고 파견사업주 · 사용사업주 · 파견근로자간의 합의가 있는 경우에는 파견기간을 연장할 수 있다. 이 경우 1회를 연장할 때에는 그 연장기간은 1년을 초과하지 못하며, 연장된 기간을 포함한 총파견기간은 2년을 초과하지 못한다.

③ 「고령자고용촉진법」 제2조 제1호의 규정에 따른 고령자인 파견근로자에 대하여는 제2항 후단의 규정에 불구하고 2년을 초과하여 근로자파견기간을 연장할 수 있다.

④ 제5조 제2항의 규정에 의한 근로자파견의 기간은 다음과 같다.

1. 출산 · 질병 · 부상 등 그 사유가 객관적으로 명백한 경우에는 그 사유의 해소에 필요한 기간
2. 일시적 · 간헐적으로 인력을 확보할 필요가 있는 경우에는 3월 이내의 기간. 다만, 그 사유가 해소되지 아니하고 파견사업주 · 사용사업주 · 파견근로자간의 합의가 있는 경우에는 1회에 한하여 3월의 범위 안에서 그 기간을 연장할 수 있다.

제6조의2 【고용의무】 ① 사용사업주가 다음 각 호의 어느 하나에 해당하는 경우에는 당해 파견근로자를 직접 고용하여야 한다.

1. 제5조 제2항의 규정을 위반하여 2년을 초과하여 계속적으로 파견근로자를 사용하는 경우
2. 제5조 제3항의 규정을 위반하여 파견근로자를 사용하는 경우
3. 제6조 제2항 또는 제4항의 규정을 위반하여 2년을 초과하여 계속적으로 파견근로자를 사용하는 경우
4. 제7조 제3항의 규정을 위반하여 2년을 초과하여 계속적으로 근로자파견의 역무를 제공받은 경우

② 제1항의 규정은 당해 파견근로자가 명시적인 반대의사를 표시하거나 대통령령이 정하는 정당한 이유가 있는 경우에는 적용하지 아니한다.

③~④ 생략

부칙 ③ (고용의제에 관한 경과조치) 이 법 시행당시 종전의 제6조 제3항의 규정이 적용되는 파견근로자에 대하여는 이 법 시행 후에도 종전의 규정을 적용한다.

Q&A

파견사원으로 입사해 근무하다가 계약기간 2년이 되어 재계약을 하려고 하니까 법상 2년을 넘으면 재계약을 할 수 없다면서 1개월 정도 후에 재계약을 하자고 해서 그렇게 하기로 하였는데 법적으로 어쩔 수 없는 것인지

현행 파견근로자 보호 등에 관한 법률(이하 "파견법")에 따르면 근로자파견기간은 1년을 초과하지 못하도록 되어 있고, 다만 파견사업주, 사용사업주, 파견근로자간의 합의가 있을 경우에는 1년의 범위 안에서 그 기간을 연장할 수 있다. 이러한 법에 따르면 파견근로자가 동일한 사업체에서 파견근로자로서 최장근무할 수 있는 기간은 2년이 된다.

또한 파견법상의 파견업이 아닌 경우로서 출산 · 질병 · 부상 등 그 사유가 객관적으로 명백한 경우에는 그 사유의 해소에 필요한 기간, 일시적 · 간헐적으로 인력을 확보할 필요가 있는 경우에는 3개월 이내의 기간(1회에 한하여 3개월의 범위 내에서 연장 가능)에 한하여 파견근로자를 사용할 수 있다.

이렇게 파견기간을 한정하는 취지는 근로자파견제도가 기업의 일시적인 인력수요와 전문 인력수요에 대처하기 위하여 도입된 제도이므로 그 적정한 기간 동안만 파견근로자를 사용하도록 한 것이며, 정규근로자를 파견근로자로 대체하여 장기간 사용하는 것을 방지하도록 하기 위함이다.

이러한 취지에서 현행법은 사용사업주가 2년을 초과한 이후에도 계속적으로 파견근로자를 사용하는 경우에는 2년의 기간이 만료된 날의 다음날부터 파견근로자를 직접 고용해야 할 의무를 부과하고 있다(고용의무). 한편, 사용사업주가 파견사업주와의 근로자파견계약을 종료한 후 파견근로자를 채용할 때 당사자의 의사에 따라 계약직 또는 임시직으로 채용할 수 있다는 것이 고용노동부 행정해석의 견해이다.

다만, 파견법의 취지와 무관하게 파견법상의 파견기간 초과에 따른 파견법상의 직접 고용의무를 면하기 위해서 2년이 지나면 계약기간을 만료한 후 편법적으로 파견근로자를 재고용하는 경우가 있다. 이에 대해 고용노동부 행정해석은 파견근로자를 2년 계약 만료 후 정규직근로자로 고용하는 것을 회피하기 위하여 1개월 동안의 임시직 등으로 고용한 후 다시 동 근로자를 파견근로자로 사용한 경우에도 동 근로자가 사용사업장에 고용된 것으로 보는 등 파견기간에 대해 파견법의 취지를 고려한 해석을 하고 있다.

참조 행정해석

▪ 동일한 파견근로자를 2년 사용 후 공백기간을 거쳐 재고용한 경우

(근기 68207-683, 1999.11.22.)

사업주가 동일한 파견근로자를 2년간 사용 후 일정한 공백기간을 두고 다시 동일한 파견근로자를 사용하였다고 한다면 동 사업주는 새로이 사용하는 시점부터 동 근로자에 대해 '파견근로자로서 사용'하는 것이 아니라 '근로기준법상 사용자로서 동 근로자를 채용'한 것으로 보아야 한다.

▪ 근로자파견제도의 올바른 이해 (노동부, 2000.5.)

파견근로자를 2년 계약 만료 후 정규직근로자로 고용함을 피하기 위하여 1개월 동안의 임시직 등으로 고용한 후 다시 동 근로자를 파견근로자로 사용한 경우에도 동 근로자가 사용사업장에 고용된 것으로 보아야 할 것이다.

Q&A

파견근로자를 정식 근로자로 채용할 경우 계속근로연수는 새로이 시작되는지

파견근로기간이 종료된 후 파견근로자를 정식 직원으로 채용하는 것은 근로계약 당사자가 기존 파견사업주에서 사용사업주로 변경되는 것이기 때문에 별도의 약정이 없는 한 이전 파견근로기간과 이후 직접 고용기간 사이의 근로관계는 단절되고, 사용사업주가 직접 채용한 시점부터 새로이 근로관계가 개시된다고 보아야 할 것이다.

따라서 별도약정이 없는 한 퇴직금 및 연차유급휴가일 산정을 위한 계속근로연수는 사용사업주와 파견근로자간에 새로이 근로계약을 체결한 시점을 기준으로 하면 될 것으로 판단된다.

참조 행정해석

▪ 파견근로자를 직접 채용할 경우 계속근로 여부 (근기 68207-2231, 2001.7.11.)

파견근로자를 사용사업주가 직접 채용한 경우 고용승계의무가 없는 근로계약 당사자의 변경에 해당하므로 별도의 약정이 없다면 근로관계는 단절되며, 따라서 사용사업주가 직접 채용한 시점부터 새로이 근로관계가 개시된다.

Q&A

파견법 제6조의2에 의하면 사용사업주가 2년을 초과하여 계속 파견근로자를 사용하는 경우에는 2년의 기간이 만료된 날의 다음날로부터 파견근로자를 직접 고용해야 할 의무가 있다고 보지만, 다만 파견근로자가 명시적으로 반대하는 경우는 그렇지 않다고 규정하고 있음. 그렇다면 파견근로자가 명시적으로 직접 고용을 반대할 경우에는 2년을 초과해 파견근로자를 사용할 수 있는 것인지

파견법에 따라 파견기간은 최장 2년이며, 근로자가 자발적으로 2년을 초과해 파견근무하고 싶다고 하더라도 위 기간은 준수해야 한다. 한편, 파견법 제6조의2는 파견근로자가 2년을 초과해 근로하는 경우 사용사업주는 파견근로자를 직접 고용할 의무가 있다고 보며, 다만 파견근로자가 명시적으로 직접 고용을 반대하는 경우에는 직접 고용의무를 적용하지 않는다고 규정하고 있다.

위 규정은 2년을 초과해 파견근로한 근로자가 명시적으로 반대하는 경우 사용사업주에게 직접 고용의무를 부과하지 않는다는 의미이지, 파견법상의 파견근로기간 2년을 초과할 수 있는 예외를 규정하고 있는 것은 아니다.

즉 파견기간 최장 2년에 대한 예외규정은 없으며, 2년을 초과하는 파견근로를 행하거나 역무를 제공받는 사업주는 3년 이하의 징역 또는 2천만원 이하의 벌금(파견법 제43조)의 벌칙을 적용받게 된다.

참조 행정해석

▪ 근로자가 원하더라도 파견기간은 최대 2년을 초과할 수 없다

(고관 68460－1043, 1998.10.23.)

파견근로자 보호 등에 관한 법률 제6조 제1항의 규정에 의하여 근로자파견기간은 최대 2년을 초과할 수 없음. 따라서 파견근로자가 하나의 사업장에서 2년 이상 계속하여 파견근로자로서 근무하고 싶다는 명시적인 의사표시(본인이 원한 경우)를 하였음을 이유로 하나의 사업장에 2년을 초과하여 파견근로자를 사용하고 있다면 이는 동법위반이며, 파견사업주와 사용사업주는 동법 제43조 및 제44조의 규정에 의하여 처벌을 면할 수 없다.

파견근로자 보호 등에 관한 법률 제6조 제3항에서 규정하고 있는 "다만, 당해 파견근로자가 명시적인 반대의사를 표시하는 경우에는 제외한다"라 함은 파견근로자가 사용사업장의 근로자로 고용되는 것에 대한 반대의사를 표시하는 경우는 사용사업장의 근로자로 고용이 의제되는 법적 효과가 발생되지 않는다는 의미일 뿐이다.

Q&A

파견근로자가 근무하다가 파견업체가 변경되자 변경된 업체로 소속을 바꿔 계속근무하고 있음. 이 경우 파견기간 2년은 최초 위 근로자가 근무하기 시작한 때부터인지 소속이 변경된 이후 새로이 기산하는지

파견근로기간을 제한하는 취지는 임시적으로 파견근로가 필요한 경우 적정한 파견근로기간 동안만 파견근로를 사용할 수 있도록 하기 위함이며, 파견법 제6조 제1항, 제2항에서도 '파견기간은 1년을 초과할 수 없지만 파견사업주, 사용사업주, 파견근로자간의 합의가 있

는 경우 1년을 연장'할 수 있도록 하고 있음을 볼 때 파견근로의 최장기간 2년은 직접적으로 파견근로를 제공하는 파견근로자를 기준으로 산정해야 할 것이다.
따라서 파견근로자가 파견회사를 변경하는 경우, 기존의 업무를 다른 업무로 변경하는 경우에도 동일한 근로자가 2년을 초과해 사용회사에서 근무하는 경우에는 파견법을 위반한 것으로 보아야 할 것이다.

참조 행정해석

- 동일 근로자는 2년 이상 파견근로할 수 없다 (고관 68460 - 999, 1998.10.19.)
  파견근로자 보호 등에 관한 법률 제6조에서 규정한 파견기간은 사용사업주가 파견근로자를 최초로 사용한 시점을 기준으로 산정되며, 사용사업주가 파견근로자 소속파견업체를 변경하거나 또는 업무를 변경하여 사용하였다 할지라도 파견기간 산정에는 영향을 미치지 못한다 할 것이다. 따라서 사용사업주가 2년을 초과하여 계속적으로 동일 파견근로자를 사용하는 경우에는 2년의 기간이 만료된 날의 다음날부터 파견근로자를 고용한 것으로 보아야 할 것이다.

(6) 파견근로자의 근로조건 보호

① 파견사업주의 사용자책임

근로자파견제도는 일반적인 사용자와 근로자의 근로관계와는 달리 파견사업주와 사용사업주가 동시에 파견근로자에 대한 사용자로서의 지위를 가지기 때문에 사용자책임에 있어서도 다른 방식으로 규율하고 있다.

사용자란 근로자와 관련된 사항에 있어 근로기준법을 포함한 노동관계법상의 사용자 의무를 성실히 이행해야 할 지위에 있는 자로서 우선 파견사업주를 사용자로 보는 경우는 임금, 재해보상 관련 부분, 휴일 또는 휴가에 대하여 유급으로 지급되는 임금이나 연장근로에 대한 임금 및 수당에 대한 책임, 각종 사회보험비용에 대한 책임 등에 대해 사용자로서 책임을 지게 된다.

예를 들어 파견근로자가 파견근로 도중에 다쳤을 경우에는 파견사업주가 산재보상에 대한 책임을 져야 하며, 파견근로자에게 시간외근로수당 및 휴일근로수당 등을 지급하지 않았을 경우 그 책임은 파견사업주에게 있다.

다만, 사용사업주의 귀책사유(정당한 사유없이 근로자파견계약을 해지하거나 근로자파견의 대가를 지급하지 않은 경우)로 파견사업주에게 파견근로의 대가를 지불하지 않음으로 인해 파견사업주가 파견근로자에게 임금을 지급하지 못했을 경우에는 파견사업주에게 임금지급의무가 있더라도 파견사업주와 사용사업주가 연대책임을 지도록 하고 있다(파견법 제34조 제2항, 시행령 제5조).

한편, 파견사업주는 파견근로자에 대해 근로자파견계약의 내용을 서면으로 알려주어야 하며, 파견근로자는 파견사업주에게 근로자파견의 대가에 관하여 그 내역의 제시를 요구할 수 있도록 함으로써 과도한 중간공제 가능성을 예방해 파견근로자를 보호하도록 하고 있다(파견법 제26조). 파견사업주가 근로자파견계약의 내용을 서면으로 알려주지 않을 경우에는 1천만원 이하의 과태료(파견법 제46조 제3항), 근로자파견대가의 내역 제시를 요구받았음에도 이를 서면으로 제시하지 않을 경우에는 300만원 이하의 과태료에 처해진다(파견법 제46조 제5항 제2의2호).

참 고

• 파견근로자 보호 등에 관한 법률(취업조건 서면고지의무) •

제26조【취업조건의 고지】① 파견사업주는 근로자파견을 하고자 할 때에는 미리 당해 파견근로자에게 제20조 제1항 각 호의 사항 기타 고용노동부령이 정하는 사항을 서면으로 알려주어야 한다.

② 파견근로자는 파견사업주에게 제20조 제1항 제11호의 규정에 따른 근로자파견의 대가에 관하여 그 내역의 제시를 요구할 수 있다.

③ 파견사업주는 제2항의 규정에 따라 그 내역의 제시를 요구받은 때에는 지체없이 그 내역을 서면으로 제시하여야 한다.

Q&A

파견직원이 출산휴가를 사용한다고 할 경우 위 직원을 대신해 채용한 아르바이트 직원의 급여를 위 직원에게 부담시킬 수 있는지

산전후휴가제도는 근속기간 · 근로형태 · 직종 등에 관계없이 출산할 근로자에게 부여되는 것으로 1인 이상 근로자를 사용하는 전사업장에 적용되므로 당연히 파견근로자에게도 적용된다. 파견근로자 보호 등에 관한 법률 제34조에 따르면 산전후휴가를 부여할 의무가 있는 사업주는 사용사업주이며, 그 기간 동안의 산전후휴가급여는 파견사업주가 지급하도록 되어 있다. 따라서 파견근로자가 산전후휴가를 사용하고자 할 때 사용사업주는 이를 방해하거나 거부해서는 안되며, 산전후휴가기간 최초 60일간의 급여는 파견사업주가 지급해야 한다.

파견사업주 및 사용사업주는 산전후휴가를 사용한 파견근로자를 대신해서 업무를 처리할 근로자를 임시적으로 채용할 수 있으나 이때 임시직원의 급여를 파견근로자의 급여로 대체할 수는 없다. 즉 산전후휴가를 사용한 파견근로자에 대한 60일간의 급여는 반드시 파견사업주가 해당 파견근로자에게 지급해야 한다. 또한 임시적으로 채용한 직원에 대한 급여도 파견사업주가 지급해야 한다.
그리고 파견근로자가 임시직원의 급여를 지급하지 않았다고 해서 통상적으로 이루어지던 재계약을 하지 않는다면 이는 부당해고 등의 문제가 발생할 수 있다.

참조 행정해석

- 파견근로자의 출산휴가 (여원 68240 - 126, 2000.4.26.)
  파견근로자 보호 등에 관한 법률 제34조에 의하면 산전후휴가를 부여할 의무가 있는 사업주는 사용사업주이며, 동 휴가기간 동안 발생하는 임금에 대해서는 파견사업주가 지급하도록 규정되어 있으므로 산전후휴가기간 동안 동 임금을 지급하지 아니하는 경우에는 법위반이 된다.

② 사용사업주의 사용자책임

사용사업주를 사용자로 보는 경우는 파견근로자의 출퇴근시간, 휴게, 연장근로, 휴일근로, 산전후휴가 등이며 사용사업주는 파견근로자에 대해 산업안전보건법상 사용자책임, 직장 내 성희롱 예방교육 의무사업주의 책임(사용사업주는 파견근로자를 대상으로 한 성희롱 예방교육을 1년에 1회 이상 실시해야 한다)을 지게 된다.

따라서 여성근로자의 출산휴가 부여의무는 사용사업주에게 있고, 출산휴가기간 동안의 임금지급의무는 파견사업주에게 있으며, 근로자의 출산휴가기간 동안 파견사업주가 다른 근로자를 임시로 파견근로시키는 동안 임시파견근로자에게 지급하는 임금을 출산휴가를 받은 여성근로자에게 부담시키는 것은 법위반이다.[1)]

또한 사용사업주는 파견근로자에 대해 산업안전보건법상의 사용자책임을 진다. 즉 산업재해를 예방하기 위한 파견근로자가 근무하는 사업장의 안전 및 보건상의 조치와 관련 교육의 실시, 건강진단(다만, 일반건강진단은 파견사업주의 책임) 등에 대해서는 사용사업주가 파견근로자의 사용자로서 책임을 지게 된다.

1) 여원 68240－126, 2000.4.26.

따라서 파견근로계약시 파견사업주는 산업재해예방을 위한 사용사업주의 산업안전의무를 명시하도록 요구할 수 있고, 사업장의 안전·보건관리의 미비로 근로자가 산업재해를 입었을 경우 산재보상에 대한 책임을 파견사업주가 지더라도 파견근로자는 사용사업주를 상대로 사업장의 안전배려의무위반에 따른 민사상 손해배상청구도 가능할 것이다.

한편, 사용사업주가 파견근로자를 직접 고용하는 경우 파견근로자의 근로조건에 대해 사용사업주는 파견근로자와 동종 또는 유사업무를 수행하는 근로자가 있는 경우 그 근로자에게 적용되는 취업규칙 등에서 정한 근로조건을 적용하며, 파견근로자와 동종 또는 유사업무를 수행하는 근로자가 없는 경우에는 파견근로자의 기존의 근로조건의 수준보다 저하되지 않도록 근로조건을 보호해야 한다.

참 고

• 파견근로자 보호 등에 관한 법률(직접고용시 근로조건) •

제6조의2 【고용의무】 ①~② 생략

③ 제1항의 규정에 따라 사용사업주가 파견근로자를 직접 고용하는 경우에 있어서 파견근로자의 근로조건은 다음과 같다.

1. 사용사업주의 근로자 중 당해 파견근로자와 동종 또는 유사업무를 수행하는 근로자가 있는 경우에는 그 근로자에게 적용되는 취업규칙 등에서 정한 근로조건에 의할 것
2. 사용사업주의 근로자 중 당해 파견근로자와 동종 또는 유사업무를 수행하는 근로자가 없는 경우에는 당해 파견근로자의 기존의 근로조건의 수준보다 저하되어서는 아니될 것

④ 사용사업주는 파견근로자를 사용하고 있는 업무에 근로자를 직접 고용하고자 하는 경우에는 당해 파견근로자를 우선적으로 고용하도록 노력하여야 한다.

Q&A

파견근로자가 직장 내에서 회사근로자를 성희롱했을 경우 회사가 취할 수 있는 조치는

직장 내 성희롱 예방제도는 성희롱으로 인한 피해를 예방하고 인격권의 침해를 방지하고자 하는 제도이기 때문에 업무수행과정 및 업무의 내용상 불가분한 관계에 있는가에 따라 성희롱 여부를 판단해야 하는 것으로 팀을 이루어 업무를 수행하는 경우의 협력 및 용역에 의한 근로관계, 파견근로관계 등에서도 직장 내 성희롱이 성립될 수 있다.

한편, 사업주는 직장 내 성희롱 발생이 확인된 경우에는 지체없이 행위자에 대하여 징계, 그 밖에 이에 준하는 조치를 취해야 한다(고평법 제14조 제1항). 이때 피해자와 행위자가 동일한 회사의 직원일 경우에는 법적용에 별다른 문제가 발생하지 않으나 위와 같이 직장

내 성희롱의 행위자 또는 피해자가 파견근로자일 경우에는 누가 징계권을 가지고 있는가의 문제가 발생하게 된다.
우선 파견근로자가 성희롱을 행한 경우 사실조사에 대해서는 사용사업주가 담당해야 할 것이다. 그러나 사용사업주는 파견근로자에 대한 징계권한이 없기 때문에 직접 징계를 하는 것은 어렵지만 파견사업주에 대하여 징계 등의 조치를 취할 것을 요구할 수 있을 것이다. 다음으로 파견근로자가 성희롱을 당한 경우에는 사용사업주는 성희롱 행위자에 대하여 징계 등의 조치를 반드시 취해야 한다. 만약 사용사업주가 파견근로자에 대한 직접적인 징계권이 없음을 이유로 아무런 조치를 취하지 않을 경우에는 피해자에 대한 보호의무를 위반한 것이 될 수 있으므로 사용사업주는 직접 징계를 하지 못하더라도 파견사업주에게 징계를 요구하거나 그에 준하는 조치 등을 취해야 할 것이다. 한편, 파견근로자에 대해 직장 내 성희롱 예방교육을 실시할 의무가 있는 사업주는 사용사업주라는 점을 간과해서는 안될 것이다.

✍ 참조 : 여정 68241-207, 2002.4.16.

4. 파견과 도급의 구별

(1) 파견과 도급을 구별하는 이유

도급이란 당사자의 일방(수급인)이 어느 일을 완성할 것을 약정하고, 상대방(도급인)이 그 일의 결과에 대하여 보수를 지급할 것을 약정함으로써 성립하는 계약이다(민법 제664조).

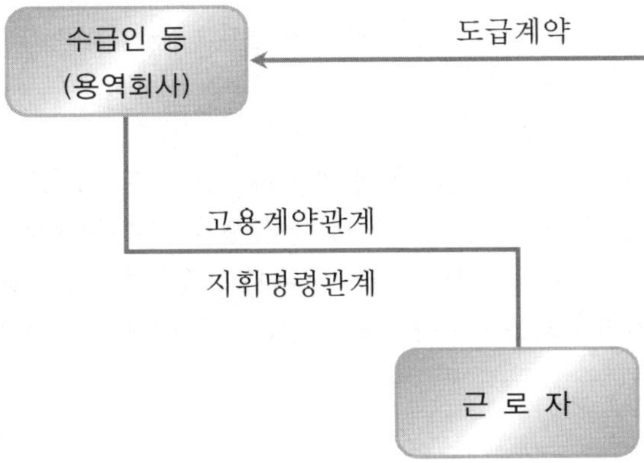

파견과 도급을 구분하는 핵심기준은 '근로자가 사용사업주의 지휘감독을 받아 근로를 제공하는가'이다. 즉 회사에서 직접 고용하지 않은 근로자를 직접 지휘감독하면서 사용하기 위해서는 근로자파견법의 적용을 받아야 하기 때문에(대상업무, 사용기간, 사용자책임 등) 근로자를 직접 지휘감독하는 관계가 아닌 도급관계임에도 근로자를 직접 지휘감독하면서 근로를 제공받는 경우에는 불법파견, 위장도급의 문제가 발생하게 된다.

(2) 파견과 도급의 구별 기준

근로자파견에 해당하지 않고 도급 등의 방식에 의한 사업이 되기 위해서는 파견사업주 등의 '사업주로서의 실체'가 인정되어야 하며, '지휘 · 명령의 주체'이어야 한다. 고용노동부는 이러한 요건을 충족하지 않은 채 행하는 도급 등은 근로자파견을 행한 것으로 간주해 관련 법에 의해 규율하고 있다.

참 고

• 근로자파견의 판단 기준에 관한 지침(노동부, 2007.4.) •

가. 파견사업주 등에 대한 사업주로서의 실체 판단

사용사업주 등과 파견사업주 등 사이에 체결된 계약의 명칭 · 형식 등에도 불구하고 파견사업주 등에게 다음과 같은 권한이나 책임이 존재하지 않는 경우에는 파견사업주 등의 실체가 인정되기 어려우므로 법 제2조 제1호의 근로자파견의 정의 중에서 "파견사업주가 근로자를 고용한 후 그 고용관계를 유지"하는 것으로 보지 않는다. 다만, 4), 5)는 단순히 육체적인 노동력을 제공하는 경우에는 적용되지 아니한다.

1) 채용 · 해고 등의 결정권

※채용면접표, 취업규칙, 근로계약서, 신규채용자 안전교육, 기타 해고 관련 서류 등을 확인

2) 소요자금 조달 및 지급에 대한 책임

※사무실 임대차계약서, 사업체 설립비용 부담 여부, 주식회사의 경우 주금납입 경위 및 주식 소유비율, 기성금 및 수당 지급방법 등을 확인

나. 사용사업주 등의 지휘 · 명령에 대한 판단

사용사업주 등과 파견사업주 등 사이에 체결된 계약의 명칭 · 형식 등에도 불구하고 사용사업주 등이 당해 근로자에 대하여 다음과 같은 권한을 행사하는 경우에는 사용사업주와 파견근로자의 파견근로관계(파견사업주가 근로자를 고용한 후 그 고용관계를 유지하면서 사용사업주의 지휘 · 명령을 받아 사용사업주를 위한 근로에 종사하게 하는 것)를 인정한다.

1) 작업배치 · 변경 결정권

※작업계획서, 인력배치 계획서, 관련 회의자료, 기타 작업배치 관련 서류 및 관행 등을 확인

2) 업무 지시 · 감독권

※일일 작업지시서, 안전교육 일지, 조회 개최 여부, 업무 관련 지시 전달방법 등을 확인
※특히 직접 고용한 근로자와 혼재하여 같거나 유사한 업무에 종사토록 하는 경우에는 업무 지시 · 감독권 행사 여부를 보다 신중히 검토
※계약서상 업무의 목적이나 내용이 지나치게 추상적이어서 사용사업주 등의 지시를 통해 비로소 구체화되는 불확정한 상태에 놓여 있거나 또는 업무 전반을 망라하는 것으로 되어 있어 특정 업무에 한정되지 않는 경우에는 업무 지시 · 감독권이 인정될 수 있음에 유의

3) 휴가, 병가 등의 근태 관리권 및 징계권

※휴가, 결근, 조퇴, 외출, 지각원, 출근부, 기타 징계 관련 서류 등의 확인

4) 업무수행에 대한 평가권

※업무수행 및 실적에 대한 평가서, 파견사업주 등의 직원이 현장에서 감독 · 평가하는지 여부, 잘못된 업무수행이 발견된 경우에 있어서의 조치 관행 등을 확인

5) 연장 · 휴일 · 야간근로 등의 근로시간 결정권(다만, 작업의 특성상 일치시켜야 하는 경우에는 제외한다)

※연 · 월차 유급휴가 사용내역, 일일 근무현황, 기타 근로시간 관련 서류 등을 확인

Q&A

도급계약관계가 불법파견으로 인정될 경우 어떠한 책임이 발생하는지

도급계약관계가 불법파견으로 인정될 경우에는 파견법 위반에 따른 형사책임, 직접고용의무, 과태료 책임이 발생할 수 있다.

① 형사책임 : 파견대상업무가 아닌 업무 또는 파견절대금지업무에 근로자파견을 하거나, 출산 · 질병 · 부상 등으로 결원이 있거나 일시적 · 간헐적으로 인력을 확보할 필요가 없음에도 불구하고 파견대상업무가 아닌 업무에 근로자파견을 해서는 안 되며, 법상 파견기간을 준수해야 하고, 근로자파견사업 허가를 받지 않고 근로자파견(무허가 파견)을 해서는 안된다. 이를 위반할 경우 파견사업주와 사용사업주는 3년 이하의 징역 또는 3천만원 이하의 벌금에 처해지게 된다(파견법 제43조).
따라서 도급계약관계가 불법파견으로 인정될 경우 수행업무가 파견대상업무가 아니거나, 파견기간을 초과했거나, 수급업체가 파견업 허가를 받지 않은 경우에는 위의 파견법 위반 책임이 발생할 수 있다.

② 직접고용의무 : 사용사업주는 다음의 어느 하나에 해당하는 경우에는 해당 파견근로자를 직접 고용해야 할 의무를 부담하게 됩니다. 따라서 불법파견으로 인정될 경우 도급업체는 수급업체 직원에 대한 직접고용의무 책임이 발생할 수 있다.

- 파견대상업무가 아닌 업무에 파견근로자를 사용하는 경우(즉시)
- 근로자파견 절대금지업무에 파견근로자를 사용한 경우(즉시)
- 근로자파견기간 2년을 초과해 파견근로자를 사용하는 경우(2년 초과 시점 이후)
- 출산 · 질병 등 결원에 의한 파견의 경우는 그 사유의 해소에 필요한 기간, 일시적 · 간헐적 사유에 의한 파견은 최장 6월 이내의 기간을 위반하여 파견근로자를 사용하는 경우(해당기간을 초과하는 시점 이후)
- 파견허가를 받지 않았거나, 허가받은 사항 중 고용노동부령이 정하는 중요사항의 변경허가를 받지 않고 근로자파견사업을 행하는 자로부터 근로자의 파견의 역무를 제공받은 경우(즉시)

* 직접고용의무 위반에 따른 과태료(파견법 시행령 별표 2 과태료의 부과기준)

위반행위	근거 법조문	과태료 금액		
		1차	2차	3차 이상
가. 법 제6조의2 제1항을 위반하여 파견근로자를 직접 고용하지 않은 경우	법 제46조 제2항	1,000만원	2,000만원	3,000만원

Q&A

회사가 직원들의 CS 교육을 시행하면서 도급업체 직원들도 교육에 참가시키려고 하는데 가능한지 여부

도급의 원칙상 도급업체 직원들에 대해 필요한 교육은 도급업체가 직접 시행해야 하므로, 도급업체 소속 직원들의 고객응대에 필요한 교육 또한 사업주인 도급업체가 시행하는 것이 원칙이다.

또한 도급업체 직원에게 CS 등 직무교육을 시키는 것이 회사가 도급직원들을 업무상 지시감독하기 위한 수단으로 활용하는 경우라면 이는 당해 도급계약이 '불법파견'에 해당될 수 있는 하나의 징표가 될 수 있다.

다만, 회사가 도급업체 직원에게 직무교육을 시켰다는 이유만으로 당해 도급계약이 바로 '불법파견'에 해당되는 것은 아니며, 적법 도급 여부는 이를 포함해 도급이 이루어지게 된 경위, 도급근로자의 지휘감독 주체, 근무 장소, 근무형태, 근무시간, 관리감독 방식 등을 종합적으로 판단해야 할 것이다.

해당 CS 교육이 도급직원들을 지시 감독하기 위한 목적이 아니라, 도급계약의 목적달성을 위한 협업 차원에서 회사의 교육 일정을 활용해 도급직원들에 대해 필요한 교육을 지원하기 위해 이루어지는 경우라면 교육 시행이 가능할 것으로 판단된다.

참조 행정해석

▪ 도급직원들에 대한 CS교육 가능 여부 (비정규대책팀 - 379, 2008.2.22.)

[질의] 원청업체가 도급직원을 대상으로 CS교육 등과 같은 직무교육을 ① 원청업체의 비용으로 시키는 경우 ② 교육비용을 도급업체에서 부담하는 경우 ③ 사용업체에서 주관하는 교육을 도급직원이 받는 경우 위장도급(불법파견)에 해당되는 것인지?

[회시] 「파견근로자보호 등에 관한 법률」(파견법) 제2조제1호는 '근로자파견'에 대한 정의를 규정하고 있는 바, 동 규정의 '근로자파견'에 해당하는지의 여부는 근로자와 고용계약을 체결한 파견사업주, 수급인, 수임인 등(이하 '파견사업주 등')이 사업주로서의 실체를 갖추고 있는지를 먼저 판단하고, 그 결과 사업주로서의 실체가 인정되지 않는 경우에는 사용사업주, 도급인, 위임인 등(이하 '사용사업주 등')이 당해 근로자를 직접 고용한 것으로 추정하여 노동관계법을 적용하게 됨.

그러나 '파견사업주등'이 사업주로서의 실체를 갖추고 있다면, 그 다음 단계로서 당해 관계가 '근로자파견'에 해당하는지를 판단하게 되는바, 이 경우 '파견사업주등'과 '사용사업주 등' 사이에 체결된 계약의 명칭 · 형식보다는 구체적인 사실관계에 기초하여 판단하되, '파견사업주 등'의 실체판단 요소와 '사용사업주 등'의 지휘 · 명령권 판단요소를 종합적으로 고려하여 판단하게 됨(「근로자파견의 판단기준에 관한 지침」 참조).

귀하의 경우, 도급직원들에게 CS교육 등과 같은 직무교육을 시키는 것이 도급직원들을 업무상 지시 · 감독하기 위한 수단으로 활용된다면, '근로자파견'임을 추정하는 하나의 징표가 될 수도 있을 것임.

다만, 이 경우에도 종국적으로 근로자파견에 해당하는지의 여부는 동 직무교육만을 기준으로 판단하는 것이 아니고, 붙임의 판단기준에 제시되어 있는 징표들을 종합적으로 고려하여 판단하게 됨.

한편, 동 직무교육이 도급직원들을 지시 · 감독하기 위한 목적에서가 아니라 도급계약의 목적달성을 위한 협업 차원에서 도급직원들의 능력향상을 위해 이루어지는 것이라면, 이것마저 근로자파견을 추정할 수 있는 징표로 보는 것은 적절치 않을 것이며,

아울러 교육비용의 부담 주체가 누구인가 하는 문제와 관련해서도, 당해 교육비용을 도급직원 개인에게 직접 지급하는 등 이를 도급직원에 대한 평가 · 제재 등의 수단으로 활용하는 것이 아니라면, 이를 '근로자파견'의 징표로 간주하는 것은 적절치 않을 것임.

5. 비정규직 차별금지

(1) 비정규직의 근로조건 보호와 사용자의 비정규직 사용 남용금지

종전 근로기준법 및 파견근로자 보호 등에 관한 법률에 의하면 정규직과 비정규직(기간제근로자, 단시간근로자, 파견근로자)과의 차별금지에 대한 규정이 없어 비정규직의 근로조건은 사용자와 별도 근로계약이나 별도 취업규칙에 의해 정해질 뿐 정규직과 차별에 대해서는 법적 제한이 없었다.

그러나 제정 기간제 및 단시간 근로자 보호 등에 관한 법률과 개정 파견근로자 보호 등에 관한 법률에 의해 정규직과 비정규직의 차별금지 규정이 신설되어 차별적 처우로부터 비정규직을 보호하고 사용자의 무분별한 비정규직 사용이 제한되었다.

(2) 차별금지의 구체적 내용

사용자는 비정규직임을 이유로 당해 사업 또는 사업장에서 동종 또는 유사한 업무에 종사하는 근로자에 비해 차별적 처우를 해서는 안된다. 이때 차별이 금지되는 비교대상은 동종 또는 유사한 업무를 수행[2)]하는 기간제근로자와 기간의 정함이 없는 근로자, 단시간근로자와 통상근로자, 파견근로자와 직접고용 근로자이다.

금지되는 차별적 처우란 임금을 포함한 근로조건으로, 개정법(2013.3.22. 개정, 6개월 경과 후 시행)은 비정규직 차별을 개선하기 위해 차별처우금지 사항을 임금, 상여금, 성과금, 그 밖의 복리후생 등으로 구체화·세분화해 법에 명시하였다(기간제 및 단시간 근로자 보호 등에 관한 법률 제2조 제3호, 파견근로자 보호 등에 관한 법률 제2조 제7호).

참 고

• 기간제 및 단시간 근로자 보호 등에 관한 법률 •

제2조 【정의】 이 법에서 사용하는 용어의 정의는 다음과 같다. (2013.3.22. 개정)

1.~2. 생략

3. "차별적 처우"라 함은 다음 각 목의 사항에 있어서 합리적인 이유없이 불리하게 처우하

2) 동종 또는 유사업무에 해당하는지 여부는 주된 업무의 성질과 내용·업무 수행 과정에서의 권한과 책임의 정도·작업 조건 등을 종합적으로 고려해 판단한다(서울행법 2008구합22747, 2009.2.6.).

는 것을 말한다.
가. 「근로기준법」 제2조 제1항 제5호에 따른 임금
나. 정기상여금, 명절상여금 등 정기적으로 지급되는 상여금
다. 경영성과에 따른 성과금
라. 그 밖에 근로조건 및 복리후생 등에 관한 사항

Q&A

현재 회사는 가족수당을 정규직에 한해 지급하고 있는데, 기간제법상 비정규직 차별에 해당되는지 여부

비정규직 근로자가 정규직과 동종유사업무를 수행하는 경우(비교대상 근로자가 존재하는 경우)에는 합리적 이유없는 차별이 금지되므로, 가족수당을 비정규직에 대해 지급하지 않는 합리적 이유가 없는 경우에는 차별로 인정될 가능성이 높다고 판단된다.
즉, 가족수당이 장기근속을 유도하기 위해 장기근속이 예정된 근로자에 대해서만 적용되는 성질의 수당(예 근속수당)이거나, 정규직과 비정규직의 구체적인 업무의 차이(책임, 권한, 내용 등)로 인해 비정규직에게 제외될 성질의 수당 등이라는 '합리적 이유'가 인정되지 않을 경우에는 법이 금지하는 차별에 해당될 수 있다.
가족수당이 '부양가족의 유무'에 따라 지급 여부와 지급 금액이 결정되는 수당이고, 장기근속을 유도하거나 전제로 지급되는 수당이라는 명확한 성질이 없는 등 합리적 이유가 없다면 가족수당을 비정규직에게 지급하지 않는 것은 차별로 인정될 가능성이 높다고 판단된다.

참조 판례

▪ 가족수당 차별 (서울고법 2010누22940, 2011.1.27.)

참가인이 조리직렬 기능군무원에게는 가족수당, 정액급식비, 교통보조비를 지급하면서도 민간조리원인 원고에게는 이들을 지급하지 않은 것은 합리적인 이유 없이 참가인을 불리하게 차별하여 처우한 것으로 봄이 타당하므로, 원고의 이 부분 주장은 이유 있다.

① 공무원수당 등에 관한 규정 제10조에 따른 가족수당은 업무와 관계없이 부양가족이 존재한다는 사정만으로 지급되고, 공무원수당 등에 관한 규정 제18조에 따른 정액급식비, 제18조의2에 따른 교통보조비는 각 실비변상차원에서 지급되는 것으로 업무내용, 업무량 등과 관계없으며, 해군본부 제수당 지급지침에서도 정한 바와 같이 가족수당 등은 일률적으로 정한 금액을 지급하고 있다.

② 참가인이 민간조리원에게 가족수당, 정액급식비, 교통보조비와 동일한 금액을

지급하는 근로계약을 체결하는 것이 법적으로 허용되지 않는다는 점에 관한 참가인의 주장과 입증이 없으므로, 공무원수당 등에 관한 규정에 따라 가족수당, 정액급식비, 교통보조비가 지급된다는 사정만으로는 그 처우에 합리적 이유가 있다고 볼 수 없다.

③ 가족수당, 정액급식비 및 교통보조비에 복리후생적 목적이 일부 있더라도 이를 장기근속 유도와 직접 연관시키기 어려워 보인다.

(3) 차별적 처우의 시정

비정규직 근로자는 차별적 처우를 받은 경우 차별적 처우가 있은 날로부터 6월이 경과하기 전(계속되는 차별적 처우는 그 종료일 전)에 노동위원회에 그 시정을 신청할 수 있다. 그리고 차별적 처우에 대한 근로자의 입증 곤란을 고려해 분쟁에 대한 입증책임을 사용자가 부담하도록 하였으며, 사용자는 차별시정신청을 이유로 근로자에 대해 해고 그 밖의 불리한 처우를 해서는 안된다.

한편, 2012.8.2.부터 개정 시행된 법(기간제법, 파견법)에 따라 고용노동부가 사업장 근로감독을 통해 비정규직에 대한 차별을 확인한 경우 이에 대한 시정을 요구할 수 있고, 만약 사용자가 시정요구에 응하지 않을 경우 차별적 처우의 내용을 구체적으로 명시해 노동위원회에 통보하고, 해당 사용자 및 근로자에게 이를 통지해야 한다.

참 고

• 기간제 및 단시간 근로자 보호 등에 관한 법률 •

제15조의2【고용노동부장관의 차별적 처우 시정요구 등】① 고용노동부장관은 사용자가 제8조를 위반하여 차별적 처우를 한 경우에는 그 시정을 요구할 수 있다.

② 고용노동부장관은 사용자가 제1항에 따른 시정요구에 응하지 아니할 경우에는 차별적 처우의 내용을 구체적으로 명시하여 노동위원회에 통보하여야 한다. 이 경우 고용노동부장관은 해당 사용자 및 근로자에게 그 사실을 통지하여야 한다.

③ 노동위원회는 제2항에 따라 고용노동부장관의 통보를 받은 경우에는 지체없이 차별적 처우가 있는지 여부를 심리하여야 한다. 이 경우 노동위원회는 해당 사용자 및 근로자에게 의견을 진술할 수 있는 기회를 부여하여야 한다.

④ 제3항에 따른 노동위원회의 심리 및 그 밖의 시정절차 등에 관하여는 제9조 제4항 및 제11조부터 제15조까지의 규정을 준용한다. 이 경우 "시정신청을 한 날"은 "통지를 받은 날"로, "기각결정"은 "차별적 처우가 없다는 결정"으로, "관계 당사자"는 "해당 사용자 또

는 근로자"로, "시정신청을 한 근로자"는 "해당 근로자"로 본다.
⑤ 제3항 및 제4항에 따른 노동위원회의 심리 등에 관한 사항은 중앙노동위원회가 정한다.

차별적 처우의 시정이 신청(고용노동부의 통보 포함)되면 노동위원회는 차별 여부에 대해 판정(시정명령, 기각 등)해야 한다. 한편, 노동위원회는 차별시정신청사건 심문과정에서 관계당사자 쌍방이나 일방의 신청 또는 직권에 의해 조정절차를 개시할 수 있고, 관계당사자가 미리 노동위원회의 중재결정에 따르기로 합의해 중재를 신청한 경우에는 중재할 수 있다.

노동위원회의 차별시정명령의 내용에는 차별적 행위의 중지, 임금 등 근로조건의 개선(취업규칙, 단체협약 등의 제도개선 명령 포함) 및 적절한 배상 등이 포함될 수 있고, 배상액은 차별적 처우로 인하여 기간제근로자 또는 단시간근로자에게 발생한 손해액을 기준으로 하되, 노동위원회는 사용자의 차별적 처우에 명백한 고의가 인정되거나 차별적 처우가 반복되는 경우에는 손해액을 기준으로 3배를 넘지 않는 범위에서 배상을 명령할 수 있다(기간제 및 단시간근로자 보호 등에 관한 법률 제13조). 사용자가 확정된 시정명령을 정당한 이유없이 이행하지 않을 경우 1억원 이하의 과태료가 부과된다(기간제 및 단시간근로자 보호 등에 관한 법률 제24조, 파견근로자 보호 등에 관한 법률 제46조 제1항).

또한 기간제근로자, 단시간근로자, 파견근로자에 대한 차별이 인정될 경우 고용노동부장관은 해당 근로자와 동일한 사업장에서 근로하는 기간제근로자, 단시간근로자, 파견근로자에 대하 차별적 처우가 있는지를 조사해 시정을 요구할 수 있다.

(4) 시행시기

차별시정 및 시정절차와 관련된 규정은 사업장 규모별로 단계적으로 시행한다(근로자 300명 이상, 공공부문 2007년 7월, 100~299명 2008년 7월, 100명 미만 2009년 7월).

참 고

• 차별금지 관련 법규정 •

기간제 및 단시간 근로자 보호 등에 관한 법률

제8조 【차별적 처우의 금지】 ① 사용자는 기간제근로자임을 이유로 당해 사업 또는 사업장에서 동종 또는 유사한 업무에 종사하는 기간의 정함이 없는 근로계약을 체결한 근로자에 비하여 차별적 처우를 하여서는 아니된다.
② 사용자는 단시간근로자임을 이유로 당해 사업 또는 사업장의 동종 또는 유사한 업무에 종사하는 통상근로자에 비하여 차별적 처우를 하여서는 아니된다.

제9조 【차별적 처우의 시정신청】 ① 기간제근로자 또는 단시간근로자는 차별적 처우를 받은 경우 「노동위원회법」 제1조의 규정에 따른 노동위원회(이하 "노동위원회"라 한다)에 그 시정을 신청할 수 있다. 다만, 차별적 처우가 있은 날(계속되는 차별적 처우는 그 종료일)부터 6월이 경과한 때에는 그러하지 아니하다.
②~③ 생략
④ 제8조 및 제1항 내지 제3항과 관련한 분쟁에 있어서 입증책임은 사용자가 부담한다.

제11조 【조정 · 중재】 ① 노동위원회는 제10조의 규정에 따른 심문의 과정에서 관계당사자 쌍방 또는 일방의 신청 또는 직권에 의하여 조정(調停)절차를 개시할 수 있고, 관계당사자가 미리 노동위원회의 중재(仲裁)결정에 따르기로 합의하여 중재를 신청한 경우에는 중재를 할 수 있다.
② 제1항의 규정에 따라 조정 또는 중재를 신청하는 경우에는 제9조의 규정에 따른 차별적 처우의 시정신청을 한 날부터 14일 이내에 하여야 한다. 다만, 노동위원회의 승낙이 있는 경우에는 14일 후에도 신청할 수 있다.

제13조 【조정 · 중재 또는 시정명령의 내용】 ① 제11조의 규정에 따른 조정 · 중재 또는 제12조의 규정에 따른 시정명령의 내용에는 차별적 행위의 중지, 임금 등 근로조건의 개선(취업규칙, 단체협약 등의 제도개선 명령을 포함한다) 또는 적절한 배상 등이 포함될 수 있다. (개정 2014.3.18. 시행 2014.9.19.)
② 제1항에 따른 배상액은 차별적 처우로 인하여 기간제근로자 또는 단시간근로자에게 발생한 손해액을 기준으로 정한다. 다만, 노동위원회는 사용자의 차별적 처우에 명백한 고의가 인정되거나 차별적 처우가 반복되는 경우에는 손해액을 기준으로 3배를 넘지 아니하는 범위에서 배상을 명령할 수 있다. (신설 2014.3.18. 시행 2014.9.19.)

제15조의3 【확정된 시정명령의 효력 확대】 ① 고용노동부장관은 제14조(제15조의2 제4항에 따라 준용되는 경우를 포함한다)에 따라 확정된 시정명령을 이행할 의무가 있는 사용자

의 사업 또는 사업장에서 해당 시정명령의 효력이 미치는 근로자 이외의 기간제근로자 또는 단시간근로자에 대하여 차별적 처우가 있는지를 조사하여 차별적 처우가 있는 경우에는 그 시정을 요구할 수 있다.
② 사용자가 제1항에 따른 시정요구에 응하지 아니하는 경우에는 제15조의2 제2항부터 제5항까지의 규정을 준용한다. (본조신설 2014.3.18. 시행 2014.9.19.)

제16조【불리한 처우의 금지】사용자는 기간제근로자 또는 단시간근로자가 다음 각 호의 어느 하나에 해당하는 행위를 한 것을 이유로 해고 그 밖의 불리한 처우를 하지 못한다.
1. 생략
2. 제9조의 규정에 따른 차별적 처우에 대한 시정신청, 제10조의 규정에 따른 노동위원회에의 참석 및 진술, 제14조의 규정에 따른 재심신청 또는 행정소송의 제기
3. 제15조 제2항의 규정에 따른 시정명령 불이행의 신고
4. 생략

파견근로자 보호 등에 관한 법률

제21조【차별적 처우의 금지 및 시정 등】① 파견사업주와 사용사업주는 파견근로자임을 이유로 사용사업주의 사업 내의 동종 또는 유사한 업무를 수행하는 근로자에 비하여 파견근로자에게 차별적 처우를 하여서는 아니된다.
② 파견근로자는 차별적 처우를 받은 경우 노동위원회에 그 시정을 신청할 수 있다.
③ 제2항의 규정에 따른 시정신청 그 밖의 시정절차 등에 관하여는 「기간제 및 단시간근로자 보호 등에 관한 법률」 제9조 내지 제15조 및 제16조(동조 제1호 및 제4호를 제외한다)의 규정을 준용한다. 이 경우 "기간제근로자 또는 단시간근로자"는 "파견근로자"로, "사용자"는 "파견사업주 또는 사용사업주"로 본다.
④ 제1항 내지 제3항의 규정은 사용사업주가 상시 4인 이하의 근로자를 사용하는 경우에는 이를 적용하지 아니한다.

참 고 차별판단 체크리스트(고용노동부)

※차별시정제도는 사용자가 비정규직근로자(기간제·단시간·파견근로자)를 정규직근로자와 비교하여 "임금 및 그 밖의 근로조건 등"에 있어서 합리적 이유없이 불리하게 처우하는 것을 금지하고, 그 차별을 시정하는 제도임

【대상 사업장】

사업체명		대표자		업 종	
소재지			담당자(연락처)		

Ⅰ. 차별시정신청이 가능한 근로자인지

* 차별시정신청이 가능한 근로자는 기간제·단시간·파견근로자임
→다음 설문들 중 하나에 '그렇다'라고 체크되었다면 다음 설문으로 진행

1. 기간제근로자

설문 문항	그렇다	아니다
구두 또는 서면으로 기간을 정하여 근로계약을 체결하여 사용하는 근로자가 있다		

2. 단시간근로자

설문 문항	그렇다	아니다
1주 동안의 소정근로시간이 사업장에서 같은 종류의 업무에 종사하는 근로자보다 짧은 근로자가 있다		

3. 파견근로자

설문 문항	그렇다	아니다
1. 파견업체와 파견계약을 체결하고 사용하는 파견근로자가 있다		
2. 형식적으로는 도급계약을 체결하고 사용하는 근로자이지만, 실질적으로는 불법파견에 해당되는 근로자가 있다		

Ⅱ. 비교대상근로자가 존재하는가

→다음 설문들 중 하나에 '그렇다'라고 체크되었다면 다음 설문으로 진행

1. 비교대상근로자의 선정

* 차별을 판단하려면 비정규직근로자와 비교할 대상이 되는 근로자가 존재하여야 함

설문 문항	그렇다	아니다
1. 기간제근로자인 경우 당해 사업 또는 사업장에 기간의 정함이 없는 근로계약을 체결한 근로자가 존재한다		
2. 단시간근로자인 경우 당해 사업 또는 사업장에 통상근로자(전일제)가 존재한다		
3. 파견근로자인 경우 사용사업주의 사업 내에 직접 고용된 근로자가 존재한다		

2. '동종 또는 유사한 업무'의 판단

* 비교대상근로자는 비정규직근로자와 '동종 또는 유사한 업무'에 종사하여야 함

* 여기서 비정규직근로자란 기간제, 단시간, 파견근로자를 말함

→다음 설문 1, 2 중에 '그렇다'라고 체크되었다면 다음 설문으로 진행

설문 문항	그렇다	아니다
1. 비정규직근로자와 비교대상근로자가 수행하는 업무가 일치한다		
2. 비정규직근로자와 비교대상근로자가 수행하는 업무가 서로 완전히 일치하지는 않더라도 그 핵심요소(주된 업무의 내용, 업무수행 방법, 작업조건 등)에 있어 본질적 차이가 없다		
(예시 1) 주된 업무 내지 중심적인 업무가 동종이거나 유사하다 (예시 2) 취업규칙이나 근로계약에 명시된 업무내용은 다르더라도 근로자가 실제 수행하는 업무가 동종이거나 유사하다 (예시 3) 비정규직근로자와 비교하여 비교대상근로자가 추가적으로 수행하는 업무가 일시적·우발적·간헐적인 업무이거나 그 비중이 적다 (예시 4) 비정규직근로자와 정규직근로자가 같은 작업조로 편성되거나 교대제근로를 하거나 휴가·교육훈련 등이 있을 때 상호업무대체를 하는 관계에 있다		

Ⅲ. 차이가 있는 '임금 그 밖의 근로조건 등'이 무엇인지

* 노동위원회와 법원의 판정, 판결례에서 임금 그 밖의 근로조건 등으로 인정된 사례
- 기본급, 통상임금, 정기상여금, 근속수당, 정근수당, 유급휴일·휴가, 직무급, 위험수당, 직급보조비, 통근비, 중식대, 퇴직금, 가족수당, 가계지원비, 명절휴가비, 경조금 등

Ⅳ. 차별시정대상영역에 해당하는지

* 사용자에게 지급의무가 없고, 호의적·임의적·은혜적 급부의 경우 해당 안됨
→다음 설문에 '그렇다'라고 체크되었다면 다음 설문으로 진행

설문 문항	그렇다	아니다
차이가 있는 '임금 그 밖의 근로조건 등'이 법령, 단체협약, 취업규칙, 근로계약, 관행 등에 의해 사용자에게 지급의무 및 준수의무가 있는 경우에 해당한다		

- 단체협약, 취업규칙에서 정규직과 비정규직에 대한 처우를 달리 규정하고 있는 경우
- 근로계약의 내용에 있어 비정규직에게 불리한 처우를 규정하고 있는 경우
- 비정규직에게 불리한 처우를 하는 관행이 반복되어 근로조건화 된 경우

Ⅴ. 불리한 처우가 존재하는지

→다음 설문들 중 하나에 '그렇다'라고 체크되었다면 다음 설문으로 진행

설문 문항	그렇다	아니다
1. 비정규직근로자에게 지급되는 임금 및 근로조건의 세부지급항목이 비교대상근로자에 비해 불리하다		
2. 임금 및 근로조건 등에 있어서 특정 부분은 비교대상근로자보다 높은 반면 다른 특정 부분은 낮은 경우 전체적으로 비교하여 불리하다		
3. 단시간근로자의 경우 시간급 임금이 통상근로자의 시간급 임금보다 낮다		

Ⅵ. 합리적 이유가 있는지

* 합리적 이유가 있는 경우에는 차별에 해당되지 않음

설문 문항	해당 여부
1. 불리한 처우를 합리화할 정당한 목적과 근거가 있다	
(예시 1) 임금 및 근로조건의 차이가 노동생산성의 차이에서 비롯된 것이다 (예시 2) 업무의 범위·업무환경에 따라 노동강도의 차이가 있는 경우이다 (예시 3) 직급에 따라 권한·책임의 정도가 달라 직책수당, 직급수당 등에서 차이가 있는 경우이다 (예시 4) 임금 및 근로조건이 장기근속을 유도하거나 장기근속한 직원들의 공로를 보상하기 위하여 정해진 것이다 (예시 5) 단시간근로자의 경우 임금 및 근로조건의 차이가 근로시간에 따라 비례적으로 발생한 것이다 (예시 6) 기본급에서의 차이가 비교대상근로자들의 근속년수에 따른 연공임금에 기인한 것이다 (예시 7) 임금 및 근로조건의 차이가 동종·유사업무를 수행하기 전의 경력, 실적의 차이에 기인한 것이다 (예시 8) 임금 및 근로조건의 차이가 비교대상근로자의 자격요건, 업무의 특수성, 의무적인 교육이수 등에 근거하고 있다	

설문 문항	해당 여부
2. 불리한 처우를 합리화할 정당한 목적과 근거가 없다	
(예시 1) 채용절차·방법의 차이를 근거로 임금 등이 차등지급되었으나 실제로는 동일한 근로를 제공하고 있다 (예시 2) 차등지급의 근거로 업무내용, 업무량의 차이를 내세우고 있으나 실제로는 업무내용과 무관하게 지급되었다 (예시 3) 통근비, 중식대 등은 실비변상 및 복리후생적인 목적의 금품으로 업무내용, 업무량에 따라 차등지급 될 성질의 것이 아닌데도 실제로는 차등지급되었다 (예시 4) 노동강도 내지 노동의 질에서의 차이에 따라 임금, 상여금 등이 차등지급되었더라도 그 지급액의 차이가 과도하다 (예시 5) 성과상여금 등이 개인의 담당업무나 실적이 아닌 부서 또는 팀의 실적을 기초로 지급되었음에도 비정규직근로자에게 지급되지 않았다 (예시 6) 각종 수당 등이 임금에 모두 포함되어 있다고 하면서 별도로 지급하지 않았으나 근로계약서 등에는 이에 대한 구체적인 지급기준이나 환산기준이 없다	

→위 설문 1.에 체크되었다면 차별적 처우가 아니나, 설문 2.에 체크되었다면 차별적 처우에 해당될 가능성이 높음

핵심 정리사항

1. 비정규직은 정규직과 대비되는 개념으로 기간제근로자, 단시간근로자, 파견근로자로 크게 구분할 수 있다.
2. 기간제근로자는 계약기간이 정해진 근로자를 의미하며, 기간제근로 사용기간은 2년으로 제한되나 사업완료에 필요한 기간을 정한 경우, 고령자, 전문인력 활용 등의 경우 예외적으로 2년을 초과해 사용할 수 있다. 기간제근로자를 2년을 초과해 사용하는 경우 기간의 정함이 없는(무기계약) 근로자로 간주된다.
3. 파견근로자는 파견사업주 소속으로 사용사업주의 지휘명령을 받아 업무를 수행하는 고용과 사용이 분리된 근로자로 파견근로에 대해서는 파견대상업무, 파견기간, 사용자책임 등 파견근로자 보호 등에 관한 법률이 이를 규율하고 있다. 또한 파견과 구분되는 도급이 실질적인 요건을 갖추지 못할 경우 위장도급 · 불법파견에 따른 문제가 발생할 수 있으므로 적법한 파견 또는 도급관리가 필요하다.
4. 사용자의 비정규직 남용을 방지하고 비정규직의 근로조건을 보호하기 위해 정규직과 동종 또는 유사한 업무를 수행하는 비정규직의 차별을 금지하고 있으므로 이를 고려한 합리적인 비정규직 운영방안을 모색해야 할 필요가 있다.

Part

17

산재 · 고용보험*

핵심키워드

산재보험, 고용보험, 산재 · 고용보험제도의 적용, 산재 · 고용보험료, 보험요율, 보수총액, 산재 · 고용보험급여, 실업급여(구직급여)

목 적

1. 산재 · 고용보험제도의 특징 및 적용대상을 이해한다.
2. 산재 · 고용보험료 부담방식과 보험요율, 보험료 산정과 납부방식을 이해한다.
3. 산재 · 고용보험급여의 종류를 이해한다.
4. 실업급여(구직급여)의 수급요건과 실업급여액 등 주요 내용을 이해한다.

* 본 Part는 근로복지공단「가입 및 부과업무 실무편람」을 주로 참조하였다.

1. 산재 · 고용보험제도의 특징

(1) 산재보험제도의 특징

① 근로자의 업무상 재해에 대하여 사용자에게는 고의 · 과실의 유무를 불문하는 무과실 책임주의이다.

② 보험사업에 소요되는 재원인 산재보험료는 원칙적으로 사업주가 전액 부담한다.

③ 산재보험급여는 재해발생에 따른 손해전체를 보상하는 것이 아니라 평균임금을 기초로 하는 정률보상방식으로 행한다.

④ 산재보험료는 자진신고 및 자진납부를 원칙으로 하고 있다.

⑤ 재해보상과 관련된 신속한 이의신청을 위해 심사 및 재심사청구제도를 운영한다.

⑥ 다른 사회보험과는 달리 산재보험은 사업장 중심의 관리가 이루어진다.

(2) 고용보험제도의 특징

① 고용보험은 실직근로자에게 실업급여를 지급하는 실업보험사업 외에 산업구조조정의 촉진 및 실업예방, 고용촉진 등을 위한 고용안정사업, 근로자의 생애 직업능력개발을 위한 직업능력개발사업을 상호 연계하여 실시하는 사회보장제도이다.

② 또한 적극적인 노동시장정책의 수단으로 민간보험회사 등이 영리를 목적으로 보험가입자의 희망에 따라 임의로 가입하는 사적인 보험제도와는 달리 국가가 고용정책을 수행하기 위하여 보험의 원리와 방식을 도입하여 법률에 의하여 보험의 가입과 보험료의 납부가 강제되고 실업이라는 보험사고에 대하여 근로자와 사업주를 지원하는 공적인 사회보험제도이다.

2. 산재 · 고용보험의 적용

(1) 적용대상 사업장

산재 · 고용보험의 적용대상은 근로자를 사용하는 모든 사업이며 적용단위는 사업 또는 사업장이다.

당연가입(법률상 의무 가입)이 아닌 사업(장)

산재보험	고용보험
① 농업 · 임업(벌목업 제외) · 어업 및 수렵업 중 법인이 아닌 자의 사업으로서 상시근로자 수가 5명 미만인 사업 ② 가구 내 고용활동 ③ 「주택법」에 따른 주택건설사업자, 「건설산업기본법」에 따른 건설업자, 「전기공사업법」에 따른 공사업자, 「정보통신공사업법」에 따른 공사업자, 「소방시설공사업법」에 따른 소방시설업자 또는 「문화재수리 등에 관한 법률」에 따른 문화재수리업자가 아닌 자가 시공하는 다음 각 호의 공사 가. 「고용보험 및 산업재해보상보험의 보험료 징수 등에 관한 법률 시행령」 제2조 제1항 제2호에 따른 총공사금액이 2천만원 미만인 공사 나. 연면적이 100제곱미터 이하인 건축물의 건축 또는 연면적이 200제곱미터 이하인 건축물의 대수선에 관한 공사 ④ 「공무원연금법」 또는 「군인연금법」에 따라 재해보상이 되는 사업 ⑤ 「선원법」 · 「어선원 및 어선재해보상보험법」 또는 「사립학교교직원연금법」에 따라 재해보상이 되는 사업 ⑥ 제②호부터 제⑤호까지의 사업 외의 사업으로서 상시근로자 수가 1명 미만인 사업	① 농업 · 임업 및 어업 중 법인이 아닌 자가 상시 4명 이하의 근로자를 사용하는 사업 ② 가구 내 고용활동 및 달리 분류되지 아니한 자가 소비 생산활동 ③ 「건설산업기본법」에 따른 건설업자, 「주택법」에 따른 주택건설사업자, 「전기공사업법」에 따른 공사업자, 「정보통신공사업법」에 따른 정보통신공사업자, 「소방시설공사업법」에 따른 소방시설업자 또는 「문화재수리 등에 관한 법률」에 따른 문화재수리업자가 아닌 자가 시공하는 공사로 다음 각 호에 해당하는 공사 가. 「고용보험 및 산업재해보상보험의 보험료 징수 등에 관한 법률 시행령」 제2조 제1항 제2호에 따른 총공사금액이 2천만원 미만인 공사 나. 연면적이 100제곱미터 이하인 건축물의 건축 또는 연면적이 200제곱미터 이하인 건축물의 대수선에 관한 공사

(2) 적용대상 근로자

산업재해보상보험법과 고용보험법의 적용을 받는 근로자는 근로기준법 제2조에 따라 '직업의 종류와 관계없이 임금을 목적으로 사업이나 사업장에 근로를 제공하는 자'를 말한다. 따라서 근로기준법상의 근로자가 아닌 자는 산재 · 고용보험의 적용대상에서 제외된다.

(3) 산재보험 적용특례

① 현장실습생에 대한 산재보험 적용특례

산재보험이 적용되는 사업에서 현장실습을 하고 있는 학생 및 직업훈련생(현장실습생) 중 고용노동부장관이 정하는 현장실습생은 산업재해보상보험법을 적용함에 있어 그 사업에 사용되는 근로자로 보아 산업재해보상보험법을 적용한다.

② 해외파견자에 대한 산재보험 적용특례

산재보험이 적용되는 사업의 보험가입자가 소속 근로자를 대한민국 이외의 지역에서 행하는 사업에 근로시키기 위하여 파견하는 자에 대하여 공단에 보험가입신청을 하여 승인을 얻은 경우 산재보험 적용대상이 된다.

③ 중소사업주에 대한 적용특례

보험가입자로서 50명 미만의 근로자를 사용하거나 근로자를 사용하지 않고 여객자동차 운송사업 · 화물자동차 운송사업 · 건설기계업을 하는 사업주는 공단의 승인을 얻어 자기 또는 유족을 보험수급자로 하여 산재보험에 가입할 수 있다.

④ 특수형태근로종사자에 대한 특례

계약의 형식에 관계없이 근로자와 유사하게 노무를 제공함에도 근로기준법 등이 적용되지 않아 업무상의 재해로부터 보호할 필요가 있는 자로서 주로 하나의 사업에 상시적으로 노무를 제공하고 노무를 제공함에 있어서 타인을 사용하지 않는 자 중 대통령령으로 정하는 직종에 종사하는 자에 대해서는 산재보험을 적용받는 근로자로 본다(예 보험설계사, 학습지교사, 캐디, 택배기사 등). 다만, 특수형태근로종사자가 이 법의 적용 제외를 신청한 경우에는 근로자로 보지 않아 산재보험을 적용하지 않는다.

⑤ 국민기초생활 보장법상 수급자에 대한 특례

근로자가 아닌 자로서 국민기초생활 보장법에 따른 자활급여 수급자 중 고용노동부 장관이 정하여 고시하는 사업에 종사하는 자는 산재보험을 적용받는 근로자로 본다.

Q&A

해외파견자에 대한 4대보험 적용

산재보험의 적용범위는 국내사업장이 원칙이며, 국내사업장 소속 근로자를 해외사업에 근로시키기 위해 해외파견하는 경우에는 근로복지공단에 보험가입신청을 하여 승인을 얻은 경우에 한해 산재보험 적용대상이 된다.

해외근무자의 경우 단기 출장의 경우에는 본사 산재보험으로 적용되어 별도의 승인절차 없이도 산재보험 적용이 가능하나, 장기 파견의 경우에는 공단의 승인을 받지 않는 한 산재보험이 적용되지 않는다. 다만, 장기 파견 중이더라도 다음과 같은 요건을 모두 충족하는 경우에는 별도 승인절차를 거치지 않았더라도 본사 산재보험으로 적용할 수 있다.

① 외국환거래규정 제9-17조(해외지사의 구분) 제1항 제2호에 규정된 '해외사무소'로 설치 인증을 받은 사업장일 것
② 임금을 국내 본사에서 지급하고 임금대장을 국내 본사에서 관리할 것
③ 해외근무 장소 내의 한국인 근로자에 대한 인사관리를 국내 본사에서 행할 것

고용보험은 국내에서 임금이 지급되는 경우라면 해당 임금에 해당하는 실업급여 근로자 부담분을 공제해야 할 것이며, 건강보험은 국내에 부양가족이 있는 경우라면 보험료 납부 제외대상은 아니며, 본인이 해외에 주재하면서 국내의 의료서비스를 받지 못하므로 책정된 보험료의 50%를 납부하면 되고, 국민연금은 국내에서 임금(소득)이 발생하므로 해당 보험료는 계속 납부해야 할 것이다. 한편, 근로자가 국내의 국민연금제도와 같은 제도를 시행하는 국가에서 근무하게 될 경우 국내와 해당 국가에서 이중으로 보험료를 납부해야 하는 경우가 발생할 수 있는데 이와 관련해 우리나라에서 보험료를 납부하는 경우 일정기간 해당 국가에서의 보험료 납부를 예외해주기로 하는 협약을 체결한 대상국가에서는 해당 국가에서의 보험료 납부 예외가 가능하다.

참조 행정해석

- 해외파견자의 산재보험 적용 (보상 68607-215, 1995.5.2.)
  ① 근무장소가 해외일지라도 근로자가 국내사업장에 소속되어 국내사업장 사용자의 직접적인 지배 아래 있다면 해외출장으로 보아 국내사업장에 흡수 적용되며,

해외사업장에 소속되어 해외사업장 사용자의 직접적 지휘 · 감독을 받아 근무하는 경우에는 해외파견으로 보아 적용이 배제됨. 해외출장으로 보여지는 경우로는 다음 각 호의 일에 해당되는 경우이다.

가. 상담, 회의, 시찰, 업무연락, 기술교섭, 기술취득, 기술서비스(애프터서비스) 등 때문에 사명에 의하여 국외에 나가는 경우

나. 시장조사 등의 목적으로 해외의 각지를 이동하는 경우

다. 건설관계의 식전참가 및 업무연락을 위하여 국외에 나가는 경우

라. 건설사업에 관한 기술지도, 작업지도, 기계장치의 운전, 개조 및 수리지도 등을 위하여 사명에 의하여 국외에 나가는 경우

마. 기타 사명에 의해 특정의 업무를 수행하기 위하여 국내에 소재하는 통상의 근무지를 떠나 해외의 용무지에 도착하여 용무를 끝내고 근무지로 돌아오는 경우로서 그 과정 전반에 걸쳐서 국내사업주의 지배하에 있다고 인정되는 경우

② 또한 다음 사항을 모두 충족시키는 경우에는 근무장소가 해외일지라도 국내사업장의 일부로 보아 본사에 흡수적용한다.

가. 외국환관리규정 제14장 제2조(해외지사의 구분) 제1항 제2호에 규정된 해외사무소로 설치 인증을 받은 사업장일 것

나. 임금을 국내 본사에서 지급하고 임금대장을 국내 본사에서 관리할 것

다. 해외근무 장소 내의 한국인 근로자에 대한 인사관리를 국내 본사에서 행할 것

▪ 해외파견자의 고용보험 피보험단위기간 (실업 68430 - 581, 1998.10.9.)

피보험자가 해외현지법인에 파견되어 근무하면서 임금은 국내사업장에서 전액 지급받고, 국내사업장은 해외법인으로부터 파견 피보험자에게 지급한 임금액의 80%를 받아 정산하는 경우라면 피보험자는 국내사업장에서 임금의 100%를 지급받은 것으로 볼 수 있으므로 고용보험료 및 평균임금의 산정은 피보험자가 지급받은 임금전액을 기초로 하여야 할 것이다.

(4) 고용보험 적용 제외 근로자

① 월간 소정근로시간이 60시간(주간 소정근로시간 15시간) 미만인 근로자

※생업을 목적으로 근로를 제공하는 자 중 3월 이상 계속 고용된 자와 1개월 미만 일용근로자는 가입대상

② 국가공무원법 및 지방공무원법에 의한 공무원. 다만, 별정직 · 임기제 공무원은 본인의사에 따라 가입(실업급여) 가능

③ 사립학교교직원연금법을 적용받는 자

④ 별정우체국법에 의한 별정우체국 직원

⑤ 외국인근로자(다만, 취업활동을 할 수 있는 체류자격을 가진 외국인은 임의가입, 주재 · 기업투자 · 무역경영은 상호주의, 거주 · 영주의 체류자격을 가진 외국인은 당연 가입)

외국인의 체류자격별 고용보험 적용

체류자격	고용보험 적용여부	체류자격	고용보험 적용여부
1. 외교(A-1)	×	19. 교수(E-1)	○(임의)
2. 공무(A-2)	×	20. 회화지도(E-2)	○(임의)
3. 협정(A-3)	×	21. 연구(E-3)	○(임의)
4. 사증면제(B-1)	×	22. 기술지도(E-4)	○(임의)
5. 관광통과(B-2)	×	23. 전문직업(E-5)	○(임의)
6. 일시취재(C-1)	×	24. 예술흥행(E-6)	○(임의)
7. 단기상용(C-2)	삭제(2011.11.1.)	25. 특정활동(E-7)	○(임의)
8. 단기종합(C-3)	×	25의3. 비전문취업(E-9)	○(임의)
9. 단기취업(C-4)	○(임의)	25의4. 선원취업(E-10)	○(임의)
10. 문화예술(D-1)	×	26. 방문동거(F-1)	×
11. 유학(D-2)	×	27. 거주(F-2)	○(강제)
12. 산업연수(D-3)	×		
13. 일반연수(D-4)	×	28. 동반(F-3)	×
14. 취재(D-5)	×	28의2. 재외동포(F-4)	○(임의)
15. 종교(D-6)	×	28의3. 영주(F-5)	○(강제)
		28의4. 결혼이민(F-6)	○(강제)
16 주재(D-7)	○(상호주의)	29. 기타(G-1)	×
17. 기업투자(D-8)	○(상호주의)	30. 관광취업(H-1)	×
18. 무역경영(D-9)	○(상호주의)	31. 방문취업(H-2)	○(임의)
18-2. 구직(D-10)	×		

Q&A

일용근로자도 4대보험에 가입해야 하는지

산재보험은 사업장에서 근무하는 모든 근로자에게 적용되므로 일용근로자라 하더라도 산재보험이 적용된다. 고용보험도 '1월 미만의 기간 동안 고용되는' 일용근로자는 보험적용대상자이므로 일용근로자인 경우에는 실제 근로시간이 1월간 소정근로시간이 60시간 미만(1주 소정근로시간이 15시간 미만)이더라도 고용보험이 적용된다.
여기서 '1월 미만의 기간 동안 고용'의 의미는 실제 근로일수가 1월 미만인 경우를 의미하는 것이 아니라 1월 미만 단위로 근로계약이 체결되는 자(즉 오늘 일하고 내일은 일하지 않을 수도 있는 등 1월 이상의 근로의 연속성이 예정되어 있지 않은 자)를 의미한다고 해석되므로 일용근로자가 실제 계속해서 1월 이상 근로를 제공했다 하더라도 상용근로자가 되는 것은 아니며, 일용직으로 근무하되 1월 이상 고용기간을 정한 근로자는 일용근로자로 해석되지 않는다.
건강보험 및 국민연금은 1월 미만의 기간 동안 고용되는 일용근로자와 1월간의 근로시간이 60시간 미만인 시간제근로자 등 사업장에서 상시근로에 종사할 목적으로 고용되지 않은 근로자 등을 직장가입자에서 적용 제외하고 있어 1월 미만 고용된 일용근로자의 경우에는 가입대상에서 제외되고, 일용근로자가 아닌 경우라도 1월간 근로시간이 60시간 미만인 근로자와 같이 '상시근로에 종사할 목적으로 고용되지 않은 자'는 적용 제외될 것이다.

고용보험법상 상용근로자와 일용근로자 비교[1)]

구 분		상용근로자	일용근로자
주 15시간 미만인 자 적용 여부		1월 근로계약을 체결하고, 근로를 제공하는 자에 한하여 적용	근로시간에 관계없이 모두 적용
피보험자격의 신고	주기	월 1회	월 1회
	서식	피보험자격의 취득 · 상실, 이직확인서(상실신고서와 통합)의 제출	근로내용확인신고서의 제출(신고항목 간소화)
	방법	서면, 인터넷(EDI)	서면, 인터넷(EDI), 전자카드
피보험자 관리		근로기간(취득시부터 상실시까지)	근로일수
피보험자격 확인통지	서식	확인통지서	가입내역통지서
	통지기간	제한 없음	제한 없음
수급요건		- 피보험단위기간 180일 이상 - 비자발적으로 이직 - 실업상태에 있을 것	- 피보험단위기간 180일 이상 - 비자발적으로 이직 - 실업상태에 있을 것

1) 일용근로자 고용보험 업무편람, 노동부, 2004.

구 분	상용근로자	일용근로자
		-1월 근로일수 10일 미만 -일용근로자로 90일 이상 근로 (자발적 이직이 있는 경우)
피보험단위기간	피보험자격의 취득일로부터 상실일까지 기간(임금지급의 기초)	근로일수
피보험기간	피보험자격의 취득일로부터 상실일까지 기간	근로일수
피보험단위기간과 피보험기간	피보험단위기간≤피보험기간	피보험단위기간=피보험기간
급여기초임금일액	-평균임금 : 최종이직 전 3월 -통상임금이 평균임금보다 높은 경우 통상임금으로 산정	-평균임금 : 최종이직 전 4월 중 최종 1월 제외한 3월 -통상임금 적용 제외(평균임금으로만 산정)
실업급여를 지급하지 않는 근로제공의 범위	1주 15시간 이상 근로제공 또는 근로제공을 통해 고용노동부장관이 정하는 금품 이상 수령	1일 4시간 이상 근로제공 또는 근로제공을 통해 고용노동부장관이 정하는 금품 이상 수령

Q&A

외국인의 4대보험 가입

산재보험은 근로기준법이 적용되는 사업장에서 사용종속관계에 있는 근로자에게 적용되므로 근로자가 외국국적을 가지고 있거나 체류자격이 없더라도 보험적용대상이며, 고용보험은 영주·거주의 체류자격을 가진 외국인은 당연 적용되고, 취업활동을 할 수 있는 체류자격을 가진 외국인은 본인신청에 의한 임의가입대상이며, 국내 외국기업의 파견근로자(주재·기업투자·무역경영)는 상호주의 원칙에 따라 적용대상이 된다.

건강보험은 본인의 신청에 의한 직장가입자 임의적용대상이었으나, 고용허가를 받아 합법적으로 국내사업장에 취업한 외국인근로자(외국인근로자의 고용 등에 관한 법률 제14조), 출입국관리법 제3조의 규정에 의하여 외국인등록을 한 자 및 재외동포의 출입국과 법적지위에 관한 법률 제6조의 규정에 의하여 국내거소신고를 한 자로서 사업장에 근무하는 자는 직장가입자 의무가입대상이다(국민건강보험법 시행령 제76조).

국민연금은 국민연금의 적용을 받는 사업장에 종사하는 18세 이상 60세 미만 외국인사용자 또는 근로자는 내국인과 동일하게 가입대상이나, 해당 외국인의 본국법이 대한민국 국민에 대해 국민연금에 상응하는 연금에 관한 법률을 적용하지 않는 경우에는 가입대상에서 제외된다(상호주의).

외국인근로자에 대한 4대보험 적용

구 분	적용대상	적용 제외
산재보험	모든 외국인근로자(근로기준법상 근로자이면 내 · 외국인 합 · 불법체류 여부를 불문하고 산재보험 적용)	
고용보험	- 거주(F-2), 영주권자(F-5) - 국내 외국기업의 파견근로자[주재(D-7), 기업투자(D-8), 무역경영(D-9)] : 당해 외국인의 본국법이 대한민국 국민에게 적용되지 않을 경우 적용 제외(相互主義) - 고용허가받은 외국인근로자 임의가입대상	외국인근로자는 원칙적으로 적용 제외
건강보험	- 고용허가를 받은 외국인은 직장가입자 의무가입대상 - 건강보험 직장가입자 적용사업장의 근로자와 공무원 · 교직원으로 임용 또는 채용된 자로서 출입국관리법 제31조의 규정에 의하여 외국인등록을 한 자 및 재외동포의 출입국과 법적 지위에 관한 법률 제6조의 규정에 의하여 국내거소신고를 한 자는 2006년부터 직장가입자 의무가입대상	
국민연금	국민연금 적용사업장의 18세 이상 60세 미만의 외국인 사용자 또는 근로자 - 다만, 당해 외국인의 외국법이 '국민연금에 상응하는 연금'에 관하여 대한민국 국민에게 적용하지 않는 것으로 확인된 경우에는 제외	- 다른 법령 또는 조약(협약)에서 국민연금법 적용을 배제하는 자(외교관, 영사기관원과 가족 등) - 체류기간 연장허가를 받지 않고 허가된 체류기간 이상 체류하는 자 - 외국인등록을 하지 않거나 강제퇴거명

구 분	적용대상	적용 제외
		령서가 발부된 자 - 체류자격이 문화예술(D-1), 유학(D-2), 산업연수(D-3), 일반연수(D-4), 종교(D-6), 방문동거(F-1), 동반(F-3), 기타(G-1)인 자

3. 산재 · 고용보험료

(1) 보험료 부담원칙

산재보험료는 사업주 전액부담하며, 고용보험료는 실업급여는 사업주와 근로자가 보험료의 1/2을 각각 부담하고, 고용안정 · 직업능력개발사업은 사업주가 전액부담한다.

(2) 보험료 산정기준(보수)

보수란 소득세법에 따른 근로소득에서 비과세근로소득을 뺀 금액을 말한다.

※ "보수"는 소득세법에 따른 "총급여액"[1]의 개념과 동일, "근로소득금액"[2]의 개념과는 상이하며, 연말정산에 따른 갑근세 원천징수 대상 근로소득과 동일

1) "총급여액"이란 소득세법에 의한 비과세소득의 금액을 제외한 근로소득 금액의 합계액을 말한다.
2) "근로소득금액"이란 소득세법에 의한 근로소득의 금액의 합계액(총급여액)에서 근로소득공제를 적용한 금액을 말한다.

소득세법에 따른 '근로소득'은 근로기준법에 의한 '임금'보다 광의의 개념으로 고용관계 기타 이와 유사한 계약에 의해 근로를 제공하고 지급받는 모든 경제적 가치물을 말한다.

근로소득의 범위는 다음과 같다.

① 근로의 제공으로 인하여 받는 봉급 · 급료 · 보수 · 세비 · 임금 · 상여 · 수당과 이와 유사한 성질의 급여

② 법인의 주주총회 · 사원총회 또는 이에 준하는 의결기관의 결의에 의하여 상여로 받는 소득

③ 법인세법에 의하여 상여로 처분된 금액

④ 퇴직으로 인하여 받는 소득으로서 퇴직소득에 속하지 아니하는 소득

구 분	종 전	개 정
보험료 징수법	제2조【정의】이 법에서 사용하는 용어의 정의는 다음과 같다. 1~2. 생략 3. "임금"이라 함은 「근로기준법」에 의한 임금을 말한다. 다만, 제13조 제1항 제1호의 규정에 의한 고용보험료를 징수하는 경우에는 휴직 그 밖에 이와 비슷한 상태에 있는 기간 중에 지급받는 금품 중 고용노동부장관이 정하여 고시하는 금품은 이 법에 의한 임금으로 본다.	제2조【정의】이 법에서 사용하는 용어의 뜻은 다음과 같다. 1~2. 현행과 동일 3. "보수"란 「소득세법」 제20조에 따른 근로소득에서 대통령령으로 정하는 금품을 뺀 금액을 말한다.
시행령	〈신 설〉	제2조의2【보수에서 제외되는 금품】「고용보험 및 산업재해보상보험의 보험료 징수 등에 관한 법률」(이하 "법"이라 한다) 제2조 제3호에서 "대통령령으로 정하는 금품"이란 「소득세법」 제12조 제3호에 따른 비과세 근로소득을 말한다.

(3) 보험요율

① 산재보험요율 : 일반요율과 개별실적요율

산재보험요율은 매년 6월 30일 현재 과거 3년 동안의 보수총액에 대한 산재보험급여 총액의 비율을 기초로 하여 산업재해보상보험법에 따른 연금 등 산재보험급여에 드는 금액, 재해예방 및 재해근로자의 복지증진에 드는 비용 등을 고려하여 사업의 종류별로 구분하여 고시한다(일반요율).

또한 동종사업의 보험요율을 적용하는데 있어서 재해방지를 위하여 노력한 사업주와 그렇지 못한 사업주 간의 형평의 원칙을 실현하기 위하여 매년 6월 30일 현재 산재보험

의 보험관계가 성립한 후 3년이 지난 사업의 경우에 그 해 6월 30일 이전 3년 동안의 산재보험료에 대한 산재보험급여금액의 비율이 그 사업에 적용되는 산재보험요율의 50/100의 범위에서 사업의 규모 등에 따라 인상 또는 인하해 다음 보험 연도의 산재보험 요율로 할 수 있다(개별실적요율).

② 산재보험요율 : 산재예방요율(2015.1.1. 보험요율부터 적용)

개별 사업주의 산재예방 활동에 대한 경제적 인센티브 부여를 통해 자체 산재예방활동을 유도하기 위해 상시근로자 수 50명 미만 제조업 사업주가 재해예방활동을 신청 및 수행(위험성평가, 사업주교육)하는 경우 산재예방요율을 적용해 보험료를 인하한다.

재해활동지표

구 분	내 용	인정유효기간	보험요율 인하율
위험성평가	사업주가 「산업안전보건법」 제41조의2 제1항에 따라 건설물, 기계 · 기구, 설비, 원재료, 가스, 증기, 분진 등에 의하거나 작업행동, 그 밖에 업무에 기인하는 유해 · 위험요인에 관한 위험성평가의 실시	인정일로부터 3년	20%
사업주교육	사업주가 고용노동부 장관이 정하여 고시하는 재해예방 관련 교육을 이수하고 사업장에서 재해를 예방하기 위한 산재예방계획의 수립	인정일로부터 1년	10%

* 모두 실시한 경우에는 높은 인하율 적용

③ 고용보험요율

사업종류별 고용보험요율

구 분	2013.7.1. 이후	
	근로자	사업주
실업급여	0.65% (2013.7.1. 이후 0.65%)	0.65% (2013.7.1. 이후 0.65%)

구 분		2013.7.1. 이후	
		근로자	사업주
고용안정 · 직업능력개발사업	150명 미만 기업	–	0.25%
	150명 이상(우선지원대상기업)	–	0.45%
	150명 이상~1,000명 미만 기업	–	0.65%
	1,000명 이상 기업, 국가 · 지방자치단체	–	0.85%

참 고

• 우선지원 대상기업의 상시 사용하는 근로자 기준
(고용보험법 시행령 제12조 제1항 관련) •

산업분류	분류기호	상시사용하는 근로자수
1. 제조업	C	500명 이하
2. 광업	B	300명 이하
3. 건설업	F	
4. 운수업	H	
5. 출판, 영상, 방송통신 및 정보서비스업	J	
6. 사업시설관리 및 사업지원 서비스업	N	
7. 전문, 과학 및 기술서비스업	M	
8. 보건업 및 사회복지 서비스업	Q	
9. 도매 및 소매업	G	200명 이하
10. 숙박 및 음식점	I	
11. 금융 및 보험업	K	
12. 예술, 스포츠 및 여가관련 서비스업	R	
13. 그 밖의 업종		100명 이하

※업종분류 및 분류기호는 통계법 제22조에 따라 통계청장이 고시한 한국표준산업분류에 따른다.

Q&A

산재 및 고용보험료 산정방식의 차이는 무엇인지

산재보험료와 고용보험료는 근로자의 보수총액을 기준으로 산정하는 점에서는 같으나 그 기준이 되는 보수총액의 경우 보험의 적용대상에 따라 달라지게 되므로, 산재보험료와 고용보험료 산정시 기준이 되는 보수총액이 달라질 수 있다. 즉 산재보험의 적용근로자는 '근로기준법상의 근로자'에 포함되는 모든 근로자를 말하지만 고용보험은 적용 제외 근로자(고용보험법 제10조)가 존재하므로 법 적용 제외자에 대한 보수는 고용보험료 산정시 기준이 되는 보수총액에서 제외된다. 따라서 산재보험료와 고용보험료의 대상이 되는 보수총액은 고용보험 적용 제외자에 따라 달라질 수 있다.

한편, 산재보험료는 산업재해가 발생할 가능성이 큰 업종(예를 들어 제조업)과 작은 업종(예를 들어 금융보험업)이 존재하기 때문에 근로자수에 따른 보수총액을 기초로 하되, 여기에적용하는 보험료율은 업종별로 달리 적용하고 있다. 그러나 고용보험료는 사업별로 보험료율을 달리 적용할 이유가 없고, 해당 사업장의 근로자수에 따라 요율을 달리 적용하고 있다.

(4) 보험료의 신고 및 납부

① 보험료 월별 산정·부과 및 고지

사회보험 징수통합에 따라 전 사업에 대해 근로복지공단에서 월별보험료를 산정·부과하고 국민건강보험공단에서 고지하는 것이 원칙이다. 다만, 건설업·벌목업 등 대통령령으로 정하는 사업에 대해서는 현행과 같이 자진 신고·납부 체계(개산·확정보험료 신고·납부)를 유지하게 된다.

사업종류별 보험료 납부 방식

사업종류	보험료 납부
-전 사업(건설업 등의 사업 제외) -건설업 중 건설장비운영업 -중소기업사업주·특수형태근로종사자 -해외파견(건설업 외) -고용보험 자영업자(2012.1.22. 이후 신규가입자)	부과 고지
-건설업(건설본사 포함) -임업 중 벌목업	자진 신고

사업종류	보험료 납부
- 해외파견사업(건설업) - 고용보험 자영업자(2012.1.21. 이전 기존가입자)	

월별보험료 = (근로자 개인별 월평균 보수×보험료율)의 합계

$$월평균\ 보수 = \frac{전년도\ 보수총액}{전년도\ 근무개월수}$$

자진신고 사업장	개산보험료 - 일반적 산정원칙 당해 연도 추정 보수총액×보험료율 - 노무비율에 의한 산정 총공사금액×노무비율×보험료율 벌목재적량×노무비율×보험료율	확정보험료 - 일반적 산정원칙 실지급된 보수총액×보험료율 - 노무비율에 의한 산정 [직영 보수총액+(외주비×하도급노무비율)]×보험료율
부과고지 사업장	월별보험료 근로자별 월평균보수의 합계액×보험료율	정산보험료 근로자별 연간보수총액의 합계액×보험료율
	※근로자 개인별 고용정보 및 보수를 근로복지공단에 신고	

② 보수총액신고

사업주는 월별보험료의 정산 및 당해연도 월평균보수 산정을 위해 근로자에게 지급한 전년도 보수총액을 신고하며, 산정된 보험료와 전년도에 이미 납부한 월별보험료와의 차액을 정산하여 추가납부하거나 반환하게 된다(신고기한 : 매년 3월 15일까지).

③ 근로자 고용정보 신고

사업주는 산재 · 고용보험 월별보험료를 산정 · 부과하기 위한 사업장 소속근로자의 입 · 퇴사 등의 고용정보 및 월평균보수를 신고해야 한다. 고용정보 신고내용은 입사, 퇴사, 휴업 · 휴직, 전보, 정보변경 등 사항이다.

사 유	산재보험	고용보험	신고기한
근로자를 새로 고용한 경우	근로자 고용신고	피보험자격취득신고	다음달 15일
근로자와 고용관계를 종료한 경우	근로자 고용종료신고	피보험자격상실신고	다음달 15일
근로자가 다른 사업장으로 전보되는 경우	근로자 전보신고	피보험자전근신고	사유발생일부터 14일 이내
근로자가 휴업 등의 사유로 근로를 제공하지 않게 된 경우	근로자 휴직 등 신고	근로자 휴직 등 신고	사유발생일부터 14일 이내
근로자의 성명 또는 주민등록번호가 변경된 경우	근로자 정보변경신고	피보험자내역변경신고	사유발생일부터 14일 이내
일용직근로자 고용정보 신고	근로내용확인신고	근로내용확인신고	다음달 15일

④ 석면피해구제분담금

2010.3.22. 석면피해구제법 제정에 따라 일정규모 이상의 사업장은 2011년부터 석면피해구제분담금을 산재보험료에 합산하여 납부해야 할 의무가 있다. 석면피해구제분담금을 납부해야 할 사업장은 상시근로자수 20명 이상 사업장(건설업 제외) 및 건설업(건설업본사, 건설일괄유기사업장)이며, 석면피해구제분담금의 분담금률은 매년 환경부장관이 고시한다.

부과고지사업의 업무 처리 흐름

보험관계성립신고	보험관계 성립신고 : 성립일로부터 14일 이내
근로자 고용정보 신고 (월평균보수신고)	- 입사시 : 근로자고용신고 → 다음달 15일까지 - 퇴사시 : 근로자고용종료신고 → 다음달 15일까지 - 전근시 : 근로자 전근신고 → 전보일부터 14일 이내 - 휴직시 : 근로자 휴직 등 신고 → 휴직일부터 14일 이내 - 변경시 : 근로자 정보변경신고 → 변경일부터 14일 이내 ※월 60시간 미만인 자 등 대통령령이 정하는 자는 신고 면제

구분	내용
월별보험료산정 부과 · 고지 · 납부	– 보험료 산정 : 근로자별 월평균보수 합계액×보험료율 ※월평균보수 : 근로자 개인별 전년도 보수총액을 개인별 근무개월수로 나눈 금액 – 고지 : 납부기한 10일 전(당해월 말일)까지 도착 – 납부 : 해당 월의 다음달 10일까지
월평균보수 변경	– 변경신고 : 월평균보수 변동(인상 · 인하)된 경우 – 적용시점 : 월평균보수 변동(인상 · 인하)을 신고한 다음달부터
보수총액 등 신고	– 전년도에 지급한 보수총액 신고 안내(근로복지공단) : 2월 중순 – 전년도 보수총액 신고(사업주) : 3월 15일까지
연도 중 폐업 · 도산	– 소멸신고 : 소멸일로부터 14일 이내 – 근로자에 지급한 보수총액 신고 : 소멸일로부터 14일 이내 – 보험료 정산(반환 · 추가징수)
월평균보수 산정	적용기간 : 4월부터 다음연도 3월. 다만, 10월 이후에 새로이 고용된 근로자의 월 평균보수는 다음다음 연도 3월까지
보험료 정산	– 당해연도 보수총액으로 정산(반환 · 추가징수) – 근로복지공단 직권 정산 : 보수총액 미신고, 신고가 사실과 다른 경우 – 정산 차액은 정산을 실시한 달의 보험료에 합산 징수

참 고

• 자진신고 사업(건설업 · 벌목업)의 보험료 신고 및 납부 •

1. 개산보험료

개산보험료란 매 보험연도마다 그 1년간(보험연도 중에 보험관계가 성립한 경우에는 그 성립일로부터 그 보험연도의 말일까지의 기간)에 사용할 모든 근로자에게 지급할 보수총액 추정액에 보험료율을 곱하여 산정한 금액을 말한다.

(1) 개산보험료의 산정

① 산정원칙

보험가입자가 1년간 사용할 근로자에게 지급할 보수총액을 추정하여 그 보수총

액에 해당 보험료율을 곱하여 산정

개산보험료＝당해 연도 추정보수총액×보험료율

다만, 추정액이 전년도 보수총액의 70/100 이상 130/100 이내인 경우에는 전년도 확정보수총액을 당해보험연도의 보수총액 추정액으로 한다.

※개산보험료 산정방법(예시)

2016년도 보수총액이 1억2천만원이고 2017년도 보수총액의 추정액이 1억원인 사업장에서의 2017년도 개산보험료는?

2017년도 보수총액의 추정액이 2016년도 보수총액의 100분의 83으로 “100분의 70 이상 100분의 130 이하의 범위”에 포함되므로 2016년도 보수총액을 2017년도 보수총액 추정액으로 보아 보험료를 산정

즉 이 경우 2017년도 개산보험료＝1억2천만원(보수총액 추정액)×보험료율

② 노무비율에 의한 산정(건설공사에서 보수총액의 추정이 곤란한 경우)

보수총액 추정액을 결정하기 곤란한 경우에는 고용노동부장관이 고시하는 노무비율에 의하여 보수총액을 결정

개산보험료＝총공사금액×노무비율×보험료율

⑵ 개산보험료의 신고와 납부

사업주는 당해 보험연도의 3월 31일까지(보험연도 중에 보험관계가 성립한 경우 그 성립일 부터 70일 이내에) 보험료신고서를 작성하여 공단에 제출하고 동 보험료에 대하여는 국고수납대리점(시중은행) 또는 우체국에 자진납부

※다만, 건설공사 등 기간의 정함이 있는 사업으로서 보험관계성립일 부터 70일 이내에 종료되는 사업의 경우 그 사업의 종료일 전일까지 신고·납부하여야 한다.

보험료는 매년 사업주가 당해 보험연도의 3월 31일까지(보험연도 중에 성립한 사업장은 성립일 부터 70일 이내에) 납부하여야 하며, 계속사업장 또는 6월말 이전에 성립된 사업장은 사업주의 신청(반드시 개산보험료신고시 신청)에 의해 분할납부 가능

2. 확정보험료

확정보험료란 매 보험연도의 초일(보험연도 중에 보험관계가 성립한 경우에는 성립일) 부터 연도 말일 또는 보험관계가 소멸한 날의 전날까지 지급한 보수총액에 보험료율을 곱하여 산정한 금액을 말한다.

⑴ 확정보험료의 산정

① 산정원칙

당해보험연도 중 실제 지급한 보수총액(지급하기로 결정되었으나 미지급된 보수 포함)에 보험료율을 곱하여 산정

② 노무비율에 의한 산정

건설공사도 실제 지급된 보수총액에 보험료율을 곱하여 산정함이 원칙이나 보수총액을 결정하기 곤란한 경우에는 고용노동부장관이 정하여 고시한 노무비율로 보수총액을 결정하여 확정보험료를 산정할 수 있다.

확정보험료＝[직영인건비＋{외주비×하도급노무비율}]×보험료율

※원수급인은 하도급을 준 공사(외주비)에서 하수급인 인정 승인된 공사금액은 제외

③ 하수급인 사업주 인정 승인을 받은 공사

원수급인의 신청에 의해 하수급인 사업주 인정 승인을 받은 공사에 대해서는 하수급업체가 반드시 그 공사에 대한 보수총액을 포함하여 신고하고 보험료를 납부

(2) 확정보험료의 신고와 납부

다음 보험연도의 3월 31일(보험관계가 보험연도 중에 소멸한 경우는 소멸한 날부터 30일 이내)까지 확정보험료를 신고 · 납부한다.

개산보험료를 확정보험료보다 초과 납부한 경우에는 초과금액을 반환받거나 충당신청할 수 있다.

(5) 소규모사업장 저임금근로자에 대한 고용보험료 지원제도

2012년 7월부터 사회보험 가입확대를 위해 소규모사업장의 저임금근로자에 대한 사회보험료 지원제도가 실시된다. 이 제도는 사회보험이 꼭 필요한 계층에게 사회보험료 지원을 통한 보험가입 유인으로 사회보험 사각지대를 축소하기 위함이며, 상대적으로 가입률이 저조한 고용보험과 국민연금이 지원대상이다.

참 고

• 고용보험 및 산업재해보상보험의 보험료 징수 등에 관한 법률 •

제21조 【고용보험료의 지원】 ① 국가는 사업장의 규모 및 근로자(내국인에 한한다. 이하 이 조에서 같다)의 보수가 대통령령으로 정하는 범위에 해당하는 경우 그 사업주와 근로자가 제13조 제2항 및 제4항에 따라 각각 부담하는 고용보험료의 일부를 예산의 범위에서 지원할 수 있다.

② 제1항에 따른 고용보험료의 지원 수준, 지원 방법, 절차 등 필요한 사항은 대통령령으로 정한다.

① 지원대상 사업장 및 근로자

지원대상 사업장은 고용보험 가입대상 근로자수가 10명 미만인 사업장(건설본사도 동일한 기준 적용)이며, 사업장이 보험연도 말 현재 고용보험료 지원을 받고 있고 그 보험연도 중 보험료지원기간의 월평균 가입자수가 10명 미만인 경우에는 재신청 절차없이 다음 연도에도 계속 지원된다(매년 12월 말 기준 보험료지원기간의 월평균 가입자수가 10명 이상이면 지원대상에서 제외).

건설공사는 보험관계 성립신고(사업개시신고) 또는 가입신청 당시 총공사금액이 1억원 미만인 공사, 벌목현장은 보험관계 성립신고(사업개시신고) 당시 허가받은 벌목재적량이 2,700㎥ 미만인 사업장이 지원대상 사업장이다.

지원대상 근로자는 근로자의 보수가 고용노동부장관이 보건복지부장관과 협의하여 고시하는 다음의 금액에 해당하는 근로자이다.

구 분	2016년	2017년
상한액	140만원	140만원

② 지원 금액 : 근로자 보수 수준과 신규 · 기존 가입자에 따른 차등지원

지원대상 근로자의 보수	지원 수준	적용시기
월평균보수액 또는 월별보수총액 140만원 미만	사업주 및 근로자 보험료의 1/2 지원	2015
	사업주와 근로자가 부담하는 고용보험료 중 신규가입자 3/5, 기존가입자 2/5	2016~

4. 산재보험급여

산재보험급여는 산업재해보상보험법의 적용을 받는 사업 또는 사업장 소속 근로자가 업무상 사유로 인하여 부상 질병 · 장해 또는 사망한 경우에 이를 회복시키거나 소득을 보장하고 그 가족의 생활보호를 위하여 지급되는 급여를 말한다.

산재보험급여의 종류

종 류	내 용
요 양 급 여	업무상 재해로 요양기간이 4일 이상인 경우 국민건강보험 진료수가 범위 내에서 요양비전액
휴 업 급 여	요양으로 취업하지 못한 기간 1일에 대하여 평균임금의 70% 상당액
상병보상연금	당해 부상 또는 질병이 2년이 경과되어도 치유되지 않고 폐질등급 1~3급에 해당하는 장기환자에 대하여 휴업급여 대신에 보다 높은 수준의 보험급여 지급
장 해 급 여	업무상 재해의 치유 후 당해 재해와 상당인과관계가 있는 장해가 남게 되는 경우 그 장해정도에 따라 지급
간 병 급 여	요양급여를 받은 자가 치유 후 의학적으로 상시 또는 수시로 간병이 필요하여 실제로 간병을 받는 자에게 지급
유 족 급 여	업무상 재해로 사망하거나 사망의 추정시 그 유족의 생활보장을 위하여 지급
장 의 비	장제실행에 소요된 비용지급
직업재활급여	산재근로자의 재취업 촉진을 위한 직업훈련비용 및 직업훈련수당, 원직장복귀촉진을 위한 직장복귀지원금, 직장적응훈련비, 재활운동비 등 지급

(1) 요양급여

가. 의의

근로자가 업무상 부상 또는 질병에 걸렸을 경우 치유될 때까지 공단이 설치한 보험시설 또는 지정의료기관에서 요양을 직접 행하게 하는 현물급여이다. 다만, 비지정의료기관에서 요양을 받은 경우나 산재환자가 자비로 실시한 요양 등 부득이한 경우에는 요양비를 지급한다.

나. 지급요건

① 산업재해보상보험법이 적용되는 사업장의 근로자일 것

② 업무상 사유에 의한 부상 또는 질병에 걸렸을 것

③ 당해 부상 또는 질병이 4일 이상의 요양기간을 요할 것

다. 급여범위

진찰, 약제 또는 진료재료와 의지 기타 보철구의 지급, 처치 · 수술 기타의 치료, 의료시설에의 수용, 간병, 이송, 기타 고용노동부장관이 정하는 사항으로 치료에 필요한 제반 비용을 말한다.

라. 청구절차

구 분	신청사유	제출서류
요양신청	지정의료기관에서 요양을 받고자 할 때	최초요양신청서 3부 작성 · 제출(공단소정양식)
요양비청구	긴급 기타 부득이한 사유로 요양승인을 받지 아니하고 자비로 치료한 경우	요양비청구서 작성, 공단 제출 [구비서류] 청구내용에 관한 증빙서류 대체지급보험급여금지급청구서 (수급권의 대위 경우)

마. 재요양

① 치유 후 부상 또는 질병이 재발하거나 상태가 악화되어 적극적인 치료가 필요한 경우로 당초의 상병과 재요양 신청한 상병간에 의학적으로 상당인과관계가 인정되고, 재요양을 함으로써 치료효과가 기대될 수 있다는 의학적 소견이 있는 경우

② 재요양의 대상이 되는 부상 또는 질병 상태의 호전을 위하여 수술(신체 내 고정물의 제거 수술 또는 의지 장착을 위한 절단 부위의 재수술 포함) 등 적극적인 치료가 필요하다고 인정되는 경우

(2) 휴업급여

가. 의의

휴업급여는 업무상 재해를 당하거나 업무상 질병에 걸린 근로자가 요양으로 인하여 취업하지 못한 기간에 대하여 피재근로자와 그 가족의 생활보호를 위하여 지급하는 보험급여이다.

나. 지급요건

① 업무상 재해로 인한 요양으로 4일 이상 취업하지 못할 것

② 임금을 받지 못할 것

다. 청구시기 : 매월 1회 이상

통상적으로 1월 1회 청구가 상례이다.

라. 급여내용

미취업기간 1일에 대하여 평균임금의 70/100 상당액

> **참 고**
>
> **• 휴업급여제도 •**
>
> • 부분휴업급여(산업재해보상보험법 제53조)
> 요양 또는 재요양을 받고 있는 근로자가 그 요양기간 중 일정기간 또는 단시간 취업을 하는 경우에는 그 취업한 날 또는 취업한 시간에 해당하는 그 근로자의 평균임금에서 그 취업한 날 또는 취업한 시간에 대한 임금을 뺀 금액의 100분의 90에 상당하는 금액을 지급할 수 있다.
>
> • 저소득 근로자의 휴업급여(법 제54조)
> 1일당 휴업급여 지급액이 최저 보상기준 금액의 100분의 80보다 적거나 같으면 그 근로자에 대하여는 평균임금의 100분의 90에 상당하는 금액을 1일당 휴업급여 지급액으로 한다. 다만, 그 근로자의 평균임금의 100분의 90에 상당하는 금액이 최저 보상기준 금액의 100분의 80보다 많은 경우에는 최저 보상기준 금액의 100분의 80에 상당하는 금액을 1일당 휴업급여 지급액으로 한다. 또한 이와 같이 산정한 휴업급여 지급액이 최저임금법 제5조 제1항에 따른 시간급 최저임금액에 8을 곱한 금액보다 적으면 그 최저임금액을 그 근로자의 1일당 휴업급여 지급액으로 한다.
>
> • 고령자 휴업급여(법 제55조, 별표 1)
> 휴업급여를 받는 근로자가 61세가 되면 그 이후의 휴업급여는 다음과 같은 산정방식에 따라 산정한 금액을 지급한다. 다만, 61세 이후에 취업 중인 자가 업무상의 재해로 요양하거나 61세 전에 제37조 제1항 제2호에 따른 업무상 질병으로 장해급여를 받은 자가 61세 이후에 그 업무상 질병으로 최초로 요양하는 경우에는 이를 적용하지 않는다.

연 령	지 급 액
61세	1일당 휴업급여 지급액×66/70
62세	1일당 휴업급여 지급액×62/70
63세	1일당 휴업급여 지급액×58/70
64세	1일당 휴업급여 지급액×54/70
65세 이후	1일당 휴업급여 지급액×50/70

(3) 장해급여

가. 의의

업무상 재해를 당한 근로자가 요양 후 치유되었으나 정신적 또는 신체적 결손이 남게 되는 경우 그 장해로 인한 노동력손실전보를 위하여 지급되는 보험급여이다.

나. 지급요건

① 업무상 재해로 인한 부상 또는 질병의 치유 후 신체에 장해가 잔존하여야 한다.
② 장해가 당해 업무상 부상 또는 질병과 상당인과관계가 있어야 한다.

다. 지급사유, 시기 및 내용

구 분	지급사유	청구시기	급여내용
일시금	업무상 재해가 치유된 후 장해등급 제4~14급 장해잔존시	치유 후	장해 정도에 따라 평균임금의 1,012일분부터 55일분 상당액
연 금	업무상 재해가 치유된 후 장해등급 제1~7급 장해잔존시 -제1~3급 : 연금 -제4~7급 : 연금 또는 일시금 중 선택 가능	치유 후	장해 정도에 따라 평균임금의 329일분부터 138일분 상당액

※1. 연금의 경우 최초 1회 청구로 2회분부터 자동지급
2. 연금으로 지급하는 것이 곤란한 연금수급자의 국외이주, 외국인 수급권자가 국내를 떠나게 되어 일시금을 청구하는 경우에는 일시금 지급

라. 지급의 특례

① 선급금 지급

연금수급권자는 연금의 최초 1~4년분의 1/2에 상당하는 선급금을 청구할 수 있다 (선급금에 대하여는 2%의 이자를 공제하고 지급).

※1~3급 장해자의 경우는 1~4년분, 4~7급 장해자의 경우는 1~2년분의 1/2에 해당하는 금액을 선급금으로 지급가능

② 차액일시금 지급

수급권자의 사망시 이미 지급한 연금액을 지급당시의 각각의 평균임금으로 나눈 일수의 합계가 해당 장해등급의 일시금의 일수에 미달되는 경우 그 일수에 대하여 사망당시의 평균임금을 곱한 금액을 유족에게 일시금으로 지급

마. 합병증 등 예방관리

업무상의 부상 또는 질병이 치유된 자 중에서 합병증 등 재요양 사유가 발생할 우려가 있는 자에게 산재보험 의료기관에서 그 예방에 필요한 조치를 받도록 하는 제도이다.

(4) 간병급여

가. 의의

요양을 종결한 산재근로자가 치유 후 의학적으로 상시 또는 수시로 간병이 필요하여 실제로 간병을 받는 자에게 보험급여로서 간병급여를 지급하여 주는 제도이다.

나. 적용대상 및 종류

구 분	지급대상
상시 간병급여	1. 신경계통의 기능, 정신기능 또는 흉복부 장기의 기능에 장해등급 제1급에 해당하는 장해가 남아 일상생활에 필요한 동작을 하기 위하여 항상 다른 사람의 간병이 필요한 사람 2. 두 눈, 두 팔 또는 두 다리 중 어느 하나의 부위에 장해등급 제1급에 해당하는 장해가 남고, 다른 부위에 제7급 이상에 해당하는 장해가 남아 일상생활에 필요한 동작을 하기 위하여 항상 다른 사람의 간병이 필요한 사람

구 분	지급대상
수시 간병급여	1. 신경계통의 기능, 정신기능 또는 흉복부 장기의 기능에 장해등급 제2급에 해당하는 장해가 남아 일상생활에 필요한 동작을 하기 위하여 수시로 다른 사람의 간병이 필요한 사람 2. 장해등급 제1급(제53조 제2항에 따른 조정의 결과 제1급이 되는 경우를 포함한다)에 해당하는 장해가 남아 일상생활에 필요한 동작을 하기 위하여 수시로 다른 사람의 간병이 필요한 사람

다. 간병급여 금액

적용기간	상시간병	수시간병
2014.8.1.~현재	41,170원/일	27,450원/일
2008.1.1.~2014.7.31.	38,240원/일	25,490원/일

① 간병급여의 지급은 간병이 실제로 행하여 진 날에 대하여 월단위로 지급한다.

② 간병인의 수는 간병을 받아야 할 근로자 1인에 대하여 1명으로 한다.

(5) 유족급여

가. 의의

근로자가 업무상 사유로 사망시 또는 사망으로 추정되는 경우 그에 의하여 부양되고 있던 유족들의 생활보장을 위하여 지급되는 보험급여이다.

나. 지급요건

업무상 사망 또는 사망으로 추정되는 경우

다. 유족급여의 종류

구 분	종 류
유족보상연금	유족보상연금액은 다음의 기본금액과 가산금액을 합산한 금액으로 한다. ① 기본금액=급여기초연액(평균임금에 365를 곱하여 얻은 금액)의 100분의 47에 상당하는 금액

구 분	종 류
	② 가산금액=유족보상연금수급권자 및 그에 의하여 부양되고 있는 유족보상연금수급 자격자 1인당 급여기초연액의 100분의 5에 상당하는 금액의 합산액. 다만, 그 합산금액이 급여 기초연액의 100분의 20(4인)을 넘을 때에는 급여 기초연액의 100분의 20에 상당하는 금액으로 한다.
유족보상일시금	평균임금의 1,300일분

라. 지급방법

① 연금지급이 원칙이다(평균임금의 52~67% 상당금액을 매월 지급).

② 50% 일시금 지급 : 연금수급권자가 원하는 경우에는 유족일시금(평균임금의 1,300일분)의 50%를 일시금으로 지급하고 유족보상연금은 50%를 감액하여 지급한다.

마. 유족보상연금 수급권자

근로자 사망당시 그에 의하여 부양되고 있던 자 중 배우자 및 근로자 사망당시 다음 ①~⑤에 해당하는 자

※배우자 이외의 자는 일정한 연령 또는 일정한 장해상태에 있을 것을 요건으로 하고 있다.

① 부모, 조부모로서 60세 이상

② 자녀, 손자녀로서 19세 미만

③ 형제자매로서 19세 미만이거나 60세 이상

④ ①~③에 해당하지 않는 자녀, 부모, 손, 조부모 또는 형제자매로서 장애인복지법 제2조의 규정에 의한 장애인 중 고용노동부령이 정하는 장애등급 이상에 해당한 자(장애등급 제2급 이상. 다만, 시각장애인의 경우에는 제3급인 자 포함)

⑤ 근로자 사망당시 태아인 자는 출생시부터 자격을 취득

※수급권의 순위는 배우자, 자녀, 부모, 손자녀, 조부모 및 형제자매의 순이다.

(6) 상병보상연금

가. 의의

요양 개시 후 2년이 경과하여도 치유되지 아니하고 요양이 장기화됨에 따라 해당 피

재근로자와 그 가족의 생활안정을 도모하기 위하여 휴업급여 대신에 보상수준을 향상시켜 지급하게 되는 보험급여이다.

나. 지급요건

① 당해 부상 또는 질병이 2년이 경과되어도 치유되지 않았을 것(장해등급 제1~3급 수급자의 재요양시에는 요양 개시 후 2년이 경과된 것으로 본다)

② 부상 또는 질병의 정도가 폐질등급 제1~3급에 해당할 것

폐질등급	상병보상연금
제1급	평균임금의 329일분
제2급	평균임금의 291일분
제3급	평균임금의 257일분

다. 상병보상연금 최저기준 상향 및 감액지급

① 저소득자 상병보상연금 상향

상병보상연금액 산정에 있어 평균임금이 최저임금액의 70%보다 적으면 최저임금액의 70%를 그 근로자의 평균임금으로 지급

또한 1일당 상병보상연금 지급액(평균임금×폐질등급일수/365에 해당하는 금액)이 1일당 휴업급여 지급액(평균임금의 90%, 최저 보상기준 금액의 80%)보다 적으면 휴업급여 지급액을 1일당 상병보상연금 지급액으로 한다.

② 고령자상병보상연금

상병보상연금의 경우 감액 지급 해당 연령, 즉 61세에 도달한 날부터 매년 4%p씩 감액하여 폐질등급 일수를 365로 나누어 0.04~0.2를 뺀 값에 평균임금을 곱한 금액이 1일당 상병보상연금 지급액이 된다.

라. 상병보상연금 지급의 효과

① 휴업급여의 지급이 중단된다(장해연금수급자가 재요양시 장해연금 지급중지).

② 요양 개시 후 3년이 경과한 날 이후에도 상병보상연금을 받고 있는 경우에는 근로기준법 제23조 제2항을 적용함에 있어서 일시보상을 한 것으로 본다.

(7) 장의비

가. 의의

근로자가 업무상 사유로 사망한 경우 그 장제에 소요되는 비용으로 실비의 성질을 가진다.

나. 청구자

장제의 실행자

다. 급여내용 : 평균임금의 120일분 상당액

장의비가 고용노동부장관이 고시하는 최고금액을 초과하거나 최저금액에 미달하는 경우에는 그 최고금액 또는 최저금액을 각각의 장의비로 한다.

적용기간	최고금액	최저금액
2018.1.1.~2018.12.31.	15,069,990원	10,763,580원
2017.1.1.~2017.12.31.	14,531,690원	10,376,150원
2016.1.1.~2016.12.31.	14,217,340원	10,061,800원
2015.1.1.~2015.12.31.	13,848,542원	9,812,342원
2014.1.1.~2014.12.31.	13,459,060원	9,539,140원

Q&A

업무상 재해로 요양 중인 직원이 퇴직한 경우 산재보험급여를 받을 수 없는지

산업재해보상보험법 제88조 제1항에 의하면 "근로자의 보험급여를 받을 권리는 퇴직하여도 소멸되지 아니한다"라고 명시하고 있다. 따라서 산재근로자가 요양승인을 받은 후 요양기간 중에 퇴직을 하더라도 업무상 재해로 인해 지급되어야 할 산재보험급여(휴업급여 · 상병보상연금 · 장해급여 등)를 지급받을 수 있다.
한편, 보험급여를 받을 권리는 양도 또는 압류할 수 없으므로(산재법 제88조 제2항) 산재보험급여를 받을 수 있는 권리는 개인간의 채권 · 채무관계 등에 의하여도 영향을 받지 않는다.

(8) 직업재활급여

장해급여자(제1급~제9급)에게는 직업훈련비용 및 직업훈련수당을 지급하고, 고용을 유지하는 사업주에게는 직장복귀지원금, 직장적응훈련비 및 재활운동비를 지급한다.

5. 고용보험급여

(1) 고용창출장려금 지원

통상적 조건 하에 취업이 어려운 취약계층을 고용하거나 교대제 개편, 실근로시간 단축, 시간선택제 일자리 도입 등 근무형태를 변경하여 고용기회를 확대한 사업주에게 인건비 또는 임금감소액 보전금을 지원한다(일자리 함께하기, 시간선택제 신규고용, 신중년 적합직무, 중소기업청년추가고용 등).

(2) 고용안정장려금 지원

학업, 육아, 간병 등 생애주기별로 고용불안이 가속될 때 근로시간 단축, 근로형태 유연화 등을 도입하여 근로자의 계속고용을 지원하거나 기간제 근로자 등을 정규직으로 전환하는 사업주를 지원하여 기존 근로자의 고용안정과 일자리 질 향상을 도모하기 위한 지원제도이다(시간선택제 전환, 정규직 전환, 출산육아기 고용안정지원 등).

(3) 고용유지지원금 지원

경기의 변동, 산업구조의 변화 등으로 생산량·매출액이 감소하거나 재고량이 증가하는 등의 고용조정이 불가피하게 된 사업주가 근로자를 감원하지 않고 근로시간 조정, 교대제 개편, 휴업, 훈련, 휴직과 같은 고용유지조치를 실시하고 고용을 유지하는 경우 임금(수당) 및 훈련비를 지원하여 사업주의 경영 부담을 완화하고 근로자의 실직을 예방하기 위한 제도이다[고용유지(휴직) 등].

(4) 장년고용안정지원금 지원

고령자와 장년 미취업자의 고용촉진 및 안정을 도모하기 위해 사업주에게 지원금을 지원하여 기업의 임금부담을 완화하고, 일할 의욕이 있고 경험이 풍부한 직원을 채용할 수 있는 기회를 제공하기 위한 제도이다(60세 이상 고령자고용, 임금피크제 등).

(5) 청년내일채움공제

중소기업 등에 취업한 청년에게는 장기근속 및 목돈마련의 기회를, 기업에게는 우수인재 고용유지를 지원하는 제도이다.

(6) 세대간 상생지원

임금피크제 도입, 임금체계 개편 등 세대간 상생고용 노력과 더불어 청년(15~34세) 정규직을 신규채용한 기업에 지원금을 지급하는 제도이다.

(7) 직장어린이집 지원

직장어린이집 설치를 위한 사업주의 적극적인 참여를 유인하고 보육 서비스의 질적 제고를 위하여 직장보육교사 등 인건비 및 중소기업 직장어린이집 운영비를 지원한다.

(8) 직업능력개발사업

사업주가 근로자에게 직업훈련을 실시하거나 근로자 및 실직자가 자기계발 또는 재취업을 위해 훈련을 받을 경우 사업주와 근로자 및 실직자에게 일정비용을 지원한다.

Q&A

고용보험의 직업능력개발사업 중 교육비환급 신청시 구비서류

재직 중인 근로자가 고용보험법상의 직업능력개발훈련의 훈련비, 훈련수당 및 임금의 일부에 해당하는 금액에 대하여 지원을 받고자 하는 경우에는 사업주 직업능력개발 훈련비용 지원신청서에 아래의 서류를 모두 첨부하여 훈련 종료 후 또는 매 3월간의 훈련실시 후

30일 이내에 사업장의 소재지를 관할하는 지방노동관서에 제출하면 된다.
① 계산서 사본 등 훈련비용에 관한 증빙서류
② 직업능력개발훈련수료증
③ 임금대장 사본(임금지급분에 대하여 지원받고자 하는 경우)
④ 훈련수당 지급대장 사본(훈련수당을 지원받고자 하는 경우)
⑤ 숙박비 지급대장 사본(숙박비를 지원받고자 하는 경우)

(9) 실업급여사업

근로자가 실직하였을 경우 일정기간 동안 실직자와 그 가족의 생활안정 그리고 원활한 구직활동을 위하여 실업급여(구직급여)를 지급한다.

① 실업급여 수급요건

실업급여는 실직 전 18개월 중 180일 이상 고용보험에 가입한 근로자가 회사의 폐업·도산, 경영상 해고, 권고사직을 당하거나 기타 부득이한 사유로 이직한 경우에는 실업급여가 지급된다.

그러나 정당한 사유없이 전직, 자영업 등을 위하여 스스로 직장을 그만두었거나, 중대한 잘못으로 형법이나 직무 관련 법규 위반 등으로 금고 이상의 형을 받아 해고된 경우, 정당한 사유없이 장기간 무단결근으로 해고된 경우 등에는 실업급여를 받을 수 없다(고용보험법 제58조).

Q&A

올해 6월에 결혼하면 서울에서 배우자의 직장이 있는 광주로 이사하기 위해 현재 회사를 그만두어야 하는데 실업급여를 받을 수 있는지

고용보험법에서는 모든 실업자에 대하여 구직급여를 지급하는 것이 아니라 이직사유에 따라 수급자격을 제한하고 있다. 현행법에 따르면 근로자가 자기의 중대한 귀책사유로 해고되거나 정당한 사유없는 자기 사정으로 이직한 경우(자발적 퇴직)에는 수급자격이 없다. 다만, 자발적으로 사직하더라도 고용보험법 시행규칙에서 규정하고 있는 수급자격 인정요건에 해당이 되면 수급자격이 부여될 수 있다. 따라서 결혼하여 배우자와 동거하기 위해서 이직하는 것이 구직급여를 받을 수 있는 이직사유에 해당하느냐를 먼저 알아보아야 한다.

고용보험법 시행규칙에 따르면 ① 사업장의 이전, ② 지역을 달리하는 사업장으로의 전근, ③ 배우자나 부양하여야 할 친족과의 동거를 위한 거소 이전, ④ 그 밖에 피할 수 없는 사유로 통근이 곤란한 경우(왕복 3시간 이상인 경우)에 해당되어 부득이하게 이직하는 경우에는 구직급여 수급자격이 제한되지 않는 정당한 이직사유로 보아 수급자격을 부여하고 있다. 따라서 위의 근로자의 경우 '배우자와 동거를 위해 주소를 이전함으로써 통근이 곤란하게 되어 이직하는 경우'임을 인정받으면 구직급여 수급자격을 부여받을 수 있다.

수급자격을 인정받기 위해서는 먼저 배우자와의 동거를 위해 주소를 이전함으로써 퇴직한다는 것이 예식장 사용계약서나 결혼 후 주민등록등본 등에 의해 객관적으로 확인되어야 한다. 또한 고용노동부 행정해석에서는 '이직예정일이 2000.9.9.이고 결혼예정일이 2000.11.12.이라면 조만간(통상 30일 정도의 기간 내) 결혼 및 주소이전을 한다고는 보기 어려우므로 실업급여를 지급받을 수 없을 것으로 판단'하고 있는 점을 고려하면 퇴직의 시기를 결정하는 것도 중요하다. 즉 결혼예정일보다 30일 이전에 퇴직하는 경우 결혼 및 주소이전으로 인한 퇴직이 아니라 자발적 퇴직으로 간주되어 구직급여 수급자격이 인정되지 않을 수 있다.

다음으로 통근이 곤란한 정도라 함은 통근시 이용할 수 있는 통상의 교통수단으로는 사업장으로의 왕복소요시간이 3시간 이상인 경우를 의미한다. 위의 근로자의 경우 서울에서 광주로 주소가 이전되므로 충분히 통근이 곤란한 경우임은 인정받을 수 있을 것이다.

✍ 참조 : 실업 68430-680, 2000.8.16.

참 고

• 고용보험법 •

법 제58조【이직사유에 따른 수급자격의 제한】제40조에도 불구하고 피보험자가 다음 각 호의 어느 하나에 해당한다고 직업안정기관의 장이 인정하는 경우에는 수급자격이 없는 것으로 본다.

1. 중대한 귀책사유(歸責事由)로 해고된 피보험자로서 다음 각 목의 어느 하나에 해당하는 경우
   가. 「형법」 또는 직무와 관련된 법률을 위반하여 금고 이상의 형을 선고받은 경우
   나. 사업에 막대한 지장을 초래하거나 재산상 손해를 끼친 경우로서 노동부령이 정하는 기준에 해당하는 경우
   다. 정당한 사유없이 근로계약 또는 취업규칙 등을 위반하여 장기간 무단결근한 경우
2. 자기 사정으로 이직한 피보험자로서 다음 각 목의 어느 하나에 해당하는 경우
   가. 전직 또는 자영업을 하기 위하여 이직한 경우
   나. 제1호의 중대한 귀책사유가 있는 자가 해고되지 아니하고 사업주의 권고로 이직한 경우
   다. 그 밖에 노동부령이 정하는 정당한 사유에 해당하지 아니하는 사유로 이직한 경우

시행규칙 제101조【이직 사유에 따른 수급자격의 제한 기준】① 법 제58조 제1호 나목의 "고용노동부령으로 정하는 기준"은 별표 1의2와 같다.
② 법 제58조 제2호 다목의 "고용노동부령으로 정하는 정당한 사유"는 별표 2와 같다.

[별표 1의2] 사업에 막대한 지장을 초래하거나 재산상 손해를 끼친 경우
1. 납품업체로부터 금품이나 향응을 받고 불량품을 납품받아 생산에 차질을 가져온 경우
2. 사업의 기밀이나 그 밖의 정보를 경쟁관계에 있는 다른 사업자 등에게 제공한 경우
3. 거짓 사실을 날조 · 유포하거나 불법 집단행동을 주도하여 사업에 막대한 지장을 초래하거나 재산상 손해를 끼친 경우
4. 직책을 이용하여 공금을 착복 · 장기유용 · 횡령하거나 배임한 경우
5. 제품이나 원료 등을 절취하거나 불법 반출한 경우
6. 인사 · 경리 · 회계담당 직원이 근로자의 근무상황 실적을 조작하거나 거짓 서류 등을 작성하여 사업에 막대한 지장을 초래하거나 재산상 손해를 끼친 경우
7. 사업장의 기물을 고의로 파손하여 사업에 막대한 지장을 초래하거나 재산상 손해를 끼친 경우
8. 영업용 차량을 사업주의 위임이나 동의 없이 다른 사람에게 대리운전하게 하여 교통사고를 일으킨 경우

[별표 2] 수급자격이 제한되지 않는 정당한 이직사유
1. 다음 각 목의 어느 하나에 해당하는 사유가 이직일 전 1년 이내에 2개월 이상 발생한 경우
   가. 실제 근로조건이 채용 시 제시된 근로조건이나 채용 후 일반적으로 적용받던 근로조건보다 낮아지게 된 경우
   나. 임금체불이 있는 경우
   다. 소정근로에 대하여 지급받은 임금이 「최저임금법」에 따른 최저임금에 미달하게 된 경우
   라. 「근로기준법」 제53조에 따른 연장 근로의 제한을 위반한 경우
   마. 사업장의 휴업으로 휴업 전 평균임금의 70퍼센트 미만을 지급받은 경우
2. 사업장에서 종교, 성별, 신체장애, 노조활동 등을 이유로 불합리한 차별대우를 받은 경우
3. 사업장에서 본인의 의사에 반하여 성희롱, 성폭력, 그 밖의 성적인 괴롭힘을 당한 경우
4. 사업장의 도산 · 폐업이 확실하거나 대량의 감원이 예정되어 있는 경우
5. 다음 각 목의 어느 하나에 해당하는 사정으로 사업주로부터 퇴직을 권고받거나, 인원 감축이 불가피하여 고용조정계획에 따라 실시하는 퇴직 희망자의 모집으로 이직하는 경우
   가. 사업의 양도 · 인수 · 합병
   나. 일부 사업의 폐지나 업종전환

다. 직제개편에 따른 조직의 폐지 · 축소
라. 신기술의 도입, 기술혁신 등에 따른 작업형태의 변경
마. 경영의 악화, 인사 적체, 그 밖에 이에 준하는 사유가 발생한 경우

6. 다음 각 목의 어느 하나에 해당하는 사유로 통근이 곤란(통근 시 이용할 수 있는 통상의 교통수단으로는 사업장으로의 왕복에 드는 시간이 3시간 이상인 경우를 말한다)하게 된 경우
가. 사업장의 이전
나. 지역을 달리하는 사업장으로의 전근
다. 배우자나 부양하여야 할 친족과의 동거를 위한 거소 이전
라. 그 밖에 피할 수 없는 사유로 통근이 곤란한 경우
7. 부모나 동거 친족의 질병 · 부상 등으로 30일 이상 본인이 간호해야 하는 기간에 기업의 사정상 휴가나 휴직이 허용되지 않아 이직한 경우
8. 「산업안전보건법」 제2조 제7호에 따른 "중대재해"가 발생한 사업장으로서 그 재해와 관련된 고용노동부장관의 안전보건상의 시정명령을 받고도 시정기간까지 시정하지 아니하여 같은 재해 위험에 노출된 경우
9. 체력의 부족, 심신장애, 질병, 부상, 시력 · 청력 · 촉각의 감퇴 등으로 피보험자가 주어진 업무를 수행하는 것이 곤란하고, 기업의 사정상 업무종류의 전환이나 휴직이 허용되지 않아 이직한 것이 의사의 소견서, 사업주 의견 등에 근거하여 객관적으로 인정되는 경우
10. 임신, 출산, 만 8세 이하 또는 초등학교 2학년 이하의 자녀(입양한 자녀를 포함한다)의 육아, 「병역법」에 따른 의무복무 등으로 업무를 계속적으로 수행하기 어려운 경우로서 사업주가 휴가나 휴직을 허용하지 않아 이직한 경우
11. 사업주의 사업 내용이 법령의 제정 · 개정으로 위법하게 되거나 취업 당시와는 달리 법령에서 금지하는 재화 또는 용역을 제조하거나 판매하게 된 경우
12. 정년의 도래나 계약기간의 만료로 회사를 계속 다닐 수 없게 된 경우
13. 그 밖에 피보험자와 사업장 등의 사정에 비추어 그러한 여건에서는 통상의 다른 근로자도 이직했을 것이라는 사실이 객관적으로 인정되는 경우

② 실업급여의 신청

실업급여는 이직한 다음날로부터 12개월이 지나면 지급되지 않는다. 따라서 실직한 경우에는 지체없이 거주지 관할 고용센터를 방문하여 수급자격인정신청 및 구직등록을 해야 한다. 다만, 이직시 퇴직금, 명예퇴직수당 등으로 1억원 이상 지급받는 근로자는 고용센터에 실업을 신고한 날부터 3개월간 실업급여 지급이 유예된다.

실업급여는 수급자격자가 지정된 실업인정일(1주~4주 범위에서 직업안정기관의 장이 지정한 날)에 고용센터에 출석하여 실업상태에서 적극적으로 재취업을 위해 노력한 사실을 신고하여 실업인정을 받을 경우 지급된다.

③ 실업급여액

실업급여로서 실직자의 연령과 보험가입기간에 따라 90~240일 동안 실직 전 받던 임금의 50%를 지급한다.

1일 구직급여 최고액은 60,000원(2018년 이후), 최저액은 최저임금법상 시간급 최저임금액의 90%를 지급한다.

가입기간별 · 연령별 지급일수

피보험기간 / 연 령	1년 미만	1~3년	3~5년	5~10년	10년 이상
30세 미만	90일	90일	120일	150일	180일
30세~50세	90일	120일	150일	180일	210일
50세 이상 및 장애인	90일	150일	180일	210일	240일

핵심 정리사항

1. 산재보험제도는 근로의 업무상 재해를 신속하게 보상하기 위한 제도이며, 고용보험제도는 실직자의 생활을 보호하고 근로자의 실업의 예방과 고용촉진, 직업능력개발을 위한 제도로, 산재 · 고용보험은 근로자를 사용하는 모든 사업에 적용된다.
2. 산재보험료는 보험요율에 보수총액을 곱한 금액으로 사업주가 전액 부담하며 산재보험요율은 재해발생의 위험성에 따라 분류된 업종별 보험요율이 적용된다. 고용보험료는 보험요율에 보수총액을 곱한 금액으로 실업급여에 대한 보험료는 사업주와 근로자가 1/2씩 부담하며 나머지는 사업주가 부담한다. 2011년부터 산재 · 고용보험료는 매월 납부하며, 매년 보수총액신고를 통해 전년도 월별 보험료 정산 및 당해 연도 월평균보수를 산정하는 제도로 변경되었다.
3. 산재보험급여는 요양급여, 휴업급여, 상병보상연금, 장해급여, 간병급여, 유족급여, 장의비 등이 있으며, 고용보험급여는 고용창출과 고용안정 및 고용유지를 위한 사업, 직업능력개발사업, 실업급여사업 등이 있다.
4. 실업급여(구직급여)는 근로자가 비자발적으로 퇴직하는 경우 근로자의 생활과 원활한 구직활동을 위해 일정금액을 지급하는 제도이다.

Part 18

국민연금 · 건강보험*

핵심키워드

국민연금, 18세 이상 60세 미만, 국민연금보험료, 국민연금보험요율, 기준소득월액, 국민연금급여, 건강보험, 건강보험료, 건강보험요율, 보수월액, 보험료 정산, 건강보험급여

목 적

1. 국민연금제도의 취지와 주요 내용(적용대상, 보험료, 보험급여)을 이해한다.
2. 국민건강보험제도의 취지와 주요 내용(적용대상, 보험료, 보험료 정산, 보험급여)을 이해한다.

* 본 Part는 국민연금공단 및 국민건강보험공단 실무자료 등을 주로 참고하였다.

1. 국민연금제도의 취지는 노후생활보장이다

① 노령인구의 증가

생활수준의 향상으로 국민의 평균수명은 크게 늘어난 반면 출산율은 낮아져 부양해야 할 노령인구가 급격히 증가하고 있다.

② 노인부양의식의 약화

핵가족화의 급속한 진행에 의한 부양의식 약화로 사회구성원 모두가 연대하여 부양비를 마련해야 하고 본인도 소득능력이 있을 때 스스로 노후를 준비해야 한다.

③ 사회적 위험의 증대

산업화와 도시화의 진전은 각종 사고나 재해 등 사회적 위협을 증대시키고 있으므로 이러한 위험에 대비하여 생계안정대책 등을 미리 준비해야 한다.

2. 국민연금은 1명 이상 근로자를 사용하는 사업장에 적용된다

(1) 근로자와 사용자

1명 이상 근로자를 사용하는 사업장의 사용자와 근로자는 국민연금 사업장가입자 가입대상이다. 근로자는 직업의 종류에 관계없이 사업장에서 노무를 제공하고 그 대가로 임금을 받아 생활하는 자(법인의 이사, 기타 임원 포함)를 말하며, 사용자는 사업주나 사업경영자를 의미한다.

Q&A 대표이사는 산재 및 고용보험에는 가입하지 않지만 국민연금과 건강보험에는 가입해야 하는 것이 맞는지

산재보험은 사용종속관계에서 근로를 제공하는 근로자가 업무상 재해를 당했을 경우 신속한 보상이 이루어지도록 하는 취지의 제도이고, 고용보험은 근로자의 실업을 예방하고(직업능력개발, 고용조정지원 등), 고용을 촉진하며(고용창출지원), 실업상태에서의 생활안정

을 도모(실업급여)하기 위한 제도이기 때문에 보험가입대상이 근로기준법상의 근로자에 국한되지만, 국민연금은 노후를 대비하기 위해서, 건강보험은 질병을 신속하게 치료하기 위한 제도이기 때문에 그 가입대상이 근로기준법상의 근로자만으로 국한되는 것이 아니라 안정적인 소득(보수)이 발생하는 자(직장－지역)에 대해서는 보험에 강제로 가입하도록 하고 있는 것이다.
따라서 대표이사의 경우 근로기준법상의 근로자가 아니어서 산재와 고용보험의 적용대상은 아니더라도 회사로부터 안정적인 보수를 받고 있다면 국민연금과 건강보험에 직장가입자로 가입해야 할 대상이 되는 것이다.

(2) 가입대상에서 제외되는 자

① 만 18세 미만이거나 만 60세 이상인 사용자 및 근로자(사업장에 종사하는 18세 미만 근로자는 사업장가입자가 되는 것으로 본다. 다만, 본인이 원하지 않으면 제외)
② 공무원연금, 군인연금, 사립학교교직원연금 가입자 등 타공적연금 가입자
③ 공무원연금법 · 사립학교교직원연금법 또는 별정우체국법에 의한 퇴직연금 · 장해연금 또는 퇴직연금일시금 수급권을 취득하거나 군인연금법에 의한 퇴역연금 · 상이연금 또는 퇴역연금일시금의 수급권을 취득한 자. 다만, 퇴직연금등수급권자가 「국민연금과 직역연금의 연계에 관한 법률」 제8조에 따라 연계 신청을 한 경우에는 사업장 가입 대상
④ 일용근로자나 1개월 미만의 기한을 정하여 사용되는 근로자. 다만, 1개월 이상 계속 사용되는 경우에는 근로자에 포함.
⑤ 소재지가 일정하지 아니한 사업장에 종사하는 근로자
⑥ 1개월 동안의 근로시간이 60시간(주당 평균 15시간) 미만인 단시간근로자. 다만, 해당 단시간근로자 중 생업을 목적으로 3개월 이상 계속하여 근로를 제공하는 사람으로서 「고등교육법 시행령」 제7조 제3호에 따른 시간강사(대학시간강사)와 사용자의 동의를 받아 근로자로 적용되기를 희망하는 사람은 제외
⑦ 노령연금수급권을 취득한 자 중 60세 미만의 특수직종근로자
⑧ 조기노령연금 수급권을 취득한 자(다만, 소득있는 업무에 종사하게 되어 그 지급이 정지중인 자는 가입대상임)

3. 국민연금 자격취득 및 상실

국민연금 가입대상은 18세 이상 60세 미만인 자이며, 신규채용한 근로자, 근로자 중 18세에 도달한 자(18세 미만 근로자는 사업장가입자가 되는 것으로 보되, 본인이 원하지 않으면 제외)는 자격취득신고대상이다.

또한 근로자가 퇴직하거나 사망하는 경우, 60세에 도달한 경우, 국외이주하는 경우, 근로시간이 월 60시간 미만인 경우와 같이 자격상실사유가 발생하는 경우에는 상실신고를 해야 한다.

유형별 자격취득 시기 및 유의사항

유형별	유의사항
18세 도달자	가입자 자격취득일＝18세에 도달한 생일날 예 1983.6.1. 출생자는 2001.6.1. 자격취득일
일용직 등 근로자의 1월 이상 근무	가입자 자격취득일＝최초고용한 날 예 4월 1일 입사(채용)자는 4월 1일이 자격취득일
수습사원의 채용	가입자 자격취득일＝채용한 날
2 이상 적용 사업장가입자	2개 이상인 각각의 사업장에서 자격취득신고 (자격취득일＝채용당일)
사업장 통 · 폐합시	‘흡수하는 사업장’에서 가입자 자격취득신고 ※자격취득일＝자격상실일
연금보험료 납부예외자 (군입대 등)의 복직	사업장가입자 연금보험료 납부재개신고서 제출 ※별도의 자격취득신고는 불필요, 복직시의 소득을 재산정하여 신고

산정례 : 자격취득 예시

근로자 A가 2011.1.4. 입사하여 만 1개월이 되는 날인 2011.2.3.까지 60시간 이상을 근로하였다면, A의 자격취득일은 최초입사일인 2011.1.4.이 됨.

※A는 ① 근로계약내용이 1월 이상이고(기간을 정하지 않은 경우 포함) 월 60시간 이상이거나, ② 근로계약내용이 없거나 또는 근로계약내용이 1개월 미만인 근로자가 ‘실제 고용기간’이 1월 이상이고 ‘실제 근로시간’이 월 60시간 이상인 근로자

자격상실 유형별 유의사항

유형별	유의사항
60세 도달자	가입자 자격상실일=60세에 도달한 생일날 예 1941.4.1. 출생자는 2001.4.1. 자격상실일
자격취득당월에 자격상실	자격상실일=퇴직일의 다음날(1개월분 연금보험료를 납부)
같은 달에 자격취득·상실 후 타 사업장에 재취득	자격상실일=퇴직일의 다음날 ※ 최초 상실 사업장에서만 연금보험료 납부
연금보험료 납부예외 신청사유 발생	자격상실신고 대상이 아님. ※ 사업장가입자 연금보험료 납부예외신청서 제출

Q&A

직장가입자가 월 중도에 다른 회사로 이직하는 경우 국민연금, 건강보험 보험료 납부는 어느 사업장에서 해야 하는지

국민연금은 자격상실일의 전날이 속한 달까지 건강보험은 자격상실사유가 발생한 날이 속하는 달까지 보험료를 납부하므로 사업장가입자가 월 중도에 퇴사하고 다른 회사에 입사하는 경우에는 해당월의 국민연금과 건강보험료는 이직 전 회사에서 납부해야 한다. 예를 들어 직원이 3월 20일에 퇴사하는 경우 3월 연금 및 건강보험료는 종전 회사에서 납부해야 하므로 종전 회사에서는 직원이 퇴직할 때 3월분 보험료를 공제해야 할 것이다.

4. 국민연금보험료

(1) 보험료의 결정

가입자 자격취득시의 신고 또는 정기결정에 의한 기준소득월액에 보험료율을 곱한 금액을 말한다.

연금보험료=가입자의 기준소득월액×연금보험료율

※ 기준소득월액이란?

연금보험료 및 급여의 산정을 위하여 근로자에게 근로의 대가로 지급되는 임금 중 비과세 근로소득을 제외한 금액 또는 사용자가 사업 및 자산을 운영하여 얻은 수입에서 필요경비를 제외한 금액을 기초

로 국민연금법 시행령 제5조에서 정한 최저 기준소득월액부터 최고 기준소득월액까지의 범위 내에서 정하는 금액

연도별 연금보험료 부담수준

(단위 : %)

구 분		1988~1992	1993~1997	1998~1999.3.	1999.4. 이후
사업장 가입자	계	3.0	6.0	9.0	9.0
	근로자	1.5	2.0	3.0	4.5
	사용자	1.5	2.0	3.0	4.5
	퇴직금전환금	–	2.0	3.0	–
사업장 임의계속가입자		3.0	6.0	9.0	9.0

지역/임의 및 기타임의계속가입자	1995.7.~2000.6.	2000.7.~2005.6.	2005.7. 이후
	3.0	4.0~8.0	9.0

사업장가입자의 연금보험료는 근로자가 부담하는 기여금(4.5%)과 회사가 부담하는 부담금(4.5%)을 합산한 금액(9%)이다.

연금보험료＝기여금* + 부담금**

* 사업장가입자가 부담하는 금액
** 사업장사용자가 부담하는 금액

보험료 원천공제 사례

구 분	사유발생(월)	공 제	
		원칙	취득월 희망/초일
연 령	18세 도달 월	×	○
	60세 도달 월	○	
1월 이상 일용근로자	고용하는 월	×	○
신규(수습) 채 용		×	○

구 분	사유발생(월)	공 제	
		원칙	취득월 희망/초일
자격상실	18세 도달 월	×	○
	60세 도달 월	○	
납부재개	고용하는 월	×	○

(2) 보험료의 납부

사업장사용자는 가입자가 부담할 기여금 및 사업장사용자 본인이 부담하는 부담금을 합산하여 납부해야 한다.

- 납부기한 : 해당월의 다음달 10일[10일이 공휴일(토요일 포함)인 경우 그 익일까지 납부 가능]
- 납기 후 납부(연체금 발생) : 납부기한 내에 연금보험료를 납부하지 아니한 때에는 연체금이 가산된 '납기 후 금액'을 납부

한편, 다음의 경우에는 연금보험료 납부예외가 인정된다.

① 사업중단, 실직 또는 휴직

② 병역법 제3조의 규정에 의한 병역의무를 수행하는 경우

③ 초・중등교육법, 고등교육법 규정에 의한 학교에 재학 중인 경우

④ 형의 집행 및 수용자의 처우에 관한 법률 제11조에 따라 교정시설에 수용 중인 경우

⑤ 사회보호법에 의한 보호감호시설 또는 치료감호시설에 수용 중인 경우

⑥ 1년 미만 행방불명된 경우

⑦ 재해・사고 등으로 소득이 감소되거나 기타 소득이 있는 업무에 종사하지 않는 경우(질병・부상으로 3월 이상 입원한 경우, 농어업재해대책법, 자연재해대책법 또는 재해구호법에 의한 보조 또는 지원의 대상이 된 경우 등)

※추납보험료

군입대나 실직 등으로 납부예외를 신청한 가입자가 추후에 소득있는 업무에 종사하게 되어 납부예외 기간 동안의 연금보험료 납부를 원할 경우에 납부할 수 있도록 하여 가입기간을 인정해주는 제도이며 강제사항은 아니다.

Q&A 국민연금과 건강보험의 납부예외 요건 및 보험료 납부

국민연금과 건강보험은 일시적으로 소득(보수)가 발생하지 않을 경우 해당 기간 납부예외를 인정하고 있는데, 국민연금은 휴직, 업무상 재해, 군입대 등으로 사업장가입자로서 소득이 발생하지 않아 납부예외를 신청하는 경우에는 납부예외일이 속한 달부터 예외사유가 소멸한 날이 속하는 달의 전달까지 연금보험료를 납부하지 않을 수 있도록 하고 있고, 건강보험은 휴직 기타사유로 보수의 전부 또는 일부가 지급되지 않을 경우 복직할 때까지 보험

료 납부를 연기하되 복직하는 경우 휴직 등의 발생일 전월의 보수월액을 기준으로 휴직 등의 기간 동안의 보험료를 복직 후 최초로 지급받는 보수에서 공제하여 납부해야 한다(10회의 범위에서 분할납부신청 가능). 한편, 국민연금의 경우 납부예외기간 이후 해당 기간에 대해 보험료를 반드시 납부해야 하는 것은 아니지만 납부예외기간에 해당하는 보험료를 추후에 납부할 경우 가입기간을 인정해 주는 추납보험료 제도를 활용할 수 있다.

(3) 소규모사업장 저임금근로자에 대한 국민연금보험료 지원

국민연금 사업장가입자 중 사용자를 제외한 근로자가 10명 미만인 사업장에 근무하는 저임금근로자에 대한 보험료를 지원함으로써 사회보험이 꼭 필요한 계층 보험가입 유인으로 사회보험 사각지대를 축소하기 위한 취지의 제도이다.

지원 대상 근로자의 보수 기준은 근로자의 보수가 고용노동부장관이 보건복지부장관과 협의하여 고시하는 금액에 해당하는 경우이다[기준소득월액이 고시소득 상한액(2018년 : 190만원) 미만인 근로자].

지원금액은 다음과 같다.

지원금액(2018. 1. 개정 시행)

신규가입자	기존가입자
(5인 미만 사업장) 사용자 및 근로자 보험료의 각 90% (5인 이상 사업장) 사용자 및 근로자 보험료의 각 80%	사업장 규모에 관계없이 사용자 및 근로자 보험료의 각 40%

* 사용자 및 근로자 보험료 : 국민연금 기준소득월액의 각 4.5%

5. 국민연금 급여

(1) 국민연금 급여의 특징

① 소득보장제도

나이가 들거나 질병 · 사고 등으로 장애를 입게 되거나 사망시에 본인 또는 유족에게 노령·장애·유족연금을 지급하여 기본적인 생계를 보장할 수 있도록 하고 있다.

② 퇴직금제도의 문제점 개선

퇴직금제도는 수급자의 대부분이 50세 미만인 관계로 노후생활 보장책으로서의 기능이 미흡하고 일시금 형태로 지급되어 안정적이고 지속적인 소득보장기능을 수행하지 못하고 있을 뿐만 아니라 장애, 사망시의 생계보장기능이 없다. 국민연금은 이러한 퇴직금제도의 문제점을 보완하고, 특히 퇴직금제도가 적용되지 아니하는 자영자 또는 저소득 일용근로자 등의 소득보장에 중요한 기능을 수행하고 있다.

③ 소득재분배기능

국민연금은 가입기간이 길고 납부한 보험료가 많을수록 받는 금액도 많아지게 되나, 저소득계층일수록 납입액 대비 연금수급액의 비율이 더 높아지도록 설계되어 계층간에 소득재분배기능을 한다.

④ 연금액의 실질가치 보장

연금액의 최초 결정시에는 가입기간 중의 소득을 연금수급 전년도의 현재가치로 재평가하여 반영하고 연금을 받는 동안에는 매년 물가변동률에 따라 조정함으로써 물가가 인상되더라도 실질가치를 유지한다.

(2) 급여의 종류

국민연금은 나이가 들거나 장애 또는 사망으로 인해 소득이 감소할 경우 일정한 급여를 지급하여 소득을 보장하는 종합보험성격의 사회보험으로서 받게 되는 급여의 종류는 노령연금(분할연금), 장애연금, 유족연금, 반환일시금, 사망일시금이 있다.

국민연금 급여의 종류

연금 급여(매월 지급)		일시금 급여	
노령연금	노후 소득보장을 위한 급여 -국민연금의 기초가 되는 급여	반 환 일시금	연금을 받지 못하거나 더 이상 가입할 수 없는 경우 청산적 성격으로 지급하는 급여
장애연금	장애로 인한 소득감소에 대비한 급여		

연금 급여(매월 지급)		일시금 급여	
유족연금	가입자의 사망으로 인한 유족의 생계보호를 위한 급여	사 망 일시금	유족연금 및 반환일시금을 받지 못할 경우 장제비적 성격으로 지급하는 급여

① 노령연금

국민연금가입자가 노령이 되어 소득활동에 종사하지 못할 경우 생활안정과 복지증진을 위하여 지급되는 급여로써 10년 이상 가입하고 60세(소득이 없을 경우 55세, 수급연령 상향규정 적용 60~65세)부터 지급된다. 노령연금은 가입기간, 연령, 소득활동 유무에 따라 완전노령연금, 감액노령연금, 재직자노령연금, 조기노령연금으로 구분되며, 파생급여로 분할연금이 있다.

② 장애연금

가입자가 질병 또는 부상으로 장애를 입어 노동능력이 상실 또는 감소된 경우에 생계안정을 위하여 지급되는 급여로 장애 정도(장애등급 1~4급)에 따라 지급된다.

장애등급별 급여수준

장애 1급	장애 2급	장애 3급	장애 4급(일시보상금)
기본연금액의 100% +부양가족연금액	기본연금액의 80% +부양가족연금액	기본연금액의 60% +부양가족연금액	기본연금액의 225%

③ 유족연금

유족연금은 국민연금 가입자 또는 연금을 지급받던 사람이 사망할 경우 그에 의해 생계를 유지하던 유족에게 급여를 지급하여 안정된 삶을 살아갈 수 있도록 하기 위한 급여이다.

수급요건

- 노령연금 수급권자가 사망한 경우
- 가입자가 사망한 경우(다만, 가입기간이 1년 미만인 경우는 가입 중에 발생한 질병이나 부상으로 사망한 경우)

- 장애등급 2급 이상의 장애연금 수급권자가 사망한 경우
- 가입기간 10년 이상 가입자이었던 자가 사망한 경우
- 가입기간 10년 미만의 가입자이었던 자가 가입 중에 발생한 질병이나 부상 또는 그 부상으로 인한 질병으로 가입 중 초진일 또는 가입자 자격상실 후 1년 이내의 초진일로부터 2년 이내에 사망한 경우

유족연금을 받을 수 있는 유족의 범위는 사망자에 의하여 생계를 유지하고 있던 가족으로 배우자, 아래의 요건을 충족하는 자녀, 부모, 손자녀, 조부모 순위 중 최우선 순위자에게 유족연금을 지급한다.

지급대상	요 건	
자 녀	25세 미만*	또는 장애등급 2급 이상 (연령제한 없음)
부모(배우자의 부모 포함)	60세 이상***	
손자녀	19세 미만**	
조부모(배우자의 조부모 포함)	60세 이상***	

* 유족연금 지급사유 발생일이 2012.4.1. 전인 경우는 18세 미만, 2012.4.1. 이후부터 2016.11.30. 전인 경우는 19세 미만

** 유족연금 지급사유 발생일이 2012.4.1. 전인 경우는 18세 미만, 2012.4.1. 이후는 19세 미만

*** 2013.1.1. 이후 유족연금 지급사유발생건부터 급여 지급연령 상향조정 적용(1953년~1956년생은 61세, 1957년~1960년생은 62세, 1961년~1964년생은 63세, 1965년~1968년생은 64세, 1969년생 이후부터는 65세)

④ 반환일시금

국민연금가입자 또는 가입자였던 자가 노령·장애·유족연금의 수급요건을 충족하지 못하는 경우 가입 중에 납부하였던 연금보험료에 일정한 이자를 가산하여 지급받는 일시금이다.

수급요건

- 가입기간 10년 미만인 사람이 지급연령(60~65세)이 된 경우
- 가입자 또는 가입자이었던 자가 사망하였으나 유족연금에 해당되지 않는 경우
- 국적을 상실하거나 국외에 이주한 경우

⑤ 사망일시금

가입자 또는 가입자였던 자가 사망하였으나 유족연금 또는 반환일시금을 지급받을 수 없는 경우에 배우자, 자녀, 부모, 손자녀, 조부모, 형제자매에게 장제부조비 성격으로 지급하는 급여이며, 배우자, 자녀, 부모, 손자녀, 조부모, 형제자매가 없는 경우에는 사망자에 의하여 생계를 유지하고 있던 4촌 이내의 방계혈족에게 지급한다.

Q&A

부부가 직장가입자로 모두 국민연금을 납부하고 있었는데 남편의 사망으로 부인이 유족연금을 받게 된 경우 이후 부인이 60세에 도달하여 노령연금을 청구하면 부인은 유족연금과 노령연금을 모두 받을 수 있는지

국민연금법 제56조(중복급여의 조정)는 "수급권자에게 이 법에 의한 2 이상의 급여 수급권이 생기면 수급권자의 선택에 따라 그중의 하나만을 지급하고 다른 급여의 지급은 정지된다"고 규정하고 있다. 따라서 한 사람에게 두 가지의 국민연금 수급권이 발생한 경우에는 수급권자의 선택에 의하여 그중 하나만을 지급하고 다른 급여의 지급은 정지된다. 다만, 선택하지 않은 급여가 유족연금일 때 유족연금액의 30%에 해당하는 금액을 지급하는 등 추가지급되는 금액이 있다(국민연금법 제56조 제2항).
위 질의와 같이 부부가 모두 국민연금에 가입하던 중(또는 노령연금을 받던 중) 남편이 사망해 부인에게 유족연금 수급권이 발생할 경우 부인은 노령연금과 유족연금 모두 받을 수 있는 것이 아니라 유리한 급여를 선택하여 하나만을 받을 수 있게 된다.

6. 건강보험의 취지와 가입대상

국민의 질병 · 부상에 대한 예방 · 진단 · 치료 · 재활과 출산 및 건강증진에 대하여 보험급여를 실시함으로써 국민보건을 향상시키고 사회보장을 증진하기 위한 제도이다.
건강보험의 가입대상은 모든 사업장의 근로자와 사용자이다.

① 모든 사업장의 근로자와 사용자

건강보험 직장가입자 가입대상은 근로자와 사용자이다. 근로자란 직업의 종별에 불구하고 근로의 대가로서 보수를 받아 생활하는 자(법인의 이사, 기타 임원을 포함)이며,

사용자는 사업주를 의미한다.

② 사업장 가입자에서 제외되는 자

- 1월 미만의 기간 동안 고용되는 일용근로자
- 비상근근로자 또는 1월간의 근로시간이 60시간 미만인 단시간근로자
- 소재지가 일정하지 아니한 사업장의 근로자 및 사용자
- 근로자가 없거나 비상근근로자 또는 1월간의 근로시간이 60시간 미만인 단시간근로자만을 고용하고 있는 사업장 사업주

7. 건강보험 자격취득 및 상실

자격취득사유 발생일(입사일, 일용근로자로서 1월을 초과한 날, 적용사업장이 된 날 등)과 자격상실사유 발생일(퇴사일, 사망일, 의료급여수급권자가 된 날 등)로부터 14일 이내에 신고해야 한다.

※피부양자 : 직장가입자의 배우자, 직계존속(배우자의 직계존속 포함), 직계비속(배우자의 직계비속 포함) 및 그 배우자, 형제·자매 중 직장가입자에 의하여 주로 생계를 유지하는 자로서 보수 또는 소득이 없는 자

Q&A 건강보험 피부양자 대상 및 인정요건은 무엇인지

건강보험 피부양자는 건강보험법 및 동법 시행령에서 규정하고 있는 '피부양자 자격의 인정기준'에 규정된 부양요건에 해당하는 자로서 보수 또는 소득이 없는 자를 의미한다(19세 미만의 미성년자 등 보건복지가족부장관이 정하여 고시하는 자는 보수 또는 소득이 없는 자로 본다). 즉 부양요건과 소득요건을 모두 충족해야 피부양자로 인정될 수 있는데 부양요건은 직장가입자와의 관계에 따른 동거·비동거 여부로 결정(건강보험법 시행규칙 제2조 별표 1 '피부양자자격의 인정기준 중 부양요건')하며, 소득요건은 소득이 없어야 하므로 사업자등록이 있으면서 사업·임대소득이 발생하는 자(장애인·국가유공상이자는 500만원을 초과하는 경우), 사업자등록은 없으나 사업·임대소득 연간합계액이 500만원을 초과하는 자는 소득요건이 인정되지 않아 피부양자가 될 수 없다.

8. 건강보험료

(1) 보험료 = 보수월액×보험료율

2007.1.1.부터 종전 직장보험료 부과등급제(표준보수월액)가 폐지되고 직장가입자의 보험료 부과기준이 보수월액×보험료율로 변경되었다. 다만, 직장보험료 보수월액의 상한선과 하한선을 적용해 조정한다(하한액 월 28만원, 상한액 월 7,810만원). 여기서 보수월액은 직장가입자의 월평균보수(연간 보수총액÷근무월수)를 의미한다.

한편, 보수월액에 포함된 보수를 제외한 소득(보수외소득)이 연간 7,200만원을 초과하는 직장가입자에게는 보수외소득을 기준으로 소득월액보험료가 부과된다(2012.9.1. 시행).

건강보험요율은 2018년 6.24%(사용자 3.12%, 가입자 3.12%)이다.

또한 건강보험료와 함께 부담하는 장기요양보험료는 건강보험료×장기요양보험요율(2011년 이후 6.55%)로 산정한다.

참 고

• 보험료 산정에 포함되는 보수의 범위 •

구 분	보험료 산정시 포함되는 금품	보험료 산정시 포함되지 않는 금품
보수월액 선정기준	• 근로의 제공으로 인하여 받는 봉급, 급료, 보수, 세비, 임금상여, 수당과 이와 유사한 성질의 금품 • 직장가입자 본인 및 자녀의 학자금(소득세법 시행령 제11조 규정에 의한 학자금은 제외) • 소득세법 제12조 제4호 규정에 의한 비과세 중 - 차목 : 외국정부 또는 국제기관에 근무하는 외국인이 받는 급여 - 파목 : 작전임무 수행을 위하여 외국에 주둔 중인 군인, 군무원이 받는 급여 - 거목 : 국외 또는 북한지역에서	• 퇴직금 • 현상금 번역료 및 원고료 • 소득세법의 규정에 의한 비과세 근로소득

	근로를 제공하고 받는 근로소득 중 비과세소득 • 직급보조비 또는 이와 유사한 성질의 금품	
개인사업장 대표자	대표자 당해 사업장의 사업소득과 부동산임대소득(부동산임대소득은 2004.1.1. 이후 발생분부터 포함)	

※보험료 산정에 포함되는 보수의 구체적 범위에 대해서는 국민건강보험법 시행령 제33조의 규정에 따른다.

(2) 보험료 납부

사용자는 매월 근로자가 부담해야 할 보험료에 해당하는 금액(50%)을 원천징수하고, 사용자부담금(50%)과 함께 익월 10일까지 건강보험료를 납부해야 한다.

참 고

• 휴직자 등의 보험료 부과 •

• 휴직 기타의 사유로 보수의 전부 또는 일부가 지급되지 아니하는 경우에도 직장근로자이므로 건강보험 자격이 있고 보험급여를 받을 수 있다.

• 휴직자의 경우 복직시 휴직 전월의 보수월액과 보험료율을 기준으로 휴직기간 동안의 보험료를 산정하고, 복직하여 보수가 지급되는 최초의 월에 휴직기간 동안의 보험료를 일괄 부과한다.

• 휴직자 휴직기간의 보수월액보험료 경감
 - 무보수 휴직(휴직긱간에 지급받은 보수가 없는 경우) : 휴직 전월 정산 전 보수월액 기준으로 산정한 보험료의 100분의 50 경감
 - 유보수 휴직(휴직기간에 지급받은 보수가 있는 경우) : 휴직 전월 정산 전 보수월액을 기준으로 산정한 보험료와 휴직기간에 해당 사업장에서 지급받은 보수를 기준으로 산정한 보험료 차액의 100분의 50 경감
 - 육아휴직
   2011.10.30. 이전 : 휴직기간 중 지급받은 보수와 상관없이 휴직 전월 정산 전 보수월액을 기준으로 산정한 보험료의 100분의 50 경감
   2011.12.1. 이후 : 휴직기간 중 지급받은 보수와 상관없이 휴직 전월 정산 전 보수월액을 기준으로 산정한 보험료의 100분의 60 경감

• 복직시 보험료 금액에 따라 신청절차를 통해 분할납부 가능

Q&A

근로자가 2개의 사업장에서 근무하는 경우 4대보험가입 및 보험료 납부는 어느 사업장을 기준으로 해야 하는지

산재보험은 각 사업장 모두 위 근로자에게 지급한 임금총액을 포함해 보험료를 납부해야 하며, 고용보험은 주된 사업장에서만 자격취득신고를 하면 된다.
건강보험은 각각의 사업장에서 자격을 취득하고 각각의 사업장에서 받는 보수에 의해 보험료를 납부해야 하며, 국민연금은 ① 각 사업장의 기준소득월액의 합이 최고기준소득월액에 해당하지 않을 경우에는 각 사업장에서 받고 있는 소득월액을 기초로 각각 납부, ② 각 사업장의 기준소득월액의 합이 최고기준소득월액을 초과하는 경우에는 각 사업장별 소득월액이 그 합산된 소득월액에서 차지하는 비율을 최고기준소득월액에 곱하여 계산된 금액을 기준으로 각각 기준소득월액을 결정, ③ 한 사업장에서 기준소득월액이 최고기준소득월액에 해당하는 경우에는 최고기준소득월액을 지급받는 사업장에서만 납부하되, 각 사업장에서 모두 최고기준소득월액을 지급받는 경우에는 각각 사용자 또는 근로자일 경우에는 근로자수가 많은 사업장에서, 한쪽 사업장에서 사용자이고 다른 사업장에서 근로자일 경우에는 사용자인 사업장에서 납부한다.

※국민연금 ②의 경우 예시

소득월액이 A, B사업장에서 각각 1,950,000원, 1,720,000원인 경우

• A사업장의 기준소득월액은 1,912,000원

$$\text{A사업장} = \frac{1{,}950{,}000}{1{,}950{,}000 + 1{,}720{,}000} \times 3{,}600{,}000 = 1{,}912{,}806\text{원}$$

• B사업장의 기준소득월액은 1,687,000원

$$\text{B사업장} = \frac{1{,}720{,}000}{1{,}950{,}000 + 1{,}720{,}000} \times 3{,}600{,}000 = 1{,}687{,}193\text{원}$$

(3) 보험료 정산

가입자의 자격 · 보수 등의 변동으로 일정기간에 납부한 보험료와 당해 기간의 확정된 소득에 의해 납부할 보험료의 차액이 발생할 경우 이를 정산하는 것이 필요하다.

정산은 수시정산, 연말정산, 퇴지정산이 있다.

① 수시정산

가입자의 자격변동, 지연신고, 보수월액 변경, 근무처 변동 등의 사유가 발생한 경우에 이를 정산하는 절차이다.

② 연말정산

가입자의 보험료는 연간 지급받는 보수총액에 의해 보험료를 부과하여야 하나 보험료 부과시점에서 당해 연도의 확정된 보수총액을 확인할 수 없으므로 전년도 보수총액(또는 사업장에서 신고한 보수월액)을 기준으로 보험료를 납부하고 소득이 확정된 후 익년도에 확정된 보수총액으로 보험료를 재산정하여 그 차액을 추가 또는 반환하는 절차이다.

③ 퇴직정산

연도 중 퇴직할 경우 당해 연도 납부한 보험료와 당해 연도 보수총액에 의한 보험료간의 정산을 실시한다.

Q&A 직원의 급여가 인상되는 경우 국민연금과 건강보험의 등급 및 보험료를 조정해야 하는지

국민연금 등급은 1년에 한번 결정되므로 중간에 월급변동이 있더라도 변경신고를 해야 할 필요는 없다. 즉 신규취득자는 취득신고시 등급이 다음해 3월까지 적용되고, 계속가입자는 매년 2월말까지 신고한 전년도소득총액신고에 의거 결정된 등급이 당해 연도 4월부터 다음해 3월까지 1년간 적용되게 된다(건강보험 같이 연말정산제도가 없다).
건강보험은 보수월액을 기준으로 보험료가 부과되지만 연말정산을 통해 보험료를 추가하거나 반환하는 절차를 두고 있기 때문에 급여가 인상되는 경우 연말정산시 추가납부해야 할 금액을 줄이기 위해 보수월액을 변경할 수 있다.

9. 국민건강보험급여

(1) 요양급여

가입자 및 피부양자의 질병 · 부상·출산 등에 대한 진찰 · 검사, 약제 · 치료재료의 지

급, 처치 · 수술 기타의 치료, 예방 · 재활, 입원, 간호, 이송 등의 의료서비스를 의미한다.

(2) 요양비

가입자 및 피부양자가 긴급 기타 부득이한 사유로 요양기관에서 제외되는 의료기관 등에서 요양을 받거나, 요양기관 이외의 장소에서 출산한 경우 등에는 그 요양급여에 상당하는 금액을 요양비로 지급받는다(국민건강보험법 제49조).

① 출산비

지급대상	지급금액	구비서류	청구지 및 지급
요양기관 이외의 장소에서 출산한 가입자 및 피부양자	출산 자녀수에 관계없이 25만원	- 요양비 지급청구서 - 출산을 인정할 수 있는 서류(인우보증서, 출산확인서 등) - 건강보험증 - 본인 또는 가입자(세대주)의 예금통장	- 청구지(모든 지사) - 지급일(신청 즉시 지급 원칙)

※사산인 경우는 임신 16주 이상인 경우 지급하며, 해외에서 출산한 경우에는 지급대상 제외

② 만성신부전증 환자의 복막관류액 및 자동복막투석 소모성재료 구입비

지급대상	지급금액	구비서류	청구기한	청구지 및 지급
만성 신부전증 환자	- 2009.7.1.부터 약가기준액 범위 내에서 등록 희귀난치성질환자 : 90% 지급 - 미등록 희귀난치성질환자 : 70% 지급 - 자동복막투석 소모성 재료는 고시기준 가격(1일/5,640원)의 80%지급	- 요양비 지급청구서 - 원외처방전 - 세금계산서	진료일로부터 3년	- 청구지(모든 지사) - 지급일(신청 즉시 지급 원칙)

③ 가정산소치료서비스

호흡기 장애인 등을 포함한 중증의 만성심폐질환자가 가정에서 산소발생기로 산소치료를 받는 경우 가입자 및 피부양자의 경제적 부담을 경감하기 위해 월 1회 96,000원씩 지급하는 제도

(3) 장애인보장구 급여비

장애인복지법에 의하여 등록한 장애인인 가입자 및 피부양자가 장애인보장구를 구입한 경우 구입금액의 일부를 보험급여비로 지급한다.

(4) 본인부담상한액제

진료비 부담으로 인한 가계의 경제적 부담을 경감하기 위해 연간 보험적용 본인부담금이 상한액을 초과하는 경우 그 초과한 금액을 공단이 부담함으로써 건강보험 본연의 보장성을 확보하고 가계안정을 도모하는 제도이다(상한액 : 80～523만원, 소득수준에 따라 7단계 차등 적용).

(5) 임신 · 출산 진료비 지원

임산부의 본인부담금을 경감하여 출산의욕을 고취하고 건강한 태아의 분만과 산모의 건강관리를 위하여 임신 및 출산과 관련된 진료비를 전자바우처(국민행복카드)로 일부 지원하는 제도이다. 지원금액은 임신 1회당 50만원(다태아 임신부는 90만원 지원)이다.

(6) 건강검진

① 실시대상

구 분	내 용
직장가입자	비사무직근로자 전체 사무직근로자 중 2년에 1회 실시에 따른 당해 연도 대상자
피부양자	만 40세 이상 직장피부양자 중 2년에 1회 실시에 따른 당해 연도 대상자
특정암검사	당해 연도 건강검진대상자 중 -위암 : 만 40세 이상인 자 -대장암 : 만 50세 이상인 자 -유방암 : 만 40세 이상인 여성 -간암 : 만 40세 이상인 자

② 검사항목

- 1차검진 : 문진 및 체위검사, 흉부방사선 검사, 혈액검사, 요검사, 구강검진 및 건강위험평가결과 제공
- 2차검진 : 고혈압 · 당뇨병 의심자 및 인지기능장애 고위험군에 대해 집중적으로 검진 실시

그 밖의 건강검진으로는 생애전환기 건강진단(만 40세, 만 66세)과 영유아건강검진이 있다.

핵심 정리사항

1. 국민연금제도는 노령인구 증가, 저출산 등으로 소득이 있을 때 스스로 노후를 준비해야 할 필요성이 증대됨에 따라 도입된 제도로 근로자 1명 이상을 사용하는 모든 사업의 사용자와 근로자로서 18세 이상 60세 미만인 자는 국민연금 사업장 가입대상이다.
2. 국민연금보험료는 기준소득월액에 보험료율을 곱한 금액으로 산정하며, 국민연금 보험료는 사업주와 근로자가 1/2씩 부담한다.
3. 국민연금급여에는 노령연금, 장애연금, 유족연금, 반환일시금, 사망일시금이 있다.
4. 국민건강보험제도는 국민의 질병 · 부상에 대한 예방 · 진단 · 치료 · 재활과 출산 및 건강증진을 위해 의료서비스를 실시하는 제도로 근로자 1명 이상을 사용하는 모든 사업의 사용자와 근로자는 건강보험 사업장 가입대상이다.
5. 건강보험료는 보수월액에 보험료율을 곱한 금액으로 산정하고, 사업주와 근로자가 1/2씩 부담한다. 한편, 건강보험제도에는 국민연금제도와 달리 보험료 정산제도가 있다.
6. 건강보험급여는 현물급여로 요양급여(의료서비스), 요양비, 출산비, 장애인보장구 급여비, 건강검진 등이 있으며 고액 · 중증질환자의 진료비 부담을 경감하기 위해 본인부담상한액제가 시행되고 있다.

Part 19

업무상 재해

핵심키워드

업무상 재해인정기준, 업무상 사고, 업무상 질병, 과로재해, 근골격계 질환, 다른 보상 또는 배상과 관계

목 적

1. 업무상 재해인정기준을 업무상 사고와 질병으로 구분해 이해한다.
2. 업무상 사고의 종류와 유형별 인정기준을 이해한다.
3. 업무상 질병의 종류와 유형별 인정기준을 이해한다.
4. 산재보상과 다른 보상 또는 배상과 관계를 이해한다.

1. 산재보험제도의 의의

산업재해로부터 근로자를 보호하기 위해서는 산업재해 자체를 예방하는 것이 가장 바람직한 것이나 이미 발생한 산업재해로 인하여 부상 또는 사망한 경우는 그 산재근로자나 가족을 보호 내지 보상해 주기 위해서는 산재보험이 중요한 의미를 지닌다 할 것이다.

산재보험은 산재근로자와 그 가족의 생활을 보장하기 위하여 국가가 책임을 지는 의무보험으로 원래 사용자의 근로기준법상 재해보상책임을 보장하기 위하여 국가가 사업주로부터 소정의 보험료를 징수하여 그 기금(재원)으로 사업주를 대신하여 산재근로자에게 보상을 해주는 제도이다. 산재보험은 공업화가 진전되면서 급격히 증가하는 산업재해근로자를 보호하기 위하여 1964년에 도입된 우리나라 최초의 사회보험제도이다.

2. 산재보험의 보상범위 : 업무상 재해 인정기준

(1) 업무상 재해란?

업무상 재해란 업무상 사유에 의한 근로자의 부상·질병·신체장애 또는 사망을 말한다. 근로자의 재해가 업무상 재해로 인정될 경우 산재보험의 보상(보험급여지급)대상이 되고, 사업주에게는 근로기준법상 재해보상 및 민사상 손해배상책임이 발생할 수 있다.

업무상 재해는 업무와의 상당인과관계하에서 발생된 사고 및 질병을 의미하므로 반드시 업무수행 중에 발생된 재해만을 의미하지 않고 업무에 기인한 사고 및 질병이 발생한 경우도 업무상 재해로 인정될 수 있다.

업무상 재해의 구체적 인정기준에 대해서는 산업재해보상보험법 등에서 구체적으로 규정하고 있다.

한편, 업무상 재해인정기준을 보다 명확히 하기 위해 개정 산업재해보상보험법 제37조(2008.7.1. 시행)는 업무상 재해의 인정기준을 마련하고 있고, 그 구체적 기준은 시행령을 통해 규정하고 있다.

참 고

• 산업재해보상보험법 •

제37조【업무상의 재해의 인정 기준】① 근로자가 다음 각 호의 어느 하나에 해당하는 사유로 부상·질병 또는 장해가 발생하거나 사망하면 업무상의 재해로 본다. 다만, 업무와 재해 사이에 상당인과관계(相當因果關係)가 없는 경우에는 그러하지 아니하다. (2017.10.24. 개정)

1. 업무상 사고
   가. 근로자가 근로계약에 따른 업무나 그에 따르는 행위를 하던 중 발생한 사고
   나. 사업주가 제공한 시설물 등을 이용하던 중 그 시설물 등의 결함이나 관리소홀로 발생한 사고
   다. 삭제 (2017.10.24.)
   라. 사업주가 주관하거나 사업주의 지시에 따라 참여한 행사나 행사준비 중에 발생한 사고
   마. 휴게시간 중 사업주의 지배관리하에 있다고 볼 수 있는 행위로 발생한 사고
   바. 그 밖에 업무와 관련하여 발생한 사고
2. 업무상 질병
   가. 업무수행 과정에서 물리적 인자(因子), 화학물질, 분진, 병원체, 신체에 부담을 주는 업무 등 근로자의 건강에 장해를 일으킬 수 있는 요인을 취급하거나 그에 노출되어 발생한 질병
   나. 업무상 부상이 원인이 되어 발생한 질병
   다. 그 밖에 업무와 관련하여 발생한 질병
3. 출퇴근 재해
   가. 사업주가 제공한 교통수단이나 그에 준하는 교통수단을 이용하는 등 사업주의 지배관리하에서 출퇴근하는 중 발생한 사고
   나. 그 밖에 통상적인 경로와 방법으로 출퇴근하는 중 발생한 사고

② 근로자의 고의·자해행위나 범죄행위 또는 그것이 원인이 되어 발생한 부상·질병·장해 또는 사망은 업무상의 재해로 보지 아니한다. 다만, 그 부상·질병·장해 또는 사망이 정상적인 인식능력 등이 뚜렷하게 저하된 상태에서 한 행위로 발생한 경우로서 대통령령으로 정하는 사유가 있으면 업무상의 재해로 본다.

③ 제1항 제3호 나목의 사고 중에서 출퇴근 경로 일탈 또는 중단이 있는 경우에는 해당 일탈 또는 중단 중의 사고 및 그 후의 이동 중의 사고에 대하여는 출퇴근 재해로 보지 아니한다. 다만, 일탈 또는 중단이 일상생활에 필요한 행위로서 대통령령으로 정하는 사유가 있는 경우에는 출퇴근 재해로 본다. (2017.10.24. 신설)

④ 출퇴근 경로와 방법이 일정하지 아니한 직종으로 대통령령으로 정하는 경우에는 제1항

제3호 나목에 따른 출퇴근 재해를 적용하지 아니한다. (2017.10.24. 신설)
⑤ 업무상의 재해의 구체적인 인정 기준은 대통령령으로 정한다.

(2) 사고성 재해(업무상 사고)

가. 업무수행 중의 사고[1)]

① 근로자가 다음의 1의 경우와 같이 근로계약에 따른 업무나 그에 따르는 행위를 하던 중 발생된 사고는 업무상 사고로 본다.

- 근로계약에 따른 업무수행 행위
- 업무수행 과정에서 하는 용변 등 생리적 필요 행위
- 업무를 준비하거나 마무리하는 행위, 그 밖에 업무에 따르는 필요적 부수행위
- 천재지변 · 화재 등 사업장 내에 발생한 돌발적인 사고에 따른 긴급피난 · 구조 행위 등 사회통념상 예견되는 행위

참조 판례

▪ 업무준비행위 중 발생한 재해는 업무상 재해이다 (대법원 96누9034, 1996.10.11.)
건물신축공사 중 미장공사를 하도급받은 자의 피용인이 하도급계약 개시일 전날 밤에 그 다음날부터의 작업을 준비하기 위하여 작업도구를 공사현장에 옮겨 놓던 중 발생한 재해는 업무수행에 수반되는 업무준비행위로서 구 산업재해보상보험법 제3조 제1항 소정의 업무상의 재해에 해당한다.

② 근로자가 사업주의 지시를 받아 사업장 밖에서 업무를 수행하던 중에 발생한 사고는 업무상 사고로 본다. 다만, 사업주의 구체적인 지시를 위반한 행위, 근로자의 사적(私的) 행위 또는 정상적인 출장 경로를 벗어났을 때 발생한 사고는 업무상 사고로 보지 않는다.

③ 업무의 성질상 업무수행 장소가 정해져 있지 않은 근로자가 최초로 업무수행 장소에 도착하여 업무를 시작한 때부터 최후로 업무를 완수한 후 퇴근하기 전까지 업무와 관련하여 발생한 사고는 업무상 사고로 본다.

1) 산업재해보상보험법 시행령 제27조

참조 판례

- 직원이 상급자의 요청으로 고객접대자리에 참석하고 식사 후 고객의 제의로 당구장에 가던 중 교통사고를 당한 경우 업무상 재해에 해당한다 (대법원 97다39087, 1998.1.20.)
  예금업무와 직접 관련이 없는 외환계 대리가 은행 차장의 요청으로 고객접대자리에 참석하고 식사 후 고객의 제의로 당구장에서 가던 중 교통사고를 당한 경우 망인의 상관으로서 예금유치와 고객관리를 주된 업무로 하는 지점의 차장이 거액의 예금을 하고 있으며 추가로 그 이상의 예금을 하려는 고객을 접대하기 위하여 저녁식사 자리를 마련하면서 망인에게 그 고객과 친분이 있다는 이유로 같이 참석할 것을 요청하여 그 자리에 나가게 되었다면 이는 예금유치와 고객관리가 주된 업무인 차장의 업무수행에 관한 접대행위일 뿐 아니라 망인으로서도 위 차장을 도와 그와 함께 고객을 접대하는 회사의 업무를 수행하게 되었다고 볼 것이고, 나아가 고객의 제의에 따라 식사 후 당구를 치기로 하면서 당구를 칠 줄 모르는 망인도 같이 가기로 하였다면 당구장에 가는 것도 고객을 접대하기 위한 것으로 보여지므로 위 사고 당시 망인이 업무수행 중이었다고 볼 수 있다.

나. 시설물 등의 결함 등에 따른 사고[2)]

사업주가 제공한 시설물, 장비 또는 차량 등 시설물 등의 결함이나 사업주의 관리 소홀로 발생한 사고는 업무상 사고로 본다.

그러나 사업주가 제공한 시설물 등을 사업주의 구체적인 지시를 위반하여 이용한 행위로 발생한 사고와 그 시설물 등의 관리 또는 이용권이 근로자의 전속적 권한에 속하는 경우에 그 관리 또는 이용 중에 발생한 사고는 업무상 사고로 보지 않는다.

다. 출퇴근 중의 사고[3)]

기존에는 '사업주가 제공한 교통수단이나 그에 준하는 교통수단'을 이용하는 등 사업주의 지배관리 하에서 출퇴근 중 발생한 사고만을 업무상 재해로 인정해 왔으나, 산업재해보상보험법 개정(2017.10.24.)에 따라 '통상적인 경로와 방법으로 출퇴근하던 중 발생한 사고'에 대해서도 업무상 재해로 인정된다.

① 사업주가 제공한 교통수단이나 그에 준하는 교통수단을 이용하는 등 사업주의 지

2) 산업재해보상보험법 시행령 제28조
3) 산업재해보상보험법 제37조, '출퇴근재해 업무처리지침', 근로복지공단, 2018.1.

배관리하에서 출퇴근하는 중 발생한 사고

② 그 밖에 통상적인 경로와 방법으로 출퇴근하는 중 발생한 사고

라. 휴게시간 중의 사고[4)]

휴게시간 중 사업주의 지배관리하에 있다고 볼 수 있는 행위로 발생한 사고는 업무상 사고로 본다.

Q&A 휴게시간을 이용해 족구를 하다가 다친 경우 업무상 재해로 인정될 수 있는지

휴게시간은 사업주의 지배관리를 벗어나 근로자가 자유로이 사용할 수 있는 시간이지만, 휴게시간이라 할지라도 사업장 내에서의 행동은 단체협약이나 취업규칙, 사업주의 구체적인 지시사항 등 작업의 계속을 위한 최소한의 사업주 지배관리가 이루어지고 있다는 점에서 휴게시간이라 하더라도 사업주의 지배관리를 완전히 부정할 수는 없다 할 것이다. 또한 생리적 행위, 자연적 재해, 돌발사고에 대하여는 업무상 재해로 인정하면서 휴게시간 중 근로자의 과실에 의하거나 사업주의 시설을 이용하던 중의 사고에 대해서는 인정하지 않는 것은 근로자 보호를 지향하는 산재보험의 취지에 반하는 것으로서 업무상 재해로 인정할 필요성이 제기되어 2000.7.29. 산업재해보상보험법 시행규칙 제35조의2에 휴게시간 중의 사고에 대한 업무상재해 인정기준(근로자가 휴식시간 중에 사업장 내에서 사회통념상 휴게시간 중에 할 수 있다고 인정되는 행위로 인해 발생한 사고)을 신설하였고, 현재는 시행령에 그 인정기준(사업주의 지배관리하에 있다고 볼 수 있는 행위로 발생한 사고)을 규정하고 있다.

따라서 질의의 경우와 같이 휴게시간을 이용하여 공장 내 공터에서 동료근로자들과 족구 또는 배구경기 등을 하던 중 부상을 입은 경우뿐만 아니라 사업장 내에서 휴게시간 중 자유로이 휴식을 취하고 있는 상황에서 발생한 사고 등은 업무상 재해로 인정될 수 있을 것으로 판단된다.

마. 행사 중의 사고[5)]

운동경기 · 야유회 · 등산대회 등 각종 행사에 근로자가 참가하는 것이 사회통념상 노무관리 또는 사업운영상 필요하다고 인정되는 경우로서 다음 각 호의 어느 하나에 해당하는 경우에 근로자가 그 행사에 참가(행사 참가를 위한 준비 · 연습을 포함한다)하여 발생

4) 산업재해보상보험법 제37조
5) 산업재해보상보험법 시행령 제30조

한 사고는 업무상 사고로 본다.

① 사업주가 행사에 참가한 근로자에 대하여 행사에 참가한 시간을 근무한 시간으로 인정하는 경우

② 사업주가 그 근로자에게 행사에 참가하도록 지시한 경우

③ 사전에 사업주의 승인을 받아 행사에 참가한 경우

④ 그 밖에 제1호부터 제3호까지의 규정에 준하는 경우로서 사업주가 그 근로자의 행사 참가를 통상적·관례적으로 인정한 경우

Q&A

부서회의가 끝나고 저녁식사를 겸한 1차 회식을 마치고 2차 회식 자리에서 직원이 화장실에 가던 도중 계단에서 넘어져 다친 사고가 발생했음. 이 사고가 업무상 재해로 인정되어 산재보상이 가능한지

산업재해보상보험법 시행령 제30조에 의하면 '근로자가 운동경기·야유회·등산대회 등 각종 행사에 참가 중 사고로 인하여 사상한 때에는 사회통념상 당해 행사에 근로자의 참여가 노무관리 또는 사업운영상 필요하다고 인정되는 경우' 행사 중 재해로 인정하고 있으며, 행사 중 재해로 인정하는 경우로 ① 사업주가 행사참여를 출근처리 또는 지시하는 경우, ② 사업주의 행사참가승인을 얻은 경우, ③ 위에 준하는 경우로서 통상적·관례적인 행사에 참여하는 경우를 규정하고 있다. 따라서 질의상의 재해가 위 시행령상의 행사 중 재해인정기준에 해당하는지 여부를 판단하는 것이 필요하다.

대법원 판례에 의하면 '일반적으로 근로자가 근로계약에 의하여 통상 종사할 의무가 있는 업무로 규정되어 있지 않은 회사 행사나 모임에 참가하던 중 재해를 당한 경우 그 행사나 모임의 주최자, 목적, 내용, 참가인원과 그 강제성 여부, 운영방법, 비용부담 등의 사정에 비추어 사회통념상 그 행사나 모임의 전반적인 과정이 사용자의 지배나 관리를 받는 상태에 있는 경우에는 이를 업무상 재해로 인정'하고 있다(대법원 97누7271, 1997.8.29.). 또한 ① 1차 회식이 업무격려를 목적으로 사장의 지시로 마련된 점, ② 2차 회식도 1차 회식 참석자 전원이 참석한 점을 볼 때 2차 회식은 1차 회식의 연장으로 보이는 점, ③ 2차 회식 비용도 1차 회식과 마찬가지로 부서비로 지불하려 하였던 점(직원들이 출연·모금하지 않았다)을 근거로 회식 중 재해를 업무상 재해로 인정한 판례(대법원 98두13799, 1999.1.15.)가 있다. 위와 같은 기준과 구체적인 사례를 기초로 판단해 볼 때 위 사고의 경우 회사(또는 부서)의 인사노무관리상 필요한 공식적인 회식이라는 점을 입증한다면[회사(또는 부서) 장의 참석, 참석인원 및 결제방법 등 1차 회식의 연속선상에서의 2차 회식이라는 점, 개인비용 각출이 아닌 회사비용 사용(법인카드 사용 등)을 통한 공식회식이라는 점, 회식자리에서의 업무논

의 등] 업무상 재해로 인정될 가능성이 높을 것으로 판단된다.

바. 특수한 장소에서의 사고[6)]

사회통념상 근로자가 사업장 내에서 할 수 있다고 인정되는 행위를 하던 중 태풍·홍수·지진·눈사태 등의 천재지변이나 돌발적인 사태로 발생한 사고는 근로자의 사적 행위, 업무 이탈 등 업무와 관계없는 행위를 하던 중에 사고가 발생한 것이 명백한 경우를 제외하고는 업무상 사고로 본다.

사. 요양 중의 사고[7)]

업무상 부상 또는 질병으로 요양을 하고 있는 근로자에게 다음 각 호의 어느 하나에 해당하는 사고가 발생하면 업무상 사고로 본다.

① 요양급여와 관련하여 발생한 의료사고

② 요양 중인 산재보험 의료기관(산재보험 의료기관이 아닌 의료기관에서 응급진료 등을 받는 경우에는 그 의료기관) 내에서 업무상 부상 또는 질병의 요양과 관련하여 발생한 사고

아. 제3자의 행위에 따른 사고[8)]

제3자의 행위로 근로자에게 사고가 발생한 경우에 그 근로자가 담당한 업무가 사회통념상 제3자의 가해행위를 유발할 수 있는 성질의 업무라고 인정되면 그 사고는 업무상 사고로 본다.

자. 자해행위에 따른 업무상 재해 인정기준[9)]

근로자의 고의·자해행위나 범죄행위 또는 그것이 원인이 되어 발생한 부상·질병·장해 또는 사망은 업무상의 재해로 보지 않는다. 다만, 그 부상·질병·장해 또는 사망이 정상적인 인식능력 등이 뚜렷하게 저하된 상태에서 한 행위로 발생한 경우로서 다음

---

6) 산업재해보상보험법 시행령 제31조
7) 산업재해보상보험법 시행령 제32조
8) 산업재해보상보험법 시행령 제33조
9) 산업재해보상보험법 시행령 제36조

각 호의 어느 하나에 해당하면 업무상의 재해로 본다.

① 업무상의 사유로 발생한 정신질환으로 치료를 받았거나 받고 있는 사람이 정신적 이상 상태에서 자해행위를 한 경우

② 업무상의 재해로 요양 중인 사람이 그 업무상의 재해로 인한 정신적 이상 상태에서 자해행위를 한 경우

③ 그 밖에 업무상의 사유로 인한 정신적 이상 상태에서 자해행위를 하였다는 것이 의학적으로 인정되는 경우

(3) 업무상 질병10)

가. 근로자가 근로기준법 시행령 제44조 제1항 및 같은 법 시행령 별표 5의 업무상 질병의 범위에 속하는 질병에 걸린 경우 다음 각 호의 요건 모두에 해당하면 업무상 질병으로 본다.

① 근로자가 업무수행 과정에서 유해ㆍ위험요인을 취급하거나 유해ㆍ위험요인에 노출된 경력이 있을 것

② 유해ㆍ위험요인을 취급하거나 유해ㆍ위험요인에 노출되는 업무시간, 그 업무에 종사한 기간 및 업무 환경 등에 비추어 볼 때 근로자의 질병을 유발할 수 있다고 인정될 것

③ 근로자가 유해ㆍ위험요인에 노출되거나 유해ㆍ위험요인을 취급한 것이 원인이 되어 그 질병이 발생하였다고 의학적으로 인정될 것

나. 업무상 부상을 입은 근로자에게 발생한 질병이 다음 각 호의 요건 모두에 해당하면 업무상 질병으로 본다.

① 업무상 부상과 질병 사이의 인과관계가 의학적으로 인정될 것

② 기초질환 또는 기존 질병이 자연발생적으로 나타난 증상이 아닐 것

(4) 육체적ㆍ정신적 과로와 관계된 질병(과로재해 및 과로사)

과로재해는 상당기간에 걸쳐서 과중한 업무에 시달림으로써 정신적ㆍ육체적 스트레

10) 산업재해보상보험법 시행령 제34조ㆍ별표 3

스가 축적되어서 뇌졸중 또는 급성심장사 등의 중추신경 및 순환기계 질환이 발생하게 되는 것을 말한다. 과로재해는 업무와 재해발생 사이의 상당인과관계를 입증하기 쉽지 않으며, 대체적으로 뇌혈관·심장 등의 순환기계질환으로서 피로의 누적과 연계되어 발생되고 있다.

가. 심장질병

심장질병의 종류에는 여러 가지가 있지만 업무상 스트레스와 관련이 있는 것은 허혈성 심질환(협심증, 심근경색증)이다. 허혈성 심질환은 기본적으로 심장근육이 필요로 하는 산소의 양과 공급의 양에 불균형이 일어남으로써 생기는 병으로 다음 3가지 형태의 이상에 의해 초래된다.

① 심장근육에 산소를 공급하기 위해 심장을 둘러싸고 있는 관상동맥혈관이 막혀 관상동맥의 동맥경화증과 혈관경련 또는 혈전증의 합동작용으로 혈류가 감소되었을 때
② 심장이 비대해져 심근의 산소수요가 혈액공급을 초과할 때
③ 심한 빈혈, 폐질환, 선천성 심질환, 일산화탄소중독, 흡연 등으로 산소이동이 감소되었을 때

참조 행정해석

▪ 급성심부전증 (대법원 2003두5501, 2003.11.14.)

망인이 이 사건 재해발생 3개월 전부터는 동절기에 대비한 사전예방작업과 동파로 인한 파이프교체작업 등으로 평소보다 업무가 늘어난 점, 재해발생 약 보름 전 6일간의 구정 휴무기간에도 2일간은 출근하여 근무한 점, 재해발생 4일 전인 2001.2.4. 일요일에도 근무한 점, 망인이 담당한 작업은 그 특성상 공중에 올라가 작업을 해야 하는 경우가 많아 항상 위험이 도사리고 있어 긴장감과 집중력이 요구되었던 점 등을 고려하면 망인은 오랜 기간 동안 같은 업종에 종사하는 근로자들의 통상적인 업무시간 및 업무내용에 비하여 과중한 업무를 계속하였다고 볼 여지가 있어 망인은 과로 및 스트레스가 누적된 상태에 있던 중 통근버스에 탑승하기 위하여 질주한 행위가 유발원인이 되어 급성심부전증 등으로 갑자기 사망한 것으로 추단할 수 있다.

▪ 허혈성 심장질환에 의한 급성심장사 (산심위 98-1536, 1998.11.26.)

입사 후 계속하여 위 회사 남성복 사업부에 근무하면서 1997년 1월 팀장 승진 후 4개 브랜드에 상품기획, 영업, 생산관리 등을 총괄관리하는 업무로서 재해발생 전인 1997년 9월 적자부서로의 이동, 1개 브랜드의 추가, IMF체계에 따른 매출실적 감소와

인원감축방안 강구, 일요일에도 백화점 지원근무와 재해당일 휴무일인데도 출근하여 회의를 한 후 익일까지 보고서를 제출해야 하는 상황이었던 점을 감안할 때 피재자에게 부하된 정신적 스트레스와 과로가 인정되고, 또한 허혈성 심장질환 등의 기존증이 있는 상태에서 근무 중 과로와 스트레스가 유인이 되어 질병을 유발하였거나 급격히 악화시켜 업무수행 중 사망에 이르는 업무상 질병으로 인정함이 타당하다.

나. 뇌혈관질병

뇌혈관질병이란 뇌에 정상적으로 혈액공급이 되지 않는 장애에 의한 모든 신경질환을 의미하며, 통상 뇌졸중 또는 중풍이라고 불린다. 이러한 뇌혈관질병은 '뇌혈관이 막히거나 저혈압에 의해 오는 병변(저산소증, 심한 저혈압, 뇌경색 등)', '두개강내출혈(뇌내출혈, 지주막하출혈)' 및 '고혈압성뇌혈관질환(고혈압성뇌증)' 등 크게 3종류로 나누어진다.

참조 판례

- 뇌출혈 (서울고법 96구11886, 1996.11.8.)

회사에 입사하여 11년간 근무하는 동안 주로 생체리듬에 역행하는 1일 3교대 또는 2교대 근무방식으로 업무를 계속 수행함으로써 이에 따른 육체적 피로가 누적되어 지병인 고혈압이 자연적인 진행경과를 넘어 크게 악화, 뇌출혈로 사망한 경우 업무상 재해에 해당된다.

- 뇌경색 (서울행법 2002구단5262, 2003.8.22.)

20년 이상 사무직으로 근무하다가 51세 남짓에 비로소 영업용 택시의 운전기사 생활을 시작하게 되었는데 격주 단위로 뒤바뀌는 주야간교대근무를 함으로써 취침시간의 불규칙, 수면부족, 생활리듬 및 생체리듬의 혼란, 사회적 생활에 지장을 받게 되었고, 또 근무기간이 2년 정도에 불과하여 그러한 근무형태에 완전히 적응하였다고 보여지지 아니하는 점 등에 비추어 보면 육체적으로 피로가 누적되어 과로하고, 정신적으로도 과도한 스트레스를 받았다고 보아야 할 것이므로 상병과 업무 사이에는 상당인과관계가 있다고 할 것이다.

- 뇌졸중 (대법원 95누5387, 1995.7.18.)

근로자가 폐수처리장에서 근무함에 있어 각 기관의 수시 환경오염단속으로 인하여 정신적 긴장, 압박감을 받았다거나 그 작업환경이 열악하였다고는 인정되지 아니하고, 또한 비록 휴일도 없었고 하루 14시간 정도의 야간근무가 많았다고 하더라도 그 업무내용에 비추어 통상의 정도를 넘어서 특별히 육체적 피로나 정신적 스트레스가 누적될 정도였다고 보여지지 아니하므로, 따라서 뇌졸중은 기존 질병인 고혈압이 자연경과에 의하여 악화되어 유발되었을 뿐으로 판단된다.

참 고

• 뇌혈관질병 또는 심장질병의 업무상 재해 인정기준[11] •

가. 다음 어느 하나에 해당하는 원인으로 뇌실질내출혈(腦實質內出血), 지주막하출혈(蜘蛛膜下出血), 뇌경색, 심근경색증, 해리성 대동맥류가 발병한 경우에는 업무상 질병으로 본다. 다만, 자연발생적으로 악화되어 발병한 경우에는 업무상 질병으로 보지 않는다.

1) 업무와 관련한 돌발적이고 예측 곤란한 정도의 긴장 · 흥분 · 공포 · 놀람 등과 급격한 업무 환경의 변화로 뚜렷한 생리적 변화가 생긴 경우

2) 업무의 양 · 시간 · 강도 · 책임 및 업무 환경의 변화 등으로 발병 전 단기간 동안 업무상 부담이 증가하여 뇌혈관 또는 심장혈관의 정상적인 기능에 뚜렷한 영향을 줄 수 있는 육체적 · 정신적인 과로를 유발한 경우

3) 업무의 양 · 시간 · 강도 · 책임 및 업무 환경의 변화 등에 따른 만성적인 과중한 업무로 뇌혈관 또는 심장혈관의 정상적인 기능에 뚜렷한 영향을 줄 수 있는 육체적 · 정신적인 부담을 유발한 경우

나. 가목에 규정되지 않은 뇌혈관 질병 또는 심장 질병의 경우에도 그 질병의 유발 또는 악화가 업무와 상당한 인과관계가 있음이 시간적 · 의학적으로 명백하면 업무상 질병으로 본다.

다. 가목 및 나목에 따른 업무상 질병 인정 여부 결정에 필요한 사항은 고용노동부장관이 정하여 고시한다.

참 고

• 뇌혈관질병 또는 심장질병 및 근골격계질병의 업무상 질병 인정 여부 결정에 필요한 사항(고용노동부고시 제2017-117호, 2017.12.29.) •

1. 뇌혈관 질병 또는 심장 질병

가. 「산업재해보상보험법 시행령」(이하 "영"이라 한다) 별표 3 제1호 가목 1)에서 "업무와 관련한 돌발적이고 예측 곤란한 정도의 긴장 · 흥분 · 공포 · 놀람 등과 급격한 업무 환경의 변화로 뚜렷한 생리적 변화가 생긴 경우"란 증상 발생 전 24시간 이내에 업무와 관련된 돌발적이고 예측 곤란한 사건의 발생과 급격한 업무 환경의 변화로 뇌혈관 또는 심장혈관의 병변 등이 그 자연경과를 넘어 급격하고 뚜렷하게 악화된 경우를 말한다.

나. 영 별표 3 제1호 가목 2)에서 "업무의 양 · 시간 · 강도 · 책임 및 업무 환경의 변화 등으로 발병 전 단기간 동안 업무상 부담이 증가하여 뇌혈관 또는 심장혈관의 정상적인 기능에 뚜렷한 영향을 줄 수 있는 육체적 · 정신적인 과로를 유발한 경우"란 발병 전

11) 산업재해보상보험법 시행령 제34조 제3항 · 별표 3, 2017.12.26. 개정, 2018.1.1. 시행

1주일 이내의 업무의 양이나 시간이 이전 12주(발병 전 1주일 제외)간에 1주 평균보다 30퍼센트 이상 증가되거나 업무 강도 · 책임 및 업무 환경 등이 적응하기 어려운 정도로 바뀐 경우를 말한다. 해당 근로자의 업무가 "단기간 동안 업무상 부담"에 해당하는지 여부는 업무의 양 · 시간 · 강도 · 책임, 휴일 · 휴가 등 휴무시간, 근무형태 · 업무환경의 변화 및 적응기간, 그 밖에 그 근로자의 연령, 성별 등을 종합하여 판단한다.

다. 영 별표 3 제1호 가목 3)에서 "업무의 양 · 시간 · 강도 · 책임 및 업무 환경의 변화 등에 따른 만성적인 과중한 업무로 뇌혈관 또는 심장혈관의 정상적인 기능에 뚜렷한 영향을 줄 수 있는 육체적 · 정신적인 부담을 유발한 경우"란 발병 전 3개월 이상 연속적으로 과중한 육체적 · 정신적 부담을 발생시켰다고 인정되는 업무적 요인이 객관적으로 확인되는 상태를 말한다. 이 경우 해당 근로자의 업무가 "만성적인 과중한 업무"에 해당하는지 여부는 업무의 양 · 시간 · 강도 · 책임, 휴일 · 휴가 등 휴무시간, 교대제 및 야간근로 등 근무형태, 정신적 긴장의 정도, 수면시간, 작업 환경, 그 밖에 그 근로자의 연령, 성별 등을 종합하여 판단하되, 업무시간과 작업 조건에 따른 업무와 질병과의 관련성을 판단할 때에는 다음 사항을 고려한다.

1) 발병 전 12주 동안 업무시간이 1주 평균 60시간(발병 전 4주 동안 1주 평균 64시간)을 초과하는 경우에는 업무와 질병과의 관련성이 강하다고 평가한다.

2) 발병 전 12주 동안 1주 평균 업무시간이 52시간을 초과하는 경우에는 업무시간이 길어질수록 업무와 질병과의 관련성이 증가하는 것으로 평가한다. 특히, 다음 각 호의 어느 하나에 해당하는 업무를 수행하는 경우(업무부담 가중요인)에는 업무와 질병과의 관련성이 강하다고 평가한다.

① 근무일정 예측이 어려운 업무

② 교대제 업무

③ 휴일이 부족한 업무

④ 유해한 작업환경 (한랭, 온도변화, 소음)에 노출되는 업무

⑤ 육체적 강도가 높은 업무

⑥ 시차가 큰 출장이 잦은 업무

⑦ 정신적 긴장이 큰 업무

3) 발병 전 12주 동안 업무시간이 1주 평균 52시간을 초과하지 않는 경우라도 2항의 업무부담 가중요인에 복합적으로 노출되는 업무의 경우에는 업무와 질병과의 관련성이 증가한다.

라. 오후 10시부터 익일 6시 사이의 야간근무의 경우에는 주간근무의 30%를 가산(휴게시간은 제외)하여 업무시간을 산출한다. 다만, 「근로기준법」 제63조 제3호에 따라 감시 또는 단속적으로 근로에 종사하는 자로서 사용자가 고용노동부장관의 승인을 받은 경우와 이와 유사한 업무에 해당하는 경우는 제외한다.

Q&A

광고회사에서 광고물제작 업무를 하는 근로자가 오전부터 밤 9시까지 업무를 마치고 지방출장이 있어 집에서 잠시 쉬고 새벽에 나오는 도중에 뇌졸중으로 쓰러졌음. 최근 들어 업무량이 이전에 비해 2배 정도 늘어나 야근도 많고, 지방출장도 많던 중 발생한 일인데 이 경우 산재보상을 받을 수 있는지

산재보상을 받기 위해서는 해당 재해가 업무상 재해임이 인정되어야 한다. 업무상 재해로 인정받기 위해서는 업무와 재해간에 상당인과관계가 있어야 하나, 이러한 인과관계가 분명하지 않은 경우가 많아 보험급여지급과 관련해 논란이 되는 경우가 있다. 즉 출퇴근 중의 교통사고, 휴게시간 중의 사고, 퇴근 후 회식 중 사고, 과로로 인한 뇌혈관질환 · 심장기능 이상으로 인한 재해 등이 그 대표적인 예이다.

위 질의와 같이 뇌졸중이 업무수행 중에 발병되지 않은 경우로서 그 질병의 유발 또는 악화가 업무와 상당인과관계가 있음을 명백히 증명하는 것이 쉬운 일은 아니다. 그러나 평소에 비해 업무시간이 급격히 증가(연장근로시간의 증가, 휴일근로의 증가 등)했거나, 업무의 양 · 강도 · 책임 및 작업환경 등이 일반인이 적응하기 어려운 정도로 바뀐 경우에는 과로로 인한 업무상 재해로 인정받을 수 있는 가능성이 높다 할 것이다. 다만, 뇌졸중이 업무와는 관계없이 자연발생적으로 악화되었거나 업무와는 무관한 개인적인 사유에 의해 발병한 것임이 의학적으로 명백히 증명되는 경우에는 업무상 재해로 인정받기 어려울 것이다.

뇌혈관질환의 업무상 재해 여부에 대해서는 구체적으로 ① 재해발생경위, ② 의학적 소견, ③ 평소 건강상태와 일상생활, ④ 구체적인 업무량 등을 고려해 판단해야 할 것이다. 위 질의의 경우 평소 업무량에 비해 업무량의 증가가 2배나 늘었고, 늦게까지 일을 하고 다음날 새벽에 지방출장을 가야 하는 경우가 많았다면 업무상 과로로 인한 재해임을 주장하여 산재보험급여를 신청할 수 있을 것으로 판단된다.

(5) 근골격계질병

근골격계질병이란 단순 반복작업으로 인하여 기계적 스트레스가 신체에 누적되어 목 · 어깨 · 팔 · 팔꿈치 · 손목 · 손 등의 근육 + 뼈(골격) + 건 + 인대 + 신경 + 혈관 + 관절 + 활액낭 등에 문제가 생겨서 따갑거나 쑤시고 저린 통증이 있는 경우를 말하는데, 심한 충격이나 사고로 인해 다친 것뿐만 아니라 장기간 불안정한 자세나 중량물 취급, 진동, 무리한 힘의 사용 등 작업과 연관되어 누적된 피로나 통증으로 발생하는 질병들을 아울러 가리키는 질병이다.

근골격계질병과 관련해 사업주는 정기적으로 근골격계 유해요인조사를 실시해야 하

고, 조사결과 근골격계질병이 발생할 우려가 있는 경우에는 작업환경개선을 위한 조치를 취해야 하며, 필요한 경우 근골격계질병 예방관리프로그램을 시행해야 한다.

참 고

• 근골격계질병의 업무상 재해 인정기준[12] •

가. 업무에 종사한 기간과 시간, 업무의 양과 강도, 업무수행 자세와 속도, 업무수행 장소의 구조 등이 근골격계에 부담을 주는 업무(이하 "신체부담업무"라 한다)로서 다음 어느 하나에 해당하는 업무에 종사한 경력이 있는 근로자의 팔·다리 또는 허리 부분에 근골격계질병이 발생하거나 악화된 경우에는 업무상 질병으로 본다. 다만, 업무와 관련이 없는 다른 원인으로 발병한 경우에는 업무상 질병으로 보지 않는다.
 1) 반복 동작이 많은 업무
 2) 무리한 힘을 가해야 하는 업무
 3) 부적절한 자세를 유지하는 업무
 4) 진동 작업
 5) 그 밖에 특정 신체 부위에 부담되는 상태에서 하는 업무

나. 신체부담업무로 인하여 기존 질병이 악화되었음이 의학적으로 인정되면 업무상 질병으로 본다.

다. 신체부담업무로 인하여 연령 증가에 따른 자연경과적 변화가 더욱 빠르게 진행된 것이 의학적으로 인정되면 업무상 질병으로 본다.

라. 신체부담업무의 수행 과정에서 발생한 일시적인 급격한 힘의 작용으로 근골격계질병이 발병하면 업무상 질병으로 본다.

마. 신체부위별 근골격계질병의 범위, 신체부담업무의 기준, 그 밖에 근골격계질병의 업무상 질병 인정 여부 결정에 필요한 사항은 고용노동부장관이 정하여 고시한다.

참 고

• 산업보건기준에 관한 규칙(고용노동부령 제206호, 2017.12.28.) •

제657조【유해요인 조사】① 사업주는 근로자가 근골격계부담작업을 하는 경우에 3년마다 다음 각 호의 사항에 대한 유해요인조사를 하여야 한다. 다만, 신설되는 사업장의 경우에는 신설일부터 1년 이내에 최초의 유해요인 조사를 하여야 한다.

1. 설비·작업공정·작업량·작업속도 등 작업장 상황
2. 작업시간·작업자세·작업방법 등 작업조건
3. 작업과 관련된 근골격계질환 징후와 증상 유무 등

② 사업주는 다음 각 호의 어느 하나에 해당하는 사유가 발생하였을 경우에 제1항에도

12) 산업재해보상보험법 시행령 제34조 제3항·별표 3

불구하고 지체 없이 유해요인 조사를 하여야 한다. 다만, 제1호의 경우는 근골격계부담작업이 아닌 작업에서 발생한 경우를 포함한다.

1. 법에 따른 임시건강진단 등에서 근골격계질환자가 발생하였거나 근로자가 근골격계질환으로 「산업재해보상보험법 시행령」 별표 3 제2호 가목·마목 및 제12호 라목에 따라 업무상 질병으로 인정받은 경우
2. 근골격계부담작업에 해당하는 새로운 작업·설비를 도입한 경우
3. 근골격계부담작업에 해당하는 업무의 양과 작업공정 등 작업환경을 변경한 경우

③ 사업주는 유해요인 조사에 근로자 대표 또는 해당 작업 근로자를 참여시켜야 한다.

제658조 【유해요인 조사 방법 등】 사업주는 유해요인 조사를 하는 경우에 근로자와의 면담, 증상 설문조사, 인간공학적 측면을 고려한 조사 등 적절한 방법으로 하여야 한다. 이 경우 제657조 제2항 제1호에 해당하는 경우에는 고용노동부장관이 정하여 고시하는 방법에 따라야 한다.

제659조 【작업환경 개선】 사업주는 유해요인 조사 결과 근골격계질환이 발생할 우려가 있는 경우에 인간공학적으로 설계된 인력작업 보조설비 및 편의설비를 설치하는 등 작업환경 개선에 필요한 조치를 하여야 한다.

제660조~661조 생략

제662조 【근골격계질환 예방관리 프로그램 시행】 ① 사업주는 다음 각 호의 어느 하나에 해당하는 경우에 근골격계질환 예방관리 프로그램을 수립하여 시행하여야 한다.

1. 근골격계질환으로 「산업재해보상보험법 시행령」 별표 3 제2호 가목·마목 및 제12호 라목에 따라 업무상 질병으로 인정받은 근로자가 연간 10명 이상 발생한 사업장 또는 5명 이상 발생한 사업장으로서 발생 비율이 그 사업장 근로자 수의 10퍼센트 이상인 경우
2. 근골격계질환 예방과 관련하여 노사 간 이견(異見)이 지속되는 사업장으로서 고용노동부장관이 필요하다고 인정하여 근골격계질환 예방관리 프로그램을 수립하여 시행할 것을 명령한 경우

② 사업주는 근골격계질환 예방관리 프로그램을 작성·시행할 경우에 노사협의를 거쳐야 한다.

③ 사업주는 근골격계질환 예방관리 프로그램을 작성·시행할 경우에 인간공학·산업의학·산업위생·산업간호 등 분야별 전문가로부터 필요한 지도·조언을 받을 수 있다.

참 고

• 근골격계부담작업의 범위(고용노동부고시 제2017-41호, 2017.7.24.) •

「산업안전보건법」 제24조 제1항 제5호 및 「산업안전보건기준에 관한 규칙」 제656조 제1호에 따른 근골격계부담작업이란 다음 각 호의 어느 하나에 해당하는 작업을 말한다. 다만, 단기간작업 또는 간헐적인 작업은 제외한다.

1. 하루에 4시간 이상 집중적으로 자료입력 등을 위해 키보드 또는 마우스를 조작하는 작업
2. 하루에 총 2시간 이상 목, 어깨, 팔꿈치, 손목 또는 손을 사용하여 같은 동작을 반복하는 작업
3. 하루에 총 2시간 이상 머리 위에 손이 있거나, 팔꿈치가 어깨위에 있거나, 팔꿈치를 몸통으로부터 들거나, 팔꿈치를 몸통 뒤쪽에 위치하도록 하는 상태에서 이루어지는 작업
4. 지지되지 않은 상태이거나 임의로 자세를 바꿀 수 없는 조건에서, 하루에 총 2시간 이상 목이나 허리를 구부리거나 트는 상태에서 이루어지는 작업
5. 하루에 총 2시간 이상 쪼그리고 앉거나 무릎을 굽힌 자세에서 이루어지는 작업
6. 하루에 총 2시간 이상 지지되지 않은 상태에서 1kg 이상의 물건을 한손의 손가락으로 집어 옮기거나, 2kg 이상에 상응하는 힘을 가하여 한손의 손가락으로 물건을 쥐는 작업
7. 하루에 총 2시간 이상 지지되지 않은 상태에서 4.5kg 이상의 물건을 한 손으로 들거나 동일한 힘으로 쥐는 작업
8. 하루에 10회 이상 25kg 이상의 물체를 드는 작업
9. 하루에 25회 이상 10kg 이상의 물체를 무릎 아래에서 들거나, 어깨 위에서 들거나, 팔을 뻗은 상태에서 드는 작업
10. 하루에 총 2시간 이상, 분당 2회 이상 4.5kg 이상의 물체를 드는 작업
11. 하루에 총 2시간 이상 시간당 10회 이상 손 또는 무릎을 사용하여 반복적으로 충격을 가하는 작업

참조 판례

▪ 근골격계질환과 업무와의 상당인과관계를 인정한 사례

(서울남부지법 2005가단9474, 2005.6.14.)

근로자들이 7년 남짓의 기간 동안 건강진단팀 검진자료정리실에 소속되어 수행한 건강검진결과의 전산입출력업무 등은 목, 어깨, 팔, 손목, 허리, 다리 등에 반복적인 과도한 스트레스를 유발할 가능성이 높은 작업으로서 근막통 증후군의 발병원인이 되었다고 여겨지므로 근로자들의 위 질병은 이 사건 병원에서 수행하던 위 업무가 원인이 되어 현재까지 가지고 있는 질병으로서 업무와 인과관계가 있다고 봄이 상당하다.

(6) 기타 재해

기타 간질환, 암질환 등의 경우 질병의 주된 발생원인이 업무상 과로 및 스트레스 때문이거나 업무상 과로가 질병을 유발 또는 악화시킨 경우에는 업무와 질병간의 인과관계가 인정될 수 있을 것이다.

간 암	B형 간염 바이러스에 감염된 사람이 일상적인 음주가 요청되는 업무에 종사하다가 간암으로 사망한 경우 노무담당팀장으로서, 또 업무과장으로서 그 업무의 수행을 위하여 지속적으로 과다한 음주를 한 탓으로 간염이 자연적인 악화의 정도를 넘어서서 급격하게 악화되었다고 볼 소지가 있으므로 업무상 질병에 해당한다(대법원 97누10, 1997.5.28.).
적응장애, 우울장애	청구인이 내근직으로 발령되면서 사실상의 대기발령형태로 고유업무가 주어지지 않은 사실, 이후 상사와의 갈등으로 인해 mail ID · 책상 및 의자, 개인사물함 등이 회수된 사실, 지속적으로 퇴직을 종용받은 사실, 상사가 창가에 서서 반성할 것을 지시한 후 제대로 이행하지 않는다 하여 멱살을 잡고 밀어부치는 등으로 인해 청구인이 상해를 입은 사실, E-mail을 통한 필수업무전달로 팀원들로부터 소외된 사실 등 청구인이 업무 또는 직장적응에 상당한 어려움과 스트레스가 있었음을 부정할 수 없고 이로 인해 생긴 '적응장애'와 '우울장애'가 업무와 상당한 인과관계가 있다고 인정된다(2000재결 제664호, 2000.7.29.).
폐 암	망인이 담당한 임무가 대기오염이나 기타 공해에 특별히 심하게 노출되는 업무라고 보기 어렵고, 비록 야간 또는 공휴일 근무를 하였다 하더라도 그 업무내용이 특별히 과중한 업무라고 보기는 어려운 점, 망인의 위 사업소에서 근무하기 이전에 담당한 환경미화작업이 여러 종류의 쓰레기에서 발산되는 먼지 등에 쉽사리 노출될 수밖에 없고, 위와 같은 환경이 위 폐암의 발병원인이 될 수 있는 지가 명백하지 아니할 뿐만 아니라, 위 망인은 의학적으로 주된 폐암 발병원인으로 지목되는 흡연을 하여 왔고, 그 습관을 개선하도록 지적받았으나 계속 하루 1갑 정도의 흡연을 계속하여 온 점 등을 종합하여 볼 때 위 망인의 사망은 공무상의 질병에 의한 것이라고 볼 수가 없다(서울고법 96구15253, 1997.9.4.).

3. 다른 보상 또는 배상과 관계

산업재해보상보험상의 보상을 받은 경우에는 지급범위 내에서

① 근로기준법상의 재해보상책임이 면제되고,

② 보험가입자는 민법, 기타 법령(자동차책임보험 등)에 의한 손해배상에 있어서 산업재해보상보험법에 의한 보험금의 한도 안에서 책임이 면제된다.

※피해근로자가 긴급 기타의 사유로 사업주로부터 보험급여에 상당하는 금품을 받은 경우는 사업주가 근로자의 위임을 받아 공단에 그 지급한 부분을 직접 청구할 수 있다.

Q&A 자동차사고가 발생했을 때 이를 산재보험으로 처리할 경우 자동차보험에 의한 손해배상액을 수령할 수 없는 것인지

자동차사고와 관련하여 배상관계를 다루는 법률로서는 자동차손해배상 보장법(이하 “자배법”이라 함)이 있는데 자동차의 보유자는 동법에 따라서 자동차손해배상책임보험에 가입하도록 강제된다. 한편, 근로자가 업무상 재해를 입었을 경우 신속하고 적절한 치료 및 보상과 조속한 사회복귀를 위해서 산업재해보상보험법상의 보험제도가 있다.
직원이 자동차로 인하여 업무상 재해를 당한 경우 산재보험의 보험급여와 자배법의 손해배상의 청구가 가능하지만 수급권자가 자동차보험에서 손해배상을 받은 경우에는 그 한도(책임보험의 한도) 안에서 산재보험급여가 지급되지 않는다고 규정하면서 이중보상을 제한하고 있다(산재법 제80조, 자배법 제36조). 다만, 자동차종합보험(대인배상)의 경우에는 산재보험급여의 이중보상이 금지되는 대상이 아니므로 자동차보험으로부터 대인배상의 손해배상액을 수령했다 하더라도 산재보험급여가 지급될 수 있다.
한편, 통상 자동차보험회사가 보험계약 체결시 제시하는 약관상에 “배상의무가 있는 피보험자의 피용자로서 산업재해보상보험법에 의한 재해보상을 받을 수 있는 사람의 손해에 대해서는 보상하지 아니한다”라는 면책조항이 있는 경우가 많은데, 이 경우 “산업재해보상보험법에 의한 보상범위를 넘어서는 경우에도 면책조항에 의하여 보험자가 면책된다고 볼 수는 없다”는 것이 판례의 입장이다.

참조 판례

- 업무상 자동차사고에 의한 피해 근로자의 손해가 산업재해보상보험법에 의한 보상범위를 넘어서는 경우 보험자가 면책된다는 조항은 효력이 없다

(대법원 2003다2802, 2005.3.17.)

업무상 자동차종합보험약관 중 대인배상 II에서 배상책임 있는 피보험자의 피용자로서 산업재해보상보험법에 의한 재해보상을 받을 수 있는 사람에 대하여는 보상하지 아니한다는 이 사건 면책조항을 규정한 취지는 사용자와 근로자의 노사관계에서 발생한 업무상 재해로 인한 손해에 대하여는 노사관계를 규율하는 근로기준

법에서 사용자의 각종 보상책임을 규정하는 한편, 이러한 보상책임을 담보하기 위하여 산업재해보상보험법으로 산재보험제도를 설정하고 있으므로 산재보험대상인 업무상 자동차사고에 의한 피해근로자의 손해에 대하여도 산재보험에 의하여 전보받도록 하고, 이처럼 산재보험에 의한 전보가 가능한 범위에서는 제3자에 대한 배상책임을 전보하는 것을 목적으로 하는 자동차보험의 대인배상범위에서 이를 제외하려는 데 있는 것으로 해석함이 상당하다.

그렇지 아니하고 업무상 자동차사고에 의한 피해근로자의 손해가 산업재해보상보험법에 의한 보상범위를 넘어서는 경우에도 이 사건 면책조항에 의하여 보험자가 면책된다고 한다면 자동차보험의 피보험자인 사업주의 피해근로자에 대한 자동차손해배상 보장법 또는 민법 등에 의한 손해배상책임이 남아 있음에도 불구하고 보험자의 면책을 인정하여 피보험자에게 실질적으로 손해배상책임을 부담하게 하는 것이 되는바, 이는 피보험자동차의 사고로 인하여 피보험자가 타인에 대하여 부담하는 손해배상책임을 담보하기 위한 자동차보험의 취지에 어긋나는 것으로서 약관의 규제에 관한 법률소정의 고객인 보험계약자 및 피보험자에게 부당하게 불리할 뿐만 아니라, 사업자인 보험자가 부담하여야 할 위험을 고객에게 이전시키는 것이 된다.

따라서 산업재해보상보험법에 의한 보상범위를 넘어서는 손해가 발생한 경우에도 보상하지 아니한다는 이 사건 면책조항의 괄호 안 기재부분은 위 같은 법률의 각 조항에 의하여 효력이 없다고 할 것이다.

③ 국민연금법과 관계

산재보험에 의해 장해급여 또는 유족급여를 받고 이와 동일한 사유로 국민연금법에 의한 장애연금액 또는 유족연금액을 받을 경우에는 그 1/2에 해당하는 금액을 지급한다(국민연금법 제113조).

※산재보험에서는 동일한 사유로 국민연금법에 의한 장애 및 유족연금을 받은 경우 조정을 하지 아니하므로 국민연금법에 의한 연금과는 별도로 산업재해보상보험법에 의한 보험급여를 지급하게 된다.

민사상 손해배상과 산재보상 비교

구 분	민법(손해배상)	산업재해보상보험법(보험급여)
목 적	사용자의 불법행위책임	산재근로자 및 가족의 보호 등
요 건	사업주의 고의, 과실	사용자의 무과실책임
보상책임	사용자(개별 책임방식)	보험관장자(사회보험방식)
보상재원	사업주의 재산	산재보험기금
보상범위	신체·정신적 완전배상	법정 정률급여

구 분	민법(손해배상)	산업재해보상보험법(보험급여)
보상방법	일시금	일시금, 연금
과실상계	가능	없음
권리구제	민사소송 등	심사청구, 행정심판, 행정소송 등

핵심 정리사항

1. 산재보험은 산재근로자와 그 가족의 생활을 보장하기 위하여 국가가 책임을 지는 의무보험으로 국가가 사업주로부터 소정의 보험료를 징수하여 그 기금(재원)으로 사업주를 대신하여 산재근로자에게 보상을 해주는 제도이다.
2. 산재보험제도는 보상범위(어떠한 경우에 산재보상이 이루어지는가)와 보험급여(어떠한 보상이 이루어지는가)로 구분될 수 있으며, 보상범위는 업무상 재해인정기준으로 업무와의 상당인과 관계가 있는 사고와 질병이 업무상 재해로 인정될 수 있다.
3. 산업재해보상보험법은 하나의 재해로 다른 제도와 중복(이중)보상이 이루어지는 것을 조정하기 위한 규정을 두고 있다. 즉, 산재보상을 받은 경우에는 그 지급범위 내에서 민법, 기타 법령상의 책임이 면제되며, 국민연금법상의 장애연금과 유족연금 또한 산재보험급여와 조정이 이루어지게 된다.

Part 20 집단적 노사관계 (노동조합)

핵심키워드

노동조합, 복수노조, 교섭창구단일화, 정당한 조합활동, 근로시간면제자, 근로시간면제한도, 대상업무, 근로시간면제 적용기준, 처우, 사용절차, 단체교섭, 단체교섭방식, 교섭대상, 단체협약, 규범적 부분, 채무적 부분, 단체협약 체결방식, 일반적 구속력, 유효기간, 쟁의행위, 쟁의행위 정당성 판단기준, 쟁의행위 제한과 책임, 무노동무임금, 직장폐쇄, 대체근로, 노동쟁의조정, 조정절차, 공익사업, 필수유지업무협정, 사적조정, 부당노동행위

목 적

1. 노사관계의 주체인 노동조합과 근로자, 사용자의 개념과 범위를 이해한다.
2. 복수노조의 허용의 의미와 복수노조 교섭창구단일화 절차를 이해한다.
3. 노동조합의 정당한 조합활동의 범위를 이해한다.
4. 근로시간면제제도 관련 개정 노조법의 의의를 이해한다.
5. 근로시간면제제도의 주요 내용인 근로시간면제자, 면제한도, 대상업무, 적용기준, 처우, 사용절차를 이해한다.
6. 단체교섭의 의의와 단체교섭 방식 및 교섭대상을 이해한다.
7. 단체협약의 의의와 단체협약 체결방식을 이해한다.
8. 단체협약의 적용범위와 일반적 구속력, 단체협약 유효기간을 이해한다.
9. 쟁의행위에 대한 노동조합과 사용자의 권리와 의무에 대해 이해한다.
10. 쟁의행위의 정당성 요건 4가지(주체, 목적, 수단, 절차)를 이해한다.
11. 노동쟁의조정제도의 의의 및 조정절차와 필수유지업무제도를 이해한다.
12. 부당노동행위의 의의와 종류, 구제절차를 이해한다.

1. 노동조합은 근로자들이 조직한 단체로 근로3권이 보장된다

(1) 노동조합이란

'노동조합'이란 헌법 제33조 제1항에서 보장하고 있는 근로3권(단결권, 단체교섭권, 단체행동권)의 취지에 따라 근로자들 스스로가 근로조건을 유지·개선, 기타 근로자의 경제적·사회적 지위 향상을 도모하기 위하여 결성한 단체 또는 그 연합단체를 말한다(노조법 제2조 제4호). 노동조합이 합법적 지위를 인정받기 위해서는 행정관청에 설립신고를 하여야 하며, 행정관청의 심사를 거쳐 설립신고증을 교부받아야 한다.

참 고

• 노동조합 및 노동관계조정법(설립의 신고) •

제10조【설립의 신고】① 노동조합을 설립하고자 하는 자는 다음 각 호의 사항을 기재한 신고서에 제11조의 규정에 의한 규약을 첨부하여 연합단체인 노동조합과 2 이상의 특별시·광역시·도·특별자치도에 걸치는 단위노동조합은 노동부장관에게, 2 이상의 시·군·구(자치구를 말한다)에 걸치는 단위노동조합은 특별시장·광역시장·도지사에게, 그 외의 노동조합은 특별자치도지사·시장·군수·구청장(자치구의 구청장을 말한다. 이하 제12조 제1항에서 같다)에게 제출하여야 한다.

참 고

• 노동조합 업무관할(노조설립 신고업무) 행정관청에 대한 지침
(노사관계법제팀-1420, 2007.4.27.) •

[1] 규약상 '전국단위'를 표방하는 노동조합
- 총연합단체를 상급단체로 하는 산업별 연합단체에 준하는 '전국규모의 산업별 단위노동조합'은 노동부 본부 소관
- 산업별 연합단체를 상급단체로 하는 전국 단위노동조합은 노동부 지방관서 소관

[2] 규약상 '지역'을 조직범위로 하는 노동조합
- 규약상 2 이상 특별시·광역시·도(특별자치도)를 조직범위로 하면 지방노동관서 소관
- 규약상 2 이상 시·군·구를 조직범위로 하면 특별시·광역시·도 소관
- 1개 특별시·광역시·도(특별자치도) 및 1개 시·군·구만을 조직범위로 하면 당해 자치단체 소관

[3] 규약상 '사업(장)'을 조직범위로 하는 노동조합

- 하나의 사업장으로 구성된 노동조합은 당해 시 · 군 · 구 소관
- 2 이상의 특별시 · 광역시 · 도(특별자치도)에 걸치는 수개의 사업장으로 구성된 기업에 조직된 노동조합으로 조합원도 각 사업장에 분포되어 있는 경우에는 노동부 지방노동관서 소관
- 2 이상의 특별시 · 광역시 · 도(특별자치도)에 걸치는 수개의 사업장으로 구성된 기업에 조직된 노동조합이나 조합원이 특정 사업장에만 분포되어 있는 경우에는 조합원이 있는 당해 사업장 관할 행정관청 소관
- 2 이상의 시 · 군 · 구(자치구)에 걸치는 사업장으로 구성된 기업에 조직된 노동조합으로 조합원이 각 사업장에 분포되어 있는 경우에는 특별시 · 광역시 · 도(특별자치도) 소관
- 2 이상의 시 · 군 · 구(자치구)에 걸치는 사업장으로 구성된 기업에 조직된 노동조합이나, 조합원이 특정 사업장에만 분포되어 있는 경우에는 조합원이 있는 당해 사업장 관할 행정관청 소관
- 조합원 대부분이 특정 특별시 · 광역시 · 도(특별자치도) · 시 · 군 · 구에만 분포되어 있으나, 일부 조합원이 타 시 · 도 및 시 · 군 · 구에 있는 연락소(출장소) 등에 파견되어 근무하는 경우에는 2 이상의 시 · 도 및 시 · 군 · 구에 걸치는 노동조합이 아님에 유의

Q&A

노동조합규약에 노조위원장의 승인에 의해 가입, 탈퇴가 완성되는 것으로 규정된 경우 위원장의 승인이 없으면 가입 또는 탈퇴가 불가능한 것인지

노동조합 및 노동관계조정법 제5조(노동조합의 조직 · 가입)에 의해 '근로자는 자유로이 노동조합을 조직하거나 이에 가입'할 수 있다. 즉 가입이 강제되고 임의탈퇴가 허용되지 않는 유니온샵제도가 채택된 경우가 아니라면(오픈샵제도하에서는) 근로자는 자유로이 노동조합에 가입하거나 탈퇴할 수 있는 권리가 있다.

따라서 가입은 가입의사(가입원서)가 노동조합에 도달됨과 동시에 가입이 확정되며, 탈퇴원 역시 노동조합에 도달됨과 동시에 효력이 발생되는 것으로 별도의 위원장 승인이 법적 효력발생의 요건이 되는 것은 아니다.

다만, 노동조합은 사용자 또는 항상 그의 이익을 대표하여 행동하는 자의 가입을 제한하거나, 산업 · 지역 · 업종 · 기업 등 합리적인 기준에 따라 노동조합 가입자격 및 범위를 정하거나, 노동조합 규약을 통해 '조직대상의 범위'를 정할 수는 있을 것으로 판단된다.

참조 행정해석

▪ 노동조합 가입자격 제한의 효력 (노조 68107-331, 2001.3.20.)

[질의] 금번 대의원대회에서 "입사 후 1년 이상 경과 후 가입하거나 탈퇴 후 재가입을 희망하는 자는 그 가부를 묻는 해당 지부총회에서 재적 과반수 투표와 3분의 2 이상의 찬성을 얻은 경우에 한하여 가입할 수 있다. 가부를 묻는 투표는 반드시 직접·비밀·무기명투표로 이루어져야 한다"로 '조합원 가입 제한 규정'을 의결하였는바, 이러한 의결이 타당한지

[회시] 1. 노동조합에 가입할 수 있는 자의 자격 및 범위는 노동조합 및 노동관계조정법 제2조 제1호의 규정에 의한 근로자로서 동법 제2조 제2호 및 제4호 가목 소정의 사용자 또는 그의 이익대표자에 해당되지 않는 범위 내에서 당해 노동조합의 규약으로 정하는 것이 원칙이다.

2. 다만, 노동조합은 규약으로 근로자가 속하는 산업·지역·직종·기업 등 합리적인 기준에 따라 노동조합에 가입할 수 있는 자의 자격 및 범위를 제한하는 것은 허용된다 할 것이나, 귀 질의의 경우와 같이 입사 후 1년 이상 경과 후 노동조합을 가입하거나 탈퇴 후 재가입하였다는 사실만으로 일반 조합원과 달리 가입절차 및 방법을 엄격히 제한하는 것은 개별 근로자의 단결권 및 평등권을 침해할 소지가 크므로 바람직하다 할 수 없을 것이다.

(2) '노동조합 및 노동관계조정법'상 '근로자'의 범위

노동조합을 결성하거나 이에 가입할 수 있는 자는 근로자의 지위에 있어야 한다. 즉 사용자에 해당하는 자가 노동조합의 결성에 관여하거나 노동조합에 가입하는 것이 허용되는 경우는 노동조합으로 보지 않는다는 것이다. 위 법 제2조 제1호에서는 근로자를 '직업의 종류를 불문하고 임금·급료 기타 이에 준하는 수입에 의하여 생활하는 자'라 정의하고 있다. 이는 직접 생산에 종사하는 자만이 아니라 사무직이라 하더라도 근로자의 범위에 포함된다는 것이며, '임금을 목적으로 사업이나 사업장에 근로를 제공하는 자'라는 근로기준법 제2조의 근로자 개념에 비하여 더 넓은 범위로 해석해야 함을 의미한다. 가령 회사에서 해고된 조합원은 근로기준법상으로는 해고와 동시에 근로자 신분을 상실하게 되지만, 만일 해당 조합원이 노동위원회에 회사를 상대로 부당노동행위구제신청을 제기하게 되면 중앙노동위원회의 재심판정이 있을 때까지 조합원 자격은 유지된다는 점 등이 그것이다.

(3) '사용자'의 의미

위 법 제2조 제2호에서 사용자를 정의하고 있는 의미는 첫째, 노동조합활동의 주체인 근로자를 상대하는 파트너를 정함으로써 '교섭력의 균형'을 도모하기 위함이고, 둘째, 노동조합활동에 대한 지배・개입 등 소위 부당노동행위(사용자에 의한 노동3권 침해행위)가 금지되는 대상을 정하기 위한 것이다. 사용자를 구체적으로 구분하여 보면, ① 사업주, ② 사업의 경영담당자(대표이사 등 임원), ③ '근로자에 관한 사항에 대하여 사업주를 위하여 행동하는 자'를 의미한다.

여기서 '사업주'는 법인인 경우에는 법인 그 자체, 개인기업인 경우에는 소유자를 의미하고, '경영담당자'는 경영의 고유사안에 관하여 결정하고 실행하는 책임과 권한을 가진 자로서 대표이사, 이사, 공장장 등이 해당되며, 그리고 '근로자에 관한 사항에 대하여 사업주를 위하여 행동하는 자'라 함은 인사・노무・급여관리를 담당하는 자를 말한다. 그 외에도 노사간 교섭력의 균형을 위하여 '항상 사용자의 이익을 대표하여 행동하는 자'[1]를 규정하고 있다.

Q&A 사용자의 이익을 대표하는 자의 범위

노동조합은 헌법상 보장되는 단결권을 기초로 조직대상 및 조직형태를 자유로이 결정할 수 있다. 다만, 현행노동법은 노동조합의 자주성과 민주성을 훼손할 우려가 있거나 대사용자와의 관계에 있어 교섭균형력을 훼손할 가능성이 있는 자의 가입을 금지하고 있다. 즉 노동조합 및 노동관계조정법 제2조는 '사용자 또는 항상 그의 이익을 대표하여 행동하는 자의 참가를 허용하는' 노동조합은 노동조합으로 보지 않음을 명시하고 있다. 그러나 그 '노조가입이 금지되는 자'의 범위가 추상적이어서 구체적인 사례를 통해 대략 다음과 같은 기준으로 정리할 수 있을 것이다.

- 사업주 및 사업의 경영담당자
  - 대표이사, 이사회 구성원, 공장 및 지사장 등
- 사용자의 이익을 대표하여 행동하는 자 및 근로자에 관한 사항에 대하여 사업주를 위하여 행동하는 자

1) 항상 사용자의 이익을 대표하여 행동하는 자란 사업주와 일체가 되어 행동하는 자(가령 비서, 임원운전기사 등), 일상적으로 사업의 기밀사항을 접하는 자, 회사의 재산보호・출입자감시・순찰과 같은 경찰적 업무를 담당하는 자에 해당된다.

- 인사관리 책임자, 임금 등 근로조건 결정권자, 노무관리 책임자, 경영기획 책임자 및 담당직원
- 통상 사용자에 전속되어 사용자의 업무를 보조하는 비서, 전용운전수
- 회사 내의 재산보호 및 출입자를 감시하는 경비직 등

다만, 사용자 및 사용자의 이익대표자는 부장, 과장, 계장 등의 형식적인 지위, 명칭에 따를 것이 아니고 그 사업에 있어서 담당한 업무의 성격이 실질적으로 사용자 또는 이익대표자로서의 업무를 수행하는지에 따라 판단하여야 하며, 사용자 또는 그의 이익대표자를 노동조합에 참가함을 허용하지 않는 법제정의 기본취지가 이러한 자의 노동조합 가입으로 노동조합의 조직, 운영에 지배, 개입하여 노동조합을 어용화하는 행위를 방지하는 등 노동조합의 자주성을 보호하는 한편, 사용자의 주요 노무 관련 비밀에 관한 사항이 노동조합에 누설됨을 예방하여 노사교섭력의 균형을 기하기 위한 것임을 고려해 위 법조항의 사용자 또는 그의 이익대표자 여부는 개별 사업장별로 구체적인 노사관계 및 인사노무관리 현실을 고려해 노사합의를 통해 결정하는 것이 바람직할 것이다.

한편, 조합원 자격이 없는 자가 노동조합에 가입했다는 이유로 곧바로 노동조합의 지위가 상실된다고 볼 수는 없고, 노동조합의 자주성이 현실적으로 침해되었는지, 침해될 우려가 있는지 여부에 대해 구체적으로 판단해야 할 것이다.

✍ 참조 : 서울고법 97라94, 1997.10.28.; 노조 01254-2642, 1988.2.19.

Q&A

- 사용자에 해당하는 팀장의 노동조합 가입 여부
- 회사 단체협약에 따르면 팀장급 인원도 노동조합 조합원 가입 자격이 있는데, 회사의 팀장은 팀원에 대한 인사권, 휴가승인권, 징계위원회 사용자위원 권한을 갖는 등 법상 사용자에 해당될 경우 지금이라도 팀장급 인원의 노동조합 조합원 자격을 제한할 수 있는지 여부

팀장급 인원이 법상 노동조합 가입 대상에서 제외되는 사용자에 해당될 경우 이들은 노동조합에 가입할 수 없음이 원칙이다. 다만, 사용자에 해당되는 인원이라는 법원 등의 판단에 근거해야 한다는 점, 기존 단체협약에서 팀장급 인원에 대해 조합원 가입 자격이 부여되고 있어 단체협약 개정 노력 등 노사의 합의에 의한 해결 노력이 우선되어야 한다는 점이 고려되어야 할 것으로 판단된다.

특히 조합가입범위에 대해서는 종전 노사합의에 근거해 왔다면, 지금에 와서 갑작스럽게 회사가 법(노동조합 및 노동관계조정법)을 근거로 '사용자에 해당함'을 주장하면서 제반 조치를 취하는 것에 대해서는 회사의 논거(법상 사용자에 해당, 노사합의나 단체협약이 법을 위반할 수 없음 등)보다 일방적인 회사의 노사합의 위반의 책임이 보다 부각될 가능성이 우려된다.

따라서 기존 노사합의 당사자인 노동조합에 대해, 기존 노사합의가 사용자 범위에 대한 위법함이 있다는 점을 알리고, 지금이라도 이에 대한 시정 및 개정을 요구하는 절차가 선행되는 것이 타당할 것으로 판단된다(노동조합에 대해 협의 요구).

참조 판례

- 조합원 가입 범위에 대한 시정 (서울행법 2007구합17731, 2007.11.9.)

  이 사건 근로자들 중 과장급 이상의 직원들은 소속 직원의 업무 분장 · 근태 관리 등에 관해 전결권을 부여받은 자들로서 '근로자에 관한 사항에 대하여 사업주를 위하여 행동하는 자'에 해당하고, 업무 내용으로 봐서 주임급 이하의 직원들 또한 '항상 사용자의 이익을 대표하여 행동하는 자'로 볼 수 있어 한국○○지부 조합원으로서의 자격을 가지지 아니한다고 할 것이다.

  따라서 이 사건 근로자들은 노조의 조합원이 될 수 없음에도 가입돼 있는 것을 시정하기 위해 한 사용자의 이 사건 행위는 근로자들이 노동조합의 조합원이 될 수 있는 자격 없이 한국○○지부에 가입되어 있는 데서 비롯된 위법 상태를 시정함으로써 자신의 교섭력 저하를 방지할 의사로 이 사건 행위를 한 것일 뿐, 노동조합의 조직 · 운영에 지배 · 개입할 의사로 이 사건 행위를 한 것으로는 보이지 아니하고 부당노동행위에 해당하지 않는다.

- 조합원 자격이 없는 팀장 등의 조합 탈퇴 요구(서울행법 2003구합27891, 2004.4.23.)

  노동조합 비가입대상 직원들이 노동조합에 가입되어 있다면 관련 법령을 위반한 것임에도 참가인이 그동안 원만한 노사관계를 위하여 이를 묵인하여 왔던 점, 그러나 원고가 대화와 타협보다는 대결국면을 조성하면서 불법적인 총파업을 강행하여 국가의 기간수송수단인 철도 사업수행에 지장을 초래하게 함으로써 요구사항을 관철시키려 함에 따라 참가인이 그 대응조치로 관련 법령에 의거하여 노동조합 비가입대상 공무원에 대하여 노조탈퇴 지시를 내린 점, 참가인이 기능직 공무원이라 하더라도 서무 · 인사 · 기밀 · 경리 · 물품출납 · 보안시설경비 · 승용자동차 및 구급차운전 등 업무를 담당하는 이상 소속기관의 최소기능 유지를 위한 비가입대상 직원에 해당한다고 보여지고, 참가인의 소속 역장, 팀장 등은 상사의 명을 받아 소속공무원을 지휘 · 감독하면서 철도청 소속기관의 업무 중 일부를 책임지고 수행하여 온 데다가 승진심사위원회, 징계위원회에 위원이 되고 노사협의를 하는 경우 사용자측 위원으로 참석하는 점 등에 비추어 역시 감독공무원으로서 비가입대상 직원에 해당한다고 보이는 점, 한편 참가인이 노조탈퇴 지시를 함에 있어 비가입대상 직원을 구체적으로 지적하여 탈퇴를 지시하거나 강요한 것이 아니라 일반적 · 포괄적으로 비가입 대상자의 직명 · 직위를 명시하고 그 해당자가 스스로 탈퇴할 것을 유도한 점 등을 종합하여 볼 때, 참가인의 노동조합 비가입 대상자에 대한 탈퇴지시나 노동조합 탈퇴 공무원들의 일부 소속장이 탈퇴서를 수령하여 원고에게 송부한 행위에 노동조합의 조직이나 운영을 지배하거나 개입하려는 의도가 있다고 보기는 어렵다.

2. 복수노조와 교섭창구단일화

(1) 복수노조의 의미

복수노조란 간단히 말하여 '조직대상이 중복되는 노동조합'을 말하는데 구 노동조합법 제3조 제5호에서는 복수노조의 설립을 금지하고 있었다. 즉 A회사에 소속된 사원 전체를 조직대상으로 하여 노동조합이 설립된 경우 A회사에는 다른 노동조합을 설립할 수 없게 된다. 하지만 만일 A회사의 생산직 사원만을 조직대상으로 하여 노동조합이 설립된 경우라면 A회사의 관리직 사원을 조직대상으로 하는 노동조합을 별도로 설립할 수 있는데 조직대상이 중복되지 않으므로 복수노조가 아니기 때문이다.

복수노조 설립금지규정은 1997.3.13. 현 노동조합 및 노동관계조정법이 제정될 당시 삭제되었으나, 기업단위(사업 또는 사업장) 복수노조 설립은 기업별 단위노동조합이 주축이 된 우리나라 산업현장에서 복수노조의 설립을 즉시 허용할 경우 야기될 수 있는 단체교섭상의 혼란, 노노간의 갈등 등의 문제를 예상하여 교섭창구의 단일화를 위한 방법과 절차 등 필요한 사항이 강구될 때까지 한시적으로 금지해야 할 필요[2]에 따라 2011.6.30.까지 금지되었다가 2011.7.1.부터는 복수노조 설립이 전면적으로 허용되었다.

> **참 고**
>
> • 노동조합 및 노동관계조정법(2010.1.1. 개정) •
>
> 부칙 제7조【노동조합 설립에 관한 경과조치】① 하나의 사업 또는 사업장에 노동조합이 조직되어 있는 경우에는 제5조에도 불구하고 2011년 6월 30일까지는 그 노동조합과 조직대상을 같이 하는 새로운 노동조합을 설립할 수 없다.
>
> ② 행정관청은 설립하고자 하는 노동조합이 제1항을 위반한 경우에는 그 설립신고서를 반려하여야 한다.

2) 대법원 2004다24854, 2004.7.22.; 대법원 2001두5361, 2002.7.26.

Q&A 기존 노동조합은 정규직 사원들을 조직대상으로 조직되어 있음. 이 경우 비정규직근로자들이 비정규직 노동조합을 만드는 것은 가능한지

현행법은 기업단위(사업 또는 사업장) 복수노조가 전면적으로 허용되기 때문에 정규직 노동조합과 별도의 비정규직 노동조합 조직은 가능하며, 종전 기업단위 복수노조 설립이 금지되던 경우에도 조직대상이 중복되지 않는 경우(예 생산직－사무직, 항공사 직원－조종사[3] 등)에는 복수노조 설립이 허용된다고 볼 수 있으므로 회사의 기존 정규직 노조가 비정규직근로자들을 조직대상으로 하고 있지 않을 경우에는 비정규직근로자들만을 대상으로 하는 노조설립은 법에서 금지되는 복수노조가 아니라고 판단된다.

한편, 기존 노동조합의 조직대상과 중복되었는지를 판단하는 것은 단순히 노동조합규약의 조직대상에 관한 형식적인 규정만을 기준으로 해서는 안될 것이고(예를 들어 기존 노조규약에는 비정규직근로자들도 조직대상에 포함되어 있으나 실제로는 비정규직근로자 중 조합원이 한 명도 없고 기존 노조가 비정규직근로자를 위한 활동을 전혀 하지 않았을 경우에는 실질적인 조직대상 중복 여부를 판단해야 할 것임), 기존 노동조합의 규약과 새로 설립하려는 노동조합의 규약에 정하여진 조직대상에 관한 내용, 조직대상에 의하여 결정되는 조직형태, 실제 노동조합 구성원들의 실체와 그 구성범위 등을 종합적으로 비교하여 새로 설립하려는 노동조합이 기존 노동조합과 동일한 형태의 노동조합인지 여부를 검토해야 할 것이다.

✍ 참조 : 대법원 98두8988, 2000.2.25.; 대법원 92누14007, 1993.5.25. 등

(2) 복수노조체제에서의 단체교섭방식 – 교섭창구단일화

원칙적으로 노동조합이 2개 이상 설립되어 있다 하더라도 사용자는 각 노동조합과 단체교섭을 해야 한다. 소수로 조직된 노동조합이라 하더라도 헌법상의 노동3권을 보장받을 권리가 있기 때문이다. 하지만 노동조합마다 각각 교섭을 하는 것은 현실적으로 기회비용의 증가, 교섭의 혼선, 단체협약의 중복으로 인한 혼란을 초래할 수 있다. 이러한 폐단을 줄이고자 개정 노조법은 복수노조 설립시 '교섭창구의 단일화'를 전제로 하고 있으며, 구체적인 교섭창구단일화절차를 마련하고 있다.[4]

3) 대법원 2001두8643, 2004.11.12.

4) 2011.7.1. 시행. 다만, 2009.12.31. 현재 하나의 사업 또는 사업장에 근로자가 설립하거나 가입된 노동조합이 2개 이상 있는 경우에는 교섭창구단일화규정을 2012.7.1.부터 적용한다(개정 노조법 부칙 제6조).

가. 교섭창구단일화를 통한 교섭 원칙[5)]

노동조합이 사용자와 교섭하기 위해서는 교섭대표노조를 정해 교섭을 요구해야 할 의무가 있고, 하나의 사업 내에 조직되어 있는 노동조합은 원칙적으로 조직대상의 중복·조직형태에 관계없이 교섭단일화(1社1交涉)의무를 이행해야 한다.

다만, 법은 일정기한(자율적 교섭대표노조 결정기한) 내에 사용자가 동의한 경우에는 노동조합별 개별 교섭이 가능하도록 허용하고 있다.

참 고

• 노동조합 및 노동관계조정법(교섭창구단일화절차) •

법 제29조의2【교섭창구단일화절차】① 하나의 사업 또는 사업장에서 조직형태에 관계없이 근로자가 설립하거나 가입한 노동조합이 2개 이상인 경우 노동조합은 교섭대표노동조합(2개 이상의 노동조합 조합원을 구성원으로 하는 교섭대표기구를 포함한다. 이하 같다)을 정하여 교섭을 요구하여야 한다. 다만, 제2항에 따라 교섭대표노동조합을 자율적으로 결정하는 기한 내에 사용자가 이 조에서 정하는 교섭창구단일화절차를 거치지 아니하기로 동의한 경우에는 그러하지 아니하다.

Q&A

회사가 복수노조 중 특정 노조에 대해서만 교섭창구단일화절차를 거치지 않고 개별교섭을 인정할 수 있는가

노조법 제29조의2 단서규정에 의하면 복수노조와의 개별 교섭이 진행되는 경우는 '교섭대표노동조합을 자율적으로 결정하는 기한 내에 사용자가 이 조에서 정하는 교섭창구단일화절차를 거치지 않기로 동의한 경우'를 말한다. 즉 교섭창구단일화는 노동조합의 의무이고 사용자의 권리라 할 것이므로, 사용자가 개별 교섭을 동의함으로써 교섭창구단일화에 대한 권리를 포기하는 것은 법적으로 금지되는 것은 아니라 할 것이다.
다만, 교섭창구단일화절차는 사업장 내 모든 노조를 대상으로 하므로 개별 교섭의 동의 또한 모든 노조를 대상으로 하는 것으로 보아야 한다. 그렇지 않고 특정 노조에 대해 개별교섭을 인정하게 될 경우 창구단일화의 적용을 회피하기 위한 전략의 일환으로 이용될 가능성이 크고, 특정 노조에 대한 사용자의 '지배·개입에 의한 부당노동행위' 성립 가능성도 크기 때문이다.
한편, 고용노동부 매뉴얼에 따르면 개별 교섭 동의기한은 강행규정에 해당하므로 개별 교

5) 사업(사업장)단위 복수노조 업무매뉴얼, 고용노동부, 2010.12.; 노조법 개정 설명자료, 고용노동부, 2010.1.

섭을 하기 위해서는 '교섭요구 노동조합이 확정된 때부터 14일 이내'에 사용자가 개별 교섭에 대한 동의를 해야 한다고 판단하고 있다(노조법 제29조의2 제1항 · 제2항, 시행령 제14조의6 제1항). 따라서 해당 기한(교섭요구 노동조합이 확정된 날부터 14일간) 외에 노사가 교섭창구단일화를 하지 않고 개별 교섭하기로 합의하였다 하더라도 이는 강행규정을 위반한 것으로 효력이 없다는 입장이다.

나. 교섭대표노동조합의 결정

① 교섭창구단일화절차 참여 노조 확정

노동조합은 단체협약 유효기간 만료일 3개월 전부터 사용자에게 교섭을 요구할 수 있다. 노동조합이 교섭을 요구할 경우 사용자는 노동조합의 교섭요구사실을 공고(7일)함으로써 다른 노동조합의 교섭참여를 보장해야 하며, 공고기간이 끝난 다음날에 교섭을 요구한 노동조합을 확정하여 통지하고 공고(5일)해야 한다.

사용자의 공고에 이의가 있는 노동조합은 사용자에 대한 이의신청 및 노동위원회 시정 요청을 할 수 있다.

참 고

• 노동조합 및 노동관계조정법 시행령(교섭창구단일화절차 참여 노조 확정) •

제14조의2【노동조합의 교섭요구 시기 및 방법】① 노동조합은 해당 사업 또는 사업장에 단체협약이 있는 경우에는 법 제29조 제1항 또는 제29조의2 제1항에 따라 그 유효기간 만료일 이전 3개월이 되는 날부터 사용자에게 교섭을 요구할 수 있다. 다만, 단체협약이 2개 이상 있는 경우에는 먼저 도래하는 단체협약의 유효기간 만료일 이전 3개월이 되는 날부터 사용자에게 교섭을 요구할 수 있다.
② 노동조합은 제1항에 따라 사용자에게 교섭을 요구하는 때에는 노동조합의 명칭, 그 교섭을 요구한 날 현재의 조합원 수 등 노동부령으로 정하는 사항을 적은 서면으로 하여야 한다.

제14조의3【노동조합 교섭요구사실의 공고】① 사용자는 노동조합으로부터 제14조의2에 따라 교섭요구를 받은 때에는 그 요구를 받은 날부터 7일간 그 교섭을 요구한 노동조합의 명칭 등 노동부령으로 정하는 사항을 해당 사업 또는 사업장의 게시판 등에 공고하여 다른 노동조합과 근로자가 알 수 있도록 하여야 한다.
② 노동조합은 사용자가 제1항에 따른 교섭요구사실의 공고를 하지 아니하거나 다르게 공고하는 경우에는 노동부령으로 정하는 바에 따라 노동위원회에 시정을 요청할 수 있다.

③ 노동위원회는 제2항에 따라 시정 요청을 받은 때에는 그 요청을 받은 날부터 10일 이내에 그에 대한 결정을 하여야 한다.

제14조의4【다른 노동조합의 교섭요구 시기 및 방법】제14조의2에 따라 사용자에게 교섭을 요구한 노동조합이 있는 경우에 사용자와 교섭하려는 다른 노동조합은 제14조의3 제1항에 따른 공고기간 내에 제14조의2 제2항에 따른 사항을 적은 서면으로 사용자에게 교섭을 요구하여야 한다.

제14조의5【교섭요구 노동조합의 확정】① 사용자는 제14조의3 제1항에 따른 공고기간이 끝난 다음 날에 제14조의2 및 제14조의4에 따라 교섭을 요구한 노동조합을 확정하여 통지하고, 그 교섭을 요구한 노동조합의 명칭, 그 교섭을 요구한 날 현재의 조합원 수 등 노동부령으로 정하는 사항을 5일간 공고하여야 한다.
② 제14조의2 및 제14조의4에 따라 교섭을 요구한 노동조합은 제1항에 따른 노동조합의 공고 내용이 자신이 제출한 내용과 다르게 공고되거나 공고되지 아니한 것으로 판단되는 경우에는 제1항에 따른 공고기간 중에 사용자에게 이의를 신청할 수 있다.
③ 사용자는 제2항에 따른 이의 신청의 내용이 타당하다고 인정되는 경우 신청한 내용대로 제1항에 따른 공고기간이 끝난 날부터 5일간 공고하고 그 이의를 제기한 노동조합에 통지하여야 한다.
④ 사용자가 제2항에 따른 이의 신청에 대하여 다음 각 호의 구분에 따른 조치를 한 경우에는 해당 노동조합은 해당 호에서 정한 날부터 5일 이내에 노동부령으로 정하는 바에 따라 노동위원회에 시정을 요청할 수 있다.
1. 사용자가 제3항에 따른 공고를 하지 아니한 경우 : 제1항에 따른 공고기간이 끝난 다음날
2. 사용자가 해당 노동조합이 신청한 내용과 다르게 제3항에 따른 공고를 한 경우 : 제3항에 따른 공고기간이 끝난 날

⑤ 노동위원회는 제4항에 따른 시정 요청을 받은 때에는 그 요청을 받은 날부터 10일 이내에 그에 대한 결정을 하여야 한다.

② 자율적 교섭대표노조 결정

교섭창구단일화절차에 참여한 모든 노동조합은 참여 노조 확정 또는 결정된 날로부터 14일까지 자율적으로 교섭대표노조를 결정할 수 있다.

참 고

• 노동조합 및 노동관계조정법(자율적 교섭대표노조 결정) •

법 제29조의2 【교섭창구단일화절차】 ① 생략

② 교섭대표노동조합 결정절차(이하 "교섭창구단일화절차"라 한다)에 참여한 모든 노동조합은 대통령령으로 정하는 기한 내에 자율적으로 교섭대표노동조합을 정한다.

시행령 제14조의6 【자율적 교섭대표노동조합의 결정 등】 ① 제14조의5에 따라 교섭을 요구한 노동조합으로 확정 또는 결정된 노동조합은 법 제29조의2 제2항에 따라 자율적으로 교섭대표노동조합을 정하려는 경우에는 제14조의5에 따라 확정 또는 결정된 날부터 14일이 되는 날을 기한으로 하여 그 교섭대표노동조합의 대표자, 교섭위원 등을 연명으로 서명 또는 날인하여 사용자에게 통지하여야 한다.

② 사용자에게 제1항에 따른 교섭대표노동조합의 통지가 있은 이후에는 그 교섭대표노동조합의 결정절차에 참여한 노동조합 중 일부 노동조합이 그 이후의 절차에 참여하지 않더라도 법 제29조 제2항에 따른 교섭대표노동조합의 지위는 유지된다.

③ 과반수 노동조합의 교섭대표노조 지위 인정

사용자의 자율교섭에 대한 동의가 없고, 노조간 자율적 단일화에 실패한 경우 '과반수 노조'에게 교섭대표권을 부여한다. 이 때 과반수 노조가 없더라도 2개 이상의 노동조합이 위임 또는 연합 등의 방법으로 과반수가 되는 경우에도 과반수노조로 인정해 교섭대표노조의 지위를 부여한다.

과반수 여부에 대한 이의가 있는 경우 노동위원회에 조합원수 확인 등을 요청할 수 있고, 노동위원회에서는 조합원수를 조사·확인한 후 과반수 노조가 있는 경우 그 노조를 교섭대표노조로 결정한다.

참 고

• 노동조합 및 노동관계조정법(과반수 노동조합의 교섭대표노조 지위 인정) •

법 제29조의2 【교섭창구단일화절차】 ①~② 생략

③ 제2항에 따른 기한 내에 교섭대표노동조합을 정하지 못하고 제1항 단서에 따른 사용자의 동의를 얻지 못한 경우에는 교섭창구단일화절차에 참여한 노동조합의 전체 조합원 과반수로 조직된 노동조합(2개 이상의 노동조합이 위임 또는 연합 등의 방법으로 교섭창구단일화절차에 참여한 노동조합 전체 조합원의 과반수가 되는 경우를 포함한다)이 교섭대표노동조합이 된다.

시행령 제14조의7【과반수 노동조합의 교섭대표노동조합 확정 등】① 법 제29조의2 제2항 및 이 영 제14조의6에 따른 교섭대표노동조합이 결정되지 못한 경우에는 법 제29조의2 제2항에 따른 교섭창구단일화절차(이하 "교섭창구단일화절차"라 한다)에 참여한 모든 노동조합의 전체 조합원 과반수로 조직된 노동조합(2개 이상의 노동조합이 위임 또는 연합 등의 방법으로 교섭창구단일화절차에 참여하는 노동조합 전체 조합원의 과반수가 되는 경우를 포함한다. 이하 "과반수 노동조합"이라 한다)은 제14조의6 제1항에 따른 기한이 만료된 날부터 5일 이내에 사용자에게 노동조합의 명칭, 대표자 및 과반수 노동조합이라는 사실 등을 통지하여야 한다.
② 사용자가 제1항에 따라 과반수 노동조합임을 통지받은 때에는 그 통지를 받은 날부터 5일간 그 내용을 공고하여 다른 노동조합과 근로자가 알 수 있도록 하여야 한다.
③ 제2항에 따라 공고된 과반수 노동조합에 대하여 그 과반수 여부에 대한 이의를 제기하려는 노동조합은 제2항에 따른 공고기간 내에 노동부령으로 정하는 바에 따라 노동위원회에 이의 신청을 하여야 하며, 이의 신청이 없는 경우에는 그 과반수 노동조합이 교섭대표노동조합으로 확정된다.
④ 노동위원회는 제3항에 따른 이의 신청을 받은 때에는 교섭창구단일화절차에 참여한 모든 노동조합과 사용자에게 통지하고, 조합원 명부(조합원의 서명 또는 날인이 있는 것으로 한정한다) 등 노동부령으로 정하는 서류를 제출하게 하거나 출석하게 하는 등의 방법으로 조합원 수에 대하여 조사·확인하여야 한다.
⑤ 제4항에 따라 조합원수를 확인하는 경우의 기준일은 제14조의5 제1항에 따라 교섭을 요구한 노동조합의 명칭 등을 공고한 날로 한다.
⑥ 노동위원회는 제4항에 따라 조합원수를 확인하는 경우 2개 이상의 노동조합에 가입한 조합원에 대해서는 그 조합원 1명별로 다음 각 호의 구분에 따른 방법으로 조합원수를 산정한다.
1. 조합비를 납부하는 노동조합이 1개인 경우 : 조합비를 납부하는 노동조합의 조합원수에 숫자 1을 더할 것
2. 조합비를 납부하는 노동조합이 2개 이상인 경우 : 숫자 1을 조합비를 납부하는 노동조합의 수로 나눈 후에 그 산출된 숫자를 그 조합비를 납부하는 노동조합의 조합원수에 각각 더할 것
3. 조합비를 납부하는 노동조합이 하나도 없는 경우 : 숫자 1을 조합원이 가입한 노동조합의 수로 나눈 후에 그 산출된 숫자를 그 가입한 노동조합의 조합원수에 각각 더할 것

⑦ 노동위원회는 노동조합 또는 사용자가 제4항에 따른 서류 제출 요구 등 필요한 조사에 따르지 아니한 경우에 노동부령으로 정하는 기준에 따라 조합원수를 계산하여 확인한다.
⑧ 노동위원회는 제4항부터 제7항까지의 규정에 따라 조사·확인한 결과 과반수 노동조합이 있다고 인정하는 경우에는 그 이의 신청을 받은 날부터 10일 이내에 그 과반수 노동

조합을 교섭대표노동조합으로 결정하여 교섭창구단일화절차에 참여한 모든 노동조합과 사용자에게 통지하여야 한다. 다만, 그 기간 이내에 조합원수를 확인하기 어려운 경우에는 한 차례에 한정하여 10일의 범위에서 그 기간을 연장할 수 있다.

④ 공동교섭대표단 구성

교섭대표노동조합을 결정하지 못한 경우에는 교섭창구단일화절차에 참여한 모든 노동조합은 공동으로 교섭대표단을 구성해 사용자와 교섭하여야 한다. 이때 공동교섭대표단에 참여할 수 있는 노동조합은 그 조합원수가 교섭창구단일화절차에 참여한 노동조합의 전체 조합원 100분의 10 이상인 노동조합으로 한다.

노동조합간 자율적으로 공동교섭대표단을 결정하지 못할 경우에는 해당 노동조합의 신청에 의해 노동위원회가 조합원 비율을 고려해 공동교섭대표단을 결정한다.

참 고

• 노동조합 및 노동관계조정법(공동교섭대표단 구성) •

법 제29조의2 【교섭창구단일화절차】 ①~③ 생략

④ 제2항과 제3항에 따라 교섭대표노동조합을 결정하지 못한 경우에는 교섭창구단일화절차에 참여한 모든 노동조합은 공동으로 교섭대표단(이하 이 조에서 "공동교섭대표단"이라 한다)을 구성하여 사용자와 교섭하여야 한다. 이때 공동교섭대표단에 참여할 수 있는 노동조합은 그 조합원수가 교섭창구단일화절차에 참여한 노동조합의 전체 조합원 100분의 10 이상인 노동조합으로 한다.

⑤ 제4항에 따른 공동교섭대표단의 구성에 합의하지 못할 경우에 노동위원회는 해당 노동조합의 신청에 따라 조합원 비율을 고려하여 이를 결정할 수 있다.

시행령 제14조의8 【자율적 공동교섭대표단 구성 및 통지】 ① 법 제29조의2 제2항 및 제3항에 따라 교섭대표노동조합이 결정되지 못한 경우에 같은 조 제4항에 따라 공동교섭대표단에 참여할 수 있는 노동조합은 사용자와 교섭하기 위하여 다음 각 호의 구분에 따른 기간 이내에 공동교섭대표단의 대표자, 교섭위원 등 공동교섭대표단을 구성하여 연명으로 서명 또는 날인하여 사용자에게 통지하여야 한다.

1. 과반수 노동조합이 없어서 제14조의7 제1항에 따른 통지 및 같은 조 제2항에 따른 공고가 없는 경우 : 제14조의6 제1항에 따른 기한이 만료된 날부터 10일간
2. 제14조의7 제8항에 따라 과반수 노동조합이 없다고 노동위원회가 결정하는 경우 : 제14조의7 제8항에 따른 노동위원회 결정의 통지가 있은 날부터 5일간

② 사용자에게 제1항에 따른 공동교섭대표단의 통지가 있은 이후에는 그 공동교섭대표단 결정절차에 참여한 노동조합 중 일부 노동조합이 그 이후의 절차에 참여하지 않더라도 법 제29조 제2항에 따른 교섭대표노동조합의 지위는 유지된다.

제14조의9【노동위원회 결정에 의한 공동교섭대표단의 구성】① 법 제29조의2 제4항 및 이 영 제14조의8 제1항에 따른 공동교섭대표단의 구성에 합의하지 못한 경우에 공동교섭대표단 구성에 참여할 수 있는 노동조합의 일부 또는 전부는 노동위원회에 법 제29조의2 제5항에 따라 공동교섭대표단 구성에 관한 결정신청을 하여야 한다.
② 노동위원회는 제1항에 따른 공동교섭대표단 구성에 관한 결정 신청을 받은 때에는 그 신청을 받은 날부터 10일 이내에 총 10명 이내에서 각 노동조합의 조합원수에 따른 비율을 고려하여 노동조합별 공동교섭대표단에 참여하는 인원수를 결정하여 그 노동조합과 사용자에게 통지하여야 한다. 다만, 그 기간 이내에 결정하기 어려운 경우에는 한 차례에 한정하여 10일의 범위에서 그 기간을 연장할 수 있다.
③ 제2항에 따른 공동교섭대표단 결정은 공동교섭대표단에 참여할 수 있는 모든 노동조합이 제출한 조합원수에 따른 비율을 기준으로 하며, 조합원수 및 비율에 대하여 그 노동조합 중 일부 또는 전부가 이의를 제기하는 경우에는 제14조의7 제4항부터 제7항까지의 규정을 준용한다.
④ 공동교섭대표단 구성에 참여하는 노동조합은 사용자와 교섭하기 위하여 제2항에 따라 노동위원회가 결정한 인원수에 해당하는 교섭위원을 각각 선정하여 사용자에게 통지하여야 한다.
⑤ 제4항에 따라 공동교섭대표단을 구성할 때에 그 공동교섭대표단의 대표자는 공동교섭대표단에 참여하는 노동조합이 합의하여 정한다. 다만, 합의가 되지 않을 경우에는 조합원수가 가장 많은 노동조합의 대표자로 한다.

다. 교섭단위 결정

교섭대표노동조합을 결정해야 하는 단위는 하나의 사업 또는 사업장을 원칙으로 하되, 하나의 사업 또는 사업장에서 현격한 근로조건의 차이, 고용형태, 교섭 관행 등을 고려하여 교섭단위를 분리할 필요가 있다고 인정되는 경우에 노동관계 당사자 양쪽 또는 어느 한 쪽은 노동위원회에 교섭단위 분리를 신청할 수 있다.

참 고

• 노동조합 및 노동관계조정법(교섭단위의 결정) •

제29조의3【교섭단위 결정】① 제29조의2에 따라 교섭대표노동조합을 결정하여야 하는 단위(이하 "교섭단위"라 한다)는 하나의 사업 또는 사업장으로 한다.
② 제1항에도 불구하고 하나의 사업 또는 사업장에서 현격한 근로조건의 차이, 고용형태, 교섭 관행 등을 고려하여 교섭단위를 분리할 필요가 있다고 인정되는 경우에 노동위원회는 노동관계 당사자의 양쪽 또는 어느 한 쪽의 신청을 받아 교섭단위를 분리하는 결정을 할 수 있다.
③ 제2항에 따른 노동위원회의 결정에 대한 불복절차 및 효력은 제69조와 제70조 제2항을 준용한다.
④ 교섭단위 분리 신청 및 노동위원회의 결정 기준·절차 등에 관하여 필요한 사항은 대통령령으로 정한다.

라. 교섭대표노동조합 및 사용자의 공정대표의무

공정대표의무란 교섭단위 내 관련된 노동조합과 조합원 이익을 합리적 이유없이 차별하지 말고 공정하게 대표할 의무를 말한다. 즉 교섭대표노조와 사용자는 교섭 및 단체협약을 불편부당하게 체결하지 않을 의무를 부담하며, 고충처리, 단체협약 적용, 조합활동 등에서도 합리적 이유없이 노동조합간 차별을 해서는 안된다.

공정대표의무위반에 대해 노동조합은 노동위원회 그 구제를 신청할 수 있다(차별이 발생한 날 또는 단체협약 체결일로부터 3개월 이내).

참 고

• 노동조합 및 노동관계조정법(공정대표의무) •

제29조의4【공정대표의무 등】① 교섭대표노동조합과 사용자는 교섭창구단일화절차에 참여한 노동조합 또는 그 조합원간에 합리적 이유없이 차별을 하여서는 아니된다.
② 노동조합은 교섭대표노동조합과 사용자가 제1항을 위반하여 차별한 경우에는 그 행위가 있은 날(단체협약의 내용의 일부 또는 전부가 제1항에 위반되는 경우에는 단체협약 체결일을 말한다)부터 3개월 이내에 대통령령으로 정하는 방법과 절차에 따라 노동위원회에 그 시정을 요청할 수 있다.
③ 노동위원회는 제2항에 따른 신청에 대하여 합리적 이유없이 차별하였다고 인정한 때에는 그 시정에 필요한 명령을 하여야 한다.

④ 제3항에 따른 노동위원회의 명령 또는 결정에 대한 불복절차 등에 관하여는 제85조 및 제86조를 준용한다.

마. 교섭대표노동조합의 지위 보장 및 지위 유지기간

교섭대표노동조합의 대표자는 전체 노동조합 및 조합원을 위해 사용자와 교섭하고 단체협약을 체결할 권한을 가지며, 교섭대표노동조합은 단체교섭 및 쟁의행위 등과 관련된 노조법상 당사자의 지위를 갖는다.

교섭대표노동조합은 교섭대표노동조합으로 결정된 후 사용자와 체결한 단체협약의 유효기간(2년)이 만료되는 날까지 그 지위를 유지할 수 있다.

참 고

• 노동조합 및 노동관계조정법(교섭대표노동조합의 권한) •

제29조【교섭 및 체결권한】① 생략
② 제29조의2에 따라 결정된 교섭대표노동조합(이하 "교섭대표노동조합"이라 한다)의 대표자는 교섭을 요구한 모든 노동조합 또는 조합원을 위하여 사용자와 교섭하고 단체협약을 체결할 권한을 가진다.

제29조의5【그 밖의 교섭창구단일화 관련 사항】교섭대표노동조합이 있는 경우에 제2조 제5호, 제29조 제3항 · 제4항, 제30조, 제37조 제2항, 제38조 제3항, 제42조의6 제1항, 제44조 제2항, 제46조 제1항, 제55조 제3항, 제72조 제3항 및 제81조 제3호 중 "노동조합"은 "교섭대표노동조합"으로 본다.

참 고

• 노동조합 및 노동관계조정법 시행령(교섭대표노동조합의 지위 유지기간) •

제14조의10【교섭대표노동조합의 지위 유지기간 등】① 법 제29조의2 제2항부터 제5항까지의 규정에 따라 결정된 교섭대표노동조합은 그 결정된 때부터 다음 각 호의 구분에 따른 날까지 그 교섭대표노동조합의 지위를 유지하되, 새로운 교섭대표노동조합이 결정된 경우에는 그 결정된 때까지 교섭대표노동조합의 지위를 유지한다.
1. 교섭대표노동조합으로 결정된 후 사용자와 체결한 첫 번째 단체협약의 유효기간이 2년인 경우 : 그 단체협약의 유효기간이 만료되는 날
2. 교섭대표노동조합으로 결정된 후 사용자와 체결한 첫 번째 단체협약의 유효기간이 2년 미만인 경우 : 그 단체협약의 효력이 발생한 날을 기준으로 2년이 되는 날

② 제1항에 따른 교섭대표노동조합의 지위 유지기간이 만료되었음에도 불구하고 새로운 교섭대표노동조합이 결정되지 못할 경우 기존 교섭대표노동조합은 새로운 교섭대표노동조합이 결정될 때까지 기존 단체협약의 이행과 관련해서는 교섭대표노동조합의 지위를 유지한다.
③ 법 제29조의2에 따라 결정된 교섭대표노동조합이 그 결정된 날부터 1년 동안 단체협약을 체결하지 못한 경우에는 어느 노동조합이든지 사용자에게 교섭을 요구할 수 있다. 이 경우 제14조의2 제2항 및 제14조의3부터 제14조의9까지의 규정을 적용한다.

Q&A

교섭대표노동조합과 임단협 체결을 위한 교섭을 진행하던 중 교섭대표노동조합 지위 유지기간을 도과하였는데 이런 경우 교섭창구단일화 절차를 다시 거쳐야 하는지

노동조합 및 노동관계조정법 및 시행령에서 교섭대표노동조합의 지위유지기간을 규정하고 있는 취지는 교섭대표노동조합의 지위를 일정기간동안 법적으로 보장함으로써 교섭비용의 절감 및 노사관계의 안정을 도모하기 위함이며, 또한 다른 노동조합의 교섭권을 보호(다른 노동조합이 교섭대표노동조합이 될 수 있는 가능성, 다른 노동조합이 교섭창구단일화 절차에 참여할 수 있는 기회 보장 등)하기 위함이다.
따라서 법 및 시행령에서 규정하고 있는 교섭대표노동조합 지위유지기간을 준수해야 할 것이며, 고용노동부 행정해석의 판단과 같이 교섭 진행 중 지위유지기간이 만료된 경우에는 새로이 교섭창구단일화 절차를 거치는 것이 타당할 것으로 판단된다.
만약 교섭이 진행 중이지 않은 상태에서 지위유지기간이 만료되었다면 새로운 교섭창구단일화 절차는 노동조합의 교섭 요구(기존 교섭대표노동조합이든 다른 새로운 노동조합이든)가 있을 때 개시해야 할 것으로 판단되나, 기존 교섭대표노동조합과 교섭을 진행하고 있는 상태에서 지위유지기간이 만료되었다면 노동조합이 교섭을 요구한 상태이기 때문에 사용자의 '노동조합 교섭요구 사실 공고'(법 시행령 제14조의3)부터 진행하면 될 것으로 판단된다.

참조 행정해석

- 교섭대표지위유지기간 동안 임금·단체협약을 체결하지 못하는 경우 새로운 교섭창구단일화 시점 (노사관계법제과-3208, 2012.11.26.)

[질의] 1. 2011.7월 경 교섭창구단일화 절차를 거친 사업장은 2011년도 보충임금협약(만료일 2011.12.31.)을 체결하여 교섭대표노동조합의 지위유지기간은 2012.12.31.까지임.

2. 2012년 임금협약과 만료된 단체협약(2011.12.31.)의 갱신을 위해 사용자와 교섭하고 있으나 교섭대표지위유지기간 동안 임금·단체협약을 체결하지 못하는 경우 새로운 교섭창구단일화 시점은

[회시] 새로운 교섭대표노동조합 결정을 위한 교섭창구단일화는 기존 교섭대표노동조합의 지위유지기간 만료일 이후에 만료되는 단체협약의 3개월 전부터 개시하여야 할 것임.

다만, 기존 교섭대표노동조합의 지위유지기간 만료일 이전에 단체협약의 유효기간이 만료되었으나 그 지위유지기간 동안 단체협약을 체결하지 못한 경우라면 교섭대표노동조합의 지위유지기간 만료일 다음날부터 교섭창구단일화 절차를 개시하여야 할 것임.

한편, 쟁의행위는 교섭창구단일화에 참여한 전체 조합원의 과반수 찬성으로 의결해야 한다. 또한 교섭대표노조가 필수유지업무협정을 체결하거나 노동위원회 결정을 받는 당사자가 되며, 필수유지업무에 종사하는 근로자가 소속된 노동조합이 2개 이상 있는 경우에는 각 노동조합의 해당 필수유지업무에 종사하는 조합원 비율을 고려하여 필수유지업무근무 근로자를 통지하거나 지명해야 한다.

참 고

• 노동조합 및 노동관계조정법(쟁의행위 제한과 금지 등) •

제41조【쟁의행위의 제한과 금지】① 노동조합의 쟁의행위는 그 조합원의 직접·비밀·무기명투표에 의한 조합원 과반수의 찬성으로 결정하지 아니하면 이를 행할 수 없다. 제29조의2에 따라 교섭대표노동조합이 결정된 경우에는 그 절차에 참여한 노동조합의 전체 조합원(해당 사업 또는 사업장 소속 조합원으로 한정한다)의 직접·비밀·무기명투표에 의한 과반수의 찬성으로 결정하지 아니하면 쟁의행위를 할 수 없다.

제42조의6【필수유지업무근무 근로자의 지명】① 생략

② 제1항에 따른 통보·지명시 노동조합과 사용자는 필수유지업무에 종사하는 근로자가 소속된 노동조합이 2개 이상인 경우에는 각 노동조합의 해당 필수유지업무에 종사하는 조합원 비율을 고려하여야 한다.

교섭창구단일화절차

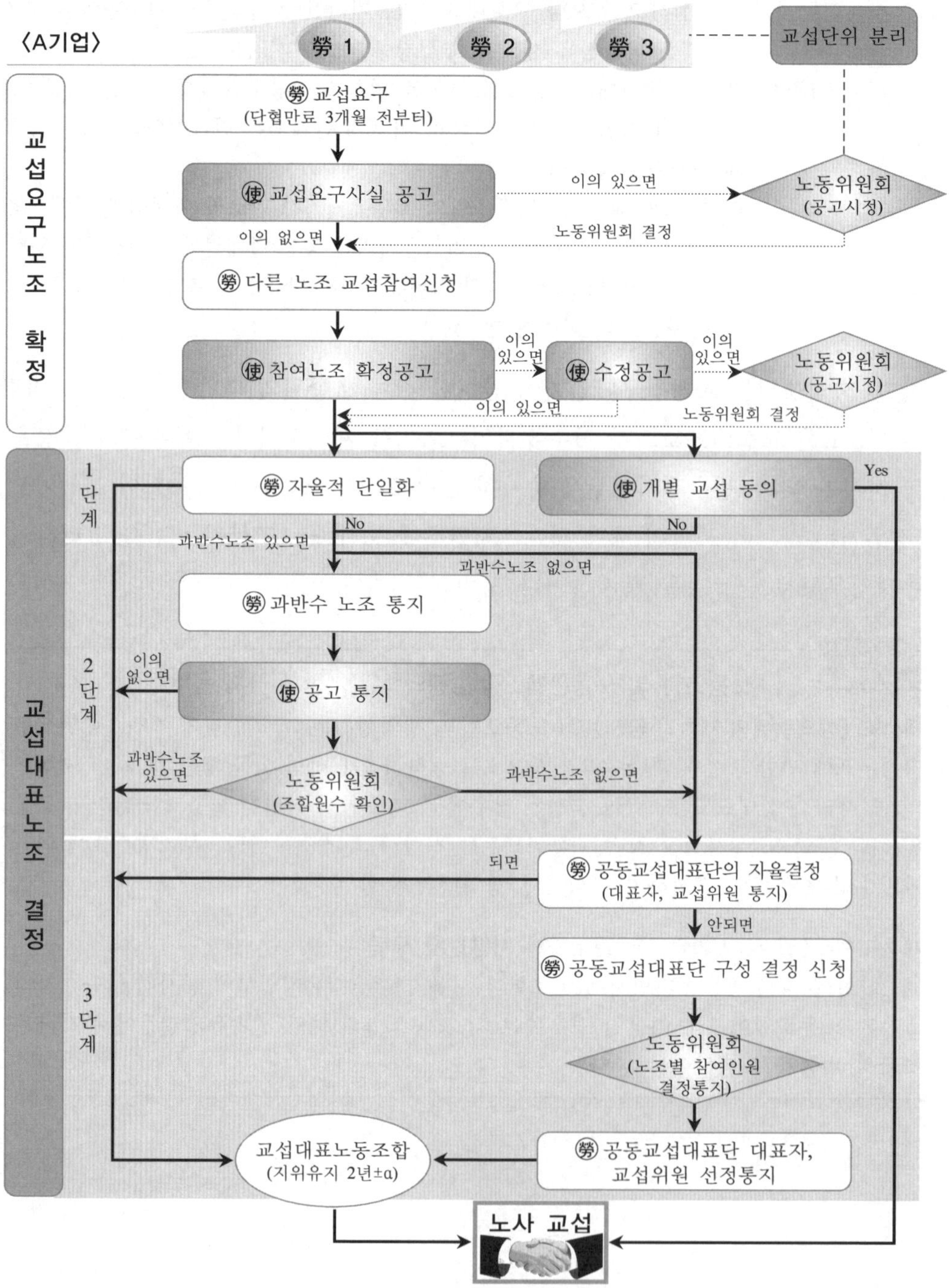
〈A기업〉
勞 1
勞 2
勞 3
교섭단위 분리
교섭요구노조 확정
勞 교섭요구
(단협만료 3개월 전부터)
使 교섭요구사실 공고
이의 있으면
노동위원회
(공고시정)
이의 없으면
노동위원회 결정
勞 다른 노조 교섭참여신청
使 참여노조 확정공고
이의 있으면
使 수정공고
이의 있으면
노동위원회
(공고시정)
이의 있으면
노동위원회 결정
교섭대표노조 결정
1 단계
勞 자율적 단일화
使 개별 교섭 동의
Yes
No
No
과반수노조 있으면
과반수노조 없으면
2 단계
勞 과반수 노조 통지
이의 없으면
使 공고 통지
과반수노조 있으면
노동위원회
(조합원수 확인)
과반수노조 없으면
3 단계
되면
勞 공동교섭대표단의 자율결정
(대표자, 교섭위원 통지)
안되면
勞 공동교섭대표단 구성 결정 신청
노동위원회
(노조별 참여인원
결정통지)
교섭대표노동조합
(지위유지 2년±α)
勞 공동교섭대표단 대표자,
교섭위원 선정통지
노사 교섭

3. 조합활동

근로자는 헌법상 근로3권을 갖고, 자신의 사회 · 경제 · 정치적 지위의 향상과 근로조건의 개선을 위해 자유로이 노동조합을 조직하거나 가입할 수 있고, 사용자와의 단체교섭 및 쟁의행위를 할 수 있는 권리가 있다.

특히 노동법이 근로자의 조합활동을 보장함으로써 노사간의 대등성을 통한 힘의 균형을 확보해 합리적인 노사관계의 실현을 목적으로 하는 측면이 있고 실질적인 힘의 대등성을 확보했을 때 근로자는 자신들의 요구를 관철시킬 수 있기 때문에 근로자는 꾸준히 노동조합으로 단결하고, 이를 위한 다양한 활동을 전개하고 있다.

조합활동이란 이와 같이 노동조합이 단결력을 유지 · 강화하기 위해 행하는 제반활동을 의미한다(총회, 행사, 조합원 교육, 유인물 배포활동 등).

정당한 조합활동은 법적으로 보호를 받는다. '정당한 조합활동은 민 · 형사상 책임이 면제되며'(노조법 제4조), '불이익 취급 등의 부당노동행위로부터 보호'(노조법 제81조)받을 수 있다. 정당한 조합활동은 주체 · 목적에 있어서의 정당성 여부, 사용자의 권리 · 이익과 충돌하는지 여부에 따라 구체적으로 판단하게 된다.

노동조합 및 노동관계조정법에서 밝히고 있는 법적 보호를 받을 수 있는 조합활동이란 '노동조합의 업무를 위한 정당한 행위'(노조법 제81조 제1호)를 말하며 이에 대해서는 조합활동의 주체와 목적, 사용자의 권리 · 이익의 침해로 나누어 판단해 볼 수 있을 것이다.

(1) 주체의 정당성

조합원에 의해 노동조합의 일상적인 조합활동이 이루어지는 경우라면, 즉 총회나 대의원대회와 같은 의사결정기관에서의 의결활동, 노조위원장 등 조합간부가 그 권한에 근거해 행하는 활동, 일반 조합원이 노동조합의 지시에 따라 행하는 활동 등의 경우 정당한 주체의 조합활동으로 인정될 수 있다.

참조 판례

- 노동조합결의에 의하지 않은 자발적으로 한 농성행위로 인한 업무방해 · 근무태만 등으로 해고한 것은 정당하다 (대법원 89누5102, 1990.11.13.)

사용자가 근로자에 대해서 한 해고가 업무방해 · 근무태만 등 회사취업규칙과 단체협약상의 징계조항에 해당함을 그 사유로 삼고 있고, 원고의 농성에 의한 업무방해행위가 노동조합의 결의를 거쳤다거나 조합의사에 따른 것이 아니라 조합원으로서의 자발적인 활동에 불과한 것이며 노동조합법 제39조 제1호 소정의 노동조합의 업무를 위한 정당한 행위로 보여지지 아니한다면 그 징계절차가 잘못 되었다거나 징계의 양정이 재량의 범위를 넘은 부당한 것이냐의 여부는 별론으로 하고 적극적인 노동조합활동을 문제삼아 이를 보복하기 위하여 위와 같은 사유를 형식적 해고사유로 내세워 원고를 해고하였다고 할 수는 없으므로 이를 부당노동행위라고 할 수 없다.

주체의 정당성과 관련해서는 조합원이 자발적으로 활동한 경우 또는 조합원의 행위가 노동조합의 명시적인 결의나 지시에 반하는 경우에 문제가 될 수 있다. 판례는 조합원의 자발적인 활동의 경우 조합원 모집을 위한 활동과 같이 노동조합의 묵시적인 수권 혹은 승인을 받았다고 볼 수 있는 경우에는 정당한 주체의 조합활동으로 인정할 수 있다고 보고 있다.[6]

(2) 목적의 정당성

조합활동이 정당하기 위해서는 그 목적에 있어 정당성을 확보해야 한다. 근로조건의 개선과 유지를 위한 활동, 단결력을 유지 · 강화하기 위한 사회활동 및 문화활동은 그 목적에 있어 정당한 조합활동이라 할 것이다. 또한 노동조합의 정치활동의 경우 공직선거에서 특정 정당 또는 후보를 지지하거나 반대하는 활동, 정치자금의 기부활동 등이 모두 법적으로 가능하게 되었기 때문에 법령에 위배되지 않는 한 정치활동 자체가 그 목적에 있어 정당하지 않을 수는 없고 역시 사용자의 구체적인 권리 · 이익 침해 여부의 문제만이 남을 것이다.

6) 대법원 91도3044, 1992.4.10.

참조 판례

- 노동조합간부의 근로조건 유지 · 개선과 노동관계법 준수 요구는 정당한 권리이고 조합활동을 혐오하여 형식적 징계사유를 들어 해고한 것은 부당노동행위에 해당된다

(중노위 93부노139, 1994.2.1.)

노동조합간부는 근로자의 근로조건을 유지 · 개선하는 데 있어 사용자를 상대로 노동관계법을 이행하지 않거나 이를 준수하지 않을 경우 시정조치를 요구할 수 있으며, 이러한 행위는 원칙적으로 근로자의 적법한 권리행사에 속하므로 이를 근로자의 귀책사유로 삼을 수는 없는 것이며, 그에 따라 경고조치와 승무정지 처분을 내리는 것은 인사권의 남용에 해당한다.

(3) 사용자의 권리 · 이익의 보호

정당한 조합활동의 범위에 대해 사용자와 노동조합간에 합의된 바가 있다면 그에 따라 정당성 여부를 판단하면 될 것이다. 즉 취업시간 내의 조합활동, 게시물의 게시범위, 조합원 단결활동 등과 관련해 규정되어 있는 바가 있다면 그 규정에 대한 노사합의가 이루어진 경우라면 그에 따르면 될 것이다.

① 업무명령권과 조합활동

사용자는 근로자에 대해 업무명령을 통한 근로수령의 권리가 있기 때문에 사용자가 업무명령권을 행사할 수 있는 취업시간 내에 근로자 또는 노동조합이 조합활동을 할 경우 업무명령권과 조합활동의 권리가 충돌하게 된다. 일반적으로 양 당사자의 합의를 통해 취업시간 중의 조합활동을 허용하는 경우를 명시하고 이외에 취업시간 내의 조합활동은 허용하지 않는 경우가 많다.

취업시간 중의 조합활동의 정당성과 관련해 사용자의 승낙 또는 관행이 있는 경우, 합리적인 범위 내에서 조합활동이 이루어지고 사용자가 업무명령권을 남용하는 경우에는 정당한 조합활동으로 인정받을 수 있을 것이다. 즉 업무명령권의 침해 정도와 조합활동의 필요성 · 긴박성 등을 합리적으로 고려해 그 정당성 여부를 판단해야 할 것이다.

참조 판례

▪ 업무시간 중 정기총회 개최가 정당한 조합활동으로 인정된 경우

(대법원 94다44422, 1995.2.17.)

노동조합이 업무시간 중에 정기총회를 개최하면서 통상적인 노조활동 외에 체육행사 및 풍물놀이 등을 내용으로 하는 대동제를 실행하였지만 다른 노동조합의 경우에도 정기총회시에 문화체육행사를 갖는 경우가 많을 뿐만 아니라 의료보험조합이 위 정기총회 개최 전일 업무종료 직전까지 아무런 반대의사를 표시하지 않았고, 노동조합측에서 일부 인원을 사무실에 잔류케 하여 업무가 마비되지 않도록 조치를 강구한 점 등 제반경위에 비추어 위 정기총회의 개최는 불법쟁의 등의 불순한 의도에 의한 것이라고 볼 수 없다.

Q&A

회사는 현재 노동조합과 임금 및 단체교섭을 진행 중인데 노동조합이 총회, 회의, 수련회, 교육 등을 1개월에 걸쳐 지속적으로 진행할 것을 통보하면서 이는 현재 단체협약의 '근무시간 중 조합활동'에 해당한다고 주장하고 있음. 만약 노동조합이 이를 진행할 경우 회사는 상당한 업무차질이 예상되고 있음에도 단체협약을 이유로 인정할 수밖에 없는 것인지

단체협약에 의해 근무시간 중 허용되는 조합활동을 합의했다 하더라도 이로 인해 회사의 업무에 지장을 초래하는 경우에는 그 조합활동을 인정해야 하는지 여부는 그 동안의 조합활동 인정관행 및 활동관행, 업무지장의 발생 정도, 사회통념상의 기준 등을 전반적으로 고려해 판단해야 할 것이다.

즉 당사자간 합의한 근무시간 중 조합활동의 보장취지는 '업무의 정상적 운영'을 전제로 한 것이라고 해석하는 것이 단체협약의 성격으로 볼 때 타당하다 할 것인바, 조합활동이 비록 단체협약상의 권리행사의 형식을 갖추고 있다 하더라도 실제로는 '업무의 정상적 운영을 저해하는' 것을 의도하고 있는 경우라면 쟁의행위로 보아야 할 것이고, 또한 노동조합이 위 근무시간 중 조합활동을 해온 기존의 관행을 고려했을 때 기존의 조합활동 관행에서 크게 벗어나는 경우라면 노사간의 신의성실의 원칙에도 위배된다고 판단된다.

또한 노동조합이 제시하고 있는 각종 회의, 수련회, 교육 등이 실제 단체협약에서 허용하고 있는 '근무시간 중 조합활동'의 범위에 포함되는 활동인지를 해석함으로써 단체협약을 엄격하게 적용할 수 있을 것이다.

Q&A

노동조합에서 단체협약상 조합원 교육 4시간을 근무시간 중 사용하겠다고 신청해왔음. 이 경우 회사는 해당 시간의 교육시간 여부를 확인하기 위해 구체적인 교육 프로그램과 강사 등 교육 관련 사항에 대한 확인을 노동조합에 요구할 수 있는지

조합원교육은 단체협약에서 보장하고 있는 조합활동이기 때문에 회사에서는 노동조합이 조합원교육을 이유로 근무시간 중 조합활동을 신청할 경우 해당 활동이 조합원교육에 해당하는지 여부와 단체협약에서 보장하고 있는 시간 내에서 진행되는 교육인지 등에 대해 노동조합과 협의를 거쳐 최종 인정 여부를 결정할 수 있을 것으로 판단된다.
따라서 해당 활동이 단체협약에서 정한 시간 내에서 이루어지는 경우라면 해당 활동이 교육에 해당되어야 할 것이므로 회사로서는 노동조합에 대해 교육내용, 교육대상, 교육시간, 강사 등 교육임을 입증할 것을 요구할 수 있을 것으로 판단된다.
즉 회사가 해당 활동이 교육임을 입증할 것을 노동조합에 요구하는 것이 노동조합 활동을 방해하거나 개입하고자 하는 목적이 아니라 해당 활동이 단체협약에서 보장하고 있는 교육인지를 명확히 하고자 하는 경우라면 이러한 회사의 입장을 밝히고 노동조합과 협의하는 것은 가능할 것이다.
물론 노동조합이 해당 활동이 교육임을 입증하는 경우 조합원교육이 반드시 전체 조합원을 대상으로 해야만 하는 것은 아니고(조합원 교육의 대상범위를 정하는 것은 노동조합의 고유 권한), 조합원교육의 목적과 필요성, 주제, 방식 등에 대해서는 노동조합이 스스로 정할 수 있는 것으로 이에 회사는 관여할 수 없으며, 해당 교육이 조합활동의 목적(단결권 강화, 근로조건 개선 등)에 부합하는 교육이라면, 교육의 대상이나 내용, 방식 등을 이유로 교육시간으로 인정하지 않을 수 없음에도 교육을 인정하지 않을 경우 자칫 단체협약 위반 및 정당한 조합활동을 방해하는 부당노동행위로 인정될 가능성이 있다는 점에 유의해야 할 것이다.

참조 판례

- 노동조합의 조합원 교육권 보장 (서울중앙지법 2010가단118956, 2012.5.15.)

○○발전소에서 진행하려고 하였던 조합원 교육 및 △△발전소에서 진행하려고 하였던 조합원 교육은 모두 단체협약에 따라 피고회사가 유급으로 보장해야 할 조합원 교육에 해당되고, 조합원 교육에 있어서 그 내용 및 방법은 법령에 저촉하지 아니한 범위 내에서 원고조합이 자유롭게 정할 수 있는 것인데, 파업을 조장할 우려가 있고 전력예비율이 10% 미만이라는 이유만으로 외부강사의 출입을 저지한 피고회사의 행위는 단체협약에 정한 원고조합의 조합원 교육권을 침해하는 불법행위라고 봄이 상당하다.

② 시설관리권과 조합활동

사용자는 사업의 물적 시설·설비를 사업목적에 따라 이용하거나 이용할 수 있도록 적절히 보전·관리하는 등 필요한 조치를 강구할 수 있는 시설관리권을 갖고 있으므로 조합활동은 사용자의 시설관리권을 침해하지 않는 범위 내에서 이루어져야 할 것이다.

참조 판례

- **사용자의 허가를 받지 않았으며, 허위사실을 기재한 유인물 배포행위는 정당화될 수 없다** (대법원 92누4253, 1992.6.23.)

  유인물의 배포가 정당한 노동조합의 활동에 해당하는 경우라면 사용자는 비록 취업규칙 등에서 허가제를 채택하고 있다 하더라도 이를 이유로 유인물의 배포를 금지할 수 없을 것이지만, 배포한 유인물은 사용자의 허가를 받지 아니하였을 뿐 아니라 허위사실을 적시하여 회사를 비방하는 내용을 담고 있는 것이어서 근로자들로 하여금 사용자에 대하여 적개감을 유발시킬 염려가 있는 것이고, 위 유인물을 근로자들에게 직접 건네주지 않고 사용자의 공장에 은밀히 뿌렸다는 것이므로 이는 사용자의 시설관리권을 침해하고 직장질서를 문란시킬 구체적인 위험성이 있는 것으로서 비록 위 유인물의 배포시기가 노동조합의 대의원선거운동기간이었다 할지라도 위 배포행위는 정당화될 수 없다.

- **노동조합의 인터넷 홈페이지 접속을 차단한 것은 정당한 노동조합활동을 막는 결과를 초래해 부당노동행위에 해당한다** (지노위 2002부노112, 2002.10.20.)

  신청인 노조가 전국적인 산업별 노동조합인 점, 조합원들이 대규모이고 전국적으로 산재해 있는 점, 노동조합활동과 관련하여 노동조합 홈페이지를 통하여 조합원들에게 공지사항이나 일상적인 노동조합활동을 해온 점 등에 비추어 볼 때 일상적인 정당한 노동조합활동마저도 막는 결과를 초래한 것으로 사용자의 시설관리권을 행사하여 접속을 차단하였다는 피신청인들의 주장을 받아들이기 어렵다 할 것이다. 더욱이 최근 컴퓨터 사용의 일반화에 따라 일상업무는 물론 노동조합활동까지도 컴퓨터 사용이 필수불가결하다 할 것이어서 이같은 제재는 사용자의 시설관리권의 범위를 넘는 권한행사로 판단하지 않을 수 없다.

③ 명예훼손과 조합활동

조합활동이 사용자 및 타인의 명예를 훼손하면서 행해지는 경우(예 허위사실 유포, 근거 없는 비방 등)에는 그 정당성을 인정받기 어려울 것이다.

참조 판례

- 조합활동으로서 배포된 문서가 일부 허위이거나 다소의 과장, 타인의 명예훼손 등이 있다 해도 근로자의 경제적·사회적 지위향상을 도모함이 목적이라면 문서배포는 정당한 조합활동으로 이를 이유로 해고함은 부당노동행위이다 (대법원 93다13544, 1993.12.28.)
  노동조합활동으로서 배포된 문서에 기재되어 있는 문언에 의하여 타인의 인격·신용·명예 등이 훼손 또는 실추되거나 그렇게 될 염려가 있고, 또 그 문서에 기재되어 있는 사실관계의 일부가 허위이거나 그 표현에 다소 과장되거나 왜곡된 점이 있다고 하더라도 그 문서를 배포한 목적이 타인의 권리나 이익을 침해하려는 것이 아니라 노동조합원들의 단결이나 근로조건의 유지·개선과 근로자의 복지증진 기타 경제적·사회적 지위의 향상을 도모하기 위한 것이고, 또 그 문서의 내용이 전체적으로 보아 진실한 것이라면 그와 같은 문서의 배포행위는 노동조합의 정당한 활동범위에 속하는 것으로 보아야 한다.

4. 근로시간면제제도

(1) 노동조합전임자

노동조합전임자란 노동조합 및 노동관계조정법 제24조 제1항 "근로자는 단체협약으로 정하거나 사용자의 동의가 있는 경우에는 근로계약 소정의 근로를 제공하지 아니하고 노동조합의 업무에만 종사할 수 있다"는 규정에 따라 노사간에 약정한 노조활동에만 전념하는 자를 의미한다.

노동조합전임자의 인정 여부, 전임자수, 권리의무 등에 대해서는 노사합의로 결정할 수 있으나, 2010.7.1.부터 사용자가 전임자 급여를 지원하는 것은 금지되며, 전임자에게 급여를 지원한 사용자는 부당노동행위로 처벌된다.

다만, 이 법 시행일 이전에 이미 체결한 단체협약의 전임자 급여지급 관련 조항은 해당 단체협약의 체결 당시 유효기간까지는 효력이 있다.[7]

7) 노동조합 및 노동관계조정법 부칙 제3조. 한편, 전임자에 대한 기존 단체협약의 효력과 관련해 법 시행일을 2010.1.1.(고용노동부 견해)과 2010.7.1.로 보는 견해로 나뉜다.

참 고

• 노동조합 및 노동관계조정법(노조 전임자) •

제24조 【노동조합의 전임자】 ① 근로자는 단체협약으로 정하거나 사용자의 동의가 있는 경우에는 근로계약 소정의 근로를 제공하지 아니하고 노동조합의 업무에만 종사할 수 있다.
② 제1항의 규정에 의하여 노동조합의 업무에만 종사하는 자(이하 "전임자"라 한다)는 그 전임기간 동안 사용자로부터 어떠한 급여도 지급받아서는 아니된다.
③ 사용자는 전임자의 정당한 노동조합 활동을 제한하여서는 아니된다.

부칙 제1조 【시행일】 이 법은 2010년 1월 1일부터 시행한다. 다만, 제24조 제3항 · 제4항 · 제5항, 제81조 제4호, 제92조의 개정규정은 2010년 7월 1일부터, 제29조 제2항 · 제3항 · 제4항, 제29조의2부터 제29조의5까지, 제41조 제1항 후단, 제42조의6, 제89조 제2호의 개정규정은 2011년 7월 1일부터 시행한다.

제3조 【단체협약에 관한 경과조치】 이 법 시행일 당시 유효한 단체협약은 이 법에 따라 체결된 것으로 본다. 다만, 이 법 시행에 따라 그 전부 또는 일부 내용이 제24조를 위반하는 경우에는 이 법 시행에도 불구하고 해당 단체협약의 체결당시 유효기간까지는 효력이 있는 것으로 본다.

제8조 【노동조합전임자에 관한 적용 특례】 제24조 제2항 및 제81조 제4호(노동조합의 전임자에 대한 급여지원에 관한 규정에 한한다)는 2010년 6월 30일까지 적용하지 아니한다.

Q&A

우리 회사에서는 모든 직원들이 참석하는 교육이 있었는데 노조전임활동을 하고 있는 직원이 상부단체 회의와 일정이 겹친다는 이유로 참석을 거부하였음. 회사가 이 직원에 대해 징계할 수 있는지

현행법 및 단체협약에 의해 노사합의로 노조활동에 전념하는 전임자를 인정할 경우 전임자는 사용자와의 사이에 기본적 노사관계는 유지되고 근로자로서의 신분도 그대로 가지는 것이지만 근로제공의무가 면제되고 사용자의 임금지급의무도 면제된다는 점에서 휴직상태에 있는 근로자와 유사하고, 사용자가 단체협약 등에 따라 노동조합전임자에게 일정한 금원을 지급한다고 하더라도 이를 근로의 대가인 임금이라고 할 수는 없다는 것이 판례의 입장이다.
이처럼 근로제공의무가 면제되는 노동조합전임자의 지위를 고려하면 단체협약 등에 별도로 정함이 없다면 사용자가 근로자에 대하여 실시하는 교육에 노동조합전임자가 참석하도록 강제하는 것은 근로제공을 강제하는 것과 다를 바 없게 된다. 그러므로 근로제공의무가

면제된 노동조합전임자가 회사에서 주체하는 교육 등에 참가하지 않았다는 것을 징계사유로 삼는 것은 인정되기 어려울 것으로 판단된다.

✍ 참조 : 대법원 99다45246, 1999.11.23.; 대법원 94다54566, 1995.11.10.

참조 판례

- 노동조합전임자도 파업기간 급여를 청구하지 못한다

(대법원 2003다4815 · 4822 · 4839, 2003.9.2.)

단체협약에서 '노동조합전임자에 대한 급여 등 제반대우를 일반 노조원들에 준한다'고 정하고 있는 경우 이는 일반조합원보다 불리한 처우를 받지 않도록 하는 범위 안에서 노조전임자에게 일정한 급여를 지급하기로 한 것으로 보아야 한다.
또한 파업으로 인해 일반조합원들이 무노동 · 무임금 원칙에 따라 임금을 지급받지 못하게 된 마당에 그 조합원들로 구성된 노동조합의 간부라고 할 수 있는 노동조합 전임자들이 자신들의 급여만은 지급받겠다고 하는 것은 일반조합원들에 대한 관계에 있어서도 결코 정당성이 인정될 수 없으며, 따라서 이 사건 단체협약규정은 일반조합원들이 무노동 · 무임금의 원칙에 따라 사용자로부터 파업기간 중의 임금을 지급받지 못하는 경우에는 노동조합전임자도 일반조합원과 마찬가지로 사용자에게 급여를 청구할 수 없다는 내용으로 해석하는 것이 상당하다.

- 노조전임자라는 이유로 산재보험대상자에서 제외되지 않으며, 질병이 업무와 상당인과관계가 있다면 업무상 재해에 해당한다

(서울고법 2000누6208, 2001.6.27.; 대법원 98두14006, 1998.12.8.)

노조전임자가 담당하는 노동조합업무는 그 업무의 성질상 사용자와 사업과는 무관한 상부 또는 연합관계에 있는 노동단체와 관련된 활동이나 불법적인 노동조합활동 또는 사용자와 대립관계로 되는 쟁의단계에 들어간 이후의 활동 등이 아닌 이상 원래 회사의 노무관리 업무와 밀접한 관련을 가지는 것으로 그 전임자가 노동조합 업무를 수행하거나 이에 수반하는 통상적인 활동을 하는 과정에서 그 업무에 기인하여 발생하는 재해는 산업재해보상보험법소정의 업무상 재해에 해당한다.

(2) 근로시간면제제도의 의의

2010.7.1.부터 노동조합전임자에 대한 급여 지원이 금지되는 대신 단체협약 또는 사용자의 동의가 있는 경우 근로자는 유급(근로시간 면제, Time－off)으로 사용자와의 협의 · 교섭, 고충처리, 산업안전 활동 등 법률에서 정한 업무와 건전한 노사관계 발전을 위한 노동조합의 유지 · 관리업무를 할 수 있다.

전임자제도와 근로시간면제제도 비교

구 분	전임자제도	근로시간면제제도
의 의	노조업무에만 종사	노조업무에 필요한 시간 인정
법조항	구 노조법 제24조(노동조합의 전임자)	노조법 제24조(노동조합의 전임자) 제4항 신설
처 우	무급(급여지급금지) 2010년 6월 말 또는 기존 단협 유효기간까지 노사합의 급여 보전 가능	임금손실 없음
기 준	노사합의 (단체협약, 사용자 동의)	근로시간면제한도 내에서의 노사합의
종 류	전임, 부분전임, 임시전임	풀타임면제자, 파트타임면제자
대상 업무	노동조합 업무로 특별한 법적 제한 없음	사용자와의 협의 등 법률에서 정하는 업무와 건전한 노사관계 발전을 위한 노동조합의 유지 · 관리업무

(3) 근로시간면제자

근로시간면제자는 단체협약 또는 사용자의 동의에 의해 근로시간면제제도를 적용받는 자이며, 근로시간면제자가 법상 대상업무(사용자와 협의 · 교섭, 고충처리, 산업안전 활동 등 이 법 또는 다른 법률에서 정하는 업무와 건전한 노사관계 발전을 위한 노동조합의 유지 · 관리업무)를 수행하는 시간은 모두 근로시간면제한도에 포함된다.

근로시간면제자가 아닌 자의 근무시간 중 조합활동은 무급이 원칙이나 합리적인 수준에서 근무시간 중 조합활동을 인정할 수 있다.

참 고

• 고용노동부 행정해석 •

노사관계선진화실무지원단 - 10, 2010.7.10.

근참법 등에 의해 설치, 운영되는 회의체는 근로시간면제자가 우선 참여해야 하나 근로시간면제자만으로 회의체 구성이 어려운 경우에는 근로시간면제자로 지정되지 않은 자가 참여할 수 있고, 이를 법령에 의해 유급처리하는 것은 가능하다.

노사관계법제과 - 56, 2010.7.12.

근로시간면제자로 지정되지 않은 일반조합원, 조합간부의 근무시간 중 노조활동(총회, 대의원회, 조합원교육 등)에 대해 단체협약 등으로 합리적인 범위 내에서 정하고 동 활동에 대해 급여에서 공제하지 않는 것으로 정한다 하여도 이를 부당노동행위로 보기는 어려울 것이다. 그러나 이 경우에도 노조활동이 상시적, 고정적으로 진행되어 근로시간면제자가 아닌 자가 실제로는 (부분)전임형태로 활동하는 정도에 이른다면 이는 법률에 위반된다 할 것이다.

노사관계법제과 - 1057, 2010.10.18.

단체교섭을 진행하는 경우 교섭위원으로 근로시간면제자가 우선적으로 참여하여 수행해야 할 것이나 근로시간면제자의 수가 교섭위원수에 미치지 못하여 근로시간면제자만으로 교섭위원을 구성하기 어려운 경우에는 예외적으로 근로시간면제자 이외의 자가 교섭위원으로 참석할 수 있다 할 것이고, 근로시간면제자수가 교섭위원수를 충족하는 경우에도 사업장 실정이나 근로시간면제자가 교섭에 참석할 수 없는 부득이한 경우에는 근로시간면제자가 아닌 자가 참석할 수 있을 것으로 사료된다.

(4) 근로시간면제한도

근로시간면제 시간 및 인원한도는 근로시간면제심의위원회가 심의・의결하고 이를 고용노동부에서 고시한다.

참 고 • 근로시간면제한도 고시(고용노동부고시 제2013 - 31호, 2013.6.25.) •

가. 조합원 규모별 근로시간면제한도

조합원 규모*	연간 시간한도	사용가능인원
99명 이하	최대 2,000시간 이내	- 조합원수 300명 미만의 구간 : 파트타임으로 사용할 경우 그 인원은 풀타임으로 사용할 수 있는 인원의 3배를 초과할 수 없다. - 조합원수 300명 이상의 구간 : 파트타임으로 사용할 경우 그 인
100명 ~ 199명	최대 3,000시간 이내	
200명 ~ 299명	최대 4,000시간 이내	
300명 ~ 499명	최대 5,000시간 이내	
500명 ~ 999명	최대 6,000시간 이내	
1,000명 ~ 2,999명	최대 10,000시간 이내	
3,000명 ~ 4,999명	최대 14,000시간 이내	
5,000명 ~ 9,999명	최대 22,000시간 이내	

10,000명~14,999명	최대 28,000시간 이내	원은 풀타임으로 사용할 수 있는 인원의 2배를 초과할 수 없다.
15,000명 이상	최대 36,000시간 이내	

* '조합원 규모'는 「노동조합 및 노동관계조정법」 제24조 제4항의 '사업 또는 사업장'의 전체 조합원수를 의미하며, 단체협약을 채결한 날 또는 사용자가 동의한 날을 기준으로 산정한다.

나. 지역분포에 따른 근로시간면제한도

대 상	추가부여 되는 근로시간면제한도	
	광역자치단체 개수	시 간
전체 조합원 1,000명 이상인 사업 또는 사업장	2~5개	(사업 또는 사업장 연간 근로시간면제한도)×10%
	6~9개	(사업 또는 사업장 연간 근로시간면제한도)×20%
	10개 이상	(사업 또는 사업장 연간 근로시간면제한도)×30%

광역자치단체 개수 산정기준

① 광역자치단체는 「지방자치법」 제2조 제1항 제1호에 따른 특별시, 광역시, 특별자치시, 도, 특별자치도를 말한다.

② 광역자치단체의 개수는 해당 사업 또는 사업장의 전체 조합원 5% 이상이 근무하는 것을 기준으로 산정한다.

부 칙 (제2013-31호, 2013.6.25.)

가. 2013년 7월 1일부터 시행한다.

나. 2013년 7월 1일 당시 유효한 단체협약이 있는 경우(「노동조합 및 노동관계조정법」 제24조 제4항에 따라 사용자가 동의한 경우를 포함한다)에는 해당 단체협약의 유효기간이 끝나는 날부터 적용한다.

다. 향후 근로시간면제한도는 특별한 상황이 발생할 때 한하여 재심의 할 수 있다.

시간한도는 연간단위로 사용할 수 있는 최대시간이며, 1일단위 면제근로시간은 당해 사업장의 1일 소정근로시간 이내로 하고, 이를 초과할 경우 무급이 원칙이나 유급 여부는 노사가 자율적으로 정할 수 있다. 소정근로시간을 초과한 시간을 유급으로 할 경우 이를 연간단위 사용가능 총시간에 포함해야 한다.

2,000시간은 1일 소정근로시간이 8시간, 주5일 근무, 평일 약정휴일 10일일 때 산정되는 연간 소정근로시간이다{(8×5일×52주)-(8시간×10일)=2,000시간}.

인원한도는 근로시간면제를 사용할 수 있는 인원한도로 풀타임면제자와 파트타임면제자를 합친 인원을 의미하며, 인원한도를 초과해 사용하는 것은 허용되지 않는다. 한편, 인원한도는 조합원수 300명 미만인 경우에는 풀타임 사용인원의 3배를 초과할 수 없고, 조합원수 300명 이상인 경우에는 풀타임 사용인원의 2배를 초과할 수 없다.

예를 들어 연간 소정근로시간이 2,000시간인 사업장(조합원 350명)에서 시간한도를 4,500시간으로 정한 경우 사용가능 인원(파트타임)은 6명{(4,500÷2,000＝2.25명)→3명으로 산정)×2배＝6명} 이내가 된다.

(5) 근로시간면제 적용기준

근로시간면제한도는 사업 또는 사업장 조합원수를 기준으로 적용한다. 사업이란 경영상의 일체를 이루는 기업체 그 자체를 의미하며, 하나의 법인 내에 수개의 사업장이 있는 경우(예 본사, A공장, B영업점)라 하더라도 경영주체인 하나의 법인체를 기준으로 근로시간면제한도를 적용하게 된다. 다만, 하나의 법인이지만 법인 내 각 사업장별로 근로조건의 결정권이 있고, 인사 · 노무관리, 회계 등이 독립적으로 운영되는 경우에는 각 사업장별로 전체 조합원수를 산정한다.

근로시간면제 한도 적용을 위한 조합원수는 통상 단체교섭이 시작되는 시점인 단체협약 만료일 이전 3개월이 되는 날을 기준으로 산정하는 것을 원칙으로 하되, 단체협약 등에 노사가 별도로 정한 기준이 있는 경우에는 그에 따라 정할 수 있다.

여기서 조합원수는 정규직, 기간제, 일용직 등 고용형태와 상관없이 노동조합에 가입된 인원을 기준으로 산정하며, 조합원 여부는 조합비 납부, 조합가입신청서 등 객관적인 자료를 근거로 판단한다.

한편, 복수노조 사업장의 경우에는 각 노동조합의 조합원수를 합쳐 전체 조합원 규모를 기준으로 근로시간면제한도를 적용하게 되므로 정해진 근로시간면제 시간 및 인원을 각 노동조합이 조합원수, 업무 등을 고려해 자율적으로 배분해야 할 것이다.

Q&A

교섭대표노동조합과 복수노조 타임오프 배분에 대해 교섭을 진행하고 있음. 타임오프 시간을 어떻게 배분할 것인지는 교섭대표노동조합이 다른 노동조합과 협의해 요구안을 마련하면 회사는 수용할 것을 고려하고 있으나, 교섭대표노동조합이 다른 노동조합과 합의없이 요구안을 제시함에 따라 다른 노동조합에게 불리할 경우 회사도 공정대표의무위반 등 책임져야 할 사항이 있는지

공정대표의무를 교섭대표노동조합과 사용자 모두에게 부과한 의미는 단체협약이 복수노동조합 또는 그 조합원간에 합리적 이유없는 차별을 하는 내용이 있는 경우 그에 대해서는 단체교섭 당사자인 교섭대표노동조합과 사용자 모두에게 책임을 묻겠다는 것이다.
따라서 타임오프 배분에 대해 교섭대표노동조합이 요청한 안이 조합원수 비례 등 합리적 기준에 의한 배분이 아니거나, 복수노조간 합의가 이루어지지 않은 경우라면 향후 공정대표의무위반의 문제가 제기될 경우 회사는 교섭대표노동조합의 요구를 수용한 것에 불과하다면서 공정대표의무위반책임이 없다고 주장하기는 어려울 것으로 판단된다.
복수노조간 타임오프 배분에 대해 고용노동부는 '원칙적으로 조합원수에 비례해 배분'해야 한다고 해석하고 있기 때문에 복수노조간 합의 등 특별한 사정이 없는 한 조합원수 비례 등 합리적 기준에 의한 배분이 이루어져야 할 것이다.
따라서 타임오프 배분에 대해 복수노조간 합의를 이루는 것이 우선이고 복수노조간 배분과 관련해 회사가 관여할 부분은 아님이 원칙이지만, 타임오프 배분의 원칙과 기준에 대해 회사는 공정대표의무위반의 책임이 생기지 않도록 노력해야 할 의무는 있다고 판단되므로, 교섭대표노동조합의 요구가 조합원수 비례 등 합리적 기준에 미흡하거나, 복수노조간 합의가 이루어지지 않은 경우라면 회사 입장에서 요구안 수정 요구 등의 노력이 필요할 것으로 판단된다.

참조 행정해석

- 복수노조의 타임오프 배분 (노사관계법제과-1234, 2010.11.8.)

[질의] 1개 사업장 3개 노조 병존하고 있는 상황. 단협 만료일이 도래하기까지 노조간 근로시간면제한도에 대한 합의가 이루어지지 않을 경우 사측은 근로시간면제를 인정하지 않아야 하는지, 조합원수에 비례하여 근로시간면제한도를 조합별로 강제 배분해야 하는지

[회시] 노조법 제24조 제4항 및 같은 법 시행령 제11조의2에 따라 근로시간면제한도 적용을 위한 조합원 규모산정은 사업 또는 사업장별 기준이므로 하나의 사업(장)에 2개 이상의 노조가 조직되어 있는 경우에도 각 노조별 근로시간면제한도는 사업(장) 내 전체 조합원수를 기준으로 산정된 법정 한도 내에서

조합원수, 업무 등을 고려하여 노조간 적정하게 배분하여야 하는 것이며, 노조간 합의가 되지 않는 상태에서 사용자가 합의시까지 잠정적으로 적용될 면제한도를 각 노조의 조합원수에 비례하여 배분하고 이를 노동조합에서 수용한다면 이것도 일종의 잠정적 동의·합의로 보아 급여 지원하는 것을 부당노동행위로 보기는 어려운 것임.

(6) 근로시간면제 대상업무

근로시간면제가 인정되는 대상업무는 ① 사용자와의 협의·교섭, 고충처리, 산업안전 활동 등이 법 또는 다른 법률에서 정하는 업무와, ② 건전한 노사관계 발전을 위한 노동조합의 유지·관리업무이다(노조법 제24조 제4항).

사용자와의 협의, 교섭, 고충처리, 산업안전 활동 등 노조법 또는 다른 법률에서 정하는 업무	
노사협의회	-노사협의회 위원으로 실제 회의참석 활동 -이동시간, 회의안건 준비 등 회의와 직접 관련된 활동
근기법상 노사협의	근로기준법상 근로자대표로서의 실제 협의활동(예 취업규칙 변경, 경영상 해고, 탄력적근로시간제 도입)
단체교섭	-본교섭, 실무교섭, 보충교섭 등 실제 교섭활동 -교섭안 마련, 교섭결과 설명회 등 직접 관련 활동
고충처리	정식 위촉된 고충처리위원으로서 공식절차에 따라 근로자로부터 고충사항을 청취하거나 사용자와 협의하는 활동
산업안전	-산업안전보건위원회 실제 회의참석 활동 -회의안건 준비, 안건검토 등 직접 관련 활동 -산안법상 근로자대표로서의 예방활동 : 안전보건관리규정 작성·변경 동의/작업환경 측정·건강진단·안전보건진단 입회
사내근로복지기금	협의회 위원 및 이사, 감사로서 업무수행 활동

건전한 노사관계 발전을 위한 노동조합 유지·관리업무	
노조 관리업무	노조규약에 정해진 정기총회, 대의원대회, 임원선거, 회계감사 등 노동조합 유지·관리를 위한 정기적이고 필수적인 활동
기 타	-근참법, 단체협약으로 설치·운영되는 노사공동위원회 활동 -사용자 위탁에 의한 조합원 교육, 직업능력개발훈련 등 노사공동 이익 관련 교육활동 -기타 건전한 노사관계 발전을 위한 노조 유지·관리업무

한편, 고용노동부는 사업장과 무관한 순수한 상급단체 활동과 쟁의행위와 같이 사업장 내 노사공동의 이해관계에 속하는 업무와 무관한 활동은 근로시간면제대상업무로 볼 수 없다고 판단하고 있다.

(7) 근로시간면제자의 처우

근로시간면제자는 임금의 손실없이 사용자와의 협의·교섭 등 근로시간면제대상업무를 할 수 있다. '임금손실없이'의 의미는 근로시간면제자가 정상적으로 근로를 했다면 받을 수 있는 급여를 의미하며, 근로시간면제자의 처우에 대해서는 사업장의 통상적인 급여지급기준을 토대로 노사가 자율적으로 정할 수 있다.

그러나 통상적으로 받을 수 있는 급여보다 과도한 기준을 설정해 지급하는 것은 노동조합에 대한 경비원조로 부당노동행위에 해당될 수 있다.

Q&A

회사는 노사합의로 풀타임면제자 1명과 파트타임면제자 3명의 근로시간면제자를 운영할 예정임. 이 경우 근로시간면제자에게 특근수당을 지급하는 것이 가능한지 여부와 가능하다면 어떠한 기준으로 지급하는 것이 타당한지

근로시간면제자에 대해 '임금손실없이' 노동조합 유지관리활동 등을 보장할 때 '임금손실없다'는 의미에 대해 노동부는 '정상적으로 근로했으면 받았을 임금'을 지급하는 것이 가능하다고 판단하고 있다.
즉 근로시간면제자가 되어 근로하지 않더라도 정상적으로 근로했다면 기본급 외에 시간외근로에 대한 수당, 직무수당, 교통비 등의 급여를 받았을 것이라면 이를 지급하면 된다는 판단이다.
따라서 회사 직원들이 종종 특근을 하고 있고, 특근하는 경우 특근수당을 지급하고 있다면 근로시간면제자에 대해서도 이를 지급하는 것은 가능할 것으로 판단된다. 그 구체적인 지급방식에 대해서는 정해진 바가 없으므로 합리적인 범위에서 결정하면 될 것이다.
즉 전임자 직전 3개월 평균을 고정적으로 지급하는 것이나, 해당 부서 직원들의 평균 특근금액을 기준으로 하는 것 모두 가능할 것으로 판단된다. 다만, 방식을 하나로 통일해 적용하는 것이 바람직할 것이다.
한편, 파트타임면제자의 특근수당 또한 풀타임면제자와 동일하게 처우하면 될 것이다. 즉 파트타임면제자의 경우에도 파트타임면제기간 동안 정상적으로 근로했으면 받았을 특근수당을 산정해 지급하는 것은 가능할 것이다.

참조 행정해석

▪ 근로시간면제자의 처우 (노사관계법제과-1055, 2010.10.18.)
근로시간면제자에 대해 상여금, 근속수당, 호봉 및 호봉승급 등의 적용에 대해서는 일반근로자와 동일한 기준을 적용할 수 있을 것이며, 시간외근로수당 및 기타수당은 근로시간면제자가 일반근로자로서 정상적으로 근로하였다면 받을 수 있는 범위 내에서 지급하는 것은 가능하다 할 것이나, 이를 과도하게 지급하는 것은 부당노동행위에 해당할 소지가 있다 할 것임.
한편, 근로시간면제자에게 지급되는 시간외근로수당을 근로시간면제자와 동일한 조건의 근로자에게 지급되는 매월 변동되는 시간외근로수당을 기준으로 매월 변동된 금액으로 지급할 것인지 아니면 일정기간 평균 시간외근로수당을 기준으로 매월 고정된 금액을 지급할 것인지 등에 대해서는 노사가 근로시간면제제도의 취지를 벗어나지 않는 합리적인 범위 내에서 결정할 수 있을 것임.

▪ 사용자가 근로시간면제자에게 지급하는 급여수준 (노사관계법제과-1310, 2010.8.9.)
사용자가 근로시간면제자에게 지급하는 급여수준에 대해서는 노조법이 규율하는 바가 없으며, 사업(장)의 통상적인 급여지급기준을 토대로 노사가 자율적으로 정할 수 있음. 다만, 근로시간면제자임을 이유로 해당 사업장의 일반근로자에게는 지급되지 않는 별도의 고정 초과근로수당 등을 과도하게 지급하는 경우는 정해진 근로시간면제한도를 초과하는 결과를 초래하여 부당노동행위의 예외로 인정받기 어렵다 할 것임.
근로시간면제자에 대해 사업장 내 전체 직원에게 일괄적으로 지급되는 복리후생비 및 성과급 등을 지급하는 것에 대해서는 노사가 자율적으로 정할 수 있음.

(8) 근로시간면제 사용방법(사용절차)

근로시간면제의 사용방법(사용절차)에 대해서는 법에서 별도로 규정하고 있지 않으므로 그 구체적인 방법에 대해서는 노사가 정한 기준에 따르면 될 것이다. 근로시간면제제도는 면제시간을 누가 사용했는지, 대상업무에 맞게 사용했는지를 확인해야 사용자가 그 활동시간을 유급으로 인정할 수 있다는 점에서 노사간 합리적인 수준의 사용방법을 정해 근로시간면제제도를 운영해야 할 것이다.

(9) 근로시간면제 관련 부당노동행위

근로시간면제한도를 초과해 인정하는 경우(예 근로시간면제 업무 외의 업무를 수행하는 시간을 유급으로 처리하는 경우, 근로시간면제 업무를 유급으로 인정하는 것 외에 별도의 수당을 과도하게 지급하는 경우, 근로시간면제한도를 초과하여 유급처리하는 경우, 편법적으로 노사협의회 등을 상설화하여 급여를 지급하는 경우)나 근로시간면제자의 대상업무활동을 이유로 인사배치, 경력관리, 승진 등에 있어서 불합리하게 차별하는 경우 그리고 근로시간면제를 통해 노동조합을 지배·개입하는 경우는 사용자의 부당노동행위에 해당된다.

한편, 근로시간면제한도를 위반해 급여지급을 요구하고 이를 관철할 목적으로 한 쟁의행위는 금지된다(노조법 제24조 제5항).

5. 단체교섭

(1) 단체교섭이란 무엇인가

단체교섭이란 노동조합과 사용자 또는 사용자단체가 근로조건의 유지·개선 기타 처우 등을 위하여 집단적으로 교섭하는 것을 말하며, 실제 테이블을 중간에 두고 노사관계 당사자가 교섭하는 행위(사실행위)뿐 아니라 교섭을 통해 합의된 사항을 단체협약으로 체결하는 행위(법률행위)를 포함한다.

(2) 단체교섭의 방식

단체교섭은 어떠한 사용자와 노동조합간에 교섭이 이루어지는가와 근로조건을 결정하는 단위가 기업단위인지, 산업단위인지, 지역단위인지 여부에 따라 다양한 방식으로 진행되고 있다.

단체교섭방식은 크게 5가지로 구분된다.

① 기업별 교섭(기업과 그 기업노동조합이 교섭하는 방식)

② 집단교섭(몇 개의 기업별 노동조합이 집단화하여 공동으로 사용자측의 집단과 교섭하는

방식)

③ 통일교섭(전국적 규모의 노동조합과 이에 대응하는 전국적 규모의 사용자단체가 교섭하는 방식)

④ 공동교섭(기업별 노동조합이 상급단체인 노동조합과 공동으로 기업의 사용자와 교섭하는 방식)

⑤ 대각선교섭(기업별 노동조합의 상급단체인 노동조합이 기업의 사용자와 교섭하는 방식)

1990년대 이후 공동교섭, 대각선교섭 방식이 일반화되었고, 노동조합이 산별 노조를 지향하고 있는 현재는 통일교섭(산업별 교섭)방식이 부각되고 있다.

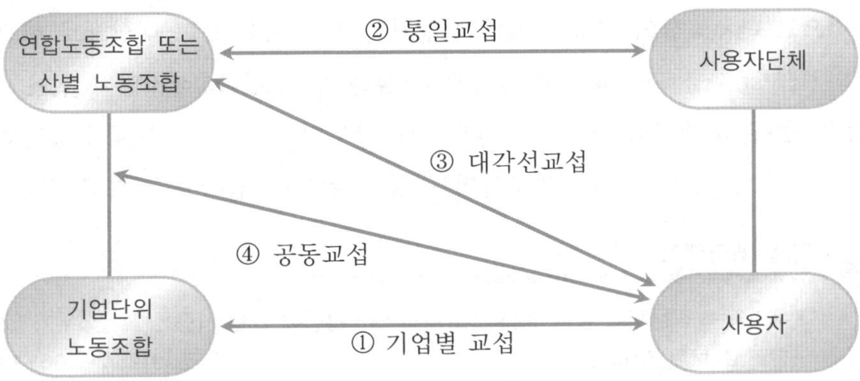

(3) 단체교섭의 대상

인사권, 경영권 문제가 단체교섭의 대상이 되는가? 해고자 복직의 문제가 단체교섭의 대상이 되는가? 노동권과 경영권의 영역과 권리행사의 범위에 관한 사항이므로 노사간 논란이 많은 문제이다. 또한 단체교섭의 대상으로 인정된다는 것은 곧 노동쟁의의 대상이 되는 것을 의미하므로 그 판단은 매우 중요하다.

단체교섭의 대상에 해당되기 위해서는 첫째, 근로조건과 밀접한 관련이 있어야 하고, 둘째, 집단적 성격을 띠는 문제이어야 하며, 셋째, 사용자가 처분할 수 있는 범위의 문제이어야 한다. 즉 근로조건과 전혀 관련이 없는 '정치적인 문제' 또는 '종교적인 문제'는 단체교섭의 대상이 되지 못하며, 지극히 개인적인 '고충처리'에 관한 문제라거나 또는 사용자가 처분할 수 없는 '구속자 석방문제' 등도 단체교섭의 대상이 되지 못한다.

① 경영권 문제는 단체교섭대상이 되는가

경영권 문제가 단체교섭의 대상이 되는지 여부에 대해서는 입장 차이가 크지만 일반적으로는 경영권 사항이라 하더라도 근로조건과 밀접한 관련이 있는 경우 단체교섭의 대상이 된다고 본다.[8] 하지만 경영권의 행사로 인한 근로조건의 변화는 단체교섭의 대상이 된다 하더라도 경영권의 본질적인 측면에 해당하는 '특정사업부의 해체결정'이나 '사업부폐지 결정' 등은 경영자의 의사결정에 따른 경영조직의 변경에 해당되는 것이어서 단체교섭의 대상이 되지 않는다고 보아야 한다.[9]

② 해고자 원직복직 문제는 단체교섭대상이 되는가

원칙적으로 단체교섭의 대상은 집단적 성격을 띠는 사항을 그 대상으로 하므로 개별 조합원의 해고문제를 단체교섭의 대상으로 삼을 수는 없다. 하지만 학설은 노동조합 활동 등 노동3권의 행사와 관련하여 행한 조합간부의 해고는 그 자체로 집단적 성격을 띤다고 보아야 할 것이므로 단체교섭의 대상이 된다는 입장을 취하고 있다.

참조 행정해석

- 해고자 복직문제와 같이 개별 해고자의 권리분쟁에 관한 사항은 교섭의무가 있는 교섭사항으로 보기 어렵다 (노조 01254-566, 1997.6.24.)
  단체교섭의 대상에 대하여는 법상 명시적인 규정은 없으나 단체교섭의 특성상 사용자가 처리·처분할 수 있는 사항으로서 근로조건의 향상과 관련이 있으며 집단적인 성격을 띠어야 할 것임. 또는 인사·경영권에 속하는 사항이라 하더라도 근로조건과 밀접하게 관련이 있는 경우에는 그 한도 내에서 교섭대상이 된다고 보아야 할 것이나 이 경우에도 사용자의 결정권을 본질적으로 침해하는 요구는 그 정당성을 인정받기 어려울 것임. 해고자 복직문제와 같이 개별 해고자의 권리분쟁에 관한 사항은 교섭의무가 있는 교섭사항으로 보기 어렵다.

8) 대법원 93누8993, 1994.8.26.
9) 대법원 94다3261, 1994.8.12.; 대법원 93다30242, 1994.3.25. 등

6. 단체협약

(1) 단체협약의 의의와 내용

단체협약은 노동조합과 사용자 또는 사용자단체 사이에 근로조건 등에 관하여 합의한 사항을 체결한 협정으로, 단체협약에 포함되는 내용은 크게 규범적 부분(근로조건 기타 근로자의 대우에 관한 부분, 예 임금, 근로시간, 유급휴일, 유급휴가, 안전보건, 재해보상, 해고 및 정년 등)과 채무적 부분(단체협약 당사자 상호간의 권리 · 의무를 규율하는 규정, 예 평화조항, 유일교섭단체조항, 샵(shop) 조항, 노동조합활동 관련 조항, 단체교섭 절차규정, 쟁의에 관한 사항 등)으로 구분할 수 있다.

(2) 단체협약의 체결방식과 체결의 법적 효력

단체협약은 반드시 문서로 작성하여야 하고, 노사쌍방이 서명 또는 날인해야 법적 효력이 발생한다(노조법 제31조 제1항).[10] 또한 단체협약이 체결되면 그 날로부터 15일 이내에 행정관청에 신고하여야 한다(노조법 제31조 제2항).

단체협약의 체결과 동시에 노사관계 당사자는 그 내용을 준수하여야 하며, 단체협약의 내용은 취업규칙이나 근로계약에 우선하여 적용된다(노조법 제33조, 근기법 제96조). 또한 단체협약의 내용 중 같은 법 제92조에 규정된 사항(주로 근로조건과 관계된 규범적 부분)을 위반하는 경우에는 1,000만원 이하의 벌금에 처해지며, 기타 의무사항(채무적 부분)을 이행하지 않아서 손해가 발생한 경우에는 그에 따른 손해배상책임이 발생할 수도 있다.

> **참 고**
>
> • 노동조합 및 노동관계조정법 •
>
> 제92조 【벌칙】 다음 각 호의 1에 해당하는 자는 1천만원 이하의 벌금에 처한다.
>
> 1. 생략
> 2. 제31조 제1항의 규정에 의하여 체결된 단체협약의 내용 중 다음 각 목의 1에 해당하는 사항을 위반한 자

10) 대법원 99다72422, 2001.1.19.

가. 임금·복리후생비, 퇴직금에 관한 사항
나. 근로 및 휴게시간, 휴일, 휴가에 관한 사항
다. 징계 및 해고의 사유와 중요한 절차에 관한 사항
라. 안전보건 및 재해부조에 관한 사항
마. 시설·편의제공 및 근무시간 중 회의참석에 관한 사항
바. 쟁의행위에 관한 사항

3. 생략

Q&A 단체협약으로 조합비 일괄공제가 규정되어 있음에도 사용자가 이를 위반한 경우 단체협약위반으로 처벌할 수 있는지

종전 노동조합 및 노동관계조정법은 단체협약위반자에 대해 1,000만원 이하의 벌금에 처하도록 규정하고 있었으나, "노사간의 자치법규인 단체협약위반행위 그 자체를 형벌로써 제재하는 것은 죄형법정주의에 어긋나며, 단체협약위반행위에 대하여는 노사상호간에 민사법적 책임을 추궁함으로써 단체협약의 규범력을 확보하는 방향으로 나아가야 할 것이며, 잠정적으로 국가가 형벌로써 개입한다 할지라도 단체협약위반행위 중 진정 형사처벌이 불가피한 중요한 사항을 특정, 정형화하며 구성요건상 명확히 규정함으로써 죄형법정주의의 요청을 만족시키는 방법이 바람직하다 할 것"(헌재 96헌가20, 1998.3.26.)이라는 헌법재판소 결정 이후 현행법과 같이 벌칙이 적용되는 단체협약위반사항을 구체적으로 명시하게 되었다.

따라서 노사가 단체협약위반에 따른 민사상 책임을 물을 수 있겠으나, 단체협약위반에 따른 형사상 벌칙 적용의 대상은 현행 노동조합 및 노동관계조정법에서 규정하고 있는 범위에 국한된다 할 것이다.

조합비 일괄공제는 단체협약의 채무적 부분으로 현행 노동조합 및 노동관계조정법에서 규정하고 있는 벌칙 적용대상이 아니기 때문에 이를 위반한 사용자가 형사처벌대상이 된다고 볼 수는 없을 것이다.

(3) 단체협약 체결과 조합원 찬반투표

흔히 노동조합은 단체협약을 최종 체결하기 전에 조합원 찬반투표를 거친다. 노동조합은 민주적인 운영을 위하여 반드시 조합원 찬반투표를 거쳐야 한다고 주장하는데 과연 그런가? 아니다. 정반대로 노동조합의 대표자가 반드시 조합원 찬반투표를 거친 후

단체협약을 체결할 수 있다는 규약이나 단체협약의 내용이 위법하다고 보아야 한다.[11] 그 이유는 노동조합 및 노동관계조정법 제29조 제1항에서 보장된 노동조합의 대표자의 단체협약 체결권을 하위규범인 규약이나 단체협약이 제한하는 결과가 되기 때문이다.

따라서 단체협약 체결 전에 조합원 찬반투표를 거쳐야 한다는 규약이나 단체협약의 규정을 위반하여 이를 거치지 않고 단체협약을 체결하였더라도 그 체결(서명·날인)의 효력은 발생하는 것이다. 그럼에도 불구하고 실무적으로 대부분의 사용자가 조합원 찬반투표를 허용하고 있는 것은 그 찬반투표가 적법하기 때문이 아니라 투표를 막을 경우 노동조합이 반발하거나 노사간에 대립이 더 심각해질 것을 우려하기 때문이라 보아야 할 것이다.

참조 판례

- 노동조합 대표자는 단체협약 체결권을 갖는다 (대법원 91누12257, 1993.4.27.)

  노동조합법 제33조 제1항 본문은 "노동조합의 대표자 또는 노동조합으로부터 위임을 받은 자는 그 노동자 또는 조합원을 위하여 사용자나 사용자단체와 단체협약의 체결 기타의 사항에 관하여 교섭할 권한이 있다"고 규정하고 있는바, '교섭할 권한'이라 함은 사실행위로서의 단체교섭의 권한 외에 교섭한 결과에 따라 단체협약을 체결할 권한을 포함한다.

  노동조합의 대표자 또는 수임자가 단체교섭의 결과에 따라 사용자와 단체협약의 내용을 합의한 후 다시 협약안의 가부에 관하여 조합원총회의 의결을 거쳐야만 한다는 것은 대표자 또는 수임자의 단체협약 체결권한을 전면적·포괄적으로 제한함으로써 사실상 단체협약 체결권한을 형해화하여 명목에 불과한 것으로 만드는 것이어서 위 법 제33조 제1항의 취지에 위반된다.

(4) 단체협약의 적용범위

단체협약은 원칙적으로 협약당사자인 노동조합과 그 조합원 그리고 사용자 또는 사용자단체에게만 적용된다.

하지만 만일 노동조합이 근로자 과반수 이상으로 조직된 경우라면 예외적으로 비조합원에 대해서도 단체협약의 내용(근로조건에 한함)이 확대 적용된다(노조법 제35조, 이를 "일반적 구속력"이라 한다).

11) 대법원 91누12257, 1993.4.27.

또한 산업별 노동조합, 지역별 노동조합 등이 그 지역("하나의 지역"이라 함은 단체협약 당사자와 관련이 있는 동일한 경제적 지역 내지 하나의 노동시장을 형성하고 있는 지역을 말함) 조직대상근로자의 2/3 이상을 조직하여 단체협약이 적용되는 경우 단체협약의 내용(근로조건에 한한다)은 그 지역 동종업체의 사용자 및 조직대상근로자 중 노동조합에 가입하지 않은 근로자들에게도 확대 적용된다(노조법 제36조, 이를 "지역적 구속력"이라 한다). 다만, 이 지역적 구속력은 행정관청이 노동위원회의 의결을 얻어 결정하며, 공고와 동시에 효력이 발생한다.

(5) 단체협약의 유효기간

단체협약의 유효기간은 2년을 초과할 수 없다(노조법 제32조 제1항). 따라서 협약당사자가 유효기간을 3년으로 합의했더라도 법위반으로 무효가 되고, 유효기간은 2년인 것이며, 유효기간을 정하지 않은 경우에도 유효기간은 2년으로 간주된다.

단체협약의 유효기간이 종료될 즈음이면 통상 노사간에 새로운 단체협약을 체결하기 위한 단체교섭을 하게 되는데 새로운 단체협약이 체결되지 않았음에도 유효기간이 만료되는 경우 종전의 단체협약은 그 유효기간 만료일로부터 3월까지 계속 효력을 갖는다(노조법 제32조 제3항). 단체협약의 공백상태가 발생하는 것을 방지하기 위한 배려라고 볼 수 있다.

또한 만일 단체협약에 "유효기간이 종료되었으나 새로운 단체협약이 체결되지 아니한 때에는 새로운 단체협약이 체결될 때까지 종전 단체협약의 효력은 유지된다"는 규정(이를 "자동연장협정"이라 한다)을 명시하고 있다면 단체협약은 유효기간이 종료되었더라도 계속하여 효력이 유지된다. 하지만 위 자동연장협정에 따른 효력유지기간 중 협약당사자 일방이 상대방에게 '단체협약의 해지'를 통고하게 되면 단체협약은 그 통고일로부터 6월이 경과하는 때에 해지된다.

그러나 단체협약이 완전히 소멸된 경우라 하더라도 그 내용 중 근로조건 기타 근로자의 대우에 관한 부분(규범적 부분)은 이미 개별적 근로관계의 내용으로 변해버렸기 때문에 단체협약의 소멸과 관계없이 그대로 적용된다[여후효(餘後效)라 한다]. 이때 그 근로조건의 내용을 변경하기 위해서는 새로운 단체협약 체결, 취업규칙 변경 또는 근로자의 동의를 얻어야 한다(대법원 2007다51758, 2007.12.27. 참조).

7. 쟁의행위

(1) 단체행동 · 노동쟁의 · 쟁의행위 및 준법투쟁의 구분

'단체행동'이란 근로자 단체가 특정한 목적을 위하여 집단적으로 행동하는 것을 말하며, 쟁의행위 · 준법투쟁뿐 아니라 가두시위와 같은 형태의 행동까지 포함하는 넓은 의미의 개념이다. 헌법 제33조 제1항에서는 근로자들이 근로조건의 향상을 위하여 단체행동권을 행사할 수 있도록 보장하고 있다.

'노동쟁의'는 노동조합과 사용자 또는 사용자단체간에 임금 · 근로시간 · 복지 · 해고 기타 대우 등 '근로조건의 결정'에 관하여 서로 주장이 일치하지 않아 발생한 분쟁상태를 말한다(노조법 제2조 제5호). 즉 노사관계 당사자간에 합의를 위한 노력을 계속해도 더 이상 자율적인 합의의 여지가 없는 상태를 말한다. 따라서 같은 법 제53조는 노동쟁의 상태에 도달하면 공신력 있는 제3자의 조정을 요청하는 '노동쟁의조정신청'을 하도록 하고 있다.

'쟁의행위'는 노동관계 당사자가 자신의 주장을 관철할 목적으로 행하는 행위(파업 · 태업 · 사보타쥐 · 보이콧 · 피켓팅 등)와 이에 대항하는 행위(직장폐쇄)로서 업무의 정상적인 운영을 저해하는 행위를 말한다(노조법 제2조 제6호).

'준법투쟁'은 법령이나 단체협약, 취업규칙 등에 규정된 내용을 필요 이상으로 엄격하게 준수함으로써 사용자에게 압력을 행사하려는 단체행동이다. 가령 준법투쟁은 쟁의행위와 마찬가지로 주장을 관철할 목적을 가지고 있지만, '업무의 정상적인 운영을 저해하는' 쟁의행위와 달리 '업무저해성'이 없다는 점에서 차이가 있다.

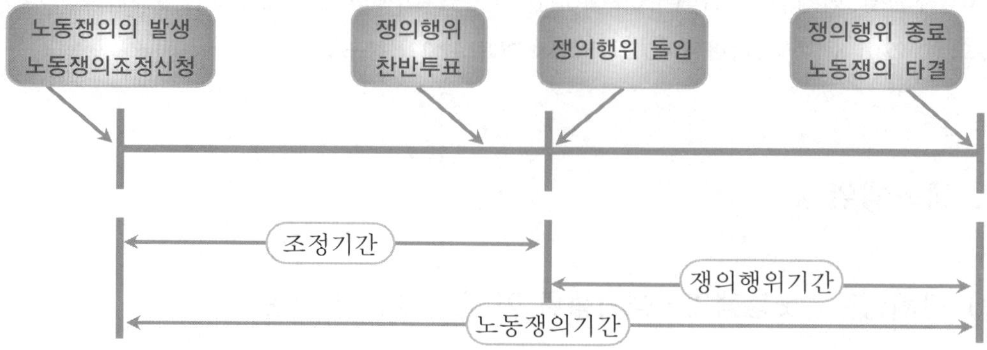

Q&A

노동조합과 임금협상이 진행 중인데 노동조합이 '조합원전원 연차휴가사용'을 통보해 왔음. 노동조합의 집단적인 휴가사용 요구가 정당한 것인지

일반적으로 준법투쟁이란 노동조합이 주장을 관철하기 위해 법령이나 단체협약, 취업규칙 등의 내용을 필요 이상으로 엄격하게 준수함으로써 작업능률과 실적을 저하시켜 사용자에게 단결력을 과시하려는 단체행동이다. 이러한 준법투쟁으로는 안전보건투쟁, 연장근로와 휴일근로의 거부, 집단적 연·월차휴가의 사용, 정시 출퇴근하기 등이 있다.

이러한 준법투쟁에 대해 판례는 "준법투쟁이 근로조건의 결정에 대한 주장을 관철할 목적으로 집단적인 의사연락하에 이루어졌다면 그와 같은 집단적인 노무제공거부행위로 인하여 사용자의 '사실상의' 업무운영에 저해를 초래하는 것이므로 쟁의행위에 해당한다"고 판단하고 있다(대법원 91누10473, 1992.3.13.). 특히 집단적 연·월차휴가사용에 대해서는 형식적으로는 연월차휴가권의 행사이지만 실질적으로는 업무의 정상적인 운영을 저해하여 자신의 주장을 관철시키기 위한 것이므로 쟁의행위에 해당한다고 보고 있다. 이러한 노동조합의 준법투쟁이 쟁의행위에 해당하는 경우 그 정당성을 갖기 위해서는 노조법에서 정한 쟁의행위제한규정(조정절차, 직접·비밀·무기명투표에 따른 조합의사의 결정 등)을 따라야 한다는 것이 판례의 입장이다.

다만, 이에 대한 형사처벌과 관련해 헌법재판소는 "연장근로 거부, 정시출근 등 근로자의 권리행사로서 성격을 갖는 쟁의행위에 관하여도 정당성이 인정되지 않는다고 하여 바로 형사처벌할 수 있다는 대법원 태도는 지나치게 형사처벌의 범위를 확대하여 근로자들의 단체행동권의 행사를 사실상 위축시키는 결과를 초래한다"(헌법재판소 97헌바23, 1998.7.16.)고 판단하고 있음을 참조해야 할 것이다.

따라서 집단적인 휴가사용으로 업무의 정상적 운영이 어려워지는 경우라면 실질적인 쟁의행위로 인정될 가능성이 높고, 쟁의행위의 정당성 요건을 갖추지 못한 경우라면 적법성을 인정받기는 어렵지 않을까 판단된다.

(2) 쟁의행위의 정당성 판단기준 4가지

쟁위행위가 정당한지 여부를 판단하기 위한 기준으로는 크게 아래의 4가지를 들 수 있다.

① 주 체

쟁의행위의 주체는 노동조합이어야 한다. 따라서 노동조합이 아닌 쟁의단의 파업(wild cat strike)은 정당성이 없다(노조법 제37조 제2항).

② 목 적

쟁의행위는 근로조건의 유지·개선 및 기타 근로자의 경제적·사회적 지위의 향상도모라는 노동조합 본연의 목적을 달성하기 위한 범위 내에서 수행될 때 정당성을 인정받을 수 있다. 즉 정치적 목적의 파업이나 다른 노동조합의 파업을 지원하기 위한 동정파업 등은 특별한 사정이 없는 한 정당성이 인정되지 않는다.

③ 수단과 태양(態樣)

폭력, 파괴, 방화행위를 수반한 쟁의행위는 정당방위로 인정되지 않는 한 어떠한 이유로도 그 정당성이 인정될 수 없다. 또한 농성파업이 일반적인 우리나라의 경우 파업시 직장점거는 불가피한 측면이 있지만 그 경우에도 병존적·부분적 점거에 한하여 그 정당성이 인정되며 배타적·전면적·독점적인 점거는 정당성을 상실한다.[12)]

④ 기타 쟁의행위 절차

또한 쟁의행위는 노동조합 및 노동관계조정법 및 단체협약에 명시되어 있는 절차를 위반하는 경우 정당성을 상실할 수 있다. 다만, 절차규정의 위배만으로 정당성 자체가 모두 상실된 것으로 단언할 수는 없으며, 다른 요건과의 관련 속에서 종합적으로 판단하여야 한다.

12) 대법원 90누4006, 1991.5.14.

Q&A

노동조합은 회사의 정리해고 철회를 요구하는 파업에 돌입했고, 회사측에서는 정리해고 실시 결정은 경영권 사항이라며 이번 파업은 불법파업이라고 맞서고 있음. 과연 정리해고 철회를 요구하는 파업이 불법파업인지

쟁의행위의 목적이 정당하기 위해서는 우선 그 목적이 '근로조건의 결정'에 관한 사항이어야 하고, 단체교섭의 대상이 될 수 있는 사항이어야 하며, 사용자의 처분권한이 있는 사항이어야 한다.

한편, 헌법이 보장하고 있는 '재산권의 보호'를 근거로 사용자의 경영권 행사의 자유와 그 권리 역시 보호되어야 하기 때문에 위의 질의처럼 쟁의행위의 목적이 '정리해고 철회'일 경우 쟁의행위의 목적이 경영권과의 관계에서 정당한지 여부가 문제가 된다.

'정리해고 철회'를 주장하는 쟁의행위에 대해 판례는 "정리해고나 사업조직의 통폐합 등 기업의 구조조정의 실시 여부는 경영주체에 의한 고도의 경영상 결단에 속하는 사항으로서 이는 원칙적으로 단체교섭의 대상이 될 수 없고, 노동조합이 실질적으로 그 실시 자체를 반대하기 위하여 쟁의행위에 나아간다면 비록 그 실시로 인하여 근로자들의 지위나 근로조건의 변경이 필연적으로 수반된다 하더라도 그 쟁의행위는 목적의 정당성을 인정할 수 없다 할 것이다"(대법원 99도5380, 2002.2.26.)면서 '사업부 폐지 결정 자체',[13] '구조조정의 실시 여부' 등과 같이 '경영권의 행사에 의한 결정 및 판단 자체'는 쟁의행위의 목적이 될 수 없다고 판단하고 있다.

다만, 경영권 사항과 관련한 근로자측의 요구가 부차적인 요구에 불과하고 주된 내용은 근로조건과 관련한 사항일 경우 쟁의행위의 정당성을 인정하거나,[14] 사용자가 수용할 수 없는 요구더라도 단체교섭과정에서 조정할 문제이지 곧바로 쟁의행위의 목적이 부당하다고 할 수 없다고 판시[15]한 사례도 있다.

최근 판례의 태도에 의하면 정리해고 철회를 요구하는 파업은 그 정당성이 부정될 것으로 보인다. 그러나 정리해고 철회를 요구하는 쟁의행위의 정당성에 대한 판단은 개별 사안에 따라 구체적인 접근이 필요할 것으로 생각된다. 특히 정리해고 실시 결정은 경영권 사항이라는 추상적인 범위를 정하기보다는 정리해고와 구체적인 근로조건과의 관련성, 정리해고 결정의 불가피성, 문제해결을 위한 당사자의 노력 여부 등을 충분히 고려해 그 정당성을 판단해야 할 것이다.

---

13) 대법원 93다30242, 1994.3.25.
14) 대법원 91다34523, 1992.5.12.
15) 대법원 91누5204, 1992.1.21.

참 고

• 경영권 사항과 쟁의행위의 목적에 대한 학설의 입장 •

1. 경영권 사항 자체에 대한 쟁의행위의 정당성을 인정하는 입장
"근로조건에 악영향을 미칠 수 있는 경영합리화에 대한 반대는 당연히 '근로조건의 향상'을 위한 단체행동권의 행사에 해당된다"[16]고 보거나, "경영상의 판단과 결정은 '해고'라는 근로조건과 밀접한 관련성을 가지기 때문에 정리해고 실시 여부에 관한 사항도 의무적 교섭사항이며, 비록 정리해고가 법제화되었지만 근로기준법은 '근로조건의 최저기준'만을 정할 뿐이어서 노사간의 합의를 통해 그 기준보다 더 근로자에게 유리한 조건을 설정할 수 있으므로, 단체협약으로 정리해고 자체를 실시하지 않기로 합의하는 것도 충분히 가능하다"[17]는 견해
2. '합리적인' 경영권 사항 자체에 대한 쟁의행위는 그 목적에 있어 정당하지 못하다고 보는 입장
"기업의 특정 사업부 폐지가 근무장소나 근무내용의 변경 등 근로자의 이해와 직접 관련이 있긴 하지만, 합리적인 기업경영 차원에서의 불가피한 조치에 대해서도 교섭대상이 된다고 하면 기업경영과 영업활동의 자유가 심대하게 침해되어 단체교섭제도의 목적범위를 넘기 때문에 교섭대상에 해당되지 않는다"[18]는 견해
3. 경영권과 근로3권과의 조화를 명시적으로 고려한 입장
"경영사항에 관한 쟁의행위이더라도 그것이 경영상의 결정 그 자체에 대한 간섭보다는 그로 인한 근로조건의 변화에 대한 대응을 목적으로 하는 경우에는 그 정당성이 인정"[19]된다거나, "정리해고의 기준을 결정하기 위한 쟁위행위도 그 목적상 정당성이 인정되나 정리해고가 불가피한 사정 아래서 노동조합이 정리해고의 기준에 관한 주장을 제시하지 않은 채 정리해고 반대만 주장하는 것은 단체교섭을 통한 해결을 곤란하게 만듦으로 쟁의행위의 정당한 목적으로 인정하기 어렵다"[20]는 견해, "경영해고의 반대 · 철폐를 목적으로 하는 쟁의행위도 원칙적으로 허용되나 이러한 쟁의행위에 의해 기업의 자유가 완전히 부정되는 것 역시 타당하지 않으므로 사용자가 경영해고에 관한 근로기준법상의 요건을 갖추어 해고대상자들에게 해고를 통지한 시점에서 분쟁대상

16) '경영상 이유에 의한 정리해고의 쟁의행위 대상 여부', 박홍규, 노동법률 2000년 4월호, 62쪽
17) '쟁의행위의 정당성－정리해고 철폐'를 목적으로 한 경우, 강기탁, 민주사회를 위한 변론 1999년 통권 제37호, 민주사회를 위한 변호사 모임
18) 판례평석(대법원 93다30242, 1994.3.25.), 하경효, 경영계 1994년 6월호(김형배(1999), 노동법, 595쪽에서 재인용)
19) 「노동법 Ⅱ」, 김유성(1999), 235쪽, 법문사
20) 「노동법(제2판)」, 임종률(2000), 204쪽, 박영사(김인재, '구조조정을 둘러싼 노동법적 문제', '구조조정과 노동문제에 관한 정책토론회', 한국노동경제학회 · 한국노사관계학회 · 한국노동법학회, 자료집 13쪽에서 재인용)

> 자체가 소멸한 것으로 볼 수 있기 때문에 그 시점 이후에도 계속되는 쟁의행위는 그 정당성이 인정될 수 없다고 해석하는 것이 바람직하다"[21]는 견해

(3) 민 · 형사상 면책

쟁의행위의 정당성이 인정되면 노동조합과 조합원들은 그 쟁의행위와 관련하여 일체의 민 · 형사상 책임이 면제된다. 헌법 제33조 제1항의 노동3권 보장에 근거하는 것이며, 노동조합 및 노동관계조정법에서 이를 구체화하고 있다. 즉 노동조합 및 노동관계조정법 제4조에 의하면 "형법 제20조[22]의 규정은 노동조합이 단체교섭 · 쟁의행위 기타의 행위로서 그 목적을 달성하기 위하여 한 정당한 행위에 대하여 적용된다"고 규정함으로써 정당한 쟁의행위에 대한 형사면책을 인정하고 있으며, 또한 같은 법 제3조는 "사용자는 이 법에 의한 단체교섭 또는 쟁의행위로 인하여 손해를 입은 경우에 노동조합 또는 근로자에 대하여 그 배상을 청구할 수 없다"고 규정함으로써 정당한 노동조합활동에 대한 민사면책 또한 인정하고 있다.

(4) 불법집단행동(불법쟁의행위)에 대한 책임

① 형사상 처벌

불법집단행동이 형법 등 현행법에 저촉되면 처벌을 받게 된다. 노동조합의 불법쟁의행위 등으로 처벌된 사례 중 가장 많은 비중을 차지하고 있는 것은 업무방해죄이며, 그 외 명예훼손죄, 재물손괴죄, 폭행 등이 있다.

② 민사상 책임

노동조합의 쟁의행위가 정당하지 못한 경우 노동조합과 조합간부는 불법 쟁의행위로 인하여 발생된 손해에 대하여 배상책임을 부담하게 된다. 손해배상의 범위는 매출이익

21) '경영해고에 대한 입법 · 사법 · 행정적 규제와 그 한계', 조용만(2002), 2002년 한국노동법학회 춘계학술발표회 자료집(「경영과 노동」 2002년 4/1, 19쪽에서 재인용)

22) 형법 제20조【정당행위】
법령에 의한 행위 또는 업무로 인한 행위 기타 사회상규에 위배되지 아니하는 행위는 벌하지 아니한다.

을 얻지 못한 손해는 물론 제세공과금, 감가상각비 및 공과금 등 조업중단의 여부에 상관없이 고정적으로 지출되는 비용 전체에 해당된다는 것이 판례의 입장이다.[23)]

③ 징계처분

불법집단행동으로 인하여 근로계약을 위반하거나 취업규칙 또는 단체협약상의 징계사유에 해당되면 사용자는 기업의 질서유지를 위하여 당해 근로자를 징계할 수 있다.

④ 면책합의

그러나 노사간에 "쟁의행위기간 중 발생한 일체의 행위에 대하여 민·형사상 어떠한 책임을 묻지 않는다"는 소위 '면책합의'를 하게 된 경우라면 민사상 손해배상청구나 징계를 할 수 없게 된다.

(5) 현행법상 쟁의행위의 제한

가. 헌법의 일반적 제한

헌법 제37조 제2항은 "국민의 모든 자유와 권리는 국가안전보장·질서유지 또는 공공복리를 위하여 필요한 경우에 한하여 법률로써 제한할 수 있으며, 제한하는 경우에도 자유와 권리의 본질적인 내용을 침해할 수 없다"고 규정하여 국민의 기본권 제한의 일반원칙을 제시하고 있다.

나. 개별 법령에 의한 쟁의행위의 제한

① 주체의 제한

국가공무원(국가공무원법 제66조 제1항, 지방공무원법 제58조 제1항), 사립학교교원(사립학교법 제55조, 교원의 노동조합설립 및 운영 등에 관한 법률 제8조) 그리고 주요 방위산업체에서 전력, 용수 및 직접 방산물자를 생산하는 업무에 종사하는 근로자(노조법 제41조 제2항)는 쟁의행위를 할 수 없다.

---

23) 대법원 93다24735, 1993.12.10.

참 고

• 공무원의 단체행동권 •

공무원의 노동조합 설립 및 운영 등에 관한 법률에 따라 공무원은 단결권(노조결성권)과 단체교섭권(단체협약체결권 포함)을 행사할 수 있으나 단체행동권(파업권)은 금지되고 있다. 다만, 지식경제부 소속의 현업기관과 국립의료원의 작업현장에서 노무에 종사하는 기능직 공무원, 고용직 공무원(서무, 인사, 경리, 기밀업무 종사자, 노무자 감독사무 종사자, 보안목표시설의 경비업무 종사자, 승용차 운전자 등은 제외)은 단체행동권 행사가 인정된다.

② 조합원 찬반투표

노동조합은 조합원의 직접·비밀·무기명투표에 의한 '재적 조합원 과반수'의 찬성을 얻어야 쟁의행위에 돌입할 수 있다(노조법 제41조 제1항).

한편, 노동조합 및 노동관계조정법은 쟁의행위 찬반투표 결과의 공개, 투표용지 등의 보존 및 열람에 관한 사항을 노조규약으로 정하도록 의무화함으로써 쟁의행위 찬반투표가 민주적으로 결정되고 신중하게 행사될 수 있도록 하고 있다(개정 노조법 제11조 제12호).

참 고

• 노동조합 및 노동관계조정법(규약) •

제11조 【규약】 노동조합은 그 조직의 자주적·민주적 운영을 보장하기 위하여 당해 노동조합의 규약에 다음 각 호의 사항을 기재하여야 한다.

1.~11. 생략

12. 쟁의행위와 관련된 찬반투표 결과의 공개, 투표자 명부 및 투표용지 등의 보존·열람에 관한 사항

13.~15. 생략

Q&A

노동조합이 쟁의행위에 돌입하면서 조합원 찬반투표를 거치지 않았을 경우 쟁의행위의 정당성 여부

현행 노동조합 및 노동관계조정법(제41조)이 쟁의행위에 돌입하게 전에 쟁의행위에 대한 조합원 찬반투표와 조합원 과반수의 의결로 결정하도록 규정하고 있는 취지는 쟁의행위에 돌입할 경우 조합원도 임금상실 등 경제적 손실을 감수하여야 한다는 점 등 노동조합의 중요한 의사결정인 쟁의행위 결의에 조합원의 의사가 충분히 반영되도록 하기 위한 것(협

력 68140－233, 2000.6.14.)이라 할 것이므로 그 절차를 거치지 않았거나 의결정족수에 미달하였음에도 행한 쟁의행위는 그 정당성을 인정받기 어렵다 할 것이다.
판례도 “쟁의행위절차에 관하여 쟁의행위를 함에 있어 조합원의 직접 · 비밀 · 무기명투표에 의한 찬성결정이라는 절차를 거쳐야 한다는 노동조합 및 노동관계조정법 제41조 제1항의 규정은 노동조합의 자주적이고 민주적인 운영을 도모함과 아울러 쟁의행위에 참가한 근로자들이 사후에 그 쟁의행위의 정당성 유무와 관련하여 어떠한 불이익을 당하지 않도록 그 개시에 관한 조합의사의 결정에 보다 신중을 기하기 위하여 마련된 규정이므로 위의 절차를 위반한 쟁의행위는 그 절차를 따를 수 없는 객관적인 사정이 인정되지 아니하는 한 정당성을 인정받을 수 없다 할 것이다. 만약 이러한 절차를 거치지 아니한 경우에도 조합원의 민주적 의사결정이 실질적으로 확보된 때에는 단지 노동조합 내부의 의사형성 과정에 결함이 있는 정도에 불과하다고 하여 쟁의행위의 정당성이 상실되지 않는 것으로 해석한다면 위임에 의한 대리투표, 공개결의나 사후결의, 사실상의 찬성간주 등의 방법이 용인되는 결과가 되어 위의 관계규정과 종전 대법원의 판례취지에 반하는 것이 된다”(대법원 전원합의체 99도4837, 2001.10.25.)고 판단하면서 조합원 찬반투표를 거치지 않은 쟁의행위의 정당성을 인정하지 않고 있다.

③ 폭력 · 파괴 · 배타적 직장점거의 금지

쟁의행위는 폭력이나 파괴행위에 의하면 안되며, 생산 기타 주요 업무에 관련되는 시설과 이에 준하는 시설을 점거하여서는 안된다(노조법 제42조 제1항). 다만, 판례는 불가피한 병존적 · 부분적 점거의 정당성을 인정하고 있다.

④ 안전보호시설에서의 쟁의행위 금지

가스폭발방지시설, 통기배수시설, 병원의 응급실, 중환자실 등 사람의 생명과 관계있는 사업장의 안전보호시설[24]의 정상적인 운영이 정지, 폐지 또는 방해되는 쟁의행위는 위법하다(노조법 제42조 제2항).

⑤ 기타 제한

노동조합은 폭행 · 협박 기타 위력으로 쟁의행위의 참가를 호소하거나 설득하는 행위(이를 “피켓팅”이라 한다)를 해서는 안되며, 작업시설의 손상이나 원료 · 제품의 변질 또는

24) “안전보호시설”이라 함은 인명 · 신체에 대한 위해예방 또는 보건상 필요한 시설을 뜻하며, 가스폭발방지시설, 통기배수시설, 병원의 구급시설, 중환자실 등이 이에 해당된다.

부패를 방지하기 위한 작업이 정상적으로 수행되도록 해야 한다(노조법 제38조).

⑥ 노동쟁의 조정절차상 제한

쟁의행위는 노동쟁의 조정절차를 거친 후에야 행할 수 있다(노조법 제45조 제2항). 조정절차는 일반사업은 10일, 공익사업은 15일의 기간 동안 행하게 되며, 노사합의로 동일 기간 내에서 조정기간을 연장할 수 있다. 또한 노동쟁의가 중재에 회부되면 그 날로부터 15일간은 쟁의행위를 할 수 없고(노조법 제63조), 고용노동부장관이 긴급조정을 결정하여 공표하면 진행 중이던 쟁의행위를 즉각 중단하여야 하며, 그 날로부터 30일이 경과하기 전에 쟁의행위를 재개할 수 없다(노조법 제77조).

Q&A

노동위원회에 조정신청을 하였으나 노동위원회가 조정대상이 아니라고 인정하여 노사간 자율적 교섭을 권고하는 행정지도가 결정되었음. 이 경우에도 노동조합은 쟁의행위를 개시할 수 있는지

쟁의행위 전에 조정절차를 거치도록 한 조정전치제도의 취지는 노사가 쟁의행위라는 극단적인 대립상태에 이르기 전에 제3자의 조정을 통해 노동쟁의를 해결하기 위해 노력하도록 하는데 있다 할 것이며, 판례는 노사가 노동조합 및 노동관계조정법에서 규정하고 있는 위 조정절차를 거쳤다면 그 조정의 결과와는 상관없이 조정절차 이후 쟁의행위를 행하는 것은 절차적 정당성을 갖춘 것으로 판단하고 있으나, 노동부 행정해석은 법상의 조정전치 위반으로 보고 있다.

참조 판례 · 행정해석

- 노동조합은 조정절차를 마치거나 조정기간이 끝나면 쟁의행위에 돌입할 수 있다
(대법원 2000도2871, 2001.6.26.)

노동조합이 노동위원회에 노동쟁의 조정신청을 하여 조정절차를 마치거나 조정이 종료되지 아니한 채 조정기간이 끝나면 노동조합은 쟁의행위를 할 수 있는 것으로 노동위원회가 반드시 조정결정을 한 뒤에 쟁의행위를 해야 그 절차가 정당한 것은 아니다.

- 노동위원회의 행정지도 이후 쟁의행위의 절차적 정당성 여부
(협력 68140－132, 2000.4.10.)

[질의] 노동위원회가 노동조합의 노동쟁의조정신청 사건에 대하여 노동조합 및 노동관계조정법상 노동쟁의라고 볼 수 없어 당사자간 자주적이고 성실한 교섭을

충분히 갖도록 권고하였음에도 노조는 이를 무시하고 쟁의행위에 돌입하였는 바, 이 쟁의행위가 조정절차를 거친 적법한 쟁의행위에 해당하는지 여부

[회시] 노동위원회가 동법 제2조 제5호에 의한 노동쟁의에 해당되는지의 여부를 검토하고 조정대상이 아니라고 인정하여 당사자에게 자주적 교섭진행을 권고하는 등 다른 해결방법을 알려주었다면 이는 동법 제45조 제2항에 규정된 조정절차를 거쳤다고 할 수 없다.

노동위원회가 ○○조합의 노동쟁의조정신청 사건에 대하여 조정대상이 아닌 것으로 인정하였음에도 불구하고 ○○노동조합이 별도의 조정절차를 거치지 않고 바로 쟁의행위에 돌입하였다면 이는 동법 제45조 제2항(조정전치) 위반이라 할 것이다.

(6) '무노동무임금' 원칙

무노동무임금 원칙(No work, No pay)은 근로자가 노동을 제공하지 않는 경우 사용자 역시 그 대가인 임금을 지급할 의무가 없다는 원칙을 말한다. 이는 근로자가 사용자에게 노동을 제공하고, 사용자는 그 대가로 임금을 지급함을 목적으로 성립하는 법률관계인 '근로계약관계'의 정의에 근거한 것이라 하겠다.

실무적으로 무노동무임금 원칙의 적용이 의미를 가지는 경우는 크게 둘로 나누어 볼 수 있다. 즉 첫째는 쟁의행위(파업)기간 중 노동을 제공하지 아니한 근로자에 대하여 임금을 지급할 것인가의 문제이고, 둘째로는 노동을 제공하지 않는 노동조합전임자에 대하여 임금을 지급할 것인가의 문제이다.

파업참가자 또는 전임자에게 급여를 지급할 것인가에 대한 기본원칙은 '노사합의에 따른다'는 것이다. 즉 노사가 파업기간에 대해 임금을 지급하기로 합의하거나 전임자에게 급여를 지급하기로 합의하였다면 사용자는 급여를 지급할 의무가 발생하게 된다. 하지만 노사간 급여지급에 관하여 아무런 합의를 하지 않은 경우라면 임금전액을 지급하지 않더라도 무방하다고 보아야 한다.[25)]

---

25) 대법원 전원합의체 94다26721, 1995.12.21.

Q&A

노동조합의 파업에 따른 무노동무임금의 적용범위

'무노동무임금'이란 근로를 제공하지 않으면 그 대가인 임금도 지급되지 않는다는 것으로 이와 관련해 판례(대법원 94다26721, 1995.12.21.)는 다음과 같이 판단하고 있다.

① 모든 임금은 근로의 대가로서 '근로자가 사용자의 지휘를 받으며 근로를 제공하는 것에 대한 보수'를 의미하므로 현실의 근로제공을 전제로 하지 않고 단순히 근로자로서의 지위에 기하여 발생한다는 이른바 생활보장적 임금이란 있을 수 없다.

② 근로자의 근로제공의무 등의 주된 권리 · 의무가 정지되어 근로자가 근로제공을 하지 아니한 쟁의행위기간 동안에는 근로제공의무와 대가관계에 있는 근로자의 주된 권리로서의 임금청구권은 발생하지 않는다.

③ 사용자가 근로자의 노무제공에 대한 노무지휘권을 행사할 수 있는 평상적인 근로관계에서 결근자 등에 관하여 어떤 임금을 지급하도록 규정하고 있다고 하여 사용자가 근로자의 노무제공과 관련하여 아무런 노무지휘권을 행사할 수 없는 쟁의행위의 경우에 이를 유추할 수 없다 할 것이다.

따라서 무노동무임금을 적용해 임금을 감액지급하는 경우 그 감액지급의 대상임금은 회사가 근로자에게 지급하는 '근로기준법상의 임금'에 해당하는 모든 금품이라 판단된다.

(7) 직장폐쇄

직장폐쇄는 사용자가 노동조합의 쟁의행위(파업, 태업)에 대항하여 직장을 폐쇄함으로써 근로자들의 근로수령을 거부하고 임금을 지급하지 아니하는 사용자의 쟁의행위를 말하며, 사용자가 기업시설 및 경영권을 근로자의 쟁의행위로부터 보호하고, 원활한 단체교섭 및 단체협약의 체결을 위한 노사균형을 목적으로 한다.

사용자의 직장폐쇄 선언으로 직장폐쇄는 성립되지만 그 실행 전에 행정관청과 노동위원회에 각각 신고하여야 한다(노조법 제46조 제2항).

직장폐쇄가 정당하기 위해서는 다음과 같은 요건을 충족해야 한다.

① 공격적인 직장폐쇄는 위법하다. 이는 크게 3가지 측면에서 살펴볼 수 있다.
첫째, 시간적으로 선제적이어서는 안된다. 즉 노동조합 및 노동관계조정법 제46조 제1항은 "사용자는 노동조합이 쟁의행위를 개시한 이후에는 직장폐쇄를 할 수 있다"고 규정하고 있으며, 판례도 같은 입장이다.[26]

둘째, 범위에 있어서도 공격적이어서는 안된다. 가령 노동조합의 부분파업에 대하여 사업장 전체에 걸친 전면적인 직장폐쇄를 단행하는 것은 공격적이라 판단될 가능성이 크다. 하지만 부분파업이라 하더라도 그 파업으로 인해 전체적으로 업무의 운영이 불가능해졌다면 전면적인 직장폐쇄를 공격적이라 볼 수는 없을 것이다. 셋째, 내용적 측면에서도 공격적이어서는 안된다. 가령 '3% 임금인상'을 주장하던 사용자가 '임금동결'로 주장을 강화하면서 이를 관철시키고자 직장폐쇄를 하는 경우는 공격적이라 판단될 수 있다는 것이다.

② 위법성이 명백하거나 비노조파업인 경우에는 가처분신청이나 징계 또는 고소 · 고발 등 사법적 수단을 통해 대응해야 하며, 직장폐쇄로 대응하는 것은 정당하지 않다고 본다.

③ 또한 노동조합 사무실과 근로자의 생활근거지인 기숙사 등에 대해서는 직장폐쇄를 할 수 없다.

(8) 대체근로

노동조합이 정당한 쟁의행위를 행하는 경우 사용자는 쟁의행위기간 중 그 쟁의행위로 중단된 업무수행을 위해 당해 사업과 관계없는 자를 채용하거나 대체할 수 없으며, 쟁의행위기간 중 쟁의행위로 중단된 업무를 도급 또는 하도급 줄 수 없다(노조법 제43조).

사용자의 대체근로를 금지하고 있는 취지는 노동조합이 '사용자 업무의 정상적 운영을 저해하는 행위'인 쟁의행위에 돌입하였으나 사용자가 대체근로를 통해 업무를 정상적으로 운영하는 경우에는 노동조합의 쟁의행위권이 실질적으로 보장받지 못하는 결과가 초래되기 때문이다.

한편, 노동조합 및 노동관계조정법에 의하면 사업의 정지 · 폐지시 공중의 생명 · 건강 및 신체의 안전 등에 중대한 영향을 미치는 필수공익사업에 대한 직권중재를 폐지하는 대신 공익보호를 위해 파업참가자의 50% 이내에서 대체근로를 허용하고 있다. 이때 파업참가자수는 1일 단위로 산정하며(법 시행령 제22조의4), 이월 · 적치해 대체근로를 사용할 수 없다.

---

26) 대법원 98다34331, 2000.5.26.

참 고

• 노동조합 및 노동관계조정법(대체근로) •

제43조 【사용자의 채용제한】 ① 사용자는 쟁의행위기간 중 그 쟁의행위로 중단된 업무의 수행을 위하여 당해 사업과 관계없는 자를 채용 또는 대체할 수 없다.
② 사용자는 쟁의행위기간 중 그 쟁의행위로 중단된 업무를 도급 또는 하도급 줄 수 없다.
③ 제1항 및 제2항은 필수공익사업의 사용자가 쟁의행위기간 중에 한하여 당해 사업과 관계없는 자를 채용 또는 대체하거나 그 업무를 도급 또는 하도급 주는 경우에는 적용하지 아니한다.
④ 제3항의 경우 사용자는 당해 사업 또는 사업장 파업참가자의 100분의 50을 초과하지 않는 범위 내에서 채용 또는 대체하거나, 도급 또는 하도급 줄 수 있다. 이 경우 파업참가자 수의 산정방법 등은 대통령령으로 정한다.

8. 노동쟁의조정

(1) 노동쟁의조정의 의의와 원칙

노동쟁의란 '근로조건을 둘러싼 사용자와 노동조합간의 분쟁상태'를 말한다. 이러한 노동쟁의는 단체교섭이나 쟁의행위 등을 통해 노동관계 당사자간에 자주적으로 해결하는 것이 바람직하나, 현실적으로 당사자의 이해와 주장의 대립이 첨예하여 자주적 해결의 가능성이 보이지 않는 경우도 적지 않은데 노동쟁의조정이란 이러한 노사간의 대립적인 상태에서 외부의 제3자가 양자의 주장을 조정하여 노동쟁의를 해결하기 위해 노력하는 절차를 말한다.

노동쟁의조정은 다음의 3가지 원칙을 견지해야 한다.

① 당사자간의 자주적 해결을 위해 조정절차가 노사간 단체교섭을 촉진하는 수단으로 기능한다는 자주적 해결의 원칙
② 조정은 당사자가 쟁의행위에 이르지 않고 노동쟁의를 해결할 수 있도록 하거나 이미 쟁의행위가 개시된 경우 그 조속한 해결을 위해 제3자가 조력하는 절차라는 점에서의 신속한 처리의 원칙

③ 당사자간의 주장이 일치되지 않은 상태에서 당사자 모두가 납득할 수 있도록 하는 공정성의 원칙

(2) 일반사업의 법정조정절차

① 조 정

조정은 조정위원회가 관계당사자의 의견을 들어 조정안을 작성하고 노사에 대해 그것의 수락을 권고하는 절차이다.

조정은 당사자 일방의 신청으로 개시(노조법 제53조)하며, 쟁의행위에 돌입하게 전에 반드시 조정절차를 거쳐야 한다(조정전치주의, 노조법 제45조). 한편, 노동위원회는 분쟁발생 이전 및 종료 이후에도 적극적으로 분쟁조정서비스를 제공할 수 있다(노동위원회 분쟁조정기능 강화).

조정기간은 조정의 신청이 있은 날부터 10일 이내이며, 당사자간의 합의로 10일 이내의 범위에서 연장이 가능하다.

참 고

• 노동조합 및 노동관계조정법(조정의 개시) •

제53조 【조정의 개시】 ① 노동위원회는 관계당사자의 일방이 노동쟁의의 조정을 신청한 때에는 지체없이 조정을 개시하여야 하며 관계당사자 쌍방은 이에 성실히 임하여야 한다.
② 노동위원회는 제1항에 따른 조정신청 전이라도 원활한 조정을 위하여 교섭을 주선하는 등 관계당사자의 자주적인 분쟁해결을 지원할 수 있다.

제61조의2 【조정 종료결정 후의 조정】 ① 노동위원회는 제60조 제2항에 따른 조정의 종료가 결정된 후에도 노동쟁의의 해결을 위하여 조정을 할 수 있다.
② 제1항에 따른 조정에 관하여는 제55조 내지 제61조를 준용한다.

조정은 노동위원회의 조정위원회(노 · 사 · 공익을 대표하는 조정위원 3인) 또는 단독조정인을 통해 조정할 수 있다.

조정의 결과 조정안이 작성되면 조정위원회는 당사자에게 조정안을 수락할 것을 권고하고 당사자가 조정안을 수락하면 조정서를 작성하고 조정위원 전원과 당사자가 함께 서명 또는 날인함으로써 단체협약과 동일한 효력을 갖게 된다.

② 중 재

중재는 중재위원회가 관계당사자의 의견을 청취한 후 중재재정을 내림으로써 노동쟁의를 해결하는 조정절차이다.

중재는 당사자 쌍방이 함께 신청하거나 단체협약에 근거해 당사자 일방이 신청할 수 있고, 중재 개시 회부일부터 15일간 쟁의행위가 금지된다(노조법 제62조 · 제63조).

중재는 노동위원회에 설치된 중재위원회(중재위원 3인)에서 진행되며, 중재위원은 공익위원 중 당사자가 합의로 선정하되 합의가 성립되지 않은 경우 위원장이 지명해 선정한다(노조법 제64조).

중재위원회가 당사자 쌍방을 출석시켜 주장의 요점을 확인하는 등의 절차를 거쳐 중재재정이 확정되면 확정된 중재재정은 당사자 수락 여부와 상관없이 단체협약과 동일한 효력을 갖게 된다. 한편, 당사자는 중재재정이 위법 · 월권으로 인정하는 경우 중앙노동위원회에 재심신청 및 행정소송을 제기할 수 있다.

(3) 공익사업의 법정조정절차

가. 공익사업의 개념

공익사업이란 공중의 일상생활과 밀접한 관련이 있거나 국민경제에 미치는 영향이 큰 다음의 사업을 의미한다(노조법 제71조 제1항).

① 정기노선 여객운수사업 및 항공운수사업

② 수도사업, 전기사업, 가스사업, 석유정제사업 및 석유공급사업

③ 공중위생사업, 의료사업 및 혈액공급사업

④ 은행 및 조폐사업

⑤ 방송 · 통신사업

필수공익사업이란 공익사업으로서 그 업무의 정지 또는 폐지가 공중의 일상생활을 현저히 위태롭게 하거나 국민경제를 현저히 저해하고 그 업무의 대체가 용이하지 아니한 다음의 사업을 말한다(노조법 제71조 제2항).

① 철도사업, 도시철도사업 및 항공운수사업

② 수도사업, 전기사업, 가스사업, 석유정제사업 및 석유공급사업

③ 병원사업 및 혈액공급사업

④ 한국은행사업

⑤ 통신사업

참 고

• 노동조합 및 노동관계조정법 •

제71조【공익사업의 범위 등】① 이 법에서 "공익사업"이라 함은 공중의 일상생활과 밀접한 관련이 있거나 국민경제에 미치는 영향이 큰 사업으로서 다음 각 호의 사업을 말한다.

1. 정기노선 여객운수사업 및 항공운수사업
2. 수도사업, 전기사업, 가스사업, 석유정제사업 및 석유공급사업
3. 공중위생사업, 의료사업 및 혈액공급사업
4. 은행 및 조폐사업
5. 방송 및 통신사업

② 이 법에서 "필수공익사업"이라 함은 제1항의 공익사업으로서 그 업무의 정지 또는 폐지가 공중의 일상생활을 현저히 위태롭게 하거나 국민경제를 현저히 저해하고 그 업무의 대체가 용이하지 아니한 다음 각 호의 사업을 말한다.

1. 철도사업, 도시철도사업 및 항공운수사업
2. 수도사업, 전기사업, 가스사업, 석유정제사업 및 석유공급사업
3. 병원사업 및 혈액공급사업
4. 한국은행사업
5. 통신사업

나. 공익사업에 대한 특칙

공익사업에서의 노동쟁의는 국민경제 및 일상생활에 부정적 영향을 미칠 우려가 있기 때문에 노동조합 및 노동관계조정법에서는 일반사업장과는 달리 공익사업의 조정에 대한 몇 가지 특칙을 규정하고 있다.

공익사업의 조정기간은 15일이며, 공익사업 중 필수공익사업에 대해서는 종전 직권중재제도를 폐지하는 대신 쟁의행위시 필수유지업무 계속유지의무를 부과하고 있고(노조법 제42조의2), 공익사업에서의 쟁의행위에 대한 긴급조정절차가 있다.

공익사업의 조정은 노동위원회의 특별조정위원회가 담당하며 특별조정위원은 공익위원 중 노동조합과 사용자가 순차적으로 배제하고 남은 4~6인 중 노동위원회 위원장

이 지명한다.

다. 필수유지업무제도

2006.12.30. 노동조합 및 노동관계조정법 개정에 따라 그 동안 '노동기본권을 과도하게 제한'한다는 비판과 위헌논란이 제기되었던 필수공익사업장의 직권중재제도가 폐지되는 대신 필수유지업무제도가 도입되었다. 이에 따라 2008.1.1.부터 필수공익사업장 노동조합은 쟁의행위를 하더라도 필수유지업무 수준을 유지해야 하며, 사용자와 노동조합은 필수유지업무 협정을 체결함으로써 구체적인 유지수준, 필요인력 등을 결정해야 한다.

직권중재제도와 필수유지업무제도 비교[27]

	직권중재제도	필수유지업무제도
대상사업	철도(도시철도 포함), 수도, 전기, 가스, 석유정제 및 석유공급, 병원, 한국은행, 통신사업(우정 포함)	항공운수사업, 혈액공급사업 추가
파업권 제한	-사전 제한 -노동위원회 직권중재 결정 →파업 전면금지	-파업권 허용 -다만, 필수유지업무 종사자는 파업참여 금지
필수유지업무 내용	관련 규정 없음	법령의 범위 내에서 단체협약으로 결정 ※시행령으로 업무를 설정
위반시 효과	불법파업→민 · 형사 · 징계책임	필수유지업무 위반→민 · 형사 · 징계책임
대체근로	-외부인력에 의한 대체근로금지 -불법파업시 외부인력에 의한 대체근로 허용	-외부인력에 의한 대체근로 허용 (파업참가자의 100분의 50까지) -불법파업시 제한없이 허용
긴급조정	노동부장관 긴급조정 결정(긴급조정→직권중재)	현행 유지

① 필수유지업무제도의 의의

기존의 직권중재제도는 필수공익사업장 노동조합의 쟁의행위를 사전에 제한함으로

27) 필수유지업무제도 운영 해설, 노동부, 2007.11.

써 노동조합이 쟁의행위의 수위를 조절(예 준법투쟁)함으로써 쟁의권을 행사하는 권리조차 허용되지 않았다. 그러나 필수유지업무제도는 노동조합의 쟁의행위를 인정하는 대신 필수유지업무유지라는 의무를 부과함으로써 공공복리와 노동권의 조화를 도모하고 있는 취지의 제도이며, 또한 법에 의한 필수유지업무의 범위규정, 절차, 의무, 형사상 처벌을 규정함과 동시에 노사합의에 의한 구체적 필수유지업무 운영수준 결정을 규정함으로써 법적 강제와 함께 노사합의를 존중하고 있다.

② 필수유지업무제도의 운영절차[28)]

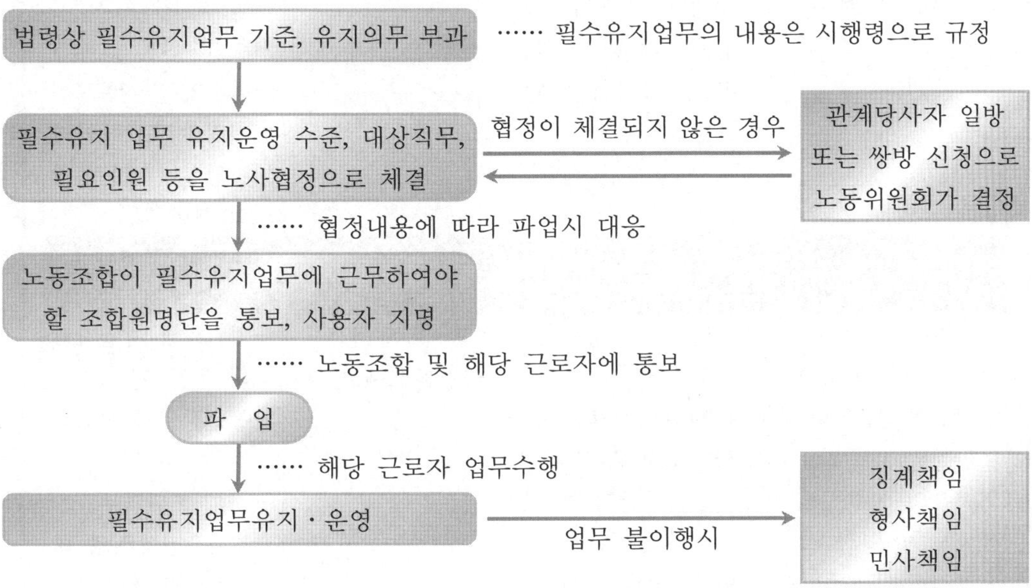

③ 필수유지업무의 범위

법 제42조의2에 의하면 필수유지업무란 '필수공익사업의 업무 중 그 업무가 정지되거나 폐지되는 경우 공중의 생명 · 건강 또는 신체의 안전이나 공중의 일상생활을 현저히 위태롭게 하는 업무로서 대통령령이 정하는 업무'라고 규정하고 있고, 시행령 제22조의2 · 별표 1에 그 구체적 업무를 규정하고 있다. 즉 노사가 합의를 통해 필수유지업무를 결정하는 데 필수유지업무의 범위에 대해 법적 의무를 부과하고 있는 것이다.

28) 위 노동부 해설 자료

참 고

• 필수유지업무 예시[29] •

철도사업과 도시철도사업	항공운수사업	수도사업	전기사업
- 운전, 관제(운전취급 포함) - 전기·신호·통신 시설 및 설비의 유지·관리 - 선로점검·보수	- 탑승수속, 보안검색 - 항공기 조정, 객실승무 - 항공기의 정비(창정비 제외) - 항행안전시설과 항공기 이착륙시설의 유지·운영(관제 포함)	- 취수·정수·가압·배수시설의 운영 - 수도시설 통합시스템과 계측·제어설비 운영	- 발전설비의 운전·점검 및 정비 - 지역전기공급, 보호계전기시험 및 정정 - 전력계통 보호를 위한 통신센터 운영 - 송전·변전 및 배전설비의 긴급복구 - 전력의 공급운영과 송전설비 계통운영의 제어
가스사업, 석유정제·공급사업	**병원사업**	**혈액공급사업**	**통신사업**
- 천연가스의 인수, 제조, 저장 및 공급 - 시설의 긴급정비 및 안전관리 - 석유의 인수, 제조, 저장 및 공급 - 시설의 긴급정비 및 안전관리	- 응급의료, 중환자 치료 - 분만(신생아 간호 포함), 수술, 투석 - 마취, 진단검사(영상검사 포함), 응급약제, 치료식 환자급식	- 채혈 및 혈액검사 - 혈액제제 제조 - 혈액 수송	- 기간망과 가입자망의 운영, 관리 - 통신장애의 신고접수 및 수리 - 기본 우편역무 - 부가우편역무 중 내용증명과 특별송달

④ 필수유지업무협정 체결

노동관계 당사자는 쟁의행위기간 동안 필수유지업무의 정당한 유지·운영을 위하여 필수유지업무의 필요 최소한의 유지·운영수준, 대상직무 및 필요인원 등을 정한 필수유지업무협정을 서면으로 체결해야 하며, 당사자 쌍방이 서명 또는 날인해야 한다(법 제42조의3).

29) 노동조합 및 노동관계조정법 시행령 제22조의2·별표 1

필수유지업무협정의 목적은 쟁의행위기간 동안에도 필수유지업무가 운영될 수 있도록 하기 위함이며, 당사자는 필수유지업무를 유지하기 위한 구체적인 운영수준, 대상직무, 필요인원뿐 아니라 필수유지업무운영에 필요한 제반 사항(근로자 지명절차, 유효기간 등)을 협정을 통해 규정할 수 있다.

필수유지업무협정 체결을 위한 교섭요구는 노동관계 당사자 일방이 할 수 있고, 교섭당사자는 필수유지업무협정에 대한 권리와 의무가 존재하는 자이며, 교섭 및 협정체결 권한을 제3자에게 위임할 수도 있다.

⑤ 노동위원회 신청 및 결정

노동관계 당사자가 필수유지업무협정을 체결하지 못했을 경우 당사자 쌍방 또는 일방은 노동위원회에 필수유지업무의 필요 최소한의 유지 · 운영수준, 대상직무 및 필요인원 등의 결정을 신청해야 한다(법 제42조의4).

필수유지업무에 대해서는 노동위원회의 특별조정위원회가 담당하며, 사업장 관할 지방노동위원회에서 관장하되 2 이상 관할구역에 걸친 사건은 주된 사업장 관할 지방노동위원회에서 관장하게 된다(노동위원회법 제3조 제2항).

한편, 노동위원회의 결정이 위법 또는 월권에 의한 것이라고 인정하는 경우 당사자는 중앙노동위원회에 재심을 신청(10일 이내)할 수 있고, 중노위 결정에 대한 행정소송(15일 이내)을 제기할 수 있다. 다만, 재심 및 소송절차가 진행되더라도 초심 결정의 효력은 유지된다.

그리고 법은 필수유지업무의 정당한 유지 · 운영을 정지 · 폐지 또는 방해하는 행위는 쟁의행위로서 할 수 없도록 규정(법 제42조의2, 위반시 3년 이하의 징역 또는 3천만원 이하의 벌금)하고 있고, 노동조합이 노동위원회의 결정에 따라 쟁의행위를 한 때에는 필수유지업무를 정당하게 유지 · 운영하면서 쟁의행위를 한 것(법 제42조의5)으로 인정하고 있다.

그러나 '노사관계 당사자간 체결한 필수유지업무협정'은 필수유지업무의 정당한 유지 · 운영 여부를 판단하는 기준이 될 수는 없다. 즉 노사관계 당사자간 체결한 필수유지업무협정에 따른 쟁의행위의 경우에는 실제 그 쟁의행위가 공중의 생명 · 건강 및 신체의 안전, 공중의 일상생활에 미친 실제 영향을 기준으로 필수유지업무를 정당하게 유지 · 운영하였는지를 판단하게 될 것이다.[30]

30) 위 노동부 해설 자료

⑥ 쟁의행위시 필수유지업무 수행(필수유지업무근무 근로자의 지명)

노동조합은 필수유지업무협정 체결 또는 노동위원회 결정이 있는 경우 필수유지업무에 근무하는 조합원 중 쟁의행위기간 동안 근무해야 할 조합원을 통보해야 하며, 사용자는 이에 따라 근로자를 지명하고 이를 노동조합과 그 근로자에게 통보해야 한다. 만약 노동조합이 쟁의행위 개시 전까지 이를 통보하지 아니한 경우에는 사용자가 필수유지업무에 근무해야 할 근로자를 지명하고 이를 노동조합과 그 근로자에게 통보해야 한다(법 제42조의6).

참 고

• 노동조합 및 노동관계조정법(필수유지업무제도) •

제42조의2【필수유지업무에 대한 쟁의행위의 제한】① 이 법에서 "필수유지업무"라 함은 제71조 제2항의 규정에 따른 필수공익사업의 업무 중 그 업무가 정지되거나 폐지되는 경우 공중의 생명 · 건강 또는 신체의 안전이나 공중의 일상생활을 현저히 위태롭게 하는 업무로서 대통령령이 정하는 업무를 말한다.
② 필수유지업무의 정당한 유지 · 운영을 정지 · 폐지 또는 방해하는 행위는 쟁의행위로서 이를 행할 수 없다.

제42조의3【필수유지업무협정】노동관계 당사자는 쟁의행위기간 동안 필수유지업무의 정당한 유지 · 운영을 위하여 필수유지업무의 필요 최소한의 유지 · 운영수준, 대상직무 및 필요인원 등을 정한 협정(이하 "필수유지업무협정"이라 한다)을 서면으로 체결하여야 한다. 이 경우 필수유지업무협정에는 노동관계 당사자 쌍방이 서명 또는 날인하여야 한다.

제42조의4【필수유지업무 유지 · 운영수준 등의 결정】① 노동관계 당사자 쌍방 또는 일방은 필수유지업무협정이 체결되지 아니하는 때에는 노동위원회에 필수유지업무의 필요 최소한의 유지 · 운영수준, 대상직무 및 필요인원 등의 결정을 신청하여야 한다.
② 제1항의 규정에 따른 신청을 받은 노동위원회는 사업 또는 사업장별 필수유지업무의 특성 및 내용 등을 고려하여 필수유지업무의 필요 최소한의 유지 · 운영수준, 대상직무 및 필요인원 등을 결정할 수 있다.
③ 제2항의 규정에 따른 노동위원회의 결정은 제72조의 규정에 따른 특별조정위원회가 담당한다.
④ 제2항의 규정에 따른 노동위원회의 결정에 대한 해석 또는 이행방법에 관하여 관계당사자간에 의견이 일치하지 아니하는 경우에는 특별조정위원회의 해석에 따른다. 이 경우 특별조정위원회의 해석은 제2항의 규정에 따른 노동위원회의 결정과 동일한 효력이 있다.

> ⑤ 제2항의 규정에 따른 노동위원회의 결정에 대한 불복절차 및 효력에 관하여는 제69조와 제70조 제2항의 규정을 준용한다.
>
> 제42조의5【노동위원회의 결정에 따른 쟁의행위】 제42조의4 제2항의 규정에 따라 노동위원회의 결정이 있는 경우 그 결정에 따라 쟁의행위를 한 때에는 필수유지업무를 정당하게 유지·운영하면서 쟁의행위를 한 것으로 본다.
>
> 제42조의6【필수유지업무근무 근로자의 지명】 노동조합은 필수유지업무협정이 체결되거나 제42조의4 제2항의 규정에 따른 노동위원회의 결정이 있는 경우 사용자에게 필수유지업무에 근무하는 조합원 중 쟁의행위기간 동안 근무하여야 할 조합원을 통보하여야 하며, 사용자는 이에 따라 근로자를 지명하고 이를 노동조합과 그 근로자에게 통보하여야 한다. 다만, 노동조합이 쟁의행위 개시 전까지 이를 통보하지 아니한 경우에는 사용자가 필수유지업무에 근무하여야 할 근로자를 지명하고 이를 노동조합과 그 근로자에게 통보하여야 한다.

라. 조정기간

조정기간은 15일 이내이며 당사자간 합의로 15일 이내의 범위에서 연장이 가능하다.

마. 긴급조정

쟁의행위가 공익사업장에서 발생하는 경우, 규모가 크거나 성질이 특별한 것으로 당해 쟁의행위로 인해 현저히 국민경제를 저해하거나 국민의 일상생활을 위태롭게 할 위험이 현존하는 경우 고용노동부장관이 직권으로 긴급조정을 결정할 수 있는 제도이다. 고용노동부장관은 긴급조정의 결정에 앞서 중앙노동위원회 위원장의 의견을 들어야 하며, 긴급조정이 결정된 경우 지체없이 긴급조정을 공표하고 중앙노동위원회와 당사자에게 통고해야 한다.

긴급조정이 결정되면 노동조합은 즉시 쟁의행위를 중지해야 하고, 30일간 쟁의행위가 금지된다. 동시에 중앙노동위원회에서는 조정을 개시하고 중앙노동위원회 위원장은 조정성립의 가망 없을 경우 공익위원의 의견을 들어 중재회부를 결정할 수 있다.

(4) 사적조정제도

노동관계 당사자는 쌍방의 합의 또는 단체협약이 정하는 바에 따라 법정조정절차가 아닌 다른 조정 또는 중재방법에 의하여 노동쟁의를 해결하는 것이 가능하다(노조법 제52조).

사적조정의 경우 자주성이 더욱 보장이 될 수 있고, 노사합의에 의해 선정된 조정인이 당사자의 사정을 잘 알고 있기 때문에 조정의 실효성이 높다.

당사자는 사적조정을 통해 노동쟁의를 해결하기로 한 경우 이를 노동위원회에 신고해야 하며(노조법 제52조 제2항), 사적조정의 조정기간은 일반사업장 10일, 공익사업장 15일이며, 사적중재의 경우 중재회부일로부터 15일간 쟁의행위가 금지된다.

사적조정 또는 중재가 이루어진 경우 단체협약과 동일한 효력을 갖는다(노조법 제52조 제4항).

9. 부당노동행위제도

(1) 부당노동행위란 무엇인가?

'부당노동행위'라 함은 사용자에 의한 노동3권 침해행위를 말하며, 현행 노동조합 및 노동관계조정법(제81조~제86조)에서 부당노동행위구제제도를 두고 있는 것은 부당노동행위를 방지함으로써 노동3권이 실질적으로 보장되도록 하기 위함이다.

(2) 부당노동행위의 유형

노동조합 및 노동관계조정법 제81조에서는 부당노동행위로서 아래의 5가지를 들고 있다.

① 불이익취급

근로자가 노동조합에 가입 또는 가입하려고 하였거나 노동조합을 조직하려고 하였거나 기타 노동조합의 업무를 위한 정당한 행위를 한 것을 이유로 그 근로자를 해고하거나

그 근로자에게 불이익을 주는 행위

② 비열계약

근로자가 어느 노동조합에 가입하지 말 것 또는 탈퇴할 것을 고용조건으로 하거나 특정한 노동조합의 조합원이 될 것을 고용조건으로 하는 행위

참 고

• 유니온숍(Union Shop)협정 •

유니온숍협정은 '근로자가 노동조합의 조합원이 될 것을 고용조건'으로 하는 협정으로 근로자가 노동조합에 가입하지 않거나 탈퇴할 경우 사용자로 하여금 근로자를 해고할 수 있도록 한다는 점에서 노동조합의 강력한 단결권 강화의 수단이며, 헌법재판소와 판례는 유니온숍협정의 효력을 인정하고 있다(헌법재판소 2002헌바95 · 96(병합), 2005.11.24.; 대법원 96누16070, 1998.3.24.).

다만, 현행 노동조합 및 노동관계조정법(제81조 제2호 단서)은 노동조합이 당해 사업장에 종사하는 근로자의 3분의 2 이상을 대표하고 있을 때에 한해 유니온숍협정체결을 인정하고 있으며, 근로자가 노동조합에서 제명된 경우와 같이 근로자가 자발적으로 노동조합을 탈퇴한 경우가 아니라면(스스로 노동조합의 단결강제를 거부한 경우가 아니라면) 근로자에게 해고 등의 불이익을 주지 못하도록 함으로써 노동조합의 단결권 및 단결강제권을 보장해야 하는 특별한 경우에 한해 유니온숍협정에 근거한 근로자의 해고를 인정하고 있다.

한편, 사업장단위 복수노조가 허용될 경우 유니온숍협정은 근로자가 다른 노조를 조직 · 가입하기 위해 탈퇴하는 경우 해고하게 되어 노동조합 선택권과 소수 노동조합의 단결권을 침해하는 문제가 발생할 수 있다. 이에 개정 노동조합 및 노동관계조정법은 현행 유니온숍협정을 허용하되, 근로자가 그 노동조합을 탈퇴해 다른 노동조합을 조직하거나 가입하는 경우 해고 등 불이익을 줄 수 없도록 하였다.

참 고

• 노동조합 및 노동관계조정법 •

종 전	개정(2010.1.1. 시행)
제81조 【부당노동행위】 사용자는 다음 각 호의 1에 해당하는 행위(이하 "부당노동행위"라 한다)를 할 수 없다. 1. 생략 2. 근로자가 어느 노동조합에 가입하지 아니	제81조 【부당노동행위】 사용자는 다음 각 호의 어느 하나에 해당하는 행위(이하 "부당노동행위"라 한다)를 할 수 없다. 1. 현행과 같음 2. 근로자가 어느 노동조합에 가입하지 아니

할 것 또는 탈퇴할 것을 고용조건으로 하거나 특정한 노동조합의 조합원이 될 것을 고용조건으로 하는 행위. 다만, 노동조합이 당해 사업장에 종사하는 근로자의 3분의 2 이상을 대표하고 있을 때에는 근로자가 그 노동조합의 조합원이 될 것을 고용조건으로 하는 단체협약의 체결은 예외로 하며, 이 경우 사용자는 근로자가 당해 노동조합에서 제명된 것을 이유로 신분상 불이익한 행위를 할 수 없다.	할 것 또는 탈퇴할 것을 고용조건으로 하거나 특정한 노동조합의 조합원이 될 것을 고용조건으로 하는 행위. 다만, 노동조합이 당해 사업장에 종사하는 근로자의 3분의 2 이상을 대표하고 있을 때에는 근로자가 그 노동조합의 조합원이 될 것을 고용조건으로 하는 단체협약의 체결은 예외로 하며, 이 경우 사용자는 근로자가 그 노동조합에서 제명된 것 또는 그 노동조합을 탈퇴하여 새로 노동조합을 조직하거나 다른 노동조합에 가입한 것을 이유로 근로자에게 신분상 불이익한 행위를 할 수 없다.
3.～5. 생략	3.～5. 현행과 같음

③ 단체교섭의 거부

노동조합의 대표자 또는 노동조합으로부터 위임을 받은 자와의 단체협약 체결 기타의 단체교섭을 정당한 이유없이 거부하거나 해태하는 행위

④ 지배 · 개입

사용자가 노동조합활동을 좌지우지하거나 영향을 미칠 의도로 이에 개입하는 행위를 하거나, 노동조합전임자에게 급여를 지원하거나 노동조합 운영비를 원조하는 행위도 포함되며, 노동조합 운영에 대한 참견, 탈퇴강요 등의 행위

Q&A 노동조합에 대한 경고나 비판이 노조활동에 대한 지배 · 개입의 부당노동행위인지

부당노동행위란 사용자가 노동조합의 근로3권을 침해하는 행위를 말한다. 즉 노동조합 활동에 적극적인 조합원에 대해 불이익 취급을 하는 경우, 노동조합의 정당한 단체교섭 요구를 거부함으로써 노동조합의 단체교섭권을 유명무실하게 만드는 경우, 노동조합 활동에 지배 · 개입함으로써 노동조합의 자주성을 침해하는 경우 등이 부당노동행위에 해당한다(노조법 제81조).

그러나 노동조합의 행위가 관련 법령 또는 사용자의 정당한 인사명령을 위반함에 따라

이에 대해 사용자가 취할 수 있는 정상적인 조치를 취한 경우라면 이를 부당노동행위라고 할 수는 없을 것이다.단체교섭이 진행 중임에도 노동조합이 갑자기 통상적인 연장·휴일근로를 거부해 업무의 정상적인 운영이 이루어지지 않음에 따라 회사가 노동조합에 대하여 위와 같은 집단적인 연장·휴일근로의 거부가 위법한 쟁의행위에 해당될 수 있음을 알리고, 그 재발방지를 촉구한 경우라면 이는 정당한 경영권의 행사라 할 것이므로 이를 노조활동에 대한 지배·개입으로서의 부당노동행위로 볼 수는 없을 것이다.

참조 판례

- 사용자가 조합의 활동이나 경향에 대해 비판적 견해를 발표하는 것은 명예훼손과 별개로 하더라도 조합에 대한 지배개입이라 볼 수 없다(서울행법 2003구합27020, 2003.12.9.) 참가인 회사가 회사 내 게시판에 게시한 '회사발전을 위해'와 '노무전문가와의 대화'의 내용은 윤전과 폐지 및 윤전과 직원의 광고국 발령이 단체협약에 위반한 강제구조조정이라는 노조지부의 주장을 반박하면서 노조지부가 위 윤전과 폐지 등을 이유로 파업할 경우 그 파업의 타당성 여부 등에 대하여 외부강사가 제시한 의견을 기재한 것으로서 비록 그 문구 중에 원고에 대하여 부정적인 표현이 일부 포함되기는 하였으나 전체적으로 볼 때 참가인 회사가 사용자로서 노조지부의 활동에 대하여 비판적 견해를 발표한 것에 지나지 아니하여 그것만으로는 조합에 대한 지배개입이 있다고 볼 수 없다.

※경비원조(지배·개입)로 보지 않는 경우

① 근무시간 중 단체교섭에 임한 교섭위원에 대하여 임금을 지급하는 행위
② 후생자금 또는 경제상의 불행 기타 재액방지와 구제 등을 위한 기금 기부
③ 최소한의 규모의 조합사무실 제공

⑤ 보복적 불이익취급

근로자가 정당한 단체행동에 참가한 것을 이유로 하거나 또는 노동위원회에 대하여 사용자가 이 규정에 위반한 것을 신고하거나 그에 관한 증언을 하거나 기타 행정관청에 증거를 제출한 것을 이유로 그 근로자를 해고하거나 그 근로자에게 불이익을 주는 행위

(3) 부당노동행위 구제절차[31)]

핵심 정리사항

1. 노동조합은 노동3권에 기초해 근로자들이 근로조건을 유지 · 개선하고 근로자의 경제적 · 사회적 지위 향상을 위해 결성한 단체로 노사관계는 노동조합 활동과 이에 대응하는 사용자의 상호관계를 의미한다.
2. 복수노조는 조직대상이 중복되는 노동조합으로 2011.7.1.부터 사업(사업장)단위 복수노조 설립이 허용된다. 복수노조 설립이 허용된다는 것은 노사관계 시장의 전면 개방을 의미하며 예방적 · 전략적 노무관리의 중요성이 증가된다.
3. 사업(사업장)단위 복수노조 허용과 동시에 교섭창구단일화제도가 시행된다. 교섭창구단일화제도는 교섭창구단일화에 대한 노사간 자율결정 원칙을 최대한 보장하면서 단계적으로 진행(자율적 단일화→과반수 노동조합→공동교섭대표단)할 수 있도록 정하고 있고, 노조법상의 교섭창구단일화절차는 강행규정으로 노사는 이를 반드시 준수해야 할 의무가 있다.
4. 노동조합은 단결력을 유지 · 강화하기 위해 제반조합활동(총회, 교육, 행사, 홍보 등)을 할 수 있으나, 조합활동은 주체와 목적이 정당해야 하고 사용자의 권리(업무명령권, 시설관리권 등)를 침해하지 않는 범위에서 행해져야 한다.
5. 근로시간면제제도 관련 개정 노조법은 기존의 노조전임자에 대한 사용자의 급여지급을 금지하는 대신 근로시간면제제도를 도입해 유급으로 노동조합업무를 수행하는 것을 보장하고 있다.
6. 근로시간면제제도는 노동부 고시에서 정한 한도를 초과하지 않는 범위에서 노사합의로 결정한 시간과 사용인원을 유급으로 인정하는 제도로 노동조합은 법에서 정한 근로시간면제대상업무를 준수해야 하며, 노사가 합의해 정한 사용절차를 준수해야 한다.
7. 근로시간면제 한도시간 및 사용인원을 적용하기 위한 조합원 규모 산정단위는 하나의 사업을 기준으로 하는 것이 원칙이므로 다수 사업장이 존재하는 경우 전체 사업을 기준으로 하며, 해당 사업 내에 복수노조가 존재하는 경우에도 각 노조의 조합원수를 합친 전체 조합원 규모를 기준으로 근로시간면제를 적용하게 된다.
8. 근로시간면제 한도를 초과해 유급처리하거나 근로시간면제 활동을 이유로 불이익취급 등을 하는 것은 사용자의 부당노동행위에 해당되며, 노동조합은 사용자에게 근로시간면제 한도를 초과하는 급여지급을 요구하며 쟁의행위를 행할 수 없다.
9. 단체교섭이란 노동조합과 사용자 또는 사용자단체가 근로조건의 유지 · 개선 기타 처우 등을 위하여 집단적으로 교섭하는 것을 말하며, 단체교섭은 어떠한 사용자와 노동조합간에 교섭이 이루어지는가에 따라 크게 5가지의 교섭방식이 있다. 그리고 단체교섭의 대상은 근로조건 사항, 집단적 사항, 사용자의 처분가능한 사항이어야 한다.

31) Part 13 사직과 해고 5. 부당해고에 대해서는 노동위원회에 구제신청을 할 수 있다 참조

10. 단체협약은 노동조합과 사용자 또는 사용자단체 사이에 근로조건 등에 관하여 합의한 사항을 체결한 협정을 의미하며, 그 내용은 크게 규범적 부분과 채무적 부분으로 나뉜다. 단체협약은 반드시 서면으로 노사쌍방이 서명 또는 날인해야 법적 효력이 발생한다.
11. 단체협약은 협약당사자인 노동조합 조합원과 사용자 또는 사용자단체에게 적용됨이 원칙이나 일반적 구속력, 지역적 구속력과 같은 효력확장제도에 의해 적용범위가 확장될 수 있다. 그리고 단체협약의 유효기간은 최장 2년이며, 유효기간이 종료하더라도 근로조건에 관한 사항(규범적 부분)은 계속 적용되게 된다.
12. 쟁의행위는 업무의 정상적인 운영을 저해하는 구체적 행위로 쟁의행위가 정당하기 위해서는 주체, 목적, 수단, 절차의 정당성을 갖추어야 하며 불법쟁의행위에 대해서는 민·형사상 책임, 징계책임이 발생하게 된다. 노동조합이 쟁의행위를 행하기 위해서는 관련 법령에서 규정하고 있는 의무와 제한 규정을 준수해야 하며, 이러한 정당한 쟁의행위에 대해서는 사용자의 대체근로를 금지하도록 함으로써 보호하고 있다.
13. 쟁의행위로 근로를 제공하지 않은 경우 무노동무임금 원칙이 적용되며, 사용자는 노동조합의 쟁의행위에 대항하여 방어적 직장폐쇄를 할 수 있다.
14. 노동쟁의조정은 제3자에 의해 노동쟁의를 해결하기 위해 노력하는 절차로 조정과 중재를 말하며, 조정기간 동안 노동위원회(공적조정) 또는 사적조정을 진행할 수 있다.
15. 부당노동행위란 사용자에 의한 노동3권 침해행위를 말하며, 법은 사용자의 부당노동행위를 금지함으로써 노동3권을 보호하고 있다.

Part 21

노사협의회

핵심키워드

노사협의회, 30명 이상 사업장, 노사협의회 위원, 3개월 정기회의, 회의록, 협의, 의결, 보고사항, 고충처리제도

목 적

1. 노사협의회제도의 의의와 설치의무 사업장을 이해한다.
2. 노사협의회 구성에 필요한 협의회 위원수 및 위원의 신분, 근로자위원 선임절차를 이해하고, 정기회의 개최를 이해한다.
3. 노사협의회에서 다루어야 할 사항인 협의, 의결, 보고사항을 이해한다.
4. 고충처리위원의 설치의무 사업장과 고충처리위원의 선임, 고충처리절차를 이해한다.

1. 근로자 30명 이상을 사용하는 사업은 노사협의회를 설치해야 한다

노사협의제도는 본질적으로 사용자의 배타적 권리에 속하는 기업경영에 근로자를 참가시키는 제도를 말한다. 즉 노사협의제도를 통해 노사공존공영을 도모하고 근로자의 근로권과 사용자의 경영권을 조화시킴으로써 생산성향상 및 근로자의 생활향상을 이룩하며 더 나아가서는 산업평화에 이바지함을 목적으로 한다.

노사협의회는 근로조건의 결정권이 있는 사업이나 사업장 단위로 설치하되 상시근로자 30명 이상을 사용하는 사업이나 사업장은 노사협의회를 반드시 설치해야 한다. 하나의 사업에 종사하는 근로자가 지역별로 분산되어 있더라도 전체 근로자수가 30명 이상일 때에는 그 주된 사무소에 노사협의회를 설치하여야 한다.

상시근로자 30명 미만의 사업장은 노사합의로 노사협의회를 설치할 수 있으며, 하나의 사업에 지역을 달리하는 사업장이 있을 경우에는 그 사업장에 대해서도 별도의 노사협의회를 설치할 수 있다.

Q&A

본사와 지방 사업소의 2개 사업장으로 구성된 회사에서 근로조건의 결정권이 없는 지방 사업소에 노사협의회를 설치할 수 있는지

노사협의회는 근로조건의 결정권이 있는 사업이나 사업장단위로 설치함이 원칙이다. 즉 노사가 생산성 향상, 근로조건, 근무방식 등에 대해 협의하면서 이에 대해 결정할 수 있는 권한을 상당부분 가지고 있어야 협의의 효과가 커질 수 있기 때문이다.
다만, 사업장이 지역별로 분산되어 있거나, 사업장별 근무방식 및 근로조건이 달라(예 본사와 지점, 본사와 공장) 사업장의 구체적인 사항에 대한 협의가 필요한 경우에는 해당 사업장이 근로조건의 결정권이 없고 30명 미만이라 하더라도 노사자율로 노사협의회 설치가 가능할 것으로 판단된다.
물론 위 질의의 경우 근로조건의 결정권이 본사에 있다면 본사에는 기본적으로 노사협의회가 설치되어야 할 것이다.

참조 행정해석

- 근로조건 결정권이 없는 사업장도 노사자율로 노사협의회를 설치할 수 있다

(노사협력복지과－328, 2004.3.8.)

[질의] 동사는 서울본사와 광주공장으로 구성되어 있는데, 광주공장의 근로자수는 50명 이상이나 근로조건 결정권이 없는데 광주공장에도 노사협의회를 설치할 수 있는지

[회시] 근로자참여 및 협력증진에 관한 법률 제4조 제2항 및 동법 시행령 제2조 제2항에 따라 하나의 사업에 당해 지역을 달리하는 사업장이 있는 경우 전체 근로자수가 30인 이상일 경우에는 그 주된 사무소에 노사협의회를 설치하여야 하고, 근로조건 결정권이 없는 사업장에 대하여도 노사자율로 노사협의회를 설치할 수 있다.

2. 노사협의회 위원은 노사 동수로 구성해야 한다

① 위원의 수

노사협의회는 근로자와 사용자를 대표하는 같은 수의 위원으로 구성하되, 각 3명 이상 10명 이내로 한다.

협의회에는 의장을 두며, 의장은 위원 중에서 호선한다. 이 경우 근로자위원과 사용자위원 중 각 1인을 공동의장으로 할 수 있다.

② 위원의 선임

근로자를 대표하는 위원은 근로자가 선출하되, 근로자의 과반수로 조직된 노동조합이 있는 경우에는 노동조합의 대표자와 그 노동조합이 위촉하는 자로 한다.

그러나 근로자의 과반수로 조직된 노동조합이 없는 경우에는 근로자의 직접 · 비밀 · 무기명투표에 의하여 선출한다. 다만, 사업 또는 사업장의 특수성에 의하여 부득이하다고 인정되는 경우에는 작업부서별로 근로자수에 비례하여 근로자위원을 선출할 근로자(위원선거인)를 선출하고 위원선거인 과반수의 직접 · 비밀 · 무기명투표에 의하여 근로자위원을 선출할 수 있다.

근로자위원에 결원이 생긴 때에는 30일 이내에 보궐위원을 위촉 또는 선출하되 근로

자의 과반수로 조직된 노동조합이 있지 않은 사업 또는 사업장에 있어서는 근로자위원 선출투표시 선출되지 못한 자 중 다수득표자순에 의한 차점자를 근로자위원으로 할 수 있다.

근로자위원으로 입후보하고자 하는 자는 당해 사업 또는 사업장의 근로자로서 근로자 10명 이상의 추천을 받아야 한다.

Q&A

근로자 과반수로 조직된 노동조합이 근로자위원을 위촉하였으나, 이후 노동조합이 과반수에 미달하게 된 경우 기존 근로자위원의 임기는 어떻게 되는지

노동조합의 조직률이 변경됨에 따라 기존의 근로자위원 위촉권이 소멸되었다 할지라도 기존에 위촉되어 활동하고 있는 근로자위원이 있다면 그 위원의 임기 동안에는 근로자위원의지위를 인정하는 것이 안정적인 노사협의회 운영에 비추어 바람직할 것으로 판단된다. 다만, 이에 대해 협의회 규정에 명시하고 있을 경우에는 그에 따라야 할 것이므로 규정에 따라 근로자위원 보궐선거를 실시할 수도 있을 것으로 판단된다.

참조 행정해석

- 노동조합이 과반수에 미달하게 될 경우 이전 과반수 노동조합이 위촉한 근로자위원의 임기 (노사협력과-178, 2004.1.16.)

[질의] 최초 노사협의회 구성시 과반수 노조가 존재하여 당해 노조에서 위촉한 근로자위원으로 노사협의회를 구성·운영해 오던 중 현재는 조합원이 근로자의 27%에 불과하나, 노사협의회 근로자위원은 노조지회장 및 노조지회장이 위촉한 자로 구성되어 있음. 당사의 노사협의회 근로자위원 구성이 법에 저촉되는지

[회시] 근로자참여 및 협력증진에 관한 법률(이하 "근참법"이라 한다) 제6조 제2항은 근로자위원 선출시점에서의 선출방식에 관한 규정으로 동 조항에 의거 근로자위원이 적법하게 선출(위촉)된 이상, 임기 중 과반수노조가 과반수 미달노조로 되거나 새로운 과반수노조의 출현(이하 "노조조직률 변화")을 이유로 동조항 위반문제가 존재하는 것은 아니며, 근로자위원을 재선출하여야 하는 것 또한 아니라고 할 것이다.

아울러 제6조 제2항에 의거 적법하게 선출(위촉)된 근로자위원의 경우 동법 제8조 제1항에 의거 노사협의회 위원의 임기가 보장된다는 점, 임기 중 노조조직률 변화를 이유로 근로자위원을 수시로 다시 선출하는 것은 안정적인 노사협의회 운영에 방해가 될 뿐만 아니라 노사간 갈등요인이 될 수 있다는

점 등을 고려할 때 근로자위원이 법 제6조 제2항의 규정에 적법하게 선출(위촉)되었다면 노사협의회규정에 별도 정함이 없는 한 법 제8조 제1항에 의한 임기가 보장된다고 할 것이다.

따라서 귀 질의내용과 같이 노사협의회 구성당시 과반수 노동조합이 존재하여 근로자참여 및 협력증진에 관한 법률 제6조 제2항 규정에 의거 당해 노동조합에서 근로자위원을 위촉, 노사협의회를 구성·운영해 오던 중 조합원 감소로 과반수미달노조가 된 경우 노사협의회규정에서 이와 관련한 별도의 규정을 두고 있지 않는 한 임기 중 본인의 의사에 반하여 해촉하고 새 위원을 선출할 수 없다고 할 것이다.

Q&A

근로자위원 자격을 일정한 요건으로 제한할 수 있는지

노사협의회의 근로자위원은 근로자를 대표해 노사협의회에 참여하는 자라는 점에서 근로자들의 직접·비밀·무기명투표에 의해 선출된 자이어야 할 것이나(근참법 시행령 제3조), 노사협의회의 안정적 운영 및 근로자들의 의견을 반영할 수 있어야 하는 근로자위원의 지위를 고려하면 근로자위원의 자격요건을 부여할 수도 있을 것으로 판단된다.

근로자위원의 자격요건을 부여하는 방식은 근로자참여 및 협력증진에 관한 법률 시행령 제5조(노사협의회 규정)에 의하면 2. 근로자위원의 선출절차 및 후보등록에 관한 사항을 규정하도록 하고 있는 점을 감안해 근로자위원 후보자격을 규정에 명시함으로써 근로자위원의 자격을 부여할 수 있을 것으로 판단된다.

한편, 사용자위원은 선거가 아닌 사업 또는 사업장의 대표자가 위촉하도록 하고 있고 그 자격에 대해서는 별도로 정해진 바는 없으나 노사협의회의 원활한 운영을 위해 결정권을 부여받은 자가 참여하는 것이 바람직할 것이고, 마찬가지로 일정한 자격요건을 협의회 규정에 명시할 수 있을 것으로 판단된다[근참법 시행령 제5조(노사협의회 규정) 3. 사용자위원의 자격에 관한 사항].

참조 행정해석

- 근로자위원의 자격 제한 (노사협력복지과-950, 2004.5.8.)

[질의] 종업원들의 이직이 잦은 관계(근속연수 3개월 미만 26.6%, 6개월 미만 17.1%)로 노사협의회 근로자위원 보궐선거가 빈번할 우려가 있어 선거일 현재 일정 근속기간(3개월 또는 6개월) 이상 근속 중인 근로자에게만 근로자위원 자격을 인정하는 것이 타당한지

[회시] 근로자참여 및 협력증진에 관한 법률 시행령 제5조에서는 협의회규정에 포함되어야 할 사항으로 노사협의회 위원수, 근로자위원의 선출절차 및 후보

등록에 관한 사항, 기타 노사협의회의 운영에 관한 사항 등을 규정하고 있으며, 협의회규정에는 노사협의회의 구성 · 운영과 관련한 구체적인 사항들을 관계법령 및 노사협의회의 목적을 벗어나지 않는 범위 내에서 당해 사업장의 특성에 맞게 규정할 수 있다고 할 것이다.

사용자를 대표하는 위원은 당해 사업 또는 사업장의 대표자와 그 대표자가 위촉하는 자로 한다.

③ 위원의 임기와 신분

노사협의회 위원의 임기는 3년으로 하되 연임할 수 있으며, 보궐위원의 임기는 전임자의 잔여기간으로 한다. 다만, 위원이 그 임기가 만료된 후라도 그 후임자가 선출될 때까지 계속 그 직무를 담당한다.

노사협의회 위원은 비상임 · 무보수로 한다. 또한 위원이 협의회 출석에 소요되는 시간 및 '이와 직접 관련된 시간으로서 노사협의회규정에서 정한 시간'을 근로한 것으로 봄으로써 노사협의회 위원의 적극적인 활동을 보장하고, 실질적이고 내실있는 노사협의회 운영이 가능하도록 하고 있다(근참법 제9조).

참 고

• 근로자참여 및 협력증진에 관한 법률(위원의 신분) •

제9조【위원의 신분】①~② (현행과 같음)

③ 위원의 협의회 출석시간 및 이와 직접 관련된 시간으로서 제17조에 따른 협의회규정에서 정한 시간에 대하여는 근로한 것으로 본다.

Q&A

노사협의회 근로자위원인 근로자가 해고되어 현재 노동위원회에서 사건이 진행 중인데 위 근로자가 이번에 개최되는 노사협의회 위원으로 참석할 수 있는 것인지

근로자참여 및 협력증진에 관한 법률 제3조에 의해 이 법에서의 근로자는 근로기준법상의 근로자를 말한다. 즉 근로자란 '사업 또는 사업장에서 임금을 목적으로 근로를 제공하는 자'이기 때문에 근로관계가 종료된 자는 특별히 법률에 의해 근로자로 간주하고 있는 경우를 제외하고는 이 법상의 근로자로 볼 수 없을 것이다.

노동조합 및 노동관계조정법 제2조에 의하면 '해고된 근로자가 노동위원회에 부당노동행위 구제신청을 한 경우에는 중앙노동위원회의 재심판정이 있을 때까지는 근로자로 인정'하고 있으나(노동조합 및 노동관계조정법상의 근로자 개념), 노사협의회에서의 근로자 개념은 노동조합 및 노동관계조정법이 아닌 근로기준법상의 근로자이기 때문에 노동조합 및 노동관계조정법상의 개념을 적용할 수는 없을 것이다.
따라서 해고된 위 근로자는 노사협의회 근로자위원으로 활동할 수 없을 것으로 판단되며, 다만, 부당해고 구제신청결과 해고무효를 인정받아 복직하는 경우에는 기존의 지위를 회복하게 되므로 근로자위원으로서의 활동이 가능할 것으로 판단된다.

✍ 참조 : 노사 68120－403, 1993.11.19.

3. 노사협의회는 정기적으로 개최해야 한다

가. 정기회의 및 의결정족수

노사협의회는 3개월마다 정기적으로 회의를 개최하여야 한다. 회의의 소집은 의장이 하며, 회의개최 7일 전까지 회의일시, 장소, 의제 등을 각 위원에게 통보하여야 한다.

회의는 근로자위원과 사용자위원의 각 과반수의 출석으로 개최하고 출석위원 3분의 2 이상의 찬성으로 의결한다.

Q&A

대표이사가 참석하지 않은 노사협의회 의결의 효력

근로자참여 및 협력증진에 관한 법률 제15조에 의해 '회의는 근로자위원과 사용자위원 각 과분수의 출석과 출석위원 3분의 2의 찬성으로 의결'하도록 하고 있으며, 노사협의회에 대표이사(또는 근로자위원을 대표하는 자)가 출석하지 않았다고 해서 위 의결의 효력이 없는 것은 아니다. 즉 노사협의회의 각 사용자위원과 근로자위원은 협의회 안건에 대한 결정권한을 갖고 있는 지위에 있는 자라 할 것이므로 사용자위원과 근로자위원을 각각 대표하는 자의 불참을 이유로 위 노사협의회 의결의 효력을 부정할 수 없을 것이다.

참조 행정해석

▪ 사업주가 노사협의회 회의에 불참하더라도 의사정족수를 충족한 회의는 적법하다

(노사 32281-13116, 1990.9.18.)

사업주의 노사협의회 회의불참에 대한 법적 제재조항은 명시된 바 없으며, 노사협의회법에 "회의는 근로자위원과 사용자위원의 각 과반수 이상의 출석으로 개최하고 출석위원 3분의 2 이상의 찬성으로 의결한다"고 규정되어 있으므로 부득이한 사유로 사업주가 회의에 불참하더라도 의사정족수를 충족한 회의 자체는 적법한 것이며, 합의사항을 문서로 작성할 때 대표이사가 아닌 자가 서명하더라도 위임이나 수권의 경우 대표이사가 서명한 것과 동일한 효력을 갖는 것이다.

Q&A

회사의 노사협의회는 사용자위원과 근로자위원 각 5인씩으로 구성되어 있음. 제3분기 노사협의회에 사용자위원 4명, 근로자위원 2명이 참석해 과반수 위원이 참석해 이 회의에 출석한 위원 3분의 2가 찬성하였을 경우 적법한 의결로 인정될 수 있는지

근로자참여 및 협력증진에 관한 법률 제15조에 의해 회의안건에 대한 의결이 인정되기 위해서는 사용자위원과 근로자위원 각 과반수가 출석한 회의에서 출석인원 3분의 2가 찬성해야 한다. 따라서 출석인원이 전체 위원의 과반수이더라도 근로자위원이 과반수 출석하지 않은 회의에서 의결한 사항은 적법한 의결로써의 효력을 인정받을 수 없을 것으로 판단된다.

나. 회의록 작성・보관

협의회는 다음의 사항을 기록한 회의록을 작성・비치하여야 한다.

① 개최일시 및 장소

② 출석위원

③ 협의내용 및 의결된 사항

④ 기타 토의사항

위 회의록은 출석위원 전원이 서명하거나 날인하여야 하며 작성일부터 3년간 보존하여야 한다.

참 고

• 노사협의회 회의록(근참법 시행규칙 별지 제3호 서식) •

[별지 제3호 서식] (앞쪽)

제 차 (정기 · 임시) 노사협의회 회의록	
회의일시	
회의장소	
협의사항	
보고사항	
의결사항	
의결된 사항 및 그 이행에 관한 사항	
그 밖의 참고사항 및 전분기 의결된 사항의 이행 상황	

210㎜×297㎜[일반용지 60g/㎡(재활용품)]

(뒤쪽)

참 석 위 원			
근 로 자 위 원		사 용 자 위 원	
성 명	서 명	성 명	서 명

210㎜×297㎜[일반용지 60g/㎡(재활용품)]

③ 근로자위원의 자료제출 요구권

근로자위원은 통보된 노사협의회 의제 중 협의사항 및 의결사항 관련 자료(기업의 경영·영업상의 비밀이나 개인정보 제외)를 협의회 회의 개최 전에 사용자에게 요구할 수 있으며 사용자는 이에 성실히 따라야 한다. 이는 근로자위원이 사전에 협의회 의제에 대한 충분한 준비가 가능하도록 함으로써 노사협의회가 보다 내실있고 실질적으로 운영될 수 있도록 하기 위함이다.

한편, 사용자가 보고사항의 보고 및 설명을 이행하지 않은 경우에는 근로자위원은 보고사항에 관한 자료의 제출을 요구할 수 있으며 사용자는 이에 성실히 응해야 한다.

참 고

• 근로자참여 및 협력증진에 관한 법률(사전 자료 제공) •

제13조의2【사전 자료 제공】근로자위원은 제13조 제3항에 따라 통보된 의제 중 제19조 제1항의 협의사항 및 제20조의 의결사항과 관련된 자료를 협의회 회의개최 전에 사용자에게 요구할 수 있으며 사용자는 이에 성실히 응하여야 한다. 다만, 그 요구자료가 기업의 경영·영업상의 비밀 또는 개인정보에 해당하는 경우에는 그러하지 아니하다.

④ 임의중재제도

노사협의회가 의결사항을 의결하지 못하였거나 협의회에서 의결된 사항의 해석 또는 이행방법 등에 관하여 노사간 의견의 불일치가 있는 경우 근로자위원과 사용자위원의 합의에 의하여 협의회에 중재기구를 두어 이를 해결하거나 노동위원회 그 밖에 제3자에 의한 중재를 받을 수 있다.

위 규정에 따른 중재결정이 있는 때에는 협의회의 의결을 거친 것으로 보며, 근로자와 사용자는 이에 따라야 한다.

⑤ 노사협의회규정

협의회는 그 조직과 운영에 관한 규정을 제정하고 이를 협의회의 설치일로부터 15일 이내에 고용노동부장관에게 제출하여야 한다. 이를 변경한 경우에도 또한 같다. 노사협의회의 규정에는 다음에 관한 사항이 포함되어야 한다.

① 노사협의회의 위원수

② 근로자위원의 선출절차 및 후보등록에 관한 사항

③ 사용자위원의 자격에 관한 사항

④ 협의체위원이 근로한 것으로 보는 시간에 관한 사항

⑤ 노사협의회의 회의소집 · 회기 기타 노사협의회의 운영에 관한 사항

⑥ 법 제24조의 규정에 의한 임의중재의 방법 · 절차 등에 관한 사항

⑦ 고충처리위원수 및 고충처리에 관한 사항

그리고 노사협의회규정을 제정하거나 변경할 경우에는 노사협의회의 의결을 거쳐야 한다.

4. 노사협의회에서 다루어야 할 의결사항, 협의사항, 보고사항이 있다

가. 노사협의회 협의사항

협의사항은 노사협의회에서 상호간 의견교환을 하는 정도의 사안을 말하며 특별히 노사합의를 해야 할 사항은 아니다. 구체적인 내용은 다음과 같다.

① 생산성 향상과 성과배분

② 근로자의 채용 · 배치 및 교육훈련

③ 근로자의 고충처리

④ 안전, 보건, 그 밖의 작업환경 개선과 근로자의 건강증진

⑤ 인사 · 노무관리의 제도 개선

⑥ 경영상 또는 기술상의 사정으로 인한 인력의 배치전환 · 재훈련 · 해고 등 고용조정의 일반원칙

⑦ 작업과 휴게시간의 운용

⑧ 임금의 지불방법 · 체계 · 구조 등의 제도 개선

⑨ 신기계 · 기술의 도입 또는 작업공정의 개선

⑩ 작업수칙의 제정 또는 개정

⑪ 종업원지주제(종업원지주제)와 그 밖에 근로자의 재산형성에 관한 지원

⑫ 직무 발명 등과 관련하여 해당 근로자에 대한 보상에 관한 사항

⑬ 근로자의 복지증진

⑭ 사업장 내 근로자 감시 설비의 설치

⑮ 여성근로자의 모성보호 및 일과 가정생활의 양립을 지원하기 위한 사항

⑯ 그 밖의 노사협조에 관한 사항

Q&A

노사협의회에서 노사가 협의한 사항을 회사가 준수할 의무가 있는지

'협의'라 함은 '의견을 교환하고 상대방의 입장을 이해하고 설득하는 과정'을 의미하는 것으로서 근로자참여 및 협력증진에 관한 법률 제20조에 이같은 협의사항을 명시적으로 규정한 것은 근로자들의 복지증진 및 생산성 향상을 도모함에 있어서 그 대상이 되는 근로자들의 적극적인 참여를 지원 또는 보장하고, 노사간 의견교환과정을 거쳐 불확실성과 의견차이를 해소하며, 미처 예견하지 못한 사항을 발견하고 조정하는 데 그 취지가 있다 할 것이다.

위 법 제20조에서 정하고 있는 협의사항은 같은 법 제21조의 의결사항과는 달리 노사간의 의견의 일치, 즉 합의를 요하지는 않으므로 협의과정을 거쳤으나 합의에 이르지 않은 경우에도 필요한 경우 회사가 이를 시행할 수 있을 것이다.

물론 회사가 시행하고자 하는 사항이 기존 직원들의 근로조건의 변경이 발생하는 경우라면 근로기준법 제94조 취업규칙 변경절차에 따라야 할 것이다[근로자 과반수로 조직된 노동조합(과반수 노조가 없으면 근로자 과반수)의 의견청취(불이익변경시는 동의)].

다만, 협의사항이라 하더라도 노사협의회에서 합의가 이루어진 경우에는 의결사항으로서의 효력을 가지기 때문에 같은 법 제30조(벌칙) 제2호에 의거해 그 이행이 강제된다 할 것이다.

나. 노사협의회 의결사항

의결사항은 반드시 노사합의를 얻어야 하는 사항으로 구체적인 내용은 다음과 같다.

① 근로자의 교육훈련 및 능력개발 기본계획의 수립

② 복지시설의 설치와 관리

③ 사내근로복지기금의 설치

④ 고충처리위원회에서 해결되지 아니한 사항

⑤ 각종 노사공동위원회의 설치

Q&A

노사협의회 의결사항의 효력

노사협의회 결과 의결한 사항이 있다면 그 의결사항에 대해서는 당사자가 성실하게 이행해야 할 의무가 있고, 정당한 사유없이 협의회의 의결사항을 이행하지 않을 경우 근로자참여 및 협력증진에 관한 법률 제30조의 벌칙(1천만원 이하의 벌금)이 적용되게 된다.

법에서 정하고 있는 의결사항뿐 아니라 임금, 근로시간 등 근로조건에 대한 사항에 대해 노사협의회에서 의결하였다면 그 의결사항이 위법·부당하지 않는 한 그 의결사항을 이행하지 않을 경우 위 벌칙이 적용될 수 있을 것이다.

다만, 노사협의회의 의결사항이 노동조합의 단체교섭권 및 단체협약을 침해할 수는 없으므로 과반수 노조의 노동조합대표자 등이 아닌 근로자위원이 특정 근로조건에 대해 의결했다 하더라도 노동조합은 기존의 단체협약상의 권리와 새로운 근로조건의 결정을 위한 단체교섭권을 행사할 수 있을 것으로 판단된다.

✍ 참조 : 노사 68107-217, 1998.7.28.

Q&A

노사협의회에서 합의한 사항의 유효기간

노사협의회에서 합의한 사항이 언제까지 유효한가에 대해서는 법에서 정해진 바는 없고, 합의의 취지를 고려할 때 '합의사항을 이행할 때까지' 그 효력이 유효한 것이 원칙이다.

다만, 합의사항의 유효기간을 정해 합의하였다면 그 정한 기간까지를 유효기간으로 인정할 수 있을 것이다.

한편, 합의된 내용이 특정시기 때 이행해야 할 의무를 결정하거나(예 2005년 경영성과상여금의 지급률을 결정하는 경우), 이행기간을 정한 경우(예 ○○복리후생제도를 내년 상반기까지 시행하기로 한 경우)에는 그 기간을 준수해야 할 것이다.

참조 행정해석

- 노사협의회 의결사항의 유효기간은 일반적으로는 의결사항의 이행에 의해 완료된다 (노사 68107-196, 1997.7.16.)

[질의] 1. 기간이 명시되지 않은 협의회 합의사항에 대한 유효기간은?

2. 노사협의회 합의사항을 갱신하지 않았을 경우 기존의 합의사항 유효기간은?

3. 노동조합 및 노동관계조정법에 의거 체결된 단체교섭의 유효기간을 근로자참여 및 협력증진에 관한 법률에 근거한 노사협의회 합의사항에 대해서도 그 유효기간을 준용할 수 있는지?

[회시] 1. 의결사항의 유효기간은 특별히 정한 바가 없는 경우 원칙적으로 효력을 소멸시키는 별도의 의결절차를 거치거나 새로운 '의결된 사항'에 의하여 대체될 때까지 유효한 것이나 일반적으로는 의결사항의 이행에 의해 완료되는 것이다.

2. 노동조합 및 노동관계조정법은 근로자참여 및 협력증진에 관한 법률과 아무관계가 없으므로 단체교섭의 유효기간을 '의결된 사항'에 대하여 준용할 수는 없다.

다. 노사협의회 보고사항

보고사항은 협의나 의결없이 그 내용을 근로자에게 보고하는 사항을 말한다.

① 경영계획 전반 및 실적에 관한 사항

② 분기별 생산계획과 실적에 관한 사항

③ 인력계획에 관한 사항

④ 기업의 경제적·재정적 상황

노사협의회 보고사항, 협의사항, 의결사항 비교[1)]

구 분	보고사항	협의사항	의결사항
범 주	-경영정보(사측) -근로자의 요구사항(노측)	-생산성 향상 -근무·인사제도 -고충처리 및 복지증진	-교육훈련·능력개발 계획 -복지시설·기금 -노사 공동기구
의 의	노사신뢰의 기초	-참여적 작업조직 -고몰입 인사제도 구축	-지식근로자 육성 -노사파트너십 실행
이행의무	-사용자위원 보고의무 -근로자위원 자료제출 요구권	-신의성실의 원칙에 따른 협의 의무 -노사합의 또는 협의회 규정에 따라 의결 가능	협의회에서 의결할 의무
주요내용	-경영계획 및 실적 -생산계획 및 실적 -인력계획 -기업의 경제·재무 상황 -근로자의 요구사항(노측)	-생산성향상·성과배분 -채용·배치·교육훈련 -고충처리·감시설비 -안전보건·작업환경 -인사·노무제도	-교육훈련·능력개발 계획 -복지시설 설치·관리 -사내근로복지기금 설치 -미해결 고충처리 -노사공동위원회 설치

1) 노사협의회 운영매뉴얼, 고용노동부, 2011.6.

구 분	보고사항	협의사항	의결사항
		-근무제도・작업수칙 -신기술・작업공정 개선 -종업원지주제・직무발명 -복지증진 -모성보호・일/가정 양립 -기타 노사협조 사항	
위반효과	근로자위원의 자료제출요구에 대해 미이행시 500만원 이하 벌금	노사가 의결한 경우 미이행시 1,000만원 이하 벌금	의결사항 미이행시 1,000만원 이하 벌금

5. 사용자는 근로자의 고충을 해결하기 위한 고충처리위원을 두어야 한다

① 고충처리위원의 설치

고충처리제도란 근로자가 작업환경 및 근로조건에 관하여 느끼는 고충을 일정한 절차에 따라 해결해 나가기 위한 제도를 말한다.

고충처리제도의 설립취지는 근로자가 업무수행 중 느끼는 고충을 처리함으로써 노사분쟁의 소지를 미연에 제거하기 위한 것으로 고충처리제도는 집단적인 문제를 해결하는 단체교섭과는 달리 개별 근로자의 고충을 처리하며, 고충처리단계에서 해결하기 힘든 사항에 관하여는 노사협의회에 부의하여 협의처리할 수도 있다.

모든 사업 또는 사업장에는 근로자의 고충을 청취하고 이를 처리하기 위하여 고충처리위원을 두어야 한다(미설치시 200만원 이하의 벌금). 다만, 상시 30명 미만의 근로자를 사용하는 사업이나 사업장에는 고충처리위원을 두지 않을 수 있다.

Q&A

근로자가 30명 이상의 사업장이지만 근로조건의 결정권이 없을 경우 고충처리위원을 두지 않아도 되는지

고충처리제도는 근로자의 각종 불만, 애로사항 등을 처리함으로써 근로자가 직무에 전념할

수 있는 여건을 마련하는 데 그 취지가 있다는 점(노사 68010-210, 2001.6.16.)에서 협의 및 의결사항에 대해 결정권한을 가진 자가 참여해야 하는 노사협의회 설치의무 사업장의 범위 및 요건과는 그 취지를 달리한다.
즉 근로자참여 및 협력증진에 관한 법률 제26조에서 규정하고 있는 고충처리위원 설치의무 사업장은 '상시 30명 이상의 근로자를 사용하는 사업이나 사업장'으로 근로조건의 결정권 유무와는 상관이 없다(노사협의회 설치의무 사업 또는 사업장의 범위와 구분).
따라서 근로조건의 결정권이 없더라도 근로자수가 30명 이상인 사업 또는 사업장에는 고충처리위원을 두어야 할 것이다.

참조 행정해석

▪ 고충처리위원을 두어야 하는 사업장 (노사 68107-92, 1999.3.18.)

[질의] 상시근로자수 30인 이상이지만 근로결정권이 없는 각 지사에 고충처리위원을 선임하지 않고 본부에만 고충처리위원회를 구성・운영하여 각 지사 직원의 고충사항을 처리하는 경우 법 제32조(벌칙)에 저촉되는지

[회시] 근로자참여 및 협력증진에 관한 법률 제25조 및 시행령 제7조에 따라 상시 30인 이상 근로자를 사용하는 모든 사업 또는 사업장은 고충처리위원을 두어야 한다. 따라서 귀 공단의 경우처럼 지역을 달리하는 지사의 근로자수가 30인 이상일 경우 각 지사별로 고충처리위원을 배치하여야 할 것이다.

② 고충처리절차

고충이 있는 근로자가 구두 또는 서면으로 고충처리위원에게 신고하면, 고충처리위원은 지체없이 이를 처리하여야 한다.

고충처리위원은 근로자로부터 고충사항을 청취한 때에는 10일 이내에 조치사항 그 밖의 처리결과를 해당 근로자에게 통보하여야 한다. 이때 고충처리위원이 처리하기 곤란한 사항은 노사협의회에 부쳐 협의처리한다.

고충처리위원은 고충사항의 접수 및 그 처리에 관한 대장을 작성・비치하고 이를 1년간 보존하여야 한다.

참 고

• 성희롱고충사항 발생시 고충처리절차[2] •

1. 사업주에게 고충신고
   - 근로자는 직장 내 성희롱의 금지 및 예방에 관해 사업주에게 고충신고를 할 수 있음(남녀고용평등과 일·가정 양립 지원에 관한 법률 제25조)
   - 고충신고는 구두, 서면, 우편, 전화, 팩스 또는 인터넷 등의 방법으로 할 수 있음(남녀고용평등과 일·가정 양립 지원에 관한 법률 시행령 제18조 제1항)
   - 사업주는 고충신고를 받은 경우 특별한 사유가 없으면 신고 접수일로부터 10일 이내에 신고된 고충을 직접 처리하거나 근로자참여 및 협력증진에 관한 법률에 따라 설치된 노사협의회에 위임하여 처리하게 하고, 사업주가 직접 처리한 경우에는 처리 결과를, 노사협의회에 위임하여 처리하게 한 경우에는 위임 사실을 해당 근로자에게 알려야 함(남녀고용평등과 일·가정 양립 지원에 관한 법률 제25조 및 남녀고용평등과 일·가정 양립 지원에 관한 법률 시행령 제18조 제2항)
2. 노사협의회 고충처리위원에게 고충 신고
   - 근로자는 직장 내 성희롱의 금지 및 예방에 관해 고충사항이 있는 경우에는 근로자참여 및 협력증진에 관한 법률 제26조에 따른 고충처리위원(이하 "고충처리위원"이라 함)에게 구두 또는 서면으로 신고할 수 있음. 이 경우 신고를 접수한 고충처리위원은 지체없이 처리해야 함(근로자참여 및 협력증진에 관한 법률 시행령 제7조)
   - 고충처리위원은 근로자로부터 고충사항을 들은 경우에는 10일 이내에 조치 사항과 그 밖의 처리결과를 해당 근로자에게 통보해야 함(근로자참여 및 협력증진에 관한 법률 제28조 제1항)
   - 고충처리위원이 처리하기 곤란한 사항은 노사협의회의 회의에 부쳐 협의 처리함(근로자참여 및 협력증진에 관한 법률 제28조 제2항)
3. 성희롱고충처리시 유의점
   - 성희롱고충처리시 고충처리위원은 신고인의 말을 충분히 들어주고 스스로 문제를 해결해 갈 수 있도록 도와주는 조력자의 지위에 있음

   step 1 : 고충신고 및 상담단계
   - 고충상담내용은 가해자와의 면담이나 사후 대처과정에서 중요한 증거가 될 수 있으므로 정확히 기록 하여야 함
   - 신고인의 말을 경청하고 신고인에게 충분한 지지와 용기를 주도록 함
   - 피해자의 말을 추정하지 말고 피해상황을 정확하게 파악함

2) 위 매뉴얼

- 피해자가 무엇을 원하는지 명확하게 파악하고, 피해상황을 해결하는 최선의 방법을 모색할 수 있도록 적절한 정보를 제공해야 함
- 피해자의 과거의 행동 특히 정숙하였는지 여부에 구애받지 않고 현재 문제되는 상황에 대해서만 객관적으로 판단함
- 그 상황에도 다른 피해자가 있는지, 혹은 더 이전에 그 성희롱행위자에 의한 다른 피해자가 있는지 반드시 알아 봄. 이후 있을 분쟁 및 피해를 예방하기 위해 필요함

step 2 : 가해자 면담 및 조정

- 신고인의 신고를 토대로 성희롱가해자를 면담하며, 이 내용들을 녹음 또는 기록해 둠
- 가해자에게 신고가 들어온 성희롱의 상황에 대해 이야기하며, 피해자의 진술에 대해 가해자가 상황을 어떻게 이해하고 있는지를 파악함
- 가해자가 미처 성희롱으로 인식하지 못하고 있는 경우 가해자의 습관적 행위나 의도하지 않았다 하더라도 성희롱으로 판단할 수 있는 행위로 피해자가 생길 수 있음을 주지시키고, 그 행위를 중지하도록 요청함
- 피해자측의 요구사항을 가해자에게 알려주고 가해자가 이를 받아들이는지 물어봄
- 피해자가 가해자의 사과를 요청하면 가해자는 최대한 정중하게 사과를 하도록 하며, 고충처리위원(노사협의회에서 협의하는 경우 노사협의회)이 배석한 자리에서 하는 것이 보다 공식적임
- 행위자가 시인하지 않는다면 성희롱에 관한 피해자와 행위자 양측의 주장을 설명하고, 편견없이 공정하게 조사가 이루어 질 것임을 설명함
- 사과나 행위의 중단이 없을 경우 사내 규정 절차 및 관련 법에 따라 일정한 절차를 밟게 된다는 정보를 다시 주지시킴

step 3 : 공정한 조사 및 규정에 따른 징계 등 인사관련 조치

- 행위자가 성희롱을 시인하지 않거나 피해자와 가해자간의 합의에 의한 조정이 이루어지지 않을 경우 성희롱신고에 대한 사실조사를 개시함
- 고충처리위원이 해결하기 어려운 경우로 노사협의회 협의안건으로 상정하여 공정한 조사를 진행하기 위한 제반 절차에 대해 협의함
- 조사과정에서는 개인 사생활이 충분히 보호되도록 유의하고 조사로 인해 이중의 피해가 발생하지 않도록 하여야 함
- 조사를 통해 객관적으로 성희롱행위가 있었음이 입증되면 내부 규정에 따라 징계하거나 동일 부서에 있을 경우 인사발령 등의 조치를 통해 피해가 반복되지 않도록 함

step 4 : 건강한 직장문화 건설을 위한 성희롱예방교육 실시

- 전사차원에서 건강한 직장문화 건설을 위한 성희롱예방교육을 실시함

－성희롱행위자에게는 재발방지를 위해 특별교육등을 실시함

* 참조 : 제3자로부터의 고충상담

동료 여직원이 그 상사로부터 성희롱을 일상적으로 반복하여 받고 있는 것을 보고 불쾌히 여기는 직원으로부터 상담이 있는 경우에는 동료 여직원 및 그 상사로부터 경위를 청취하고 그 사실이 성희롱이라고 인정되는 경우에는 그 상사에 대해 감독자를 통해 또는 고충처리위원이 직접 주의를 촉구함. 주의 촉구를 통해서도 행위가 중단되지 않거나 고충이 해소되지 않는 경우 성희롱발생시 내부 징계절차 등을 통한 해결절차를 모색해 봄.

참 고 •고충사항 접수 · 처리대장(근참법 시행규칙 별지 제4호 서식)•

[별지 제4호 서식]

<table>
<tr><th colspan="8">고충사항 접수 · 처리대장</th></tr>
<tr><th rowspan="2">접수
번호</th><th rowspan="2">접수
일자</th><th colspan="2">고충처리 요청인</th><th rowspan="2">고충내용</th><th rowspan="2">처리결과</th><th rowspan="2">회신
일자</th><th rowspan="2">고충
처리
위원</th></tr>
<tr><th>성명</th><th>소속
부서</th></tr>
<tr><td></td><td></td><td></td><td></td><td></td><td></td><td></td><td></td></tr>
</table>

210㎜×297㎜[일반용지 60g/㎡(재활용품)]

③ 고충처리위원

고충처리위원의 수는 노사를 대표하는 3명 이내로 한다. 다만, 노사협의회가 설치되어 있는 사업 또는 사업장의 경우에는 노사협의회가 그 위원 중에서 선임하고, 노사협의회가 설치되어 있지 아니한 경우에는 사용자가 위촉한다.

고충처리위원의 임기는 노사협의회 위원의 임기규정을 준용하므로 3년으로 하되 연임할 수 있다. 또한 위원의 임기가 만료된 경우에도 후임자가 선출될 때까지 계속 그 직무를 수행하여야 한다.

고충처리위원은 비상임, 무보수로 하며, 명찰을 패용하도록 하고 있고, 고충처리위원의 협의 및 고충처리에 소요되는 시간에 대하여는 이를 근로한 것으로 간주한다.

핵심 정리사항

1. 노사협의회제도는 기업경영에 근로자를 참가시킴으로써 노사공존공영을 도모하고 생산성향상 및 근로자의 생활향상을 이룩하며 더 나아가서는 산업평화에 이바지함을 목적으로 하는 제도이다.
2. 노사협의회를 설치해야 할 의무 사업장은 근로조건의 결정권이 있는 상시 근로자 30명 이상을 사용하는 사업 또는 사업장이며, 노사협의회는 동수의 사용자위원과 근로자위원으로 구성되고 3개월마다 정기적으로 협의, 의결, 보고사항을 다루는 회의를 진행해야 한다.
3. 고충처리제도는 근로자 개인의 고충을 처리하는 제도로 상시 30명 이상 근로자를 사용하는 사업 또는 사업장은 고충처리위원을 두어야 하며, 고충처리위원은 노사협의회가 설치되어 있는 사업장의 경우 노사협의회 위원 중 선임한다.

공인노무사 **오 영 배**

성균관대학교 졸업, 고려대학교 노동대학원(노사관계) 수료
(현) 노무법인 유앤 파트너 공인노무사
택스넷 노동법률 상담역
이나우스아카데미 인사조직, 노동법 전문강사
(전) 위더스노무법인 파트너
노무법인 고려 대표
강남구상공회의소 노사상담역

[주요 저술 및 기고, 논문]
- 중소기업을 위한 경영가이드북(인사노무관리 편)(공저, 부천상의 2004)
- '공인노무사와 함께 하는 노사현장'(월간 조세, ㈜영화조세통람사 2010~현재)
- '노동판례'(월간 노동, 노동부 2005~2008)
- '노동법 실무'(노사저널, 노사신문사 2008)
- 주40시간제 도입과 운영(월간 조세, ㈜영화조세통람사 2005)
- '노동법 문답풀이'(월간 노동법률, ㈜중앙경제 2004)

사례와 함께 보는 **인사노무매뉴얼** 정가 42,000원

저 자 오 영 배
발행인 서 동 혁
발행처 (주)영화조세통람

저자와의 협의하에 인지생략

펴낸날 2006년 1월 12일 초판 발행
2007년 2월 8일 개정판 발행
2008년 5월 22일 개정2판 발행
2009년 6월 1일 개정3판 발행
2010년 3월 10일 개정4판 발행
2011년 4월 28일 전면개정판 발행
2013년 7월 18일 전면개정판 발행
2015년 11월 19일 개정7판 발행
2018년 2월 7일 개정8판 발행

주 소 서울특별시 중구 동호로 14길 5−6 (신당동)
등 록 1976. 11. 5. 제9−81호
전 화 대 표 02) 2231−7027 Fax 02) 2234−1754
출 판 팀 02) 2231−7141 Fax 02) 2231−7994

구입문의 (02) 2231−7027~9 ISBN 979−11−6064−060−1 13330

(주)영화조세통람은 좋은 책을 만들기 위해 독자 여러분의 의견을 기다립니다.
E-mail(josetop@inaus.co.kr)과 홈페이지(www.taxnet.co.kr)의 고객지원센터 "고객의 소리" 코너